高校财务治理研究

乔春华 著

东南大学出版社
SOUTHEAST UNIVERSITY PRESS
·南京·

内容提要

"治理"这一提法在中国古已有之，13—14世纪于法英流行过，20世纪80年代末，治理理论成为当代政治学、行政学、经济学、管理学中的显学，21世纪初，高校财务治理理论探索和实践应用逐步展开。

中共十八届三中全会提出了"推进国家治理体系和治理能力现代化"，中共十九届四中全会提出了"制度优势更好转化为国家治理效能"。本书主要研究了公立大学财务治理体系与治理能力，以及高校财务领域制度优势如何转化为治理效能。

本书在借鉴境外高校财务治理的基础上，联系中国高校财务的实践，研究了高校财务治理体系和治理能力，提出了高校财务治理基本框架；分析了高校财会监督是财务治理的内在要素以及高校财会的外部监督和内部监督的内容；阐述了高校财务领域制度效能转变为治理效能需要完善制度，高校财务领域制度效能转变为治理效能关键在于执行，高校管理审计是制度效能转为治理效能的主要推手，内部控制制度审计能够激发制度活力使制度效能转为治理效能；论述了高校财务是大学治理的基础和重要支柱，高校会计既是大学治理的基础，又是国家治理的基础；研究了高校财务高效能治理助推高校财务高质量发展；探索了优化高校治理文化有利于制度效能转变为治理效能，特别是对高校财务治理"去内卷化"进行了探索。

图书在版编目(CIP)数据

高校财务治理研究/乔春华著.—南京：东南大学出版社，2021.10

ISBN 978-7-5641-9758-2

Ⅰ.①高… Ⅱ.①乔… Ⅲ.①高等学校—财务管理—研究—中国 Ⅳ.①G647.5

中国版本图书馆CIP数据核字(2021)第226539号

责任编辑：马伟　责任校对：李成思　装帧设计：毕真　责任印制：周荣虎

高校财务治理研究

著　　者：乔春华
出版发行：东南大学出版社
社　　址：南京四牌楼2号　邮编：210096　电话：025-83793330
网　　址：http://www.seupress.com
电子邮件：press@seupress.com
经　　销：全国各地新华书店
印　　刷：广东虎彩云印刷有限公司
开　　本：700mm×1 000mm　1/16
印　　张：27.5
字　　数：539千字
版　　次：2021年10月第1版
印　　次：2021年10月第1次印刷
书　　号：ISBN 978-7-5641-9758-2
定　　价：98.00元

前 言

“治理”是当今世界的热门话题,但治理的目的是什么?如何实现治理的目的?研究“治理”者很多,但研究“高校财务治理”的甚少。高校财务治理也是当今高校财务研究领域的热门话题,我对它的关注始于2005年。2008年,我出版的专著《大学经营的财务视角》第三章的标题就是“大学财务治理”。“国家治理体系和治理能力现代化”被提出后,我就产生了写一部高校财务治理研究方面的专著的想法。

时至今日,高校财务治理研究仍停留在高校财务治理“治理什么”“如何治理”,高校财务治理的目的是什么,如何实现高校财务治理的这个目的等这些内容上。高校财务治理的目的应该是将高校财务领域内的“制度效能转变为治理效能”,但制度是死的,制度的生命力在于执行。制度是否得到了执行呢?这就需要审计监督“执行”的情况。“高校管理审计是制度效能转为治理效能的主要推手”,这是本书研究的动因和基本观点。

我写书的目的之一是使自己多读书。

我喜读书。我常自嘲“无聊才读书”(鲁迅),但读书能健身心。(汉)刘向曰:“书犹药也,善读之可以医愚。”(宋)陆游曾云:“读书有味身忘老。”又曰:“病须书卷作良医。”陆游所作的《读书》诗很多,如:“放翁白首归剡曲,寂寞衡门书满屋。藜羹麦饭冷不尝,要足平生五车书。校雠心苦谨涂乙,吟讽声悲杂歌哭。三苍奇字已杀青,九译旁行方著录。有时达旦不灭灯,急雪打窗闻簌簌。倘年七十尚一纪,墜典断编真可续。客来不怕笑书痴,终胜牙签新未触。”又如:“两眼欲读天下书,力虽不迨志有余。千载欲追圣人徒,慷慨自信宁免愚?置书不读谈虚无,谁其始为此创疽?古时泽被禽与鱼,博施所以为唐虞。正使老释信不诬,为我未免近杨朱。高轩大旆塞路衢,台阁尊显来于于。安得禹皋日陈谟,沾濡四表无焦枯。坐令事业见真儒,老农不恨老耕锄。”再如:“归志宁无五亩园,读书本意在元元。灯前目力虽非昔,犹课蝇头二万言。”

我还喜思考。子曰:“学而不思则罔,思而不学则殆。”《孟子·尽心下》云:“尽信书，则不如无书。”马克思指出：“哲学不是叫人信仰它的结论，而是要你思考。”古印度人说：“人应该把中年以后的岁月全部用来自觉和思索，以便找寻自我最深处的芳香。”

2020年新冠肺炎疫情肆虐，是多难之年。“多难兴邦”，我们不要去抱怨困境挫折，而应在逆境中奋起拼搏，使坏事在一定条件下转化为好事，“一定条件下”就是利用空间的封闭寻找时间的充裕。马克思有一句名言：“时间是人类发展的空间。”此刻正是闭门读书，在危中寻机的好时机。我们应像打磨璞玉一样磨炼自己，将危机转为天赐良机！疫情带来封闭，封闭带来静思，静思使脑细胞异常活跃，让火花碰撞迸发，让思想冲破牢笼。

我五音不全，唱不好歌，但喜欢听激励人生的歌词。早上七点我都得听电视中播放的中华人民共和国国歌——《义勇军进行曲》，然后这一天我都处在精神振奋、斗志昂扬的状态中。国歌中频率最高的词是什么？“起来”“前进”！我认为这是国歌的关键词。它告诉我们：一个国家、一个民族、一个单位、一个人要“起来”！“不愿做奴隶的人们”要“起来起来起来”！在中国人民政治协商会议第一届全体会议上，毛泽东庄重宣告：“占人类总数四分之一的中国人从此站立起来了！”“起来”就不能低头哈腰，不能卑躬屈节，这就是鲁迅所说的“中国的脊梁”。“起来”干什么？“前进”！“前进前进前进进”！一个国家、一个民族、一个单位、一个人要“前进”！“冒着敌人的炮火前进”！迎着千难万险“前进”！“前进”就是不要停步不前，要“前进”就是要“发展”。邓小平指出：“发展才是硬道理。”习近平也指出：“发展是人类社会永恒的主题。”1964年12月13日，毛泽东在修改周恩来《政府工作报告》稿时写道：“人类总是不断发展的，自然界也总是不断发展的，永远不可能停留在一个水平上。因此，人类总得不断地总结经验，有所发现，有所发明，有所创造，有所前进。停止的论点，悲观的论点，无所作为和骄傲自满的论点，都是错误的。”人活着干什么？为社会作贡献。马克思指出：“科学绝不是一种自私自利的享受。有幸能够致力于科学研究的人，首先应该拿自己的学识为人类服务。”奥斯特洛夫斯基曾说过：“人的一生应该这样度过：当他回首往事的时候，他不因虚度年华而悔恨，也不因碌碌无为而羞愧；当他临死的时候，他能够说：‘我整个的生命和全部的精力，都已经献给了世界上最壮丽的事业——为人类的解放而进行的斗争。’”我研究的领域是“高校财务”，我愿毕生为高校财务理论研究添砖加瓦，为年轻人的研究抛砖引玉，做年轻人成长的垫脚石。

本书可作为高校财务理论工作者和实务工作者的参考书，也可供研究高校财务的研究生参考。

这部《高校财务治理研究》是“‘安徽省高校管理大数据研究中心’智库研究项目”成果之一。

在成书过程中参阅了同行们的大量研究成果，借鉴了宝贵的经验，引用了可靠的资料，在此一并表示衷心感谢。

编辑审稿人员是本书质量的最后把关者，在成书过程中得到东南大学出版社责任编辑马伟同志的精准审阅，在此表示衷心感谢。

作为国内一部高校财务治理研究专著，本书肯定有众多不成熟或谬误之处，敬请各位读者批评指正。

今年是中国共产党建党一百周年，谨以此书向党的百年华诞献礼！

作　者

2021 年 4 月 9 日

目　录

第一章　高校财务治理体系与能力研究

第一节　大学治理概述

一、治理概述

(一) 名词解释

1. 汉语解释

《现代汉语词典(第 7 版)》中,“治理”有两种解释:“①统治;管理:治理国家。②处理;整修:治理淮河。”①

2. 英语解释

英国兰开斯特大学社会学教授鲍勃·杰索普指出:“治理只是晚近方才进入社会科学的标准英语词汇之内,并且在不同的外行圈子里成为‘时髦词语’的。英语中的‘治理’(governance)可以追溯到古典拉丁语和古希腊语中的‘操舵’一词,原意主要指控制、指导或操纵,与 government 的含义交叉。”②

从上可知,英语中对“治理”的解释比汉语中的更贴近我们现在对“治理”含义的理解。

(二) “治理”提法的提出

1. “治理”提法在中国早已有之

(1) “统治”与“管理”的含义

《荀子·君道》:“明分职,序事业,材技官能,莫不治理,则公道达而私门塞矣,公义明而私事息矣。”

《孔子家语·贤君》:“吾欲使官府治理,为之奈何?”

《汉书·赵广汉传》:“一切治理,威名流闻。”

(2) 理政的成绩

---

① 中国社会科学院语言研究所词典编辑室.现代汉语词典[M].7 版.北京:商务印书馆,2017:1690.

② [英]鲍勃·杰索普.治理的兴起及其失败的风险:以经济发展为例的论述[J].漆蕪,译.国际社会科学杂志(中文版),1999(1):31-48.

晋袁宏《后汉纪·献帝纪》:"上曰:'玄在郡连年,若有治理,迨迁之,若无异效,当有召罚。何缘无故征乎?'"

(3) 理政之理

清严有禧《漱华随笔·限田》:"蒋德璟出揭驳之:'……由此思之,法非不善,而井田既湮,势固不能行也。'其言颇达治理。"

(4) 处理;整修

治理河道,如1950年7月20日,毛泽东作出《关于根治淮河的批语》;1963年11月17日,毛泽东发出"一定要根治海河"的号召。又如治理沙漠。

2. 国外"治理"的提法出现在近代或现代

(1) 13—14世纪治理一词就在法英流行过

联合国社会发展研究所副主任辛西娅·休伊特·德·阿尔坎塔拉曾指出:"'治理'一词在英语国家作为日常用语出现已有数百年,直到20世纪80年代末,可以说'治理'在开发界还是一个不常听到的词。而今天的联合国、多边和双边机构、学术团体以及民间志愿组织关于开发问题的出版物却很难有不以它作为常用词来使用的。"①

法国国家科学研究中心(CNRS)、拉丁美洲-欧洲政治研究中心(CEPEL)高级研究员,蒙彼利埃大学公共政策和地方空间研究中心的主任,埃克斯-普罗旺斯(Aix-en-Provence)政治学院的政治学教授,法国学者让-皮埃尔·戈丹(Jean-Pierre Gaudin)在《何谓治理》一书中认为:"治理概念经历了三次'生命阶段'。早在13世纪治理一词就在法国流行过,14世纪末期英格兰国王亨利四世也使用过这个概念。而最新研究成果表明:'在17—18世纪,治理是关于王权和议会权力平衡的讨论所涉及的重要内容之一。'不过当时的治理概念,'只代表一种含义:统治的思想与等级化的权力、垂直和自上而下的指挥关系,以及整齐划一的方式推行的意志等'……"②

让-皮埃尔·戈丹认为:"(20世纪)90年代出现了一个术语,首见于北欧诸国,后来就遍及全世界:'治理'(governance)。它含义模糊,足以包容多种用法。而且,这些用法初见之下也显得意义不明。有些作者把这个词追溯到16世纪,更多的则是把它追溯到18世纪;当时,法语gouvernance一词曾经是启蒙哲学把开明政府与对市民社会的尊重结合起来的向往中的一个要素。这自然是在这个词由于英语文化的影响而普及全球之前。后来它被译成了英语governance,用于种种语境。"③

---

① 辛西娅·休伊特·德·阿尔坎塔拉."治理"概念的运用与滥用[J].黄语生,译.国际社会科学杂志(中文版),1999(1):105-113.

② [法]让-皮埃尔·戈丹.何谓治理[M].钟震宇,译.北京:社会科学文献出版社,2010:4-14.

③ [法]让-皮埃尔·戈丹.现代的治理,昨天和今天:借重法国政府政策得以明确的几点认识[J].陈思,译.国际社会科学杂志(中文版),1999(1):49-58.

(2) 出现在 20 世纪 80 年代

法国国家科学研究中心(国际调研中心)研究员、巴黎政治学院教授玛丽-克劳德·斯莫茨认为:“20 世纪 80 年代,‘治理’的概念以毫无章法的形式在国际关系中出现。它不仅没有愈使用愈清晰,反而成了一个含义广泛、无所不包的术语,有时与‘政权’的概念联系在一起,有时与‘世界秩序’的概念联系在一起;与此同时,国际金融机构也在继续使用这一术语,用来为它们向一些国家——被认为是不能正确管理所获贷款的那些国家——强加政治条件的行为辩护。于是,治理一词便加上了一个修饰词,成了‘有效的’治理。这样一种含义混乱的概念值得从国内政治学向国际关系社会学、从英国或美国向法国引进吗?我们认为,只要参照几年前把它置于显著地位的公共政治,特别是城市政策方面的研究,就会弄清它的内涵与外延。由此可知,引进这一概念还是值得的。”①

(3) 出现在 20 世纪 80 年代末

1989 年,世界银行在概括当时非洲的情形时,首次使用了“治理危机”(crisis in governance)一词。此后“治理”便广泛地被用于政治发展研究中,特别是被用来描述发展中国家的政治状况。如:1992 年,世界银行发布名为《治理与发展》的年度报告;1996 年,经济合作与发展组织(OECD)发布名为《促进参与式发展和善治的项目评估》的报告;1996 年,联合国开发署(UNDP)发布名为《人类可持续发展的治理、管理的发展和治理的分工》的年度报告;1997 年,联合国教科文组织(UNESCO)提出了一份名为《治理与联合国教科文组织》的文件;等等。《国际社会科学杂志》1998 年第 3 期出了一个名为“治理”(Governance)的专号。联合国有关机构还成立了一个“全球治理委员会”,并出版了一份名为《全球治理》的杂志。20 世纪 90 年代以来,有关治理的著述大量涌现,治理理论成为当代政治学、行政学、经济学、管理学中的显学②。

(三) 治理的定义

1. 关于“治理”的代表性定义

1992 年,华盛顿大学国际事务和政治科学教授、美国国际研究协会的前主席、治理理论的主要创始人詹姆斯·N.罗西瑙(J. N. Rosenau)在其主编的《没有政府的治理:世界政治中的秩序与变革》(*Governance without Government: Order and Change in World Politics*)论文集中把治理定义为:“一系列活动领域的管理机制,它们虽未得到正式授权,却能有效发挥作用。与统治不同,治理指的是一种有共同目标支持的活动,这些管理活动的主体未必是政府,也无须依靠国家的强制力量来

① [法]玛丽-克劳德·斯莫茨.治理在国际关系中的正确运用[J].肖孝毛,译.国际社会科学杂志(中文版),1999(1):81-89.

② 俞可平.治理和善治引论[J].马克思主义与现实,1999(5):37-41.

实现。”治理“既包括政府机制，但同时也包括非正式、非政府的机制，随着治理范围的扩大，各色人和各类组织等得以借助这些机制满足各自的需要，并实现各自的愿望”①。

1970年12月7日，西德总理威利·勃兰特(Willy Brandt)因“华沙之跪”于1971年获得诺贝尔和平奖，他在柏林墙拆除之前就已意识到一个全新的世界应如何组织国际生活是一个亟待解决的问题。1992年，由勃兰特提议，以私人身份供职的著名人士参与发起(其中包括雅克·德洛尔、绪方贞子和奥斯卡·阿里亚斯)，并得到时任联合国秘书长布特罗斯·布特罗斯-加利(Boutros Boutros-Ghali)的大力支持，联合国成立了全球治理委员会(Commission on Global Governance)。同年，联合国学术委员会(ACUNS)创办了《全球治理》(*Global Governance*)学术期刊，专门研究和讨论全球治理问题。1995年，在联合国成立50周年之际，全球治理委员会在其发表的一份题为《我们的全球伙伴关系》(也有译为《天涯若比邻》)(*Our Global Neighbourhood*)的研究报告中对治理进行了界定：治理是各种公共的或私人的个人和机构管理其共同事务的诸多方式的总和。它是使相互冲突的或不同的利益得以调和并且采取联合行动的持续的过程。它既包括有权迫使人们服从的正式制度和规则，也包括各种人们同意或认为符合其利益的非正式的制度安排②。从全球治理的角度看：“全球治理问题可以设想为包括通过控制、追求目标以产生跨国影响的各级人类活动——家庭到国际组织——的规则系统，甚至包括被卷入更加相互依赖急剧增加的大量规则系统。”③

但也有学者对上述观点提出质疑，劳伦斯·S.芬克尔斯坦(L. S. Finkelstein)说，罗西瑙关于治理的定义几乎无所不包却什么也没有说明，对研究毫无助益④。他建议把治理看作是一种“活动”，而不是一种规则系统，因为已有的政权理论足够使用。但当他提出自己的定义时，却并不特别坚持这个看法。他说：“全球治理就是超越国界的关系，就是治理而没有主权。”尽管如此，这样一种含糊的提法几乎是无懈可击的[或者用时下流行的假波普尔者(Pseudo-Popperian)的行话说，无可“证误”]，但这还仅仅是事情的开始。他接着说：“全球治理就是在国际上做政府在国内做的事。”⑤这就把我们引回了昔日的美好梦想：理想主义大行其道，人类有一个

---

① Rosenau J N. Governance without government: order and change in world politics[C]. Cambridge: Cambridge University Press, 1992: 5;[美]詹姆斯·N.罗西瑙.没有政府的治理：世界政治中的秩序与变革[C].张胜军，刘小林，等译.南昌：江西人民出版社，2001：55.

② 全球治理委员会.我们的全球伙伴关系[M].牛津：牛津大学出版社，1995：23;俞可平.权利政治与公益政治[M].北京：社会科学文献出版社，2000：113.

③ Rosenau J N. Governance in the twenty-first century[J]. Global Governance, 1995(1): 17.

④ Finkelstein L S. What is global governance[J]. Global Governance, 1995, 1(3): 368.

⑤ 同④，369.

世界政府。由于可治理性问题已成为当今政治思想的核心，事情就变得更加有意思[1]。国家机构是否具备有效地完成其使命的能力已经成为问题，国家当局“行使权力控制局势和人民，得到公民的服从或赞同”的能力令人深感忧虑。如果全球治理不过是把当前关于公共权力的危机推移到国际层次，那算什么进展？

罗伯特·罗茨认为：治理标志着政府管理含义的变化，指的是一种新的管理过程，或者一种改变了的有序统治状态，或者一种新的管理社会的方式。他详细列举了关于治理的六种不同的定义，它们是：①作为最小国家管理的治理，意指国家消减公共开支，以最小的成本取得最大的利益；②作为公司治理的治理，意指指导、控制和监督企业运行的组织体制；③作为新公共管理的治理，意指将市场的激励机制和私人部门的管理手段引入政府的公共服务中；④作为善治的治理，意指强调效率、法治、责任的公共服务体系；⑤作为社会一般控制系统的治理，意指政府与民间、公共部门与私人部门之间的合作与互动；⑥作为自组织网络的治理，意指建立在信任与互利基础上的社会协调网络[2]。

2. 对“治理”定义的分析

对于“治理”的定义，俞可平从不同的视角进行了分析。他认为：“治理概念具有多个意境，就新公共管理而言，其是指将市场激励体制与私人单位的管理方式使用到政府的公共服务中。就善治而言，其是指集效率、法治以及责任为一体的公共服务体系。就社会控制体系而言，其是指政府和民间、公共和私人单位间的合作和互动。就行政学而言，是指多元、民主、合作以及非意识形态化的公共行政。就自组织网络而言，其是指基于信任与互利的社会协调网络。”[3]

国外学者认为“治理”有四个特征。《我们的全球伙伴关系》中阐述了这四个特征：治理不是一整套规则，也不是一种活动，而是一个过程；治理过程的基础不是控制，而是协调；治理既涉及公共部门，又包括私人部门；治理不是一种正式的制度，而是持续的互动。

笔者认为，“治理”的定义应确定六个要素：“治理是什么（属概念）”“谁治理（主体）”“根据什么治理（依据）”“如何治理（方法或手段）”“治理什么（客体）”“治理的目的是什么（为什么）”。

首先要解决“治理是什么”。常用的定义方法是“属加种差”，即“被定义项＝种差＋邻近的属”。这种方法又称为真实定义、实质定义，即下定义时首先应找出被定义项邻近的属概念。罗西瑙认为，治理是“机制”；《我们的全球伙伴关系》

---

① Centre Universitaire de Recherches Administrative et Politiques de Picardie (CURAP). La Gouvernabilité [M]. Paris: Presses Universitaires de France, 1996.

② [英]罗伯特·罗茨.新的治理[J].木易，编译.马克思主义与现实，1999(5)：42-48.原载于英国《政治学研究》1996年第154期。

③ 俞可平.治理与善治[M].北京：社会科学文献出版社，2000(1)：94.

认为治理是“过程”；芬克尔斯坦认为治理是“过程”；等等。笔者认为治理是一种“机制”。

“谁治理(主体)”？罗西瑙认为，“主体未必是政府，治理既包括政府机制，但同时也包括非正式、非政府的机制”；《我们的全球伙伴关系》认为主体是“各种公共的或私人的个人和机构”。笔者认为治理主体是机构的“利益相关者”。

“根据什么治理(依据)”？《我们的全球伙伴关系》认为是“正式制度和规则，也包括各种人们同意或认为符合其利益的非正式的制度”。笔者认为治理的依据是“正式制度、契约和约定俗成的规则与守则等，但主要是法规等正式制度”。

“如何治理(方法或手段)”？笔者以前的观点仅是“制衡”，这次阅读大量文献后，发现国外学者主要强调“协调”，现在修正后的观点是“制衡和协调”。

“治理什么(客体)”？笔者以前的观点仅是“权力”，现在认为是“权力与权利”。

“治理的目的是什么(为什么)”？笔者认为治理的目的是在治理范围内各方利益达到“帕累托最优(Pareto Optimality)”或公共利益较大化。

综上所述，“治理”的定义是指治理主体(利益相关者)为了达到利益较大化依据制度制衡权力和协调权利平衡的一种机制。

(四) 治理与统治的关系

1. 治理与统治的联系

英国格拉斯哥的斯特拉斯克莱德大学政府系政治学教授格里·斯托克(Gerry Stoker)是研究治理理论的一位权威，他认为：“审读有关文献，得出的结论总体表明‘治理’这个词有种种用法，也有种种意思。但有一基本的相同之处：治理所指，是统治方式的一种新发展，其中的公私部门之间以及公私部门各自的内部界线均趋于模糊。治理的本质在于，它所偏重的统治机制并不依靠政府的权威或许可。‘治理的概念是，它所要创造的结构或秩序不能由外部强加，而是多种统治过程和互相影响的行为体的互动带来的结果’……从治理视角来看，统治也就总是一个互动的过程。”①

罗茨认为，治理意味着“统治的含义有了变化，意味着一种新的统治过程，意味着有序统治的条件已经不同于前或是以新的方法来统治社会”②。

如上所说，治理“是统治方式的一种新发展”，是“一种新的统治过程”，治理与统治不能相互替代，治理与统治的联系是治理与统治都需要权力，都需要依法，也都需要权威。正如俞可平所指出的：“治理作为一种政治管理过程，也像政府统治

① [英]格里·斯托克.作为理论的治理：五个论点[J].华夏风，译.国际社会科学(中文版)，2019(3)：23-32.原文发表于《国际社会科学杂志》(英文版)1998年第50卷第17—28页；中译文曾发表于《国际社会科学杂志》(中文版)1999年第16卷第1期第19—30页，本文转载时有修改。

② 转引自：俞可平.治理和善治引论[J].马克思主义与现实，1999(5)：37-41.

一样需要权威和权力，最终目的也是为了维持正常的社会秩序，这是两者的共同之处。”①从上可知，“治理”与“统治”两者不可替代。

2. 治理与统治的区别

前已述及，罗西瑙曾主编过一本书《没有政府的治理：世界政治中的秩序与变革》；让-皮埃尔·戈丹也曾指出：“治理从头起便须区别于传统的政府统治概念。”②

“治理”(governance)与“统治”(government)两个词从汉语和英文的表面上看似乎并无差别，但实际区别却很大。格里·斯托克指出：“治理视角认定，办好事情的能力并不在于政府下命令或运用其权威的权力。政府可以动用新的工具和技术来掌舵和指引。库伊曼(Kooiman)和范·弗利特(Van Vliet)对‘政府在治理中的任务’作了如下的概括：(1)构建/解构与协调；(2)协调合作和掌舵；(3)整合与监管。”

(1) 从“不是划桨而是掌舵”改为“不仅要划桨更要掌舵”

掌舵(steering)是治理的代名词，划桨(rowing)是统治的代名词。有人认为，政府转变行政职能应从“划船者”变为“掌舵者”，从“运动员”变为“裁判员”。戴维·奥斯本等指出：“政府的职责是掌舵而不是划桨。”③认为要以“掌舵”代替“划桨”。夏镇平、陈郑认为：“美国学者盖布勒和奥斯本在《重塑政府》一书中提出的‘政府的职能不是划桨，而是掌舵’(Steering rather than rowing)原则，应译为‘不仅要划桨，更要掌舵’。”④辛西娅·休伊特·德·阿尔坎塔拉提出的“更少的统治，更多的治理”(Less Government, More Governance)已成为当前一些国家政府管理改革和发展的口号。正如辛西娅·休伊特·德·阿尔坎塔拉指出的：“今天的国际多边、双边机构和学术团体以及民间志愿组织关于发展问题的出版物很难有不以它(治理)为常用词汇的。”⑤

(2) “服务而不是掌舵”

美国亚利桑纳州立大学公共事务学院教授珍妮特·V.登哈特(Janet V. Denhardt)和美国亚利桑纳州立大学公共事务学院教授、美国国家公共行政学院院士罗伯特·B.登哈特(Robert B. Denhardt)曾写过一本书——《新公共服务：服务，而不是掌舵》。这本书后来由丁煌翻译为中文，成为“国家治理与政府改革译丛”中的一种，于 2014 年 5 月，由中国人民大学出版社出版。

---

① 俞可平.治理和善治：一种新的政治分析框架[J].南京社会科学，2001(9)：40-44.

② [法]让-皮埃尔·戈丹.现代的治理，昨天和今天：借重法国政府政策得以明确的几点认识[J].陈思，译.国际社会科学杂志(中文版)，1999(1)：49-58.

③ [美]戴维·奥斯本，特德·盖布勒.改革政府：企业家精神如何改革着公共部门[M].周敦仁，等译.上海：上海译文出版社，2006.

④ 夏镇平，陈郑.掌舵还是划桨？——中国行政管理取向思考[J].前沿，2010(14)：102-104.

⑤ 辛西娅·休伊特·德·阿尔坎塔拉."治理"概念的运用与滥用[J].国际社会科学杂志(中文版)，1999(1)：105-113.

俞可平指出："治理的概念不同于统治的概念，从统治走向治理，是人类政治发展的普遍趋势。'多一些治理，少一些统治'是21世纪世界主要国家政治变革的重要特征。从政治学理论看，统治与治理主要有五个方面的区别。其一，权力主体不同。统治的主体是单一的，就是政府或其他国家公共权力；治理的主体则是多元的，除了政府外，还包括企业组织、社会组织和居民自治组织等。其二，权力的性质不同。统治是强制性的；治理可以是强制的，但更多是协商的。其三，权力的来源不同。统治的来源就是强制性的国家法律；治理的来源除了法律外，还包括各种非国家强制的契约。其四，权力运行的向度不同。统治的权力运行是自上而下的；治理的权力运行可以是自上而下的，但更多是平行的。其五，两者作用所及的范围不同。统治所及的范围以政府权力所及领域为边界，而治理所及的范围则以公共领域为边界，后者比前者要宽广得多。"①

从上可知，正如"治理"与"统治"两者不可相互替代那样，"掌舵"与"划桨"两者也不可相互替代。只有"掌舵"没有"划桨"不行，只有"划桨"没有"掌舵"也不行；只有"统治"没有"治理"不行，只有"治理"没有"统治"也不行。理想的状态是"多一些治理，少一些统治"。

（五）治理与管理的关系

1. "公司治理"与"公司管理"

著名公司治理研究专家R. I. 特里克（R. I. Tricker）说过："21世纪是公司治理的世纪，它左右了世界范围中所有公司的权力支配的合法性和有效性。"他还指出："任何公司都既需要治理也需要管理。"②

英国学者鲍博·特里克在2003年指出："董事会的责任是治理公司，经理的责任是管理公司。"他写道："20年以前，人们对'公司治理'（corporate governance）一词还很陌生，如今已习以为常。在1992年的《卡德贝瑞报告》（*Cadbury Report*）中，'公司治理'被定义为指导和控制公司的体系。董事会的责任是治理公司，确保公司正常运行。经理的责任是管理公司。而股东在公司治理中的作用就是任命董事和审计师。"③公司治理与公司管理的关系如图1-1所示。

从上可知，"公司治理"建构在"所有权层次"上，是"董事会的责任"；"公司管理"建构在"经营权层次"上，是"经理的责任"。从图1-1可知，"公司治理"与"公司管理"关系密切，有一定重合，但也有很大差别。

2. "治理"与"管理"

2015年3月5日，习近平在十二届全国人大三次会议上海代表团会议上强调

---

① 俞可平.推进国家治理体系和治理能力现代化[J].前线，2014(1)：5-8.

② Tricker R I. International corporate governance[M]. Englewood Cliffs NJ：Prentice Hall，1984：6-7.

③ [英]鲍博·特里克.董事与公司治理[M].刘文军，庄磊，译.北京：中信出版社，2005：4-5.

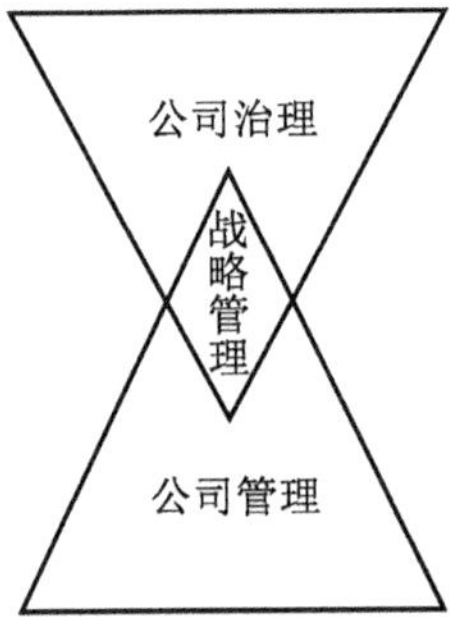

图 1-1　公司治理与公司管理的关系

资料来源：Tricker R I. Corporate governance[M]. London：Gower Publishing Company Limited，1984.

指出："治理和管理一字之差，体现的是系统治理、依法治理、源头治理、综合施策。"

瑞士洛桑大学社会科学学院院长、政治社会学教授弗朗索瓦-格扎维尔·梅理安(Francois-Xavier Merrien)认为，治理的特征为"五个不再是和而是"，即"新的(有效)管理的特征不再是监督，而是合同包工；不再是中央集权，而是权力分散；不再是由国家进行再分配，而是国家只负责管理；不再是行政部门的，而是根据市场原则的管理；不再是由国家'指导'，而是由国家和私营部门合作"①。他将"治理"称为"新的(有效)管理"。因此，治理与管理之间关系密切，但两者也有区别。"管理"主要是运用权力自上而下地进行，而"治理"是制衡权力和协调权利的平衡，且"治理"不仅是自上而下的，而且是利益相关者上下左右同时发力。

3. "治理"与"管理"的学科定位

管理属于管理学科。有人认为，"治理"属于管理学范畴。如眭依凡认为，"作为管理学界的一个专业术语，'治理'是个舶来词"②；孙绵涛认为，"我们这里所说的'治理'，是公共管理学的一个范畴"③。

笔者认为"治理"属于政治学，原因是"制衡权力"，而权力是政治学的研究对象。

国内外研究"治理"的学者大多是政治学家，如俞可平是北京大学政府管理学院院长兼北京大学中国政治学研究中心主任，政治学系教授；玛丽-克劳德·斯莫茨是法国国家科学研究中心(国际调研中心)研究员，巴黎政治学院教授；格里·斯托克是英国斯特拉斯克莱德大学政府系政治学教授；弗朗索瓦-格扎维尔·梅理安

① [瑞士]弗朗索瓦-格扎维尔·梅理安.治理问题与现代福利国家[J].肖孝毛，译.国际社会科学杂志(中文版)，1999(1)：59-68.

② 眭依凡.论大学的善治[J].江苏高教，2014(6)：15-21，

③ 孙绵涛.现代教育治理体系的概念、要素及结构探析[J].教育研究与实验，2015(6)：52-56.

是瑞士洛桑大学政治社会学教授；等等。

二、大学治理概述

（一）大学治理的提出与发展

1. 大学治理实践的提法

在高等教育领域，欧美学者常常将大学治理的实践比喻成“牧猫”（herding cats），意指管理一群各有主见且不听调遣的人。猫与狗不同，狗通常对主人唯命是从，与主人是主从关系，而猫把自己视为家庭的主人，与主人不是主从关系，管理猫比指挥狗难度要大。美国康奈尔大学前副校长罗纳德·G.埃伦伯格（Ronald G. Ehrenberg）曾指出：“管理由这些思想独立的教师所组成的机构就好似‘牧猫’。”①所以美国的大学有个说法：“一个努力去领导大学全体教员的管理者，正如一个努力去‘牧猫’的人，他们面对的问题是同样的。”②特别是那些研究型大学，不仅拥有众多恃才傲物的著名学者，而且拥有众多利益相关者，治理极为复杂，因此，校长们经常把大学的治理比喻成“牧猫”。担任美国马里兰大学校长长达13年并为该校作出极大贡献的克莱顿·D.莫特也深有感触地戏称：“当校长好比当墓地管理员，下边虽然有很多人，可是没有谁听他的。”这揭示了“大学不是一个可以依靠权力就能驾驭的组织”这个真理。推而广之，“牧猫”也就是指治理那些混乱的、难以控制的组织的一种努力，意味着这是一个非常困难或几乎无法完成的任务。

2. “大学治理”与“教育治理”

（1）大学治理

欧洲学者认为“大学治理”（university governance）一词来自美国③。首部探究大学治理的专著是1960年美国的科尔森编写的《大学和学院的治理》④。

让-皮埃尔·戈丹的《何谓治理》一书中提到，在1976年詹姆斯·马奇（James March）和约翰·奥尔森（Johan Olsen）合著的《组织中的二重性与选择》中就有一篇题为《大学治理》（“University Governance”）的文章。戈丹认为，在美国这不仅是“研究复杂组织和有限理性的一个热门主题”，而且是研究大学治理的较早的文章⑤。

罗纳德·G.埃伦伯格认为，“削减成本、提高效率，从而控制学费增长”实际上就是美国政府与社会对高等教育机构进行治理的问题。埃伦伯格在其主编的《美

---

① ［美］罗纳德·G.埃伦伯格.美国的大学治理[M].沈文钦，等译.北京：北京大学出版社，2010：3.

② ［美］罗纳德·G.埃伦伯格.美国的大学治理[M].沈文钦，等译.北京：北京大学出版社，2010：4.

③ Groof J D, Neave G, Svec J. Democracy and governance in higher education [M]. Boston: Kluwer Law International, 1998: 8-9.

④ Corson J J. Governance of colleges and universities[M]. New York: McGraw-Hill. 1960.

⑤ ［法］让-皮埃尔·戈丹.何谓治理[M].钟震宇，译.北京：社会科学文献出版社，2010：18.

国的大学治理》(*Governing Academia*)序言中指出：近几十年来，无论是美国的公立高等院校还是私立高等院校，本科生的学费增长率都远远高于通货膨胀率。美国国会于1997年成立国家高等教育成本委员会，其目的就在于对本科教育的成本和定价进行调查，并以此为基础提出遏制学费增长的建议。无论是政府还是社会，都想知道"高等教育机构为什么不能像商业机构那样运转——削减成本、提高效率，从而控制住学费增长率"①。

R. 伯恩鲍姆(R. Birnbaun)在其著名的《共治的终结：回溯还是前瞻》一文中提出了大学治理的两个维度，即硬治理(hard governance)与软治理(soft governance)。"硬治理"所强调的是"组织内部带有约束力的治理结构、规制与系统，它们共同确定了组织的权力关系，规定了某些特定的组织程序，并且鼓励组织成员遵守既定的政策和规程"。"硬治理"的合法性基础，源于高校内部的科层体制及其权力配置上的委托代理关系。"软治理"指"组织中有助于发展和维护个人及群体规范的社会关系和互动系统"，其理论基础在于组织文化的影响与支持②。

张维迎博士在讲"为什么提出大学的治理问题?"时指出："其实任何一个组织都有一个治理问题，学校也不例外。涉及大学治理的时候，要讨论的一个问题是：用什么样的制度安排能够保证大学的目标和理念得以实现。大学里同样需要制度安排。这些制度安排就是治理结构，就是大学的治理。"他还指出："大学的治理涉及一系列问题，比如：大学的控制权究竟应该在谁的手里？是在教授手里还是在行政主管手里，是在校长手里还是在学生手里，或者是在政府手里？就是说，所有与大学相关的这些人当中，谁应该有控制权？假如一个校长能够拥有控制权，那么这个校长应该对谁负责？也就是说他应该以谁的利益为主来进行决策？这和企业有些不一样。企业比较明确，经理是股东的代理，所以经理决策的时候就应该以股东的利益为主。但是大学没有股东，那么它应该以谁的利益为主做这个决策，就是一个有待讨论的问题。"③

(2) 教育治理

1998年，加拿大学者卡伦·芒迪(Karen Mundy)受约翰·杰拉德·鲁格(John Gerard Ruggie)的启发认为"治理"应是"教育多边主义"，她最早提出这个概念，并将其理解为"在普遍的行为原则基础上协调三个或三个以上国家的教育关系的体

① [美]罗纳德.G.埃伦伯格.美国的大学治理[M].沈文钦，等译.北京：北京大学出版社，2010：3.

② Birnbaum R. The end of shared governance: looking ahead or looking back[J]. New Directions for Higher Education, 2004(127): 5-22.

③ 张维迎.大学的逻辑[M].北京：北京大学出版社，2004：4.

制形式”①。

2009 年，联合国教科文组织发布全民教育全球监测报告《消除不平等：治理缘何重要》（*Overcoming Inequality: Why Governance Matters*）认为，教育治理（education governance）涉及所有层面上的决策过程：它不仅涉及一个国家的教育行政和管理系统，而且还涉及政策制定、资源分配和监测改革等所有正式和非正式进程②。因此，当教育决策过程发生在全球层面上时，教育治理也就成了全球教育治理。

德国学界在讨论与全球教育治理相关的问题时，例如，在分析国际组织参与全球教育事务活动时，使用的主要是“国际教育政策”（internationale bildungspolitik）这一概念。德国学者马塞洛・帕瑞哈・阿玛拉尔（Marcelo Parreira Amaral）建议将国际上的教育治理研究同德国国际教育政策研究结合起来，并在这个意义上提出了“国际教育治理”（international educational governance）的概念③。

英国学者肯尼斯・金（Kenneth King）和罗伯特・帕摩尔（Robert Palmer）认为，全球教育（与培训）治理是一个用来讨论国家和非国家行动者如何在教育中获得政治权威和影响的组织框架。它涉及一系列影响国家的教育和培训体系的全球进程④。

众所周知，“教育治理”比“大学治理”的外延要宽泛得多，“教育治理”包括“大学治理”“中小学治理”以及“教育事业单位治理”和“教育行政机关治理”等。

3. 大学治理的定义

1973 年，卡耐基高等教育委员会将大学治理定义为“作决策的结构和过程，从而区别于行政和管理”⑤。

美国著名学者伯恩鲍姆进一步揭示了大学治理的内涵，即“平衡两种不同的但都具有合法性的组织控制力和影响力的结构和过程，一种是董事会和行政机构拥

① Mundy K. Educational multilateralism and world (dis) order[J]. Comparative Education Review, 1998(2): 448-478, 450; Mundy K. Educational multilateralism: origins and indications for global governance[M]//Martens K, Rusconi A, Leuze K. New arenas of education governance — the impact of international organizations and markets on education policymaking. Houndmills: Palgrave Macmillan, 2007: 19-39.

② UNESCO. Overcoming inequality: why governance matters[R]. London: Oxford University Press, 2009: 129.

③ Amaral M P. Der betrag der educational governance zur analyse der internationalen bildungspolitik[J]. Bildung and Erziehung, 2015(3), S: 367-384.

④ King K, Palmer R. Post-2015 and the global governance of education and training[R]. Working Paper Norrag, 2014: 12.

⑤ Carnegie Foundation for the Advancement of Teaching. Governance of higher education: six priority problems[M]. New York: McGraw-Hill, 1973.

有的基于法定的权力，另一种是教师拥有的权力，它以专业权力为基础”①。

ASHE 系列丛书在讨论“关于 21 世纪大学治理”的文集中提出的定义是：“大学内外利益相关者参与大学重大事务决策的结构和过程。”他们认为，大学内外利益相关者包括：高等教育协会、基金会组织、联邦教育部、认证机构、高等教育管理办公室、执政者、州教育委员会、州立法机构、校友、地方社区、学生、董事会、大学高级行政人员、教师以及校长等②。

2003 年，盖尔(Gayle)认为：“现代大学治理是大学利益相关者就大学重要的外部和内部议题进行决策的过程和结构或制度。”③

2004 年，伯恩鲍姆指出：“大学包括基于法律权威的理事会和行政体系与基于专业权威的教师体系，现代大学治理就是为实现两个体系的微妙平衡而设计的结构和过程。”④

2006 年，斯伯恩(Sporn)指出：“现代大学治理指的是高等教育机构形成决策的结构和过程。”⑤

现代大学治理的本质为：“大学内外利益相关者参与大学重大事务决策的结构和过程。”⑥

此外，还有一个定义是：“(大学)‘治理’概念的前提假设是每所大学都拥有运用自身资源做出决策的真正权力，以及每所大学能够独立控制如教师聘用、晋升、考核、招生以及考试等内部事务。因此，治理概念简明直接的定义中实际包含了对大学与公共权力之间‘适当’关系的一种规范性假设，即大学被赋予了很高程度的自治权力。”⑦

孟韬在高校治理及国际比较高层研讨会上指出：“对高校治理的本质，与会者认为，高校治理作为一项制度安排是各利益相关者之间利益与权力博弈均衡的结

① Birnbaum R. The end of shared governance: looking ahead or looking back[J]. New Directions for Higher Education, 2004(127): 5-22.

② Gayle D J, Tewarie B, White A Q Jr. Governance in the twenty-first century university: approaches to effective leadership and strategic management[M]. San Francisco: Wiley Periodicals, 2003.

③ Gayle D J, Tewarie B, White A Q Jr. Governance in the twenty-first century university: approaches to effective leadership and strategic management[M]. San Francisco: Wiley Periodicals, 2003: 10.

④ Birnbaum R. The end of shared governance: looking ahead or looking back[J]. New Directions for Higher Education, 2004(127): 5-22.

⑤ Sporn B. Governance and administration: organizational and structural trends[M]//Forest J J F, Altbach P G. International handbook of higher education. Netherlands: Springer, 2007: 141-157.

⑥ Gayle D J, Tewarie B, White A Q Jr. Governance in the twenty-first century university: approaches to effective leadership and strategic management[M]. San Francisco: Wiley Periodicals, 2003.

⑦ Groof J D, Neave G, Svec J. Democracy and governance in higher education[M]. Boston: Kluwer Law International, 1998: 8-9.

果，尤其是基于决策权的行政权力和学术权力均衡的结果。”①

笔者认为，“大学治理”的定义是指大学内外利益相关者为了达到公共利益较大化依据制度制衡政治权力、行政权力、学术权力、民主权力和协调各方面权利平衡的一种机制。

（二）大学治理与“大学章程”

1. 大学治理与现代大学制度

《国家中长期教育改革和发展规划纲要(2010—2020 年)》第四十条规定：“完善中国特色现代大学制度。完善治理结构。……加强章程建设。”2010 年 10 月 24 日，国务院办公厅印发的《关于开展国家教育体制改革试点的通知》中指出：“改革高等教育管理方式，建设现代大学制度。……推动建立健全大学章程，完善高等学校内部治理结构。”2011 年 11 月 28 日，教育部发布的《高等学校章程制定暂行办法》第四条规定：“依法完善内部法人治理结构。”

由此可见，任何大学，只要是正规大学都必须建立现代大学制度，“双一流”建设大学尤其是这样。现代大学制度的核心是“完善治理结构”，大学治理结构是现代大学制度的基石。设想一个“双一流”建设大学如果没有完善的治理结构，没有建立现代大学制度，何谈建设“一流”大学和“一流”学科？章程是学校的“宪法”，如果一个大学的大学章程没有明确体现出“健全和完善治理结构”，那么，不得不认为该大学章程存在缺憾。

2. 原“985 工程”高校大学章程中对“大学治理结构”的规定

在原 38 所(国防科技大学隶属于中央军委，未披露)“985 工程”高校的大学章程中都体现了“大学治理结构”，但将“治理结构”作为一章的高校仅有 12 所，即山东大学、东北大学、重庆大学、西安交通大学、北京师范大学、大连理工大学、复旦大学、华中科技大学、湖南大学、北京理工大学、北京航空航天大学、西北工业大学(表 1-1)。

表 1-1　原“985 工程”高校大学章程中将“治理结构”作为一章的高校

大学章程	该章名称
《山东大学章程》	第五章　学校治理结构
《东北大学章程》	第三章　治理结构
《重庆大学章程》	第三章　治理结构
《西安交通大学章程》	第五章　治理结构

① 孟韬.高校治理的本质、机制与国际经验：高校治理及国际比较高层研讨会综述[J].教育研究，2011(2)：110-111.

（续表）

大学章程	该章名称
《北京师范大学章程》	第四章　治理结构
《大连理工大学章程》	第六章　治理结构
《复旦大学章程》	第二章　治理体系与基本职能
《华中科技大学章程》	第二章　治理体制
《湖南大学章程》	第六章　内部治理
《北京理工大学章程》	第四章　治理结构
《北京航空航天大学章程》	第三章　治理结构
《西北工业大学章程》	第五章　学校治理结构

三、公立大学的主要治理要素

（一）公立大学的治理目标

1. 国家治理体系和治理能力现代化的总体目标

（1）总体目标

党的十八届三中全会通过的《中共中央关于全面深化改革若干重大问题的决定》指出："全面深化改革的总目标是完善和发展中国特色社会主义制度，推进国家治理体系和治理能力现代化。"

党的十九届四中全会通过的《中共中央关于坚持和完善中国特色社会主义制度　推进国家治理体系和治理能力现代化若干重大问题的决定》指出："坚持和完善中国特色社会主义制度、推进国家治理体系和治理能力现代化的总体目标是，到我们党成立一百年时，在各方面制度更加成熟更加定型上取得明显成效；到二〇三五年，各方面制度更加完善，基本实现国家治理体系和治理能力现代化；到新中国成立一百年时，全面实现国家治理体系和治理能力现代化，使中国特色社会主义制度更加巩固、优越性充分展现。"

（2）国家治理体系与治理能力的关系

2013 年 11 月 12 日，习近平指出："国家治理体系和治理能力是一个国家制度和制度执行能力的集中体现。国家治理体系是在党领导下管理国家的制度体系，包括经济、政治、文化、社会、生态文明和党的建设等各领域体制机制、法律法规安排，也就是一整套紧密相连、相互协调的国家制度；国家治理能力则是运用国家制度管理社会各方面事务的能力，包括改革发展稳定、内政外交国防、治党治国治军等各个方面。国家治理体系和治理能力是一个有机整体，相辅相成，有了好的国家治理体系才能提高治理能力，提高国家治理能力才能充分发挥国家治理体系的效能。”①

2. 大学治理的目标

(1) 大学治理体系和治理能力的现代化

2013年党的十八届三中全会提出的“国家治理体系和治理能力现代化”是继“四化”之后的“第五化”。

(2) 国家治理体系和治理能力现代化的标准

俞可平认为：“衡量一个国家的治理体系是否现代化，至少有五个标准。其一是公共权力运行的制度化和规范化，它要求政府治理、市场治理和社会治理有完善的制度安排和规范的公共秩序。其二是民主化，即公共治理和制度安排都必须保障主权在民或人民当家作主，所有公共政策要从根本上体现人民的意志和人民的主体地位。其三是法治，即宪法和法律成为公共治理的最高权威，在法律面前人人平等，不允许任何组织和个人有超越法律的权力。其四是效率，即国家治理体系应当有效维护社会稳定和社会秩序，有利于提高行政效率和经济效益。其五是协调，现代国家治理体系是一个有机的制度系统，从中央到地方各个层级，从政府治理到社会治理，各种制度安排作为一个统一的整体相互协调，密不可分。”②

杜飞进认为：“如果把国家治理体系和治理能力看作一个整体，我国国家治理体系和治理能力现代化的标准可以概括为：(1)社会主义国家法治和人民民主制度更加完善，社会主义民主政治实现制度化、规范化、程序化，人民民主不断扩大，依法治国这个党领导人民治理国家的基本方略得到充分落实，法治政府和服务型政府建成；(2)坚持和完善社会主义基本经济制度，形成统一开放、竞争有序的市场体系和健全的宏观调控体系，市场主体有活力，科学发展不断迈出新步伐，创新成为市场主体的自觉取向，生产力获得持续解放；(3)建立以权利公平、机会公平、规则公平为主要内容的社会公平保障体系，人民享有平等参与、平等发展权利，维护社会公平正义；(4)坚持和完善与基本经济制度相适应的收入分配制度，形成合理有序的收入分配格局，保障和改善民生实现制度化，基本公共服务实现均等化，共同富裕实现程度不断提高；(5)文化管理体制和文化生产经营机制完善，现代公共文化服务体系、现代文化市场体系健全，社会主义核心价值观深入人心；(6)形成党委领导、政府负责、社会协同、公众参与、法治保障的社会管理体制，政府主导、覆盖城乡、可持续的基本公共服务体系，政社分开、权责明确、依法自治的现代社会组织

① 习近平.切实把思想统一到党的十八届三中全会精神上来[J]求是，2014(1)：3-6.

② 俞可平.衡量国家治理体系现代化的基本标准[N].北京日报，2013-12-9.

体制，源头治理、动态管理、应急处置相结合的社会管理机制，社会既充满活力又和谐有序；(7)生态文明制度有效建立，人与自然和谐发展；(8)党的建设科学化水平全面提升，党科学执政、民主执政、依法执政水平全面提高，党总揽全局、协调各方的领导核心作用充分巩固和发挥。如果国家治理体系和治理能力现代化达到上述标准，我国就能实现党、国家、社会各项事务治理制度化、规范化、程序化，实现让一切劳动、知识、技术、管理、资本的活力竞相迸发，让一切创造社会财富的源泉充分涌流，让发展成果更多更公平惠及全体人民，从而不断完善和发展中国特色社会主义制度，不断提高运用中国特色社会主义制度有效治理国家的能力。”①

江必新教授则将国家治理体系和治理能力现代化的标准归纳为制度化、科学化、规范化、程序化四重标准。②

(3) 大学治理体系和治理能力的目标

大学治理体系和治理能力的目标是大学公共权力运行的制度化、科学化、规范化、程序化，大学治理的效率即公共利益较大化。

3. 大学治理体系和治理能力的本质特征

“坚持人民当家作主，发展人民民主，密切联系群众，紧紧依靠人民推动国家发展”是我国国家制度和国家治理体系的本质特征，人民当家作主是社会主义民主政治的本质和核心。

《中国共产党章程》规定了“全心全意为人民服务是我们党的根本宗旨”；《中华人民共和国宪法》规定了“努力为人民服务”；习近平也多次指出“民心是最大的政治”“人心是最大的政治”“民生是最大的政治”“以人民为中心”“坚持人民主体地位”“人民至上”等。因此，大学治理体系和治理能力的本质特征是为民。

4. 大学治理体系和治理能力的文化

2014 年 10 月 13 日，习近平在十八届中共中央政治局第十八次集体学习时的讲话中指出：“历史是最好的老师。在漫长的历史进程中，中华民族创造了独树一帜的灿烂文化，积累了丰富的治国理政经验，其中既包括升平之世社会发展进步的成功经验，也有衰乱之世社会动荡的深刻教训。我国古代主张民惟邦本、政得其民，礼法合治、德主刑辅，为政之要莫先于得人、治国先治吏，为政以德、正己修身，居安思危、改易更化，等等，这些都能给人们以重要启示。治理国家和社会，今天遇到的很多事情都可以在历史上找到影子，历史上发生过的很多事情也都可以作为今天的镜鉴。中国的今天是从中国的昨天和前天发展而来的。要治理好今天的中国，需要对我国历史和传统文化有深入了解，也需要对我国古代治国理政的探索和

① 杜飞进.中国现代化的一个全新维度：论国家治理体系和治理能力现代化[J].社会科学研究，2014(5)：37-53.

② 江必新.推进国家治理体系和治理能力现代化[N].光明日报，2013-11-15.

智慧进行积极总结。”

（二）公立大学的治理主体——大学的利益相关者

张维迎指出：“大学作为一个非盈利性组织，是一个典型的利益相关者组织。”①

1. “利益相关者”的提出

“利益相关者”(stakeholders)的最早提出可追溯到18世纪初，指的是“赌注”或“押金”的意思。现代意义的企业利益相关者思想最早起源于20世纪30年代。1932年，伯利(Berle)和米因斯(Means)在其名著《现代公司与私有财产》一书里曾指出：“以所有者为一方和以控制者为另一方，之间形成了一种新的关系。……(这一关系涉及)公司的参与者股东、债权人及某种程度上还包括其他债权人。”②利益相关者理论的萌芽始于美国哈佛法学院学者多德(Dodd)，多德指出：“倘若公司作为一个主体是真实存在的，那么如下定理就是现实存在，而不仅仅是法律上的虚构，即公司的管理者对于公司主体的全部而不仅是个别的成员负有信托责任，换句话说，管理者是一个组织(具有多重构成成员在内)的受托人，而不只是股东的代言人。”③

1963年，美国斯坦福大学研究所才明确地提出了利益相关者的定义：“利益相关者是这样一些团体，没有其支持，组织就不可能生存。”

最早将该词引入管理学界和经济学界的是美国学者安索夫(Ansoff)。1965年，他提出：“要制定出一个理想的企业目标，必须综合平衡考虑企业的诸多利益相关者之间相互冲突的索取权，他们可能包括管理人员、工人、股东、供应商以及分销商。”

弗里曼是研究利益相关者的集大成者。1984年，他在《战略管理：利益相关者方法》一书中提出：“利益相关者是能够影响一个组织目标的实现，或者受到一个组织实现其目标过程影响的所有个体和群体。”④弗里曼和欧文还认为，企业既然是“一组”契约，这“一组”契约当然包括管理者、雇员、所有者、供应商、客户及社区等之间的契约⑤。

2. 高校的“利益相关者”

联合国教科文组织在巴黎召开的世界高等教育会议上发表的《世界高等教育

---

① 张维迎.大学的逻辑[M].北京：北京大学出版社，2004：9.

② 转引自：沈艺峰，林志杨.相关利益者理论评析[J].经济管理，2001(8)：19-24.

③ 转引自：唐纳森，普雷斯顿.公司相关利益者理论：概念、证据和应用[J].管理学会评论.1995(20)：65.

④ [美]R.爱德华·弗里曼.战略管理：利益相关者方法[M].王彦华，梁豪，译.上海：上海译文出版社；2006：15.弗里曼的原话为“那些因公司活动受益或受损，其权利也因公司活动而受到尊重或侵犯的人”。原著参见：Freeman R E. Strategic management：a stakeholder approach[M]. Boston：Pitman，1984：42.

⑤ [美]弗里曼，欧文.公司治理结构：一种相关利益者的解释[J].行为经济学学刊，1990(19)：354.

宣言》第十七条指出："有关各方——国家，学校的决策者、教学人员、研究人员和学生，高等院校的行政与技术人员，以及职业界和社会团体——之间的合作伙伴关系与联盟是进行改革的一支强大力量。以共同利益、相互尊重和相互信任为基础的合作伙伴关系，应成为改革高等教育的主要方式。"

英国伦敦政治经济学院前院长霍华德·戴维斯（Howard Davies）在第二届中外大学校长论坛上指出：在大学里，分析利益相关者比在许多公司里都有意义。对于大学来说，考虑不同类型利益相关者的利益是至关重要的。从法律上讲，利益相关者对大学有着不同却又平等的期望。你至少可以想到五种需要考虑其利益的相关团体：①政府；②教职工；③学生；④其他资助者；⑤校友。大学管理者发现他们被夹在这些不同利益相关者中间，企图找到一种方法，来调和各不相同有时甚至是互相冲突的利益。哈佛大学前校长德里克·博克（Derek Bok）在他的著作《市场中的大学》中，深刻地阐述了这一点，他说："与管理一个公司相比，领导一所大学是一项不确定因素更多的事业。其目的是利用教职工和管理者双方的力量，建立一种管理系统。而要建立这种系统，就要向前者灌输大学的需求和机遇，同时让后者认识到大学在保持可能实现的最高教学质量时，所需要的根本价值观和标准。"①

张维迎认为："公立大学的利益相关者包括出资人、教师、校长、院长、学生、校友以及所有纳税人等。"②

1997 年发布的《迪尔英报告》认为，大学应与社会各种利益相关者之间建立积极伙伴关系，推行"共同治理"模式。

亨利·罗索夫斯基在担任哈佛大学文理学院院长 11 年之后，出版了一本名为《美国校园文化——学生、教授、管理》的书。在书中，他指出："按照密切程度把高校利益相关者分为最重要群体、重要群体、部分拥有者和次要群体四个层次。其中，教师、行政主管和学生是高校的最重要群体；董事、校友和捐赠者是重要群体；科研经费提供者、产学研合作者、贷款提供者等被称为'部分拥有者'；社会公众、社区、媒体等是次要群体。"③

3. 大学治理主体的一般叙述

（1）外部利益相关者

外部利益相关者分为两个层次：

第一层次是出资者，即政府、学生家长、捐赠者。

---

① ［英］霍华德·戴维斯.制定 21 世纪大学的发展战略规划［M］//教育部中外大学校长论坛领导小组.中外大学校长论坛文集：第二辑.北京：中国人民大学出版社，2004：168-170.

② 张维迎.大学的逻辑［M］.北京：北京大学出版社，2004：19-21.

③ ［美］亨利·罗索夫斯基.美国校园文化：学生、教授、管理［M］.谢宗仙，等译.济南：山东人民出版社，1996：56-83.

第二层次是贷款提供者、产学研合作者、社会公众、社区、媒体等。

(2) 内部利益相关者

内部利益相关者分为三个层次:

第一层次是学生。没有学生就没有大学。

第二层次是教师。只有学生没有教师也不成为大学。

第三层次是管理者。只有学生和教师没有管理者同样不成为大学。

4. 大学治理的主体"多元化"要求共同治理

从上可以看出,大学治理的主体是由内外部利益相关者组成的"多元化"群体,因此,就必须要求"共同治理"。

美国著名的教育家、加利福尼亚公立高等教育系统的构建者克拉克·克尔(Clark Kerr)指出:"当代美国大学新兴模式的任务是'多元化'。治理理念的核心要义在于主体多元性、权力均衡性、协同合作性和程序法治性,是对传统大学制度与运行机制的有效突破,实现大学内、外部权力主体间关系的重组与优化。"①

美国加州大学的一位前任校长理查德·C.阿金森(Richard C. Atkinson)认为,使加州大学成为著名大学的一个重要传统是共同治理,"大学的责任在于教师、行政和董事的伙伴关系,加州大学迈向辉煌的第一步始于75年前引入共同治理制度"②。

周鲁卫的研究显示:"'Yale community'(耶鲁共同体)的成员原来是指耶鲁在职教师、员工和学生。近年来,耶鲁校方在向校友们宣扬'耶鲁共同体'的同时,已把这一理念推广到所在城市,乃至整个世界。"③

由此可见,将政府对公办大学单一的行政管理改变为多元共同治理是重要的制度创新④。

5. 大学共同治理组织——校务委员会

(1) 国外

1985年,以贾纳特为首的研究小组经过近3年的努力,发布了《大学效率研究指导委员会报告》(*Report of the Steering Committee for Efficiency Studies in Universities*),简称《贾纳特报告》(*Jarratt Report*),该报告首先确定了大学的法人

---

① Kerr C. Governance and functions[J]. Journal of the American Academy of Arts and Science, 1970: 115-116.

② 转引自:王英杰.论共同治理:加州大学(伯克利)创建一流大学之路[J].比较教育研究,2011(1):1-8+13.

③ 周鲁卫,沈兰芳,陆德明,等.为何耶鲁是耶鲁:耶鲁大学考察报告[J].教育发展研究,2004(2):34-36.

④ 《中国机构改革与管理》编辑部.法人治理结构建设是事业单位体制机制创新的关键[J].中国机构改革与管理,2013(7):封二.

地位，并指出："学术委员会过于保守，它只能是一个建议机构，治理机构（校务委员会）才应该是最高决策部门。"①《贾纳特报告》建议大学由副校长、三位助理副校长、学科分部董事会主席、研究生院董事会主席、学生会主席以及其他高级行政官员组成校务委员会。该委员会是大学的执行治理机构。除学术事务外，校务委员会负责大学其他所有事务，包括财务、投资和资产管理，代表大学签订合同以及进行贷款、抵押等，并通常具有监督教学和研究的责任。校务委员会通过与各委员会，如学术委员会、资源委员会（或称决策委员会，负责大学发展规划）等共同商讨来履行自己的职责。校务委员会一般是由以校外独立人员占主体的 33 名委员组成，试图在行政、学术和民主代表之间达成均衡且快速反应；校务委员会和院系之间不存在其他层级，使大学内部集权化与管理层级简约并存，利于沟通和决策更加快速和有效；同时，理事会、财务委员会和建筑委员会的外行主席大量参与决策，可以实现有效的财政管理，多渠道筹措资金。

1968 年"五月风暴"后，法国根据新出台的《高等教育方向指导法》规定了"参与"是大学办学的三大原则之一。大学校务委员会由学生、教师、科研人员、行政技术人员、服务人员及校外知名人士代表组成，并设常委会负责领导和管理学校。大学校务委员会的席位分配原则是：教学人员至少与学生的席位一样，校外人员占 1/6～1/3。比较典型的大学校务委员会的构成是：80 名成员中有 20 名高级教学人员，12 名初级教学人员，4 名研究人员，25 名学生，5 名行政和技术人员，14 名校外人员②。

（2）国内

高校党委会一般没有教师和学生代表参加，校长办公会更没有教师和学生代表参加。体现管理者、教师和学生共同治理的组织即"校务委员会"。我国"校务委员会"的发展沿革如下：

1950 年 8 月 14 日，教育部发布的《高等学校暂行规程》第二十六条规定："大学及专门学院在校（院）长领导下设校（院）务委员会，由校（院）长、副校（院）长、教务长、副教务长、总务长、图书馆长（主任）、各院（大学中的学院）院长、各系主任、工会代表四人至六人及学生会代表二人组成之。校（院）长为当然主席。校（院）务委员会的职权如下：（一）审查各系及各教研组的教学计划、研究计划及工作报告；（二）通过预算和决算；（三）通过各种重要制度及规章；（四）议决有关学生重大奖惩事项；（五）议决全校（院）重大兴革事项。校（院）务委员会得设常务委员会及各种专门委员会。"

---

① Lapworth S. Arresting decline in shared governance: towards a flexible model for academic participation [J]. Higher Education Quarterly, 2004, 58(4): 299-314.

② [加]约翰·范德格拉夫，等.学术权力：七国高等教育管理体制比较[M].2 版.王承绪，张维平，徐辉，等译.杭州：浙江教育出版社，2001：62.

1958年9月19日,《中共中央、国务院关于教育工作的指示》中明确规定:“在一切高等学校中,应当实行学校党委领导下的校务委员会负责制,一长制容易脱离党委领导,所以是不妥当的。”

1961年9月15日,《教育部直属高等学校暂行工作条例(草案)》第五十一条指出:“高等学校的领导制度,是党委领导下的以校长为首的校务委员会负责制。……高等学校设立校务委员会,作为学校行政工作的集体领导组织。学校工作中的重大问题,应该由校长提交校务委员会讨论,作出决定,由校长负责组织执行。高等学校校务委员会由校长、副校长、党委书记、教务长、总务长、系主任、若干教授和其他必要人员组成。校务委员会的人数不宜过多,党外人士一般应该不少于三分之一。人选由校长商同学校党委员会提出名单,报请教育部批准任命。正副校长担任校务委员会的正副主任。校务委员会在校长的主持下,讨论和决定学校工作中的重大问题:学校的教学工作、生产劳动、研究生培养、科学研究、物资设备、生活管理和思想政治工作等计划;各系工作中的某些重大问题;招生计划、毕业生分配、师资培养、教师职务提升等工作;制订和修改全校性的规章制度;审查通过学校的预算、决算;其他重大事项。在校务委员会闭会期间,校长可以召集行政会议,讨论和处理学校的日常行政工作。”

1978年10月4日,教育部发布《全国重点高等学校暂行工作条例(试行草案)》,把高等学校实行“党委领导下的以校长为首的校务委员会负责制”,改为“党委领导下的校长分工负责制”,取消了原来的“校务委员会”。

1983年5月,全国高等教育工作会议提出,“学校可以试行设立起参谋、咨询作用的校(系)务委员会”。

1984年12月19日,教育部党组发出《关于高等学校试行设立校务委员会的通知》,规定:“校务委员会的成员,应以对教育工作有见解、在学术上造诣较深的学者或富有经验的老教育工作者为主体,也要有在教学、科研和管理等方面作出贡献的中青年代表参加……高等学校校务委员会是学校工作的咨询机构,在校长领导下开展工作,并可以受校长委托,代表学校进行某些活动。”

1985年5月27日,中共中央发布的《关于教育体制改革的决定》规定:“学校逐步实行校长负责制,有条件的学校要设立由校长主持的、人数不多的、有威信的校务委员会,作为审议机构。”

从上可知,“校务委员会”由原来“党委领导下的以校长为首的校务委员会负责制”的领导体制转变为“有威信的审议机构”,而校务委员会是高校财务治理体系体现“多元共治”的善治模式。

6. 原“985工程”高校大学章程中的规定

(1) 原38所“985工程”高校大学章程中只有18所高校规定了“校务委员会”具体如下:

表 1-2　原“985 工程”高校大学章程中关于“校务委员会”的规定

章程名称	具体条款
《中国人民大学章程》	第三十六条：学校设置校务委员会，作为学校工作的咨议机构，依据其章程就学校重要事项和重大决策提出参考性的意见和建议
《东南大学章程》	第六十三条：学校设校务委员会，作为学校咨询机构，依照相关工作规程对学校事业的发展规划、重大改革措施、学科建设、师资队伍建设、人才培养等重大事项，提出咨询意见和建议。校务委员会的组成、运行、议事规则及组织章程另行制定
《吉林大学章程》	第三十九条：校务委员会是学校咨询机构，对学校的事业发展规划、重大改革措施、学科建设、师资队伍建设、校园建设等方面的重大事项，提出咨询意见和建议。校务委员会成员由学校的院士代表、资深教授代表、领导班子成员、部分退休校领导、基层单位负责人代表、相关职能部门负责人、民主党派及无党派人士代表、教师代表、学生代表等组成。校务委员会每年至少召开一次，依其工作规则履行职责
《上海交通大学章程》	第二十二条：学校设立校务委员会，负责学校教学、科研、社会服务、文化传承等方面的咨询和建议。校务委员会成员由本校有影响的现职和离退休教职工代表、知名校友和著名社会人士组成，校务委员会主任由学校党委书记担任
《同济大学章程》	第四十九条：学校设立校务委员会。校务委员会是学校工作的咨询机构。校务委员会依据其章程组建，成员由学校主要负责人、在职与退休教职员工代表、学生代表以及群众团体和有关单位的代表组成。其主要职责是：(一)对学校的总体发展规划、重大发展战略、重大发展项目、重大改革方案和举措等进行咨询；(二)受学校委托，对学校工作中某些重大问题进行调查研究，听取和反映教职员工和学生的意见与要求，提出意见和建议；(三)围绕学校的改革与发展，自主开展专项调查研究，提出意见与建议；(四)其他需要校务委员会处理的事项
《山东大学章程》	第六十条：学校设立校务委员会。校务委员会是学校的咨询机构，对学校事业发展规划、重大改革措施、学科建设、师资队伍建设、校园建设等重大事项，提出意见和建议。校务委员会由部分校领导、在职和离退休教职工代表、学生代表、校友代表以及群众组织和有关单位的管理人员组成。校务委员会主任由校党委书记担任
《重庆大学章程》	第四十八条：学校设校务委员会，由现任校领导、卸任校领导代表、资深教授代表等组成，按照其相关规程对学校重大事务进行咨询评议
《北京大学章程》	第二十九条：学校设校务委员会。校务委员会是学校的咨询议事和监督机构，是社会参与学校治理的组织形式。校务委员会行使下列职权：(一)审议通过校务委员会章程及其修订案；(二)决定委员的增补或者退出；(三)参与审议学校章程拟定和修订、发展与改革规划、学科建设与专业设置、年度预决算报告等重大事项；(四)审议学校开展政产学研合作与协同创新的总体方案、重大项目及协议，支持学校开展社会服务，促进学校社会合作水平和质量的提高；(五)审议学校面向社会筹措资金、争取资源的规划或者计划，监督筹措资金的使用；(六)监督和评价学校办学质量与效益；(七)承担学校委托的其他职能。校务委员会委员由以下人员组成：(一)国务院及国务院有关部门、北京市人民政府委派的代表；(二)校党委书记、校长及相关校领导、学校学术委员会主任，教师代表、学生代表；(三)认同学校使命、为学校发展做出重大贡献的社会组织代表和社会人士代表；(四)杰出校友代表和校外资深专业人士代表。校务委员会设主任一名，由校党委、校长推荐产生；设副主任若干名，由校务委员会全体会议选举产生

（续表）

章程名称	具体条款
《清华大学章程》	第二十六条：学校设校务委员会作为咨询审议机构，依照有关规章产生和行使职权，通过民主协商，定期讨论关系本校全局的决策并提供咨询意见。校务委员会的成员包括部分学校负责人和院系负责人、校工会主席、教授专家及其他方面代表。校务委员会设主任一名、副主任若干名，主任由校党委书记担任。校务委员会主任、副主任可代表学校参加校内外活动
《中国农业大学章程》	第二十一条：校务委员会是学校校内咨议机构，对学校重要事项和重大决策提出咨询建议。校务委员会设主任一名，由学校党委书记担任，设副主任若干名。校务委员会主任、副主任可受学校委托代表学校参加公务活动。校务委员会依据其章程开展工作
《南开大学章程》	第六十四条：校务委员会是学校面向师生、民主办学的咨询议事机构，主要职责是对涉及学校事业发展的重要事项进行咨询审议，提出意见建议
《中山大学章程》	第三十一条：校务委员会是学校工作的校内咨议机构，按照其章程对学校重要事项和重大决策提出意见或建议。校务委员会的组成、运行、议事规则等事项，按照校务委员会章程执行
《电子科技大学章程》	第五十三条：学校设置校务委员会，作为学校咨询机构，按照相关工作规程对学校事业的发展规划、重大改革措施、学科建设、师资队伍建设、人才培养等重大事项，提出咨询意见和建议。校务委员会的组成、运行、议事规则及组织章程另行制定
《西安交通大学章程》	第四十八条：学校设置校务委员会作为咨询机构，由学校知名学者、管理专家和离退休学校领导等人员组成，依据学校批准的章程开展工作，就改革发展中的重大事项和重大决策提出意见和建议
《北京师范大学章程》	第四十五条：学校设立校务委员会。校务委员会是学校的咨询机构。校务委员会由学校的主要领导、前任领导、院士、资深教授、全国人大代表、全国政协委员、专家学者代表、党代会代表、教代会代表以及学生组织负责人等组成，主任由学校党委书记担任。校务委员会就学校中长期事业发展规划、学科建设及人才队伍建设规划和校园建设规划，关系学校改革发展全局的重大决策，事关教职工根本利益和学校发展长远利益的重要决定等提供咨询意见和建议。校务委员会按其议事规则开展工作
《复旦大学章程》	第十五条：学校设置校务委员会。校务委员会是学校重大事务的咨询和审议机构，校务委员会委员由学校党政领导、学术治理系统各委员会的负责人、学院（系）和职能部门代表以及师生代表组成，学校党委书记任校务委员会主任。校务委员会委员实行任期制，每届任期五年，学生委员任期一年，委员可以连任。根据学校发展需要，校务委员会可设置相关专门咨询委员会
《南京大学章程》	第二十三条：校务委员会为学校的重要咨询机构，由学校党委和行政主要领导、相关职能部门负责人、党外人士代表、教师代表、学生代表和离退休教职工代表等组成。校务委员会主要职责是对学校发展规划、重大改革方案与措施以及学校办学活动中的重大事项进行咨询，提出意见和建议

（续表）

章程名称	具体条款
《厦门大学章程》	第十九条：学校设立校务委员会。校务委员会是学校工作的咨询机构，是学校实现科学决策、民主监督、社会参与的重要组织形式和制度平台。校务委员会在学校党委领导下开展工作，遵循民主协商的原则，服务于学校改革和发展。校务委员会由相关校领导、离任校领导代表、校内部门和院系负责人代表、知名教授和专家学者代表组成。可根据需要，聘请有关人员作为特邀委员（或董事）、顾问。校务委员会主任由学校党委书记担任

（2）对于校务委员会，这18所高校规定了什么？

① 大多数高校将其规定为“咨询机构”。《北京大学章程》将其规定为“咨询议事和监督机构”，《复旦大学章程》将其规定为“咨询和审议机构”，《中国人民大学章程》将其规定为“咨议机构”，《南开大学章程》将其规定为“咨询议事机构”。

② 大多数高校规定“校务委员会主任由学校党委书记担任”，《北京大学章程》规定“主任由校党委、校长推荐产生”。

③《北京大学章程》明确规定校务委员会“是社会参与学校治理的组织形式”。

④《北京大学章程》《同济大学章程》规定了“主要职责”。

（三）公立大学的治理方法或手段——“制衡”或“协调”

法国著名思想家孟德斯鸠曾指出，“一切有权力的人都容易滥用权力，这是万古不易的一条经验。有权力的人们使用权力一直遇到有界限的地方才休止”“从事物的性质来说，要防止滥用权力，就必须以权力制约权力”①。英国思想史学家阿克顿勋爵也指出，“权力导致腐败，绝对的权力绝对地导致腐败”“在所有使人类腐化堕落和道德败坏的因素中，权力是出现频率最多和最活跃的因素”②。行政事业单位特别是党政机关拥有巨大的公权力，如果不受制约与控制，就会变为绝对的权力，导致权力寻租和利益输送。而“一把手”的权力不受制约与控制就会变成“一霸手”。

2010年3月1日，习近平在中央党校春季学期开学典礼上讲话时指出：“权力是柄‘双刃剑’。领导干部手中掌握一定权力，为我们创造和提供了为人民服务的机遇，但同时也容易成为‘权力寻租’的主攻目标。”

2013年1月22日，习近平在中国共产党第十八届中央纪律检查委员会第二次全体会议上讲话时指出：“要加强对权力运行的制约和监督，把权力关进制度的笼子里，形成不敢腐的惩戒机制、不能腐的防范机制、不易腐的保障机制。”

---

① ［法］孟德斯鸠.论法的精神[M].张雁深，译.北京：商务印书馆，1983：156，36.

② ［英］阿克顿.自由与权力[M].侯健，范亚峰，译.北京：商务印书馆，2001：1，342.

2013年11月15日，中国共产党第十八届中央委员会第三次全体会议通过的《中共中央关于全面深化改革若干重大问题的决定》中指出："坚持用制度管权管事管人，让人民监督权力，让权力在阳光下运行，是把权力关进制度笼子的根本之策。必须构建决策科学、执行坚决、监督有力的权力运行体系，健全惩治和预防腐败体系，建设廉洁政治，努力实现干部清正、政府清廉、政治清明。形成科学有效的权力制约和协调机制。……推行地方各级政府及其工作部门权力清单制度，依法公开权力运行流程。完善党务、政务和各领域办事公开制度，推进决策公开、管理公开、服务公开、结果公开。"

2014年1月14日，习近平在中国共产党第十八届中央纪律检查委员会第三次全体会议上讲话时指出："要强化监督，着力改进对领导干部特别是一把手行使权力的监督，加强领导班子内部监督。"

2016年1月12日，习近平在中国共产党第十八届中央纪律检查委员会第六次全体会议上讲话时指出："大量案例表明，权力越大，越容易出现'灯下黑'。"

2018年12月13日，习近平在十九届中共中央政治局第十一次集体学习中讲话时指出："国家之权乃是'神器'，是个神圣的东西。公权力姓公，也必须为公。只要公权力存在，就必须有制约和监督。不关进笼子，公权力就会被滥用。……权力监督的目的是保证公权力正确行使。"

由此可见，权力是柄"双刃剑"，用得好为公为民，用得不好寻租谋私。而一切有权力的人都容易滥用权力，因此，必须把权力关进制度的笼子里。对权力要"制约和监督"，要"制衡"或"协调"，权力制约和监督的目的是保证公权力正确行使。

（四）公立大学治理的客体——大学的权力

全球治理委员会在《我们的全球伙伴关系》中指出："民主、分权、参与、协商、合作等是治理理论最核心的内涵。"①

2019年10月31日，中国共产党第十九届中央委员会第四次全体会议通过的《中共中央关于坚持和完善中国特色社会主义制度　推进国家治理体系和治理能力现代化若干重大问题的决定》第十四条"坚持和完善党和国家监督体系，强化对权力运行的制约和监督"中指出："……坚持权责统一，盯紧权力运行各个环节，完善发现问题、纠正偏差、精准问责有效机制，压减权力设租寻租空间。"

《教育部关于直属高校落实财务管理领导责任严肃财经纪律的若干意见》中指出："规范内部财务治理体制和运行机制。……形成决策权、执行权、监督权既相互制约又相互协调的运行机制。"

2014年6月4日，《中共教育部党组关于落实党风廉政建设主体责任的实施意见》指出："强化对权力运行的制约和监督，从源头上防治腐败。……完善高校内部

① 全球治理委员会.我们的全球伙伴关系[M].牛津：牛津大学出版社，1995：23.

治理结构，加快构建以高校章程为龙头的制度体系，完善廉政风险防控、防止利益冲突等制度，推行高校公开事项清单，让权力在阳光下运行。”

伯顿·R.克拉克认为：“过于集中的权力成了高等教育系统运转过程中的最大危险。对权力的任何形式的垄断只能体现部分团体的利益和观点，而其他团体的利益却遭到了排斥。”①

公立大学的部分治理主体又是治理客体，如拥有权力的党委、行政机关、学术组织、监督机关、群众团体等。

1. 党委是高校法人治理结构中的领导核心和政治核心

（1）企业法人治理结构中党组织是领导核心和政治核心

2017 年 4 月 24 日，《国务院办公厅关于进一步完善国有企业法人治理结构的指导意见》（国办发〔2017〕36 号）指出：“坚持党的领导。落实全面从严治党战略部署，把加强党的领导和完善公司治理统一起来，明确国有企业党组织在法人治理结构中的法定地位，发挥国有企业党组织的领导核心和政治核心作用，保证党组织把方向、管大局、保落实。……到 2020 年，党组织在国有企业法人治理结构中的法定地位更加牢固，充分发挥公司章程在企业治理中的基础作用。”

（2）医院把党的领导融入公立医院治理结构，充分发挥公立医院党委的领导核心作用

2017 年 7 月 14 日，《国务院办公厅关于建立现代医院管理制度的指导意见》（国办发〔2017〕67 号）指出：“把党的领导融入公立医院治理结构，医院党组织领导班子成员应当按章程进入医院管理层或通过法定程序进入理事会，医院管理层或理事会内部理事中的党员成员一般应当进入医院党组织领导班子。”

（3）高校党委是学校的领导核心，但官方文件没有明确规定党委是高校法人治理结构中的领导核心

前已述及，自 1958 年《关于教育工作的指示》起，明确规定了“在一切高等学校中，应当实行学校党委领导下的校务委员会负责制”。

1978 年 10 月 4 日发布的《全国重点高等学校暂行工作条例（试行草案）》改为“党委领导下的校长分工负责制”。

《中华人民共和国高等教育法》第三十九条指出：“国家举办的高等学校实行中国共产党高等学校基层委员会领导下的校长负责制。”

2010 年 8 月 13 日，中共中央发布的《中国共产党普通高等学校基层组织工作条例》（中发〔2010〕15 号）第三条指出：“高等学校实行党委领导下的校长负责制。”

2014 年 10 月 15 日，《中共中央办公厅关于坚持和完善普通高等学校党委领导

① ［美］伯顿·R.克拉克.高等教育系统：学术组织的跨国研究［M］.王承绪，徐辉，殷企平，等译.杭州：杭州大学出版社，1994：306.

下的校长负责制的实施意见》(中办发〔2014〕55 号)明确指出:“高等学校党的委员会是学校的领导核心。”

2015 年 5 月 4 日,《教育部关于深入推进教育管办评分离促进政府职能转变的若干意见》(教政法〔2015〕5 号)第 13 条指出:“完善学校内部治理结构。进一步加强和改善党对学校的领导,在公办高等学校落实《中共中央办公厅关于坚持和完善普通高等学校党委领导下的校长负责制的实施意见》(中办发〔2014〕55 号)。”

(4) 党委应是大学财务治理体制的核心

习近平新时代中国特色社会主义经济思想深刻内涵的第一条就是“坚持加强党对经济工作的集中统一领导,保证我国经济沿着正确方向发展”。

《教育部关于直属高校落实财务管理领导责任严肃财经纪律的若干意见》第一条指出:“全面落实财务管理领导责任。高等学校实行党委领导下的校长负责制。直属高校党委要切实负起对学校财务管理工作的领导责任。”

2014 年 11 月 17 日,《教育部关于加强直属高校直属单位财务队伍建设的意见》(教人〔2014〕6 号)第二条强调了“切实落实单位领导班子在财务管理工作中的主体责任”。其第二款指出:“党政主要领导干部要强化主体责任、主体意识。把财经纪律作为高压线,严格执行八项规定、国务院‘约法三章’、各项财经法律法规等。做到对重要财务工作亲自部署、重大财务问题亲自过问、重点环节亲自协调,切实抓好班子、带好队伍、管好自己。”

2017 年 1 月 13 日,中共中央组织部、教育部印发的《高等学校领导人员管理暂行办法》第三十七条指出:“加强权力运行的监督,重点监督领导班子和领导人员贯彻民主集中制,坚持集体决策,落实‘三重一大’决策制度,公道正派选人用人等情况,加大对招生录取、职务(职称)评聘、基建项目、物资采购、财务管理、科研经费使用、校办企业等重点领域和关键环节的监督力度。”

在全国高校的巡视中无一例外地强调了党委领导下的校长负责制,强化了党委的领导地位,因此,党委应是大学财务治理体制的核心。

(5) 党委是大学法人治理结构核心的法律尴尬

① 关于“大学法人治理结构”的规定

党的十八届三中全会通过的《中共中央关于全面深化改革若干重大问题的决定》第 15 条指出:“推动公办事业单位与主管部门理顺关系和去行政化,创造条件,逐步取消学校、科研院所、医院等单位的行政级别。建立事业单位法人治理结构。”

2011 年 3 月 23 日,中共中央、国务院发布的《关于分类推进事业单位改革的指导意见》在提到“推进从事公益服务事业单位改革”时,第 16 条规定:“建立健全法人治理结构。”

2011 年 11 月 28 日,教育部发布的《高等学校章程制定暂行办法》第四条规定:“依法完善内部法人治理结构。”

② “大学法人治理结构”中的“法定代表人”是校长

顾名思义，“法人治理结构”的核心应是“法定代表人”。《中华人民共和国高等教育法》第三十条指出：“高等学校自批准设立之日起取得法人资格。高等学校的校长为高等学校的法定代表人。”这在法律上遇到了尴尬。

2. 行政权力

(1) 校长及其校长办公会议或校务会议是决策层

党员校长是党委会的第一副书记，又是校务委员会的第一副主任，拥有高校财务治理工作的决策权。

(2) 校长办公会议或校务会议是学校行政议事决策机构

《中共中央办公厅关于坚持和完善普通高等学校党委领导下的校长负责制的实施意见》第 4 条指出：“校长是学校的法定代表人，在学校党委领导下，贯彻党的教育方针，组织实施学校党委有关决议，行使高等教育法等规定的各项职权，全面负责教学、科研、行政管理工作。”第 8 条规定：“校长办公会议或校务会议是学校行政议事决策机构。”

(3) 以校长为首的行政班子拥有高校财务治理体制的执行权

《教育部关于直属高校落实财务管理领导责任严肃财经纪律的若干意见》第一条指出：“校长是学校的法定代表人，在学校党委领导下，全面负责学校财务管理工作。组织拟订和实施重大决策事项、重大项目安排、大额资金使用、预算安排、重要财经管理制度及信息公开工作。……向党委报告重大财经决议执行情况，向教职工代表大会报告财务工作。”近年来，党政正职领导(俗称“一把手”)“三个不直接分管”规定，党政正职不直接分管干部人事、财政(务)、工程建设项目，这些工作的日常管理权力必须分解给班子副职①。对此笔者认为不妥，校长不直接分管财务怎么承担主体责任？因此，学校应建立以校长为首的高校财务管理体制。

3. 学术权力

(1) 学术委员会行使学术事务的决策、审议、评定和咨询等职权

《国家教育体制改革领导小组办公室关于进一步落实和扩大高校办学自主权完善高校内部治理结构的意见》(教改办〔2014〕2 号)第三条第二款规定：“保障学术组织相对独立行使职权。认真落实《高等学校学术委员会规程》，依法设立学术委员会，健全以学术委员会为核心的学术管理体系与组织架构，统筹行使学术事务的决策、审议、评定和咨询等职权。高校应当充分发挥学术委员会在学科建设、学术评价、学术发展和学风建设等事项上的重要作用，完善学术管理的体制、制度和规范，积极探索教授治学的有效途径，尊重并支持学术委员会独立行使职权。建立完善对违反学术规范、学术道德行为的认定程序和办法，维护良好的学

① 李克诚.分解“一把手”权力[J].南风窗，2013(26)：30-31.

术氛围。”

2014 年 1 月 29 日，《高等学校学术委员会规程》(教育部令第 35 号)规定：“为促进高等学校规范和加强学术委员会建设，完善内部治理结构，保障学术委员会在教学、科研等学术事务中有效发挥作用，……高等学校应当依法设立学术委员会，健全以学术委员会为核心的学术管理体系与组织架构；并以学术委员会作为校内最高学术机构，统筹行使学术事务的决策、审议、评定和咨询等职权。”

《中共中央办公厅关于坚持和完善普通高等学校党委领导下的校长负责制的实施意见》第 14 条指出：“加强学术组织建设，健全以学术委员会为核心的学术管理体系与组织架构，合理确定学术组织人员构成，制定学术组织章程，保障学术组织依照章程行使职权，充分发挥其在学科建设、学术评价、学术发展和学风建设等方面的重要作用，积极探索教授治学的有效途径。”

《中共教育部党组 2015 年党风廉政建设工作要点》第 22 条指出：“完善科学有效的权力制约机制。……推进高校章程建设，完善高校内部治理结构，充分发挥教职工代表大会、学术委员会的重要作用。严格执行‘三重一大’集体决策制度，完善群众参与、专家咨询和集体决策相结合的决策机制。”

(2) 探索教授治学

《国家中长期教育改革和发展规划纲要(2010—2020 年)》第四十条规定：“充分发挥学术委员会在学科建设、学术评价、学术发展中的重要作用。探索教授治学的有效途径，充分发挥教授在教学、学术研究和学校管理中的作用。”

亨利·罗索夫斯基指出：“大学教师常常认为他们就是大学。教学和研究是高等教育最重要的使命，而这使命正掌握在他们的手中。没有教授，就不成其为大学。”①

伯顿·R.克拉克则把学术权力划分为三大组成部分：扎根于学科的权力、院校权力和系统权力。学术权力是以学术和具有学术能力的专家为背景的。他指出：“专业的和学者的专门知识是一种至关重要的和独特的权力形式，它授予某些人以某种方式支配他人的权力。”②

(3) 教授治学的权力应制衡

① 学术委员会等组织中的专家并不是全才

伯顿·R.克拉克明确指出：“任何复杂的组织系统内隔行如隔山的现象变得日益严重，一个领域的专家会对另一个领域的发展一无所知。在那些身居要职者的无知程度不断加深的情况下，结构松散的大学模式不失为一种有效的办学方

① [美]亨利·罗索夫斯基.美国校园文化：学生、教授、管理[M].谢宗仙，等译.济南：山东人民出版社.1996：5-6、233-255.

② [美]伯顿·R.克拉克.高等教育系统：学术组织的跨国研究[M].王承绪，徐辉，殷企平，等译.杭州：杭州大学出版社，1994：121.

针。”[1]学术委员会、教授委员会、职称评审委员会、科研成果评奖(鉴定)委员会等组织中的专家并不是全才。如高校财务的成果让企业财务的专家评审就不一定准确;高校学术委员会、教授委员会、职称评审委员会等各学科的专家,对某一学科成果或某一学者的评判未必准确。

② 高校学术事务不能完全留给本校教授们决定

约翰·S. 布鲁贝克指出:“高等教育卷入社会的事务中,就越有必要用政治的观点来看待它。就像战争的意义太重大,不能完全交给将军们决定一样,高等教育也相当重要,不能完全留给教授们决定。”[2]因此,高校学术事务不能完全留给本校教授们决定,如校长可参与其中。有一则“启功三进辅仁”的故事:启功在辅仁大学校长陈垣先生的帮助下,得以进入辅仁附中教一年级国文。尽管他的课深受学生欢迎,但仅仅一年多,就被分管附中的辅仁大学教育学院院长张怀辞退。辞退的理由很简单:启功中学都没毕业,怎么能教中学呢?这不符合制度。这是一进一出辅仁。陈垣校长得知后,又把他安排到辅仁大学美术系做助教。但不幸的是,辅仁大学美术系也归教育学院分管。启功做了一年助教后,再次被张怀院长以资历不够为由解聘,启功不得不再次离开辅仁大学。这是二进二出辅仁。若干年后陈垣校长又让他回辅仁大学教大一国文。1942 年,启功被聘为美术系讲师,1945 年被聘为辅仁大学副教授。这是启功三进辅仁[3]。启功墓志铭的开头“中学生,副教授”就由此而来。两次被解聘,激发了启功奋发向上的劲头。张怀死后,启功的挽联是:“玉成于我,出先生意料外;报君以德,在后死不言中。”

屠呦呦是中国第一个真正意义上的“纯本土”诺贝尔科学奖,不是出现在院士身上,而是由一个“三无科学家”(无留洋背景、无博士学位和无院士头衔)获得;更有甚者,屠呦呦在获诺贝尔生理学或医学奖前期,国内竟然部分科学家联名致信诺贝尔奖评委会,“宁可放弃诺奖,也不希望屠呦呦独自获奖”,理由是获奖没有按照程序申报,领导没有审批,等等。由此可见,学术权力应制衡。

③ 学术界的专家玩权术不是个例

世界著名数学家、菲尔兹奖得主丘成桐曾在接受《亚洲周刊》专访时,再次痛批中国学界存在霸权垄断扼杀后辈人才的现象,并且直言中国学术存在腐败,“不是做学术,是玩权术”。丘成桐说:“这些人势力很大,硕士生和博士生也要得到他们肯定,才能获得研究资金或学位。不少人为拿取博士学位,愿意付出一百万元,这利益可不少呢!他们早已把学术研究看成一门生意。”他表示,权力垄断对中国的

---

① [美]伯顿·R.克拉克.高等教育系统:学术组织的跨国研究[M].王承绪,徐辉,殷企平,等译.杭州:杭州大学出版社,1994:16.

② [美]约翰·S.布鲁贝克.高等教育哲学[M].王承绪,译.杭州:浙江教育出版社,2001:32.

③ 张弘.启功三进辅仁,世襄被拒史语所[N].北京晚报,2017-9-17;徐可.且说“启功三进辅仁”[N].北京日报,2020-05-08.

学术研究影响很大，使学术风气变得浮躁。很多教授的心思都不在学问上，都变成怎么搞关系、怎么不被排挤、怎么拿经费。“这些朋党关系真的埋没了不少人才，一些年轻的学者为了不得罪人，会选择离开中国到美国念博士。学术环境不好，学生毕业也会选择出国留学。这对未来中国的学术发展影响很坏。”丘成桐痛心疾首①。

教授们轮流评科研项目给对方，教授们互相给科研成果评奖或鉴定；教授们互招对方学生为博士，教授们轮流为对方博士论文鉴定或答辩……这些都是同行专家！

4. 民主权力

《国家中长期教育改革和发展规划纲要（2010—2020 年）》第四十条规定：“完善治理结构。……加强教职工代表大会、学生代表大会建设，发挥群众团体的作用。”《中共中央办公厅关于坚持和完善普通高等学校党委领导下的校长负责制的实施意见》第 15 条指出：“发挥教职工代表大会及群众组织作用，健全师生员工参与民主管理和监督的工作机制。实行党务公开和校务公开，及时向师生员工、群众团体、民主党派、离退休老同志等通报学校重大决策及实施情况。推行高等学校党员代表大会代表任期制和提案制，健全学校党委常委会向全委会报告工作并接受监督等制度。”《国家教育体制改革领导小组办公室关于进一步落实和扩大高校办学自主权完善高校内部治理结构的意见》第三条第三款规定：“完善校内民主管理和监督机制。认真落实《学校教职工代表大会规定》，切实保障教职工参与学校民主管理和监督。学校专业技术职务评聘办法、收入分配方案等与教职工切身利益相关的制度、事务，要经教职工代表大会审议通过；涉及学校发展的重大事项要提交教职工代表大会讨论。积极拓展学生参与学校民主管理的渠道，进一步改革完善高校学生代表大会制度，推进学生自主管理。要完善多元参与的校内治理体系，加强议事协商，积极探索师生代表参与学校决策机构的机制，充分发挥群众团体的作用。”《高等学校章程制定暂行办法》第十二条规定：“章程应当明确规定教职工代表大会、学生代表大会的地位作用、职责权限、组成与负责人产生规则，以及议事程序等，维护师生员工通过教职工代表大会、学生代表大会参与学校相关事项的民主决策、实施监督的权利。”因此，要充分发挥群众团体、民主党派等在大学治理体制中的监督作用。

（1）教职工代表大会与校工会在大学治理体制中的监督地位

《中华人民共和国高等教育法》第四十三条规定：“高等学校通过以教师为主体的教职工代表大会等组织形式，依法保障教职工参与民主管理和监督，维护教职工合法权益。”

2011 年 12 月 8 日，教育部发布的《学校教职工代表大会规定》（教育部令第

---

① 张洁平，谢智衡．丘成桐再批中国学界垄断：学术不应“搞权术”[EB/OL].[2006-8-29]. http://www.chinanews.com/kj/plrd/news/2006/08-29/781512.shtml.

32号)第三条规定:“学校教职工代表大会(以下简称教职工代表大会)是教职工依法参与学校民主管理和监督的基本形式。”第七条规定:“教职工代表大会的职权是:(一)听取学校章程草案的制定和修订情况报告,提出修改意见和建议;(二)听取学校发展规划、教职工队伍建设、教育教学改革、校园建设以及其他重大改革和重大问题解决方案的报告,提出意见和建议;(三)听取学校年度工作、财务工作、工会工作报告以及其他专项工作报告,提出意见和建议;(四)讨论通过学校提出的与教职工利益直接相关的福利、校内分配实施方案以及相应的教职工聘任、考核、奖惩办法;(五)审议学校上一届(次)教职工代表大会提案的办理情况报告;(六)按照有关工作规定和安排评议学校领导干部;(七)通过多种方式对学校工作提出意见和建议,监督学校章程、规章制度和决策的落实,提出整改意见和建议;(八)讨论法律法规规章规定的以及学校与学校工会商定的其他事项。”

(2) 学生与学生代表大会在大学治理体制中的监督地位

① 学生代表大会的主要任务

2014年1月,《中华全国学生联合会关于加强和改进高校学生会研究生会建设的指导意见》第7条规定:“学生代表大会的主要任务是:审议学生会组织工作报告;选举产生新一届领导机构;制定及修订组织章程;开展学生代表提案工作,对学校工作提出意见和建议。”

② 学生代表应为校党委、校理事会、校务委员会成员

2014年10月15日,《中共中央办公厅关于坚持和完善普通高等学校党委领导下的校长负责制的实施意见》第5条规定:“委员中除校级领导干部外,还应有院(系)、党政工作部门负责人及师生员工代表。”

2014年7月16日,《普通高等学校理事会规程(试行)》(教育部令第37号)第五条规定:“理事会一般应包含以下方面的代表:……(二)学校及职能部门相关负责人,相关学术组织负责人,教师、学生代表。”

2001年,奥尔特加·加塞特指出:“让学生来治理大学这幢房子,使全体学生成为机构的躯干和骨架,而教师则作为辅助或补充。”①

2003年,博兰指出:“学生参与大学治理是大学民主的体现。”②

5. 纪委、审计在大学治理体制中的监督地位

世界银行、联合国教科文组织指出:“一个有效的高等教育系统有赖于国家对高等教育的积极监督。”③

---

① 奥尔特加·加塞特.大学的使命[M].徐小洲,陈军,译.杭州:浙江教育出版社,2001:70-71.

② Kenndy K J. Higher education governance as a key policy issue in the 21st century[J]. Journal of Educational Research for Policy and Practice, 2003(2):55-70.

③ 世界银行,联合国教科文组织.发展中国家的高等教育:危机与出路[M].蒋凯,主译.北京:教育科学出版社,2001.

2016年1月12日,习近平在中国共产党第十八届中央纪律检查委员会第六次全体会议上讲话时指出:“党委要任命干部,更要监督干部。纪委监督重点是履行监督执纪问责的职责。党内监督是全党的任务,第一位的是党委监督,不能一谈到监督就只想到纪委或推给纪委。”《中共中央关于全面深化改革若干重大问题的决定》指出:“落实党风廉政建设责任制,党委负主体责任,纪委负监督责任。加强和改进对主要领导干部行使权力的制约和监督,加强行政监察和审计监督。”

纪委、审计在大学治理体制中主要行使监督职能(主体),但也接受监督和审计(客体)。谁审计审计者?谁监督监督者?在中纪委的政论专题片《打铁还需自身硬》中列举了几个需要被监督的对象。

2015年4月16日,《中共教育部党组2015年党风廉政建设工作要点》第17条指出:“深化高校招生领域突出问题治理。”第18条指出:“巩固违规使用科研经费治理成果。”第19条指出:“集中治理高校国有资产管理中的突出问题。”第20条指出:“坚决治理教育领域违规收费问题。”

(1) 纪委、监察

《教育部关于直属高校落实财务管理领导责任严肃财经纪律的若干意见》第二条指出:“要明确财务、审计、纪检监察及相关业务部门的职责分工,明晰经费投入的前期论证、执行过程的审核监督、事后的绩效评价等环节的责任边界,形成决策权、执行权、监督权既相互制约又相互协调的运行机制。”

2014年6月4日,《中共教育部党组关于落实党风廉政建设主体责任的实施意见》第二条第三款指出:“强化对权力运行的制约和监督,从源头上防治腐败。推进预防腐败工作,健全惩治和预防腐败体系,依法治教,依法治校,构建决策科学、执行坚决、监督有力的权力运行体系。……强化权力制约,推进教育行政部门简政放权,实行管办评分离,建立机关权力清单和问题清单制度;完善高校内部治理结构,加快构建以高校章程为龙头的制度体系,完善廉政风险防控、防止利益冲突等制度,推行高校公开事项清单,让权力在阳光下运行。强化权力监督,落实集体领导和分工负责、重要情况通报和报告、述职述廉、民主生活会、信访处理、谈话和诫勉、询问和质询、特定问题调查等监督制度,加强和改进对主要领导干部行使权力的制约和监督。”第四条规定:“健全落实党风廉政建设主体责任和监督责任协调机制。……就以下党风廉政建设中的重要事宜进行沟通、分析、研判。中央关于党风廉政建设的重大决策部署,党风廉政建设工作部署及落实中需要协调的事宜,分管部门和联系单位发生违纪违法问题的重要情况,监督检查和调研中发现的有关党风廉政和不正之风问题,群众反映的倾向性问题和领导干部存在的苗头性问题,招生、科研、学术、财务、基建、资产等方面存在的管理问题。”

2014年12月16日,《中共教育部党组关于落实党风廉政建设监督责任的实施意见》(教党〔2014〕50号)第3条指出:“加强领导班子和领导干部监督。对所在单位各级领导班子及其成员落实党风廉政建设责任制、民主集中制和‘三重一大’决策制度等情况进行监督。对领导干部履行职责和行使权力进行监督，重点监督执行党的政治纪律、组织纪律、廉政纪律和作风建设、廉政勤政等情况。强化对所在单位各级领导班子主要负责同志、重要岗位干部和可能还要提拔使用的干部的监督。”第 5 条指出：“严肃查处腐败问题。坚持有信必办、有案必查、有腐必惩，重点查处党的十八大以后不收敛不收手，问题线索反映集中、群众反映强烈，现在重要岗位且可能还要提拔使用的领导干部。严肃查办领导干部违反政治纪律、组织纪律案件，以及贪污贿赂、权钱交易、腐化堕落、失职渎职等案件，严肃查处滥用权力违反程序选拔任用干部、干预职称评定、违规招生等问题，严肃查处利用职务插手基建后勤、所属企业、招标采购、附属医院等领域的问题。加大惩戒力度，严格责任追究，实施‘一案双查’，对发生重大腐败案件和不正之风长期滋生蔓延的单位，既要追究当事人责任，又要追究相关领导责任，特别是主要负责人的责任。”

(2) 内部审计

《中共教育部党组关于落实党风廉政建设监督责任的实施意见》第 13 条指出：“推进教育部门、纪检监察部门与检察机关、审计部门等方面的合作，增强查信办案工作合力。”

《教育部关于直属高校落实财务管理领导责任严肃财经纪律的若干意见》第十五条指出：“加强内部审计工作。深入落实《教育部关于加强直属高等学校内部审计工作的意见》。学校主要负责人应直接领导内部审计工作。应设置独立内部审计部门，足额配备专职审计人员，切实加强内部审计专业化建设。强化预算管理审计、内部控制审计、经济责任审计，加强对科研经费管理、建设工程管理、采购管理、资产管理等重点领域的审计。拓展内部审计范围，探索开展重要政策跟踪审计、适时开展专项审计调查。强化审计结果运用，加强审计整改和责任追究，推进审计结果公开。”

2015 年 2 月 9 日，《教育部关于加强直属高等学校内部审计工作的意见》(教财〔2015〕2 号)第 1 条指出：“进一步提高对内部审计工作重要性的认识。内部审计是规范权力运行的重要手段，是强化过程监管的重要方式，是提高资源绩效的重要保障。加强内部审计工作，是完善学校内部治理结构和健全权力约束机制的重要措施，对促进高校科学发展具有重要意义。要高度重视内部审计工作，切实发挥内部审计‘免疫系统’作用，通过内部审计规范学校经济管理，落实领导干部经济责任，提高资源绩效。”第 2 条指出：“健全内部审计工作领导机制。学校主要负责人应直接领导内部审计工作，定期听取审计工作报告，及时研究解决审计工作中遇到的问题和困难，把审计结果作为相关决策的重要依据。要加强内部监督管理部门间的沟通交流，综合利用监督成果。”

第二节　高校财务治理相关的委员会研究

一、境外高校财务治理基本框架

OECD 高等教育管理项目办公室的报告指出："治理是财务管理议题的重要话题。治理安排在高等学校对政府和公共利益的责任中起很重要的作用，还能确保高等学校保持连贯的战略、走可持续发展的道路。"报告还指出："在美国，联邦政府的角色之一是'公共利益的监护人'，但同时又要'作为服务提供者在其所有权与控制权之间寻求平衡'。相比而言，州政府则通过对高等学校的直接补贴而同时充当'监护人'和'高等教育服务的提供者'。"①

笔者认为，复旦大学访美考察团的《为何耶鲁是耶鲁：耶鲁大学考察报告》虽然在文章标题中未标明"高校财务治理"，笔者也不了解考察团成员的专业背景，但在笔者阅读过的与"高校财务治理"相关的论著中，这个考察报告对"高校财务治理"的阐述是最到位的，请看：

复旦大学访美考察团指出："耶鲁（Yale University）的财务运作体现了美国社会的三权分立思想：董事会相当于'国会'，校长相当于'总统'，教务长等人在学校和董事会之间起着联络和协调的作用，而起到监督作用的'司法机构'则主要由外部的公共会计事务所担任。这样的机构设置使得财务决策（立法）、资金运作（行政）和执行监督（司法）三者相对独立，避免了钱权交易。考察团在参观时发现，尽管富可敌国，但耶鲁仍十分节俭，许多办公桌椅虽相当破旧却仍在使用，显然耶鲁是尽可能地把钱花在刀刃上。"②复旦大学访美考察团在《为何耶鲁是耶鲁：耶鲁大学考察报告》的开头就指出：强大的财力、耶鲁共同体、较为完善的规章制度是支撑耶鲁大学成为世界一流大学（一流的教育、科研和服务）的三大"支柱"，而三大"支柱"则立于实用主义加保守主义的"基石"之上，如图1-2所示。

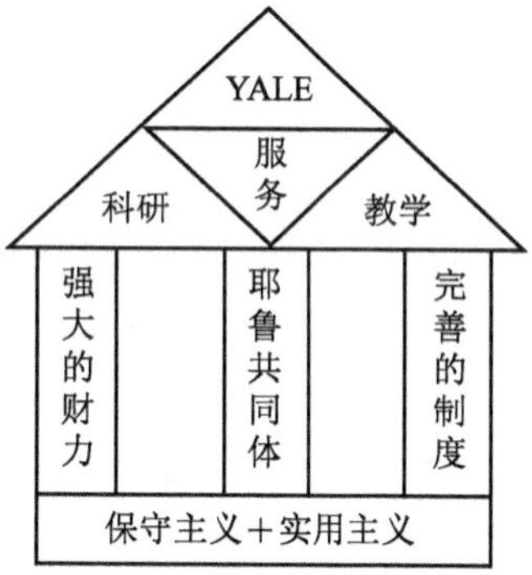

图 1-2　耶鲁大学成为一流大学的三大"支柱"

① 经济合作与发展组织高等教育管理项目办公室—英格兰高等教育拨款委员会.刻不容缓：确保高等教育可持续发展的未来（上）："高等学校财务管理与治理"项目成果报告（2004）[J].辽宁教育研究，2005(9)：1-8。

② 周鲁卫，沈兰芳，陆德明，等.为何耶鲁是耶鲁：耶鲁大学考察报告[J].教育发展研究，2004(2)：34-36.

二、境外部分著名高校财务治理相关委员会的设置与职责

(一) 境外部分著名高校的财务治理主体

“治理主体”问题是指高校中由“谁”治理的问题，是高校治理的首要问题，国内研究高校治理或高校财务治理的学者几乎都回避或未能解决这个问题。《斯坦福大学行政管理指南》规定：“董事会居于大学治理和组织的首要位置。”①《耶鲁法人章程》规定：“耶鲁大学宪章明确规定其治理主体，即法律上所指的‘校长及耶鲁学院董事会成员’，简称‘法人机构’(即董事会)，‘享有治理、维护及管理学校的权利与义务，并且制定出他们认为适合于教学和学生教育的合理法律’。”②《香港科技大学条例》(2009 年 9 月 1 日)第 8 条规定：“大学设有校董会，校董会——(a)是大学的最高管治机构；及(b)可行使本条例赋予大学的任何权力，亦须执行本条例委予大学的所有职责，但本条例赋予其他权力机关或其他人的权力及委予其他权力机关或其他人的职责则除外。”

《斯坦福大学行政管理指南》规定：“董事会：权力和职责——董事会托管大学的捐赠及所有资产。董事会负责管理投资基金、制定年度预算、确定大学运作和管理的政策。董事会的权力和职责来自《创始基金及修订、立法和法令》。此外，董事会依据其章程和一系列重大政策的决议进行运作。”③

《加州大学董事会章程与常规》规定：“加州大学应组建一个公益信托组织且该信托由现有的法人‘加州大学董事会’管理，该董事会有充分的组织和治理权力，且只在必要的情况下接受法律监督，如确保其资金安全，遵循大学捐赠条款，接受根据有关出租建筑合同、不动产销售、材料、货物和服务采购的规定而适用于大学的竞争性招标程序。”④

《剑桥大学章程》规定：“摄政院是剑桥大学的治理机构(governing body)。”该章程注释：在这个意义上，regent house(摄政院)的权力类似于美国的董事会⑤。

《牛津大学章程》规定：“摄政院有以下立法权，以及其他职能、权力和职责：(1)对校务理事会提交的关于修改、废除或增加章程或规章的议案有决策权；(2)对摄政院中 20 名及以上成员提交的关于要求校务理事会提出修改、废除或增加章程或规章的议案有决策权；(3)审议校务理事会或摄政院会议中 20 名及以上成员提交的任何其他决议；(4)行使章程Ⅳ第 17 条所赋予的与规章有关的权力；(5)负责解答任何两个或更多摄政院成员的疑问；(6)授予学位；(7)举行任一章程或规章所

---

① 张国有.大学章程：第三卷[M].北京：北京大学出版社，2012：序 6.

② 张国有.大学章程：第二卷[M].北京：北京大学出版社，2011：3.

③ 张国有.大学章程：第三卷[M].北京：北京大学出版社，2012：6.

④ 张国有.大学章程：第二卷[M].北京：北京大学出版社，2011：21.

⑤ 张国有.大学章程：第五卷[M].北京：北京大学出版社，2012：6.

规定的选举;(8)批准对校长的任命;(9)履行或行使任一章程或规章所规定的任何其他职责和权力。”①

《伦敦大学章程》规定:“根据1994年大学校规,董事会属于大学的治理及行政机构。董事会必须致力于大学诸多目标的实现,并对大学事务的处理具有普遍的控制之权。”②

从上可以看出,在大学财务治理中,“董事会”“摄政院”居于主体地位。

(二) 国外部分著名高校治理结构中与财务相关的委员会的设置

1. 耶鲁大学

复旦大学访美考察团(2004年)指出:“(耶鲁大学)董事会设有10个委员会:重大事务委员会(Prudential Committee)、财政委员会、审计委员会、投资委员会、教育政策委员会、机构政策委员会、荣誉学位委员会、建筑与土地委员会、发展与校友事务委员会、托管人责任委员会。”③

《耶鲁法人章程》(2009年)规定:“下列常设委员会的成员,只要他们是董事会成员,就应履行其职责直至他们的继任者被正式任命:重大事务委员会、财政委员会、审计委员会、投资委员会、教育政策委员会、机构政策委员会、名誉学位委员会、建筑物与场地委员会、大学发展与校友事务委员会、薪酬委员会、托管委员会、投资责任委员会及医学院委员会。校长应担任重大事务委员会主席。校长和其他资深董事协商后提名、经董事会选举产生(除重大事务委员会以外的)各委员会委员及各委员会主席。”④

2. 斯坦福大学

《斯坦福大学行政管理指南》规定:“委员会——八个董事会常任委员会包括:财务委员会、发展委员会、校友及对外事务委员会、学术政策及规划和管理委员会、土地与建筑委员会、审计委员会、医疗中心委员会以及托管委员会。除非主席另有指示,每次董事会例会之前先召开常任委员会会议。”⑤

3. 加州大学

《加州大学董事会章程与常规》规定:“下列为董事会常设委员会:合规和审计委员会,薪酬委员会,教育政策委员会,财务委员会,管理委员会,场地及建筑物委员会,卫生事务委员会,投资委员会,长期规划委员会,能源部实验室监督委员会。”⑥

---

① 张国有.大学章程:第四卷[M].北京:北京大学出版社,2012:20.
② 张国有.大学章程:第二卷[M].北京:北京大学出版社,2011:183.
③ 周鲁卫,沈兰芳,陆德明,等.为何耶鲁是耶鲁:耶鲁大学考察报告[J].教育发展研究,2004(2):34-36.
④ 张国有.大学章程:第二卷[M].北京:北京大学出版社,2011:10.
⑤ 张国有.大学章程:第三卷[M].北京:北京大学出版社,2012:6.
⑥ 张国有.大学章程:第二卷[M].北京:北京大学出版社,2011:24.

4. 南加州大学

《南加州大学章程》规定:“董事会共有 11 个委员会:执行委员会,学术事务委员会,财务委员会,大学发展委员会,校友事务委员会,校区规划委员会,人事管理委员会,学生事务委员会,审计和纪律遵守委员会,公共事务委员会,投资委员会。”①

5. 密歇根大学

《密歇根大学董事会章程》规定:“董事会设有两个常务委员会:财务、审计与投资委员会,人员、薪资与治理委员会。”②

6. 牛津大学

《牛津大学章程》规定委员会有:“教育委员会,研究委员会,一般事务委员会,人事委员会,提名委员会,审计和监督委员会,财务委员会,投资委员会,资金价值委员会,规划和资源配置委员会,校务理事会部门委员会,枢密院之前的章程委员会,大学章程和规章委员会,发展委员会,捐赠审议委员会,社会责任投资审议委员会,学院账务委员会,利益冲突委员会,荣誉学位委员会,大学研究道德中央委员会,大学图书馆监理会委员会,博物馆与科学收藏委员会,大学高级行政官员薪资审议委员会,体育战略委员会,健康与安全管理委员会,学生成员联合委员会,动物关爱和伦理审查委员会,资本指导小组,财产二级委员会,规划和资源配置下属的信息和通信技术(ICT)二级委员会,建筑与不动产二级委员会,教育委员会下属的学生健康与福利二级委员会,规划和资源配置委员会和教育委员会下属的学生数量规划二级委员会。”③

焦笑南指出,英国 1992 年前成立的大学的治理结构一般设立三个独立机构:校董会(court)、校务委员会(council)和学术委员会(senate)。校董会的作用类似公司的股东大会,其规模在 50～400 人。校务委员会是大学治理机构(governing body),负责财务、投资和资产管理,代表大学签订合同。英国大学的校务委员会平均有 33 名委员,组成原则是包括大量校外人员。法律要求 1992 年后成立的大学设立董事会(Board of Governors)和学术委员会(Academic Board)。董事会是大学的治理机构,由 12～24 名董事组成,其中校外工商界独立董事可多达 13 人,董事会主席在校外独立董事中选举产生。主要职责是制定大学的章程和大学的理念,批准年度收入和支出报告,保证学校资源的有效使用,聘任和解聘大学行政负责人,确定行政负责人的工资报酬。④

在牛津大学,校董会称为“council”(校务理事会),《迪尔林报告》(Dearing Report)认为,大学理事会是大学的治理机构。1996 年 5 月 10 日,受英国政府委

---

① 张国有.大学章程:第二卷[M].北京:北京大学出版社,2011:97-98.

② 张国有.大学章程:第二卷[M].北京:北京大学出版社,2011:117.

③ 张国有.大学章程:第四卷[M].北京:北京大学出版社,2012:174-209.

④ 焦笑南.美国、英国、澳大利亚的大学治理及对我们的启示[J].中国高教研究,2005(1):51-53.

托，迪尔林爵士（Sir Dearing）成立了迪尔林委员会。1997 年，英国政府颁布了《学习社会中的高等教育》（*Higher Education in the Learning Society*），又称《迪尔林报告》。《迪尔林报告》认为，大学理事会是大学的治理机构，负责大学有效的管理，并规划大学的未来发展，为大学所有事务负有最终责任。并认为，大学治理机构拥有大学的最高决策权力，认为大学治理机构为以下事务负责：大学战略发展方向、大学声誉、财务状况、大学员工和学生的福祉，并联合学术委员会一起建设和保持高标准的学术成果，大学治理机构要确保适当授权以实施问责制。《迪尔林报告》还强调了大学治理机构在财政方面的责任。英国国家审计署（The National Audit Office，NAO）非常关注财政问责与财政廉洁，并对迪尔林小组建议："大学理事会是大学的治理机构，有责任确保满足所有的政府资金补助的条件，特别是要确保大学整体财政状况正常，对公共资金进行合理管理，合理进行资金审计。"①

7. 剑桥大学

《剑桥大学章程》规定："校务理事会应有常设委员会：财务委员会和审计委员会。"②

8. 伦敦大学

《伦敦大学章程》规定："董事会设立一个委员会负责审计和风险评估。"③

这里须指出的是，对于与财务相关的委员会，美国高校将其设在董事会之下，而英国高校则设在校务理事会之下。从上可以看出，外国高校与财务相关的委员会主要有财务委员会、审计委员会、投资委员会、资金价值委员会等。其中常设委员会主要有财务委员会、审计委员会和投资委员会。下面主要介绍这三个委员会的职能。

（三）国外部分著名高校治理结构中"财务治理"委员会的职责

1. 财务委员会（财政委员会）的职责

《耶鲁法人章程》规定："财政委员会应由至少五名董事会成员组成。财政委员会应制定董事会的财政政策；审核学校的财务规划，审查并批准大学的年度运行预算和资产预算，并监督当前收入和支出使之与预算相一致；负责审查和批准已获得批准的运行或资产预算以外的支出；负责批准授权政策以及向教员和职员发放大学贷款的政策；负责审查并批准购买和出售出于教育目的而留用或使用的不动产，并应监督这些资产的管理；审查和批准由财政和商业运营副校长或人力资源与管理副校长提交的因索赔或争议而请求授权的法律解决方案，并应向董事会汇报此

① The bearing Committee. Higher Education in the Learning Society [EB/OL]. [1997-7-23]. http://www.leeds.ac.uk/educol/ncihe/nr_233.htm.

② 张国有.大学章程：第五卷[M].北京：北京大学出版社，2012：9.

③ 张国有.大学章程：第二卷[M].北京：北京大学出版社，2011：185.

类授权。"①

《加州大学董事会章程与常规》规定："财务委员会应：a.考虑到所有涉及加州大学和法人商业管理的相关事宜。b.除常规中另有规定的拨款外，就所有的资金拨款、修改或增补款项提出建议。除非董事会另有指令，加州大学所有的拨款分配均由财务委员会提议并经董事会通过。c.审议并向董事会上报由大学校长准备的学校年度预算以及拨款要求。d.除非常规另有规定，就涉及未来财政年度大学支出事项向董事会提出建议。e.除章程和常规中另有规定的，考虑章程 21.4(d)和常规 100.4(m)中规定的对外融资项目事宜。f.在董事会对于本委员会加以限制的领域，有权在任何时间出于大学利益的考虑采取关于预算请求和拟议立法的必要举措。g.审议并通过设定或调整固定薪金，以替代可用于主要国家能源部实验室的管理和运行外包的间接费用。h.确定大学行政主管官员和雇员所缴纳保证金的数额和性质，并从董事会此前批准过的名单中指定一家公司或数家公司持有债券。i.除非章程和常规中另有规定，考量不动产的购买、出售或租赁，并向董事会提出建议；审查教育政策委员提出的接受、使用和分配不动产捐赠的建议，并向董事会作出报告。j.除非章程另有规定，以法人名义开设、保留和关闭银行账户，包括储蓄和商业账户；指示应存款和撤出资金的情况，且除章程和常规中另行规定外，指定可以提款的法人代表。k.审议并向董事会提出专利方面的政策，包括大学校长呈递的报告和建议。l.为校长就相关大学官员的任命提供咨询。任命的人选应当是委员会认为合适的，但最终由校长作出决定。m.就大学的注册费、教育费、学费、学生自治团体的必要费用，以及除住宅项目和停车场设施以外的使用贷款资金项目需支付的费用，向校长提供咨询，向董事会提供建议。n.在技资委员会就投资应上缴部分进行审查和建议后，听取董事会司库建议，就司库提出的年度预算进行考虑并向董事会上报。"②

《南加州大学章程》规定："财务委员会：(1)成员：财务委员会由不少于五名的董事会成员加上当然成员组成。分管财务的资深副校长(他同时也是首席财务官员)以及大学财务主管可出席委员会会议并参与讨论，但没有投票权。(2)权力与职责：财务委员会拥有如下关于大学一般性财政事务和预算事务的权力和职责：①行使对财务账簿和大学记录的一般监督，批准大学的所有债务和负债，包括为学校的利益发行债券；②接受或拒绝给予大学的捐赠；③审查投资委员会关于集合留本资金的资产分配情况的定期报告；④指导大学财务主管出售学校的资产；⑤确定采购、出售或出租大学不动产的所有条款及条件，通过决议，财务委员会可授权校长或他/她的指定人员确定采购、出售或出租价值不超过 500 万美元的大学不动产

① 张国有.大学章程：第二卷[M].北京：北京大学出版社，2011：10-11.

② 张国有.大学章程：第二卷[M].北京：北京大学出版社，2011：27.

的所有条款及条件，可授权校长或他/她的指定人员和董事会主席一起确定采购、出售或出租价值不超过 1 000 万美元的大学不动产的所有条款及条件，任何高于 1 000 万美元的采购、出售或者出租都需要得到整个财务委员会的批准；⑥批准年度预算，考虑校长对该项预算的建议；⑦为预算报告和已经批准的预算操作建立程序；⑧定期审查大学的财务状况；⑨审查和批准年度学费水平和所有强制收费；⑩实施由此章程、董事会决议或执行委员会决议授权的其他行为和进一步行为。"①

《密歇根大学董事会章程》规定："财务、审计与投资委员会：该委员会将支持董事会完成其与学校内部控制、财务报告和投资政策与操作相关的职责。委员会可自行决定对与年度审计、财务报表和报告、投资相关，以及涉及是否符合相关法规的事务进行审查。"②

《剑桥大学条例》规定："财务委员会：①校务理事会的财务委员会人员组成为：(a)校长或由校长正式任命的代理人，并由其出任主席；(b)三名由各学院代表推选出来的摄政院成员；(c)四名由校务理事会任命的成员，其中至少两名为摄政院成员；(d)一名由学部总委员会任命的学部总委员会成员；(e)三名由动议任命的摄政院成员；(f)不超过两名的由委员会增选的成员，但委员会增选人员并不是强制的，必须符合要求：至少三名委员会成员是校务理事会成员(包括校长在内)。委员会临时秘书由校务理事会指定的剑桥大学教务长或者学校高级职员担任。……以下是校务理事会的职责，通过财务委员会执行：(a)按照章程 G 第二章的规定各学院为大学募集捐赠；(b)公布若干学院的账目；(c)根据章程规定，对各学院的餐饮进行监督。②财务委员会拥有校务理事会赋予的权力，依照章程 F 第三章 1～3 条的规定行使职权，但需服从第 9 条，并应遵守以下限制：(a)大学的实物或者借贷财产出售或者转让，或者与大学签订长达 60 年或者更长的租约，需经摄政院动议正式批准，如果由校务理事会来决定出售或者租约，将剥夺大学的土地和建筑的现有的或者将来的可预见的使用权；(b)所有可登记的投资均以剑桥大学名誉校长、教师和学生的名义，或者以财务委员会决议提名人的名义登记；(c)所有有价证券的证书应存放于银行或者其他公认的且被财务委员会核准过的财务机构妥善保管；(d)所有购买或者出售的无记名债券和仅可交割以及既可交割又可背书的有价证券只能通过财务委员会认可的银行办理移交手续。"③

《牛津大学章程》规定："财务委员会由以下人员组成：(1)校长；(2)～(4)由校务理事会任命的三名校务理事会成员，这三名成员不能是摄政院成员，也不能在大

① 张国有.大学章程：第二卷[M].北京：北京大学出版社，2011：99-100.
② 张国有.大学章程：第二卷[M].北京：北京大学出版社，2011：117-118.
③ 张国有.大学章程：第五卷[M].北京：北京大学出版社，2012：1232-1233.

学、学院、学会或永久私人学堂担任教学、研究或行政方面的职务；(5)由校务理事会从摄政院选举出的校务理事会成员中任命的一名成员；(6)由学院联席会议任命的一名学院院长。审计和监督委员会的成员不能成为财务委员会的成员。委员会负责：(1)考虑大学可使用的财务资源，向校务理事会建议总收入和支出、预算、资本支出预算以及五年战略并获得校务理事会的批准，与规划和资源配置委员会交流沟通；(2)向校务理事会建议通过预算而确定的大学需求，从而使校务理事会在制定投资政策时可以考虑这些建议；(3)酌情考虑高等教育基金委员会的财务预测，以及大学、高等教育基金委员会与其他外部资助机构之间的财务关系，并向校务理事会提出相关建议；(4)与审计和监督委员会一同审议并批准大学的年度财务报表；(5)审查并考虑牛津大学出版社专员的年度报告和账目，并向校务理事会汇报；(6)审议大学的财务规章，并酌情考虑对这些规定进行必要的变更；(7)批准大学的银行业务安排；(8)不时根据需要以校务理事会的名义就大学财务事宜采取相应举措。委员会经由校务理事会批准可增选至多两名额外成员。”①

2. 审计委员会的职责

《耶鲁法人章程》规定：“董事会的审计委员会应由不少于三名董事会成员组成。具有审计经验的董事会成员以外的人员可以被邀请成为该委员会成员，但无投票权。经校长提名，审计委员会推荐并经法人批准，董事会可邀请这些成员在特定时期内任职。审计委员会应在其认为适当的时间召开会议以听取大学内部独立财政审计人员的报告。”②

《加州大学董事会章程与常规》规定：“合规和审计委员会应：a.就董事会监督如下事宜的职责向董事会提出建议：(a)大学遵守法律、规定和政策要求的质量和完整性，财务报告和财务报表以及与风险相关的内部控制；(b)法人合规的功能、披露和履行，与道德、合规、风险、金融、审计相关的内部控制和风险管理系统，以及大学中这些学院的恰当性；(c)独立的注册会计师的资格、独立性和表现，以及内部审计职能的表现。b.每年至少召开 4 次会议。c.审查内部年度审计计划，以及计划中重点提出的高风险领域的程度。d.审查内部审计部门的年度报告，与大学审计员和管理人员讨论内部审计的重大问题。e.与独立的注册会计师讨论年度独立审计计划的范围，并与独立的注册会计师和管理人员审查审计结果。f.与独立的注册会计师和管理人员接收和审查年度财务报告。g.在考虑管理人员的建议后，向董事会推荐注册会计师作为独立审计员，以及他们的年度审计范围，并批准独立会计师所提供的除审计以及与审计相关服务外的其他服务。h.有权力通过其主席或该委员会成员的多数票(意见)，要求管理人员对委员会授权范围内的具体事务进行阐

① 张国有.大学章程：第四卷[M].北京：北京大学出版社，2012：194.

② 张国有.大学章程：第二卷[M].北京：北京大学出版社，2011：11.

述，并有权聘请独立的律师和其他顾问履行其职责。i.就如下事项向董事会提出建议：批准法人合规项目模型，内部审计的任务说明，该委员会章程，其他与内部和外部的遵守以及大学内审计活动相关的管理文件。”①

《南加州大学章程》规定：“审计和监控委员会：(1)成员：该委员会由不少于三名的董事会成员组成，这些成员不应是大学的官员或雇员。(2)权力和职责：该委员会拥有如下权力和职责：①每年任命大学的独立公共会计师，审查和批准大学综合财务报表年度审计的范围、计划和费用，审查和批准已获许可的非审计服务，并把此类行动上报至董事会。②任命独立的注册会计师，以独立的内部审计师的身份服务于大学审计和纪律程序，与大学的内部审查员一起审查和批准大学内部审计和纪律程序的范围、计划和费用，并把此类行动上报至董事会。③与独立注册会计师、内部审计师和学校的合规官员一起审查并讨论如下事项：大学会计和财务控制的适当性和有效性；大学的会计实务；大学保留的用于财产保护和风险管理的系统和程序；以及可能对大学的财务状况或声誉造成实质性影响的法律、管理、监控或同类事项。④和独立公共会计师共同审查，并在独立公共会计师完成审计后批准大学年度综合财务报表和相关通知、独立公共会计师对于财务报表检验的结果，以及与之相关的被提议由独立公共会计师呈递的报告和意见。⑤审查并讨论由内部审计师提出的内部审查报告及任何被提议的改进方案。⑥至少每年对审查和监控委员会章程进行一次审查和重新评估，并就被提议的变更向董事会提出建议。⑦实施由此章程、审查与纪律委员会章程、董事会决议或执行委员会决议授权的其他进一步行为。”②

《剑桥大学条例》规定：“审计委员会：①校务理事会应有一个常务委员会，称为审计委员会，其人员组成包括：(a)委员会主席为校务理事会委派的理事会成员；(b)两名校务理事会成员，由校务理事会从其同时为摄政院成员的成员中指定，但校长、副校长和直属学院理事会主席没有资格担任此职；(c)由校务理事会指定的四名成员，他们不能是摄政院成员或大学的雇员，应在公司的相应岗位上任职，并具备专业技能和经验，其中至少两人要有财务、会计或审计的经验；(d)不超过两名成员由委员会增选，其中至少一名必须既不是摄政院成员，也不是校务理事会成员，但委员会增选人选并不是强制性的。……②校务理事会的财务委员会成员不得列席审计委员会成员，如果审计委员会成员变更为财务委员会成员，那他(她)的位置即应空缺。③审计委员会在每个财政年度将至少进行两次会面，职责如下：(a)持续复查大学内部财务系统的效率和其他相关事项；(b)向校务理事会提议与外部的和内部审计员相关的事宜，包括他们的任命、审计员提供的超出其正常责任

① 张国有.大学章程：第二卷[M].北京：北京大学出版社，2011：25-26.

② 张国有.大学章程：第二卷[M].北京：北京大学出版社，2011：102.

范围的附加服务、审计员的薪资，以及审计员辞职或解雇等相关问题；(c)确保得到足够的资源供内部审计之用；(d)批准内部审计员提出的内部审计提议；(e)每年定期同外部审计员复查外部审计工作的内容和范围；(f)评议外部和内部审计员递交的所有报告；(g)监督内部审计员提出的任何建议的实施；(h)以促进本大学经济、效率和效益的发展为本委员会开展工作之宗旨；(i)建立适当的工作指标，每年监测内、外部审计员的表现和效益；(j)经与外部审计员磋商，考虑所有附属于账目摘要的财务报表包括审计员的报告、校务理事会提供的有关大学治理的报告；(k)确保所有重大损失都能得到恰当的调查，同时确保将英格兰高等教育基金委员会的拨款事宜告之内、外部审计员；(l)监督大学政策以防有欺诈和不规范因素存在，并及时报告在那些政策下进行的各种活动；(m)向校务理事会、校长和英格兰高等教育基金委员会递交年度报告；(n)从国家审计办公室和英格兰高等教育基金委员会处接收报告，并向该委员会提供咨询；(o)转递其会议记录至校务理事会。”①

《牛津大学章程》规定：“审计和监督委员会。该委员会应争取大学全体职员及学生的合作，且：(1)有权进行其认为必要的调查，召集人员以及要求获得任何与调查相关的文件。(2)接收来自资金价值委员会关注合理安排以实现节俭、效率、有效性的定期报告。(3)接收来自国家审计署、高等教育基金委员会(HEFCE)及其他组织的报告。(4)接收来自牛津大学出版社审计委员会的记录和年度内部审计计划，以及该委员会主席的定期报告；认真考虑这些记录和报告中受到大学审计委员会关注的问题，必要时可要求进一步的调查或者汇报。(5)接收来自牛津大学出版社审计委员会的年度报告，以起草向校务理事会和摄政院提交的大学审计委员会的年度报告。(6)接收并认真考虑 20 名或 20 名以上的摄政院成员通过学监和评审官递交的关于评议内部审计结果的要求。(7)审查风险管理、控制和治理安排(governance arrangements)的有效性，包括评议外聘审计员的管理建议书、内部审计员的年度报告及管理反应(management response)。(8)应校务理事会的要求，接手包括项目评议在内的审计评议。(9)对机构防范诈骗及违规的政策进行监督，其中包括关注该机构根据该政策采取了何种举措。(10)确保：大学向各学院下拨的公共资金得到合理使用和控制，这些资金的效益收入得到合理安排；并每年向校务理事会汇报这些相关事项。(11)审查内部审计员的风险评估、策略及审计计划；考虑内部审计调查的重大发现及管理反应；促进内部审计员和外聘审计员之间的合作，并确保内部审计员可支配的资源足以满足机构的需要。(12)监督已协商过的基于审计结果的相关建议的实施，无论该建议由谁提出。(13)确保所有重大损失都得到了合理调查，并告知内部审计员和外聘审计员，如果需要则也应告知高等教育基金委员会会计主管。(14)考虑并向校务理事会建议有关外聘审计员的

① 张国有.大学章程：第五卷[M].北京：北京大学出版社，2012：1233-1234.

任命、审计费用、所有外聘审计员的非审计服务规定，以及关于外聘审计员聘任及解聘的所有问题。(15)在审计前就审计的性质和范围同外聘审计员达成共识。(16)同外聘审计员谈论审计中期和尾期出现的问题，包括审计包含管理反应的管理建议书，以及其他外聘审计员或内部审计员希望探讨的问题(如果需要，管理层不出席)。(17)考虑并决定内部审计服务部门(必要时包括内部审计主管)的任命及参与程度条款、审计费用、所有内部审计员的非审计服务规定，以及与内部审计员聘任及解聘相关的所有问题。(18)每年都监督内部审计员和外聘审计员的业绩和效益，包括其保持客观的事项，并在适当的情况下向校务理事会建议对他们重新任命的相关事宜。(19)在外聘审计员的参与下，根据高等教育基金委员会对财务的相关指示考虑年度财务报表，包括审计员的正式意见、成员职责声明及内部管控声明。(20)每年向校务理事会及摄政院汇报一年的活动，汇报主要关注的是一些重大问题，并针对机构所作的以下安排的妥善性及有效性提供委员会的意见：(a)风险管理、控制和治理(风险管理的内容包括年度账目报表中的内部控制声明的准确性)；(b)节约、效率及有效性(资金价值)。(21)在学年的任何时间都可以要求校务理事会提请摄政院关注委员会认为需要特殊、及时关注的任何事宜。(22)在委员会接收到所有内部审计报告(包括按照本条第6款之规定所作的报告)后的一个月之内，由委员会在牛津大学校园网上发布报告中的完整意见(委员会认为需立即提交校务理事会的意见除外)，或者关于所要求的核查的不必要性的总结。(23)所有内部审计核查的完整报告(提交给校务理事会的报告除外)，以备用于所安排的与委员会秘书的商议。”①

《伦敦大学章程》规定：“董事会设立一个委员会负责审计和风险评估。董事会和理事会可随时设立其他的常设的、专门的和咨询性的委员会，以及委员会附属机构或其他机构。”②

3. 投资委员会的职责

《耶鲁法人章程》规定：“投资委员会应由不少于三名董事会成员组成。投资委员会可以邀请具有投资经验的董事会成员以外的成员成为委员会成员，但无投票权。他们的任期由委员会推荐并经董事会批准。在可使用的董事会政策范围内，投资委员会有权代表董事会批准经理人员的选用及解聘，以及批准对捐赠款所作的特别投资及由法人授权的其他基金的选取和终止。委员会应定期向董事会汇报其活动。”③

《加州大学董事会章程与常规》规定：“投资委员会应：a.管理法人的投资和投

① 张国有.大学章程：第四卷[M].北京：北京大学出版社，2012：184.

② 张国有.大学章程：第二卷[M].北京：北京大学出版社，2011：185.

③ 张国有.大学章程：第二卷[M].北京：北京大学出版社，2011：11.

资地产。b.授权出于投资目的而持有或获得的不动产购买、出售或租赁，以及地上建筑物的建造和修理；法人所有资金的贷款；债券、股票及其他证券的购买、出售、转让或交换；在投资转移与任何捐赠不发生冲突的前提下，法人各基金之间的投资转移。除委员会管辖下投资基金的贷款外，任何法人基金贷款只有得到董事会批准后方可生效。c.通过适当的决议或多个决议，保证所有证券的监管有力。d.就大学的投资业务定期向董事会汇报。e.在财务司库的建议下，向财务委员会就财务年度预算的投资资产部分进行考量并提出建议。"①

《南加州大学章程》规定："投资委员会：(1)成员：投资委员会由不少于五名的董事会成员加上当然成员组成。分管行政的资深副校长、分管财务的资深副校长(同时也是首席财政官员)、财务总监(或财务总监确定的助理财务总监)以及大学预算主任可出席委员会会议并参与讨论，但没有投票权。(2)权力和职责：投资委员会在大学一般财务事务和预算事务方面拥有如下权力和职责：①常规地审查和确定集合留本资金的资产分配情况，并向财务委员会和董事会提交关于集合留本资金的资产分配情况的定期报告；②任命一名或一名以上投资经理，让其投资大学资金并就投资大学的留本资产和其他资金向投资委员会提出建议；③指导大学财务总监，使其对留本资产和其他基金的投资与投资委员会确定的资产配置相协调；④实施由此章程、董事会决议或执行委员会决议授权的其他进一步行为。"②

《牛津大学章程》规定："投资委员会由以下人员组成：(1)校长；(2)由校务理事会任命的至少五名成员，这些成员不应担任大学、学院、学会或永久私人学堂任何教学或行政职务，且所有成员应具备运行委员会所需的投资管理方面的相关专业知识，其中一名成员由校务理事会任命为委员会主席。(3)由校务理事会任命至少其他两名成员，这些成员应具备投资管理方面的相关专业知识；所有成员任期应为五年并可以再次当选。委员会应负责：(1)监督大学的捐赠资金管理、监督对外部机构按照大学制定的指导原则而置于大学中的资金的管理(这些资金应根据为实现大学目标而设定的基准来衡量绩效)；并(2)向校务理事会汇报。委员会尤其应负责：(1)确定目标并与校务理事会达成一致；(2)制定指导原则并设定基准从而实现目标；(3)招聘、支持、评价并监督投资总监(Chief Investment Officer)；(4)(以个人名义或者以委员会名义)推荐管理者；并(5)就分配不动产和选择管理者提出相关建议。"③

此外牛津大学还设有资金价值委员会，耶鲁大学设有投资责任委员会等。

《牛津大学章程》规定："资金价值委员会：委员会负责：(1)制定一项资金价值

① 张国有.大学章程：第二卷[M].北京：北京大学出版社，2011：28-29.

② 张国有.大学章程：第二卷[M].北京：北京大学出版社，2011：103.

③ 张国有.大学章程：第四卷[M].北京：北京大学出版社，2012：197-198.

(value for money, VFM)政策,详述大学在追求资金价值时的目标以及负责目标实现的相关机构;(2)制定在大学范围内有助于提高资金价值的规划,并通过更节约(减少行动的相关费用)、更高效(物品与服务的产出与所花费资源之间的关系)、更有效(目标实现的程度)的方式实现该规划;(3)监督从大学下拨到各学院的公共基金的资金价值的实现;(4)在规划与决策过程中,促进资金价值的提高并加强这样一种意识:追求资金价值不仅仅是财务部门的责任,也是所有大学职员的责任;(5)对为实现资金价值而采用的措施进行监督,并对追求资金价值的主观动机进行审议;(6)将对委员会所认同的资金价值的审议行动规定为必须进行的审议;(7)在适当时就宣传良好的习惯做法提出相关建议;(8)每年向校务理事会以及审计和监察委员会进行一次汇报,其职责范围包括向校务理事会就大学内促进资金价值的安排是否令人满意提出相关建议。"①

《耶鲁法人章程》规定:"投资责任委员会:投资责任委员会应由不少于三名的董事会成员组成。该委员会必须考虑主要投资政策的相关事务并在这些方面提出建议,并负责就股东决议的股权持有者及其他涉及道德问题的事宜为投资者责任重大事务委员会和投资办等单位提供政策性的指导。为保证这项工作的顺利进行,投资委员会应当接受并审核投资者责任重大事务委员会的相关报告。"②

(四)中国台港澳部分大学财务治理相关委员会的设置

1. 台湾

《台湾大学组织规程》(2012 年 12 月 7 日)第四十一条规定:"校务会议设下列各种委员会:(1)校务发展委员会:规划校务发展事宜;(2)法规委员会:校务会议议案之审查及议程之安排;(3)经费稽核委员会:稽核各项经费之运用情形;(4)其他委员会。各种委员会应将其处理及决议事项向校务会议提出报告或提案。各种委员会之详细任务及组织由校务会议另定之。"第四十三条规定:"本大学设校务基金管理委员会,掌理校务基金之收支、管理及运用。置委员若干人,其设置办法另定之。"

《"台湾清华大学"组织规程》(2005 年 7 月 22 日)第十五条规定:"校务监督暨经费稽核委员会掌理下列事项:(1)校务会议决议执行之监督;(2)校务基金收支、保管及运用之稽核;(3)校长拟续任时,依校务会议决议之方式,办理对校长政绩之意见征询;(4)校长新任、续任及去职案同意投票之办理;(5)学校重要选举、投票程序之监督或公证。学校其他重要行政措施之查询及建议。本委员会置委员七至十一人,由校务会议选出,委员互选一人为主席。学校各级主管(含副主管)、掌理总务及会计相关人员、校务发展委员会委员及校务基金管理委员会委员不得担任本委员会之委员。"第十八条规定:"本大学设校务基金管理委员会,掌理有关校务基

---

① 张国有.大学章程:第四卷[M].北京:北京大学出版社,2012:210-211.

② 张国有.大学章程:第二卷[M].北京:北京大学出版社,2011:12.

金收支、保管及运用事项。置委员七至十五人，其设置要点另定之，经校务会议通过后实施。”

《“台湾中山大学”组织规程》(2011 年 7 月 1 日)第三十六条规定：“校务会议下设下列委员会：一、校务研究发展及考核委员会：(1)研议校务发展计划及预算；(2)研议学术单位之增设、变更与裁并；(3)研议教学、学生辅导、学术研究、推广教育与社会服务之政策与措施；(4)考核校务会议决议案执行情形；(5)其他校务会议交办事项。二、经费稽核委员会：为监督有关校务基金之收支、保管及运用，其任务如下：(1)学校教学、研究及推广计划财务运用之事后稽核；(2)校区建筑与工程兴建计划、发包及执行等经费运用之事后稽核；(3)各项经费收支及现金出纳处理情形之事后稽核；(4)校务基金年度决算之稽核；(5)学校资产增置、扩充及改良等事项之事后稽核；(6)校务基金经济有效利用及开源节流措施之事后稽核；(7)其他经费之事后稽核事项。前款稽核事项，以当年度内发生与经费运用有关事项为限。但该事项涉及以前年度者，不在此限。前项委员会设置办法另定，经校务会议通过后实施。必要时得经校务会议通过增减设置其他委员会或专案小组。”

《台湾交通大学组织规程》(2002 年 10 月 9 日)第二十九条规定：“校务会议常设委员会之组成校务会议各常设委员会之组成方式：(1)校务规划委员会：由校长、副校长、主任秘书、教务长、学生事务长、总务长、研发长及各学院院长等当然委员，各学院、不属学院之所有教学中心与专班及其他单位按教师比例推选之票选委员及学生代表一人组成之。票选委员之人数不得少于当然委员之总数。票选委员任期三年，每年改选三分之一，连选得连任。学生代表任期一年。由校长担任主任委员，并就委员中聘请一人兼任执行长，一人兼任执行秘书。营缮组组长列席。(2)法规委员会：由委员十一人组成之，七人由校务会议代表互选产生，连选得连任，四人由校长聘请校内人士担任，任期均为一年。由校长就委员中聘请一人兼任主任委员，并由主任委员就委员中聘请一人兼任执行秘书。(3)经费稽核委员会：由校务会议代表互选九人为委员组成之，任期一年，连选得连任一次。置召集委员一人，由委员互选。(4)举荐委员会：由校长、副校长、教务长、研发长及各学院院长为当然委员，并由校务会议代表互选五人、校长遴选本校教授二人及台湾交通大学校友会遴聘三人为委员组成之，任期均为一年。校长为主任委员，并由主任委员就委员中聘请一人兼任召集委员。各常设委员会之详细任务及组织由校务会议另定之。”

2. 香港

《香港大学规程》(2006 年 3 月 3 日)第二十四章“财务程序”中规定：“(1)财政年度由校务委员会订定。(2)校务委员会须委出财务委员会，并可委任校务委员以外的人为该会的成员；凡属校务委员会管辖范围内而又在财政方面有重大关联的事宜，均须提交财务委员会处理。(3)财务委员会须于财政年度开始前，向校务委员会提交大学的收支预算草案，而该等预算经校务委员会作出其认为适当的修订后，须于该财政年度开始前由校务委员会予以批准。”此外，在《香港大学规程》中，“司库”是校董会(第十八章)和校务委员会(第二十一章)的组成成员。

《香港中文大学规程》(2007 年 12 月 14 日)第 12 条“财务程序”规定：“(1)财政年度由大学校董会订定。(2)大学校董会设有一个名为财务委员会的委员会，该委员会由下列人士组成：(a)司库，为该委员会的主席；(b)校长或其代表；(c)各原有书院的及逸夫书院的院长；及(2007 年第 18 号第 5 条)(d)大学校董会所委任的其他人士 3 名，其中包括并非大学校董的人士。凡属大学校董会管辖范围内而又在财务方面有重大关联的事宜，均须提交财务委员会处理。(3)财务委员会须于财政年度开始前，向大学校董会呈交香港中文大学的收支预算草案，而该等预算经作出大学校董会认为适合的修订后，须于财政年度开始前由大学校董会予以批准。”第 10 条规定：“财务长为财务委员会秘书。”第 20 条第 7 款规定：“为聘任财务长而设立的叙聘咨询委员会，由下列人士组成(2002 年第 23 号第 63 条)：(a)校长或其委任的代理，为该委员会的主席；(b)司库；(c)大学校董会所委任的大学校董 1 名；及(d)教务会所委任的教务会成员 2 名。”

3. 澳门

《澳门大学章程》(2006 年 4 月 19 日)中，第二章为“组织”，其第二节为“校监”，第三节为“大学议庭”，第四节为“校董会”，第五节为“校长”，第六节为“教务委员会”，第七节为“财务管理委员会”。

第七节“财务管理委员会”第三十八条规定：“定义及组成：财务管理委员会为澳大的财务执行机关。财务管理委员会的组成如下：(1)校长，担任主席；(2)各副校长。财务管理委员会秘书由财务部主管担任，无投票权。”第三十九条规定：“职权：财务管理委员会的责任是确保澳大的财政及财产的管理，主要职权如下：(1)设立及保持会计监管制度，使澳大的财政及财产状况能适时得到准确完整的反映；(2)制订澳大年度及多年度的财政计划，并呈交校董会审议及通过；(3)制订澳大的本身预算案及补充预算案，并呈交校董会审议；(4)制订澳大的修改预算案，并呈交校董会通过；(5)制订财务报告及管理账目，并呈交校董会审议；(6)向财政局申请登录在澳门特别行政区财政预算的拨款金额；(7)收取澳大本身的收入及在具公共库房出纳职能的代理银行存取该等款项；(8)按适用的法律规定核准开支；(9)核准以有偿或无偿的方式使用澳大的设施及设备；(10)按职权依法签署财务、买卖及租赁协议；(11)按校董会授予的职权并根据法律规定，接受给予澳大的各项津贴、捐赠、遗产及遗赠；(12)按校董会授予的职权依法批准动产及不动产的租赁或其他权利的设定，以及闲置或不适合的财产的转让或销毁；(13)管理澳大的财产且监督其运用及保养，并确保动产及不动产的列表及其登记数据的编制及经常更新；(14)定期审查备用资金及存款，查核会计及出纳的账目记录，审核财政支出。”第四十条规定：“运作：(1)财务管理委员会每周举行平常会议一次，决议必须在全部成员或其代任人出席的情况下，以其成员的大多数票通过，若票数相等时，主席可作最后决定，有需要时，可举行特别会议；(2)听取校董会意见后，财务管理委员会可将部分职权授予其中一名或多名成员、学术单位主管、学术辅助部门主管、行政部门主管或同等职位的人士；(3)学术单位主管、学术辅助部门主管、行政部门主管或澳大机关的其他成员或职位可被邀列席财务管理委员会会议，但无投票权。”

第四节“校董会”下属第四分节为“监察委员会”，其下第二十四条规定：“监察委员会的组成如下：(1)校董会主席，担任主席；(2)校董会司库；(3)财政局局长。监察委员会秘书由校董会秘书长担任，无投票权；秘书职务所需的支持由行政部门负责。”第二十五条规定：“监察委员会的职权如下：(1)跟进澳大的运作，并监察适用的法律及规章的遵守情况；(2)审查会计账目及跟进预算的执行，并取得认为对跟进管理工作所必要的数据；(3)审查及核对簿册、记录及文件，并在认为需要或适宜时，核查任何种类的有价物；(4)就校董会向其提出的所有事宜发表意见；(5)就最后账目以及年度工作报告及财务报告提供意见；(6)编制其活动的年度报告，并将之送交校董会。”

三、高校财务治理相关委员会设置的借鉴与启示

(一) 校务委员会是高校财务治理的核心组织

前已述及，我国公立大学不设类似于“董事会”那样的治理主体机构，而以党委书记为主任的“校务委员会”是中国特色社会主义大学最合适的“共治”核心组织，承担着高校财务治理的职责。但校务委员会的性质不能仅定位于“咨询和审议机构”或“咨议机构”或“咨询议事机构”，而应界定为“治理委员会”层面的治理核心组织。校务委员会的职责也应作相应提升。

1. 香港大学校务委员会有财权

《香港大学规程》在第二十二章“校务委员会的权力”中指出：“校务委员会有权：(1)管理大学的财政、账目、投资、财产、校务及所有事务，并为此而委任银行家、大律师、律师及其认为合宜的人员或代理人；(2)将包括任何未拨用收入的大学款项，投资于其认为适当的股额、基金、全部缴足款项的股份或证券、按揭、债权证或债权股证，不论该等投资是否规管信托款项投资的一般法律所授权者，亦不论其是否在香港之内所作的投资，而校务委员会亦有权以该等大学款项在香港购买批租土地财产作为投资，并以出售后再投资或以其他方式更改任何投资；(3)代表大学购买、批予、出售、转易、转让、放弃、交出与交换土地财产和非土地财产，将土地财产和非土地财产予以分划、按揭、批租与再转让，以及接受他人将土地财产及非土地财产租赁予大学；(4)提供大学需用的建筑物、处所、家具、仪器及其他工具；(5)代表大学借款，并为此而将大学的所有或部分财产（不论是土地财产或是非土地财产）按揭，或以该等土地财产或非土地财产或其他财产提供

其认为适当的其他抵押：但大学所借及所欠的款项在任何时间不得超过100 000美元的总额，但如经校务委员会在会议上通过决议认许，并于该次会议举行最少7天后特别为此而召开的校务委员会会议上，得到四分之三出席会议并在席上投票的校务委员投票确认，则不在此限。”上述校务委员会的前五项权力都涉及财务领域。

2.《北京大学章程》中对“校务委员会”职权的规定

《北京大学章程》规定：“校务委员会行使下列职权：(1)审议通过校务委员会章程及其修订案；(2)决定委员的增补或者退出；(3)参与审议学校章程拟定和修订、发展与改革规划、学科建设与专业设置、年度预决算报告等重大事项；(4)审议学校开展政产学研合作与协同创新的总体方案、重大项目及协议，支持学校开展社会服务，促进学校社会合作水平和质量的提高；(5)审议学校面向社会筹措资金、争取资源的规划或者计划，监督筹措资金的使用；(6)监督和评价学校办学质量与效益；(7)承担学校委托的其他职能。”

目前，《北京大学章程》和《复旦大学章程》对“校务委员会”的职责规定比较明确。就高校财务治理而言，对“校务委员会”所辖的与高校财务治理相关委员会的职责应进一步明晰。

(二) 与高校财务治理相关的委员会设置

在原“985工程”大学章程中没有出现过“财务治理”的字样，也没有体现出“财务治理”的理念。

在原“985工程”大学章程中没有提及“财务委员会”“审计委员会”“投资委员会”，更没有提及“资金价值委员会”“投资责任委员会”“捐赠审议委员会”“社会责任投资审议委员会”“学院账务委员会”等。

我国台湾的大学设“经费稽核委员会”，香港的大学设“财务委员会”，澳门的大学设“财务管理委员会”和“监察委员会”。

1. 两所大学与高校财务治理相关的委员会设置

(1) 牛津大学校务委员会下属委员会的设置

郭婉君认为：“校务委员会与教职员大会不同，校务委员会主要负责学校学术决策和战略规划，也就是主要负责学校整体运转。校务委员会下设五个分委员会：教育委员会、总务委员会、人事委员会、规划与资源配置委员会以及科研委员会。除了这五个委员会之外，牛津大学还设立了3个直接向校务委员会汇报工作的机构：审计与检查委员会、财政委员会和投资委员会。这也就能看出与我国大学机构设立不相同之处。虽然我国大学也有一定的机构设立，但相对而言并不是很完善。”①

---

① 郭婉君.牛津大学章程对我国大学院系治理的启示[J].中国电力教育，2013(2)：7-8.

(2) 1920 年北京大学行政委员会下属委员会的设置

1920 年的《北京大学章程》将委员会定名为行政委员会，由校长从中指任一名教授为委员长，校长出席委员会时，为当然主席。“各行政委员会，协助校长规划推行各部分事务，各委员会委员由校长从职员中指任，征求评议会同意。”行政委员会分为常设委员会和临时委员会两类。当时北大常设委员会有 8 个：组织委员会、预算委员会、审计委员会、聘任委员会、图书委员会、庶务委员会、仪器委员会、出版委员会；临时委员会则灵活设置，以所任事务定其名称，事毕即行撤销①。

2. 校务委员会领导下的财经领导小组、预算委员会和审计委员会

综合上述境外以及国内部分著名高校与高校财务治理相关的委员会设置，结合我国公立大学的实际，笔者建议，在校务委员会下属至少应设置“财经领导小组”“预算委员会”和“审计委员会”。

四、高校财务治理相关委员会职责的借鉴与启示

(一) 财经领导小组的职责

1. 财经领导小组的规定

1994 年 11 月 17 日，国家教委发布的《关于当前国家教委委属高校财经工作中几点意见的通知》(教财〔1994〕64 号)第二条指出：“为了提高校一级的统筹调控能力，学校的财经管理工作必须实行‘统一领导，分级管理’的原则和体制。有条件的学校应成立由学校主要领导负责的财经领导小组，统一领导协调学校财经工作。……委属高校内部应实行统一的财经政策和制度，各项财经政策和制度要协调一致，符合国家有关的财经规定。各项财经制度应由财务处在财经领导小组组织和协调下统一制订和颁布，各校内单位不得各自为政。”

2000 年 6 月 12 日，《教育部、财政部关于高等学校建立经济责任制加强财务管理的几点意见》(教财〔2000〕14 号)指出：“学校财经工作要坚持校(院)长负责制，坚持‘一支笔’审批制度。有条件的学校应成立由学校主要领导负责的财经领导小组，统一领导协调学校的财经工作。学校财经工作要增加透明度、增强严肃性，与学校发展规划相适应的经费需求计划的制订、年度预算安排及执行、对外投资、重要财务岗位负责人的任免等重大财经工作应建立科学合理的工作程序，经过集体讨论，按照民主集中制的原则决定。要在严格遵守国家法规规定的基础上，结合实际，建立健全内部规章制度，确保有章可循。”

2004 年 10 月 18 日，《教育部　财政部关于进一步加强直属高校资金安全管理的若干意见》(教财〔2004〕38 号)第四条指出：“对于大额资金的流动，以及非常规资金支付业务(如借出款、为外单位垫款、超预算付款等)，应建立集体讨论决策制

① 王学珍，郭建荣.北京大学史料(1912—1937)：第二卷(上册)[G].北京：北京大学出版社，2000：84.

度。先由学校财务部门根据校内部门的书面申请提出初步意见，经校财经领导小组对其真实性、合理性、合法性进行审查，同意后再提交学校领导集体讨论决策。财务部门根据学校会议纪要或决定办理相关资金业务。具体操作办法由各校根据实际情况研究制定并报教育部财务司备案。”

2007 年 1 月 15 日，《教育部 财政部关于“十一五”期间进一步加强高等学校财务管理工作的若干意见》(教财〔2007〕1 号)第 6 条指出：“高等学校应成立由学校主要领导负责、相关领导和部门负责人参与的财经领导小组，统一领导和协调学校的财经工作，提高学校对财经工作的统筹调控能力。”第 7 条指出：“高等学校应建立和完善重大问题集体决策制度、专家咨询制度和决策责任追究制度。凡学校重大经济决策、重大投资(融资)项目以及大额资金使用，必须组织相关专家进行科学论证，经学校财经领导小组研究后，提交学校最高决策机构集体讨论决定。”

2. “大学章程”中的规定

前已述及，境外很多高校在“大学章程”中规定了财务委员会和审计委员会的设置，我国“一流大学”建设高校的“大学章程”中规定了很多委员会，如学术委员会、学位评定委员会、教授委员会、教学指导委员会、专业技术职务评聘委员会等，却没有设置审计委员会的，设置了财经方面的委员会的大学更是仅有 3 所。

(1) 财经决策咨议委员会

《西安交通大学章程》第四十九条规定：“学校可以设置人事与机构、校园建设与发展规划、财经等专项事务决策咨议委员会。各委员会按照学校批准的章程组建和开展工作，为学校重大改革和发展事项提出咨询意见，审议学校相关领域的发展规划、规章制度和决策方案。”

(2) 财经工作领导小组

《西北农林科技大学章程》第六十四条规定：“学校实行财务报告制度，财务主管部门和分管财务的校领导定期向学校财经工作领导小组、校长办公会、党委常委会及教职工代表大会汇报学校资金收支、财务运行及管理状况。”

《西北工业大学章程》第六十条规定：“学校实行统一领导，集中管理的财务管理体制。学校年度经费预算、对外投融资等重大经济事项由学校党委常委会决策。学校重要经济事项由学校财经领导小组研究和审议，提交学校党委常委会或校长办公会审定。”

3. 财经领导小组的职责

如上述教材〔1994〕64 号和教材〔2004〕38 号等文件所指的“统一领导和协调学校的财经工作”和“各项财经制度应由财务处在财经领导小组组织和协调下统一制定和颁布”其实是行政职能，因此，校务委员会下属的财经领导小组不仅是咨询审议机构，而且属于行政执行系统，应与总会计师的行政系统协调履职。

(1) 审查与学校发展规划相适应的经费需求计划的制订；

（2）统一制定和颁布财经方面的规章制度；

（3）审查对外投资等大额资金的流向；

（4）审查重要财务岗位负责人的任免；

（5）统一领导和协调学校的财经工作；

（6）审查财经方面的其他重要事项。

4. 香港大学校务委员会还下设“财务委员会”

香港大学校务委员会还下设“财务委员会”。《香港大学规程》第二十四章“财务程序”中指出：“校务委员会须委出财务委员会，并可委任校务委员以外的人为该会的成员；凡属校务委员会管辖范围内而又在财政方面有重大关联的事宜，均须提交财务委员会处理。”

（二）预算委员会的职责

1. 预算委员会的规定

《教育部直属高校经济活动内部控制指南（试行）》“内部控制应用指南”中“第2号—预决算管理”第五条指出：“高校应设立预算管理委员会或类似机构，负责拟定预决算政策，审议年度预算及具体分解方案，协调解决预算编制、调整与执行过程中出现的问题，组织开展预算绩效考核和预决算结果分析评价等工作。”这里，“负责拟定预决算政策，审议年度预算及具体分解方案，协调解决预算编制、调整与执行过程中出现的问题，组织开展预算绩效考核和预决算结果分析评价等工作”是行政职能。

2. 境内外大学预算委员会的设置

（1）境外的大学设置预算委员会

称“预算委员会”的如美国伯克利大学，澳大利亚、新西兰等国的大学。

香港城市大学、香港中文大学称“资源调配委员会”。

（2）境内的大学设置预算委员会

有“预算委员会”，如汕头大学等；“预算管理委员会”，如中央财经大学、长沙电力职业技术学院等；“资金预算委员会”，如中国石油大学；“资金预算管理委员会”，如西南石油大学；“预决算工作委员会”，如复旦大学；“财务收支预算委员会”，如华北电力大学；“预算与投资委员会”，如广东商学院；“预算专家委员会”，如中国科学技术大学；“经费预算审查委员会”，如南方医科大学等。

3. 制定“预算委员会章程”的高校

复旦大学的《复旦大学预决算工作委员会章程》，广东商学院（2013年更名为广东财经大学）的《广东商学院预算与投资委员会章程》，中国科学技术大学的《中国科学技术大学预算专家委员会工作规则（试行）》，中央财经大学的《中央财经大学预算管理委员会工作细则》，华北电力大学的《华北电力大学财务收支预算委员会工作规则》，台湾中兴大学的《台湾中兴大学经费稽核委员会组织章程》，高雄医学大学的《高雄医学大学预算委员会设置办法》,中国医药大学的《中国医药大学预算委员会设置办法》等。笔者认为,"预算委员会"有个章程并称为"章程"为好。

4. 关于高校预算委员会的性质

香港城市大学将其作为学校预算管理的决策机构。

广东商学院预算与投资委员会是学校实施全面预算管理和投资决策的咨询机构。

复旦大学预决算工作委员会的主要职能是：对学校预算管理办法等重大政策进行研究、审议和修改,并提出方案,供校长办公会议(党政联席会议)决策等。

中国科学技术大学预算专家委员会是学校可分配预算经费的项目论证与检查评估的议事机构。

华北电力大学财务收支预算委员会对学校校长办公会议负责,校长办公会议是学校预算管理的最高决策机构。

由于名称不同、职责不同,因此,性质也不同。笔者倾向于高校预算委员会是校务委员会的下属行政决策机构。

5. 有的学者建议预算委员会设在党委会下

不少学者认为预算委员会应设在党委会之下,如王丽萍等认为:"目前国内不少高校建立了党委领导下由校长负责的预算管理委员会,负责管理学校的资金预算及其预算分配。"①张思强认为:"建立党委书记负责的绩效预算委员会。实行绩效预算,必须解决的第一个问题是谁来对绩效预算负责。我国香港和美国、澳大利亚高校的普遍做法是设立专门的预算委员会来对绩效预算负责。但这个预算委员会由谁来牵头呢？我们认为,能够选择的最佳方案是将预算委员会设在党委会。"②彭杰武认为:"要建立绩效预算委员会,它是高校内部绩效预算管理体系最高决策机构,结合我国高校财务管理要求,该机构应设在党委会。"③

6. 校务委员会审议预决算

前已述及,境外很多高校在"大学章程"中规定校务委员会审议预决算,但是在我国"一流大学"建设高校的"大学章程"中却只有 3 所高校对审议预决算作了规定:

《北京大学章程》第二十九条规定:"学校设校务委员会。校务委员会是学校的咨询议事和监督机构,是社会参与学校治理的组织形式。校务委员会行使下列职权:……(三)参与审议学校章程拟定和修订、发展与改革规划、学科建设与专业设

① 王丽萍,郭岚,张勇.高校新绩效预算管理体系研究[J].财会通讯(学术版),2008(7):110-113.

② 张思强.高等学校绩效预算的理论框架[J].事业财会,2006(4):4-6.

③ 彭杰武.绩效预算对高校内涵发展的促进作用探讨[J].保山师专学报,2008(5):98-101.

置、年度预决算报告等重大事项;……(五)审议学校面向社会筹措资金、争取资源的规划或者计划,监督筹措资金的使用;……”

《清华大学章程》第二十五条规定:“学校定期召开校务会议,研究决定学校的事业发展规划、年度工作计划和具体规章制度,教育教学、学术研究的计划和安排,副校长推荐人选,内部机构设置方案和机构负责人任免,教职工的聘任和解聘,学生的学籍管理和思想品德教育,师生员工的奖励和处分,年度财务预算方案的拟订和执行,校产保护和管理,社会服务、国际交流合作等行政工作重要事务。”

7. 高校预算决算中教学、科研经费的安排和分配及使用”等是否需征求学术委员会的咨询意见

(1)《高等学校学术委员会规程》规定了“学校预算决算中教学、科研经费的安排和分配及使用”等应征求学术委员会的咨询意见

2014年1月29日,教育部颁发的《高等学校学术委员会规程》(教育部令第35号)第十七条规定:“学校作出下列决策前,应当通报学术委员会,由学术委员会提出咨询意见:(一)制订与学术事务相关的全局性、重大发展规划和发展战略;(二)学校预算决算中教学、科研经费的安排和分配及使用;(三)教学、科研重大项目的申报及资金的分配使用;……”

(2) 只有13所“一流大学”建设高校在“大学章程”中规定了学术委员会的职责包括审议预决算

《西北农林科技大学章程》第十八条第四款规定:“负责对以下事项提出咨询意见。1. 与学术事务相关的重大规划与发展战略。2. 与学术相关事项的经费预算、决算。3. 教学、科研重大项目的申报及资金的分配使用。4. 国际合作办学及对外重大合同项目。5. 学校认为需要听取意见的其他事项。”

《山东大学章程》第五十一条第三款规定:“学校作出下列决策前,应当通报学术委员会,由学术委员会提出咨询意见:学校预算决算中教学、科研经费的安排和分配及使用。”

《武汉大学章程》第三十六条第八款规定:“学校学术委员会的主要职责:就学校预算、决算中教学、科研经费的安排和使用以及教学、科研重大项目的申报和资金的分配使用提出咨询意见。”

《重庆大学章程》第五十五条第六款规定:“学校学术委员会的主要职责:知晓学校制订与学术事务相关的全局性、重大发展规划和战略规划,学校预算决算中教学、科研经费的安排和分配及使用,教学、科研重大项目的申报及资金的分配使用,开展中外合作办学、赴境外办学,对外开展重大项目合作等事项。学校在就上述事项作出决策前应听取其咨询意见。”

《北京大学章程》第二十七条第四款规定:“对学校事业中长期发展规划,机构

编制总体方案，教学科研单位的设置，学校预决算中教学、科研经费的安排、分配与使用以及中外合作办学、重大项目合作等提出意见和建议。”

《西安交通大学章程》第四十条第十四款规定：“学术委员会作为校内最高学术机构，行使以下职权：对学校学术发展规划、预算决算中教学与科研经费的安排与使用、教学与科研重大项目的申报及资金的分配使用、开展中外合作办学、赴境外办学、对外开展重大项目合作等重大事项的决策提出咨询意见。”

《中国海洋大学章程》第三十一条第二款规定：“学校在决策下列事务前，向学术委员会征求咨询意见：学校预算决算中教学、科研经费的总体安排、分配及使用。”

《复旦大学章程》第十一条规定：“学术委员会是学校的最高学术机构，统筹行使重大学术事务的决策、审议、评定和咨询等职权。……学校应当就预决算中教学与科研经费的分配及使用、开展中外合作办学、重大项目合作等问题听取学术委员会意见，对学术委员会提出明确不同意见的学术事项应作说明，重新协商或者暂缓执行。”

《南京大学章程》第二十四条第三款规定：“校学术委员会是学校的最高学术机构，校学术委员会的主要职责是：……为学校制订与学术事务相关的重大发展规划与战略、学校教学与科研经费预算决算方案、教学与科研重大项目申报及资金的分配使用、涉外办学与重大项目合作等事项提出咨询意见。”

《湖南大学章程》第六十三条第二款规定：“学校作出下列决策前，应当通报校学术委员会，由校学术委员会提出咨询意见：学校预算决算中教学、科研经费的安排和分配及使用。”

《华南理工大学章程》第四十五条第九款规定：“学术委员会的主要职权是：为学校预算决算，特别是教学、科研经费的安排和分配及使用提供咨询和建议。”

《北京航空航天大学章程》第三十五条第七款规定：“学校学术委员会主要负责下列事项：对学校预算决算中教学、科研经费的安排和分配及使用，教学、科研重大项目的申报及资金的分配使用提供咨询意见。”

《西北工业大学章程》第四十一条第二款规定：“学校作出下列决策前，应当通报学术委员会，由学术委员会提出咨询意见：学校预算决算中教学、科研经费的安排和分配及使用。”

8. 境外高校谁负责编制预算

(1) 斯坦福大学由教务长编制预算

《斯坦福大学行政管理指南》规定：学校每年基于对收入与支出的估计编制一份综合预算。编制预算使得大学在处理支出时能核实基金的可用性。斯坦福大学使用海波龙(Hyperion)规划系统编制预算。(1)责任。①教务长——作为大学的首席学术官员和首席预算官，教务长对综合预算的编制和执行承担主要责任。

②负责预算和辅助管理的副教务长——代表教务长指挥并管理综合预算执行的过程。③各院系的预算官员与教务长办公室下属的大学预算办公室和财务办公室协作,在他们各自的组织内协调所有的预算活动。④教务长办公室下属的大学预算办公室维护预算系统,批准所有院系提交的预算,并监督和报告它们与获批的预算中不一致的地方。(2)年度预算进程/周期。预算进程由大学预算办公室控制。①预测——预算官员每年春季准备好下一年度的收支预测。大学预算办公室使用这些预测编制大学综合预算,并呈交董事会批准。②综合预算——董事会批准了斯坦福大学预算计划(综合预算)后,预算官员记录下预算编制系统中每一个账户对收入和支出(包括薪水和非薪水)的最终的详细的预算。在9月1日前形成官方的大学综合预算。③差异报告——经过一年周期,根据大学管理层的决定,预算官员根据大学预算办公室提供的指导方针,对实际的收支(或预期的收支)与综合预算之间的差异作出分析和解释。大学预算办公室运用这些信息为董事会和大学管理层准备一份高级别的差异分析报告。

朱剑等指出:“教务长同时也是斯坦福大学的首席财政官员。事实上,斯坦福大学设有专门的财务官,负责财政事务管理,比如大学的支出、预算和租赁等事务,但只有教务长才有权最终决定预算。与此同时,教务长咨询团队里也有来自不同学院的教师,以应对不同部门的诉求。当我们审核大学的年度预算时会发现预算需求往往超过实际的金额,它们的比例大概是5∶1。也就是说,人们倾向于索取的预算金额是实际金额的5倍。在这种情况下,教师咨询小组会帮助教务长来评估资金预算情况,但最后还需教务长拍板。斯坦福的权力构架的特点是董事会具有最终权力,校长和教务长在诸如财政等事务上有一定的权力。”①

(2) 耶鲁大学由教务长编制预算

《耶鲁大学章程》指出:教务长是校长之后的主管教学和行政事务的大学首席官员。教务长根据校长提名,由董事会选举产生。在校长辞世、伤残或长期缺席的情况下,或依据校长嘱托,教务长应当行使校长的职责直至董事会作出新的任命或安排。在服从校长的权威下,教务长应在全校范围内引导教育政策和活动。教务长应在财政与商业运营副校长提供的预计运行收入与资本收益的基础上,制订大学的运行与资本预算,并将这些预算提交给校长。教务长同时担任财政委员会、教育政策委员会及医学院委员会的秘书长。教务长应是每个教授及管理机构的当然成员,也是所有委员会和其他有关教育政策或教员聘任/晋升机构的当然委员。除校长以外,所有院长、委员会主席及其他教育官员都应向教务长汇报。教务长应出席董事会会议及其重大事务委员会的会议。经校长提名,董事会可任命一名或多

① 朱剑,眭依凡,俞婷婕,等.斯坦福大学的内部治理:经验与挑战——斯坦福大学前校长约翰·亨尼西访谈录[J].高等教育研究,2018(11):104-109.

名校级副教务长、院级副教务长或助理教务长在专门领域内协助教务长工作。

(3) 加州大学由秘书长管理预算

《加州大学董事会章程与常规》规定:“秘书长应管理董事会的年度运行预算,确保支出依照大学和董事会的政策和指导方针获得批准。”

9. 高校预算委员会的职责

(1) 部分著名高校预算委员会的职责

复旦大学预决算工作委员会的主要职能是:①对学校预算管理办法等重大政策进行研究、审议和修改,并提出方案,供校长办公会议(党政联席会议)决策;②根据学校事业发展规划和年度工作重点,提出预算目标、编制原则和方针建议,经校长办公会议(党政联席会议)批准后,由校财务处负责落实;③组织编制、审定预算草案,提交校长办公会议(党政联席会议)批准;④下达经校长办公会议(党政联席会议)批准的年度预算;⑤协调解决预决算编制和执行中的重大问题;⑥审议预决算调整方案,提交校长办公会议(党政联席会议)批准;⑦对学校预算执行情况和经费使用绩效进行考核;⑧对各预算执行单位的决算报告进行审议和评价,作为下一年度预算调整的依据;⑨审议预决算考核和奖惩方案;⑩审议财务处等相关部门提出的学校预决算管理的规章制度,提出审议意见,提交校长办公会议(党政联席会议)批准。

中国科学技术大学预算专家委员会的主要职责:①对各单位申报的学校可分配预算有关项目进行论证,包括建设项目(基建项目除外)、维修改造项目(含学校公共维修改造项目和各单位申报的涉及公共维修改造项目)、支撑服务专项、行政专项和其他专项等(以下简称“项目”);②对已执行的学校可分配预算有关项目进行检查和评估;③对学校可分配预算项目有关重大政策问题进行研究并提出专家建议。

(2) 高校预算委员会的一般职责

① 审查并制订预决算方案。

② 审查预算调整方案。

③ 监督预算的执行等。

(三) 审计委员会的职责

1. 大学设立审计委员会的规定

2003 年 3 月 4 日,《审计署关于内部审计工作的规定》(审计署令第 4 号)第三条规定:“国家机关、金融机构、企业事业组织、社会团体以及其他单位,应当按照国家有关规定建立健全内部审计制度。法律、行政法规规定设立内部审计机构的单位,必须设立独立的内部审计机构。……设立内部审计机构的单位,可以根据需要设立审计委员会,配备总审计师。”

2. 审计委员会是董事会中最重要的委员会

笔者曾收集过不少审计委员会是董事会中最重要的委员会的论述:

阿瑟·洛克说过:“审计委员会肯定是董事会中最重要的委员会。”①

拉夫尔·D.沃德(Ralph D. Ward)认为:“审计委员会是现代董事会中最有组织的委员会。”②

拉姆·查然(Ram Charan)指出:“大多数董事会只需要3～4个专业委员会。审计委员会和管理发展委员会(或薪酬委员会)是法定的。”③

亚瑟·莱维特(Arthur Levitt)指出:“最后,称职、专注、独立和严厉的审计委员会是公众利益的最可靠守护者。”④

亚瑟·莱维特(Arthur Levitt)又指出:“我认识到保护公众利益的最可靠的监护人之一,是一个有能力、守承诺、具独立精神和坚强意志的审计委员会。唯其重要,美国每一个公众公司不能没有审计委员会。”⑤

审计委员会定位在公司治理的最高层面上⑥。

没有审计委员会存在时务必小心⑦。

3. 审计委员会是治理结构的四大基石之一

国际内部审计师协会(IIA)在2002年7月23日对美国国会的建议中指出,一个健全的治理结构是建立在有效治理体系的四个主要条件的协同之上的,这四个主要条件是:董事会、执行管理层、外部审计和审计委员会。并将其称为公司治理的“四大基石”。

审计委员会是公司治理的四大基石之一,定位在公司治理的最高层面上。同理,高校审计委员会是高校治理的基石之一。

4. 审计委员会领导下的内部审计体制

笔者曾撰文阐述过大学审计委员会研究,建议我国高校设置审计委员会,将内部审计置于高校治理的层面上⑧。

谭东杰的研究表明,目前美国大多数高校内部审计部门属于审计委员会领导下的管理体制,如美国耶鲁大学、波士顿大学等,这种管理体制下的内部审计立足点显然是高校出资者,因此内部审计机构既独立于校长,又独立于学校各职能部

① 转引自:[美]苏珊·F.舒尔茨.董事会白皮书[M].李犁,等译.北京:中国人民大学出版社,2003:172.

② [美]拉尔夫·D.沃德.新世纪董事会:公司董事的新角色[M].黄海霞,译.上海:上海交通大学出版社,2002:191.

③ [美]拉姆·查然.顶级董事会运作[M].武利中,译.北京:中国人民大学出版社,2003:35.

④ 转引自:黄世忠.会计数字游戏:美国十大财务舞弊案例剖析[M].北京:中国财政经济出版社,2003:390.

⑤ [美]亚瑟·莱维特.公司治理结构的新标准[J].证券市场导报,2001(7):72-75.

⑥ 2003年11月,全美证券交易商协会和纽约证券交易所发布的《新的公司治理最终规则》。

⑦ [美]霍华德·施利特.财务骗术[M].[美]吴谦立,译.上海:上海远东出版社,2003:45.

⑧ 乔春华.大学审计委员会研究[J].教育财会研究,2008(5):42-47.

门,独立性最强,能够很好地发挥审计的作用①。

苏运法的研究表明,马里兰大学审计章程规定:"内部审计对董事会审计委员会负责,并向他们提供审计报告,它是马里兰大学行政管理系统的一部分。为了管理的需要,内部审计部门可以向校长提交报告。为了管理,校长可以和内审部门负责人一起,保证内部审计部门独立性的专业水平以及保证内部审计有足够的资源完成它的使命。"②

黄钰彬的研究显示:"2002 年,香港特区政府审计署通过对香港几所大学进行审计,建议大学设立独立的审计委员会,强化内部审计职能。香港城市大学董事会的 6 名校外成员被吸收为审计委员会成员,内部审核组直接对审计委员会负责,而审计委员会作为非行政部门向校董事会负责,其审计工作的结果向董事会报告,这使内部审计部门的地位得到提高,其独立性也得到加强。"③

司艳萍、朱守真指出:"哈佛大学将风险管理与审计整合为一个部门,即风险管理与审计服务部门(Risk Management & Audit Services, RMAS),其职责是辅助管理部门识别、管理和应对风险,并且为哈佛大学运营、教学和科研活动正常运转中的风险管理过程提供保证。在哈佛大学,校长和教务长代表管理层,确保大学存在良好的风险管理并使其发挥作用,并设立风险管理委员会,主要是在识别、讨论和解决风险方面,为校长和教务长提供咨询服务和决策意见。RMAS 在董事会的审计委员会指导下开展工作,对于所有财务、运营和内部控制负有监督检查责任,并直接向董事会报告工作、向财务副校长兼首席财务官报告业务工作,同时向审计委员会至少每年报告工作 4 次和提供年度工作报告以及目前的财务、运行、内部控制和大学声誉风险情况。"④

毛成银的研究显示:"加拿大高校内部审计隶属于审计委员会,其审计人员全部由审计委员会聘用,并向审计委员会和主管财务审计的副校长报告工作。加拿大大学章程规定,任何单位必须接受审计。"⑤

5. 审计委员会的职责

(1) 提议评估和聘任外部审计机构。

(2) 领导大学内部审计机构,监督内部审计制度及其实施。

(3) 负责内部审计与外部审计之间的沟通。

(4) 审核大学的财务信息及其披露。

(5) 审查大学的内控制度。

---

① 谭东杰.中美高校内部审计问题比较研究[D].长春:东北师范大学,2009:14.

② 苏运法.美国马里兰大学的审计故事[N].中国会计报,2012-02-24.

③ 黄钰彬.境外高校内部审计对我们的启示[J].经济研究导刊,2009(20):132-133.

④ 司艳萍,朱守真.美国高校风险管理与审计整合发展的启示[J].中国内部审计,2010(6):44-45.

⑤ 毛成银.加拿大高校财务管理、内部审计的特点及借鉴[J].南京工业职业技术学院学报,2012(4):77-80.

(四) 国有资产管理委员会的职责

(1) 贯彻执行国家有关国有资产管理的法律法规和政策。

(2) 根据省财政厅、省教育厅相关国有资产管理规定，制定学校国有资产管理的具体实施办法并组织落实。

(3) 负责学校资产购置、验收入库、维护保管等日常管理，负责学校资产的账卡管理、清查登记、统计报告、绩效考核及日常监督检查工作，落实国有资产信息化管理要求。

(4) 按照规定权限，办理学校国有资产配置、处置、对外投资、出租、出借等事项的可行性论证、审核、审批、报备手续。

(5) 负责学校用于对外投资、出租、出借等国有资产的安全完整和保值增值，负责监督所属企业落实国有资产保值增值责任。

(6) 负责办理学校国有资产的产权占有、变更及注销登记，负责学校国有资产清查、清产核资、资产评估及校内资产划转。

(7) 负责落实国有资产收益管理制度，负责学校所属企业国有资本经营预算的收入、支出、决算和绩效管理。

(8) 负责落实国有资产绩效管理制度，负责学校存量资产的有效利用，参与大型仪器设备等资产的共享共用和公共平台建设，制定并实施校内国有资产共享共用和调剂使用制度。

(9) 负责学校国有资产管理体系建设，建立健全思想素质和业务素质较高的资产管理队伍，完善资产管理人员的培训、考核、奖惩激励和职务职称晋升制度。

(10) 接受主管部门和省财政厅的监督指导，定期报告国有资产管理相关工作。

第三节　公立大学财务治理体系与治理能力研究

中共十八届三中全会提出了"推进国家治理体系和治理能力现代化"，那么公立大学财务治理体系与治理能力是什么？这需要我们探索。

一、研究高校财务治理体系与治理能力的意义

(一) 研究高校财务治理的缘起

笔者开始重视"财务治理"始于2004年。2003年2月底至3月初复旦大学访美考察团的考察报告《为何耶鲁是耶鲁——耶鲁大学考察报告》①；《辽宁教育研究》2005年第9期第1～8页和第10期第1～12页刊登的经济合作与发展组织高

① 周鲁卫，沈兰芳，陆德明，等.为何耶鲁是耶鲁：耶鲁大学考察报告[J].教育发展研究，2004(2)：34-36.

等教育管理项目办公室—英格兰高等教育拨款委员会的《刻不容缓：确保高等教育可持续发展的未来——“高等学校财务管理与治理”项目成果报告(2004)》2006年厦门大学赵建军的硕士论文《我国高等学校财务治理问题研究》等，引起笔者研究高校财务治理的兴趣。

笔者研究“财务治理”分为四个阶段：

1. 研究“财务治理”从“公司财务治理”开始

20世纪初，笔者在上市公司担任独立董事，又为该公司审计委员会主任，正在赶写《审计委员会的理论与运作》一书，经济合作与发展组织高等教育管理项目办公室提出的“刻不容缓”在笔者这里却被放缓了，“高校财务治理”的研究暂时搁下了。但2007年，笔者在《审计委员会的理论与运作》一书中多次提及“财务治理”①。

2. 研究“高校财务治理”从“现代大学制度”和“大学章程”入手

2008年，笔者出版的专著《大学经营的财务视角》②“前言”中指出：“大学治理结构是现代大学制度的核心，是大学经营的制度保证；大学财务治理是治理结构的核心；大学财务治理能促使大学财务的可持续发展。”第三章的标题就是“大学财务治理”。当时的中国教育会计学会副会长、《教育财会研究》杂志社长兼主编、华中师范大学副校长、博士生导师黄永林教授在该书的“序言”中指出：“该书认为现代大学经营需要构建现代大学制度，大学治理结构是现代大学制度的核心，是大学经营的制度保证；大学财务治理是治理结构的核心；大学财务治理是大学财务可持续发展的基石。因此，书中以创新的精神大胆提出了可供借鉴的中国大学治理结构和财务治理结构。对公立大学的有序经营——财务治理提供了制度框架。”

2008年10月，经黄永林教授推荐，天津市教育会计学会闫学元会长邀请笔者在天津外国语学院举办的天津市教委第二期“教育系统财务处、科长读书班”上作了题为《大学经营的财务视角》的学术报告，其中专门阐述了“大学财务治理”。

2008年，笔者在《大学审计委员会研究》一文中指出：“大学审计委员会是大学财务治理结构的重要组成部分。”③

2009年8月，受教育部财务司邀请，笔者在青海大学举办的教育部直属高校财务处长专题培训班上作了题为《大学经营的财务视角》的学术报告，其中专门阐述了“大学财务治理”。

2009年，笔者在《论高校财务透明度》一文中指出：“高校财务透明度是完善高校财务治理的关键。”④

---

① 乔春华.审计委员会的理论与运作[M].北京：中国时代经济出版社，2007：26、177、187.

② 乔春华.大学经营的财务视角[M].南京：南京大学出版社，2008.

③ 乔春华.大学审计委员会研究[J].教育财会研究，2008(5)：43-48.

④ 乔春华.论高校财务透明度[J].教育财会研究，2010(4)：11-17.

笔者曾被江苏科技大学经济管理学院聘为硕士生导师，并于 2007 年，确定指导学生杨磊的选题为“我国公立高校财务治理研究”①。

3. 研究“高校财务治理”在原有基础上结合了中共十八届三中全会提出的“推进国家治理体系和治理能力现代化”

2018 年，笔者的专著《大学校长理财研究》中，第四章的标题就是“大学财务治理研究”，并在“内容提要”中指出：“研究了‘党委会＋校务委员会’为首的大学财务治理结构和财务管理体制。”②

4. 本书研究“高校财务治理”在原有基础上结合了中共十九届四中全会提出的“制度优势更好转化为国家治理效能”

2015 年 5 月 22 日，《教育部关于直属高校落实财务管理领导责任严肃财经纪律的若干意见》第二条“健全财务治理体制和运行机制”中指出：“要按照统一领导、集中或分级管理的原则，规范内部财务治理体制和运行机制。”笔者从 2005 年观察到 2015 年，终于看到官方文件第一次提出高校需要“健全财务治理体制和运行机制”和“规范内部财务治理体制和运行机制”。笔者积累了 10 多年的资料，梳理了 10 多年的思路，准备着手启动《高校财务治理研究》一书的写作时，又因为撰写《高等教育供给侧改革的财务视角》《新中国高校财务 70 年》等书而暂时搁置；但中共十九届四中全会通过的《中共中央关于坚持和完善中国特色社会主义制度　推进国家治理体系和治理能力现代化若干重大问题的决定》强调了坚持和完善“制度”对于“推进治理体系和治理能力现代化”具有重大意义和重要作用，并提出了“制度优势更好转化为国家治理效能”的重要观点，使《高校财务治理研究》立意更高，视野更广，条理更清晰，结构更完整。

(二) 研究高校财务治理结构的意义

1. 推进高校财务治理体系和高校财务治理能力现代化的需要

中共十八届三中全会将“推进国家治理体系和治理能力现代化”作为全面深化改革的总目标之一。中共十八届三中全会通过的《中共中央关于全面深化改革若干重大问题的决定》指出：“全面深化改革的总目标是完善和发展中国特色社会主义制度，推进国家治理体系和治理能力现代化。”同时，教育部提出了“推进教育治理体系和治理能力现代化”，2015 年 5 月 4 日，《教育部关于深入推进教育管办评分离促进政府职能转变的若干意见》(教政法〔2015〕5 号)指出“围绕完善和发展中国特色社会主义教育制度、推进教育治理体系和治理能力现代化这一总目标”。

高校财务治理结构是高校治理结构的重要组成部分。“完善教育投入机制”是“加快推进教育治理现代化”的重要内容。《国家教育事业发展“十三五”规划》中将

① 杨磊.我国公立高校财务治理研究[D].镇江：江苏科技大学，2010.

② 乔春华.大学校长理财研究[M].南京：东南大学出版社，2018.

“完善教育投入机制”作为第九部分“加快推进教育治理现代化”的重要内容。

应该说，高校财务治理体系和高校财务治理能力现代化建设是多方面的，不仅包括“完善高等教育投入体制机制”，而且包括完善高等教育支出体制机制，关键在于完善以“财权制衡”为核心的高校财务治理体系和提高高校财务治理能力现代化。

2. 建立现代大学制度必须完善高校治理结构的需要

(1) 建立现代大学制度是所有高校建设标准的底线

吕春荣报道：“中国教育科学研究院研究员储朝晖向中新网记者表示：‘世界一流大学的建设标准，在底线上有相同点，顶端则没有相同点，所以并没有统一的衡量标准。从底线上说，世界一流大学有相同点，都有建立现代大学制度，拥有学校内部的治理意识，以及专业的管理制度等，但顶端没有相同点，一流大学不尽相同，其各有特色，各有长处。’储朝晖表示：‘学校章程就是一个起步点。当前各高校最该练的内功便是要把大学章程设计好，学校要依章办学，而不是将章程挂在墙上，要让章程真正实行，并起到规范治理学校的作用。’”这里的“底线”就是建立现代大学制度，就是要完善高校治理结构，设计好“大学章程”①。

(2) 大学章程是现代大学制度的主要载体

法人治理结构是现代大学制度的核心。北京大学校务委员会原副主任张国有教授在《大学章程》“序”中指出：“牛津大学的章程规定了大学的治理结构和管制机制。治理结构、管制机制发生变化，必须有章程和条例作为合法的依据。所以，章程框架和内容的繁简对大学的机构及其职责的行使有很大影响。”②刘凡丰指出：“耶鲁人认为，由宪章所明确的大学治理结构（governance structure）是耶鲁稳定性的源泉。根据 1819 年美国最高法院对达特茅斯一案的裁定，像耶鲁大学这样的大学不会轻易地失去作为宪章学院所具有的特权，所以耶鲁大学的治理结构长期没有大的更改。”③但我国“一流大学”建设高校章程中对“治理结构”的规定却不容乐观。

章程中未提及“治理结构”的高校有 25 所：中国人民大学、东南大学、上海交通大学、同济大学、四川大学、西北农林科技大学、兰州大学、天津大学、华东师范大学、北京大学、清华大学、中国农业大学、南开大学、浙江大学、中南大学、中山大学、电子科技大学、中国海洋大学、南京大学、厦门大学、哈尔滨工业大学、中央民族大学、郑州大学、云南大学、新疆大学。

3. 高校越扩大财务自主权越需要完善财务治理结构

2014 年 1 月 15 日，袁贵仁在 2014 年全国教育工作会议上作了题为《深化教育

① 吕春荣.中国大学明确“世界一流”时间表　哪些内功需修炼？[Z].中国新闻网，2015-11-06.

② 张国有.大学章程：第四卷[M].北京：北京大学出版社，2012：序 9-10.

③ 刘凡丰.耶鲁大学治理结构的剖析[J].高教探索，2005(1)：27-29.

领域综合改革、加快推进教育治理体系和治理能力现代化》的讲话，他指出："完善内部治理结构。形成自我约束、自我规范的内部管理体制和监督制约机制。这也是政府放权的制度前提。"

2014 年 11 月 21 日，《国家教育体制改革领导小组办公室关于进一步落实和扩大高校办学自主权完善高校内部治理结构的意见》第三条"坚持权责统一，完善高校内部治理结构"中指出："高校应严格遵守国家法律法规，着力完善内部治理结构，切实加强自律机制建设，自觉履行社会责任，维护校园和谐稳定，确保用好办学自主权。"

《刻不容缓：确保高等教育可持续发展的未来（上）——"高等学校财务管理与治理"项目成果报告(2004)》在"高等学校自主权及其相应责任"中指出："该项目的大多数参与国都存在高等学校自主权扩大的趋势。部分原因是由于上文讨论过的一些因素（如大学职责扩展，核心拨款减少，市场压力增长）。一些国别报告指出：扩大高等学校自主权已被列为政府的政策目标。我们这里所谈的'自主权'主要在学校管理和战略规划方面，而不是教学、研究等方面的学术自由。承担责任（政策意义上）是拥有自主权的必然要求。推动高等学校自主权扩大的那些因素同时要求新机制的建立，以确保高等学校能够回应整个国家或特定区域的公共利益，能够回应不同利益集团的需要。国别报告揭示不同高等学校在其财务和管理自主权方面所处的地位不同。这种不同既表现在同一国家的高等学校之间（不同类型的高等院校之间），也表现在不同国家的高等院校之间。"该报告还指出："很多国家都在进行有关高等教育治理和管理、高等学校与政府关系的大讨论。很多人都认为，政府应该'放松控制'，以允许大学自主决定发展战略并为自身的财务可持续性承担更多责任。政府放松控制的同时，还需要相应地调整高等学校的治理及责任结构。尽管改革的步伐不一，但是本项目的所有参与国都在朝着同一个方向努力。这种改革的结果就是政府作为高等学校'唯一所有者和核心拨款者'角色的不断淡化，因此，政府对高等学校实现政策目标并保持自身财务可持续性的要求也就变得不那么直接。"①

张墨宁指出："高校已经成为巨大的经济实体，高校领导掌握的庞大财力和财权已经向实力部门的政府官员看齐，但受到的制约却未必更多。由于高校财务不透明、自主权变异，尤其是在权力架构没有改变的情况下，半市场化管理和运作势必带来相当程度的腐败。"②

教育部教育发展研究中心原主任张力向《中国新闻周刊》表示："国外一所大学校长就曾表示，中国的大学校长权力太大了，没人监督，出来好多腐败，应该提出公

① 经济合作与发展组织高等教育管理项目办公室—英格兰高等教育拨款委员会.刻不容缓：确保高等教育可持续发展的未来(上)："高等学校财务管理与治理"项目成果报告(2004)[J].辽宁教育研究，2005(9)：1-8.

② 张墨宁.高校领导为何密集"落马"[J].法治与社会，2014(12)：35-37.

权问责。""权力过大,制约过小。高校内部的财务管理像个自成一体的小社会。"湖北省教育厅原副厅长周洪宇这样概括高校领导干部职务犯罪频发的原因。湖北省统计局副局长叶青分析:"高校领导干部有了权力,如果不进行约束,就会产生腐败。"①

通过高校巡视中发现的高校财务治理中出现的问题可知,高校必须强化财权制衡,越扩大财务自主权越需要完善财务治理结构,财权制衡是高校财务治理结构的核心。

在"十四五"期间,政府将进一步简政放权,教育部门与财政部门等将进一步扩大高校的自主权,高校面向社会,依法自主办学的地位更加明显,"大学章程"越来越重要,高校自主权的扩大给高校财务管理提出了更高的要求。但是,绝大多数高校的"大学章程"未明确财务治理结构。

(三) 财务治理体制与财务管理体制的联系

1. 企业提出建立"符合法人治理结构要求的财务管理体制"

2006 年就提出企业实行"符合法人治理结构要求的财务管理体制"。2006 年 12 月 4 日,财政部公布的《企业财务通则》(财政部令第 41 号)第二章"企业财务管理体制"第八条指出:"企业实行资本权属清晰、财务关系明确、符合法人治理结构要求的财务管理体制。"

2. 高校也应建立"符合法人治理结构要求的财务管理体制"

无论是 1997 年还是 2012 年的《高等学校财务制度》中,"财务管理体制"都包括三个方面的规定:一是高校财务领导体制,即"财务工作实行校(院)长负责制,总会计师协助校(院)长管理学校财务工作";二是"单独设置一级财务机构";三是"配备专职财会人员"。

2006 年提出企业实行"符合法人治理结构要求的财务管理体制"后,如果高校有"治理"的意识或敏感性,2012 年的《高等学校财务制度》中就应该规定高校实行"符合法人治理结构要求的财务管理体制"。"法人治理结构"的核心是权力制衡关系,"符合法人治理结构要求的财务管理体制"就是体现财权制衡的财务治理结构。

因此,高校要建立与大学治理结构相适应的财务管理体制。

二、高校财务治理体系研究

(一) 高校外部财务治理

高校外部财务治理体系包括了治理主体"利益相关者"中的"外部利益相关者"。境外大学治理主体,即董事会就是由政府官员、股东、校友、独立董事等外部人组成的。

---

① 王全宝.教育去行政化,大势已明但进展不利[N].中国新闻周刊,2010-03-11.

潘懋元指出："就高等教育来说，最重要的利益相关者是什么？第一是政府，第二是社会，第三是学校。政府、社会（或者现在叫作市场也可以）跟学校形成三角关系，三个方面的权利交叉、互动。如果从一个学校的治理来说，则是校长和部处管理者，学院的教师，学院的学生。这三个方面各自有各自的利益诉求。每个利益相关者都有他的权利，也有他的责任。也就是说，治理的意义不是我来治你，而是相互之间来共同治理，共同地来发挥作用。"①

1. 出资者之一——政府

（1）财政部门

委托代理链：国家财富归全体人民所有→人民代表→产生政府→财政部门（作为政府组成部门）拨款和监督（财政监察专员办）→政府委托审计机关审计→政府委托（党委委托）监察、巡视等。

（2）教育主管部门

教育主管部门是主管高校的部门，对高校有少量拨款，但作为政府组成部门有监管之责，如"教育部教育经费监管事务中心"即负有专责。

2019年的《教育督导条例》第十二条规定："教育督导机构实施教育督导，可以行使下列职权：（一）查阅、复制财务账目和与督导事项有关的其他文件、资料……"

（3）政府其他组成部门

发改委负责规划，税务部门负责规范收税，物价部门负责规范收费，科技部门负责规范科技等。

这里须强调的是，政府要处理好"掌舵"与"划桨"、"裁判员"与"运动员"的关系。

2. 出资者之二——学生家长

学费是高校经费的主要来源之一，学生家长自然是出资者，有权了解和监督高校经费的收支情况。

3. 出资者之三——捐赠者

在我国，对大学的捐赠不如一些发达国家普遍，但还是有一些捐赠者，他们也属于出资者，也有权了解和监督高校经费的收支情况。

4. 贷款提供者

几乎所有高校都有贷款，贷款提供者（如银行）为了规避坏账风险，必须了解和监督高校的收支和贷款使用与还贷情况；与此相关的是欠款提供者（如工程承包商、供应商等）也应了解和监督此类情况。

5. 产学研合作者

高校科研须面向社会、面向市场，产学研各方既是合作者，又是利益共享者和

---

① 潘懋元.高等教育治理体系与治理能力现代化的解读与思考[J].现代教育论丛，2015(6)：2-4.

风险共担者，因此，产学研各方也须互相制衡与协调。

6. 媒体

媒体包括新闻媒体和社会公众、社区等，高校应接受媒体的舆论监督。

7. 财务信息公开与透明

（1）高校财务信息公开与透明是完善高校财务治理的关键

财务信息公开与透明须接受社会监督。2014 年 9 月 26 日，《国务院关于深化预算管理制度改革的决定》（国发〔2014〕45 号）指出："深化预算管理制度改革，实施全面规范、公开透明的预算制度，……是推进国家治理体系现代化，实现国家长治久安的重要保障。"

葛家澍认为，会计信息透明度对公司治理"至为关键"，他指出："在公司治理中，建立和加强信息披露，提高上市公司对外报告的完整性和透明度，至为关键。要建立以财务报表为中心、其他财务与非财务信息披露为辅助的对外报告。"①

经济合作与发展组织高等教育管理项目办公室—英格兰高等教育拨款委员会发布的《刻不容缓：确保高等教育可持续发展的未来（下）——"高等学校财务管理与治理"项目成果报告（2004）》研究显示：在新形势下，高等学校的治理者和高级管理人员对于学校可持续能力建设的作用愈发重要。在很多高等学校，治理者对学校战略发展方向及财务情况发挥独特的作用，他们往往在学校的投资和基建决策方面有很强的影响力。爱尔兰对大学的财务治理框架建立在高等教育署与爱尔兰大学校长联席会于 2001 年发布的《爱尔兰大学的财务治理——实现自主权与责任的平衡》报告之上。这种财务治理框架显示了高等教育署与大学之间的伙伴关系。经过近年来的发展完善，该框架已成为未雨绸缪式良好财务治理的典范，而高等教育署的角色主要就是监督。框架规定了实现良好财务治理的总体要求、治理机构的基本责任、内部审计及校长每年就学校内部管理情况提交的报告等要求。②

（2）财务信息公开

2010 年 4 月 28 日，《教育部办公厅关于施行〈高等学校信息公开办法〉的通知》指出："制订《办法》……是提高教育工作透明度、广泛接受群众监督、加强高校党风廉政建设的迫切需要，也是保障师生员工和社会公众的知情权、参与权、表达权和监督权，办好人民满意的教育，构建社会主义和谐社会的重要内容。"

（3）财务信息透明

高校财务透明度是完善高校财务治理的关键。笔者曾研究过高校财务的透明问题③。

① 葛家澍.公司治理与对外报告[J].厦门大学学报（哲学社会科学版），2001(4)：5-10.

② 经济合作与发展组织高等教育管理项目办公室—英格兰高等教育拨款委员会.刻不容缓：确保高等教育可持续发展的未来（下）："高等学校财务管理与治理"项目成果报告(2004)[J].辽宁教育研究，2005(10)：1-12.

③ 乔春华.论高校财务透明度[J].教育财会研究，2010(4)：11-17.

财政透明度的原始定义是，政府及其财政部门向公众公开政府的结构和职能、财政政策的意向、公共部门账户和财政预测。1998 年 4 月 16 日，国际货币基金组织理事会临时委员会第 50 次会议在华盛顿特区举行，会议通过了《财政透明度良好做法守则——原则宣言》。该守则沿袭了科皮兹(Kopits)和库瑞格(Craig)为“财政透明度”所作的定义，并以此为基础，提出了关于财政透明度的四项基本原则，包括(政府)作用和责任的澄清，公众获得信息的难易程度，预算编制、执行和报告的公开，以及对真实性的独立保证等。财政信息是一种特殊的公共品。政府的各项财政数据都是社会成员能够免费获得的公共信息商品。在使用上，财政信息的获得并不是排他的，而是可以相互兼容的。

巴塞尔银行监管委员会于 1998 年 9 月在其发布的《增强银行透明度》的研究报告中，将透明度定义为：公开披露可靠及时的信息，有助于信息使用者准确评价银行的财务状况和业绩、风险活动及风险管理活动。而且他们还认为，披露本身并不必然导致透明度，为实现透明度必须提供及时、准确、相关和充分的定性及定量信息，这些披露要建立在完善的计量原则之上。透明会计信息的质量特征包括全面、相关、及时、可靠、可比和重大。由此可以看出，巴塞尔银行监管委员会对“会计信息透明度”这一概念强调的是两方面的内容：一是规范会计信息披露制度；二是提高所披露的会计信息的质量。

公开≠透明。公开透明首先是公开，重要的是透明。公开而不透明等于不公开。阳光是最好的防腐剂，高校的预算要放在玻璃房内，能晒到阳光，能受到公众的监督，才能真正起到治理作用，这也是提高财务信息质量的重要举措。

(二) 大学内部财务治理体系的构建

《教育部关于直属高校落实财务管理领导责任严肃财经纪律的若干意见》指出：“规范内部财务治理体制和运行机制。……形成决策权、执行权、监督权既相互制约又相互协调的运行机制。”

2003 年 2 月底至 3 月初，根据复旦大学考察团对耶鲁大学的深入调查，将耶鲁大学的财务治理结构描述为：“耶鲁大学董事会保留了对大学财政事务的最终控制权。董事会下属的财政委员会负责财务状况监督、规划和预算；审计委员会负责监督会计运作；投资委员会负责监督耶鲁捐赠基金和其他投资项目的管理。在校级行政层面，财务管理主要由校长、教务长、负责财务和行政的副校长三人负责，并成立由教务长任主席的预算委员会，同时由几位颇有声望的教授和行政部门的关键人物担任委员。校预算委员会审核大学的长期规划和预算，调查重大的财政问题，并审核一些关键的决定如学费或工资的增加。”①

由于中国的大学没有设置类似国外大学董事会的机构，因此，中国大学的治理

① 周鲁卫，沈兰芳，陆德明，等.为何耶鲁是耶鲁：耶鲁大学考察报告[J].教育发展研究，2004(2)：34-36.

机构很难描述，笔者建议用党委书记为主任的“校务委员会”作为替代。在财务治理体制方面，校务委员会作为党委会这个决策机构的咨询审议机构，下设财经领导小组、预算委员会和审计委员会，这样又可回避在党委会下直接设财经领导小组、预算委员会和审计委员会。

前已述及，内部利益相关者分为三个层次：第一层次是学生，没有学生就没有大学；第二层次是教师，只有学生而没有教师也不成为大学；第三层次是管理者，只有学生和教师而没有管理者也不成为大学。笔者认为，校务委员会的组成应包括外部的利益相关者和内部的利益相关者。《北京大学章程》第二十九条规定：“校务委员会委员由以下人员组成：(1)国务院及国务院有关部门、北京市人民政府委派的代表；(2)校党委书记、校长及相关校领导、学校学术委员会主任，教师代表、学生代表；(3)认同学校使命、为学校发展做出重大贡献的社会组织代表和社会人士代表；(4)杰出校友代表和校外资深专业人士代表。”

必须指出，在一些文件和论著中将“财经领导小组”和“预算委员会”等作为高校财务管理体制的内容，笔者认为，它们应属于大学财务治理体制的范畴，因为它们不具有管理层的执行功能，它们类似于全国人大的财政经济委员会和预算工作委员会，具有参与决策功能，在上述“决策权、执行权、监督权”中属于决策权。此外，审计委员会在国内外的治理结构中都隶属于董事会。

大学财务治理结构在现有的文献中研究甚少。笔者根据实践经验和研究，提出大学财务治理结构框架，见图 1-3。

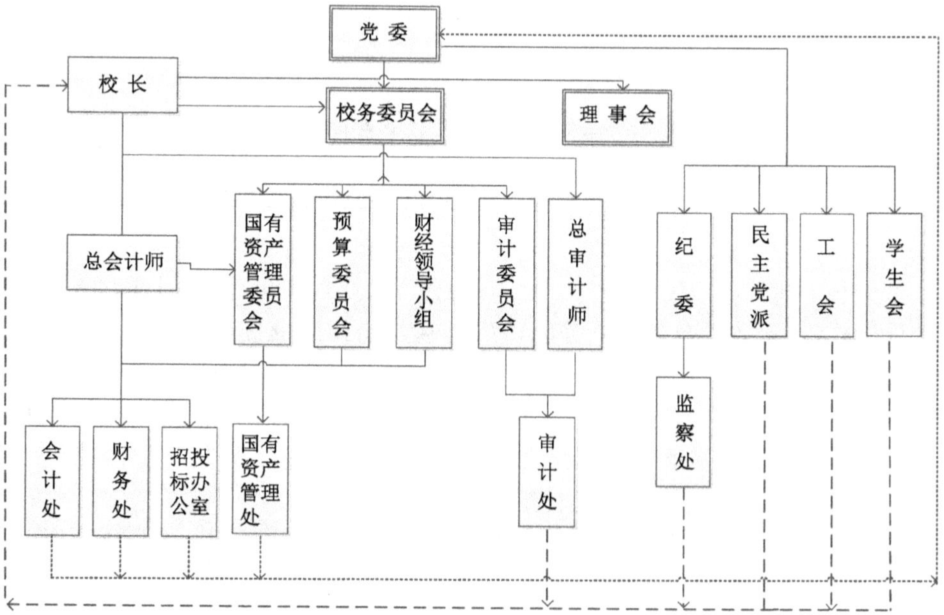

图 1-3　大学财务治理体系框架

对图 1-3 大学财务治理体系框架的说明：

（1）大学财务治理体系实行党委领导下的校长负责制，通过党委书记任主任、校长任副主任的校务委员会实施。

（2）校务委员会领导“财经领导小组”“预算委员会”“审计委员会”和“国有资产管理委员会”。

（3）校务委员会下设的“财经领导小组”与“预算委员会”与校长领导的总会计师共同领导“财务处”“会计处”和“招投标办公室”。

（4）校务委员会下设的“国有资产管理委员会”与校长领导的总会计师共同领导“国有资产管理处”（《国家中长期教育改革和发展规划纲要（2010—2020 年）》第五十八条规定：“在高等学校试行设立总会计师职务，提升经费使用和资产管理专业化水平。”）

（5）校务委员会下设的“审计委员会”和校长领导的总审计师共同领导“审计处”。

（6）党委领导下的“纪委”领导“监察处”。

（7）党委领导“民主党派”“工会”和“学生会”等监督财务。

（8）“财务处”“会计处”“招投标办公室”“国有资产管理处”“审计处”和“监察处”向校长汇报财务工作，构成信息反馈和封闭回路。

（9）“财务处”“会计处”“招投标办公室”“国有资产管理处”“审计处”和“监察处”向党委汇报财务工作，构成信息反馈和封闭回路。

（10）此外，“财务处”“会计处”“招投标办公室”“国有资产管理处”“审计处”和“监察处”对外应“财务信息公开与透明”。

三、高校应健全财务治理机制

财务治理机制是高校财权基本配置框架下，基于财务治理结构安排和一定制度设计，能够能动地对高校财务治理活动进行调节、规范的机制。财务治理机制主要包括财务决策机制、财务激励机制、财务约束机制和财务评价机制四个方面。

（1）财务决策机制对治理范畴内的财务决策活动进行调节，主要是指财务重大决策方面，包括学校战略发展、重大财务筹资等。财务决策主体一般是董事会，其体现出资者的意志，同时兼顾利益相关者的需求；而大学经营管理者主要进行高校日常财务决策。财务决策所依据的信息可以来自学校内部和外部，与财务管理领域所需决策信息相比较，来自外部的信息对治理主体作出重大财务决策的影响更为显著。财务决策结果一般要形成相应决议，以有效约束各方财务治理主体行为，并由学校经营者具体贯彻执行。

（2）财务激励机制是利用有效财务激励手段，协调大学财务主体之间的权益关系，激发各主体参与的积极性和工作热情，达到提高大学价值目标的一种机制。

财务激励机制是财务治理动力所在，是促使财务治理主体行使权利并承担义务的调节装置，对财务治理机制整体效应具有重要影响。治理主体的多元化使得激励各主体积极参与财务治理问题变得多样化。政府财务激励在于公共利益的最大化；学校财务激励追求大学的品牌和管理层的精神（包括升迁）与物质奖励；员工财务激励在于精神（有用武之地）与物质奖励；债权人通常关心债权的安全性，良好的偿债信誉与满意的利息回报能够激励债权人给予学校更大的财务支持；等等。大学财务激励应采用短期激励与长期激励相结合的方式。

（3）财务约束机制主要是对财务治理主体行为进行有效约束，防止权利失衡而导致治理效率降低。财务约束机制是对财务治理主体行为进行有效制约，促使治理主体各尽其责，防止某一主体权利过度膨胀而损害治理效率。财务约束机制按照被约束财务主体行为过程可分为事前制衡、事中督导和事后惩罚三个约束阶段，只有三个阶段都发挥作用并有效衔接和有机结合才能得到应有的约束效应。前已述及，财务治理的基本要义是制衡，财务约束机制主要偏重于事前制衡方面，事前制衡体现着财权分配方面的制衡，防止某一财务主体权力过度膨胀导致的失控行为对他人利益造成损害；事中督导是在大学内部科层组织结构下，体现为上一层级对下一层级直接进行指导和约束；事后惩罚则是对不接受甚至恶意摆脱财务约束的行为实施惩罚。财务约束机制应采用内部约束机制与外部约束机制相结合的方式。内部约束机制如在董事会下设发展、投资、审计等专门委员会，管理层下设财经委员会；外部约束机制如会计师事务所（外部审计）对会计信息的监控，银行（债权人）对贷款风险的制约等。

（4）财务评价机制主要是对财务治理业绩进行评价。财务评价是财务治理得以顺利实现的基础，建立有效的业绩评价机制，必须拟定合理的业绩评价指标。大学财务业绩属于公共绩效，众所周知，由于代理问题不可避免，大学财务治理中也存在董事会失灵、内部人控制等问题。因此，构建一种将出资者、利益相关者和经营者利益紧密相连的财务衡量指标，才是解决问题的关键。

四、高校财务治理能力研究

（一）国外高校对治理能力的研究

1. 国外高校对治理能力的重视

1965年，K. 雅斯贝尔斯（K. Jaspers）指出："教师和学生是大学的利益相关主体，他们的参与能力对现代大学治理至关重要。"①

2001年，W. O. 布朗（W. O. Brown）指出："教师参与大学事务的能力对改善大学绩效有着重要作用，但参与的效果受到决策事务类型的影响，即对学术事务参

① Jaspers K. The idea of the university[M]. London: Peter Owen Ltd, 1965: 19.

与程度越高，大学绩效越好，而对行政事务参与程度越高，大学业绩越差。”①

1989 年，世界银行在描述当时非洲情形时用到“治理危机”一词②。“治理危机”往往与政府信任危机、管理危机和财政危机联系在一起，这些危机往往又与政府治理能力相关。

2. 英国教育部提出治理能力分析框架

英国教育部开发过“治理能力分析框架”，其核心是“原则和个人特征”，如奉献、自信、好奇、勇于挑战、协作、批判、创新，具体包括“策略领导”“问责”“人”“结构”“遵守”“评估”六个部分。治理委员会应该根据机构对技能和能力的需求，定期对拥有的技能进行审计。委员会还应该对自身的财务进行审计，发表年度账目，回顾利用经费所做的事情。见图 1-4。

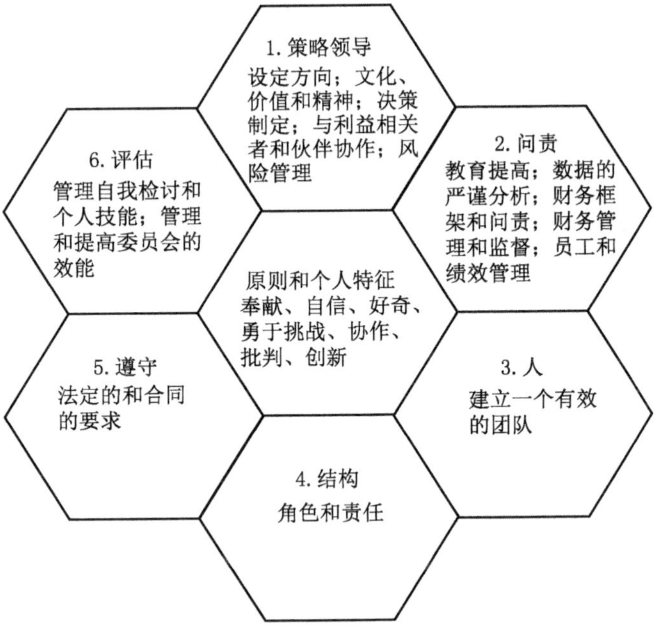

图 1-4　学校治理能力框架

资料来源：Department of Education. A competency framework for governance: the knowledge, skills and behaviors needed for effective governance in maintained schools, academies and multi-academy trusts [EB/OL]. (2017-01-02) [2017-03-20]. https://www.gov.uk/government/publications/governancehandbook.

英国高校对治理能力的描述对我国有一定的借鉴与参考价值。

---

① Brown W O Jr. Faculty participation in university governance and the effect on university performance [J]. Journal of Economic Behavior and Organization, 2001(2): 129-143.

② World Bank. Governance and development[R]. Washington D. C.: World Bank, 1992: 3.

（二）高校财务治理能力的概念

1. 能力概述

（1）能力

《吕氏春秋·适威》："民进则欲其赏，退则畏其罪，知其能力之不足也，则以为继矣。"译为白话为：天下所有的百姓之所以去听从命令都是为了得到赏赐，之所以不去听从命令都是因为害怕受到惩处。当百姓知道自己的能力不足时，他们就会去做虚假的事情。

《史记·李斯列传》："上幸尽其能力，乃得至今，愿陛下察之！"译为白话为：皇上希望我竭尽所能才得以活到今天，希望陛下明察。

《辞海》解释："能力：通常指完成一定活动的本领。"①

《现代汉语词典》解释："能力：能胜任某项任务的主观条件。"②

《教育辞典》解释："能力：是一个广泛的概念，包括人在社交、劳动活动中处理事物时智、情、意诸方面的能力。能力，有时是指一个人在当前发展阶段上已经具有的现实的能力；有时则指一个人在现有发展的条件下，经过进一步训练，可望达到更高水平的可能性，从而也成为一个人活动成功的预期的潜力。"③

综合能力的各种表述，简单地说，能力是指本领、才能、本事、技能、技巧、潜能等。

（2）能力的分类

能力主要分为一般能力和特殊能力。一般能力是指人在进行各种活动时必须具备的基本能力。它可保证人们有效地认识世界，也称智力，包括观察力、记忆力、想象力、思维能力、注意力等，其中抽象思维能力是核心。特殊能力又称专门能力，它是顺利完成某种专门活动所必备的能力，如音乐能力、绘画能力、数学能力、运动能力等。

能力又可分为再造能力和创造能力。再造能力是指在活动中顺利地掌握前人所积累的知识、技能，并按现成的模式进行活动的能力，如人们在学习活动中的认知、记忆、操作与熟练能力等。创造能力是指在活动中创造出独特的、新颖的、有社会价值的产品的能力，它具有独特性、变通性、流畅性的特点。

能力还可分为管理能力和治理能力。大学管理能力是依据制度运用权威手段对教学、科研、人、财、物、信息等各类资源进行计划、组织、指挥、协调、控制的能力。大学治理能力是依据制度运用治理机制对行政和学术等权力进行制衡和协调的能力。

---

① 辞海编辑委员会.辞海（上）[M].上海：上海辞书出版社，1979：1097.

② 中国社会科学院语言研究所词典编辑室.现代汉语词典[M].2版.北京：商务印书馆，1983：817.

③ 朱作仁.教育辞典[M].南昌：江西教育出版社，1992：618.

2. 国家治理能力

2019 年 10 月 31 日，党的十九届四中全会通过的《中共中央关于坚持和完善中国特色社会主义制度　推进国家治理体系和治理能力现代化若干重大问题的决定》第十五条指出：“把提高治理能力作为新时代干部队伍建设的重大任务。通过加强思想淬炼、政治历练、实践锻炼、专业训练，推动广大干部严格按照制度履行职责、行使权力、开展工作，提高推进‘五位一体’总体布局和‘四个全面’战略布局等各项工作能力和水平。”

俞可平指出：国家治理体系和治理能力，其实指的“是一个国家的制度体系和制度执行能力，两者相互配合、相互促进，是一个统一整体中的两个方面”①。

韩振峰指出：“国家治理能力则是指运用制度体系管理国家和社会各方面事务的能力，包括治党治国治军、促进改革发展稳定、维护国家安全利益、应对重大突发事件、处理各种复杂国际事务等方面的能力。治理体系与治理能力二者之间是相辅相成、密不可分的。一方面，治理体系是治理能力形成的基础，治理能力的提升有赖于治理体系的建构；另一方面，治理能力彰显治理体系的功能，治理能力强大是治理体系完备的表现，只有不断提升治理能力才能充分发挥治理体系的效能。”②

江必新指出：“国家治理能力，是运用国家制度管理社会各方面事务的能力，包括改革发展稳定、内政外交国防、治党治国治军等各个方面的能力。”③

赵国锋指出：“治理能力是治理体系的功能性体现，它反映了治理体系所具备的实现治理目标的水平和品质。”④

甘晖指出：“治理能力是各个治理主体共同作用于治理对象时表现出的行为素质，蕴含在治理主体自身及治理体系之中。治理活动是治理主体实施的活动，活动效果的好坏、效率的高低，直接受治理主体实施治理活动的意愿、技能等因素的影响。”⑤

高小平指出：“治理能力现代化是把治理体系的体制和机制转化为一种能力，发挥治理体系功能，提高公共治理能力。”⑥

由此可见，国家治理体系是治理的制度性、系统性安排，国家治理能力是治理体系的功能性体现，反映了治理体系（制度体系）的落实能力和执行能力，只有落实和执行才能把国家制度的优势转化为国家治理的效能，才能实现国家治理能力的现代化。

---

① 俞可平.推进国家治理体系和治理能力现代化[J].理论参考，2014(2)：5-8.

② 韩振峰.怎样理解国家治理体系和治理能力现代化[N].人民日报，2013-12-16.

③ 江必新.推进国家治理体系和治理能力现代化[N].光明日报，2013-11-15.

④ 赵国锋.大学治理体系与治理能力：基于我国大学治理现代化的思考[J].陕西行政学院学报，2016(3)：63-66.

⑤ 甘晖.基于大学治理能力现代化的大学治理体系构建[J].高等教育研究，2015(7)：36-41.

⑥ 高小平.国家治理体系与治理能力现代化的实现路径[J].中国行政管理，2014(1)：9.

3. 高校治理能力

秦德君等指出："高校治理体系是治校制度、治校理念、行政结构、组织体系以及运行方式、程序构成按照一定秩序和关系整合而成的有机整体。高校治理能力则是制度、政策的创制与输出能力以及高校内部治理、调控的功能强度、营运状况和实际绩效。"①

龙献忠等指出："大学治理能力是大学内外相关利益主体为了完成共同的使命，运用大学制度和机制管理大学各项事务的整体性能力。"②

孙岩指出："高校治理能力，即高校管理权与所有权分离以及利益主体多元化，增强办学效益、减少代理成本、协调利益相关者之间的关系等制度安排的能力。"③

赵国锋指出："大学治理能力的提升离不开治理体系自身的完善。换言之，大学治理能力是衡量和评价大学治理体系完善与否的重要标志。大学治理体系和治理能力之间存在着决定性关系。提升大学治理能力的最根本途径就是进行大学治理体系的改革，促进大学治理体系的完善。对于当今的大学而言，强有力的治理能力包含如下四个方面的因素：组织动员能力、监督管理能力、培育认同能力、反馈评价能力。"④

董立平等指出："高等教育治理体系和治理能力现代化是国家治理体系和治理能力现代化的重要有机组成部分。高等教育治理能力是高等教育治理体系推进与完善的条件与保障，而高等教育治理体系则是高等教育治理能力提升与实施的目标与结果。"⑤

陈金芳等认为，现代大学治理能力包括了三个主要构成要素，即理解能力、执行能力和创新能力。这其中，理解能力是指对制度的理解与接纳能力，执行能力是指大学的制度形成能力、实施能力与调节能力，创新能力是指制度的学习与创新能力。大学治理能力的基本结构如图 1-5 所示⑥。

由此可见，高校治理能力是治理制度体系的理解能力、执行能力和创新能力。但王秉琦认为："高校治理能力，则是指运用制度管理高校各方面工作的能力。治理体系是制度建设，治理能力是制度执行。二者密切联系，相辅相成。"⑦但其中的"运用制度管理高校各方面工作的能力"应是管理能力而不是治理能力。

---

① 秦德君，陈雪虹，陈蔚.推进我国高校治理能力现代化的若干思考[J].东华大学学报(社会科学版)，2014(2)：53-57.

② 龙献忠，周晶，董树军.制度逻辑下的大学治理能力现代化探析[J].江苏高教，2015(3)：32-35.

③ 孙岩.我国高校治理能力现代化研究：以黑龙江大学为例[J].中外企业家，2016(12)：162.

④ 赵国锋.大学治理体系与治理能力：基于我国大学治理现代化的思考[J].陕西行政学院学报，2016(3)：63-66.

⑤ 董立平，刘承波.推进高等教育治理体系和治理能力现代化[J].中国高等教育，2020(5)：38-40.

⑥ 陈金芳，万作芳.教育治理体系与治理能力现代化的几点思考[J].教育研究，2016(10)：25-30.

⑦ 王秉琦.推进高校治理体系和治理能力现代化[N].中国教育报，2014-06-30.

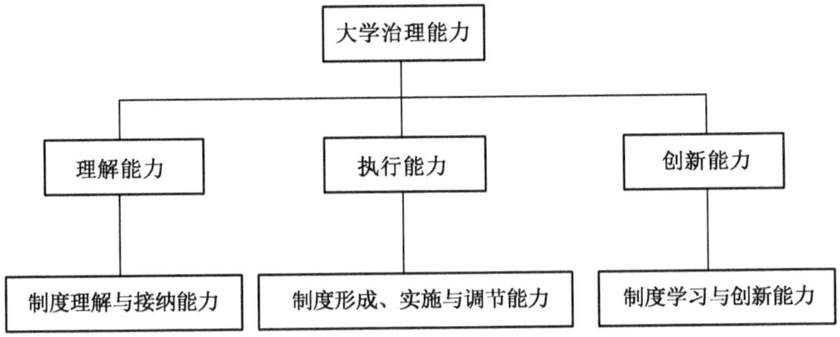

图 1-5　大学治理能力结构

4. 高校财务治理能力

张友昌等指出:"财务治理能力是财务治理效能和实力的体现,能力表现为单位组织的体制机制、制度体系等设计优化与运行有效的能力,也表现为单位内部纵向层级、横向模块的结构相互作用形成的结构融合共生能力。高等学校的财务治理能力是指在学校党委领导下通过一系列的制度安排,对学校财权进行分配和制约,形成高校内部的财务管理体制机制,确保高校日常运行和长远战略目标的实现。高校的财务治理能力应体现在高校的章程之中。"①

笔者认为,高校财务治理能力是高校财务治理效能实现的能力,它表现为对高校治理制度体系的理解能力、执行能力和创新能力等。

(三) 高校财务治理能力的现代化

1. 现代化

(1) 现代的

1585 年的《韦氏辞典》中英语单词 modern 作为形容词产生,主要有两层含义:一是表示性质,即现代的、新近的以及时髦的;二是表示时间,即现代的,指大约 1500 年之后的时间,这个时间没有下限,所以现代是可以无限延长的。1758 年,英语单词 modernize 作为动词产生,其含义是"使现代化,使适合现代需要"。1770 年,英语单词 modernize 的名词形式 modernization 产生,即现在我们使用的"现代化"的英文表达,它有两层含义,其一是实现现代化的过程,其二是实现现代化后的状态。可以看出,从"现代"到"现代化",其基本词义是一脉相承的。因此,我们可以说现代化是一个内涵非常丰富的词②。

(2) 现代性

① 张友昌,吕亮.高等学校财务治理能力研究[J].经济师,2018(4):88-90.

② 徐宗华.现代化概念的创新研究:哲学维度的本真意蕴[J].社科纵横,2007(10):18-19.

吉登斯指出:“现代性首先意味着在后封建的欧洲所建立,而在20世纪日益成为具有世界历史性影响的行为制度与模式,‘现代性’大略地等同于‘工业化的世界’。”①

吉登斯没有明确“现代性”的定义,但说明了农业社会向工业社会的转变,现代性是工业社会的特征。

(3) 现代化

20世纪初,胡适最早在中国提出“现代化”一词,他在为英文《中国基督教年鉴》写的《文化的冲突》一文中正式使用了“一心一意的现代化”的提法。

2. 高校治理能力的现代化

(1) 高校治理能力的现代化概述

秦德君等指出:“高校治理体系与治理能力的现代化,是按照现代化的内在逻辑与要求兴利除弊、革故鼎新,使其治理架构、治理效能、治理质量与‘现代化’的文明特质和世界一流大学的综合素质相吻合、相匹配。”②

高小平指出:“治理能力现代化建设的重点是处理好政府、市场、社会的关系。这种能力存在于对社会发展规律的认识之中,存在于自觉遵循生产力决定生产关系、经济基础决定上层建筑的要求之中,存在于主动把握科学协调、统筹谋划、共同治理的内在基本逻辑之中。”③

章兢指出:“大学治理体系和治理能力既有区别,又有联系,共同构成大学治理现代化。大学治理体系若是骨骼,大学治理能力就是血肉。没有骨骼,只有血肉,是立不起来的;没有血肉,只有骨骼,是缺乏生机的。治理体系是载体,是治理能力的基础;治理能力是治理体系现代化的外显,是治理体系功能的实现。”④

龙献忠等指出:“大学治理能力现代化是大学内外利益相关主体为更好地履行大学职能,运用大学制度和机制管理大学各项事务的能力不断提升的历史过程,主要涉及大学治理主体的现代化、治理客体的现代化、治理手段的现代化以及治理体制机制和制度的现代化等。其中,制度的现代化尤为重要,可以说,大学制度的质量直接决定着大学治理能力现代化的整体水平。”⑤

由此可见,高校治理能力的现代化是指大学治理的理解能力、执行能力和创新能力的现代化。

(2) 大学治理能力现代化的的基本原则和基本特征

别敦荣等指出:“高等教育治理体系和治理能力现代化的基本原则有:科学治

---

① 安东尼·吉登斯.现代性与自我认同[M].赵旭东,等译.北京:生活·读书·新知三联书店,1998:16.

② 秦德君,陈雪虹,陈蔚.推进我国高校治理能力现代化的若干思考[J].东华大学学报(社会科学版),2014(2):53-57.

③ 高小平.国家治理体系与治理能力现代化的实现路径[J].中国行政管理,2014(1):9.

④ 章兢.大学治理体系与治理能力现代化建设的内涵与切入点[J].中国高等教育,2014(20):12-14.

⑤ 龙献忠,周晶,董树军.制度逻辑下的大学治理能力现代化探析[J].江苏高教,2015(3):32-35.

理原则，民主治理原则，依法治理原则，过程治理原则。”①

周晶认为：“大学治理能力现代化的基本特征有：多元性，创新性，民主性，法治性，公开性，协同性。”②

3. 高校财务治理能力的现代化

高校财务治理能力的现代化是指高校财务治理高质量效能实现的能力，它表现为遵循高校财务的科学治理理论的能力、制定严谨法治的高校财务制度的能力、构建多元共治架构的高校财务治理的能力、采用公开透明的高校财务治理模式的能力、运用先进的高校财务治理技术的能力、培育优秀的高校财务治理文化的能力、化解高校的财务风险的能力等。

（四）推进监管能力现代化

《中华人民共和国国民经济和社会发展第十四个五年规划和 2035 年远景目标纲要》第六篇“全面深化改革　构建高水平社会主义市场经济体制”第二十二章“提升政府经济治理能力”第三节“推进监管能力现代化”中指出：“健全以‘双随机、一公开’监管和‘互联网＋监管’为基本手段、以重点监管为补充、以信用监管为基础的新型监管机制，推进线上线下一体化监管。严格市场监管、质量监管、安全监管，加强对食品药品、特种设备和网络交易、旅游、广告、中介、物业等的监管，强化要素市场交易监管，对新产业新业态实施包容审慎监管。深化市场监管综合行政执法改革，完善跨领域跨部门联动执法、协同监管机制。深化行业协会、商会和中介机构改革。加强社会公众、新闻媒体监督。”

“监管”和“监督”很重要，没有监督就不知道执行得如何，没有监督的权力更容易任性放纵。监督是治理的内在要素。关于这个问题将在第四章中阐述。

（五）提升高校财务治理能力是充分发挥高校财务治理体系的效能的关键

马克思主义认为，现代社会的社会关系的本质特征在于“以物的依赖性为基础的人的独立性”，并在这种独立性的基础上“形成普遍的社会物质变换，全面的关系，多方面的需求以及全面的能力的体系”③。

2011 年 7 月 1 日，胡锦涛在庆祝中国共产党成立九十周年大会上的讲话中提出“四大危险”之一是“能力不足的危险”。目前，高校财务治理也面临“能力不足的危险”，表现在：一是学习动力不足，面对日益更新的高校财务理论和日臻丰富的高校财务实践不主动学习与研究，应变“要我学”为“我要学”，提升高校财务治理的理解能力。二是执行能力不足，满足于“会议”落实“会议”，“文件”落实“文件”，不

① 别敦荣，韦莉娜，唐汉琦.高等教育治理体系和治理能力现代化的基本原则[J].复旦教育论坛，2015(3)：5-10.

② 周晶.制度文化视域下大学治理能力现代化研究[D].长沙：湖南大学，2018.

③ 中共中央马克思恩格斯列宁斯大林著作编译局.马克思恩格斯全集：第 46 卷(上)[M].北京：人民出版社，1979：104.

研究本地区本校财务的特殊性，照抄照搬上级文件、制度、办法，或将制度“挂在墙上”，最典型的是《内部控制制度》。正如 2014 年 8 月 27 日，习近平在听取兰考县和河南省党的群众路线教育实践活动情况汇报时的讲话中指出的那样：“有了好的制度如果不抓落实，只是写在纸上、贴在墙上、锁在抽屉里，制度就会成为稻草人、纸老虎。要强化制度执行，加强监督检查，确保出台一个就执行落实好一个。”三是创新能力不足，高校财源停留在“等靠要”，高校支出不问绩效，不研究新问题，不探索新趋势，不寻找新出路，昨天如此，今天如此，明天又如此。理论不创新，制度不创新，很难实现高校财务治理体系的现代化和高校财务治理能力的现代化。因此，必须提升高校财务治理能力。

第二章　高校财务领域制度效能转变为治理效能研究

第一节　高校财务领域制度概述

制度与治理有什么关系？中共十九届四中全会审议通过的《中共中央关于坚持和完善中国特色社会主义制度　推进国家治理体系和治理能力现代化若干重大问题的决定》指出："中国特色社会主义制度是党和人民在长期实践探索中形成的科学制度体系，我国国家治理一切工作和活动都依照中国特色社会主义制度展开，我国国家治理体系和治理能力是中国特色社会主义制度及其执行能力的集中体现。"由此可见，良法是善治的前提，又是治理的依据，起根本性、全局性、长远性作用，制度的性质决定了治理的方式，治理依照制度展开；治理是制度实践的过程，制度的实践过程就是治理，没有有效的治理，再好的制度也难以发挥作用。因此，制度和治理两者相辅相成、相得益彰。

治理必须有制度。《荀子·君道》曰："法者，治之端也。"商鞅《商君书·算地》曰："故圣人之为国也，观俗立法则治，察国事本则宜。不观时俗，不察国本，则其法立而民乱，事剧而功寡。"既然"法者，治之端也"，那么，治理乃至财务治理就得从法、从制度开始论述。

一、制度概述

（一）中国古代论"制度"

1. 制度溯源

《诗经·烝民》曰："天生烝民，有物有则。"

《礼记·礼运》中有这样的记载："故天子有田以处其子孙，诸侯有国以处其子孙，大夫有采以处其子孙，是谓制度。"

南宋朱熹注《周易本义》："《象》曰：'节，亨'，刚柔分而得中。'苦节不可，贞'，其道穷也。说以行俭，当位以节，中正以通。天地节而四时成；节以制度，不伤财，不害民。"节制可致亨通，是由于刚柔上下井然区分而阳刚主节者敦然居中。不可过分节制而应守持正固，否则节道必至困穷。人情欣悦就勇于蹈艰赴险，居位妥当就有所节制，处中守正则行事必将畅通。天地自然有所节制而一年四季才能形成。

君主以典章制度为节，就能不伤资财不害百姓。

2. “制”与“度”释义

“制度”一词由“制”与“度”两字组合。“制”在《说文解字》中释为“裁也”。“制”字的象形文字其左边是棵树。在小篆的字形里“制”左边是一个“未”，右边是一把刀，指的是以刀修理树枝，意为使树规范成形，亦有治木为器之意。后引申出制定、节制、法制、形制等意思。“度”在《说文解字》中释为“法制也”，本义是计量长短的标准，如《孟子》中“度，然后知长短”。“制”和“度”，细分是两个内容，“制”是标准规则，“度”是对标准规则的把握。

3. “制度”释义

（1）法令、规定、礼俗、规程或准则。如《东周列国志》第七十八回：“既至夹谷，齐景公先在，设立坛位，为土阶三层，制度简略。”唐代元结《与何员外书》：“昔年在山野，曾作愚巾凡裘，异於制度。”宋代王安石《取材》：“所谓诸生者，不独取训习句读而已，必也习典礼，明制度。”《续资治通鉴・宋孝宗隆兴元年》：“尚书省奏：‘永固自执政为真定尹，其伞盖当用何制度？’金主曰：‘用执政制度。’”

（2）制定法规。如《左传・襄公二十八年》：“且夫富，如布帛之有幅焉，为之制度，使无迁也。”《汉书・严安传》：“臣愿为民制度以防其淫。”

（3）规模、样式。如《史记・孝武本纪》：“上欲治明堂奉高旁，未晓其制度。济南人公王带上黄帝时明堂图。”《东周列国志》第三回：“洛邑为天下之中，四方入贡，道里适均，所以成王命召公相宅，周公兴筑，号曰东都，宫室制度，与镐京同。”

（二）西方学者论制度

诺贝尔经济学奖获得者、美国经济学家道格拉斯・C. 诺斯（Douglass C. North，又译作“道格拉斯・C. 诺思”）认为：“制度是一个社会的游戏规则，更规范地说，它们是为决定人们的相互关系而人为设定的一些约束。”“制度是由非正式约束（道德的约束、禁忌、习惯、传统和行为准则）和正式的法规（宪法、法令、产权）组成的。”①诺斯还指出：“更重要的是，正式规则会导致一系列非正式约束的产生。它们修正正式规则，并将正式规则延伸至各种具体的应用领域。”诺斯将制度分为三种类型，即正式规则、非正式规则和这些规则的执行机制。正式规则又称正式制度，是指政府按照一定的目的和程序有意识创造的一系列的政治、经济规则及契约等法律法规；非正式规则是人们在长期实践的文化传承中富有生命力的约定俗成的部分，包括价值信念、伦理规范、道德观念、风俗习惯及意识形态等因素；实施机制是为了确保上述规则得以执行的相关制度安排。这三部分构成完整的制度内涵，是一个不可分割的整体。诺思还指出：“制度提供了人类相互影响的框架，它们建立了构成一个社会，或更确切地说一种经济秩序的合作与竞争关系。”“制度是个

① [美]道格拉斯・C.诺斯.制度、制度变迁与经济绩效[M].刘守英，译.上海：上海三联书店，1994：3.

人与资本存量之间，资本存量、物品与劳务产出及收入分配之间的过滤器。”①

美国著名经济学家、制度经济学奠基人托斯丹·邦德·凡勃伦（Thorstein B. Veblen，1857—1929 年）1899 年出版的《有闲阶级论》更偏重于现在意义上的非正式规则，他认为：“制度实质上就是个人或社会对有关的某些关系或某些作用的一般思想习惯；而生活方式所构成的是在某一时期或社会发展的某一阶段通行的制度的综合，因此从心理学方面来说，可以概括地把它说成是一种流行的精神态度或一种流行的生活理论。”②

尼尔逊（Nelson）把制度视作正式规则，他认为：“在某种意义上讲，制度可等同于某些特定的社会组织，如法庭、政府机构和行业协会等。”③

（三）制度的视角

1. 制度的词典视角

《辞海》解释：“①要求成员共同遵守的、按一定程序办事的规程；②在一定历史条件下形成的政治、经济、文化等方面的体系；③旧指政治上的规模法度。”④

《现代汉语词典》解释：“①要求成员共同遵守的办事的规程或行动准则；②在一定历史条件下形成的政治、经济、文化等方面的体系。”⑤

2. 制度的法学视角

战国时代商鞅的《商君书·算地》中指出：“故圣人之为国也，观俗立法则治，察国事本则宜。不观时俗，不察国本，则其法立而民乱，事剧而功寡。”

《管子·明法解》中写道：“法者，天下之程式也，万世之仪表也。”

唐代吴兢在《贞观政要·公平》中写道：“法，国之权衡也，时之准绳也。权衡所以定轻重，准绳所以正曲直。”

法律是治国之重器，良法是善治之前提。建设中国特色社会主义法治体系，必须坚持立法先行，发挥立法的引领和推动作用，抓住提高立法质量这个关键。

制度属于法学范畴。法治是国家发展的基石。2020 年 11 月，习近平在中央全面依法治国工作会议上强调指出：“只有全面依法治国才能有效保障国家治理体系的系统性、规范性、协调性，才能最大限度凝聚社会共识。”

2018 年 8 月 24 日，习近平在中央全面依法治国委员会第一次会议上讲话时指出：“从世界历史看，国家强盛往往同法治相伴而生。3 000 多年前，古巴比伦国王

---

① ［美］道格拉斯·C.诺思.经济史中的结构与变迁［M］.陈郁，罗华平，等译.上海：上海三联书店，2003：225.

② ［美］凡勃伦.有闲阶级论［M］.蔡受百，译.北京：商务印书馆，1964：139.

③ Nelson. The co-evolution of technology, industry structure and supporting institutions［J］. Industrial and Corporate Change，1994(3)：57-58.

④ 辞海编辑委员会.辞海(上)［M］.上海：上海辞书出版社，1979：423.

⑤ 中国社会科学院语言研究所词典编辑室.现代汉语词典［M］.2 版.北京：商务印书馆，1983：1478.

汉谟拉比即位后，统一全国法令，制定人类历史上第一部成文法《汉谟拉比法典》，并将法典条文刻于石柱，由此推动古巴比伦王国进入上古两河流域的全盛时代。德国著名法学家耶林说，罗马帝国3次征服世界，第一次靠武力，第二次靠宗教，第三次靠法律，武力因罗马帝国灭亡而消亡，宗教随民众思想觉悟的提高、科学的发展而缩小了影响，惟有法律征服世界是最为持久的征服。”

3. 制度的哲学视角

2019年10月31日，习近平在党的十九届四中全会第二次全体会议上讲话时指出：“中国特色社会主义制度和国家治理体系不是从天上掉下来的，而是在中国的社会土壤中生长起来的，是经过革命、建设、改革长期实践形成的，是马克思主义基本原理同中国具体实际相结合的产物，是理论创新、实践创新、制度创新相统一的成果。”

马克思主义唯物论认为，制度来源于实践，又对实践起指导作用；实践发展永无止境，制度的创新永无止境。马克思主义历史唯物主义又认为，制度属于上层建筑的范畴，它既要适应经济基础，又反作用于经济基础；它既要适应生产力，又反作用于生产力。因此，制度是人们在一定的物质基础上，根据对客观规律的认识和大多数人利益与意志的代表，制定并实施的行为准则和规程。制度制定不仅要适应现阶段社会生产力发展水平，不能脱离社会主义初级阶段的实际，而且要促进社会生产力发展，推动社会主义初级阶段的物质文明和精神文明的提高。

4. 制度的政治视角

无论是中国还是外国，历朝历代制度变迁中，经济制度变迁虽明显，但政治制度变迁才是核心。

2019年10月31日，习近平在党的十九届四中全会第二次全体会议上讲话时指出：“看一个制度好不好、优越不优越，要从政治上、大的方面去评判和把握。……我反复讲，鞋子合不合脚，只有穿的人才知道。中国特色社会主义制度好不好、优越不优越，中国人民最清楚，也最有发言权。我们在这个重大政治问题上一定要有定力、有主见，决不能自失主张、自乱阵脚。”

俞可平认为：“在社会政治生活中，治理是一种偏重于工具性的政治行为。……治理改革是政治改革的重要内容，治理体制也是政治体制的重要内容。但是，归根到底，治理是实现一定社会政治目标的手段，相对于国家的统治体制而言，治理体制更多体现工具理性。”①

《中共中央关于坚持和完善中国特色社会主义制度　推进国家治理体系和治理能力现代化若干重大问题的决定》中提出了“维护制度权威”，制度的权威源自于人的内心尊崇和真诚信仰，必须坚定制度自信，形成制度执行最持久而强大的动

① 俞可平.推进国家治理体系和治理能力现代化[J].前线，2014(1)：5-8.

力。任何时候任何情况下都要坚定“四个自信”，包括坚定对监督制度体系、反腐败体制机制的自信。中国特色社会主义制度是一个严密完整的科学制度体系，起四梁八柱作用的是根本制度、基本制度、重要制度，其中具有统领地位的是党的领导制度。纪检监察机关要在维护根本制度、基本制度、重要制度上做表率。要强化政治监督，紧紧围绕坚持和完善中国特色社会主义制度和国家治理体系，着力发挥监督保障执行、促进完善发展作用，督促各地区各部门不折不扣贯彻落实党的十九届四中全会决策部署。

5. 制度的经济视角

诺贝尔经济学奖获得者，伯克利加州大学的威廉姆森（Oliver Williamson）教授是“新制度经济学”一词的发明人，他认为：“经济学，特别是制度经济学的研究方法既可以用于研究公司治理，也可以用于研究大学治理。”①

联合国社会发展研究所前副主任辛西娅·休伊特·德·阿尔坎塔拉指出：“‘制度经济学’在开发思维的演变中也起了重大作用，这至少部分是因为它强调经济活动必须有一个合适的制度环境，而这与用技术语言来讨论政治问题有异曲同工之妙。所以（20 世纪）90 年代以来，国际金融和捐赠者促进‘良好治理’的努力通常被作为制度改革中的要素，而研究发展问题的学者们在对不涉及政治的专门知识需求不大的年代，曾以‘社会科学家’自视，如今既然在为多边机构工作，也就越来越多地自称为‘制度专家’了。”②

6. 制度的历史视角

2014 年 10 月 13 日，习近平在十八届中共中央政治局第十八次集体学习时的讲话中指出：“历史是人民创造的，文明也是人民创造的。对绵延 5 000 多年的中华文明，我们应该多一份尊重，多一份思考。对古代的成功经验，我们要本着择其善者而从之、其不善者而去之的科学态度，牢记历史经验、牢记历史教训、牢记历史警示，为推进国家治理体系和治理能力现代化提供有益借鉴。……在漫长的历史进程中，中华民族创造了独树一帜的灿烂文化，积累了丰富的治国理政经验，其中既包括升平之世社会发展进步的成功经验，也有衰乱之世社会动荡的深刻教训。我国古代主张民惟邦本、政得其民，礼法合治、德主刑辅，为政之要莫先于得人、治国先治吏，为政以德、正己修身，居安思危、改易更化，等等，这些都能给人们以重要启示。治理国家和社会，今天遇到的很多事情都可以在历史上找到影子，历史上发生过的很多事情也都可以作为今天的镜鉴。中国的今天是从中国的昨天和前天发展而来的。要治理好今天的中国，需要对我国历史和传统文化有深入了解，也需要

---

① 钱颖一.大学治理：美国、欧洲、中国[J].清华大学教育研究，2015(5)：1-12.

② 辛西娅·休伊特·德·阿尔坎塔拉."治理"概念的运用与滥用[J].黄语生，译.国际社会科学杂志(中文版)，1999(2)：105-113.

对我国古代治国理政的探索和智慧进行积极总结。”因此，我们要深入进行制度史研究。2019 年，笔者在《新中国高校财务 70 年》一书中指出：“高校财务史，又是一部高校财务制度史。”笔者梳理了新中国高校财务制度 70 年的发展沿革，展示了新中国高校财务制度 70 年的来龙去脉，总结了新中国高校财务制度 70 年的经验教训。

7. 制度的文化视角

《中国共产党第十九届中央委员会第四次全体会议公报》指出：“中国特色社会主义制度和国家治理体系是以马克思主义为指导、植根中国大地、具有深厚中华文化根基、深得人民拥护的制度和治理体系，是具有强大生命力和巨大优越性的制度和治理体系，是能够持续推动拥有近十四亿人口大国进步和发展、确保拥有五千多年文明史的中华民族实现‘两个一百年’奋斗目标进而实现伟大复兴的制度和治理体系。”由此可见，中国特色社会主义制度和国家治理体系是“植根中国大地、具有深厚中华文化根基”“拥有五千多年文明史”的制度和治理体系。

中国特色社会主义制度和国家治理体系具有深厚的中华优秀文化的历史底蕴，体现了中华民族创造的灿烂古代文明、革命文化和社会主义先进文化，我们应坚持共同的理想信念、价值理念、道德观念，弘扬民族精神和时代精神。因此，我们要坚持道路自信、理论自信、制度自信、文化自信。

二、高校财务领域制度体系

高校财务领域制度体系包括高校财务会计制度体系、高校管理会计制度体系、高校财务制度体系、高校预算制度体系、高校审计制度体系和高校内部控制制度体系六个方面。高校内部控制制度将在第二章第二节和第三章第三节中分别阐述。

（一）高校财务会计制度体系

因为目前的《中华人民共和国会计法》是财务会计的会计法，没有涵盖管理会计的内容，因此，将“高校财务会计制度体系”与“高校管理会计制度体系”分开进行阐述。

1. 高校会计制度体系分四个层次

第一层次：全国人大制定的法。如：

《中华人民共和国会计法》(1985)(1993)(1999)(2017)；

《中华人民共和国注册会计师法》(1993)。

第二层次：国务院制定的条例。如：

《总会计师条例》(1990)；

《企业财务会计报告条例》(2000)。

第三层次：财政部制定的会计规章和会计规范性文件。

财政部以部长令发布实施的会计文件属于会计规章，财政部(不以部长令形式)发布的会计文件属于规范性文件。如：

《企业会计准则—基本准则》(1992)(2006)(2014)；

《企业会计准则—具体准则》(1996)(2006 始)；

《企业会计制度》(2000)；

《事业单位会计准则》(1997)(2012)；

《事业单位会计制度》(1997)(2012)；

《行政单位会计制度》(1998)(2013)；

《政府会计准则——基本准则》(2015)；

《政府会计准则——具体准则》(2016 始)；

《政府会计准则——应用指南》(2017 始)；

《高等学校会计制度》(1998)(2013)；

《中小学校会计制度》(1998)(2013)。

第四层次：各高校制定的财务会计管理制度。如：

根据 2019 年 3 月 14 日财政部修订的《会计基础工作规范》(财政部令第 98 号)第五章第八十四条规定："各单位应当根据《中华人民共和国会计法》和国家统一会计制度的规定,结合单位类型和内容管理的需要,建立健全相应的内部会计管理制度。"第五章还规定,各单位应当建立内部会计管理体系,应当建立会计人员岗位责任制度,应当建立账务处理程序制度,应当建立内部牵制制度,应当建立稽核制度,应当建立原始记录管理制度,应当建立定额管理制度,应当建立计量验收制度,应当建立财产清查制度,应当建立财务收支审批制度,应当建立财务会计分析制度,等等。此外,还可以建立会计信息化管理办法,会计队伍建设的意见,等等。

2. 对高校会计制度体系的评述

(1)《国际公共部门会计准则》(IPSAS)缺少类似《国际会计准则》(IAS)的概念框架,中国应加强《事业单位会计准则》概念框架的建设

财政部会计司编写的《政府会计研究报告》认为,《国际公共部门会计准则》(IPSAS)缺少类似《国际会计准则》(IAS)的概念框架。《政府会计研究报告》指出："概念框架是一个由相互关联的目标和基本概念组成的协调一致的系统,是用来指导并评价会计准则的基本理论框架。国际会计准则委员会于 1989 年 7 月公布了《编制财务报表的框架》,并于 2001 年 4 月被国际会计准则理事会采纳。《编制财务报表的框架》包括以下内容：①财务报表的目标;②决定财务报表信息有用性的质量特征;③构成财务报表的要素的定义、确认和计量;④资本和资本保全概念。……但在《国际公共部门会计准则》中,不包含类似的概念框架。"①

(2)《事业单位会计准则》应分为"基本准则"和"具体准则"

《企业会计准则》分为《企业会计准则——基本准则》和《企业会计准则——具

① 财政部会计司.政府会计研究报告[M].大连：东北财经大学出版社,2005：20-21.

体准则》;《政府会计准则》分为《政府会计准则——基本准则》和《政府会计准则——应用指南》。而《事业单位会计准则》却未分为《事业单位会计准则——基本准则》和《事业单位会计准则——具体准则》。由此可见,《事业单位会计准则》也将分为“基本准则”和“具体准则”。笔者曾在 2010 年提出过《事业单位会计准则》应分为“基本准则”和“具体准则”①。

(3)《政府会计制度》宣布不再执行《事业单位会计准则》是下位法否定上位法

2017 年 10 月 24 日,《财政部关于印发〈政府会计制度——行政事业单位会计科目和报表〉的通知》(财会〔2017〕25 号)规定:“执行本制度的单位,不再执行《行政单位会计制度》《事业单位会计准则》《事业单位会计制度》《医院会计制度》《基层医疗卫生机构会计制度》《高等学校会计制度》。”

前已述及,《政府会计准则》与《事业单位会计准则》属于同一层次。《政府会计制度》是根据《政府会计准则》制定,因此,《政府会计准则》属于上位法,《政府会计制度》属于下位法,《政府会计制度》宣布不再执行《事业单位会计准则》是下位法否定上位法。

(4)《高等学校会计制度》隶属于《政府会计制度》违背“政事分开”原则

财政部在《政府会计制度——行政事业单位会计科目和会计报表(征求意见稿)》的“第一部分　总说明”第二条中指出:“本制度适用于各级各类行政单位和事业单位(以下统称单位)。”财政部在《关于〈政府会计制度——行政事业单位会计科目和会计报表(征求意见稿)〉的起草说明》中指出:“一般情况下,不再区分行政和事业单位,也不再区分行业事业单位,在具体表述上统一为‘单位’。”从上可以看出,《政府会计准则——基本准则》将“不再区分行政和事业单位”而统率行政和事业单位。这里就出现了一个问题:还要不要《事业单位会计准则》?财政部出台《政府会计准则》非常好,终于完善了《企业会计准则》《政府会计准则》和《事业单位会计准则》组成的会计准则体系,但《政府会计准则》能否替代《事业单位会计准则》?

事业单位很重要。2011 年 3 月 23 日,《中共中央　国务院关于分类推进事业单位改革的指导意见》(中发〔2011〕5 号)第 1 条规定:“事业单位是经济社会发展中提供公益服务的主要载体。”笔者质疑的是:《政府会计准则》是否已取代《事业单位会计准则》?《事业单位会计准则》是否还有效?应该指出,因为政府与事业单位的功能不同,因此,中央坚持政事分开。如:党的十八届三中全会通过的《中共中央关于全面深化改革若干重大问题的决定》提出“政事分开原则”;2011 年 3 月 23 日,《中共中央　国务院关于分类推进事业单位改革的指导意见》(中发〔2011〕

① 乔春华.《事业单位会计准则》与《事业单位财务规则》研究:以高等学校为例[M].南京:南京大学出版社,2010:43.

5号)第4条提出“按照政事分开、事企分开和管办分离的要求”,第15条提出“实行政事分开,理顺政府与事业单位的关系”。《政府会计准则——基本准则》中指的都是“政府会计主体”。在中央强调“政事分开”的大前提下,会计主体应分为政府会计主体和事业单位会计主体,事业单位会计主体又分为高校会计主体和医院会计主体等。《会计改革与发展“十三五”规划纲要》中“研究制定政府内部控制规范和非营利组织内部控制规范”,体现了“政事分开原则”。1996年3月11日,财政部发布的《预算会计核算制度改革要点》(财预字〔1996〕26号)是我国预算会计改革的纲领性文件。这次改革的突破性内容是重新划分预算会计体系,实行事业单位会计与行政单位会计的分离。

事业单位又非常复杂。《中共中央　国务院关于分类推进事业单位改革的指导意见》(中发〔2011〕5号)第9条指出:“细分从事公益服务的事业单位。根据职责任务、服务对象和资源配置方式等情况,将从事公益服务的事业单位细分为两类:承担义务教育、基础性科研、公共文化、公共卫生及基层的基本医疗服务等基本公益服务,不能或不宜由市场配置资源的,划入公益一类;承担高等教育、非营利医疗等公益服务,可部分由市场配置资源的,划入公益二类。具体由各地结合实际研究确定。”其中“公益二类”的事业单位即“承担高等教育、非营利医疗等公益服务,可部分由市场配置资源的”事业单位,而政府与市场分别是两只手(看得见的手与看不见的手),因此,以政府会计主体取代高校会计主体和医院会计主体等不妥。

“政府会计”和“高等学校会计”是两个不同的会计主体。“高等学校会计”核算的内容比“政府会计”复杂得多。二者本来是同一层次的会计主体,却使“高等学校会计”隶属于“政府会计”。为了弥补这种制度设计的缺陷,2018年8月14日,财政部又发布了《关于高等学校执行〈政府会计制度——行政事业单位会计科目和报表〉的补充规定》和《关于高等学校执行〈政府会计制度——行政事业单位会计科目和报表〉的衔接规定》。

(5)《高等学校会计制度》经历了从属→独立→从属的制度变迁

①《高等学校会计制度》从属于“政府会计”

1949年12月27日,政务院颁发《关于1949年财政决算及1950年预算编制的指示》。

1950年9月18日,财政部制发《关于一九五〇年度财政会计几个具体问题的规定》。

②《高等学校会计制度》从属于“事业单位会计”

1950年10月,财政部召开第一次全国预算会计金库制度会议。同年12月12日颁布了《各级人民政府暂行总预算会计制度》,12月13日颁布了《各级人民政府暂行单位预算会计制度》。

1952年12月,财政部颁布《各级人民政府单位预算会计制度》。

1954 年 11 月 1 日，财政部修订的《各级人民政府单位预算会计制度》第二条规定："各级人民政府所属行政机关、事业机关、企业主管机关和团体，关于执行单位预算或附属单位预算的收支会计事务，除税收会计和实行经济核算的基本建设会计外，称单位预算会计，应由各机关统一会计机构依照本制度办理。"这里虽然开始区分"行政机关"与"事业机关"，但用的制度仍是"单位预算会计制度"。

③《高等学校会计制度》从属于"行政事业单位会计"

1963 年提出了"事业单位"的名称。1963 年 7 月 22 日，国家编制委员会代国务院草拟的《关于编制管理的暂行办法（草案）》中，将事业单位界定为"为国家创造和改善生产条件，促进社会福利，满足人民文化、教育、卫生等需要，其经费由国家事业费开支的单位"。"事业单位"是中国特有的名词，类似于西方国家的非营利组织。

1965 年 8 月，财政部召开了预算会计工作会议，会议讨论了《预算会计工作改革要点》《行政事业单位会计制度》《行政事业单位简易会计制度》和《报销单位财务收支处理办法》四个文件。1965 年 9 月 18 日，财政部发布了《行政事业单位会计制度》。

1988 年 9 月 17 日，财政部颁布《事业行政单位预算会计制度》。

④《高等学校会计制度》独立

1988 年 12 月 10 日，国家教育委员会发布《高等学校会计制度（试行）》。

1998 年 3 月 31 日，财政部和教育部颁发了《高等学校会计制度（试行）》（财预字〔1998〕105 号）。

2009 年 8 月 12 日，财政部发布了《高等学校会计制度（征求意见稿）》（财会便〔2009〕62 号）。

2010 年 9 月 2 日，财政部发布了《高等学校会计制度（第二次征求意见稿）》。

2013 年 7 月 12 日，财政部办公厅印发《征求〈高等学校会计制度（修订）（征求意见稿）〉意见的函》（财办会〔2013〕25 号）。

2013 年 12 月 30 日，财政部发布了《高等学校会计制度》（财会〔2013〕30 号）。

⑤《高等学校会计制度》从属于"政府会计制度"

2017 年 10 月 24 日，《财政部关于印发〈政府会计制度——行政事业单位会计科目和报表〉的通知》（财会〔2017〕25 号）规定："执行本制度的单位，不再执行《行政单位会计制度》《事业单位会计准则》《事业单位会计制度》《医院会计制度》《基层医疗卫生机构会计制度》《高等学校会计制度》等制度。"

（二）高校管理会计制度体系

因为目前的《中华人民共和国会计法》是财务会计的会计法，没有涵盖管理会计的内容，因此，高校管理会计制度体系与高校财务会计制度体系在层次上有差别。

2014 年 10 月 27 日，财政部印发的《财政部关于全面推进管理会计体系建设的指导意见》(财会〔2014〕27 号)第一条指出：“管理会计是会计的重要分支，主要服务于单位(包括企业和行政事业单位，下同)内部管理需要，是通过利用相关信息，有机融合财务与业务活动，在单位规划、决策、控制和评价等方面发挥重要作用的管理活动。”

高校管理会计制度体系由以下三个层次组成：

第一层次：“基本指引”。

2016 年 6 月 22 日，财政部印发了《管理会计基本指引》(财会〔2016〕10 号)。

2019 年 12 月 17 日，财政部印发了《事业单位成本核算基本指引》(财会〔2019〕25 号)。

第二层次：“应用指引”(2016 始)。

《管理会计应用指引第 100 号——战略管理》；

《管理会计应用指引第 101 号——战略地图》；

《管理会计应用指引第 200 号——预算管理》；

《管理会计应用指引第 201 号——滚动预算》；

《管理会计应用指引第 202 号——零基预算》；

《管理会计应用指引第 203 号——弹性预算》；

《管理会计应用指引第 204 号——作业预算》；

《管理会计应用指引第 300 号——成本管理》；

《管理会计应用指引第 301 号——目标成本法》；

《管理会计应用指引第 302 号——标准成本法》；

《管理会计应用指引第 303 号——变动成本法》；

《管理会计应用指引第 304 号——作业成本法》；

《管理会计应用指引第 400 号——营运管理》；

《管理会计应用指引第 401 号——本量利分析》；

《管理会计应用指引第 402 号——敏感性分析》；

《管理会计应用指引第 403 号——边际分析》；

《管理会计应用指引第 405 号——内部转移定价》；

《管理会计应用指引第 406 号——多维度盈利能力分析》；

《管理会计应用指引第 500 号——投融资管理》；

《管理会计应用指引第 501 号——贴现现金流法》；

《管理会计应用指引第 502 号——项目管理》；

《管理会计应用指引第 503 号——情景分析》；

《管理会计应用指引第 504 号——约束资源优化》；

《管理会计应用指引第 600 号——绩效管理》；

《管理会计应用指引第 601 号——关键业绩指标法》；
《管理会计应用指引第 602 号——经济增加值法》；
《管理会计应用指引第 603 号——平衡计分卡》；
《管理会计应用指引第 604 号——绩效棱柱模型》；
《管理会计应用指引第 700 号——风险管理》；
《管理会计应用指引第 701 号——风险矩阵》；
《管理会计应用指引第 702 号——风险清单》；
《管理会计应用指引第 801 号——企业管理会计报告》；
《管理会计应用指引第 802 号——管理会计信息模块》；
《管理会计应用指引第 803 号——行政事业单位》。

第三层次：高校内部制定的管理会计制度。如：
《××大学经济活动决策分析试行办法》；
《××大学××方面业财融合的试行办法》；
《××大学责任中心核算与管理办法》；等等。

（三）高校财务制度体系

1. 高校财务制度体系分三个层次

第一层次：财政部制定的“财务规则”，如：
《企业财务通则》(1992)(2006)；
《事业单位财务规则》(1996)(2012)；
《行政单位财务规则》(1998)(2012)。

第二层次：财政部制定的“财务制度”，如：
《高等学校财务制度》(1998)(2012)；
《中小学校财务制度》(1997)(2012)。

第三层次：高校内部制定的财务管理制度，如：
《××大学哲学社会科学类项目经费管理办法》；
《××大学自然科学类纵向科研经费管理办法》；
《××大学自然科学类横向科研项目及经费管理办法》；
《××大学国内业务差旅费管理办法》；
《××大学票据管理办法》；
《××大学往来款管理办法》；
《××大学支出管理办法》；
《××大学事权分配与支出责任认定办法》；等等。

2. 对高校财务制度体系的评述

① 事业单位财务规则与《政府会计——基本准则》和《事业单位会计准则》如何相对应

2019 年 8 月，财政部发出《关于开展“〈事业单位财务规则〉修订征文”活动的启事》，指出：“《事业单位财务规则》与《政府会计基本准则》的关系如何理顺，以适应政府会计制度改革的要求？”

2012 年 12 月 6 日，财政部发布的《行政单位财务规则》（财政部令第 71 号）第二条规定：“本规则适用于各级各类国家机关、政党组织（以下统称行政单位）的财务活动。”因此，与《政府会计——基本准则》相对应的应是《行政单位财务规则》。见表 2-1。

表 2-1　财务规（通）则与会计准则对应表

财务规（通）则	会计准则
《企业财务通则》	《企业会计准则》
《事业单位财务规则》	《事业单位会计准则》
《行政单位财务规则》	《政府会计准则》

② 事业单位财务规则跛脚了

2017 年 10 月 24 日，《财政部关于印发〈政府会计制度——行政事业单位会计科目和报表〉的通知》（财会〔2017〕25 号）规定：“执行本制度的单位，不再执行……《事业单位会计准则》……”《事业单位会计准则》没有了，《事业单位财务规则》跛脚了。不再执行《事业单位会计准则》以后的对应关系见表 2-2。

表 2-2　财务规（通）则与会计准则对应表

财务规（通）则	会计准则
《企业财务通则》	《企业会计准则》
《事业单位财务规则》	《政府会计准则》
《行政单位财务规则》	

③ 从“一仆二主”到“一 X 二 Y”

2017 年 10 月 24 日，财政部宣布执行《政府会计制度》的单位不再执行《事业单位会计准则》。2017 年初，笔者就指出：“2013 年 12 月 30 日，财政部、教育部印发的《高等学校会计制度》（财会〔2013〕30 号）第一条指出：‘根据《中华人民共和国会计法》《事业单位会计准则》，结合《高等学校财务制度》规定，制定本制度。’但《政府会计准则——基本准则》和《政府会计制度——行政事业单位会计科目和会计报表（征求意见稿）》却又适用于事业单位。事业单位会计制度的上位法究竟是《政府会计准则——基本准则》还是《事业单位会计准则》？或者两者都是？这种事实上的

‘一仆二主’关系要造成法理关系的混淆。”①《事业单位会计准则》取消后，《政府会计准则》对应了两个规则，即《事业单位财务规则》和《行政单位财务规则》，又成为“一X二Y”。

（四）高校预算制度体系

1. 中国单位（高校）预算制度

（1）目前，中国单位（高校）预算制度包含在财务制度之内，如：

1996年10月22日，财政部发布的《事业单位财务规则》（财政部令第8号）第二章为“单位预算管理”。

2012年2月7日，财政部发布的《事业单位财务规则》（财政部令第68号）第二章为“单位预算管理”。

1997年6月23日，财政部和国家教育委员会发布的《高等学校财务制度》（财文字〔1997〕280号）第三章为“单位预算管理”。

2012年12月19日，《财政部、教育部关于印发〈高等学校财务制度〉的通知》（财教〔2012〕488号）中，修订后的《高等学校财务制度》第三章为“预算管理”。

此外，还有如：

1982年1月11日，教育部发布的《教育部部属高等学校财务管理试行办法》（〔82〕财事字第4号）第三章为“财务计划和财务决算”。

1986年10月15日，国家教委、财政部发布的《高等学校财务管理改革实施办法》（〔86〕教计字162号）第二章为“年度预算核定”，第三章为“预算管理”，第六章为“综合财务计划”。

1991年4月8日，国家教委、财政部发布的《高等学校“八五”期间财务工作的若干意见》（教财〔1991〕33号）第二条为“坚持综合财务计划，改善学校的财务状况”。

2007年1月15日，《教育部 财政部关于“十一五”期间进一步加强高等学校财务管理工作的若干意见》（教财〔2007〕1号）第13条规定：“高等学校应加强预算管理与控制，强化预算的权威性与严肃性，充分发挥预算在资源配置中的主导作用。”

（2）目前，中国单位（高校）预算制度包含在管理会计制度之内，如：

《管理会计应用指引第200号——预算管理》；

《管理会计应用指引第201号——滚动预算》；

《管理会计应用指引第202号——零基预算》；

《管理会计应用指引第203号——弹性预算》；

《管理会计应用指引第204号——作业预算》；等等。

笔者曾认为，高校预算既不属于财务学，也不属于管理会计，应属于政治学。

---

① 乔春华.高校财务领域供给侧改革的理论思考[J].教育财会研究，2017(1)：3-9.

笔者曾指出:“预算学应包括预算经济学、预算管理学、预算政治学、预算法学、预算会计学等,预算学应成为独立学科。……预算应有多学科作为理论支撑……高校预算管理政治学视角。”①其实我国的政治家也十分重视这一点。毛泽东同志早在1950年就提出了“国家的预算是一个重大的问题,里面反映着整个国家的政策,因为它规定政府活动的范围和方向”②的科学论断。1954年1月,时任政务院副总理兼财政部长的邓小平同志也强调指出,“财政部门是集中体现国家政策的一个综合部门”,他提出了“不懂得数字中有政策,决定数字就是决定政策。……数目字内包括轻重缓急,哪个项目该办,哪个项目不该办,这是一个政治性的问题。……切不可‘有财无政’”的观点③。

2. 国家预算管理体系

第一层次:全国人大制定的“预算法”,如:

1994年3月22日,全国人大八届二次会议通过了《中华人民共和国预算法》(主席令第21号),这是新中国第一部《预算法》,又称为“经济宪法”。

20年后,2014年8月31日,第十二届全国人大常委会第十次会议表决通过了《全国人大常委会关于修改〈预算法〉的决定》,《中华人民共和国预算法》完成了首次修改。

2018年12月29日,根据第十三届全国人民代表大会常务委员会第七次会议通过的《关于修改〈中华人民共和国产品质量法〉等五部法律的决定》再次修正了《中华人民共和国预算法》。

第二层次:国务院制定的“预算条例”,如:

1951年7月21日,中央人民政府政务院公布了《预算决算暂行条例》。在《中华人民共和国预算法》颁布之前,该条例可作为象征意义的第一层次,但毕竟不是全国人大制定的,因此,实际位于第二层次。

40年后,1991年10月21日,国务院颁发了《国家预算管理条例》(国务院令第90号),并宣布《预算决算暂行条例》同时废止。

1995年11月2日,经中华人民共和国国务院第三十七次常务会议通过,由国务院发布《中华人民共和国预算法实施条例》(国务院令第186号)。

2020年8月3日,国务院公布了《中华人民共和国预算法实施条例》(国务院令第729号修订)。

第三层次:财政部制定的预算规章和预算规范性文件,如:

2001年7月25日,财政部发布《中央部门基本支出预算管理试行办法》(财预〔2001〕330号);2001年7月27日,财政部发布《中央部门项目支出预算管理试行

---

① 乔春华.高校预算管理研究[M].苏州:苏州大学出版社,2013:51-53.

② 毛泽东主席1949年12月在中央人民政府委员会第四次会议上的讲话[N].人民日报,1949-12-04.

③ 邓小平文选:第一卷[M].2版.北京:人民出版社,1994.

办法》(财预〔2001〕331 号)。

2011 年 5 月 4 日,财政部发布《中央教科文部门预算执行管理办法》(财教〔2011〕128 号);2017 年 8 月 9 日,财政部发布《中央科教部门预算执行管理办法》(财科教〔2017〕113 号)。

第三层次还包括教育部和财政部发布的预算规章和预算规范性文件,如:

① 财务计划。1982 年 1 月 11 日,教育部发布的《教育部部属高等学校财务管理试行办法》第十二条规定:“部属高等学校的财务计划包括:预算资金收支计划,科技三项费用收支计划,基本建设财务计划,学校基金收支计划,代管科研经费收支计划,生产财务计划,其他预算外资金收支计划等。”

② 综合财务计划。1986 年 10 月 15 日,国家教委、财政部颁布的《高等学校财务管理改革实施办法》第二十四条规定:“高等学校应加强对预算内、外各项资金的综合平衡,实行综合财务计划。”

③ 复式预算。1991 年 10 月 21 日国务院颁布的《国家预算管理条例》第二十六条规定:“国家预算按照复式预算编制,分为经常性预算和建设性预算两部分。经常性预算和建设性预算应当保持合理的比例和结构。”

④ 部门预算。从 2000 年开始,财政部根据国务院的指示要求编制独立完整的部门预算。这是新中国成立以来的初次尝试。部门预算是市场经济国家实行财政预算管理的基本组织形式,即一个部门一本预算。部门预算改革中所指“部门”应包括两类:一是行政单位;二是行政单位管辖的事业单位,如公办高校。

⑤ 中期预算。《中华人民共和国预算法(2014)》第十二条规定:“各级政府应当建立跨年度预算平衡机制。”《国务院关于实行中期财政规划管理的意见》指出:“中期财政规划是中期预算的过渡形态。”

第四层次:各高校制定的预算管理制度。如:

《××大学预算管理办法》;

《××大学项目支出预算执行管理办法》;等等。

(五) 高校成本制度

目前,中国高校成本制度尚未构成制度体系。

1. 中国高校成本制度

(1) 中国高校成本制度包含在财务制度之内的规定

1997 年 6 月 23 日,财政部和国家教委发布的《高等学校财务制度》(财文字〔1997〕280 号)第二十条规定:“高等学校在开展教学、科研和非独立核算的经营活动中,应当正确归集实际发生的各项费用;不能直接归集的,应当按照规定的比例合理分摊。”

2012 年 12 月 19 日,财政部、教育部印发的《高等学校财务制度》第十章为“成本费用管理”,其中第五十八条规定:“高等学校应当在支出管理基础上,将效益与本会计年度相关的支出计入当期费用；将效益与两个或者两个以上会计年度相关的支出，按照有关规定，以固定资产折旧、无形资产摊销等形式分期计入费用。”第五十九条规定：“成本核算是指按照相关核算对象和核算方法，对高等学校业务活动中发生的各种费用进行归集、分配和计算。”第六十一条规定：“高等学校应当正确归集实际发生的各项费用；不能直接归集的，应当按照一定原则和标准合理分摊。”第六十二条规定：“高等学校应当根据实际需要，逐步细化成本核算，开展学校、院系和专业的教育总成本和生均成本等核算工作。科研活动成本的核算应当细化到科研项目。”

此外，还有如：

1986 年 10 月 15 日，国家教育委员会、财政部发布的《高等学校财务管理改革实施办法》第二十七条规定：“改革现行的会计核算制度，研究建立高等学校会计核算体系和投资效益分析指标体系，做到直接费用正确归属，间接费用合理分摊，为核算人才培养成本创造条件，使会计核算适应学校管理的要求。”

1988 年 12 月 10 日，国家教委发布的《高等学校会计制度（试行）》第十七条规定：“高等学校在会计核算过程中，对各种费用、支出的归属，应当按照受益原则加以确认。凡能划清归属对象的费用、支出，均应直接计入有关核算对象；凡不能直接划清归属对象的费用支出，则应采用合理的方法进行分摊。”

（2）中国高校成本制度包含在财务会计制度之内的规定

① 准确核算行政成本和政府成本会计

2019 年 7 月 22 日，财政部办公厅在《关于〈行政事业单位成本核算基本指引（征求意见稿）〉的说明》中指出：“《中共中央　国务院关于印发党政机关厉行节约反对浪费条例的通知》（中发〔2013〕13 号）要求‘推进政府会计改革，进一步健全会计制度，准确核算机关运行经费，全面反映行政成本’；《中共中央　国务院关于推进价格机制改革的若干意见》（中发〔2015〕28 号）规定‘公用事业和公益性服务的经营者应当按照政府定价机构的规定公开成本，政府定价机构在制定和调整价格前应当公开成本监审结论’；《中共中央　国务院关于全面实施预算绩效管理的意见》（中发〔2018〕34 号，以下称《意见》）在总体要求中提出‘更加注重结果导向、强调成本效益、硬化责任约束’；《国务院关于批转财政部权责发生制政府综合财务报告制度改革方案的通知》（国发〔2014〕63 号，以下称《通知》）提出‘条件成熟时，推行政府成本会计，规定政府运行成本归集和分摊方法等，反映政府向社会提供公共服务支出和机关运行成本等财务信息’。”

② 行政单位的成本核算对象及其范围难以准确界定，删除了行政单位成本核算的相关条款

2019 年 12 月 25 日，财政部会计司有关负责人就印发《事业单位成本核算基本指引》答记者问中，有记者问：基本指引的名称为何由征求意见稿的《行政事业单

位成本核算基本指引》修改为最终的《事业单位成本核算基本指引》? 答：基本指引在最初制定阶段，旨在为行政事业单位构建统一的有关成本核算的基本框架。在征求意见过程中，很多反馈意见赞同基本指引对事业单位的适用性，但对行政单位的适用性提出质疑，认为行政单位和事业单位的职能目标、成本信息需求等差异较大，行政单位的成本核算对象及其范围难以准确界定，现有费用信息已经基本能够满足行政单位的相关需求。经研究，我们采纳了上述意见，删除了行政单位成本核算的相关条款，并将指引名称调整为《事业单位成本核算基本指引》。同时，考虑到基本指引关于成本的基本概念、成本核算的基本原则和方法等对行政单位同样适用，因此在附则中规定行政单位开展成本核算工作可以参照执行。

③ “行政事业单位成本”缩减为“事业单位成本”

2019 年 12 月 17 日，财政部印发的《事业单位成本核算基本指引》(财会〔2019〕25 号)第二十八条指出：“行业事业单位(如医院、高等学校、科学事业单位)的成本核算具体指引等，应当由财政部遵循本指引制定。”该《事业单位成本核算基本指引》试图在目前高校执行的《政府会计制度》框架内进行。

如今，《高等学校成本管理暂行办法》尚未出台。2010 年 9 月 2 日，财政部发布的《高等学校会计制度(第二次征求意见稿)》中《附件 1：高等学校成本管理暂行办法(征求意见稿)》，其第一章为“总则”，第二章为“成本管理机构及职责”，第三章为“成本核算对象与项目”，第四章为“成本核算程序与方法”，第五章为“教育成本的核算”，第六章为“科研成本的核算”，第七章为“成本控制”，第八章为“成本报告与分析”，第九章为“附则”。

(3) 中国高校成本制度包含在管理会计制度之内的规定

如：《管理会计应用指引第 300 号——成本管理》；

《管理会计应用指引第 301 号——目标成本法》；

《管理会计应用指引第 302 号——标准成本法》；

《管理会计应用指引第 303 号——变动成本法》；

《管理会计应用指引第 304 号——作业成本法》。

(4) 中国高校成本制度在财务或会计之外的规定

1996 年 12 月 16 日，国家教委、国家计委、财政部发布的《高等学校收费管理暂行办法》(教财〔1996〕101 号)第四条规定：“教育培养成本包括以下项目：公务费、业务费、设备购置费、修缮费、教职工人员经费等正常办学费用支出。不包括灾害损失、事故、校办产业支出等非正常办学费用支出。”该办法虽然由国家教委和财政部联合发布，但尚未纳入财政部发布的《高等学校会计制度》的核算体系，其会计科目的设置与成本核算方法尚未反映在日常核算中。

2005 年 6 月 8 日，国家发展改革委发布了《高等学校教育培养成本监审办法(试行)》。其第五条规定：“高校教育培养成本由人员支出、公用支出、对个人和家庭的补助支出和固定资产折旧四部分构成。其中人员费用包括：教职工基本工资、津贴、奖金、社会保障缴费、其他人员支出；公用支出包括：办公费、印刷费、水电费、取暖费、邮电费、交通费、差旅费、会议费、培训费、福利费、劳务费、招待费、租赁费、物业管理费、维修费、专用材料费、其他公用支出；对个人和家庭的补助支出包括：离退休费、抚恤和生活补助、医疗费、助学金、住房补贴和其他支出；固定资产折旧包括房屋建筑物折旧、设备折旧。”第二十八条规定：“设备折旧。设备按分类折旧率（专用设备按8年、一般设备按5年，其他设备均按10年折旧）计提折旧。按设备购置年限已经提取完折旧的设备，不再计提。”第二十九条规定：“房屋建筑物折旧。各年房屋建筑物应提折旧统一按当年房屋建筑物固定资产总值的2%（50年折旧期）计提。其中：已投入使用但未办理竣工结算的房屋建筑物可按估计价值暂估入账，并计提折旧。”第三十条规定：“科研费用。按科研费用的30%计入成本。如能分别计入具体成本项目，则在该项目中直接核减；否则，按科研费用占教育总支出比例的70%相应核减教育培养成本各项目支出。”该办法规定：“本办法适用于价格主管部门对高等学校教育培养成本进行调查、审核和核算价格成本的活动。”它是个“监审办法”，不是“核算办法”，因此，与《高等学校收费管理暂行办法》一样，未被纳入《高等学校会计制度》核算体系之中，在会计科目、成本项目与成本核算方法等方面未作出具有可操作性的规定。

2. 学者对成本的探索

（1）国外学者的探索

① 教育成本的提出——1958年

在国外，最早研究教育成本的学者是约翰·维泽（John Vaizy），他于1958年出版了《教育成本》（*The Costs of Education*）专著，在其中，他分析了20世纪初到20世纪50年代英国教育经费的变化情况，并首次提出了“教育成本”的概念。虽然他的书命名为 *The Costs of Education*，但书中将教育经费视同教育成本，并没有明确给出教育成本的定义。1962年，他在其出版的《教育经济学》（*The Economics of Education*）一书中指出不仅要计量教育的直接成本，而且要计量教育的间接成本，这进一步扩展了教育成本的内涵。

② 教育成本全部要素的提出——1963年

1963年，美国著名经济学家、诺贝尔经济奖得主西奥多·W. 舒尔茨（Theodore W. Schulte）出版的《教育的经济价值》（*The Economic Value of Education*）一书①中专有一章论述教育成本。他提出了“教育全部要素成本”（total factor costs of education）的概念。他认为教育的全部要素成本由两部分组成：一

① Schulte T W. The economics value of education[M]. New York: Columbia University Press, 1963, 39-44.

是学校提供教育服务的成本，包括教师、行政管理人员、教学辅助人员的支出，维持学校正常运转耗费的要素成本，以及学校房屋、土地等的折旧等，但不包括与教育服务无关的附属活动成本，如学生食堂、住宿、奖学金、补贴等支出；二是学生上学的机会成本，即学生因上学放弃工作机会而丧失的收入。舒尔茨也没有界定教育成本的概念，但他明确指出教育成本与教育经费是两个截然不同的概念。教育经费是一个统计概念，它包含了一些不属于教育成本的项目，同时又缺少了教育成本应该包含的一些项目。西奥多·舒尔茨的研究比约翰·维泽深入一些。

③ 教育成本与教育收益和教育收费的关系——1979 年

1979 年，美国经济学家科恩（Elchanan Cohn）在《教育经济学》（*The Economics of Education*）一书①中对教育成本进行了论述，并对教育的收益、成本及两者的关系，教育和经济的增长，教育的生产与成本函数，教师工资及其决定因素，教育财政以及教育计划等进行了分析。他将教育成本分为直接成本和间接成本。直接成本主要是学校提供的教育成本，但也有一部分是学生因上学而发生的支出，除了学杂费、书本费以外，还有额外发生的食宿费、服装费、往返于学校和家庭之间的交通费。他认为，从经济学的角度看，教育成本用机会成本来表示最为恰当。在考虑相同机会成本的情况下，教育成本还包括间接成本，即学生因上学而放弃的收入，学校享受的税款减免，用于教育的建筑物、土地等资产损失的收入等。科恩的教育成本分类理论与舒尔茨有所区别，但与约翰·维泽的分类方法有相似之处，完善了对机会成本的考虑。但同样难以核算教育成本。

④ 高等教育成本分担论的提出——1984 年

提出"高等教育成本分担论"的是美国高等教育经济专家、纽约州立大学布鲁斯·约翰斯顿（Bruce Johnstone）教授，他在 1984 年秋季美国科罗拉多召开的"2000 年议程"会议上提出了高等教育成本分担理论。1986 年他出版的《高等教育的成本分担：英国、联邦德国、法国、瑞典和美国的学生财政资助》一书②认为高等教育成本至少包括四个方面：一是教学成本，二是研究支出，三是学生生活支出，四是学生求学的机会成本。这四项成本，没有一项是确定的。首先，教师员工的工资，国家、地区和学校间差异较大，教学成本显然是一个巨大的变数；其次是学生的生活支出，国家、地区及学生间的开销差距显著，加上有免费、全额成本的住宿条件之分，有饮食补贴与完全自费饮食之别，还有学生个体消费差异，导致生活费支出差别巨大；至于学生求学的机会成本，更是一项复杂的事，既存在国家或地区的差异，也存在个体的差异。因此，高等教育成本是一本难以算清楚的账。成本分担是最早把教育成本与学费联系起来的理论。

---

① ［美］科恩.教育经济学[M].李国良，王玉昆，等译.上海：华东师范大学出版社，1989.

② ［美］约翰斯顿.高等教育财政：问题与出路[M].沈红，李红桃，译.北京：人民教育出版社，2004：15-18.

（2）国内学者的探索

① 潘序伦先生的探索

1934 年 7 月，在浙江教育厅附属机关会计人员讲习所，潘序伦先生作了题为《学校成本会计述要》的演讲。他指出："在英美各国尚且很少谈到成本会计，在我国学校，一向仅仅注重现金收支，绝对没有所谓成本会计的。但是兄弟却觉得现在中国的学校，实在是有举办成本会计的必要，所以特地拣定了这个题目，来做演讲。……工厂里知道了产品的成本，至少可以发生三个功用：第一可以节省各处的靡费，第二可以规定产品的卖价，第三可以决定营业的方针。学校成本会计的意义和功用，也是这样。"①

1980 年，潘序伦先生曾强烈呼吁："培养人才也要记成本。""学校作为生产人才的'工厂'，也要采用这种成本会计方法，来核算某一科系、某一班级、某一学生的培训费用。"②

② 娄尔行的探索

娄尔行指出："搞会计学的人经常提到会计，总是把眼睛看着企业会计，而对事业会计、大学会计，是很少研究的，所以这方面的文章和专著也很少，国外也是这种情况，都重视研究企业会计。"③

娄尔行指出："我们高等学校搞智力开发，出人才、出知识，我们的成本毕竟与营利单位的成本内涵不一致，效益也不一样，需要探讨。"④

③ 杨纪琬的探索

杨纪琬指出："事业单位的基本业务如果要进行成本核算，其难度不亚于甚至要超过企业的成本核算，这是因为事业单位成本核算的对象往往不可能像企业那样明确、具体。考虑我国目前情况，事业单位进行成本核算的条件还不够成熟。……不进行成本核算，仍然可以实行权责发生制，但是，考虑到事业单位的特点，这种权责发生制应当是有限制的。西方国家称之为'修正'的权责发生制(modified accrual basis)。用我国一句通俗的文字来表述，也就是'原则上'或者'基本上'实行权责发生制。"⑤

高等学校将费用归集与分配到成本核算对象很烦琐，笔者多次提出"'年生均

---

① 潘序伦.学校成本会计述要[J].立信会计季刊，1934(2)：7；潘序伦.潘序伦文集[M].上海：立信会计出版社，2008：243-244.

② 潘序伦.开展"人才会计"的研究[N].文汇报，1980-12-19.

③ 高等学校经济效益问题研究会(筹备组).高等学校经济效益问题文集[C].北京：教育部计划财务司，1983：8-9.

④ 高等学校经济效益问题研究会(筹备组).高等学校经济效益问题文集[C].北京：教育部计划财务司，1983：8-9.

⑤ 杨纪琬.学习两个《准则》的体会[J].预算会计，1996(10)：22-27.

教育培养成本'计算难且意义不大"①。实际上,《高等学校财务制度(2012)》第十章"成本费用管理"至今几乎没有学校实施过。高校成本应属于管理会计范畴。

3. 高等教育成本主要属于管理会计学科

杨世忠、马元驹的研究表明:"可见潘先生(潘序伦)的观点,不仅与当下责任会计的原理相一致,而且明白无误地告诉人们,高等学校的成本核算属于管理会计范畴。"②

前述两个在"高校财务会计"中"未出台""未实行"的法规,只好另辟蹊径试图在"行政事业单位管理会计"中推动。2018 年 12 月 27 日,财政部印发了《管理会计应用指引第 803 号——行政事业单位》(财会〔2018〕38 号),其第五章为"成本管理"。从发展脉络看,《事业单位成本核算基本指引》应定位在管理会计范畴内。

(1) 高等教育成本的计量方法

① 应用会计记录的计算方法和统计法

潘序伦先生指出:"计算成本,原有两种不同的方法:其一是应用会计记录的计算方法;其二是应用统计表格的计算方法。前者手续比较繁杂,而所得结果较为精确。后者手续比较简单,不过统计数字和账目不相联络,容易错误。所以两者互有得失,其取舍完全要看实际情形及需要而定。"③

② 统计调查方法、会计调整方法和会计核算方法

袁连生在《教育成本计量探讨》一书中指出:"教育成本的计量方法可以归纳为三类:统计调查方法、会计调整方法、会计核算方法。"其中,会计调整方法是指"利用这些现存的会计记录,经过调整,可将教育经费支出数据转换成教育成本的数据"。他还指出:"转换计算教育成本是一种现实的选择。"袁连生对北京市第 56 中学进行了计量。他还在《教育成本计量探讨》的第六章中阐述了"中国教育成本估计"④。

③ 类别法、专业法、年级法和作业成本法

林钢等在《高等教育成本研究》的"前言"中指出:本书主要特点的第一个是"在高等学校会计核算的基础上调整计算高等教育成本数据"。该书列举了"类别法""专业法""年级法""作业成本法"四个方法。所谓"类别法"是指"以学生类别为成本核算对象的一种成本计算方法。类别一般指学生的学历层次,因此学生可分为专科生、本科生、硕士研究生、博士研究生四大类";所谓"专业法"是指"在学生按

① 乔春华.《事业单位会计准则》与《事业单位财务规则》研究——以高等学校为例[M].南京:南京大学出版社,2010:248-249.

② 杨世忠,马元驹.倡导学校教育成本核算的先驱:潘序伦先生教育成本核算思想述评[J].会计与经济研究,2013(5):19-23.

③ 潘序伦.学校成本会计述要[J].立信会计季刊,1934(2):7;潘序伦.潘序伦文集[M].上海:立信会计出版社,2008:249.

④ 袁连生.教育成本计量探讨[M].北京:北京师范大学出版社,2000:32-35;91.

类别分类的基础上，以学生专业为成本核算对象的一种成本计算方法”；所谓“年级法”是指“在学生按类别和专业分类的基础上，以学生年级为成本核算对象的一种成本计算方法”①。

（2）高等教育成本方法的分析

① 经济学成本和会计学成本

成本可分为经济学成本和会计学成本，经济学成本可以采用统计方法核算，会计学成本可采用财务会计成本核算方法和管理会计成本核算方法核算。但会计调整方法既不是财务会计成本核算方法，又不是管理会计成本核算方法。况且，会计调整方法所依据的会计数据不包括固定资产折旧与无形资产摊销，也不包括《高等学校教育培养成本监审办法（试行）》中的“按科研费用的30%计入成本”。

② 作业成本法是管理会计成本核算方法

2012年2月9日，财政部在《〈企业产品成本核算制度（征求意见稿）〉起草说明》中指出：“适时引入作业成本法，……考虑到我国企业产品成本核算和管理水平参差不齐，整体差距较大，以及目前作业成本法尚未得到普遍应用的情况，本稿适当引入了作业成本法。”实施了100多年成本核算（或计算）的中国企业，至此方才“适当引入作业成本法”。

笔者曾认为，一个高校需精细到成百上千个作业，形成完整的作业链；同时，采用作业成本法需要根据学校的支出设置资源耗费账户和作业成本账户等。由于在高校实施作业成本法复杂，难度大，工作量多，因此，建议在高校实施作业成本法先在图书馆等进行试点②。

（3）高等教育成本在财务会计中的应用是难点

臧文丽报道：“张保庆：教育培养成本问题没完全研究透。”③

刘开普报道：“大学生培养成本很模糊：一个无法说清的问题。”④

代小琳报道：“但学生培养成本确实很难计算，因为涉及的因素太多。王旭明指出，中国的高等教育实行的是教育成本分担机制，就是国家、学校和上学的学生本人各负担一部分费用。教育成本学生应该负担多少，是按照这个估算出来的标准收取学生的费用。……每个学生应该分担多少，这是一个很复杂的指标，所以研究起来要有一定的时间。”⑤

郭少峰报道：“但大陆高校以前没有做过成本核算，国外也没有先例，虽然也曾组织人员到国外考察，但现在做具体核算仍非常复杂。这位人士透露说，设备折

① 林钢，武雷，等.高等教育成本研究[M].北京：中国人民大学出版社，2008：前言，76，101，160.

② 乔春华.高校管理会计研究[M].南京：东南大学出版社，2015：164-166，143-146，142-143.

③ 臧文丽.张保庆：教育培养成本问题没完全研究透[N].人民网，2006-09-07.

④ 刘开普.大学生培养成本很模糊：一个无法说清的问题[N].中国财经报，2006-04-14.

⑤ 代小琳.《高等学校生均成本核定办法》计划今年制定[N].北京晨报，2007-01-05.

旧、教室折旧等估计会算在成本核算里，不过在具体比例上还是有不同的意见。”①

宋伟涛、沈大雷认为：“核算学生培养成本为何让人感到像是在‘雾里看花’？在复旦大学高等教育研究所所长熊庆年看来，核算高校学费成本是一项十分复杂的工程，‘学生的培养成本之所以难以让人明白，首先是由于大学教育成本的构成非常模糊，教育机构的会计制度也不适应成本计量的需要’。”②

2010 年 3 月 5 日，由财政部会计司、中国会计学会政府与非营利组织专业委员会主办的“政府与非营利组织会计高层论坛”在中南财经政法大学召开。在这次论坛上，笔者遇到了美国伊利诺伊大学陈立齐教授（中国财政部政府会计改革专家委员会顾问；1995 年 7 月 23 日至 25 日，中国会计教授会在上海成立时，笔者曾与陈立齐教授同在“政府与非营利组织会计组”），向他请教“美国是否计算高校教育成本”，他沉思后答：“没有。”

（4）华盛顿州由于生均教育成本很难准确计量而放弃了以成本决定学费的做法

国外未计算过高校成本核算。段治平等认为：“华盛顿州公立高校自 1977 年始，采用成本分担理论作为其学费定价的理论基础，基于生均成本数据和分担比例确定学费。该州立法确定学费只能是教育成本的 24%～33%。由于院校生均教育成本很难准确计量，以及合理分担比例难以确定，该州在 1995 年宣布放弃以成本决定法作为学费定价的基础。”③

（5）笔者的观点

① 高等学校成本与医院成本的区别

与同样是事业单位的医院相比，医院进行成本核算比较容易，其主要原因不在于医院早就采用了权责发生制，而在于医院相当多的费用可以对象化，如 CT 是给谁做的，B 超是给谁做的，心电图是给谁做的，手术是给谁做的，病床是给谁住的，药是给谁用的，等等。而高校则很难做到这一点，其绝大多数费用是间接费用，直接费用很少很少，高等学校将费用归集与分配到成本核算对象很烦琐。

② 同一专业因层次不同、地域不同造成实际成本不同，计算没有意义

同一专业学生因隶属不同的高校，其生均拨款标准不同，如教育部属高校、部委办属高校、省属高校生均拨款标准不同；同是市属职业技术学院，江苏省苏州市属职业技术学院不仅比其他市属职业技术学院生均拨款标准高，而且比江苏省属职业技术学院生均拨款标准也高。

各省市同一专业收费标准不同。由于学费标准属地化管理，一般而言，发达地

---

① 郭少峰.大学生培养成本核定出标准，文科生年成本 1.3 万[N].新京报，2006-04-05.

② 宋伟涛，沈大雷.调查：高等学校为什么涨学费？学费该如何涨？[N].中国教育报，2014-07-14.

③ 段治平，周传爱，史向东.国内外高校收费比较与借鉴：以美国、德国、日本为例[J].价格理论与实践，2006(1)：77-78.

区高校比欠发达地区高校学费标准高。

这种由于隶属关系不同造成生均拨款标准和学费标准的差异，直接影响实际成本的高低。

4. 高等学校某一专业某一学生的培训成本

很多学者研究高校的教育成本，但迄今为止，仍未计算出某一专业某一学生的培训成本是多少。但教育部原副部长张保庆却说："按照现在的日常运行成本粗略计算，理工科人均培养费用一年约 1.5 万元，文科每年约 1.2 万元至 1.3 万元，医学至少要 4 万元，艺术院校学生至少需要 10 万元以上。"①

5. 高等教育成本研究的目的

(1) 确定生均拨款标准

王善迈指出："综合定额基本上是依据在校生数和生均成本确定"。②

中共中央办公厅、国务院办公厅印发的《加快推进教育现代化实施方案(2018—2022 年)》中指出："建立与办学规模、培养成本、办学质量等相适应的财政投入制度，制定并落实职业院校生均拨款制度。"

(2) 确定学费标准

1996 年 12 月 16 日，国家教委、国家计委、财政部联合颁布的《高等学校收费管理暂行办法》第四条规定："学费标准根据年生均教育培养成本的一定比例确定。不同地区、不同专业、不同层次学校的学费收费标准可以有所区别。"

高等学校采用财务会计中的历史成本法不是算不出某一专业某一学生的培训成本，笔者 1985 年就提出可采用"分批法"即"定单法"，而不是"分类法"，但高校与医院不同，基本上或绝大部分是间接费用，间接费用分摊工作量十分巨大。笔者也曾在 1993 年提出过"事业单位的成本计算比工业企业更为复杂"的观点③。问题在于：在既定生均拨款标准和学费标准前提下，高校不可能垫支培养成本，高校的支出受拨款、收费等收入的制约，"不出赤字"决定了支出小于收入。各高校为了"量入为出"，不出赤字，只好采取降低教学质量等的低成本运作方式。历史成本法是对过去的消耗进行测定，试图将之作为财政拨款和收费的依据。可是，"过去的消耗"是在"过去的拨款"和"过去的收费"并不出赤字基础上的消耗，这种测算尽管添加了折旧之类的因素，但仍然是在"拨款低"和"收费低"的框架内的测定，我国历来对高等教育的投入都不够，如果以上一年生均拨款标准和学费标准算出的实际成本作为下一年生均拨款标准和学费标准，就会造成"拨款、收费低→教学质量低→实际成本低→拨款、收费仍低"的恶性循环。因此，以历史成本作为拨款和收费基

---

① 赵媛媛.张保庆解释高校收费依据[N].北京青年报，2005-07-25.

② 王善迈.改革教育财政拨款体制，提高教育资源配置效率[J].教育与经济，1994(4)：16-19.

③ 乔春华.事业单位财务会计比工业企业财务会计更为复杂[J].预算会计研究通讯，1993(7-8).

数毫无意义①。

“本量利分析”也不是算不出来，但也很烦琐且无实际意义。烦琐在高校“基本支出”中变动成本极少(如每生实习费)，而大量的是固定成本，分解固定成本很烦琐；至于无实际意义，如数学、哲学、历史等基础性专业，因就业难而招生困难，这些专业的学生要不要招呢？不仅本科生要招，研究生更要招，而不能因生源少、“亏本”等理由不招。但不宜使用小班课转化为大班课等“不亏本”的做法，只宜使用成人教育中的短期培训班和某些“项目支出”等方法②。

由此可见，根据“生均培养成本”确定“生均拨款标准”和“学费标准”与在“生均拨款标准”和“学费标准”额度内计算“生均培养成本”之间是一个“先有鸡”还是“先有蛋”的问题。信息化时代采用计算机来计算“年生均教育培养成本”“本量利分析”，计算难度虽大，但也可计算出来，只是毫无实际意义。

6. 高等教育成本计算可能性的前提

(1) 高等教育成本能客观地反映培养一定质量学生的必要支出

高等教育高质量允许高支出，能客观地反映培养一定质量学生的必要支出。

(2) 高校支出不受政府拨款标准和收费标准的限制

市场经济国家的私立大学有较多的捐赠资金和收费自主权，高校支出不受政府拨款标准和收费标准的限制。

在这种情况下，高等教育成本计算才有可能，才有实际意义。

7. 为了各校同一层次同一专业生均培养成本间的比较

总的看来，高等教育培养成本呈上升趋势，一是人员经费逐年增长，二是公用开支中物价逐年上涨，三是随着科学技术的进步，新设备新技术手段被推广采用。但各校同一层次同一专业生均培养成本不能比较。

(1) 前已述及，同一专业学生因隶属不同的高校，其生均拨款标准不同，各省、直辖市、自治区同一专业收费标准不同，收入不同支出必然不同，无法比较。

(2) 成本低可能偷工减料。如医科类的实习应 1 名学生解剖 4 只白鼠，现在因经费紧张而 4 名学生解剖 1 只白鼠；因师资紧张上大班课等。

(3) 成本高可能产生浪费。如有的高校铺大摊子(房屋与建筑物以及设备等)固定资产折旧就高；冗员；设备的闲置、浪费等。

(4) 质量因素。各校优等品、合格品和不合格品(开除、留级等)与次品(肄业、重修等)不一样，即使“生均拨款标准”和“学费标准”一样，成本也不一样。

理论、制度来源于实践又要接受实践的检验，我们研究高等教育成本的目的是什么？指导实践，在实践中发展理论、修正制度！出台制度的目的是什么？实施，

---

① 乔春华.高等教育投入体制研究[M].南京：南京大学出版社，2006：4.

② 乔春华.高校管理会计研究[M].南京：东南大学出版社，2015：164-166，143-146，142-143.

将制度优势更好转化为治理效能。

科研的目的是什么？除了发现、发明还有创新。发现除了发现新东西，还包括证明某些猜想不可能，如永动机、神农架野人、尼斯湖水怪等。制定《事业单位成本核算基本指引》的目的是什么？其第一条规定："为促进事业单位加强成本核算工作，提升单位内部管理水平和运行效率，夯实绩效管理基础。"可见其目的并不是确定拨款和学费标准。

8. 关于高等教育成本的建议

（1）高校应研究推动管理会计中的标准成本法

2014 年 9 月 26 日，《国务院关于深化预算管理制度改革的决定》（国发〔2014〕45 号）指出："健全预算标准体系。进一步完善基本支出定额标准体系，加快推进项目支出定额标准体系建设。"2020 年 6 月 18 日，受国务院委托，审计署审计长胡泽君向十三届全国人大常委会第十九次会议作"关于 2019 年度中央预算执行和其他财政收支的审计工作报告"时建议："加快健全预算支出标准体系。"但"高校基本支出定额标准"因很难制定至今尚未出台。

"生均拨款标准"和"学费标准"都是标准，高等教育生均培养标准成本是指培养一名合格大学生的应该支出而不是实际支出。笔者曾于 2015 年研究过高校标准成本。"标准支出"的依据是《普通高等学校本科教学工作水平评估方案（试行）》。具体方法如下：

① 专业分类

《普通高等学校本科教学工作水平评估方案（试行）》将普通高校分为综合、师范、民族院校，工科、农、林院校，语文、财经、政法院校，医学院校，体育院校，艺术院校六类。

② 数量标准

A. 教职工标准人数。《普通高等学校基本办学条件指标》（教发〔2004〕2 号文）规定六类院校的生师比分别为 18∶1，18∶1，18∶1，16∶1，11∶1，11∶1。依此测算标准教师数；然后按标准设置岗位，测定教授、副教授、讲师等人数；再测定其他专业技术人员、行政人员、工勤人员的标准人数；最后测定这些人员内部结构的比例，如行政人员中校级、处级、科级等的标准人数。

B. 学生标准人数。成本测算对象应是本科生。至于博士生、硕士生、专科生等，可将其分别折合成本科生的标准人数进行计算。

C. 房屋、设备的配置标准。《普通高等学校基本办学条件指标》对六类院校的房屋、设备的配置标准作了规定，如"生均教学行政用房（米^2/生）"分别为 14，16，9，16，22，18；"生均教学科研仪器设备值（元/生）"分别为 5 000，5 000，3 000，5 000，4 000，4 000；"生均图书（册/生）"分别为 100，80，100，80，70，80；"生均占地面积（米^2/生）"分别为 54，59，54，59，88，88；"生均宿舍面积（米^2/生）"均为 6.5；"百名学生配教学用计算机台数(台)”均为10;“百名学生配多媒体教室和语音实验室座位数(个)”均为7;“新增教学科研仪器设备所占比例(%)”均为10;“生均年进书量(册)”分别为4,3,4,3,3,4。

D. 公用经费的定额。办公费、差旅费、业务费、会议费、邮电费、体育维持费、教学仪器设备维修费、水费、电费、培训费等都参照定额执行。

③ 开支标准。是指工资标准、费用标准等。

A. 各层次专业技术人员、各级行政人员等的平均工资和津贴等按法定的工资标准。

B. 学生的奖学金、助学金等按同城或同类院校的平均标准。

C. 设备、物资等采购按政府采购价,或市场价。

D. 公用经费开支按政府采购价,或市场价。

如何测定教育标准成本?某本科生标准成本应按如下公式测定:

某专业本科生的标准单位成本=所有成本项目标准成本之和/某专业本科生的标准折合量之和。其中某成本项目标准成本=标准消耗量×标准价格。

高等教育标准成本的意义,一是作为财政拨款和收费的标准,二是有利于将实际成本与标准成本对比。其中量差是可控成本,是成本控制的重点;价差为不可控成本,应随时测算①。

(2) 小学、中学(不含中职)教育成本

① 可测算初等、中等标准教育成本。

② 可采用“年级法”计算小学、中学实际教育成本。因为小学、中学不分专业,差异在于年级层次。

(六) 高校审计制度体系

审计学科既不属于会计又不属于财务。但由于教育部财务司分管教育审计,因此,本书中也将阐述高校审计的内容。

高校审计制度体系由以下四个层次组成:

第一层次:全国人大制定的法。如:

《中华人民共和国审计法》(1994)(2006)。

第二层次:国务院制定的条例。如:

《中华人民共和国审计法实施条例》(1997)(2010)(2019)。

在第一层次和第二层次中,也包括了中共中央、国务院发的文件。如:

2014年10月27日,《国务院关于加强审计工作的意见》(国发〔2014〕48号)。

2015年12月8日,中共中央办公厅、国务院办公厅印发的《关于完善审计制度若干重大问题的框架意见》(中办发〔2015〕58号)及相关配套文件。

① 乔春华.高校管理会计研究[M].南京:东南大学出版社,2015:164-166,143-146,142-143.

2010 年 10 月 12 日，中共中央办公厅、国务院办公厅印发《党政主要领导干部和国有企业领导人员经济责任审计规定》；2019 年 7 月 7 日，中共中央办公厅、国务院办公厅印发《党政主要领导干部和国有企事业单位主要领导人员经济责任审计规定》。

1993 年 2 月 13 日，中共中央、国务院印发的《中国教育改革和发展纲要》（中发〔1993〕3 号）第 50 条规定："各级教育部门和学校必须努力提高教育经费的使用效益。……各级财政和审计部门要加强财务监督和审计，共同把教育经费管好用好。"2010 年 6 月 21 日，《国家中长期教育改革和发展规划纲要（2010—2020 年）》第五十八条规定："加强经费使用监督，强化重大项目建设和经费使用全过程的审计，确保经费使用规范、安全、有效。"

第三层次：审计署制定的审计规章和审计规范性文件，如：

2010 年 9 月 1 日，《中华人民共和国国家审计准则》（审计署令第 8 号）。

2001 年 8 月 1 日，《审计机关专项审计调查准则》（审计署令第 3 号）。

1985 年 12 月 5 日，审计署第一次发布《关于内部审计工作的若干规定》。

1989 年 12 月 2 日，审计署第二次发布《关于内部审计工作的若干规定》（审计署令第 3 号）。

1995 年 7 月 14 日，审计署第三次发布《关于内部审计工作的若干规定》（审计署令第 1 号）。

2003 年 3 月 4 日，审计署第四次发布《关于内部审计工作的若干规定》（审计署令第 4 号）。

2018 年 1 月 12 日，审计署第五次发布《关于内部审计工作的若干规定》（审计署令第 11 号）。

此外，教育部发布的《内部审计工作规定》也属于第三层次，如：

1985 年 12 月 31 日，国家教育委员会发布《关于直属高等学校内部审计工作的暂行规定》。

1996 年 4 月 5 日，国家教育委员会发布《教育系统内部审计工作规定》（第 24 号令）。

1997 年 12 月 31 日，《国家教委关于发布教育系统内部审计规范的通知》（教审〔1997〕2 号）。

2004 年 4 月 13 日，教育部发布《教育系统内部审计工作规定》（教育部令第17 号）。

2015 年 2 月 9 日，《教育部关于加强直属高等学校内部审计工作的意见》（教财〔2015〕2 号）。

2017 年 12 月 29 日，《教育部关于推进直属高等学校内部审计信息化建设的意见》（教财〔2017〕10 号）。

中国内部审计协会规定的《内部审计基本准则》和《内部审计实务指南》也属于第三层次，包括：

2003 年 6 月 1 日，中国内部审计协会发布《内部审计基本准则》（中内协发〔2003〕20 号），包括《内部审计基本准则》《内部审计人员职业道德规范》以及 10 个内部审计具体准则。此后又陆续发布了 5 批共 19 个内部审计具体准则和 5 个实务指南，形成了由内部审计基本准则、内部审计人员职业道德规范、内部审计具体准则和内部审计实务指南构成的较为完善的内部审计准则体系。

2009 年 7 月 7 日，中国内部审计协会发布《关于〈内部审计实务指南第 4 号——高校内部审计〉的公告》（中内协发〔2009〕19 号）。

2014 年 12 月 9 日，中国注册会计师协会印发《高等学校财务报表审计指引》（会协〔2014〕71 号）。

2013 年 8 月 22 日，中国内部审计协会发布修订后的《中国内部审计准则》（中国内部审计协会公告 2013 年第 1 号）22 个，2016 年又发布 2 个，共 24 个，如下：

《第 1101 号——内部审计基本准则》；

《第 1201 号——内部审计人员职业道德规范》；

《第 2101 号内部审计具体准则——审计计划》；

《第 2102 号内部审计具体准则——审计通知书》；

《第 2103 号内部审计具体准则——审计证据》；

《第 2104 号内部审计具体准则——审计工作底稿》；

《第 2105 号内部审计具体准则——结果沟通》；

《第 2106 号内部审计具体准则——审计报告》；

《第 2107 号内部审计具体准则——后续审计》；

《第 2108 号内部审计具体准则——审计抽样》；

《第 2109 号内部审计具体准则——分析程序》；

《第 2201 号内部审计具体准则——内部控制审计》；

《第 2202 号内部审计具体准则——绩效审计》；

《第 2203 号内部审计具体准则——信息系统审计》；

《第 2204 号内部审计具体准则——对舞弊行为进行检查和报告》；

《第 2205 号内部审计具体准则——经济责任审计》；

《第 2301 号内部审计具体准则——内部审计机构的管理》；

《第 2302 号内部审计具体准则——与董事会或者最高管理层的关系》；

《第 2303 号内部审计具体准则——内部审计与外部审计的协调》；

《第 2304 号内部审计具体准则——利用外部专家服务》；

《第 2305 号内部审计具体准则——人际关系》；

《第 2306 号内部审计具体准则——内部审计质量控制》；

《第 2307 号内部审计具体准则——评价外部审计工作质量》；

《第 2308 号内部审计具体准则——审计档案工作》。

上述 24 个准则(规范)中,《第 2205 号内部审计具体准则——经济责任审计》和《第 2308 号内部审计具体准则——审计档案工作》是 2016 年 1 月 21 日发布,自 2016 年 3 月 1 日起施行。

上述 24 个准则(规范)中,22 个内部审计具体准则分为作业类、业务类和管理类三大类。作业类准则涵盖了内部审计程序和技术方法方面的准则,具体包括审计计划、审计通知书、审计证据、审计工作底稿、结果沟通、审计报告、后续审计、审计抽样、分析程序 9 个具体准则;业务类准则包括内部控制审计、绩效审计、信息系统审计、对舞弊行为进行检查与报告、经济责任审计 5 个具体准则;管理类准则包括内部审计机构的管理、与董事会或者最高管理层的关系、内部审计与外部审计的协调、利用外部专家服务、人际关系、内部审计质量控制、评价外部审计工作质量、审计档案工作 8 个具体准则。其中 5 个业务类具体准则基本上与管理审计有关。

此外,2013 年前发布了 5 个实务指南:

《内部审计实务指南第 1 号——建设项目内部审计》;

《内部审计实务指南第 2 号——物资采购审计》;

《内部审计实务指南第 3 号——审计报告》;

《内部审计实务指南第 4 号——高校内部审计》;

《内部审计实务指南第 5 号——企业内部经济责任审计指南》。

第四层次:各高校制定的内部审计制度,如:

《××大学审计人员岗位职责》;

《××大学审计工作廉政建设制度》;

《××大学审计工作保密制度》;

《××大学审计处议事制度》;

《××大学审计处工作考核办法》;

《××大学财务收支审计办法》;

《××大学财务预算与执行情况审计办法》;

《××大学科研经费审计实施办法》;

《××大学重大建设工程项目跟踪审计实施办法》;

《××大学零星基建、修缮类工程审计工作规定》;

《××大学跟踪审计考核办法》;

《××大学干部任期经济责任审计实施办法》;

《××大学委托社会审计暂行管理办法》;

《××大学内部审计档案管理暂行办法》。

高校内部控制制度是高校重要的治理制度,将在本章第二节中具体阐述。

三、高校财务是大学治理的基础和重要支柱

(一) 财政是国家治理的基础和重要支柱

党的十八届三中全会通过的《中共中央关于全面深化改革若干重大问题的决定》指出:“财政是国家治理的基础和重要支柱。”

1. 议会审议预算将财政定位于国家治理层面

1215年,英国颁发的《大宪章》中规定:“英皇未获得议会同意不得征税。”这表明纳税不能由皇帝或国王一人决定,而必须通过民意机关的同意或批准,这是财政进入国家治理层面的开始。正如马斯格雷夫所指出的:“税收是现代民主制度兴起的先决条件。”①

我国预算制度进入国家治理层面始于清末。1910年9月23日,清政府成立资政院,1910年10月召开了资政院第一次会议,这是我国第一个具有国会性质的机关,其审议了宣统三年(1911年)的预算案。当时的资政院议员刘春霖认为,开国会“最重要者何? 就是预算案。预算可以察看一国大政之方针,若预算不交,而仅议零星末节,即终年开会,于国计亦无所补救”②。

著名预算学者林奇指出:“从共和国时期开始,几乎每次预算改革都强化或影响了立法机构和政府的行政部门之间有意设定的紧张和权力平衡。”③

由上可知,财政权力的配置是国家所有权力中的核心权力,要对国家配置的财权职权和行动进行硬性约束,只有将其定位到立宪的层面上,成为国家治理的基础和重要组成部分,议会审议预算才能成为民主国家治理权力的重要形式。

2. 现代预算制度是国家治理体系的重要内容

楼继伟指出:“预算是财政的核心,现代预算制度是现代财政制度的基础,是国家治理体系的重要内容。”④

2013年11月12日,党的十八届三中全会通过的《中共中央关于全面深化改革若干重大问题的决定》第17条指出:“改进预算管理制度。实施全面规范、公开透明的预算制度。”

2014年9月26日,《国务院关于深化预算管理制度改革的决定》(国发〔2014〕45号)指出:“深化预算管理制度改革,实施全面规范、公开透明的预算制度,……是推进国家治理体系现代化,实现国家长治久安的重要保障。”

---

① Musgrave R A. Theories of fiscal crises: an essay in fiscal sociology[M]//Aaron H J, Boskin M J. The economics of taxation. Washington D.C.: The Brookings Institution, 1980: 363.

② 资政院议场会议速记录:晚清预备国会论辩实录[M].李启成,点校.上海:上海三联书店,2011:78.

③ [美]托马斯·林奇.美国公共预算[M].苟燕楠,董静,译.北京:中国财政经济出版社,2002:31.

④ 楼继伟.解读新预算法:取得5方面重大突破[N].人民日报,2014-09-01.

3. 现代财政制度对高校预算的影响

财政是国家治理的基础，高校财务是学校治理的基础。治理体现在预算中，治理体现在内部控制中，治理体现在内部审计中，治理体现在现代大学制度和高校治理结构中。笔者曾阐述过预算的治理职能①。高校预算的治理职能主要体现在以下两个方面：

（1）高校预算也需要“审议通过”

1997年的《高等学校财务制度》第十三条规定：“高等学校预算由学校财务处（室）根据各单位收支计划，提出预算建议方案，经学校最高财务决策机构审议通过后……”2012年的《高等学校财务制度》第十四条规定：“高等学校一级财务机构提出预算建议方案，经学校领导班子集体审议通过后……”2012年的《事业单位财务规则》第九条规定：“事业单位根据财政部门下达的预算控制数编制预算，由主管部门审核汇总报财政部门，经法定程序审核批复后执行。”

（2）公开透明是治理的重要途径

上市公司的财务信息必须公开，因为上市公司是公众公司。不仅是股票持有者要了解上市公司的财务信息，股票潜在持有者也必须了解上市公司的财务信息，股票研究者同样必须了解上市公司的财务信息。因此，为了社会公众掌握和监督上市公司的财务状况，上市公司的财务信息必须公开。

高校的财务信息必须公开。高校的资金无论是来自财政的公共资金，还是来自广大学生的学费，或是来自捐赠资金，都涉及公众利益，因此，高校的财务信息必须公开。

2013年11月15日，党的十八届三中全会通过的《中共中央关于全面深化改革若干重大问题的决定》第17条指出：“改进预算管理制度。实施全面规范、公开透明的预算制度。”

2014年9月26日，《国务院关于深化预算管理制度改革的决定》（国发〔2014〕45号）指出：“深化预算管理制度改革，实施全面规范、公开透明的预算制度，……是推进国家治理体系现代化，实现国家长治久安的重要保障。”

公开透明首先是公开，重要的是透明。公开而不透明等于不公开。阳光是最好的防腐剂，高校的预算要放在玻璃房内，能晒到阳光，能受到公众的监督。

由此可见，高校财务治理是大学治理的基础。

（二）中国重要教育法规中必须有财经方面的专门规定

财经方面的制度是教育法规中不可缺失的重要组成部分，一般有四种表述方式：

1. 学校资产与财务管理

《中华人民共和国民办教育促进法》中的第五章是“学校资产与财务管理”。

《中国教育改革和发展纲要》中的第六部分是“教育经费”。

---

① 乔春华.论预算的治理职能：以高校为例[J].会计之友，2014(19)：106-110.

2. 教育投入与条件保障

《中华人民共和国教育法》中的第七章是“教育投入与条件保障”。

《中华人民共和国高等教育法》中的第七章是“高等教育投入和条件保障”。

《国家中长期教育改革和发展规划纲要(2010—2020 年)》中的第十八章是“保障经费投入”。

3. 教育条件保障

《国家教育事业发展“十一五”规划纲要》中的第四部分是“保障措施”。

《国家教育事业发展第十二个五年规划》中的第十一部分是“加强教育条件保障”。

4. “加快推进教育治理现代化”的重要内容

《国家教育事业发展“十三五”规划》中将“完善教育投入机制”作为第九部分“加快推进教育治理现代化”的重要内容。

由此可见,中国重要教育法规中必须有财经方面的专门规定。

(三) “大学章程”中必须有规定财经方面的条款

“大学章程”是全面体现高校内部治理结构的重要制度,高校财务制度和高校财务治理结构是“大学章程”的重要内容。

2013 年 12 月 5 日,《教育部关于做好〈行政事业单位内部控制规范(试行)〉实施工作的通知》(教财函〔2013〕142 号)第一条指出:“实施内部控制规范,是加强教育经费监管的重要举措,是完善教育行政事业单位内部治理结构、建立现代学校制度的必然要求。各单位要充分认识加强教育系统内部控制制度建设的重要性和紧迫性,认真贯彻落实内部控制规范的各项要求,不断提高内部管理水平。”

2015 年 11 月 5 日,国务院印发的《统筹推进世界一流大学和一流学科建设总体方案》第十条指出:“完善内部治理结构。建立健全高校章程落实机制,加快形成以章程为统领的完善、规范、统一的制度体系。”吕春荣报道:“‘世界一流大学的建设标准,在底线上有相同点,顶端则没有相同点,所以并没有统一的衡量标准。’中国教育科学研究院研究员储朝晖向中新网记者表示,从‘底线’上说,世界一流大学有相同点,都有建立现代大学制度,拥有学校内部的治理意识,以及专业的管理制度等,但‘顶端’没有相同点,一流大学不尽相同,其各有特色,各有长处。”①

1. 一般规定

2015 年 12 月 27 日修订的《中华人民共和国高等教育法》第二十八条规定:“高等学校的章程应当规定以下事项:……(七)经费来源、财产和财务制度;……”

2011 年 11 月 28 日,教育部颁发的《高等学校章程制定暂行办法》(教育部令第 31 号)在第二章“章程内容”中规定:“……(七)学校经费的来源渠道、财产属性、使用原则和管理制度,接受捐赠的规则与办法;……”

① 吕春荣.中国大学明确“世界一流”时间表 哪些内功需修炼?[N/OL].中国新闻网,2015-11-06.

2. “一流大学”建设高校大学章程中“经费”一章名称的规定

无论是国内还是国外，所有大学的大学章程中必须具备有关“经费”的规定。我国“一流大学”建设高校“大学章程”中有关“经费”一章的名称如表 2-3 所示。

表 2-3　“一流大学”建设高校大学章程中有关“经费”一章的名称

序号	校名	“经费”一章名称
1	湖南大学	第八章　财务管理
2	中山大学	第十章　资产
3	南京大学	第六章　经费、资产与财务管理
4	华中科技大学	第七章　经费、资产与财务
5	东南大学	第十一章　经费、资产及其管理制度
6	上海交通大学	第七章　资产与财务
7	四川大学	第七节　资产与财务管理
8	西北农林科技大学	第七章　财务与资产管理
9	北京大学	第六章　资产、财务
10	中国农业大学	第八章　经费与资产管理
11	浙江大学	第六章　经费与资产
12	中南大学	第九章　经费与资产
13	西安交通大学	第八章　经费与资产
14	厦门大学	第七章　财务与资产
15	北京理工大学	第六章　资产和经费
16	西北工业大学	第六章　财务与资产管理
17	中央民族大学	第十章　经费与资产
18	中国人民大学	第六章　财务、资产、后勤
19	同济大学	第四章　经费、资产与后勤
20	山东大学	第六章　资产、财务和后勤
21	兰州大学	第七章　资产、经费、后勤
22	华东师范大学	第八章　经费、资产、后勤
23	南开大学	第九章　经费、资产和后勤保障
24	中国海洋大学	第七章　财务、资产、后勤
25	大连理工大学	第七章　财务、资产、后勤
26	华南理工大学	第七章　财务、资产、后勤
27	北京航空航天大学	第六章　资产、财务与后勤保障
28	哈尔滨工业大学	第六章　财务、资产、后勤

（续表）

序号	校名	“经费”一章名称
29	郑州大学	第六章　经费、资产和后勤
30	新疆大学	第七章　经费　资产　后勤
31	吉林大学	第七章　经费、资产、基建、后勤
32	天津大学	第七章　经费、资产与校园管理
33	东北大学	第六章　经费、资产、产业和后勤
34	武汉大学	第四章　资产与校园管理
35	电子科技大学	第六章　经费、资产、公共服务
36	云南大学	第六章　财务、资产、公共服务
37	重庆大学	第六章　内部保障
38	北京师范大学	第五章　保障体系
39	复旦大学	第五章　保障体系
40	中国科学技术大学	第七章　保障资源
41	清华大学	第二章　职责和任务

第二节　高校内部控制制度研究

一、高校内部控制三个发展阶段回归到“治理”层面

（一）高校内部控制根据控制对象可分为三个发展阶段①

1. 第一阶段控制的对象是会计控制阶段

2001年6月22日，财政部印发《内部会计控制规范——基本规范（试行）》（财会〔2001〕41号）。

美国内部控制评价的范围更为关注的是财务报告内部控制，而不是整个内部控制。孙永尧在一个注解中指出：“关于内部控制评价的范围，目前美国仅限于财务报告内部控制的评价，所以，在现有的有关内部控制评价的美国文献中叫财务呈报内部控制评价，而我国的内部控制评价还包括了一些非财务报告内容的内部控制评价，所以我国直接称内部控制评价。”②

① 乔春华.内部控制对象的理论定位：以行政事业单位内部控制为例[J].扬州大学学报(社会科学版)，2017(6)：19-26.

② 孙永尧.企业内部控制：设计与应用[M].北京：经济管理出版社，2012：256.

2. 第二阶段控制的对象是经济活动控制阶段

2012 年 11 月 29 日，财政部印发的《行政事业单位内部控制规范（试行）》（财会〔2012〕21 号）第五条指出："内部控制应当贯穿单位经济活动的决策、执行和监督全过程，实现对经济活动的全面控制。"第十一条指出："单位进行经济活动业务层面的风险评估时，应当重点关注以下方面：（一）预算管理情况。……（二）收支管理情况。……（三）政府采购管理情况。……（四）资产管理情况。……（五）建设项目管理情况。……（六）合同管理情况。……（七）其他情况。"简称为"经济活动内部控制 6+1"。

3. 第三阶段控制的对象是全部业务活动控制和内部权力运行各阶段

笔者曾经在 2014 年提出高校内部控制对象不仅是经济领域，而应覆盖所有业务领域[①]。2015 年 4 月 22 日，中山大学老校长黄达人在中山大学作的《关于人才培养访谈的汇报》报告中指出："最近，我校财务处黄桂副处长受教育部财务司委派到英国学习内控制度，她回国后与我交流时提到，在英国，内部控制贯穿于整个大学事业发展和建设的全过程，并不仅仅是在财务上。"

笔者曾经在 2014 年出版的《高校内部控制研究》一书的"前言"中提出："内部控制'控制'什么？权力！"[②]

从以下财政部和教育部的文件可以看出，笔者这两个观点得到了财政部和教育部的认可与采纳。

2015 年 12 月 21 日，《财政部关于全面推进行政事业单位内部控制建设的指导意见》（财会〔2015〕24 号）第一条规定："规范行政事业单位内部经济和业务活动，强化对内部权力运行的制约，防止内部权力滥用，……逐步将控制对象从经济活动层面拓展到全部业务活动和内部权力运行。"

2016 年 10 月 8 日，财政部印发的《会计改革与发展"十三五"规划纲要》（财会〔2016〕19 号）第三条第五款"完善内部控制规范体系"指出："研究制定政府内部控制规范和非营利组织内部控制规范，修订《行政事业单位内部控制规范（试行）》，将行政事业单位内部控制对象从经济活动层面拓展到全部业务活动和内部权力运行。"

2015 年 7 月 16 日，教育部发布了《教育部直属高校内部控制制度（试行）（征求意见稿）》（教财司函〔2015〕451 号）。2016 年 4 月 26 日，教育部办公厅发布了《教育部直属高校经济活动内部控制指南（试行）》（教财厅〔2016〕2 号），该正式文件名

---

① 乔春华.高校内部控制研究[M].苏州：苏州大学出版社，2014.；乔春华.行政事业单位内部控制若干理论问题的探讨：兼评《行政事业单位内部控制规范（试行）》[J].会计之友，2014(22)：22-27.（被中国人民大学复印报刊资料《财务与会计导刊・理论版》2014 年 10 下半月转载）；乔春华.行政事务控制是行政单位内部控制的主要部分：再评《行政事业单位内部控制规范（试行）》[J].会计之友，2015(17)：73-76.

② 乔春华.高校内部控制研究[M].苏州：苏州大学出版社，2014：前言.

称将“内部控制”改为“经济活动内部控制”。可惜，教育部的文件未强调“控制内部权力运行”。笔者认为，“内部控制对象的外延是‘单位内的全部业务活动’”“内部控制对象的内涵是‘单位内的内部权力运行’”①，而教育部的文件却将“内部控制对象的内涵”疏漏了。

4. 第三阶段内部控制强调了“控制内部权力运行”

2015 年 12 月 21 日，《财政部关于全面推进行政事业单位内部控制建设的指导意见》(财会〔2015〕24 号)指出：“全面推进行政事业单位内部控制建设，规范行政事业单位内部经济和业务活动，强化对内部权力运行的制约，防止内部权力滥用，建立健全科学高效的制约和监督体系，促进单位公共服务效能和内部治理水平不断提高，为实现国家治理体系和治理能力现代化奠定坚实基础、提供有力支撑。”

2016 年 4 月 26 日，教育部办公厅印发的《教育部直属高校经济活动内部控制指南(试行)》(教财厅〔2016〕2 号)第三条指出：“高校党政领导班子及其各级领导干部要高度重视内部控制建设，要将建立健全内部控制作为高校健全治理体系和提高治理能力建设的重要组成部分，列入学校长期规划，常抓不懈。”

2017 年 1 月 13 日，中组部会同教育部印发的《高等学校领导人员管理暂行办法》第四十条指出：“完善学校内部治理结构和内控机制，实行权力清单制度，明确权力运行程序、规则和权责关系，公开权力运行过程和结果，健全不当用权问责机制。”第三十七条指出：“加强权力运行的监督，重点监督领导班子和领导人员贯彻民主集中制，坚持集体决策，落实‘三重一大’决策制度，公道正派选人用人等情况，加大对招生录取、职务(职称)评聘、基建项目、物资采购、财务管理、科研经费使用、校办企业等重点领域和关键环节的监督力度。”

英国学者基思·道丁(Keith Dowding)认为：“权力，是政治科学和社会学的一个核心概念。无论是在制度分析，还是在政策开发和实施当中，权力都是一个相当重要的概念。从这个意义上说，政治科学就是关乎权力的科学。”②权力，是政治社会学尤其是权力社会学的一个核心概念。“政治社会学中有两派大相径庭的重要观点：一派认为政治社会学是国家学，另一派认为它是权力学”③。法国著名学者莫里斯·迪韦尔热持后一种观点，他认为政治社会学是权力学。权力，也是行政学、管理学、领导学、法学、法理学，以及教育政治学、教育社会学等学科中的一个重

① 乔春华.内部控制对象的理论定位：以行政事业单位内部控制为例[J].扬州大学学报(社会科学版)，2017(6)：19-26.

② [英]基思·道丁.权力分析中的理性选择路径[M]//[英]凯特·纳什，[英]阿兰·斯科特.布莱克维尔政治社会学指南[M].李雪，等译.杭州：浙江人民出版社，2007：29.

③ [法]莫里斯·迪韦尔热.政治社会学：政治学要素[M].杨祖功，等译.北京：华夏出版社，1987：11.

要范畴①。

由此，笔者认为："内部控制的对象是内部权力运行，内部控制是研究控制权力的学问，政治学研究的对象是公共权力的活动形式和关系的发展规律。内部控制学属于政治学范畴。"②不难看出，高校内部控制发展到"控制权力的运行"，将内部控制定位在"治理"层面上。

《教育关于全面推进行政事业单位内部控制建设的指导意见》，与第一阶段的《内部会计控制规范——基本规范（试行）》和第二阶段的《行政事业单位内部控制规范（试行）》相比，明确提出了内部控制的内涵是"单位内的内部权力运行"这个内部控制的核心，将内部控制归到"治理"层面上。

（二）"内部权力运行"控制是回归到"治理"层面的主要表现

1. "对权力的控制"为行政事业单位加强内部控制建设指明了方向

2015 年 12 月 21 日，《财政部关于全面推进行政事业单位内部控制建设的指导意见》指出："内部控制是保障组织权力规范有序、科学高效运行的有效手段，也是组织目标实现的长效保障机制。……党的十八届四中全会通过的《中共中央关于全面推进依法治国若干重大问题的决定》明确提出：'对财政资金分配使用、国有资产监管、政府投资、政府采购、公共资源转让、公共工程建设等权力集中的部门和岗位实行分事行权、分岗设权、分级授权，定期轮岗，强化内部流程控制，防止权力滥用'，为行政事业单位加强内部控制建设指明了方向。"

2. 滥用权力易产生腐败

（1）权力的涵义

权力（power）的概念来源于拉丁文的"antorias"，意指权威、法令和意志等。

马克斯·韦伯认为："权力就是一个行动者所拥有的不顾反对而贯彻自己意志的可能性，不管这种可能性所依据的基础是什么。"③

伯特兰·罗素认为："我们可以把权力解释为若干预期结果的产生。"④

霍布斯指出，权力是"取得未来具体利益的现有手段"⑤。

丹尼斯·朗认为："权力是某些人对他人产生预期效果的能力。"⑥

罗伯特·基欧汉和约瑟夫·奈指出："权力也可以视为对结果进行控制的

① ［英］罗德里克·马丁.权力社会学［M］.丰子义，等译.北京：生活·读书·新知三联书店，1992：前言；卢少华，徐万现.权力社会学［M］.哈尔滨：黑龙江人民出版社，1989：14，26-31.

② 乔春华.内部控制对象的理论定位：以行政事业单位内部控制为例［J］.扬州大学学报（社会科学版），2017(6)：19-26.

③ ［德］马克斯·韦伯.经济与社会［M］.北京：商务印书馆，2004：81.

④ ［英］伯特兰·罗素.权力论：新社会分析［M］.吴友三，译.北京：商务印书馆，1998：23.

⑤ ［英］霍布斯.利维坦［M］.北京：商务印书馆，1985：62.

⑥ ［美］丹尼斯·朗.权力论［M］.北京：中国社会科学出版社，2001：3.

能力。”①

王学海认为，权力是一种社会力量，支配权力的主体利用这一力量去驾驭权力客体并使之服从自己②。

(2) 腐败的含义

国外对“腐败”的定义为：“滥用委托权力谋取私人利益。”③

世界银行对“腐败”的定义为：“滥用公共权力谋取私利。”

约瑟夫·J. 桑图里亚(Josef J. Senturia)主编的《社会科学百科全书》(第六卷)中认为，腐败是“滥用公共权力以谋取私人的利益”。

《大美百科全书》将“政治腐败(political corruption)”作为“对假公济私等滥权的统称”，主要“系指非法追逐或滥用公职”④。

塞缪尔·亨廷顿认为：“腐化是国家官员为了谋取个人私利而违反公认准则的行为。”⑤

约瑟夫·S. 奈(Joseph S. Nye)认为，腐败是“一种因为考虑私人(家庭、关系密切的私人团体)金钱和社会地位的利益而偏离一个公共角色的规范和义务的行为；或者违背某些规则而以权谋私的行为。这些行为包括贿赂(使用报酬改变一个责任人的判断)、裙带关系(因特殊的关系而不是才能和品德而给予庇护)和霸占公共财产(因私人用途非法占用公共资源)”⑥。

(3) 权力本身不是恶

哈耶克认为，权力本身不是恶，用之不当、用来损人利己，权力才会恶化，即“一个人通过施加损害的威胁而迫使其他人去实现其意志的权力”才是恶，“为了实现某项伟大的事业所运用的权力”则不是恶的。

早在希腊时代，欧塔涅斯(Otanes)就说过：“即使是最优秀的人士如果达到了拥有(可不负责任的权力)这样一种地位，也注定会变成最恶的人。”⑦

亚里士多德在《政治学》中也指出：“把权威赋予人等于引狼入室，因为欲望具有兽性，纵然最优秀者，一旦大权在握，总是倾向于被欲望的激情所腐蚀。故法律是排除了激情的理性，因而它比个人更可取。”

(4) 滥用权力容易产生腐败

孟德斯鸠深刻指出：“一切有权力的人都容易滥用权力，这是万古不易的一条

---

① 罗伯特·基欧汉，约瑟夫·奈.权力与相互依赖[M].3版.门洪华，译.北京：北京大学出版社，2002：12.

② 王学海.学术权力概念及学术权力主体辨析[J].黑龙江高教研究，2004(3)：14-17.

③ 杰瑞米·波普.制约腐败：制约国家廉政体系[M].北京：中国方正出版社，2003：5.

④ 《大美百科全书》编辑部.大美百科全书：第7卷[M].北京：外文出版社，1994：443.

⑤ [美]塞缪尔·亨廷顿.变化社会中的政治秩序[M].王冠华，等译.上海：上海人民出版社 2008：45.

⑥ Nye J S. Corruption and political development：a cost-benefit analysis[J]. American Political Science Review, 1967, 61(2)：419.

⑦ 转引自：季正矩.反腐败：成就、问题、对策[J].红旗文稿，2004(22)：20-22.

经验。有权力的人们使用权力一直到遇有界线的地方才休止。……如果没有一定的权力对权力的使用加以合理的限制，监督作用就等于零。……从事物的性质来说，要防止权力的滥用，就必须以权力制约权力。我们有一种政治制度，不强迫任何人去做法律所不强制他做的事情，也不禁止任何人去做法律许可的事。”①

阿克顿勋爵指出：“权力导致腐败，绝对的权力导致绝对的腐败。”②

阿克顿勋爵还指出：“在所有使人类腐化堕落和道德败坏的因素中，权力是出现频率最高和最活跃的因素。”③

（5）权力不可滥用

现代政治学家托马斯·戴伊认为：“权力并不属于个人，而是社会体制中职位的标志，当人们在社会机构中占据权势地位和支持地位时，他们就有了权力，并对他人发生影响。”④

1690 年，英国著名哲学家约翰·洛克在《政府论》中指出：“权力不能私有，财产不能公有，否则，人类就进入灾难之门。”

弥尔顿有句名言：“长期持续地拥有权力致使最真诚的人亦将变得腐败。”

英国思想家阿克顿说过：“权力，不管它是宗教还是世俗的，都是一种堕落的、无耻的和腐败的力量。”他还指出，“只有退潮的时候才可以看到谁没有穿衣服”。

王沪宁认为：“腐败是公共权力的非公共运用。”⑤这就是人们常说的“以权谋私”，正如格老秀斯指出的，“权力如同物的所有权一样是可以转让的”⑥。它将人民委托“代理人”——公仆或官员运作的“管理权”（其实是非所有权）衍化为事实上的“占有权”。刘金国认为：“权力腐败是权力的权利化和权力的非责任化。”⑦

3. 防止权力的滥用必须制衡和控制权力

孟德斯鸠认为：“要防止权力的滥用，就必须以权力制约权力。”⑧

博登海默认为：“法律在本质上是对专断权力之行使的一种限制……通过一个行之有效的公法制度，它可以努力限定和约束政府官员的权力，以防止或救济这种权力对确获保障的私人权益领域的不恰当侵损、以预防任意的暴政统治。”⑨

阿克顿也认为：“现代世界的法则，即权力趋于无限扩张，并超越任何国际国内

---

① [法]孟德斯鸠.论法的精神[M].张雁深，译.北京：商务印书馆，1987：154.

② [英]阿克顿.自由与权利：阿克顿勋爵论说文集[M].侯建，等译.北京：商务印书馆，2001：98.

③ [英]阿克顿.自由与权利：阿克顿勋爵论说文集[M].侯建，等译.北京：商务印书馆，2001：342.

④ [美]托马斯·戴伊.谁掌管美国[M].梅士，等译.北京：世界知识出版社，1980：103.

⑤ 王沪宁.腐败与反腐败：当代国外腐败问题研究[M].上海：上海人民出版社，1990：7.

⑥ [荷]格老秀斯.战争与和平法[M]//法学教材编辑部《西方法律思想史编写组》.西方法律思想史资料选编.北京：北京大学出版社，1983：162.

⑦ 刘金国.权力腐败的法理透析[J].法学杂志，2012(2)：39-45.

⑧ [法]孟德斯鸠.论法的精神[M].张雁深，译.北京：商务印书馆，1982：154.

⑨ [美]博登海默.法理学：法律哲学与法律方法[M].邓正来，译.北京：中国政法大学出版社，2004：246.

的约束现象，直到遇上更神圣的原则，更强大的力量的阻挠，才会停止下来。”①

美国学者阿密泰认为：“清除腐败，不仅仅是挑出一个烂苹果，而更应该检查放置苹果的筐子……我们所知道的构筑非压制性政治制度的唯一途径，就是使法律超越于人之上，从而使权力非人格化。”②

4. 高校权力需控制

（1）高校不仅拥有行政权力，还拥有学术权力

张墨宁指出：“高校已经成为巨大的经济实体，高校领导掌握的庞大财力和财权已经向实力部门的政府官员看齐，但受到的制约却未必更多。由于高校财务不透明、自主权变异，尤其是在权力架构没有改变的情况下，半市场化管理和运作势必带来相当程度的腐败。”③

（2）高校权力需约束和监管

记者阚枫报道：“22 日，十八届中央第十二轮巡视再度启动，本次巡视，中央巡视组将进驻北大、清华等 29 所中管高校，中央巡视将实现中管高校的全覆盖。当前，中国的高校腐败有多严重？根据中纪委网站上的公开信息，有媒体曾统计，2016 年，中纪委网站通报高校领导干部被执纪审查 15 人次、党纪处分 17 人次，合计通报 27 名高校领导干部（5 人在一年中既被执纪审查又被党纪处分），平均每月通报两名以上高校领导干部。对于中管高校，从中央巡视组此前对人民大学和复旦大学的巡视反馈可以看出，包括自主招生、科研经费管理、高校行政化色彩、基建工程、校办企业等都是高校腐败的重灾区。”④

从上可知，高校领导拥有相当大的行政权力，这些权力如得不到有效的制衡、控制、约束和监管，就很容易产生腐败。因此，有权必有责，为了防止权力滥用，必须推行问责制度。

加拿大著名学者大卫 • M.卡梅伦（David M. Cameron）曾对加拿大联邦政府的权力、职责以及与各省政府在高教领域的关系等进行过详细研究，认为联邦政府是典型的“有责无权”。由于早期的“宪法法案”［即《不列颠北美法案》（1867 年）］明确把教育的权力归为各省政府所有，联邦政府不具有管理教育事务的实质性权力；但是教育又极端重要，涉及国家的稳定和发展，因此，从 19 世纪 50 年代开始，联邦政府采取各种措施对各省教育进行资助，此后，各大学日常经费的 50%～80%以及几乎全部研究经费都来自联邦政府⑤。

① ［英］阿克顿.自由与权力[M].侯健，范亚峰，译.北京：商务印书馆，2001：44.

② ［美］乔 • 萨托利.民主新论[M].冯克利，等译.北京：东方出版社，1998：370.

③ 张墨宁.高校领导为何密集“落马”[J].法治与社会，2014(12)：35-37.

④ 阚枫.进名校、回头看、机动式，中央新一轮巡视开启[N/OL].中国新闻网，2017-2-23.

⑤ Cameron D M. “The federal perspective”, higher education in Canada: different systems and different perspectives[M]. New York: Garland Publishing, 1997: 9-27.

5.“控制权力的运行”必须把权力关在制度的笼子里

2004 年 7 月 4 日，美国总统乔治·布什在美国国庆日演讲时说：“人类千万年的历史，最为珍贵的不是令人炫目的科技，不是浩瀚的大师们的经典著作，不是政客们天花乱坠的演讲，而是实现了对统治者的驯服，实现了把他们关进笼子里的梦想。只有驯服了他们，把他们关起来，才不会以强凌弱，才会给无助的老人和流离的乞丐以温暖的家。我就是在笼子里为大家演讲。”

2013 年 1 月 22 日，习近平总书记在十八届中央纪委二次全会上指出：“要加强对权力运行的制约和监督，把权力关进制度的笼子里，形成不敢腐的惩戒机制、不能腐的防范机制、不易腐的保障机制。”

2014 年 10 月 23 日，中共中央十八届四中全会通过的《中共中央关于全面推进依法治国若干重大问题的决定》指出：“加快推进反腐败国家立法，完善惩治和预防腐败体系，形成不敢腐、不能腐、不想腐的有效机制，坚决遏制和预防腐败现象。必须以规范和约束公权力为重点，加大监督力度，做到有权必有责、用权受监督、违法必追究，坚决纠正有法不依、执法不严、违法不究行为。推行政府权力清单制度，坚决消除权力设租寻租空间。加强对政府内部权力的制约，是强化对行政权力制约的重点。对财政资金分配使用、国有资产监管、政府投资、政府采购、公共资源转让、公共工程建设等权力集中的部门和岗位实行分事行权、分岗设权、分级授权，定期轮岗，强化内部流程控制，防止权力滥用。”

6.“控制权力的运行”必须对权力进行切分

分权是权力制衡的前提，内部控制必须对集中于同一人或者同一个机关的权力进行切分。2008 年财政部监督检查局课题组的研究表明：“权力制衡思想源自国家政治理论，其基本内容是权力不能集中于同一人或者同一个机关之手，否则自由便不复存在。……完善公共支出治理机制极为必要的。这需要做到：一是形成一种有效的分权结构，通过权力的合理配置，形成一个相互制约的权力运作机制。二是形成一种有效的制衡与协调机制。三是形成一套有效的监督机制。”

党的十八大以来，中纪委率先将内部控制嵌入到中纪委业务的各个方面，体现出对权力的监督制衡。《打铁还需自身硬》中篇解说词指出：“针对这些关键点和风险点，中央纪委不断加强内控机制建设，严控决策权、审批权。……对线索处置、谈话函询、初步核实、立案审查、审理、监督管理等各个环节的程序、规则、权限，进行了严格的规定，为的就是加强监督制约，管住队伍中的大多数，惩治极少数。……实际上权力给它做了一个切分，它就体现了一个权力的监督制衡，不是由一个部门对一个案件能够主宰，整个过程能够进行处理。……我们查找出，从线索的处置、初核、立案，到审理，到移送，整个有 16 个方面的问题。”

众所周知，内部控制发轫于内部牵制，内部牵制就是将集中于同一人或者同一个机关的权力进行切分。从将原初集中于同一人的仓库钥匙交给两个以上的工作人员持有，到中纪委对涉案款物的库房管理采用双人双指纹的认证系统才能打开库门、库房内至少两个人工作，都体现了职权分离的内部牵制机制。内部牵制机制的实质是不相容岗位分离，不仅仅用于管钱、管物、管账，而且要管人，正如党的十八届三中全会指出的“坚持用制度管权管事管人”。在高校，除了行政权力外，还有学术权力。举一个教学中考试的简单例子，原来高校某一门课程考试是由任课教师自行命题、监考、阅卷、登分，极易作弊；而在内部控制下，笔试和面试（答辩）的权力被切分开来。

笔试的内部控制流程设计如下：(1)考教分离；(2)试题库抽选考卷；(3)专人监考；(4)考场监控；(5)当场开启密封试卷；(6)考卷隐匿考生信息；(7)双重多人阅卷；(8)若干名阅卷人对各自阅题评分签名；(9)考分争议仲裁并签名；(10)另择人对考分统计并签名；(11)考分输入电脑；(12)查分需审批；(13)试卷归档。

面试（答辩）的内部控制流程设计如下：(1)考官与考生回避设计；(2)面试顺序考生抽签；(3)当场对面试题密封拆封；(4)面试题考生抽签；(5)考场监控；(6)考官提问考生回答；(7)考场秘书记录并签名；(8)考官对考生成绩合议并签名；(9)考分争议仲裁并签名；(10)考分输入电脑；(11)试题、记录和合议成绩归档。

二、高校内部控制规范体系有待完善

（一）“十四五”期间高校内部控制的任务

2011年9月9日，财政部印发的《会计改革与发展“十二五”规划纲要》（财会〔2011〕19号）第11条指出：“构建行政事业单位内部控制规范体系。推进行政事业单位等非企业内部控制规范建设，以立足财政部门职责、突出行政事业单位特点为基点，制定行政事业单位内部控制规范，促进行政事业单位加强风险防范和内部控制，提高会计信息质量，保护资产安全完整，预防违法违纪腐败行为的发生。”这里强调的是“构建行政事业单位内部控制规范体系”。

财政部印发的《会计改革与发展“十三五”规划纲要》（财会〔2016〕19号）第三条第五款“完善内部控制规范体系”指出：“研究制定政府内部控制规范和非营利组织内部控制规范，修订《行政事业单位内部控制规范（试行）》，将行政事业单位内部控制对象从经济活动层面拓展到全部业务活动和内部权力运行。”

从上可知，“十二五”规划要求“构建行政事业单位内部控制规范体系”，但并未完全实现。2020年是“十三五”规划收官之年，上列任务仍然没有完成，有待“十四五”期间继续推动。

“十四五”期间高校内部控制的任务主要有：

1. 完善内部控制制度

(1) 完善内部控制规范体系；

(2) 分别制定政府内部控制规范和非营利组织内部控制规范；

(3) 修订《行政事业单位内部控制规范(试行)》;

(4) 将行政事业单位内部控制对象从经济活动层面拓展到全部业务活动和内部权力运行。

2. 推动内部控制制度的执行

3. 开展内部控制制度的评价与审计

上述三项任务将有重点地分别在本章和第三章进行阐述。

(二) 内部控制不是一成不变的

内部控制也随着实践的发展而不断丰富与完善,内部控制的实践、理论、法规总是与时俱进的。

1. 内部控制的风险区不是一成不变的

内部控制的风险区不是一成不变的。如在高校大兴土木搞新校区的时期,基建工程是腐败的高发区。随着新校区的建成,采购、招生等仍为风险控制的重点区域,而基建工程则放在第二位。

2. 内部控制的操作流程不可能一成不变

李三喜指出:"内部控制操作流程并非一成不变。……各个基本程序本身就是一个动态的过程,因此,内部控制操作流程并不意味着必须是僵化的、一成不变的。……内部控制实务不能模式化。"①各高等学校规模大小不同,历史长短不同,大学治理结构不同,大学文化不同,校内管理体制不同,业务繁杂程度不同,等等,决定了内部控制的操作流程不能模式化。同时,随着高校的发展,治理结构、大学文化、管理体制、业务繁杂程度都会发生变化,内部控制的操作流程不可能一成不变。

3. 内部控制需要制度创新

制度自信与制度创新是相辅相成的,是有机的辩证统一。制度自信是前提,制度创新则使制度生命常绿。前已述及,内部控制不仅仅是个制度体系,更是一个动态的过程,制度体系必须伴随着过程的动态变化而更新,必须伴随着过程的动态发展而创新!

(三) 完善高校内部控制制度体系

1. 企业内部控制规范体系基本建成

2010 年 4 月 26 日,财政部、证监会、审计署、银监会、保监会联合举办新闻发布会,财政部副部长王军指出:"企业内部控制配套指引的制定发布,标志着'以防范风险和控制舞弊为中心、以控制标准和评价标准为主体,结构合理、层次分明、衔接有序、方法科学、体系完备'的企业内部控制规范体系建设目标基本建成,是继我国企业会计准则、审计准则体系建成并有效实施之后的又一项重大系统工程,也是财政、审计、证券监管、银行监管、保险监管和国有资产监管部门贯彻落实科学发展

① 李三喜.内部控制操作流程并非一成不变[N].财会信报,2012-10-8.

观、服务经济发展方式转变的重大举措。”①

（1）《企业内部控制基本规范》

2008 年 5 月 22 日，财政部、证监会、审计署、银监会、保监会印发了《企业内部控制基本规范》（财会〔2008〕7 号）。

（2）《企业内部控制应用指引》

2010 年 4 月 15 日，财政部、证监会、审计署、银监会、保监会印发了《企业内部控制应用指引》（财会〔2010〕11 号）共 18 个：

《企业内部控制应用指引第 1 号——组织架构》；

《企业内部控制应用指引第 2 号——发展战略》；

《企业内部控制应用指引第 3 号——人力资源》；

《企业内部控制应用指引第 4 号——社会责任》；

《企业内部控制应用指引第 5 号——企业文化》；

《企业内部控制应用指引第 6 号——资金活动》；

《企业内部控制应用指引第 7 号——采购业务》；

《企业内部控制应用指引第 8 号——资产管理》；

《企业内部控制应用指引第 9 号——销售业务》；

《企业内部控制应用指引第 10 号——研究与开发》；

《企业内部控制应用指引第 11 号——工程项目》；

《企业内部控制应用指引第 12 号——担保业务》；

《企业内部控制应用指引第 13 号——业务外包》；

《企业内部控制应用指引第 14 号——财务报告》；

《企业内部控制应用指引第 15 号——全面预算》；

《企业内部控制应用指引第 16 号——合同管理》；

《企业内部控制应用指引第 17 号——内部信息传递》；

《企业内部控制应用指引第 18 号——信息系统》。

（3）《企业内部控制评价指引》

2010 年 4 月 15 日，财政部、证监会、审计署、银监会、保监会印发了《企业内部控制评价指引》（财会〔2010〕11 号）。

（4）《企业内部控制审计指引》

2010 年 4 月 15 日，财政部、证监会、审计署、银监会、保监会印发了《企业内部控制审计指引》（财会〔2010〕11 号）。

2. 行政事业单位内部控制规范

（1）行政事业单位内部控制规范体系尚未建成

① 可参见财政部网站，2010 年 4 月 27 日。

2012年11月29日，财政部印发了《行政事业单位内部控制规范（试行）》（财会〔2012〕21号），却没有印发相应的《行政事业单位内部控制应用指引》《行政事业单位内部控制评价指引》和《行政事业单位内部控制审计指引》，因此，未能建成行政事业单位内部控制规范体系。

（2）教育部直属高校经济活动内部控制体系初成

2016年4月26日，教育部办公厅关于印发《教育部直属高校经济活动内部控制指南（试行）》。

①《内部控制实施指南》。

②《内部控制应用指南》：

《内部控制应用指南第1号——控制环境》；

《内部控制应用指南第2号——预决算管理》；

《内部控制应用指南第3号——资产管理》；

《内部控制应用指南第4号——债务管理》；

《内部控制应用指南第5号——收入管理》；

《内部控制应用指南第6号——支出管理》；

《内部控制应用指南第7号——合同管理》；

《内部控制应用指南第8号——采购管理》；

《内部控制应用指南第9号——工程项目管理》；

《内部控制应用指南第10号——科研项目管理》；

《内部控制应用指南第11号——财政专项项目管理》；

《内部控制应用指南第12号——经济活动信息化管理》；

《内部控制应用指南第13号——所属企业管理》；

《内部控制应用指南第14号——教育基金会管理》；

《内部控制应用指南第15号——其他附属单位管理》。

③《内部控制评价指南》。

从上可知，教育部直属高校经济活动内部控制是由《内部控制实施指南》《内部控制应用指南》和《内部控制评价指南》组成，初步形成高校经济活动内部控制规范体系。

企业、行政事业单位和教育部内部控制规范体系对照情况见表2-4。

上述教育部内部控制规范体系缺少《内部控制审计指引》其实可以理解，因为内部控制审计属于外部审计的职能，会计师事务所归属财政部，应由财政部规定《企业内部控制审计指引》；而教育部只需规定属于内部审计职能的《内部控制评价指引》，没有必要制定《内部控制审计指引》。但为了“完善行政事业单位内部控制规范体系”，财政部应制定《行政事业单位内部控制审计指引》。

表 2-4　企业、行政事业单位和教育部内部控制规范体系对照表

企业	行政事业单位	教育部
《企业内部控制基本规范》	《行政事业单位内部控制规范(试行)》	《教育部直属高校经济活动内部控制指南(试行)》
		《内部控制实施指南》
《企业内部控制应用指引》		《内部控制应用指南》
《企业内部控制评价指引》		《内部控制评价指南》
《企业内部控制审计指引》		

三、“经济活动”内部控制有待完善

前已述及，行政事业单位(含高校)内部控制目前仍限定在“经济活动”领域内，但财政部和教育部的“经济活动”内部控制把“招投标”遗漏了。

(一) 高校招投标是内部控制疏漏的一个风险区域

2012 年 11 月 29 日，财政部印发的《行政事业单位内部控制规范(试行)》(财会〔2012〕21 号)第十一条指出：“单位进行经济活动业务层面的风险评估时，应当重点关注以下方面：(一)预算管理情况。……(二)收支管理情况。……(三)政府采购管理情况。……(四)资产管理情况。……(五)建设项目管理情况。……(六)合同管理情况。……(七)其他情况。”其中没有“招投标”。

2016 年 4 月 26 日，教育部办公厅印发的《教育部直属高校经济活动内部控制指南(试行)》(教财厅〔2016〕2 号)，其《内部控制应用指南》共有 15 个，其中也没有“招投标”。

(二) “招投标”是重大的风险区域

记者陈磊报道：“在近日披露的《受贿案件裁判大数据报告(2014—2017 年度)》中，一审文书共计 12 759 份，其中，6 872 件案件的受贿行为发生在工程领域。北京师范大学中国刑法研究所副所长彭新林告诉《法制日报》记者，在实务中，工程、采购、招投标领域成为受贿案件高发地带或者说重灾区，表明这些领域是受贿犯罪主要的风险点，其原因在于，这些领域利益和资源较为集中，容易滋生腐败。……发生在教育领域的受贿案件为 1 554 件，占比 12.2%。”①

《民主与法制时报》记者江帆、王镭报道：“武汉科大校长书记双落马，基建采购领域成高校职务犯罪‘重灾区’。”②反腐案例和巡视成果显示，基建、采购是腐败的

---

① 陈磊.12 759 份受贿案裁判文书披露：过半受贿发生于工程[N].法制日报，2017-12-21.

② 江帆，王镭.武汉科大校长书记双落马，基建采购领域成高校职务犯罪“重灾区”[N].民主与法制时报，2007-06-18.

高发区域，也是廉洁风险的突出区域。基建、采购的腐败表现为多方面的，但最主要的是将这个工程项目给甲公司还是乙公司施工，这批物资是从A供应商还是B供应商那里采购。于是，招投标在基建、采购的廉洁风险中占据核心的地位。刘炎迅等报道："在阜阳师范学院，尽管每一个工程都要走招投标程序，但时任阜阳师范学院党委副书记、院长的张某歧利用分管新校区建设的职务便利，'想让哪家建筑单位入围就入围，想给谁打多少印象分就打多少分，倾向于谁中标谁就能中标，少有人能提出不同意见'，最终因受贿50余万元而被判刑。"①工程公司和供应商要得到这类业务，盯紧的是招投标环节。不法商人或通过行贿权力绕过招投标，或恶意操作招投标。招投标是处在基建、采购廉洁风险区域的风口浪尖上，是基建、采购廉洁风险区域的重中之重，基建、采购领域中的重大腐败案件盖出于此。但"招投标"在《行政事业单位内部控制规范（试行）》内却被忽略了。众所周知，有招投标就有合同，《行政事业单位内部控制规范（试行）》将"合同管理"作为一个领域，却把"招投标"遗漏了。从上述高校巡视中发现廉洁风险区域和校领导腐败案例可以看出，招投标与基建工程、物资采购等问题，关键在于招投标。

（三）"招投标"不仅仅存在于基建、采购领域，应归口管理单独设置

由于《行政事业单位内部控制规范（试行）》和《教育部直属高校经济活动内部控制指南（试行）》没有将"招投标"单独列为业务层面的风险区域，因此，其所属高校的"内部控制手册"也未在业务层面将其作为一个单独的风险区域。《行政事业单位内部控制规范（试行）》只在"建设项目管理情况"风险评估中提了一下"是否建立有效的招投标控制机制"，而在"政府采购管理情况"风险评估中并未提及"是否建立有效的招投标控制机制"。《教育部直属高校经济活动内部控制指南（试行）》分别在《内部控制应用指南第8号——采购管理》《内部控制应用指南第9号——工程项目管理》提及招投标内部控制，至于科技园项目招标，承包食堂招标，宾馆、门面房等出租招标就根本没有涉及，将招投标内部控制碎片化了。

"招投标"不仅仅存在于基建、采购领域，财务处银行开户需招投标，审计处外包审计需招投标，后勤处出租门面房、承包食堂需招投标，职工体检需招投标，甚至工会发放节日福利都需招投标。因此，财政部印发的《行政事业单位内部控制规范（试行）》第十二条第三款规定："归口管理。……对有关经济活动实行统一管理。"在大学中，招投标办公室还是一个独立的处室，其廉洁至关重要。在反腐案例中，高校的贪官收受了不法商人的贿赂后，就不按招投标的内部控制程序，或以邀标、议标代替公开招标，或拆分肢解项目等，通过内部运作方式将工程项目的施工或物资的采购交给不法商人办理。因此，招投标是权力寻租的高发区域。健全招投标内部控制制度是通过制度创新切断利益输送链条的重要环节。

① 刘炎迅，王婧，秋风.高校基建腐败调查：大学之盗[J].中国新闻周刊，2009(39)：28-30.

雷宇、叶铁桥报道:“几年前,湖北省财政厅对一所党政一把手双双‘落马’的高校进行调研后发现,该校内部管理制度‘要啥有啥’,招标采购程序‘样样齐备’。有人感慨,‘空有制度,没有监督,也是枉然’。”①

笔者曾指出:“高校招投标是内部控制疏漏的一个风险区域。——近 20 年来,高校的贪官大部分倒在基建、采购与招投标区域(还有卖官、招生、科研经费、校办企业、后勤等)。基建、采购与招投标这三者的关系是,基建工程和采购都是用钱部门,都需要通过‘招投标’这个方式将大量资金配置给某个工程队或供应商,因此,工程队或供应商企图行贿有权力的人将基建工程或采购物资拿到手,而学校有权力的人受贿后也将打破招投标的正规公开程序而向行贿者倾斜。于是,‘招投标’成了行贿者与受贿者的关注点,自然成为腐败的高发区域或廉洁的风险区域。”②

高校腐败集中在“基建”与“采购”,而“基建”与“采购”的腐败都是“招投标”环节出问题,“经济活动”的内部控制却把“招投标”遗漏了。“经济活动”的内部控制把“合同”作为六个控制领域之一,殊不知重大经济活动没有“招投标”就不可能有“合同”。作为内部控制制度体系,疏漏哪一个都影响整个体系。

四、高校内部控制对象外延应拓展到全部业务活动

(一) 高校人事管理是内部控制疏漏的一个风险区域

目前,由于高校内部控制停留在“经济活动控制”阶段,不可能做到内部控制全覆盖,无死角,因此,一些重大廉洁风险区域的内部控制被疏漏了,造成了内部控制廉洁风险的空白区域。

1. 选人用人不规范是高校中的普遍问题

在 31 所中管高校的《巡视整改情况的通报》中未提到“选人用人”的只有 2014 年 2 月 21 日巡视的中国人民大学,其他 30 所都提到了“选人用人”问题,并表示要“严格履行选人用人程序”,这个程序就是内部控制。

2. 防止出现选人用人上的不正之风和腐败问题

2013 年 6 月 28 日,习近平在全国组织工作会议上讲话中指出:“有一种现象很值得注意,就是在一个地方、一个单位,一个干部好不好,群众有公论,实践有比较,领导心里也明白,但在具体用人时,结果却与事业需要和群众期盼大相径庭。这其中作祟的,是一些领导干部的私心杂念,是人们议论的‘关系网’‘潜规则’。正是这些不健康的因素起作用,任人唯贤被丢在一边了,任人唯亲、任人唯利等问题发生了。干部群众对这些问题深恶痛绝。必须下决心加以整治,使用人之风真正纯洁起来。……必须看到,在有的地方和部门,正确用人导向并没有得到很好体现,一

---

① 雷宇,叶铁桥.湖北数所高校领导腐败落马　内部集权化成主因[N].中国青年报,2011-02-20.

② 乔春华.大学校长理财研究[M].南京:东南大学出版社,2018:78-79.

些德才平平、投机取巧的人屡屡得到提拔重用，一些踏实干事、不跑不要的干部却没有进步机会，干部群众对此意见很大。”

2014年1月14日，习近平在十八届中央纪委三次全会上讲话时指出：“党委的主体责任是什么？主要是加强领导，选好用好干部，防止出现选人用人上的不正之风和腐败问题。”

尽管中央强调坚持正确选人用人导向，但在社会上跑官要官、买官卖官、拉票贿选、带病提拔等行为在巡视以及查处的一些大案要案中屡见不鲜，高校也不是一块净土。但是，高校的“内部控制手册”中几乎没有一个学校将人事管理作为监控的风险区域。

（二）高校招生也是内部控制疏漏的一个风险区域

党的十八届三中全会指出：“坚持用制度管权管事管人。”这个制度包括用内部控制制度管招生，遗憾的是招生这个腐败高发区域和廉洁风险区域在高校内部控制制度建设中被疏漏了，几乎没有一所高校的“内部控制手册”中将招生作为监控的风险区域。然而下列信息表明，高校招生是内部控制不容疏漏的一个风险区域。

记者徐静、通讯员粤教宣报道：“教育部统计数据显示，2003—2008年，高校职务犯罪案件数、涉案人数占全国教育系统的比例约为1/4，涉案金额100万元以上的特大案件和校级干部职务犯罪呈上升趋势，个别高校甚至出现几百万元、上千万元的贪污贿赂案件，有的高校甚至出现校长、书记同时落马的情况。数据显示，近五年，高校职务犯罪案件82%集中在基建、采购、财务、招生和后勤服务等部位和环节。基建工程、物资采购、招生、财务等领域成为高校职务犯罪的‘灾区’。”①

蔡某生案将高校招生腐败推向了风口浪尖。高校招生腐败也因此成为媒体关注的对象。《人民日报》记者孔祥鑫、凌军辉、周立权报道：“过去曝光的涉及高校的腐败通常是工程建设、科研基金等方面的案件，但近年来高校招生成为职务犯罪的高发区。”②《经济观察报》记者刘金松，实习记者李浩杰、彭梦飞报道：“对蔡某生的调查有望揭开高校招生腐败的冰山一角。招生腐败被认为是高校继基建腐败、学术腐败后的另一重灾区。一个未经证实的消息是，蔡交代的招生等问题涉案金额已达数亿元。随着高校招生自主权的扩大，招生处长不仅日益成为高校内部令人艳羡的‘肥缺’，也成为高校招生腐败链中的关键一环。……据中国之声《新闻晚高峰》报道，由于今年‘点招’名额的减少，江苏一些所谓‘点招’中介开价也基本上都翻了一倍。南京一些重点大学的‘点招’费飙升到了90万元，一些师范大学的‘点招’费也要40万元，还要另加操作费。2008年，湖南长沙市中级人民法院开庭审

① 徐静.基建成高校职务犯罪“重灾区”，贪污受贿最多[N].广州日报，2011-11-26.

② 孔祥鑫，凌军辉，周立权.高招腐败案件呈多发趋势　招生自主权不能变“特权”[N].人民日报，2013-12-03.

理一起高校招生受贿案，湖南省教育考试院监察与督查处副处长谭某文被指控单独或伙同他人帮助 69 名考生通过了高校‘点招’，收受考生家长和招生中介贿赂 280 万元。2010 年，原吉林省政府教育督导团总督学于兴昌为他人子女上大学提供帮助，受贿金额达 955 万元，另有 1 100 多万元巨额财产来源不明。而到 2012 年 6 月爆发的辽宁招考办窝案，据媒体报道仅涉案者供认的金额已达数千万元。一位自称为北京某高校送过学生的招生中介代理人表示，送学生没有一个统一的标准价，一般是中间代理人和学校招生办负责人对接，谈妥一个大约的‘代理价’后，根据学生的家庭、分数情况看人下菜。虽然这位中介代理所办的学校非 985 工程高校，但送一个学生交给学校的价格也在 30 万左右，而这还是两年前的行情。”①

记者陶建群、陈剑报道：“利用招生索贿受贿。利用负责招生工作之便收受学生家长贿赂的招生腐败案，涉案人员一般为各校、各地教育部门招生办工作人员。如重庆师范学院学生科一名科长在一次暑期招生中，收受两名考生家长贿赂 8 万元，索取 5 名考生家长贿赂 5.8 万元，一次招生便挣了 10 年的工资。暨南大学体育部副主任李某森于 2000 年 9 月至 2002 年 1 月，利用主持体育部全面工作，并分管招收体育特长生工作等职务便利，在招收体育特长生和为本校新生采购校服的过程中，多次非法收受家长及服装厂负责人贿赂，共计人民币 22.4 万元。北京中央美术学院附中原校长金某以及原副校长、教务部主任等 3 人因涉嫌受贿、贪污、招收学生徇私舞弊罪，今年 7 月 28 日被朝阳区检察院提起公诉。同日，因此案牵扯出的甘肃省财政厅原副厅长郑某民涉嫌贪污、受贿一案也在甘肃开庭。据悉，被告人金某伙同副校长石某，为非法录取考试成绩不合格的学生，先指使教务主任柯某某在电脑中将 11 名考试成绩不合格的学生的分数调成合格，后又为上述考生的试卷改分。之后为怕事情败露，又伪造了试卷。同时 3 人以学校收取赞助费为名，共收取学生家长 100 余万元。检察院并透露，此案在侦查过程中还发现了过去金某涉嫌贪污 20 余万元的犯罪事实。据了解，2003 年 4 月，郑某民为了让其子郑某到北京中央美术学院附中上学，托人找到该学院附中校长金某，金某狮子大开口说要交纳 30 万元‘赞助费’。郑某民吩咐甘肃省石化公司驻兰州办事处主任王某升从其管理的陇兴公司拿出 30 万元，以赞助费的名义给附中。没想到这 30 万元赞助费被金某贪污，金某被北京朝阳区检察院批捕，郑某民也随之落入法网。”②

《封面新闻》记者代睿报道：“2010 年，黑龙江旺德福房地产有限公司董事长赵某之子赵某丁从哈尔滨三中毕业参加高考，其当时报考的第一专业是中央财经大学国际金融专业，高考成绩出来后，考了 597 分，加上此前一个竞赛的加分 20 分，距离中央财经大学当年在黑龙江的理工科调档线 630 分仍有 13 分的差距。判决

① 刘金松，李浩杰，彭梦飞.高校招生腐败链："点招"禁不住，行情飙至 90 万[N].经济观察报，2013-12-07.

② 陶建群，陈剑.腐败瘟疫入侵高校，"净土"缘何长出"毒瘤"[J].时代潮，2004(17)：14-16.

书显示，时任中央财经大学党委副书记兼纪委书记侯某称，其向校长汇报后，把赵某丁相关信息交代给招生办主任蒋某，让蒋某把赵某丁纳入黑龙江省的增招范围，招录为中央财经大学 2010 年的本科生。事成后收受对方 20 万元好处费。”①

俞杨报道：“陈某钰在大学期间所修 21 门工科基础必修课中，有 6 门课挂科或缓考补考。按规定，陈某钰的成绩在保研竞争中并不占优势。经查，时任教务处教务科科长尹某旭，私下接受了该校教师陈某请托，为其女陈某钰在缓考和课程替代中违规擅自操作，致使课程成绩计算错误，从而达到其被推免至更好学校的目的。西南交大陈某钰被指修改成绩，申请保研至中科大。西南交大日前发布通报，取消陈某钰推荐免试攻读研究生资格，时任教务处教务科科长尹某旭、教师陈某也即陈某钰家长，皆受处分。”②

《经济观察报》记者李微敖报道：“2020 年 6 月 30 日至 7 月 10 日期间，四川音乐学院声乐系的 3 位女教授——杨某琴、费某、邓某丽，先后被纪检监察机关带走调查。其中，邓某丽为声乐系副系主任。此 3 人案发，疑因涉及四川音乐学院声乐专业招生腐败一事。事实上，不独四川音乐学院一家接连曝出专业招生腐败丑闻，在全国多所高校的音乐、美术等艺术类招生考试中，均先后爆出类似案件。如四川音乐学院招生腐败往事，原书记柴某柏坐拥三情妇，受贿索贿 900 多万元；中央民族大学音乐学院原院长孟某洋案；云南艺术学院音乐学院原副院长、院长，云南艺术学院原副院长王某星受贿案；湖北美术学院原党委书记刘某案等。”③

在高校中，艺术类、体育类以及研究生招生都是风险高发区。

（三）高校其他部门（业务）的内部控制仍是空白

高校其他部门（业务）的内部控制如校办（党外、外办）、纪委（笔者曾阐述过中纪委重视内部控制建设资料④）、宣传部、保卫处、审计处、教务处、科研处、后勤处、校办企业等都存在风险，但目前内部控制建设仍是空白。笔者曾在《高校内部控制研究》一书中详细阐述过⑤，此处不再赘述。

（四）高校“授权批准”和“印章保管”是内部控制中不可轻视的风险区域

“授权批准”是内部控制的主要方法。《斯坦福大学行政管理指南》中详细阐述了大学领导层“授权批准”的事项，但在我国，各高校的“大学章程”和“内部控制手册”中，对“授权批准”却重视不够，既不详细又不明确。还需要强调的是，《中华人民共和国立法法》第十条规定：“授权决定应当明确授权的目的、事项、范围、期限以及被授权机关实施授权决定应当遵循的原则等。授权的期限不得超过五年，但是

① 代睿.财政部原副部长秘书收 20 万帮地产商儿子进中央财大被判 2 年[N].封面新闻，2019-06-03.
② 俞杨.211 学生篡改成绩上 985，保研漏洞亟待补[N].中国新闻周刊，2020-08-09.
③ 李微敖.四川音乐学院 3 位女教授被调查疑因涉及艺术专业招生腐败[N].经济观察报，2020-08-21.
④ 乔春华.大学校长理财研究[M].南京：东南大学出版社，2018：91.
⑤ 乔春华.高校内部控制研究[M].苏州：苏州大学出版社，2014.

授权决定另有规定的除外。被授权机关应当在授权期限届满的六个月以前，向授权机关报告授权决定实施的情况。”

高校有“授权批准”的制度，但缺乏“授权后监督”的制度。《关于新形势下党内政治生活的若干准则》指出：“坚持授权者要负责监督，发现问题要及时处置。强化上级组织对下级组织特别是主要领导干部行使权力的监督，防止权力失控和滥用。”

常言道：“私凭文书官凭印。”《香港科技大学条例》在第 22 条“大学印章”中规定：“加盖大学印章须：(a)由校董会借决议授权；及(b)由 2 名获校董会授权作签署认证的校董会成员签署认证，而其中 1 名成员不得为大学雇员。”

《剑桥大学章程》在第二章“大学的权力”第 7 条中规定：“(a)大学应持有一枚大公章和一枚公章，并有权或制定条例授权在某个或某类文件上加盖。未经授权，任何人不得加盖校章，通过章程规定的其他方式获得授权的情况除外。(b)大公章应被妥善保管，存放于有三把锁的箱子中，钥匙由校长和学监分别保管。只有校长或其正式任命的代理人以及学监或其代理人同时在场的情况下，才可以加盖大公章。(c)公章应被妥善保管，存放于有两把锁的箱子中，钥匙由校长或由校长不定期委派的副校长(该委派须公之于众)以及教务长分别保管。只有在上述人员或由其任命的代理人在场的情况下，才可以加盖公章。”①

《加州大学董事会章程与常规》规定：“法人印章仅在办理加州大学董事会和加州大学有关事务时方可使用。该印章可由秘书长盖于代表法人签署的文件上。经秘书长许可，该印章可用于大学建筑物的装饰或其他特殊场合。”②

《香港中文大学规程》第 10 条“秘书长”规定：“(a)由大学校董会根据叙聘咨询委员会的推荐而聘任；(b)为香港中文大学法团印章的保管人；(c)与教务长为香港中文大学记录的共同保管人；(d)为大学校董会秘书；(e)须履行条例及规程所指明的职责以及大学校董会所决定的其他职责。”

《香港城市大学条例》第 5 条“大学印章”规定：“大学须备有一个法团印章，加盖印章须：(a)由校董会借决议授权或追认；及(b)由任何 2 名获校董会一般授权或特别授权作签署认证的校董会成员签署认证。”

“千里之堤，溃于蚁穴。”“苍蝇不叮无缝蛋，野狗专钻破篱笆。”“制度”就是“大堤”“蛋壳”和“篱笆”，上述疏漏的风险区域好像“蚁穴”“蛋壳缝”和“篱笆的破洞”，腐败分子就是“蚂蚁”“苍蝇”和“野狗”。漏洞必须修补，内部控制的疏漏之处必须补充和修订。需要提防的是：在我们身旁不乏一心钻政策空子的人！

内部控制审计和评价首先是找出内部控制制度的疏漏和漏洞，其次才是内部

① 张国有.大学章程：第五卷[M].北京：北京大学出版社，2012：6-7.

② 张国有.大学章程：第二卷[M].北京：北京大学出版社，2011：20.

控制制度的执行情况和执行结果的处理。因此，审计可以激发制度活力，使内部控制制度效能转为治理效能。

综上分析，笔者试图对内部控制下一定义。

五、内部控制的定义及定义元素

（一）内部控制的定义

1. COSO（The Committee of Sponsoring Organizations of the Treadway Commission, Treadway委员会发起组织委员会）报告对内部控制的定义

《内部控制——整合框架》指出："内部控制被宽泛地定义为一个由主体的董事会、管理层和其他员工实施的，旨在为下列各类目标的实现提供合理保证的过程：(1)经营的有效性和效率；(2)财务报告的可靠性；(3)符合适用的法律和法规。"①

《企业风险管理——整合框架》指出："企业风险管理是一个过程，它由一个主体的董事会、管理当局和其他人员实施，应用于战略制订并贯穿于企业之中，旨在识别可能会影响主体的潜在事项，管理风险以使其在该主体的风险容量之内，并为主体目标的实现提供合理保证。这个定义反映了几个基本概念。企业风险管理是：(1)一个过程，它持续地流动于主体之内；(2)由组织中各个层级的人员实施；(3)应用于战略制订；(4)贯穿于企业，在各个层级和单元应用，还包括采取主体层级的风险组合观；(5)旨在识别一旦发生将会影响主体的潜在事项，并把风险控制在风险容量以内；(6)能够向一个主体的管理当局和董事会提供合理保证；(7)力求实现一个或多个不同类型但相互交叉的目标。这个定义比较宽泛。它抓住了对于公司和其他组织如何管理风险至关重要的关键概念，为不同组织形式、行业和部门的应用提供了基础。它直接关注特定主体既定目标的实现，并为界定企业风险管理的有效性提供了依据。"②

《内部控制——整合框架(2013)》指出："内部控制的定义如下：内部控制是一个由主体的董事会、管理层和其他员工实施的、旨在为实现运营、报告和合规目标提供合理保证的过程。这个定义强调内部控制是：(1)旨在实现目标——这些相互独立但又互有重叠的目标类别包括运营、报告和合规；(2)一个持续不断的过程——此过程包括持续的任务和活动，是达到目的的手段，而非目的本身；(3)由人来实施——不仅仅是单纯的政策、流程手册、系统和表单，而且包括组织中各层级人员以及他们所实施的可能影响内部控制的行动；(4)可以提供合理保证——向组

① Treadway委员会发起组织委员会(COSO).内部控制：整合框架[M].方红星，等译.大连：东北财经大学出版社，2008：21.

② Treadway委员会发起组织委员会(COSO).企业风险管理：整合框架[M].方红星，王宏，译.大连：东北财经大学出版社，2005：4-5.

织的高级管理层和董事会提供合理保证，但非绝对保证；(5)与组织的结构相适应——可灵活应用于整个组织或其中一个下属单位、分部、业务单元或业务流程。”①

2. 笔者的定义

内部控制是指主体为了实现防范化解风险和合规性与效益性的目标对主体的全面业务活动及权力进行制衡和牵制的设计制度。

(二) 内部控制定义的元素

1. 谁控制

“谁控制”的“谁”指的是“单位”，相当多的作者认为其仅指“企业”，其实“单位”不仅包括企业，也包括政府和非营利机构，方红星的贡献即在翻译时将其改为“主体”。方红星在《内部控制——整合框架》的“译者前言”中指出：“按照COSO的本意，这份框架针对的对象不仅包括企业，也包括政府和非营利机构，因而原文中采用的是‘entity’一词，我将其译为‘主体’，而没有改为‘企业’‘公司’等，以免引起误解。”②

2. 控制的目标

(1) COSO报告对内部控制目标的界定

《内部控制——整合框架》：经营的有效性和效率；财务报告的可靠性；符合适用的法律和法规。③

《企业风险管理——整合框架》：“目标的实现。在主体既定的使命或愿景(vision)④范围内，管理当局制订战略目标、选择战略，并在企业内自上而下设定相应的目标。企业风险管理框架力求实现主体的以下四种类型的目标：(1)战略(strategic)目标——高层次目标，与使命相关联并支撑其使命；(2)经营(operation)目标——有效和高效率地利用其资源；(3)报告(reporting)目标——报告的可靠性；(4)合规(compliance)目标——符合适用的法律和法规。”⑤

《内部控制——整合框架(2013)》：“目标：框架列举了三种类别的目标，使组织可以关注于内部控制的不同方面：(1)运营目标——组织运营的效果和效率，包括运营和财务绩效目标，保护资产以避免损失。(2)报告目标——内外部的财务和

---

① Treadway委员会发起组织委员会(COSO).内部控制：整合框架(2013)[M].财政部会计司，组织翻译.北京：中国财政经济出版社，2014：5.

② Treadway委员会发起组织委员会(COSO).内部控制：整合框架[M].方红星，等译.大连：东北财经大学出版社，2008：译者前言.

③ Treadway委员会发起组织委员会(COSO).内部控制：整合框架[M].方红星，等译.大连：东北财经大学出版社，2008：86-89.

④ 也有人将其翻译为“远景”“远景规划”“长远构想”等——译者注。

⑤ Treadway委员会发起组织委员会(COSO).企业风险管理：整合框架[M].方红星，王宏，译.大连：东北财经大学出版社，2005：5-6.

非财务报告的可靠性、及时性、透明度，以及监管者、标准制定机构和组织政策所要求的其他方面。(3)合规目标——遵守组织所适用的法律法规及规章。”①

(2) 笔者的观点——三目标

① 防范化解风险

内部控制制度设计的初始目标就是防范化解风险。

② 合规性

内部控制制度设计的主要目标就是合规性，即将内部控制制度植入主体的一切业务活动及权力之内，也就是说，内部控制应该“嵌入”主体之中，而非“外置”在主体之外。

③ 效益性

只有合规才有效益，有风险就会影响效益，因此，效益性是内部控制的最终目标。《中共中央关于制定国民经济和社会发展第十三个五年规划和二〇三五年远景目标的建议》指出：“全面节约和高效利用资源。”《中共中央关于制定国民经济和社会发展第十四个五年规划和二〇三五年远景目标的建议》指出：“全面提高资源利用效率。”

3. 控制什么——内部控制的对象

COSO 报告提出，内部控制的对象是“过程”。是什么的“过程”？“为实现运营、报告和合规目标提供合理保证的过程”，该表述十分笼统。

笔者认为，内部控制的对象是“全面业务活动”和“权力”。

前已述及，内部控制的对象仅仅覆盖“经济活动”的范围是不够的，“内部控制对象的外延应拓展到全部业务活动”，应该覆盖到党务(包括纪委②、组织、宣传等部门)、行政(包括人事、办公室、外事、保卫等部门)等等。凡是有权力的部门和人都要纳入内部控制的对象范畴，正如前文所述，“内部控制对象的内涵是单位内的内部权力及其运行”。

4. 如何控制

COSO 报告在定义中对内部控制“如何控制”没有相关表述，但在具体内容中作了阐述。

内部控制通过什么方法和手段控制呢？笔者认为，是制衡和牵制。著名史学家迈克尔·查特菲尔德教授赞誉道：“在内部控制、预算和审计程序方面，周代在古代是无与伦比的。”③笔者曾阐述过：“内部控制发轫于内部牵制。内部牵制机制实

---

① Treadway 委员会发起组织委员会(COSO).内部控制：整合框架(2013)[M].财政部会计司，组织翻译.北京：中国财政经济出版社，2014：5.

② 《打铁还需自身硬》解说词中提到中纪委很重视内部控制建设。见，乔春华.高等教育供给侧改革的财务视角[M].南京：东南大学出版社，2017：142.

③ 迈克尔·查特菲尔德.会计思想史[M].文硕，董晓柏，等译.北京：中国商业出版社，1989：8.

质是不相容岗位分离，不仅仅用于管钱、管物、管账，而且还在于权力的制衡，……内部牵制机制的内涵是权力制衡……强调内部控制对权力的切分，等等。”①

因此，牵制和制衡是内部控制的主要方法和手段。

5. 内部控制是什么

定义的主要方法是真实定义或实质定义法，其公式是：被定义的概念＝种差＋属概念。如，人＝能够制造和使用生产工具＋动物，人的定义即“人是能够制造和使用生产工具的动物”。

内部控制是什么呢？

内部控制＝牵制和制衡权力＋制度

简单定义为“内部控制是牵制和制衡权力的制度”。

内部控制是什么？上述 COSO 报告没有阐述，笔者认为，内部控制是“制度”，是“把权力关在笼子里”的主要制度，内部控制是牵制和制衡权力的制度安排。

2016 年 4 月 26 日，教育部办公厅印发的《教育部直属高校经济活动内部控制指南（试行）》（教财厅〔2016〕2 号）第三条指出：“高校党政领导班子及其各级领导干部要高度重视内部控制建设，要将建立健全内部控制作为高校健全治理体系和提高治理能力建设的重要组成部分，列入学校长期规划，常抓不懈。”

从上可知，内部控制通过牵制和制衡权力达到目标，而治理也是通过牵制和制衡权力达到目标，因此，内部控制是治理的重要组成部分，高校内部会计控制是高校财务治理的重要组成部分。

第三节　高校财务领域制度效能转变为治理效能

一、制度效能应转变为治理效能

（一）应重视高校财务制度的效能

“制度要有效能”早就被制度经济学家阐述过。制度经济学家柯武刚指出：“制度，要有效能，总是隐含着某种对违规的惩罚。”②新制度经济学的代表人物之一的诺思认为：“制度对经济绩效的影响是无可争议的。”③

制度要有效能主要体现在惩罚方面。1974 年，诺贝尔经济学奖得主哈耶克在《自由宪章》一书中明确指出：“制定法律制裁的唯一目的是，阻止人们去干某些事

① 乔春华.大学校长理财研究[M].南京：东南大学出版社，2018：90-91.

② 柯武刚.制度经济学[M].韩朝华，译.北京：商务印书馆，2000：35.

③ [美]道格拉斯·C.诺思.制度、制度变迁与经济绩效[M].上海：格致出版社，2008：3.

情，或是让他们履行自愿承担的义务。”[①]柯武刚等指出：“没有惩罚的制度是无用的。”[②]诺贝尔经济学奖得主约瑟夫·斯蒂格利茨教授指出：“制度为一个共同体所共有，并总是依靠某种惩罚而得以贯彻，没有惩罚的制度是无用的。提供经济激励需要奖罚机制。工作不是特别努力的个人将比工作特别努力的其他人得到更低的工资。”[③]柯武刚在《制度经济学》一书中还指出：“制度——尤其是附属于它们的惩罚——能使人们作出既有承诺得到切实履行的可靠约定。人的本性是如此，自利的个人经常会满口应承却在后来忘得一干二净或者自食其言。我们的本能在这类机会主义行为中起着很重要的作用，而制度则有助于为了长期的有效协作而抑制我们的固有本能。因此，人际合作通常都需要有制度框架。制度框架能增加逃避义务的风险，增强互利合作的习惯，达到抑制这种本能性机会主义的目的。当人们合作时，他们的境况往往优于不合作。”[④]

制度是制约人们行为相互关系的规则。诺斯指出：“制度是一个社会的游戏规则，更规范地说，它们是为决定人们的相互关系而人为设定的一些制约。”[⑤]V.W.拉坦认为：“制度常被定义为一套行为规则，它们被用于支配特定的行为模式与相互关系。”[⑥]

因此，制度必须规定提倡什么，反对什么；激励什么，惩罚什么。使人们的行为在制度框架内进行，使权力在制度的笼子内运行。使制度保障社会进步，经济发展，文化繁荣，人民积极向上，人民幸福。这就是制度的效能。

（二）高校财务制度的效能

高校财务制度的效能应围绕高校的使命，即人才培养、科学研究、社会服务、文化传承创新和国际交流五大功能。高校财务制度只有服务于五大功能才有效能，任何偏离或违背这五大功能的高校财务制度都是少效能（绩效）或无效能（绩效）的，因此，高校财务制度必须明确规定提倡什么、反对什么，保障什么、遏制什么，激励什么、惩罚什么。

二、好制度在于顶层设计

（一）好制度是需与时俱进不断完善的

1. 首先要有个好制度

1957年1月12日，邓小平在清华大学师生大会上作报告时指出：“我们的社会

---

① 哈耶克.自由宪章[M].杨玉生，等译.北京：中国社会科学出版社，1999：203.

② 柯武刚，史漫飞.制度经济学：社会秩序与公共政策[M].韩朝华，译.商务印书馆，2000：32.

③ 约瑟夫·斯蒂格利茨.发展与发展政策[M].纪沫，等译.北京：中国金融出版社，2009：495.

④ 柯武刚.制度经济学[M].韩朝华，译.北京：商务印书馆，2000：111.

⑤ ［美］道格拉斯·C.诺斯.制度、制度变迁与经济绩效[M].上海：上海三联书店，1994：3.

⑥ 转引自：王讨宗.公共政策：理论与方法[M].杭州：浙江大学出版社，2003：147.

主义制度究竟好不好？这要有一个正确的回答。这个制度好不好，决定于是否能够促进生产力的发展。”

1980年8月18日，邓小平同志在《党和国家领导制度的改革》中指出：“制度好可以使坏人无法任意横行，制度不好可以使好人无法充分做好事，甚至走向反面。”①

2014年10月8日，习近平在党的群众路线教育实践活动总结大会上讲话时指出：“制度不在多，而在于精，在于务实管用，突出针对性和指导性。如果空洞乏力，起不到应有的作用，再多的制度也会流于形式。牛栏关猫是不行的！要搞好配套衔接，做到彼此呼应，增强整体功能。”

好的制度不仅是一个制度，更是一个系统完备、科学规范、运行有效的制度体系。2012年11月17日，习近平在十八届中共中央政治局第一次集体学习时的讲话中指出：“党的十八大强调，要把制度建设摆在突出位置，充分发挥我国社会主义政治制度优越性。我们要坚持以实践基础上的理论创新推动制度创新，坚持和完善现有制度，从实际出发，及时制定一些新的制度，构建系统完备、科学规范、运行有效的制度体系，使各方面制度更加成熟更加定型，为夺取中国特色社会主义新胜利提供更加有效的制度保障。”

2016年5月20日，习近平在中央全面深化改革领导小组第二十四次会议上强调指出：“供给侧结构性改革本质是一场改革，……注重精准施策，提高改革效应，放大制度优势。”这里要求“放大制度优势”。习近平还指出：“以改革创新精神补齐制度短板。”②

古人说：“凡将立国，制度不可不察也。”“国之兴衰系于制，民之安乐皆由治。”因此，要使高校财务治理有效，首先要有个好制度。

2. *法应解决问题，一定要具体*

新京报记者王姝报道：“十八大以来，习近平总书记多次对法治中国建设提出要求：‘不是什么法都能治国，也不是什么法都能治好国；人民群众对立法的期盼，已经不是有没有，而是好不好、管不管用、能不能解决问题。’……全国人大常委会委员长张德江对立法提出了一个新要求，‘能明确的明确，能具体的具体’‘也就是说，立法能够具体的一定要具体，能够到位的一定要到位，不要等到配套法规落实’。”③上述报道对我们的启示：

（1）法应管用、能解决问题

法产生于实践，随着实践的发展而不断丰富与完善。制度也是这样。邓小平

---

① 邓小平文选：第二卷[M].2版.北京：人民出版社，1994.

② 姜洁.习近平对开展“两学一做”学习教育作出重要指示　强调突出问题导向确保取得实际成效，把全面从严治党落实到每一个支部[N].人民日报，2016-04-06.

③ 王姝.张德江以苍蝇拍喻人大立法：弯柄的拍不到苍蝇[N].新京报，2014-03-09.

同志在 1980 年 8 月 18 日指出："制度好可以使坏人无法任意横行，制度不好可以使好人无法充分做好事，甚至走向反面。"①因此，无论是法律法规还是制度，该废止的废止，该修订的修订。这需要改革与更新制度，使制度管用、能解决问题。内部控制制度也是这样，需要不断改革与更新。

（2）法一定要具体

笔者认为，《行政事业单位内部控制规范（试行）》涵盖面太广，不够具体，过于抽象。行政事业单位内部控制未建成规范体系，行政事业单位未制定分行业的《内部控制指引》，财政部、教育部应要求示范性高校制定《高等学校内部控制手册》。由于不够具体、过于抽象，就缺乏针对性和可操作性，应按张德江所说："能明确的明确，能具体的具体。……立法能够具体的一定要具体，能够到位的一定要到位，不要等到配套法规落实。"

（3）法要不断升级

最高人民法院原副院长江必新指出："法治中国是中国法治建设的'升级版'。中国开始从'依法治国'阶段向'法治中国'阶段升级，具体表现为：从有法可依向科学立法、民主立法的升级；从强调法律体系和执法体系向强调体制、制度、机制、规则四位一体的国家治理体系的升级；从依法管理向社会治理的升级；从法律面前的平等向权利平等、规则平等、机会平等的升级；从规范执法行为向从行为到程序、从内容到形式、从决策到执行一体规范的升级；从事前授权、事后纠错的控权方式向建立权力运行的监督制约体系的升级；从注重私法权利向不仅注重私法权利而且注重公法权利保障的升级；等等。"②内部控制制度也是这样，需要不断升级。

2014 年 2 月 17 日，习近平在省部级主要领导干部学习贯彻十八届三中全会精神全面深化改革专题研讨班开班式上发表重要讲话时强调指出："坚定制度自信，不是要固步自封。"提出了"推进国家治理体系和治理能力现代化"。习近平的讲话给我们的启示是，内部控制应提高到"治理"层面去理解，不是要固步自封。这就是内部控制的升级版。

（二）关键在于"顶层设计"

1. "顶层设计"的提出

2010 年 10 月 15 日至 18 日，党的十七届五中全会通过的《中共中央关于制定国民经济和社会发展第十二个五年规划的建议》中首次提出加强"改革顶层设计"这一新的概念。"顶层设计"的含义是自高端开始的总体构想。

2019 年 10 月，习近平在《关于〈中共中央关于坚持和完善中国特色社会主义制度　推进国家治理体系和治理能力现代化若干重大问题的决定〉的说明》中指

① 邓小平文选：第二卷[M].2 版.北京：人民出版社，1994.

② 江必新.以法治思维和方式推进法治中国建设[N].人民网，2013-11-25.

出："相比过去，新时代改革开放具有许多新的内涵和特点，其中很重要的一点就是制度建设分量更重，改革更多面对的是深层次体制机制问题，对改革顶层设计的要求更高，对改革的系统性、整体性、协同性要求更强，相应地建章立制、构建体系的任务更重。新时代谋划全面深化改革，必须以坚持和完善中国特色社会主义制度、推进国家治理体系和治理能力现代化为主轴，深刻把握我国发展要求和时代潮流，把制度建设和治理能力建设摆到更加突出的位置，继续深化各领域各方面体制机制改革，推动各方面制度更加成熟更加定型，推进国家治理体系和治理能力现代化。"①

2020 年 8 月初，习近平对"十四五"规划编制工作作出重要指示，强调："把加强顶层设计和坚持问计于民统一起来，鼓励广大人民群众和社会各界以各种方式为'十四五'规划建言献策，切实把社会期盼、群众智慧、专家意见、基层经验充分吸收到'十四五'规划编制中来，齐心协力把'十四五'规划编制好。"②

2020 年 10 月 16 日，习近平在主持十九届中共中央政治局第二十四次集体学习时指出："要加强顶层设计和前瞻布局。"③

2. "顶层设计"的关键是最顶层的战略设计

1992 年，邓小平同志在南方谈话中说："恐怕再有三十年的时间，我们才会在各方面形成一整套更加成熟、更加定型的制度。"④党的十四大提出："在（二十世纪）九十年代，我们要初步建立起新的经济体制，实现达到小康水平的第二步发展目标。再经过二十年的努力，到建党一百周年的时候，我们将在各方面形成一整套更加成熟更加定型的制度。"

习近平指出："把制度建设摆到更加突出的位置。"⑤"顶层设计"非常重要。顶层设计是战略设计，是一场以法律法规立改废释为主要特征的"法律的革命"。"顶层设计"的理论依据是"社会主义初级阶段理论"，即"中国特色社会主义制度建立在中国长期处在社会主义初级阶段"这个总的顶层设计，决定了现阶段中国一切制度的出发点，包括《中华人民共和国宪法》和《中国共产党章程》等都要在这个总的顶层设计之内制定。

其他法律法规也必须遵循这个总的顶层设计来制定，如《中华人民共和国教育法》《中华人民共和国高等教育法》《中华人民共和国会计法》《中华人民共和国审计

① 习近平.关于《中共中央关于坚持和完善中国特色社会主义制度　推进国家治理体系和治理能力现代化若干重大问题的决定》的说明[N].人民日报，2019-11-06.

② 习近平对"十四五"规划编制工作作出重要指示[N].人民日报，2020-08-07.

③ 习近平在中央政治局第二十四次集体学习时强调深刻认识推进量子科技发展重大意义，加强量子科技发展战略谋划和系统布局[N].人民日报，2020-10-17.

④ 邓小平文选：第三卷[M].2 版.北京：人民出版社，1994.

⑤ 习近平.关于《中共中央关于制定国民经济和社会发展第十四个五年规划和二〇三五年远景目标的建议》的说明[N].人民日报，2020-11-04.

法》,还有《国家中长期教育改革和发展规划纲要(2010—2020年)》,以及《国家教育事业发展第×个五年规划》等。

高校财务制度的顶层设计更要服从于国家法规的战略设计,同时,应随实践的发展而发展。实践经验上升为理论,制度则是成功实践经验和科学理论在指导和规范实践时用条文形式的固化。

汉代桓宽在《盐铁论·卷二·忧边》中指出:“明者因时而变,知者随世而制。”任何制度都不是天生就完美的,制度建设是一个动态演进、发展完善的过程,衡量一个制度是否成熟和优越,归根到底在于其能否释放制度治理的效能。因此,制度建设是与时俱进的。

中共中央、国务院印发的《中国教育现代化2035》中要求完善的制度有:“完善适应财政体制、教育体制改革要求的教育经费预算管理、转移支付制度,推动完善学校财务会计制度、国有资产管理制度、教育收费管理制度。严格高等学校财务管理,建立并推广总会计师委派制度。建立健全全覆盖、全过程、全方位的教育经费监管体系。加强内部控制机制建设,完善教育内部审计制度。完善教育经费统计公告制度,落实财政教育经费预决算公开制度,主动接受社会监督,努力实现教育经费使用效益最大化。”

(三) 高校财务领域顶层设计中有些规定并未执行

1. 改革按学生人数拨款的方法,逐步实行基金制

1993年2月13日,中共中央、国务院印发的《中国教育改革和发展纲要》(中发〔1993〕3号)第21条规定:“改革按学生人数拨款的方法,逐步实行基金制。”

2. 建立教育银行

1994年7月3日,国务院印发的《关于〈中国教育改革和发展纲要〉的实施意见》(国发〔1994〕39号)第二十四条规定:“建立教育银行,运用金融手段扩大教育资金来源。”

3. 设立高等教育拨款咨询委员会

2010年6月21日,中共中央政治局审议并通过的《国家中长期教育改革和发展规划纲要(2010—2020年)》第五十八条规定:“设立高等教育拨款咨询委员会,增强经费分配的科学性。”

4. 经费投入与毕业生就业状况紧密挂钩

2004年3月3日,《国务院批转教育部2003—2007年教育振兴行动计划的通知》(国发〔2004〕5号)第24条规定:“切实将高等学校布局、发展规划、学科专业结构、办学评估、经费投入等方面工作与毕业生就业状况紧密挂钩。把就业率和就业质量作为衡量高等学校办学水平的重要指标之一。”

5. 成本核算与管理

2012年12月19日,财政部和教育部印发的《高等学校财务制度》(财教〔2012〕

488号)第五十八条规定:“高等学校应当在支出管理基础上,将效益与本会计年度相关的支出计入当期费用;将效益与两个或者两个以上会计年度相关的支出,按照有关规定,以固定资产折旧、无形资产摊销等形式分期计入费用。”第五十九条规定:“成本核算是指按照相关核算对象和核算方法,对高等学校业务活动中发生的各种费用进行归集、分配和计算。”第六十一条规定:“高等学校应当正确归集实际发生的各项费用;不能直接归集的,应当按照一定原则和标准合理分摊。”第六十二条规定:“高等学校应当根据实际需要,逐步细化成本核算,开展学校、院系和专业的教育总成本和生均成本等核算工作。科研活动成本的核算应当细化到科研项目。高等学校成本核算实施细则由国务院财政部门会同教育主管部门制定。实行内部成本费用管理的高等学校,应当建立成本费用与相关支出的核对机制,以及成本费用分析报告制度。”

6. 整合优化专项资金的制度规定不能转化为治理效能

(1) 专项资金存在问题需要整合优化

“项目支出”中的各种专项资金起始于“综合定额+专项补助”中的“专项补助”。1986年10月15日,国家教委、财政部颁布的《高等学校财务管理改革实施办法》(〔86〕教计字162号)第六条指出:“高等学校年度教育事业费预算,由主管部门按照不同科类、不同层次学生的需要和学校所在地区的不同情况,结合国家财力的可能,按‘综合定额加专项补助’的办法进行核定。”

原来高校专项资金“碎片化”严重。2014年,笔者曾建议减少“项目支出”中的各种专项资金,提高“生均拨款标准”①;2015年11月17日,财政部和教育部印发的《关于改革完善中央高校预算拨款制度的通知》(财教〔2015〕467号)提出了“1+6”模式。“1”是指“基本支出体系”,“6”是指“项目支出体系”,具体为:(1)中央高校改善基本办学条件专项资金;(2)中央高校教育教学改革专项资金;(3)中央高校基本科研业务费;(4)中央高校建设世界一流大学(学科)和特色发展引导专项资金;(5)中央高校捐赠配比专项资金;(6)中央高校管理改革等绩效拨款。这个文件整合优化了“项目支出”,但还存在问题。一是“锦上添花”不是“雪中送炭”;二是易造成“跑部钱进”,诱发权力寻租;三是重预算进度考核,轻预算绩效考核;四是由于很多“项目”所需资金核定心中无数,致使资金花不了,年终突击花钱仍花不掉,造成结余。

(2) 整合优化专项资金的制度规定

笔者一直关注专项资金存在的问题和解决的办法,因此梳理了整合优化专项资金的制度:

2013年11月12日,党的十八届三中全会通过的《中共中央关于全面深化改革

① 乔春华.教育经费管理年的回顾与展望[J].教育财会研究,2014(1):3-7.

若干重大问题的决定》指出："清理、整合、规范专项转移支付项目，逐步取消竞争性领域专项和地方资金配套，严格控制引导类、救济类、应急类专项，对保留专项进行甄别。"

2015年6月16日，国务院印发的《推进财政资金统筹使用方案》（国发〔2015〕35号）中指出："推进财政资金统筹使用，避免资金使用'碎片化'，盘活各领域'沉睡'的财政资金，把'零钱'化为'整钱'，统筹用于发展急需的重点领域和优先保障民生支出，增加资金有效供给，是创新宏观调控方式的重要内容，也是用足用活积极财政政策的关键举措。……加快推进科技资金优化整合。……推进教育资金优化整合。"

2016年2月5日，审计署印发的《关于适应新常态践行新理念更好地履行审计监督职责的意见》（审政研发〔2016〕20号）中指出："坚决查处以'打酱油的钱不能打醋'等为借口导致资金长期闲置问题，促进整合专项、盘活存量、用好增量、优化结构、深化改革、提高绩效。"

2019年2月，中共中央、国务院印发的《中国教育现代化2035》中指出："优化教育经费使用结构，全面实施绩效管理，建立健全全覆盖全过程全方位的教育经费监管体系，全面提高经费使用效益。"

2020年9月23日，《江苏省省级财政专项资金管理办法》（省政府令第138号）第二十五条指出："省财政部门可以创新专项资金管理模式，会同省级业务主管部门将专项资金和任务清单同步下达。任务清单分为约束性任务和指导性任务。完成约束性任务的，设区的市、县（市）财政部门可以在不改变资金类级科目的基础上，结合本级资金安排情况，在同一财政事权内，经同级政府批准后整合使用专项资金。"江苏省财政厅预算处副处长朱力介绍，该办法中出现的"大专项＋任务清单"管理方式的新颖提法"主要体现在第二十五条，改革的基础是财政资金整合，即将原来众多零星、分散的小专项实质整合为规模大、效益强的'大专项'，集中财力办大事，并通过任务清单形式下达市、县，允许其在一定条件下，统筹使用专项资金，赋予市县更多自主权"。

（3）目前整合优化专项资金的制度不能转化为治理效能的根本原因

① 不能执行、无法操作

目前整合优化专项资金的制度指出了问题，却没有解决问题的可操作方案，如《推进财政资金统筹使用方案》（国发〔2015〕35号）中指出："贯彻落实国务院关于盘活财政存量资金的各项要求，全面盘活结转结余资金……推进结转结余资金的统筹使用。"如何解决？"经同级政府批准后"，省属高校的专项资金的"结余资金"有的是省财政拨款，有的是中央（教育部、科技部以及自然基金和社科基金）拨款，还有的是共建项目拨款。这里，应经谁批准后？更有政府官员说，要整合但不发文，但制度的生命力在于执行，不发文如何执行？"坚决查处以'打酱油的钱不能打醋'等为借口”,不发文就可以不被查处?

② 目前绩效评价仍停留在“项目支出”中的专项资金

不评价专项资金的绩效,就不知道整合优化专项资金的必要性和可行性,审计署印发的《关于适应新常态践行新理念更好地履行审计监督职责的意见》(审政研发〔2016〕20 号)中指出:“坚持鼓励创新。……有利于推进财政资金统筹使用和提高资金绩效的创新举措,……更要关注财政支出绩效和积极财政政策的实施效果。”

笔者梳理了专项资金绩效评价的制度,如:

2005 年 9 月 9 日,财政部颁布了《中央级教科文部门项目绩效考评管理办法》(财教〔2005〕149 号),其第二条规定:“教科文部门项目绩效考评(以下简称项目考评),是指运用一定的考核方法、量化指标及评价标准,对纳入中央部门预算管理的教科文部门专项资金项目的实施过程及其完成结果进行综合性考核与评价。”第三条规定:“教科文部门项目考评范围主要包括:专项计划项目(即指国家批准设立的教科文事业发展专项计划、工程、基金项目),专项业务项目以及大型修缮、大型购置等项目。具体项目由教科文部门商财政部确定。”

2011 年 4 月 2 日,财政部印发的《财政支出绩效评价管理暂行办法》(财预〔2011〕285 号)第八条指出:“部门预算支出绩效评价包括基本支出绩效评价、项目支出绩效评价和部门整体支出绩效评价。绩效评价应当以项目支出为重点,……有条件的地方可以对部门整体支出进行评价。”

2003 年 6 月 10 日,江苏省财政厅印发的《江苏省省级部门预算财政专项资金管理办法(试行)》第二十一条第五款规定:“省财政厅对于年度预算安排的专项资金支出预算完成情况以及实施效果建立绩效评价体系,实行绩效评价制度。对专项资金运用好、效益高的单位将给予表彰奖励;对于未达到资金使用要求,造成资金浪费或挤占、挪用资金的单位和负责人,省财政厅将依据《中华人民共和国预算法》《财政违法行为处罚处分条例》等法律法规的规定,实施行政处罚,并追究相应责任。”

2003 年 8 月 1 日,江苏省财政厅、江苏省教育厅印发的《“211 工程”及重点高校建设专项资金管理办法》(苏财教〔2003〕63 号)第十三条规定:“省财政厅、省教育厅按照财政专项资金管理的有关规定,对专项资金的使用管理实施事中、事后的监督检查和绩效考核。”

2006 年 3 月 31 日,江苏省教育厅、江苏省财政厅印发的《江苏省省属高校重点实验室建设专项资金管理办法》(苏教财〔2006〕11 号 苏财教〔2006〕31 号)第十三条规定:“专项资金实行绩效考评制度。项目完工后,学校应对项目绩效情况进行自评,并撰写绩效报告分别报送省教育厅、省财政厅。在学校自评的基础上,省教育厅、省财政厅组织专家进行绩效评估,并将评估结果作为确定学校以后年度专项资金项目和预算的重要依据。”

2006年4月11日，江苏省教育厅、省财政厅印发的《江苏省高等学校重点学科建设与管理办法》第二十一条规定：“省重点学科的中期检查由省教育厅组织实施。检查内容主要包括重点学科建设任务进展情况、标志性成果的阶段目标完成情况以及经费的使用和绩效、学校配套或自筹经费的到位情况等。对没有达到建设要求的学科，将限期整改直至取消其称号。”

(4) 目前“项目支出”中的专项资金绩效评价考核的“预算执行率”是花钱进度而不是绩效

笔者早就提出，预算执行效率≠预算执行率①。

① 预算执行效率

2010年6月21日，中共中央政治局审议并通过的《国家中长期教育改革和发展规划纲要(2010—2020年)》第五十八条规定：“建立科学化、精细化预算管理机制，科学编制预算，提高预算执行效率。”2011年6月29日，《国务院关于进一步加大财政教育投入的意见》(国发〔2011〕22号)第四条第二款规定：“要强化预算管理。提高预算编制的科学性、准确性，提高预算执行效率，推进预算公开。”

② 预算执行率

2011年3月23日，《财政部关于实行中央级普通高校绩效拨款与项目支出预算执行挂钩办法的通知》(财教〔2011〕39号)第一条指出：“自2011年1月1日起，为加强预算管理，增强预算执行的时效性和均衡性，中央财政将中央高校项目支出预算执行情况作为绩效拨款的重要因素，实行挂钩奖励办法。本《通知》所称‘项目支出’，是指由中央财政当年拨付的纳入部门预算的列‘205教育’科目的所有一般预算财政拨款项目支出。所称‘项目支出预算执行率’，是指截至考核时间点‘项目支出’实际支出数占‘项目支出’已下达预算指标数的比率，用百分比表示。”第二条指出：“中央高校预算执行绩效奖励采取分段叠加的办法。具体如下：截至每年6月30日项目支出预算执行率不低于50%的中央高校，获得预算执行绩效奖励额度的20%；截至每年9月30日项目支出预算执行率不低于75%的中央高校，获得预算执行绩效奖励额度的30%；截至每年12月31日，项目支出预算执行率不低于中央本级预算执行平均水平的中央高校，获得预算执行绩效奖励额度的50%。”第三条指出：“截至每年12月31日，项目支出预算执行率低于中央本级预算执行平均水平3个百分点的中央高校，取消当年预算执行绩效全部奖励资格。”第七条指出：“预算执行绩效奖励资金应主要用于学校发展，优先用于加强财务管理基础和基层建设、提高财务管理信息化水平等方面，不得用于发放人员工资、奖金、津补贴和福利支出，不得支付罚款、捐赠、赞助、投资等。”

---

① 乔春华.高校预算管理研究[M].苏州：苏州大学出版社，2013：74-75.

2011 年 4 月 23 日,《教育部办公厅关于实行部属高校预算与预算执行挂钩办法的通知》(教财厅〔2011〕1 号)指出:"'预算执行率'用于考核学校国库财政拨款,是指截至统计月份已执行预算占全年预算总额的比率,用百分比表示,按月计算,反映预算执行进度。"

在"预算执行"的文件中,还规定了预算执行的支出月报制度、预算执行进度按月通报制度、约谈制度以及预算执行与当年预算调整和下年预算安排挂钩制度等一系列加快预算执行进度的措施。由此可见,"预算执行率"实际上是预算执行进度,实质上是突击花钱的速度。

什么是效率? 萨缪尔森和诺德豪斯指出:"效率是经济学所要研究的一个中心问题(也许是唯一的一个中心问题)。效率意味着不存在浪费。"①比"预算执行效率"少了个"效"字的"预算执行率"倒成了绩效指标。

2018 年 8 月 17 日,国务院办公厅发布的《关于进一步调整优化结构提高教育经费使用效益的意见》(国办发〔2018〕82 号)第十三条指出:"全面提高使用绩效。各级教育部门和学校要牢固树立'花钱必问效、无效必问责'的理念,逐步将绩效管理范围覆盖所有财政教育资金,并深度融入预算编制、执行、监督全过程,完善细化可操作可检查的绩效管理措施办法,建立健全体现教育行业特点的绩效管理体系。……将绩效目标执行情况和绩效评价结果作为完善政策、编制预算、优化结构、改进管理的重要依据,作为领导干部考核的重要内容。"

以往的"预算执行率"实际上是预算执行进度,实质上是突击花钱的速度,而不是预算执行效率,现在提倡"花钱必问效、无效必问责"就是要改一下"预算执行率"。笔者曾指出:"我国目前在'项目支出'中按执行预算进度奖励的拨款不能称为绩效拨款。"②

从上可知,如何从制度上整合优化专项资金,如何从制度上全面盘活专项资金、结转结余资金的存量是一个刻不容缓的问题,是一个制度效能转化为治理效能必须解决的问题。

美国明尼苏达大学经济学名誉教授里奥尼德·赫维茨(Leonid Hurwicz)在 2007 年诺贝尔经济学奖获奖演说中强调:"如果执行是不可能的或其成本不可避免的高昂,那么再吸引人的制度也只能是乌托邦。"③

(四) 高校财务领域中早已有之但其实施滞后的规定

1. 4%——2012 年达成

1993 年 2 月 13 日,中共中央、国务院印发的《中国教育改革和发展纲要》(中发

---

① [美]保罗·A.萨缪尔森,威廉·D.诺德豪斯.经济学[M].12 版.高鸿业,等译.北京:中国发展出版社,1992:45.

② 乔春华.高校预算管理研究[M].苏州:苏州大学出版社,2013:266-270.

③ Hurwicz L. But who will guard the guardians? [J]. American Economic Review, 2008, 98(3): 577-585.

〔1993〕3号)第48条规定:“逐步提高国家财政性教育经费支出(包括:各级财政对教育的拨款,城乡教育费附加,企业用于举办中小学的经费,校办产业减免税部分)占国民生产总值的比例,本世纪末达到百分之四,达到发展中国家八十年代的平均水平。”但是,这一目标直至2012年才达到。

2. 总会计师——2011年实施

1982年1月11日,在财政部转发的《教育部部属高等学校财务管理试行办法》第五条指出:“部属高等学校应当建立在校(院)长领导下的以总会计师为首的经济责任制,由总会计师协助校(院)长全面领导学校的各项财经工作,并负责管理学校日常财经方面的重大问题,实行‘一支笔’审批财务开支的制度。暂时没有条件设置总会计师的学校,必须责成一副校(院)长代行总会计师的职权。”

1986年10月15日,国家教委、财政部颁发的《高等学校财务管理改革实施办法》第三条指出:“高等学校应根据《会计法》和国家有关规定,建立在校(院)长领导下的,以总会计师为首的经济责任制。总会计师协助校(院)长全面负责学校的各项财经工作,实行‘一支笔’审批财务开支的制度。”

1987年10月28日,国家教委发布了《高等学校总会计师工作试行规程》,这是专门规定“高等学校总会计师”的法规,它全面系统地规定了总则、职责、权限、任免、奖惩、附则,共分六章三十条。

1988年12月10日,国家教委印发的《高等学校会计制度(试行)》第十二条规定:“规模较大的高等学校,应按照《中华人民共和国会计法》的有关规定设置总会计师,实行在校(院)长领导下的以总会计师为首的经济责任制。总会计师的任免,应经上级主管部门批准。”

1991年4月8日,国家教委、财政部印发的《高等学校“八五”期间财务工作的若干意见》第一条第二款指出:“加速推行校(院)长领导下的总会计师经济责任制。‘八五’期间高等学校的主管部门应与学校一起积极选拔和培养总会计师。规模较大的高等学校要在1995年前配备完毕。总会计师统一领导高等学校内部的财务管理和会计核算工作。”

1991年10月29日,国家教委、财政部发布了《关于高等院校贯彻〈总会计师条例〉的实施意见》,其中规定:“在校生规模在3 000人以上,年资金流量在1 000万元以上的普通高等学校,均应积极创造条件,逐步设置总会计师。在校生规模3 000人以下的高等学校,……如有符合条件的干部,也可设置总会计师。……未设总会计师的学校,应积极创造条件,培训干部,在1995年以前配齐。”

1994年11月17日,国家教委发布了《关于当前国家教委委属高校财经工作中几点意见的通知》,其中第二条规定:“委属高校日常财经工作原则上坚持实行校(院)长领导下的总会计师经济责任制,没有设置总会计师的,必须建立以校(院)长为首的经济责任制。”

1997 年 6 月 23 日，财政部、国家教委印发的《高等学校财务制度》第六条规定："高等学校财务工作实行校（院）长负责制。符合条件的高等学校，应设置总会计师，协助校（院）长全面领导学校的财务工作。凡设置总会计师的高等学校，不设与总会计师职权重叠的副校（院）长。规模较小的高等学校，由主管财务工作的校（院）长代行总会计师职权。"

2000 年 6 月 12 日，《教育部、财政部关于高等学校建立经济责任制加强财务管理的几点意见》第一条规定："高等学校必须按照'统一领导，分级管理'的原则，按校内管理层次分别建立起总会计师或主管财务工作的副校（院）长、财务处长、二级单位财务负责人和基层财务人员等若干个层次的各级经济责任制。"

2007 年 1 月 15 日，《教育部　财政部关于"十一五"期间进一步加强高等学校财务管理工作的若干意见》（教财〔2007〕1 号）第 8 条指出："规模较大的高等学校按国家有关规定经批准可以设置总会计师岗位，协助校（院）长全面领导学校的财经工作，直接对校（院）长负责。"

2010 年 6 月 21 日公布的《国家中长期教育改革和发展规划纲要（2010—2020 年）》第五十八条规定："在高等学校试行设立总会计师职务，提升经费使用和资产管理专业化水平。公办高等学校总会计师由政府委派。"

2011 年 4 月 1 日，教育部、财政部发布了《教育部　财政部关于印发〈高等学校总会计师管理办法〉的通知》（教人〔2011〕2 号），至此，高校才逐步推广总会计师。但教育部直属高校和大部分省属高校近五年有停滞不前的趋势。

《中国教育现代化 2035》又提出"建立并推广总会计师委派制度"。

3. 编制中长期财务收支计划——2018 年开始实施

2007 年 1 月 15 日，《教育部　财政部关于"十一五"期间进一步加强高等学校财务管理工作的若干意见》（教财〔2007〕1 号）第 13 条规定："高等学校应根据学校事业发展需求和综合财力可能，编制中长期财务收支计划，学校的事业发展规划必须与财务收支计划相适应。"

2013 年 11 月 15 日，《中共中央关于全面深化改革若干重大问题的决定》在第 17 条中第一次明确提出"建立跨年度预算平衡机制"。

2014 年 8 月 31 日，《中华人民共和国预算法》第十二条规定："各级政府应当建立跨年度预算平衡机制。"

2014 年 9 月 26 日，《国务院关于深化预算管理制度改革的决定》（国发〔2014〕45 号）指出："实行中期财政规划管理。财政部门会同各部门研究编制三年滚动财政规划，对未来三年重大财政收支情况进行分析预测，对规划期内一些重大改革、重要政策和重大项目，研究政策目标、运行机制和评价办法。中期财政规划要与国民经济和社会发展规划纲要及国家宏观调控政策相衔接。强化三年滚动财政规划对年度预算的约束。……根据经济形势发展变化和财政政策逆周期调节的需要，建立跨年度预算平衡机制。”并规定“可以设置预算稳定调节基金”。

2015 年 1 月 3 日，《国务院关于实行中期财政规划管理的意见》(国发〔2015〕3 号)指出：“中期财政规划是中期预算的过渡形态。”

2015 年 4 月 3 日，《财政部关于推进中央部门中期财政规划管理的意见》(财预〔2015〕43 号)规定：“实行逐年滚动管理。中央部门中期财政规划的规划期为三年，每年向前延伸一年，在时间上实现滚动管理。……中央部门中期财政规划包括部门的基本支出和项目支出，重点针对项目支出，基本支出按财政部统一要求编制和调整。”

2018 年 8 月 17 日，《国务院办公厅关于进一步调整优化结构提高教育经费使用效益的意见》(国办发〔2018〕82 号)第五条规定：“科学规划教育经费支出。各地要加强教育事业发展规划与中期财政规划的统筹衔接。中期财政规划要充分考虑教育经费需求。教育事业发展规划要合理确定阶段性目标和任务，及时调整超越发展阶段、违背教育规律、不可持续的政策。”

高校自 2018 年才开始对“项目支出”进行中期财政规划。

4. 高校绩效评价——2020 年实施

(1) “项目支出”绩效评价

2002 年，财政部印发了《中央与地方共建高等学校专项资金管理办法》；2003 年，财政部印发了《中央级行政经费项目支出绩效考评管理办法(试行)》；2005 年，财政部颁布了《中央级教科文部门项目绩效考评管理办法》；2009 年，财政部印发了《关于进一步推进中央部门预算项目支出绩效评价试点工作的通知》；2012 年，财政部发布了《关于进一步推进中央部门预算项目支出绩效评价试点工作的通知》；2016 年，财政部印发了《关于开展中央部门项目支出绩效自评工作的通知》；2017 年，财政部印发了《关于开展 2017 年中央部门项目支出绩效自评工作的通知》。

(2) 绩效评价应当以“项目支出”为重点

2011 年 4 月 2 日，财政部印发的《财政支出绩效评价管理暂行办法》第八条指出：“部门预算支出绩效评价包括基本支出绩效评价、项目支出绩效评价和部门整体支出绩效评价。绩效评价应当以项目支出为重点，……有条件的地方可以对部门整体支出进行评价。”

(3) “基本支出”绩效目标一般不单独设定

2015 年 5 月 21 日，财政部印发的《中央部门预算绩效目标管理办法》第三条指出：“基本支出绩效目标，……一般不单独设定。”

(4) 逐步扩大“项目支出”预算评审范围

2018 年 8 月 17 日，《国务院办公厅关于进一步调整优化结构提高教育经费使用效益的意见》指出：“逐步扩大项目支出预算评审范围。”

5. 从“财政资金”拓展到“全部资金”

《国务院办公厅关于进一步调整优化结构提高教育经费使用效益的意见》(国办发〔2018〕82 号)指出:“逐步将绩效管理范围覆盖所有财政教育资金。”

《中共中央、国务院关于全面实施预算绩效管理的意见》指出:“现行预算绩效管理仍然存在一些突出问题,……绩效管理的广度和深度不足,尚未覆盖所有财政资金。”

《教育部关于全面实施预算绩效管理的意见》(教财〔2019〕6 号)在“基本原则”中指出:“预算绩效管理覆盖所有财政资金和非财政资金。”

2020 年 4 月,财政部又印发了《财政部办公厅关于做好 2019 年度中央部门项目支出绩效评价工作的通知》和《财政部办公厅关于做好 2020 年重点绩效评价工作的通知》。这些文件标志着 2020 年全面启动预算绩效评价工作。

三、高校财务领域制度效能转变为治理效能需要完善制度

(一) 应重视高校财务领域的制度竞争

2019 年 10 月 31 日,习近平在党的十九届四中全会第二次全体会议上讲话时指出:“制度优势是一个国家的最大优势,制度竞争是国家间最根本的竞争。”世界发展的历史从表面上看,国际竞争是经济的竞争、科技的竞争,但从更深的层次上看,更是制度的竞争。制度优势是一个国家最大的优势,制度竞争是国家间最根本的竞争。制度竞争是当今世界竞争的核心,制度现代化是一个国家的核心竞争力。陈书静认为:“制度成为我们这个时代各领域竞争的中轴,对制度的反思是我们时代思想的最大特点。”①

制度优势要体现到治理绩效上,制度竞争主要是治理绩效的比较。制度竞争是高校财务领域中国与世界各国之间的竞争。中国高等教育在培养人才、科学研究等方面与世界各国存在竞争,这方面的制度势必也存在竞争,高校财务领域的制度当然也不例外。也就是说,制度是客观存在的,制度竞争也是客观存在的,只不过有些国家还没有意识到,或是没有认识到(不愿意认识),甚至不敢承认制度竞争。

德国经济学家柯武刚和史漫飞认为:“尽管目前的全球化正在与国际性制度竞争紧密相连,但国际制度竞争的概念并不新颖。”②我国经济体制已由计划经济主动调整为社会主义市场经济,高校财务领域制度也已主动调整了很多方面,但还不能适应社会主义经济发展和社会进步的需要。日裔美籍学者弗朗西斯·福山在

① 陈书静.诺思经济哲学思想研究:基于历史唯物主义制度演化理论的视野[M].上海:上海人民出版社,2008:前言.

② [德]柯武刚,史漫飞.制度经济学:社会公共秩序与公共政策[M].韩朝华,译.北京:商务印书馆,2000:486.

《国家构建：21世纪的国家治理与世界秩序》一书中指出："没有制度的需求就不会有制度的发展和改革。"①

制度竞争是需要成本的，这称为"制度成本"。制度成本是指主体为制度设计、制度运行、制度改革付出的代价以及制度缺陷在竞争中造成的损失。此外还有"制度资本"的概念，柯武刚和史漫飞指出："制度能增强生产要素，如劳动——在满足人类需要上的效能。这种作用的方式类似于其他一些生产要素，如资本——资本使劳动具有更高的生产率。因此，我们可视共同体的制度为一种宝贵的生产性资产。我们可称其为'制度资本'(institutional capital)。"②

制度竞争对发展中国家很重要，卢现祥指出："越来越多的理论家们开始认识到，发展中国家与发达国家的差异主要是一种制度上的差异，也就是说，发展中国家在制度(包括法律制度等)上落后于发达国家。制度瓶颈使发展中国家的各种要素难以通过市场机制有效地配置。制度的完善不仅有利于经济活动的有效运作，也有利于人品的提高。制度并非万能，但是在我国市场化改革过程中，我们最缺乏的是具有激励功能和约束功能的制度。"③

哪里的制度好，人才、资金、技术等资源就会流向哪里。我国高校财务领域的制度与世界各国在大的方面是相同的，如都需要高校财务会计制度、管理会计制度、预算制度、审计制度和内部控制制度等，但这些制度还存在短板。如管理会计制度与企业相比几乎是空白，与发达国家比也有差距；内部控制制度与企业相比还没有构建起高校内部控制体系，与发达国家比也有差距；其他制度也有不足。上述财务会计制度等的具体内容也有待进一步完善。特别如拨款制度(如绩效拨款、竞争拨款)和收取学费政策，与发达国家比还有待完善。

(二) 建议补充和修订《宪法》和《审计法》中的有关条款

1. 建议补充《宪法》和《审计法》中的审计管理体制

2018年5月23日，习近平在中央审计委员会第一次会议上发表重要讲话时强调指出："改革审计管理体制，组建中央审计委员会，是加强党对审计工作领导的重大举措。要落实党中央对审计工作的部署要求，加强全国审计工作统筹，优化审计资源配置，做到应审尽审、凡审必严、严肃问责，努力构建集中统一、全面覆盖、权威高效的审计监督体系，更好发挥审计在党和国家监督体系中的重要作用。"中央审计委员会第一次会议对审计的定位是："审计是党和国家监督体系的重要组成部分。"

---

① 转引自：徐顽强，段萱.国家治理体系中"共管共治"的意蕴与路径[J].新疆师范大学学报(哲学社会科学版)，2014(3)：21-26.

② [德]柯武刚，史漫飞.制度经济学：社会公共秩序与公共政策[M].韩朝华，译.北京：商务印书馆，2000：153.

③ 卢现祥.西方新制度经济学[M].北京：中国发展出版社，2003：20.

建议《中华人民共和国宪法》第九十一条和《中华人民共和国审计法》“总则”第一章中增补以下内容：“审计是党和国家监督体系的重要组成部分。加强党领导的审计管理体制，组建中央审计委员会，构建集中统一、全面覆盖、权威高效的审计监督体系。”

2. 建议修订《宪法》和《审计法》中的有关条款

《宪法》和《审计法》规定审计对象仅为“财政收支、财务收支”，如：《中华人民共和国宪法(2018)》第九十一条规定：“国务院设立审计机关，对国务院各部门和地方各级政府的财政收支，对国家的财政金融机构和企业事业组织的财务收支，进行审计监督。”《中华人民共和国审计法(2006)》第二条规定：“……财政收支、财务收支，依照本法规定接受审计监督。”

众所周知，审计包括财务审计和管理审计两部分。目前管理审计的内容如内部控制审计、经济责任审计、重要政策跟踪审计和专项审计等已普遍推行，因此，审计不能再局限于“财政收支审计、财务收支审计”，应增补管理审计的内容。

(三) 建议补充和修订《会计法》和《审计法》中的有关条款

1. 建议补充《会计法》中的相关内容

《中华人民共和国会计法》是规范外部会计行为的法规，但会计包括财务会计和管理会计两部分，建议在《会计法》“附则”中补充“会计包括财务会计和管理会计两部分，本法仅规范财务会计行为”。

2. 建议修订《会计法》和《审计法》中的有关条款

《会计法(2017)》第四条规定：“单位负责人对本单位的会计工作和会计资料的真实性、完整性负责。”《审计法(2006)》第三十一条规定：“被审计单位负责人对本单位提供的财务会计资料的真实性和完整性负责。”在会计实务中，存在“真发票假业务”的情况，这种发票一般会计人员很难鉴别，智能财务更难识别，因此，要单位负责人对本单位的会计资料的真实性负责是不切实际的规定，建议在修订《会计法》时进行修改。

3. 建议删除《会计法》中“内部审计”的规定

《会计法(2017)》第四章“会计监督”第二十七条规定：“(四)对会计资料定期进行内部审计的办法和程序应当明确。”“内部审计”不属于《会计法》规范和界定的范畴，应由《审计法》或审计方面的法规规定。

(四) 建议修订《教育法》中的“国家财政性教育经费支出占国民生产总值的比例”

1. 1993 年和 1995 年规定的是“国民生产总值”

1993 年 2 月 13 日，中共中央、国务院发布的《中国教育改革和发展纲要》(中发〔1993〕3 号)第 48 条规定：“逐步提高国家财政性教育经费支出(包括：各级财政对教育的拨款，城乡教育费附加，企业用于举办中小学的经费，校办产业减免税部分)占国民生产总值的比例,本世纪末达到百分之四,达到发展中国家八十年代的平均水平。”

《中华人民共和国教育法(1995)》第五十四条规定:“国家财政性教育经费支出占国民生产总值的比例应当随着国民经济的发展和财政收入的增长逐步提高。”

2. 1996年后,教育部、国家统计局、财政部发布的《全国教育经费执行情况统计公告》使用的是“国内生产总值”

1993—1995年《全国教育经费执行情况统计公告》采用了“国民生产总值(Gross Domestic Product, GNP)”一词,1996年以后《全国教育经费执行情况统计公告》采用了“国内生产总值(Gross National Product, GDP)”。1996年《全国教育经费执行情况统计公告》还将1995年的提法也改为“上年国家财政性教育经费支出占国内生产总值”,如“国家财政性教育经费支出占国内生产总值的比例为2.44%,与上年国家财政性教育经费支出占国内生产总值的2.41%相比,国家财政性教育经费支出占国内生产总值的比例提高了0.03个百分点”。1996年以后均采用“国内生产总值”。

3. 1999年使用“国民生产总值”

1999年1月13日,国务院批转教育部的《面向21世纪教育振兴行动计划》,其第42条规定:“逐步提高国家财政性教育经费占国民生产总值的比例。”

4. 2010年使用的是“国内生产总值”

2010年6月21日,中共中央政治局审议并通过的《国家中长期教育改革和发展规划纲要(2010—2020年)》第五十六条规定:“提高国家财政性教育经费支出占国内生产总值比例,2012年达到4%。”

5. 2015仍使用“国民生产总值”

《中华人民共和国教育法(2015)》第五十五条规定:“国家财政性教育经费支出占国民生产总值的比例应当随着国民经济的发展和财政收入的增长逐步提高。”

国内生产总值和国民生产总值虽然都是核算社会生产成果和反映宏观经济的总量指标,但因计算方式不同,二者又有所区别。目前在实践中都采用“国家财政性教育经费支出占国内生产总值比例”,但如2015年修订的《中华人民共和国教育法》仍使用“国民生产总值(GNP)”,因此,建议下次修订《中华人民共和国教育法》时将“国家财政性教育经费占国民生产总值的比例”改为“国家财政性教育经费占国内生产总值的比例”。

(五) 建议修订《中华人民共和国民办教育促进法》中的有关条款

《民办教育促进法》等法律法规中“法人财产权”应改为“财产所有权”。

1.《民办教育促进法》等法律法规中规定的是“享有法人财产权”

《民办教育促进法(2016)》第三十六条规定:“民办学校对举办者投入民办学校的资产、国有资产、受赠的财产以及办学积累,享有法人财产权。”

2016年12月29日，《国务院关于鼓励社会力量兴办教育促进民办教育健康发展的若干意见》第二十条规定："存续期间，民办学校对举办者投入学校的资产、国有资产、受赠的财产以及办学积累享有法人财产权。"

2. 教育"十三五"规划要求"明晰产权归属"

2017年1月10日，《国务院关于印发〈国家教育事业发展"十三五"规划〉的通知》(国发〔2017〕4号)指出："推动各类民办学校明确法人属性，明晰产权归属。建立健全政府补贴、政府购买服务、助学贷款、基金奖励、捐资激励等制度，引导社会力量举办非营利性民办学校。"

3. 关于独立学院法律法规中规定的是"产权归属不清晰"

教育部办公厅2020年5月15日印发了《关于加快推进独立学院转设工作的实施方案》(教发厅〔2020〕2号)规定："独立学院转设要确保产权清晰。"

4. "法人财产权"是经营权

"法人财产权"在我国的政策与法律法规中最早出现在1993年11月14日党的十四届三中全会通过的《中共中央关于建立社会主义市场经济体制若干问题的决定》中，是一个具有中国特色的法律概念，不是指"所有权"，而是"经营权"。《民办教育促进法》等规定"享有法人财产权"即"经营权"①。因此，"享有法人财产权"不可能存在清晰"产权归属"问题，特别是"营利性民办学校"。2020年5月28日，《中华人民共和国民法典》(主席令第四十五号)也没有使用"法人财产权"这一概念，其第二分编为"所有权"。

(六) 建议修改相关文件中"法人治理结构"的规定

1. 关于"大学法人治理结构"的规定

党的十八届三中全会的《中共中央关于全面深化改革若干重大问题的决定》第15条指出："推动公办事业单位与主管部门理顺关系和去行政化，创造条件，逐步取消学校、科研院所、医院等单位的行政级别。建立事业单位法人治理结构。"

2011年3月23日发布的《中共中央　国务院关于分类推进事业单位改革的指导意见》在提到"推进从事公益服务事业单位改革"时，第16条规定："建立健全法人治理结构。"

2011年11月28日，教育部发布的《高等学校章程制定暂行办法》第四条规定："依法完善内部法人治理结构。"

2. "大学法人治理结构"的"法定代表人"是校长

顾名思义，"法人治理结构"的核心应是"法定代表人"，正如公司的法定代表人是董事长。《中华人民共和国高等教育法》第三十条指出："高等学校自批准设立之日起取得法人资格。高等学校的校长为高等学校的法定代表人。"这在法律上遇到

① 乔春华.民办高校法人财产权初探[J].中国行政管理，2008(10)：99-101.

了尴尬。

3. 党委会应是大学财务治理体制的核心

高校实行党委领导下的校长负责制。如：

《中华人民共和国高等教育法》第三十九条指出："国家举办的高等学校实行中国共产党高等学校基层委员会领导下的校长负责制。"

2010 年 8 月 13 日，中共中央发布的《中国共产党普通高等学校基层组织工作条例》(中发〔2010〕15 号)第三条指出："高等学校实行党委领导下的校长负责制。"

2014 年 10 月 15 日，《中共中央办公厅关于坚持和完善普通高等学校党委领导下的校长负责制的实施意见》明确指出："高等学校党的委员会是学校的领导核心。"

2015 年 5 月 4 日，《教育部关于深入推进教育管办评分离　促进政府职能转变的若干意见》(教政法〔2015〕5 号)第 13 条指出："完善学校内部治理结构。进一步加强和改善党对学校的领导，在公办高等学校落实《中共中央办公厅关于坚持和完善普通高等学校党委领导下的校长负责制的实施意见》(中办发〔2014〕55 号)。"

《教育部关于直属高校落实财务管理领导责任严肃财经纪律的若干意见》第一条指出："全面落实财务管理领导责任。高等学校实行党委领导下的校长负责制。直属高校党委要切实负起对学校财务管理工作的领导责任。"

因此，党委会应是大学财务治理体制的核心。建议将相关文件中"法人治理结构"修改为"党委领导下的法人治理结构"。

(七) 建议制定《教育投入法》和《高等教育收费条例》

1. 建议制定《教育投入法》

2001 年 7 月 26 日，《教育部关于印发〈全国教育事业第十个五年计划〉的通知》(教发〔2001〕33 号)指出："建议研究制定《教育经费保障法》，依法做到教育经费的'三个增长'，到 2005 年国家财政性教育经费支出占国内生产总值(GDP)的比例达到 4%，到 2010 年应进一步提高。"

教育部于 2004 年 2 月 10 日制定，国务院于 2004 年 3 月 3 日批转的《2003—2007 年教育振兴行动计划》(国发〔2004〕5 号)第 30 条规定："加强和改善教育立法工作，完善中国特色教育法律法规体系。……适时起草《教育投入法》……"笔者查询，从 1993 年到 2010 年，全国人大代表至少提交了 8 次(全国政协委员未统计)有关《教育投入法》的议案①。

1993 年的《中国教育改革和发展纲要》第 47 条规定："通过立法，保证教育经费的稳定来源和增长。"但从 2001 年正式提出《教育经费保障法》至今 20 多年，《教育经费保障法》或《教育投入法》仍未出台。

① 乔春华.后 4%时代教育经费投入的法规保障机制[J].会计之友，2014(13)：108-111.

2. 建议制定《高等教育收费条例》

2014年4月25日，《教育部财务司2014年教育财务工作要点》（教财司函〔2014〕152号）第2条指出："研究起草《学校收费条例（草案）》，推进学校收费改革和收费管理制度化、规范化。"

笔者曾提出"制定全国统一的收费标准，取消'属地性原则'，实行'高收费＋高资助'的模式"，建议"取消属地性原则，'经济承受能力'和'高校学费占年生均教育培养成本的比例最高不得超过25%'等，制定全国统一的收费标准，实行'高收费＋高资助'的模式"①。

（八）建议修改《事业单位财务规则》和《高等学校财务制度》

《事业单位财务规则》和《高等学校财务制度》中的"年度财务收支计划"应改为"应当建立跨年度预算平衡机制"。

（九）建议修改《国家自然科学基金资助项目资金管理办法》和《国家社会科学基金项目资金管理办法》（简称"两基金办法"）中的有关条款

1. "两基金办法"中直接费用不得列支从事科研项目主要人员薪酬于理不通

2015年4月15日，财政部、国家自然科学基金委员会印发的《国家自然科学基金资助项目资金管理办法》（财教〔2015〕15号）第九条规定："直接费用是指在项目研究过程中发生的与之直接相关的费用。"第九款指出："劳务费：是指在项目研究过程中支付给项目组成员中没有工资性收入的在校研究生、博士后和临时聘用人员的劳务费用，以及临时聘用人员的社会保险补助费用。劳务费应当结合当地实际以及相关人员参与项目的全时工作时间等因素，合理确定。"第十款指出："专家咨询费：是指在项目研究过程中支付给临时聘请的咨询专家的费用。专家咨询费标准按国家有关规定执行。"

2016年9月7日，财政部、全国哲学社会科学规划领导小组印发的《国家社会科学基金项目资金管理办法》（财教〔2016〕304号）第七条规定："直接费用是指在项目研究过程中发生的与之直接相关的费用。"第五款指出："专家咨询费：指在项目研究过程中支付给临时聘请的咨询专家的费用。专家咨询费预算由项目负责人按照项目研究实际需要编制，支出标准按照国家有关规定执行。"第六款指出："劳务费：指在项目研究过程中支付给参与项目研究的研究生、博士后、访问学者以及项目聘用的研究人员、科研辅助人员等的劳务费用。"

由此可见，从事科研项目的主要人员的薪酬不得列入科研经费。从事科研项目的主要人员的薪酬算不算"在项目研究过程中发生的与之直接相关的费用"？从事科研项目的主要人员的薪酬为什么不属于"在项目研究过程中发生的与之直接相关的费用"？直接费用中不能列入从事科研项目的主要人员的薪酬于理不通。

---

① 乔春华.高校学费的供给侧改革：高校财务领域供给侧改革之二[J].会计之友，2018(7)：121-126.

黄永林、李茂峰的研究表明："国家对高校科研人员劳务报酬政策进行改革，建立和完善纵向课题组劳务付出的补偿机制。建议一：参照国外通行做法，实行项目经费包干制，只要项目研究质量达到预期要求，课题组可以自由支配和使用经费，或者在总经费中明确规定一定比例用于科研课题组人员劳动补偿支出，避免过多依赖发票报销现象的发生。建议二：提高纵向科研项目经费间接费用中用于绩效支出比例，保障高校教师在开展科研项目研究中劳动付出能获得一定补偿，提高经济待遇，使得高校教师能安心从事教学和基础性科学研究工作。"①

2. 从事科研项目主要人员薪酬不能列入科研经费于法无据

2016 年 8 月 16 日发布的《国务院关于推进中央与地方财政事权和支出责任划分改革的指导意见》(国发〔2016〕49 号)中指出："财政事权是一级政府应承担的运用财政资金提供基本公共服务的任务和职责，支出责任是政府履行财政事权的支出义务和保障。……做到支出责任与财政事权相适应。按照'谁的财政事权谁承担支出责任'的原则，确定各级政府支出责任。对属于中央并由中央组织实施的财政事权，原则上由中央承担支出责任；对属于地方并由地方组织实施的财政事权，原则上由地方承担支出责任；……"

(1) 国家级课题的支出责任归中央财政，省级课题的支出责任归省财政

省属高校的学者从事国家级课题，根据"'谁的财政事权谁承担支出责任'的原则"，国家级课题的财政事权归中央，从事国家级课题的省属高校学者的薪酬理应由中央财政承担支出责任；同理，部属高校的学者从事省级课题，根据"'谁的财政事权谁承担支出责任'的原则"，省级课题的财政事权归省，从事省级课题的部属高校学者的薪酬理应由省财政承担支出责任。否则就违背了"'谁的财政事权谁承担支出责任'的原则"。

(2) 科研项目的财政事权是科研，支出责任是科研经费，不能挤占教学经费

高校教师从事科研项目的财政事权是科研，根据"'谁的财政事权谁承担支出责任'的原则"，从事科研项目的高校教师薪酬的支出责任理应是科研经费；"两基金办法"却不准将其列入"直接费用"，这些教师的薪酬从哪里列支？按"生均拨款"的"教学经费"！省属高校的学者从事省级课题研究，也不可挤占"培养人才"的经费，很多著名高校科研经费几十亿元，选择科研岗的学者很少上课，却占据了教师编制，其薪酬由"教学经费"列支却不能在高校科研经费中承担"支出责任"，这就是制度顶层设计上出了偏差。

这当然也违背了"'谁的财政事权谁承担支出责任'的原则"。

现在，很多省在科研"放、管、服"后以"绩效工资"的名义将从事科研项目的高

① 黄永林，李茂峰.我国高校科研经费管理政策与制度存在的主要问题及其对策建议[J].教育与经济，2013(3)：3-8.

校教师的薪酬列入“间接费用”之中，似乎提高了从事科研项目的高校教师的经济待遇，但却违背了“‘谁的财政事权谁承担支出责任’的原则”。以“放、管、服”的名义“曲线救国”又有什么意义?

(3) 建议

采用改革办法，根据“‘谁的财政事权谁承担支出责任’的原则”和“钱随事走”的预算理念，修订“两基金办法”中有关“直接费用”的条款，将从事科研项目的高校教师和研究人员的薪酬列入“直接费用”。

在解决了从事重大、重要项目科研人员的薪酬应在其科研项目经费中列支的问题后，我们认为，从事重大、重要项目科研人员的薪酬应高于教学人员、行政人员的薪酬。其原因在于：一是从事重大、重要项目的科研人员付出了比教学人员、行政人员更多的、更艰苦的、具有探索性和创新性的复杂劳动；二是这些科研人员承担着科研的不确定性带来的科研风险；三是争取到重大、重要科研项目不容易。

由于从事重大、重要科研项目的科研人员还承担着部分培养人才的教学任务(如指导研究生等)，因此，从事重大、重要科研项目科研人员的薪酬不应由科研项目经费全额承担，但其主体部分应由科研项目经费承担。至于课题大小与教学任务多少应占多少比例，仍应根据“财权与事权相统一”的原则来确定。

从事科研项目的高校教师和研究人员的薪酬由科研经费承担支出责任后，减少了在按“生均拨款”的“教学经费”列支，可相应地提高教师和管理人员的薪酬。

(十) 建议修改《审计署关于内部审计工作的规定》和《教育系统内部审计工作规定》中“主要负责人的直接领导下”的规定

1. 关于“主要负责人的直接领导下”的规定

2018年1月12日发布的《审计署关于内部审计工作的规定》(审计署令第11号)第六条规定：“国家机关、事业单位、社会团体等单位的内部审计机构或者履行内部审计职责的内设机构，应当在本单位党组织、主要负责人的直接领导下开展内部审计工作，向其负责并报告工作。”

2020年3月20日，教育部发布的《教育系统内部审计工作规定》(教育部令第47号)第七条规定：“内部审计机构应当在本单位主要负责人的直接领导下开展内部审计工作，向其负责并报告工作。”

2. 关于“设总审计师”的规定

2020年3月20日，教育部发布的《教育系统内部审计工作规定》(教育部令第47号)第九条规定：“单位可以根据工作需要建立总审计师制度。总审计师协助主要负责人管理内部审计工作。”

上述领导关系由“校长→审计处”变为“校长→总审计师→审计处”。“总审计师协助主要负责人管理内部审计工作”就不可能在“主要负责人的直接领导下”，如主要负责人“直接领导”，那么总审计师领导的唯一部门——内部审计机构就无所适从，总审计师也无法发挥作用。同一个文件却出现如此疏忽，建议删除“直接”两字。

好的制度执行能提供正能量，甚至是幸福；而坏的制度执行则提供负能量，甚至是灾难。

四、高校财务领域制度自信是制度优势转变为治理效能的前提

(一) 制度自信的提出和发展

2012 年 11 月 8 日，胡锦涛在党的十八大报告中提出：“只要我们胸怀理想、坚定信念，不动摇、不懈怠、不折腾，顽强奋斗、艰苦奋斗、不懈奋斗，就一定能在中国共产党成立一百年时全面建成小康社会，就一定能在新中国成立一百年时建成富强民主文明和谐的社会主义现代化国家。全党要坚定这样的道路自信、理论自信、制度自信！”

2016 年 7 月 1 日，习近平在庆祝中国共产党成立 95 周年大会上的讲话中指出：“当今世界，要说哪个政党、哪个国家、哪个民族能够自信的话，那中国共产党、中华人民共和国、中华民族是最有理由自信的。”

2017 年 10 月 18 日，习近平在党的十九大报告中指出：“中国特色社会主义道路是实现社会主义现代化、创造人民美好生活的必由之路，中国特色社会主义理论体系是指导党和人民实现中华民族伟大复兴的正确理论，中国特色社会主义制度是当代中国发展进步的根本制度保障，中国特色社会主义文化是激励全党全国各族人民奋勇前进的强大精神力量。全党要更加自觉地增强道路自信、理论自信、制度自信、文化自信，既不走封闭僵化的老路，也不走改旗易帜的邪路，保持政治定力，坚持实干兴邦，始终坚持和发展中国特色社会主义。”

(二) 高校财务领域已基本形成科学的制度体系

新中国高校财务领域制度建设经历了三个阶段：

第一阶段：1949 年 10 月至 1978 年 12 月，是摒弃半封建半殖民地大学制度和高校财务领域制度，建立在计划经济基础上的高校财务领域的制度。

第二阶段：1979 年 1 月至 1992 年 1 月，是改革开放时期在中国特色社会主义理论指导下高校财务领域制度的改革和探索。1992 年春，邓小平在南方谈话中深刻指出：“恐怕再有三十年的时间，我们才会在各方面形成一整套更加成熟、更加定型的制度。在这个制度下的方针、政策，也将更加定型化。”①

第三阶段：1992 年 2 月至今，是计划经济向社会主义市场经济转变的基础上改革和完善中国特色社会主义高校财务领域的制度。

笔者在本章第一节中阐述过，经过 70 多年的努力，高校财务领域已基本形成

---

① 邓小平文选：第三卷[M].2 版.北京：人民出版社，1994.

了科学制度体系。高校财务领域制度体系包括高校财务会计制度体系、高校管理会计制度体系、高校财务制度体系、高校预算制度体系、高校内部控制制度体系、高校审计制度体系六个方面。

（三）制度自信能激发高校财务领域深化改革的勇气

习近平指出："没有坚定的制度自信就不可能有全面深化改革的勇气，同样，离开不断改革，制度自信也不可能彻底、不可能久远。我们全面深化改革，是要使中国特色社会主义制度更好；我们说坚定制度自信，不是要固步自封，而是要不断革除体制机制弊端，让我们的制度成熟而持久。"①

笔者曾专门阐述过"高校财务领域的供给侧改革首先是制度供给"②。理论来源于实践并指导实践，制度来源于实践并规范人们在实践中的行为。实践发展永无止境，解放思想永无止境，认识真理永无止境，探索与总结经验永无止境，理论与制度改革和创新永无止境。制度自信来自对高校财务领域制度的建设、改革、创新和制度的自觉执行。

五、高校财务领域要加强制度理论研究和宣传教育

2019年10月31日，中国共产党第十九届中央委员会第四次全体会议通过的《中共中央关于坚持和完善中国特色社会主义制度　推进国家治理体系和治理能力现代化若干重大问题的决定》指出："加强制度理论研究和宣传教育，引导全党全社会充分认识中国特色社会主义制度的本质特征和优越性，坚定制度自信。"③

（一）加强制度理论研究

1. 制度建立理论和制度变迁理论

制度理论主要有制度建立理论（制度创立理论）和制度变迁理论（制度创新理论）。前已述及，制度来源于实践，理论来源于实践，理论和制度随实践的发展而发展。理论是行动的先导，理论通过制定制度来指导和规范人们实践中的行为。因此，制度理论尤为重要。制度理论是关于制定制度的依据和理解，解释制度的科学。制度竞争需要科学的理论支撑，制度理论成熟，制度竞争就会占优势。制度建立理论正是实践的产物，有家庭就要建立家庭的规矩，有组织就要建立组织的制度，有国家就要建立国家的法规，正所谓"国有国法，家有家规"，社会主义国家就要建立社会主义制度，资本主义国家就要建立资本主义制度。有了教育就要建立教育制度，有了学校就要建立学校制度，有了财务就要建立财务制度，有了会计就要

---

① 习近平在省部级主要领导干部学习贯彻十八届三中全会精神全面深化改革专题研讨班开班式上发表重要讲话[N].人民日报，2014-02-18.

② 乔春华.高等教育供给侧改革的财务视角[M].南京：东南大学出版社，2017：128-175.

③ 中共中央关于坚持和完善中国特色社会主义制度　推进国家治理体系和治理能力现代化若干重大问题的决定[N].人民日报，2019-11-06.

建立会计制度，有了审计就要建立审计制度，有了资产就要建立资产制度，等等。下文重点阐述制度变迁理论。

笔者曾指出："高校财务史，又是一部高校财务制度史。"①它其实又是一个制度变迁史。"制度变迁"是新经济史研究中对于影响和决定长期经济绩效的制度因素形成的新制度经济学中的一个重要概念。1993 年度诺贝尔经济学奖得主、美国经济学家道格拉斯 • C.诺思提出了制度变迁理论（Institution Change Theory）。诺思认为，如果人类没有持续地进行制度创新和制度变迁的冲动，并通过一系列制度（包括产权制度、法律制度）构建把技术改进的成果巩固下来，那么，人类社会的长期经济增长和社会发展是不可想象的。诺思还认为，制度变迁是根据某种原则进行的，这一原则就是，制度变迁的成本与收益之比对于促进或推迟制度变迁起关键作用，只有在预期收益大于预期成本的情况下，行为主体才会推动直至最终实现制度的变迁②。制度变迁过程一般可以分为五个步骤：第一，形成推动制度变迁的第一行动集团，即对制度变迁起主要作用的集团；第二，提出有关制度变迁的方案；第三，根据制度变迁的原则对方案进行评估和选择；第四，形成推动制度变迁的第二行动集团，即起次要作用的集团；第五，两个集团共同努力去实现制度变迁③。

2. 诱致性制度变迁与强制性制度变迁

最早提出"诱致性制度变迁"概念的是著名经济学家、美国明尼苏达大学经济学教授、美国人文科学院院士 V.W.拉坦。拉坦与日本农业经济学家速水佑次郎合作提出了一个著名的农业发展模型——"诱导的技术与制度发展模型"，并用西方与非西方经济的农业发展经验对这一模型进行了检验。拉坦在 1978 年发表的《诱致性制度变迁理论》一文中，在总结了传统经济学家和制度经济学家研究的基础上，提出了诱致性制度变迁的模型，成功地解释了"欧洲中世纪的农耕制度的变迁和 19 世纪运输、交通制度的变迁"。诱致性制度变迁强调了内生变量的影响，强调了首先利用经济体内部导致非均衡的力量自发的进展，然后沿着非均衡的发展路径再给予一个类似于强制变迁的外部推动力，就能保证改革沿着个人理性与社会理性相一致的道路加速前进。诱致性制度变迁的主体是个人（或个人组成的群体）、企业（或利益集团）和政府。诱致性制度变迁的特点是当制度变迁主体自己的收益基本满足后，可能会缺乏变迁的动力，致使变迁进展缓慢，或者由于路径依赖而降低效率。因此，诱致性制度变迁是指人们为争取获利机会自发倡导和组织实施对现行制度安排的变更或替代，创造新的制度，是人们在追求由制度不均衡引致

① 乔春华.新中国高校财务 70 年[M].南京：东南大学出版社，2019：前言.

② [美]道格拉斯 • C. 诺思.经济史中的结构与变迁[M].陈郁，罗华平，等译.上海：上海三联书店，1994：译者的话.

③ [美]道格拉斯 • C. 诺思.经济史中的结构与变迁[M].陈郁，罗华平，等译.上海：上海三联书店，1994：译者的话.

的获利机会时所进行的自发性制度变迁。

强制性制度变迁是著名经济学家、北京大学经济学教授林毅夫提出的。林毅夫在1989年提出了强制性制度变迁的概念和模型。他认为，制度变迁可能由政府强制实行制度供给造成，而诱致性制度变迁不适合中国国情。林毅夫认为，诱致性制度变迁模型不能解释中国的实况，其主要原因是，中国长期以来都是实行自上而下的集权管理模式，几乎所有的制度安排都是政府推动的，具有很强的强制性色彩。林毅夫认为，制度变迁有诱致性制度变迁和强制性制度变迁两种基本类型，前者是指一群人在响应制度不均衡所引起的获利机会时自发倡导、组织和实行的制度创新，后者则是指“由政府命令和法律引入和实行”的自上而下的制度变迁。林毅夫指出，“强制性制度变迁指的是由政府命令和法律引入和实行”的制度变化过程，而“诱致性制度变迁指的是现行制度安排的变更或替代，或者是新制度安排的创造，它由个人或一群(个)人，在响应获利机会时自发倡导、组织和施行”①。

我国会计制度变迁的主体是政府，制度变迁就具有强制性，政府在会计制度变迁的路径选择、制度变迁推进的程序中起到决定性作用，扮演着“制度决定者”的角色。不少学者在论述我国会计制度变迁的战略时，都认为是渐进式战略；笔者则认为，纵观我国70多年来会计制度的变迁史，是激进式和渐进式相结合：新中国成立初期是激进式。以新民主主义(以后是社会主义)社会制度取代半封建半殖民地制度，是会计环境的根本变化，是根本区别于旧会计制度的新会计制度诞生，因此，是激进式的制度变迁。新中国成立以后是渐进式。新中国成立以后虽然经历了计划经济体制向社会主义市场经济体制的重大变革，但在同一个政府领导下，特别是经历了计划经济体制后期与社会主义市场经济体制前期(改革开放时期，1978—1992年)的过渡时期，如前述的财政部“不断零星地出台会计核算和财务管理的具体办法”，逐步替代不适应会计环境的旧制度，达到整个会计制度改革的目标②。

3. 会计环境孕育着会计制度产生与发展的实践

笔者曾指出：“环境是会计理论研究逻辑的起点，会计制度变迁的动因是‘环境’。会计环境孕育着会计制度产生与发展的实践，会计制度变迁是社会经济发展的必然，为什么借贷记账法产生于13世纪地中海沿岸的意大利佛罗伦萨？因此，会计制度变迁的根本动因是社会环境，具体地说是会计环境。”③正如《晏子春秋·内篇杂下》曰：“橘生淮南则为橘，生于淮北则为枳。”

4. 制度文化自信

前已述及，制度中包括非正式规则，如价值信念、伦理规范、道德观念、风俗习

① 林毅夫.诱致性制度变迁与强制性制度变迁[M]//盛洪.现代制度经济学：下卷.北京：北京大学出版社，2003：260.

② 乔春华.新中国60年事业单位会计发展轨迹和经验教训[J].教育财会研究，2010(2)：3-10.

③ 乔春华.新中国60年事业单位会计发展轨迹和经验教训[J].教育财会研究，2010(2)：3-10.

惯及意识形态等，与法律、法令、法规等“硬约束”相比，意识形态、伦理道德、传统文化、风俗习惯等是“软约束”，是非强制性的行为准则或规则。总的来说，制度文化不仅包含“软的”部分，“硬的”部分也体现文化，正如美国学者罗伯特·墨菲所认为的，文化显示着“不同社会特定的生活方式。文化包括行为模式，或称行为准则，即规定了哪些行为是合适的、正常的、符合道德规范的。这种后天学到的行为模式是与社会中其他成员共同遵守的”①。从这个意义上来说，制度本身就是在道德风俗等文化元素的基础上形成的。

制度文化的立足点是什么？王岐山曾提出“信任不能代替监督”。儒家是以“人之初，性本善”为理念，而法家是以“人之初，性本恶”为理念。政治学上有“人性善假设”和“人性恶假设”两种不同的理论。休谟认为：“在设计任何政府体制和确定该体制中的一些制约和控制机构时，应将每个人都视为无赖——其全部行为，除了谋求个人私利之外，别无他图。”②所以，制度设计建立在法家“性恶”的前提下，预防各种制度漏洞，并有“法律责任”的条款，对“无赖”行为进行事后的惩罚和约束，对失德和违纪犯法行为做出制裁，才能树正气，倡良风，培育优良法治文化和法治环境。

制度文化这种价值体系，对制度设计、变迁与效能产生着重要影响的同时，又丰富和发展着制度文化。因此，文化自信是制度自信和国家竞争力的基础，我们应对我国社会主义高校财务领域的制度文化充满自信。

由此可见，制度设计很重要，笔者曾多次讲授过“会计制度设计”这门课程。可惜，相当多高校的会计专业现在不开设这门课程，甚至现在有些会计学硕士、博士都不知道“会计制度设计”是一门课程。

理论如此重要，我们必须理论自信。我国高校财务领域的理论来源于高校财务领域的实践，并在高校财务领域的实践中接受检验，证明其在高校财务领域的实践中基本行得通。至于上述“教育银行”等在实践中行不通。由于理论自信，制度建立理论指导下的高校财务领域的制度也充满自信，高校财务领域的制度文化也充满自信。

（二）加强制度宣传教育

2019 年 10 月 31 日，习近平在党的十九届四中全会第二次全体会议上讲话指出：“要把制度自信教育贯穿国民教育全过程，把制度自信的种子播撒进青少年心灵。要积极创新话语体系、提升传播能力，面向海内外讲好中国制度的故事，不断增强我国国家制度和国家治理体系的说服力和感召力。”③

---

① ［美］罗伯特·墨菲.文化和社会人类学[M].吴玫，译.北京：中国文联出版公司，1988：21-23.

② Hume D. On the interdependency of parliament[M]//Green T H, Grose T H. Essays: moral, political and literary. London: Longman, 1882: 117-118.

③ 习近平.坚持和完善中国特色社会主义制度推进国家治理体系和治理能力现代化[J].求是，2020(1)：4.

我国高校财务领域的制度随着实践的创新而得到创新，随着实践的发展而不断更新和完善。高校财务领域的新制度颁布后，不仅高校财务领域的人员需要学习，高校会计专业和财务专业的学生需要学习，高校教职工也需要了解，这就要加强制度宣传教育。

学习高校财务领域的制度，不仅要学习新制度本身，还要学习新旧制度比较，更要学习制度理论，掌握制度变化的来龙去脉和理论依据。

第三章　高校管理审计是制度效能转为治理效能的主要推手

第一节　治理审计是高校管理审计的重要组成部分

一、高校管理审计是高校审计的重要组成部分

2016 年,笔者在《高校管理审计研究》一书中指出:“管理审计是一种与财务审计相对立的审计,也就是说,内部审计分为财务审计与管理审计两类。在高校中财务审计包括预决算审计、专项资金审计、工程审计等;管理审计包括内部控制审计、治理审计、绩效审计、专项审计、经济责任审计和重要政策跟踪审计等。……‘十三五’期间,高校内部审计应是‘财务审计与管理审计并重,以管理审计为主的模式’。”①

在审计法规中涉及“管理审计”的规定有:

(一)《审计署关于内部审计工作的规定》

2018 年 1 月 12 日,审计署发布的《审计署关于内部审计工作的规定》(审计署令第 11 号)第十二条规定:“内部审计机构或者履行内部审计职责的内设机构应当按照国家有关规定和本单位的要求,履行下列职责:(一)对本单位及所属单位贯彻落实国家重大政策措施情况进行审计;(二)对本单位及所属单位发展规划、战略决策、重大措施以及年度业务计划执行情况进行审计;……(七)对本单位及所属单位经济管理和效益情况进行审计;(八)对本单位及所属单位内部控制及风险管理情况进行审计;(九)对本单位内部管理的领导人员履行经济责任情况进行审计;……”

(二)《教育系统内部审计工作规定》

2020 年 3 月 20 日,教育部发布的《教育系统内部审计工作规定》(教育部令第 47 号)第二十条规定:“内部审计机构应当按照国家有关规定和本单位的要求,对本单位及所属单位以下事项进行审计:(一)贯彻落实国家重大政策措施情况;(二)发展规划、战略决策、重大措施和年度业务计划执行情况;……(五)内部控制

① 乔春华.高校管理审计研究[M].南京:东南大学出版社,2016:19,52.

及风险管理情况；(六)资金、资产、资源的管理和效益情况；……(八)本单位管理的领导人员履行经济责任情况；……”

(三)《教育部关于加强直属高等学校内部审计工作的意见》

2015年2月9日发布的《教育部关于加强直属高等学校内部审计工作的意见》(教财〔2015〕2号)中，对开展高校管理审计的规定有：

1. 开展预算执行绩效审计

第7条规定："开展预算执行绩效审计。在预算年度结束后，应对高校预算执行结果进行审计，评价执行效果，提出改进建议。要对重点项目进行绩效审计，评价项目绩效，促进提高项目资金使用效益。"

2. 推动内部控制审计

第三部分"推动内部控制审计，切实加强风险防控"中第8条规定："将内部控制纳入内部审计范围。要结合内部控制制度建设工作，逐步建立健全内部控制监督评价制度，将内部控制审计列为内部审计日常工作。通过组织开展内部控制审计，推动内部控制建设，切实防范风险。"第9条规定："组织开展单位层面内部控制审计。应对单位层面内部控制进行全面调查，了解控制环境、风险评估、控制活动、信息与沟通、内部监督等内部控制要素。定期或不定期组织内部审计部门检查单位层面内部控制情况。内部审计部门可以结合学校经济活动风险评估，根据风险评估情况，对单位层面内部控制进行评价。重点评价内部控制工作的组织情况、内部管理制度和机制的建立与执行情况、内部控制关键岗位及人员的设置情况。要根据内部控制审计评价意见，及时改进，规范运行。"第10条规定："组织开展业务层面内部控制审计。要对学校各业务层面管理制度和机制的建立与执行情况，以及关键岗位及人员的设置情况等进行审计调查，对业务层面内部控制进行审计评价。重点审计预算业务、收支业务、政府采购业务、资产业务、建设项目和合同业务的内部控制情况。"

3. 深化经济责任审计

第四部分"深化经济责任审计，推动领导人员履职尽责"中第11条规定："建立健全经济责任审计工作联席会议机制。应建立健全纪检监察、组织人事、内部审计等职能部门组成的经济责任审计工作联席会议制度。联席会议要审议经济责任审计工作计划，听取审计结果报告，及时研究审计工作的重大问题，讨论审计处理意见，督促审计意见落实。"第12条规定："健全和完善经济责任审计工作制度体系。要制定和完善学校内部经济责任审计制度，明确审计对象和审计内容，规范审计程序和行为。要建立健全经济责任审计工作联席会议议事规则和工作制度，加强协作配合，形成制度健全、管理规范、运转有序、工作高效的运行机制。"第13条规定："建立任中经济责任审计制度。要坚持任中审计与离任审计相结合，适时开展任中经济责任审计。对承担重要经济责任的领导人员，任期内至少审计一次。"第14条规定："强化经济责任审计结果运用。加强审计整改和责任追究，逐步建立健全经济责任审计情况通报、责任追究、整改落实、结果公告等制度。根据审计内容和审计发现的问题，按照权责一致原则，依法依规对被审计领导人员进行责任认定。对审计发现的重大违法违纪案件线索，要依法移送纪检监察和司法机关。要将审计结果作为考核、任免、奖惩被审计领导人员的重要依据。及时总结研究审计结果反映的典型性、普遍性、倾向性问题，作为采取有关措施、完善有关制度规定的参考依据。"

4. 探索重要政策跟踪审计

第六部分"拓宽内部审计范围，更好服务改革发展"中第 19 条规定："探索开展重大项目、重要政策跟踪审计。可组织对教育部和学校的重大改革项目、重要方针政策的落实情况进行跟踪审计，着力监督检查内部机构和下属单位的具体部署、执行进度、实际效果等情况。及时发现和纠正有令不行、有禁不止行为，促进改革目标完成和政策落地生根。"

5. 适时开展专项审计调查

第六部分"拓宽内部审计范围，更好服务改革发展"中第 20 条规定："适时开展专项审计调查。可根据改革发展和内部管理需要，配合党风廉政建设工作，适时开展专项审计调查。针对改革发展过程中出现的新情况、内部管理中遇到的新问题，利用审计反映制约发展、阻碍改革的措施规定，揭示内部管理存在的风险漏洞，及时研究解决，推动改进完善。"

（四）《教育部关于直属高校落实财务管理领导责任严肃财经纪律的若干意见》

2015 年 5 月 22 日印发的《教育部关于直属高校落实财务管理领导责任严肃财经纪律的若干意见》（教财〔2015〕4 号）第十五条"加强内部审计工作"中规定："深入落实《教育部关于加强直属高等学校内部审计工作的意见》。学校主要负责人应直接领导内部审计工作。应设置独立内部审计部门，足额配备专职审计人员，切实加强内部审计专业化建设。强化预算管理审计、内部控制审计、经济责任审计，加强对科研经费管理、建设工程管理、采购管理、资产管理等重点领域的审计。拓展内部审计范围，探索开展重要政策跟踪审计、适时开展专项审计调查。强化审计结果运用，加强审计整改和责任追究，推进审计结果公开。"

本节中的"内部审计"主要指的是"管理审计"。

二、高校审计是高校治理的基石和保障

（一）国家审计是国家治理的基石和保障

2014 年 11 月 19 日，刘家义在 2014 年度第一期地县级审计局长培训班上的讲话中指出："审计最核心的本质是什么？国家治理。国家治理的需要决定了国家审

计的产生和发展，国家治理的目标决定了国家审计的方向，国家治理的模式决定了国家审计的制度安排。所以审计是什么？是国家治理的基石和重要保障。”

2014 年 10 月 14 日，刘家义出席在南京审计干部教育学院举办的南太平洋地区最高审计机关高级审计研讨班时发表了题为《国家审计与国家治理》的主题演讲，他指出：“国家治理就是对国家和社会的控制、管理和服务，研究国家审计如何更好地服务国家治理具有非常重要的意义。国家审计作为国家政治制度不可缺少的组成部分，是国家治理的一个重要组成部分，是依法用权力监督制约权力的重要方式，是国家治理的基石和保障。发挥国家审计作用，更好地服务国家治理，既符合历史发展的客观规律，又是全球治理的形势需要，更符合中国的现实国情。国家审计是国家治理体系和治理能力现代化的基石和保障。国家审计通过监督检查法律法规执行情况，推进民主法治建设；通过监督制约权力运行，推动规范权力的配置和运行；通过揭示案件线索、查处大案要案，促进打击和预防腐败；通过揭示反映经济社会运行中的薄弱环节和风险，维护国家安全；通过重点关注民生问题，维护人民群众利益；通过在体制、机制、制度层面反映问题和提出建议，推动深化改革。”

2015 年 3 月，《欧洲审计组织杂志》(*EUROSAI Magazine*)第 20 期刊载了中国审计署时任审计长刘家义作为世界审计组织主席撰写的主题文章《以创新有效的方式传递审计信息》。文章指出：“立足于推动完善国家治理，树立科学的审计信息理念。国家审计是国家治理的基石和保障，国家治理的需求决定了国家审计的产生，国家治理的目标决定了国家审计的方向，国家治理的模式决定了国家审计的制度形态，审计信息必须立足于推动完善国家治理，立足于发挥国家审计独立性、专业性和经常性的优势，确保传递权威和有公信力的信息。”

(二) 内部审计是公司治理的基石

1.《凯德伯瑞报告》认为审计是公司治理的基石

1991 年 5 月，英国财务报告委员会、伦敦证券交易所与会计职业界合作成立了由以安德恩・凯德伯瑞(Adrian Cadbury)爵士为首的 12 名权威人士组成的委员会，简称凯德伯瑞委员会，它是世界上第一个公司治理委员会。凯德伯瑞有着在英国多家国内外著名大企业的董事会出任董事会主席和董事的丰富经验，如他先后在吉百利史威士公司、英格兰银行、IBM 英国有限公司的董事会中担任主席等职务。英国公司治理财务事务委员会在 1992 年 5 月 27 日提交了《公司治理的财务视角》的报告，简称《凯德伯瑞报告》。该报告同时提出了英国原创的世界第一份有关公司治理的“最佳实践准则”。《凯德伯瑞报告》第 5 章第 1 条的第 1 句话是：“年度审计是公司治理的基石。”

2. IIA 的《改善公司治理的建议》认为审计是公司治理结构的基石

2002 年 4 月，国际内部审计师协会(The Institute of Internal Auditors,

IIA)在对美国国会关于《萨班斯法案》的意见陈述书《改善公司治理的建议》中提出：内部审计、外部审计、董事会以及高层管理人员是构成有效公司治理的四大基石。IIA 在 2003 年修订的《内部审计实务标准》中明确提出了内部审计要为公司的治理作贡献。

3. 内部审计与董事会及其所属审计委员会、管理层和外部审计构成公司治理体系的四个"基本主体"

2003 年,IIA 与澳大利亚皇家墨尔本理工学院(RMIT University)联合发布了《内部审计在公司治理和公司管理中的作用》研究报告。研究结果表明,内部审计人员对于其在公司治理中的作用持积极乐观态度,但对如何在实际中发挥作用则缺乏十足的信心。他们普遍认为内部审计的有效性取决于董事会和管理层成员的才干和人品。该报告的研究者们向 IIA 和其他管制机构提出了 13 条建议,主要目的是增进内部审计与董事会及其所属审计委员会、管理层和外部审计人员的沟通,加强内部审计管理。格拉姆林(Gramling)等采纳了公司治理体系由四个"基本主体"构成的观点,即组织利益相关者的主要代理人被视为公司治理的四个"基本主体",包括董事会所属的审计委员会、执行管理层、外部审计人员和内部审计机构,但重点关注内部审计部门这一主体如何通过发展与其他三个主体的关系来促进公司治理。他们认为,内部审计部门是"透视整个公司的窗口",是负责治理的其他主体可以依赖的一种极具价值的资源①。

4. 内部审计在公司治理中的地位

著名内部审计专家罗伯特・莫勒(Robert Moeller)说,内部审计"早在 20 世纪 40 年代后期就已成为公司治理的重要组成部分了"②。

贝利等认为:"在当今任何组织中,关键的前提是,一个强有力的内部审计部门对于支持和促进有效组织治理会大有用武之地。许多组织治理问题与风险管理的有效监控和监督有关,并且如果内部审计人员被视为'风险管理专家',那么预计未来他们将在组织内发挥极其重要和杰出的作用。随着纽约证券交易所最近要求所有上市公司都要设立内部审计部门,内部审计部门的形象已大幅提升。随着在组织治理高层讨论中占有一席之地,内部审计职业的视野得到大幅拓展,其增加价值的机会也呈指数增长。"③

贝利等认为:"内部审计职能——在治理过程中,内部审计发挥着独特的作用。…… 在推行有效的治理和控制并评估管理控制实务有效性时,内部审计发挥

① 转引自：石恒贵.内部审计在公司治理中的作用机理与实证研究[D].重庆：重庆大学,2010：13.

② 转引自：王光远,瞿曲.公司治理中的内部审计：受托责任视角的内部治理机制观[J].审计研究,2006(2)：29-37.

③ [美]Bailey A D Jr, Gramling A A, Ramamoorti S.内部审计思想[M].王光远,等译.北京：中国时代经济出版社,2006：13-14.

着积极的作用。”①

贝利等认为：“IIA 的《内部审计职业实务准则(2003)》(以下简称《准则》)突出了内部审计人员在治理中的角色。《准则》2130 关于治理的条款专门指出：‘内部审计活动应当评价并改善以下程序，为组织的治理过程作出贡献：(1)建立并宣称组织价值和目标的程序；(2)监控目标实现情况的程序；(3)确保受托责任履行的程序；以及(4)维护组织价值的程序。’《准则》也要求内部审计部门将重大的公司治理问题向董事会和高级管理层报告(《准则》2060)，评价与组织治理相关的风险暴露(《准则》2110.A2)，以及评价包括组织治理在内的控制的适当性和有效性(《准则》2120.A1)。”②

从上可知，国家审计是国家治理的基石和保障，内部审计是公司治理的基石，高校审计是高校治理的基石和保障。

三、高校治理审计是高校管理审计的重要组成部分

(一) 治理评价内容

1. “治理审计”即“治理型内部审计”

谁对董事会作出评价？傅黎瑛指出：“谁具备相应的职能并有足够的独立性和权威性对董事会和管理者治理过程实施监督和再评价？治理型内部审计的出现，从制度安排上解决了这个问题。一旦内部审计被赋予治理的职能，成为公司治理的一部分，同时，根据企业自身的治理环境，使内部审计服务于高层治理机构从而扩大其在组织中的独立和权威地位，就能有效地开展公司治理审计，以解决公司治理过程中‘由谁对监督者进行再监督’的困扰，并一定程度避免了被称作‘橡皮图章’的董事会因为不了解企业日常经营情况而使监督流于形式。”③

在国外董事会审计早已实施。董事会审计是通过对董事会结构及其成员、董事会风格、董事会培训、董事会实务(包括企业战略的制订、创新、生产力、市场推广、人员开发、团体关系以及最终收益等)作出评价，对董事会的治理责任及其业绩作出保证④。各国公司治理准则形成的治理评价指标体系正是董事会审计现有的具有较强操作性的参考标准。

2. 治理效果评价是对治理环境和治理过程的评价

IIA 在《内部审计实务标准》“2130—治理”中建议内部审计对公司治理效果评

---

① [美]Bailey A D Jr, Gramling A A, Ramamoorti S.内部审计思想[M].王光远，等译.北京：中国时代经济出版社，2006：26.

② [美]Bailey A D Jr, Gramling A A, Ramamoorti S.内部审计思想[M].王光远，等译.北京：中国时代经济出版社，2006：255.

③ 傅黎瑛.公司治理的重要基石：治理型内部审计[J].当代财经，2006(5)：119-122.

④ Robert T. Auditing the board's effectiveness[J]. Management Auditing, 1987(5)：22-25.

价的内容归纳为：一是围绕组织治理环境的评价；二是对治理过程的评价。

（1）高校治理环境的评价（审计）

良好的治理环境是组织治理的基础。高校治理环境是指治理结构、大学文化、价值观及政策等。

（2）高校治理过程的评价（审计）

IIA 在《内部审计实务标准》"2100—内部审计工作的性质和范围"中指出："什么是治理过程？①治理过程是所有者及其代表对管理者执行的风险管理和控制过程的监督活动；②治理过程的一个方面是要监督、敦促管理者和员工忠于职守，遵守法律、道德规范和社会责任，在组织中建立起一种道德文化；③治理过程要求组织守法经营、诚信经营，反对弄虚作假，对国家、对社会、对投资者、对客户和员工负责；④治理过程的宗旨是确保组织目标的实现和维护组织的价值。"

（3）高校治理效率

高校治理效率是一种复合性效率，既是结构性效率和适应性效率的结合，又是静态治理效率和动态治理效率的综合体现。高校治理效率是治理成本与治理收益的比率。高校治理成本包括治理的交易成本、代理成本、组织成本与执行成本等；高校治理收益包括教育质量、科研成果、创新能力与声誉等。内部审计可以通过调查问卷等方式评价治理的有效性。

《中共中央关于全面深化改革若干重大问题的决定》指出，国家治理体系和治理能力现代化是全面深化改革的总目标之一。治理审计是审计的前沿领域。

（二）内部审计在治理过程中发挥着独特的作用

贝利等认为："内部审计职能——在治理过程中，内部审计发挥着独特的作用。……在推行有效的治理和控制并评估管理控制实务有效性时，内部审计发挥着积极的作用。"①

2003 年 9 月，IIA 总部前执行副主席理查德 · F. 钱伯斯先生（Richard F. Chambers）访华，他在北京举办的国际内部审计高级研讨班演讲的专题之一《国际内部审计的发展趋势》中提到了三大发展趋势：一是重新介入内部控制；二是推动更有效的公司治理；三是对内部审计师的期望在改变。2004 年 6 月，时任 IIA 理事会主席的鲍伯 · 麦克唐纳先生（Bob McDonald）访华，他在关于内部审计的演讲中再次提到了国际内部审计发展的上述三大趋势②。

2015 年 4 月 13 日，中国审计署时任审计长刘家义在北京举行的国际内部审计师协会（IIA）2015 年全球委员会会议开幕式上的致辞中指出："内部审计应在组织

① ［美］Bailey A D Jr, Gramling A A, Ramamoorti S.内部审计思想［M］.王光远，等译.北京：中国时代经济出版社，2006：26.

② 转引自：张玉.IIA 提出国际内部审计三大发展趋势［J］.中国内部审计，2005(5)：1.

机构的治理中担当越来越重要的角色。”

(三) 内部审计必须对治理进行评价

1. 国际内部审计师协会在定义中的规定

2001 年，IIA 第七次定义内部审计：“内部审计是一种独立、客观的确认和咨询活动，其目的在于为组织增加价值和改善组织的运营，它通过系统化和规范化的方法，评价和改进风险管理、控制和治理过程的效果，帮助组织实现其目标。”

2013 年 1 月，IIA 修订的《国际内部审计专业实务框架》(红皮书)第八次定义内部审计：“内部审计是一种独立、客观的确认和咨询活动，旨在增加价值和改善组织的运营。它通过应用系统的、规范的方法，评价并改善风险管理、控制和治理过程的效果，帮助组织实现其目标。”

2. 国际内部审计师协会的规定

2006 年，IIA 在《组织治理：内部审计人员指南》中明确表示：“内部审计是通过对组织的风险管理、控制和治理程序进行确认，才成为有效治理重要基石之一的。”

2013 年 1 月，IIA 修订的《国际内部审计专业实务框架》(红皮书)“2110—治理”中指出：“内部审计活动必须评价并提出适当的改进建议，以改善组织为实现下列目标的治理过程：(1)在组织内部推广适当的道德和价值观；(2)确保整个组织开展有效的业绩管理、建立有效的问责机制；(3)向组织内部有关方面通报风险和控制信息；(4)协调董事会、外部审计师、内部审计师和管理层之间的工作和信息沟通。”

IIA 修订的《国际内部审计专业实务框架》(红皮书)“2120. A1”中指出：“内部审计部门必须评估下列与组织治理、运营及信息系统有关的风险：(1)组织战略目标的实现；(2)财务和运营信息的可靠性和完整性；(3)运营和程序的效果和效率；(4)资产的安全；(5)对法律、法规、政策、程序及合同的遵循情况。”

IIA 修订的《国际内部审计专业实务框架》(红皮书)“2130—治理”中明确规定，内部审计在公司治理方面的工作内容为：“内部审计可以通过评估和完善组织的治理程序为组织的治理服务；内部审计可以通过评价并完善以下程序和内容为公司治理作出贡献：第一，制订并传递公司使命和价值观的程序；第二，监督和控制公司目标实现状况的程序；第三，确保责任机制的程序；第四，维持并确保企业价值观得到有效实施的程序。”“2130. A1”规定：“内部审计部门必须评估下列针对组织内部治理、运营和信息系统等风险的控制的适当性和有效性：(1)组织战略目标的实现；(2)财务和运营信息的可靠性和完整性；(3)运营和程序的效果和效率；(4)资产的安全；(5)对法律、法规、政策、程序及合同的遵循情况。”

3. 审计署和教育部的规定

2020 年 3 月 20 日，教育部发布的《教育系统内部审计工作规定》(教育部令第

47 号)第三条规定:“本规定所称内部审计,是指对本单位及所属单位财政财务收支、经济活动、内部控制、风险管理等实施独立、客观的监督、评价和建议,以促进单位完善治理、实现目标的活动。”

2015 年 2 月 9 日,《教育部关于加强直属高等学校内部审计工作的意见》(教财〔2015〕2 号)第 1 条规定:“内部审计是规范权力运行的重要手段,是强化过程监管的重要方式,是提高资源绩效的重要保障。加强内部审计工作,是完善学校内部治理结构和健全权力约束机制的重要措施,对促进高校科学发展具有重要意义。”

2014 年 12 月 9 日印发的《高等学校财务报表审计指引》(会协〔2014〕71 号)“第五章　了解内部控制”中指出:“控制意识在很大程度上受治理层的影响。被审计高校的行为守则、其他法律法规或在为治理层制定的指引中是否明确规定了治理层的职责及其重要性,如监督内部举报不恰当行为的程序和用于复核内部控制有效性的程序的设计是否合理且有效执行。再如,治理层是否对虚报冒领科研经费进行认真调查,并对查实事项严肃处理。”

从上可知,国内对组织治理的审计开展尽管较晚,但也已经开始,特别是教育部近期的规定,显然很重视对高校内部治理结构的审计。

四、“大学章程”审计——高校治理审计

(一)“章程”与完善治理结构是连在一起的

我国大学都有“章程”。章程是学校的“宪法”,有了“大学章程”就相当于学校有了自己的根本大法。因此,“章程”与完善治理结构是连在一起的。

《国家中长期教育改革和发展规划纲要(2010—2020 年)》第四十条规定:“完善中国特色现代大学制度。完善治理结构。……加强章程建设。”

2010 年 12 月 5 日,国务院办公厅印发的《关于开展国家教育体制改革试点的通知》第 6 条指出:“改革高等教育管理方式,建设现代大学制度。……推动建立健全大学章程,完善高等学校内部治理结构。”

2011 年 11 月 28 日,教育部发布的《高等学校章程制定暂行办法》第四条规定:“依法完善内部法人治理结构。”

2015 年 4 月 16 日,《中共教育部党组 2015 年党风廉政建设工作要点》第 22 条指出:“推进高校章程建设,完善高校内部治理结构。”

2015 年 10 月 24 日,国务院印发的《统筹推进世界一流大学和一流学科建设总体方案》第(十)条“完善内部治理结构”指出:“建立健全高校章程落实机制,加快形成以章程为统领的完善、规范、统一的制度体系。”

吕春荣报道:“‘世界一流大学的建设标准,在底线上有相同点,顶端则没有相同点,所以并没有统一的衡量标准。’中国教育科学研究院研究员储朝晖向中新网记者表示。从‘底线’上说,世界一流大学有相同点,都有建立现代大学制度,拥有

学校内部的治理意识，以及专业的管理制度等，但‘顶端’没有相同点，一流大学不尽相同，其各有特色，各有长处。”①

由此可见，任何大学，只要是正规大学，都必须建立现代大学制度，“双一流”建设大学尤其是这样。现代大学制度的核心是“完善治理结构”，大学治理结构是现代大学制度的基石。设想一个“双一流”建设大学如果没有完善的治理结构，没有建立现代大学制度，谈何建设“一流”大学和“一流”学科？“大学章程”是学校的“宪法”，如果“大学章程”没有明确体现出“健全和完善治理结构”，则不得不认为该“大学章程”存在缺憾。

（二）高校治理审计是监督“章程”执行、激发“章程”活力的过程

2018年1月12日发布的《审计署关于内部审计工作的规定》（审计署令第11号）第十二条规定：“内部审计机构或者履行内部审计职责的内设机构应当按照国家有关规定和本单位的要求，履行下列职责：（一）对本单位及所属单位贯彻落实国家重大政策措施情况进行审计；（二）对本单位及所属单位发展规划、战略决策、重大措施以及年度业务计划执行情况进行审计；……”

2020年3月20日，教育部发布的《教育系统内部审计工作规定》（教育部令第47号）第二十条规定：“内部审计机构应当按照国家有关规定和本单位的要求，对本单位及所属单位以下事项进行审计：（一）贯彻落实国家重大政策措施情况；（二）发展规划、战略决策、重大措施和年度业务计划执行情况；……”

2011年11月28日，教育部发布的《高等学校章程制定暂行办法》（教育部令第31号）第八条规定：“制订学校规划并组织实施。”

上述文件虽未提到“章程”，但已涉及“贯彻落实国家重大政策措施情况”和“发展规划、战略决策、重大措施和年度业务计划执行情况”。

目前“大学章程”普遍存在的问题是：其制定前与制定后没有明显变化，执行不力，形同虚设。而高校治理审计在理论研究和实务操作等各方面几乎是空白。高校“章程”大多为近十几年制定，高校治理结构也有待完善，因此，特别需要对高校治理过程及其结果进行审计。

但是“大学章程”执行如何？近年有新闻披露，多名大学校长论文造假，几十位教授数学论文造假②，学术委员会干什么去了？四川音乐学院原书记和声乐系的3位女教授的招生丑闻，西南交通大学学生篡改成绩保研“985工程”大学，学校招生办和纪委干什么去了？高校审计对“大学章程”的执行进行治理评价就是激活“大学章程”，审计过程是监督制度执行、激发制度活力的过程，激发制度活力的过程就是制度效能转为治理效能的过程。

---

① 吕春荣.中国大学明确“世界一流”时间表 哪些内功需修炼？[N].中国新闻网，2015-11-06.

② 李明子.中国65篇数学论文涉嫌批量造假，丘成桐：抄袭一直存在[N].中国新闻周刊，2020-06-30.

对“大学章程”的评价(审计)就是对“大学章程”执行过程和结果的治理效率的评价(审计)。执行“大学章程”走过场也易“制度空转”。

第二节　高校管理审计是高校内部制度效能转为治理效能的主要推手

一、高校财务领域制度效能转变为治理效能关键在于执行

本节标题所提的“管理审计”应包括“治理审计”和“内部控制评价(审计)”。“治理审计”上节已阐述,“内部控制评价(审计)”因内容较多,又是目前高校管理审计的重要内容,因此,在下一节专门阐述。

(一) 制度要有效能

制度要有效能早就被制度经济学家阐述过。制度经济学家柯武刚指出:“制度,要有效能,总是隐含着某种对违规的惩罚。”①新制度经济学的代表人物之一诺思认为:“制度对经济绩效的影响是无可争议的。”②

制度是制约人们行为相互关系的规则。制度要有效能主要体现在惩罚方面。诺贝尔经济学奖得主约瑟夫·斯蒂格利茨教授指出:“制度为一个共同体所共有,并总是依靠某种惩罚而得以贯彻,没有惩罚的制度是无用的。提供经济激励需要奖罚机制。工作不是特别努力的个人将比工作特别努力的其他人得到更低的工资。”③因此,制度必须规定提倡什么、反对什么,激励什么、惩罚什么,使人们的行为在制度框架内进行,使权力在制度的笼子内运行。但是,前文中列举的高校中曾出现过的风险与问题,除违法外,并没有对违反制度的人进行惩罚,制度的严肃性和权威性大打折扣,失去了制度应有的效能,给高校财务领域留下了隐患。

第一个提出“内部控制”概念的是现代管理之父亨利·法约尔。1908 年,他在圣·艾蒂安举行的法国矿业协会 50 周年庆典上所作的报告中指出:“我着重谈一下企业内部控制,这种控制的目的是专门为了有助于各部门的工作的顺利进行,而总的来讲,也有助于企业运营的顺利进行。为了达到有效控制,控制应在有限的时间内及时进行,并且应该伴随有奖惩。”④法约尔也是第一个提出内部控制制度“伴随有奖惩”的人。

(二) 制度执行是制度效能转为治理效能的根本保证

中共中央十九届四中全会通过的《中共中央关于坚持和完善中国特色社会主

① 柯武刚.制度经济学[M].韩朝华,译.北京:商务印书馆,2000:35.
② [美]道格拉斯·C.诺思.制度、制度变迁与经济绩效[M].上海:格致出版社,2008:3.
③ [美]约瑟夫·斯蒂格利茨.发展与发展政策[M].纪沫,等译.北京:中国金融出版社,2009:495.
④ [法]亨利·法约尔.工业管理与一般管理[M].周安华,等译.北京:中国社会科学出版社,1998:137.

义制度　推进国家治理体系和治理能力现代化若干重大问题的决定》提出了“制度优势更好转化为国家治理效能”的重要观点①。

2014 年 8 月 27 日，习近平在听取兰考县和河南省党的群众路线教育实践活动情况汇报时的讲话中指出：“有了好的制度如果不抓落实，只是写在纸上、贴在墙上、锁在抽屉里，制度就会成为稻草人、纸老虎。要强化制度执行。”②高校财经制度中财务会计制度一般都会硬性执行，因为财务会计制度中如填制凭证、登记账簿、编制报表都必须执行，不执行就不会生成会计信息；而管理会计制度（如“业财融合”“决策分析”“责任会计”等）以及高校中的内部控制制度、“大学章程”等没有硬性规定必须天天反映其执行情况，容易“写在纸上、贴在墙上”。

（三）制度的生命力在于执行

明代的张居正在《请稽查章奏随事考成以修实政疏》中指出：“盖天下之事，不难于立法，而难于法之必行。”将制度优势转化为治理效能的关键在于提升制度执行力。

以习近平为核心的党中央十分重视制度的执行：

2013 年 6 月 18 日，习近平在党的群众路线教育实践活动工作会议上讲话时指出：“有的抓工作不讲实效，不下功夫解决存在的矛盾和问题，难以给领导留下印象的事不做，形不成多大影响的事不做，工作汇报或年终总结看上去不漂亮的事不做，仪式一场接着一场，总结一份接着一份，评奖一个接着一个，最后都是‘客里空’。”③

2015 年 6 月 26 日，习近平在十八届中共中央政治局第二十四次集体学习时指出：“法规制度的生命力在于执行。‘盖天下之事，不难于立法，而难于法之必行。’现在，我们有法规制度不够健全、不够完善的问题，但更值得注意的是已有的法规制度并没有得到严格执行。”④

2015 年 12 月 21 日，李克强在北京接见全国政府秘书长和办公厅主任会议全体代表时指出：“好政策千条万条，不落实等于白条。”⑤

2016 年 6 月 28 日，习近平主持召开中共中央政治局会议审议通过《中国共产党问责条例》。会议强调：“问责条例是全面从严治党的重要制度，制度的生命在于执行。全面从严治党、推进标本兼治，最根本的就在于各级领导干部要把管党治党

① 中共中央关于坚持和完善中国特色社会主义制度　推进国家治理体系和治理能力现代化若干重大问题的决定[N].人民日报，2019-11-06.

② 习近平在听取兰考县和河南省党的群众路线教育实践活动情况汇报时的讲话[M].北京：中央文献出版社，2015：59.

③ 习近平在党的群众路线教育实践活动工作会议上的讲话[N].人民日报，2013-06-19.

④ 习近平在十八届中央政治局第二十四次集体学习时的讲话[N].人民日报，2015-06-28.

⑤ 李克强在接见全国政府秘书长和办公厅主任会议全体代表时强调：围绕中心服务大局，统筹协调狠抓落实，当好政府科学决策和施政的参谋助手[N].人民日报，2015-12-24.

的责任担当起来。各级党组织都要把自己摆进去，联系实际、以上率下，敢于较真碰硬、层层传导压力，让失责必问成为常态。”①

2019年9月24日，习近平在十九届中共中央政治局第十七次集体学习时的讲话中指出：“制度的生命力在于执行。要强化制度执行力，加强制度执行的监督，切实把我国制度优势转化为治理效能。各级党委和政府以及领导干部要增强制度意识，善于在制度的轨道上推进各项事业。广大党员、干部要做制度执行的表率，引领全社会增强制度意识，自觉维护制度权威。”②

2019年10月31日，党的十九届四中全会通过的《中共中央关于坚持和完善中国特色社会主义制度 推进国家治理体系和治理能力现代化若干重大问题的决定》第十五条指出：“制度的生命力在于执行。各级党委和政府以及各级领导干部要切实强化制度意识，带头维护制度权威，做制度执行的表率，带动全党全社会自觉尊崇制度、严格执行制度、坚决维护制度。健全权威高效的制度执行机制，加强对制度执行的监督，坚决杜绝做选择、搞变通、打折扣的现象。”③

(四) 执行需要领导者亲自推动

1. 执行决定成败

执行首先是个实践问题，汪中求指出：“中国绝不缺少雄韬伟略的战略家，缺少的是精益求精的执行者；绝不缺少各类规章制度、管理制度，缺少的是对规章制度不折不扣的执行。”④一些研究舞弊的学者，批评“头痛医头、脚痛医脚”，主张从制度入手，这是对的。但制度需构建成体系，制度更需执行！

美国学者拉里·博西迪和拉姆·查兰等合著的《执行：如何完成任务的学问》一书于2002年出版后，“执行”便成为当时最流行的词汇，在中国掀起了研究和实践“执行力”的热潮。政府官员认为：“执行力是政府工作的生命力。”企业家认为：“执行是企业生存之本。”徐中博士在推介《执行：如何完成任务的学问》一书时认为：“‘执行’之所以关键，在于执行是目标与结果之间的桥梁！是战略实施中不可缺失的一环，是各级领导者的主要工作，是企业文化的灵魂。”⑤

2. 执行需要领导者亲自推动

拉里·博西迪在《执行：如何完成任务的学问》一书的“导言”中还指出：“许多人认为执行是一种过于细节性的工作，企业领导者一般是不屑为之的。而我要在

---

① 习近平主持召开中共中央政治局会议，审议《中国共产党问责条例》[N].人民日报，2016-06-29.

② 习近平在中央政治局第十七次集体学习时强调：继续沿着党和人民开辟的正确道路前进，不断推进国家治理体系和治理能力现代化[N].人民日报，2019-09-25.

③ 中共中央关于坚持和完善中国特色社会主义制度 推进国家治理体系和治理能力现代化若干重大问题的决定[N].人民日报，2019-11-06.

④ 汪中求.细节决定成败[M].北京：新华出版社，2004：39-40.

⑤ [美]拉里·博西迪，拉姆·查兰，查尔斯·伯克.执行：如何完成任务的学问[M].刘祥亚，等译.北京：机械工业出版社，2011：推介3.

这里明确指出，这种观点是错误的。事实恰恰相反，执行应当是一名领导者最重要的工作。”

拉里·博西迪等认为：“执行是如此重要，但为什么长久以来却一直为人们所忽视呢？可以肯定的是，并不是没有人意识到这个问题，但为什么大家都没有采取实际的措施来建立一种执行文化呢？……领导者们总是喜欢自己制订战略，然后把执行落实的任务交给手下的经理。但你们可曾想到，难道那些伟大的CEO和诺贝尔奖得主不是通过亲手执行才取得这种荣耀吗？是的，实际上，轻视执行的重要性根本上就是错误的。”①因此，他们指出：“所有伟大的领导者都需要有一种执行的本能。”②

保罗·托马斯等也认为：“（执行是）领导者的第一任务。在这里，我们最需要强调的就是执行力，这是一切有效战略的关键要素。如果没有执行力，战略最终就是一句空话。执行本身就是战略的组成部分。执行是一套系统化流程，是一个完整执行的体系，其成功条件是：首先要有一流的业务流程。”③他们还强调指出：“领导者必须亲自参与。与传统认识不同，有效的执行是需要领导者亲力亲为的系统工程，而不是对企业具体运行的细枝末节的关心。”④

由此可见，强调内部控制执行是领导者的首要任务。CEO就称为首席执行官；小公司不设董事会就由执行董事一个人全权代理，行使相当于董事会的权利，是公司的法人代表和最高管理者；大学设立的执行院长主持学院工作。因此，领导者的首要任务是亲自推动执行。

二、审计是监督制度执行的主要推手

（一）以习近平为核心的党中央十分重视制度的监督执行

习近平在十九届中共中央政治局第十七次集体学习时的讲话中指出：“制度的生命力在于执行。要强化制度执行力，加强制度执行的监督，切实把我国制度优势转化为治理效能。”⑤习近平主持召开中央全面深化改革委员会第三次会议时还强调指出：“要激发制度活力。”⑥“高等学校章程”应该是个好制度，但正如毛泽东指

---

① [美]拉里·博西迪，拉姆·查兰，查尔斯·伯克.执行：如何完成任务的学问[M].刘祥亚，等译.北京：机械工业出版社，2011：19-20.

② [美]拉里·博西迪，拉姆·查兰，查尔斯·伯克.执行：如何完成任务的学问[M].刘祥亚，等译.北京：机械工业出版社，2011：23.

③ [美]保罗·托马斯，大卫·伯恩.执行力：没有执行力，就没有竞争力[M].白山，译.北京：中国长安出版社，2003：25.

④ [美]保罗·托马斯，大卫·伯恩.执行力：没有执行力，就没有竞争力[M].白山，译.北京：中国长安出版社，2003：31.

⑤ 习近平在中央政治局第十七次集体学习时强调：继续沿着党和人民开辟的正确道路前进，不断推进国家治理体系和治理能力现代化[N].人民日报，2019-09-25.

⑥ 习近平主持召开中央全面深化改革委员会第三次会议强调：激发制度活力激活基层经验激励干部作为，扎扎实实把全面深化改革推向深入[N].人民日报，2018-07-07.

出："如果有了正确的理论，只是把它空谈一阵，束之高阁，并不实行，那么，这种理论再好也是没有意义的。"①

2014年8月27日，习近平在听取兰考县和河南省党的群众路线教育实践活动情况汇报时讲话指出："要强化制度执行，加强监督检查，确保出台一个就执行落实好一个。要坚持执行制度没有例外，对违反制度规定踩'红线'、闯'雷区'的，要零容忍，发现一起就坚决查处一起。"②

习近平指出："抓好法规制度落实，必须落实监督制度，加强日常督察和专项检查。要用监督传递压力，用压力推动落实。对违规违纪、破坏法规制度踩'红线'、越'底线'、闯'雷区'的，要坚决严肃查处，不以权势大而破规，不以问题小而姑息，不以违者众而放任，不留'暗门'、不开'天窗'，坚决防止'破窗效应'。"③

习近平还强调指出："要强化法规制度意识，在全党开展法规制度宣传教育，引导广大党员、干部牢固树立法治意识、制度意识、纪律意识，形成尊崇制度、遵守制度、捍卫制度的良好氛围，坚持法规制度面前人人平等、遵守法规制度没有特权、执行法规制度没有例外。要加大贯彻执行力度，让铁规发力、让禁令生威，确保各项法规制度落地生根。"④

(二) 审计过程是监督制度执行，激发制度活力的过程

《孟子·离娄上》云："徒法不足以自行。"制度是死的，制度的生命力在于执行，监督制度执行才能激发制度活力，才能把我国制度优势转化为治理效能。审计是监督制度执行的主要推手。

2015年2月9日，《教育部关于加强直属高等学校内部审计工作的意见》(教财〔2015〕2号)第1条指出："进一步提高对内部审计工作重要性的认识。内部审计是规范权力运行的重要手段，是强化过程监管的重要方式，是提高资源绩效的重要保障。加强内部审计工作，是完善学校内部治理结构和健全权力约束机制的重要措施，对促进高校科学发展具有重要意义。要高度重视内部审计工作，切实发挥内部审计'免疫系统'作用，通过内部审计规范学校经济管理，落实领导干部经济责任，提高资源绩效。"

三、高校重要政策跟踪审计使制度效能转为治理效能

在中国，"政策"属于"制度"范畴，都是实践经验与理论相结合的固化形式，起指导和规范实践行为的作用，因此，"重要政策跟踪审计"实际上也是将"制度效能转为治理效能"的主要推手。

---

① 毛泽东选集：第一卷[M].北京：人民出版社，1991：292.
② 习近平.做焦裕禄式的县委书记[M].北京：中央文献出版社，2015：59.
③ 习近平.在十八届中央政治局第二十四次集体学习时的讲话[N].人民日报，2015-06-28.
④ 习近平.在十八届中央政治局第二十四次集体学习时的讲话[N].人民日报，2015-06-28.

（一）高校重要政策跟踪审计能“取得最大政策效应”

2020 年 5 月 23 日，习近平看望参加政协会议的经济界委员时强调指出：“一分部署，九分落实。……努力取得最大政策效应。把更多力量和资源向基层下沉，在务实功、求实效上下功夫，力戒形式主义、官僚主义。”①这里强调了“努力取得最大政策效应”。

习近平在中央审计委员会第一次会议上强调指出：“加大对党中央重大政策措施贯彻落实情况跟踪审计力度。”②

2020 年 6 月 20 日，栗战书指出：“审计工作要加强对重大政策措施落实情况的跟踪审计。”③重要政策跟踪审计的重点就是审“政策措施落实情况”。

2015 年 2 月 9 日，《教育部关于加强直属高等学校内部审计工作的意见》(教财〔2015〕2 号)第 19 条规定：“探索开展重大项目、重要政策跟踪审计。可组织对教育部和学校的重大改革项目、重要方针政策的落实情况进行跟踪审计，着力监督检查内部机构和下属单位的具体部署、执行进度、实际效果等情况。及时发现和纠正有令不行、有禁不止行为，促进改革目标完成和政策落地生根。”

2015 年 5 月 22 日，《教育部关于直属高校落实财务管理领导责任 严肃财经纪律的若干意见》(教财〔2015〕4 号)第十五条规定：“拓展内部审计范围，探索开展重要政策跟踪审计、适时开展专项审计调查。”

（二）高校重要政策跟踪审计的内容

高校重要政策跟踪审计的内容仅举几例：

1. 高校毕业生就业政策执行过程和结果需要跟踪审计

党中央和国务院十分重视高校毕业生就业，自 1998 年至今几乎每年国务院或国务院办公厅都会发布《关于做好普通高等学校毕业生就业工作的通知》，2020 年“就业”又作为“六稳”和“六保”之首，高校毕业生就业更是“稳就业工作重中之重”。

2020 年 6 月 29 日，教育部办公厅发布《关于严格核查 2020 届高校毕业生就业数据的通知》(教学厅函〔2020〕19 号)，“严格核查”正是因为“注水严重”或“大注水”。下面三例是“注水严重”或“大注水”的信息：

马亮指出：“在毕业生就业率这个考核指标的‘紧箍咒’下，不少高校为了让统计数据看上去漂亮，选择了对就业统计数据造假和注水。实际上，高校毕业生的就业率造假和失真并非一个新问题。作为一个公开的秘密，就业统计数据造假至少存在了十余年。甚至可以说从 1990 年代初高校不再为毕业生分配工作以来，就业

---

① 习近平在看望参加政协会议的经济界委员时强调：坚持用全面辩证长远眼光分析经济形势，努力在危机中育新机于变局中开新局[N].人民日报，2020-05-24.

② 习近平主持召开中央审计委员会第一次会议强调：加强党对审计工作的领导，更好发挥审计在党和国家监督体系中的重要作用[N].人民日报，2018-05-24.

③ 栗战书主持十三届全国人大常委会第十九次会议闭幕会并作讲话[N].人民日报，2020-06-21.

率注水的问题就已悄然出现，并在此后成为高校公开化的‘规定动作’。在就业率高于一切的指挥棒下，一些高校想方设法‘帮助’毕业生就业，并动员辅导员和教师做学生工作。原本负责思想教育和心理疏导等工作的辅导员和班主任，在层层加码的压力传导之下，不得不硬着头皮劝服毕业生‘假就业’，甚至为毕业生造假‘支招’。比如，签订虚假的三方协议、伪造出国留学证明等不一而足。一些学生担心弄虚作假可能会影响自己未来的学业、就业和生活，但是如果不配合，就可能受到高校的威逼利诱。高校美其名曰造假是为了母校的‘双一流’荣光，但是这种感情绑架和道德绑架，却将毕业生置于进退维谷的两难境地。弄虚作假地配合，保全了母校的面子，但是却会给自己的未来带来不确定性；不予配合甚至举报造假，在毕业相关手续尚未办理妥当的情况下，个人可能会面临更大风险。”①

丁建庭报道：“当前，就业形势总体稳定，但也有部分高校师生反映，一些应届毕业生明明还没找到工作，所在学校为保证就业率，多次催促他们签订就业三方协议，有的毕业生不得已托关系、找门路，完成盖章签字任务。就业数据保真是就业统计工作的底线。就业率是科学设置专业、制订招生计划的重要指标，在就业率上弄虚作假，表面上看似‘形势大好’，实际上会扭曲正常的供需关系。对此，必须从严查处，坚决杜绝‘虚假签约’‘被就业’以及‘就业率掺水、造假’等问题。”②

记者刘芳洲报道：“今年刚毕业的本科生小孟向半月谈记者‘吐槽’学校要求她开具就业证明的各种软硬手段及说辞——‘影响报到证打印’‘档案寄送可能受影响’‘早填早省心’‘不影响未来招考求职’……小孟也曾上网写长帖猛批学校，但被问及‘是否会向上级部门反映此事’时，她叹气说‘还是算了吧’，并请求《半月谈》记者不要公开她的身份。《半月谈》记者发现，如今高校想要让毕业生配合演戏，手段不少：抓住毕业生‘多一事不如少一事’的心理，以报到证、档案作威胁，迫使毕业生就范；打感情牌，搞道德绑架，让毕业生帮母校‘撑面子’，美其名曰‘一荣俱荣’；软磨硬泡‘骚扰’毕业生，迫使其松口；以自由职业、自主创业等灵活就业形式，为毕业生‘配合演戏’降成本，减难度。”③

就业率统计亦有问题。肖明、王爽莉报道：“中国社科院社会学所研究员李春玲去年完成对12所高校的调查后发现，这些大学就业率到了2013年9月底约为82.4%，失业率为17.6%。《21世纪经济报道》获悉，教育部规定，目前有7种情形，毕业生即可领取就业协议书：与用人单位签订劳动合同的，定向委培的，灵活就业的，升学的，出国的，参加国家地方基层项目的以及应征入伍的。比如北京大学就

① 马亮.高校毕业生就业率为何注水严重，如何根治？[Z].界面新闻，2020-07-18.

② 丁建庭.严查毕业生就业率“注水”[N].南方日报，2020-07-14.

③ 刘芳洲.被就业套路多，就业率大注水，特殊就业季上演“表格就业”？[J].半月谈，2020(13).

业报告给出的公式是，就业率＝（升学＋出国＋签就业协议＋灵活就业）/毕业生总数×100%。事实上，人力资源部和社会保障部劳动科学研究员张丽宾指出，就业率的确也不应该把参军、出国，以及考研的计算在内。”①

党和政府十分重视大学生的就业，国务院提出“就业质量”的要求。2014 年 5 月 9 日，《国务院办公厅关于做好 2014 年全国普通高等学校毕业生就业创业工作的通知》（国办发〔2014〕22 号）规定：“各高校自 2014 年起要发布高校毕业生就业质量年度报告。”呼吁精准就业，提高就业质量。

2. “本科为本，本科教育是根”政策执行过程和结果需要跟踪审计

从 2007 年起，教育部、财政部开始实施“高等学校本科教学质量与教学改革工程”项目，如：2007 年 1 月 22 日，《教育部 财政部关于实施“高等学校本科教学质量与教学改革工程”的意见》（教高〔2007〕1 号）；2007 年 7 月 13 日，《教育部、财政部关于印发〈高等学校本科教学质量与教学改革工程项目管理暂行办法〉的通知》（教高〔2007〕14 号）；2011 年 7 月 1 日，《教育部 财政部关于“十二五”期间实施“高等学校本科教学质量与教学改革工程”的意见》（教高〔2011〕6 号）等。还单设专项资金，如：2007 年 12 月 11 日，《财政部 教育部关于印发〈高等学校本科教学质量与教学改革工程专项资金管理暂行办法〉的通知》（财教〔2007〕376 号）。

2018 年 8 月 22 日，《教育部关于狠抓新时代全国高等学校本科教育工作会议精神落实的通知》（教高函〔2018〕8 号）指出：“高教大计、本科为本，人才培养为本、本科教育是根。”2018 年 9 月 17 日，《教育部关于加快建设高水平本科教育全面提高人才培养能力的意见》（教高〔2018〕2 号）指出：“本科生是高素质专门人才培养的最大群体，本科阶段是学生世界观、人生观、价值观形成的关键阶段，本科教育是提高高等教育质量的最重要基础。办好我国高校，办出世界一流大学，人才培养是本，本科教育是根。建设高等教育强国必须坚持‘以本为本’，加快建设高水平本科教育，……加大对本科教育的投入力度。”

“本科为本，本科教育是根”政策投入了不少资金，“高等学校本科教学质量和教学改革工程”政策也投入了不少专项资金，这些政策执行过程和结果如何？对此应进行跟踪审计。

3. 国家学生资助政策执行过程和结果需要跟踪审计

国家学生资助政策体系包括国家奖学金、国家助学金、校园地国家助学贷款、生源地国家助学贷款、退役士兵教育资助、毕业生基层就业学费补偿贷款代偿、应征入伍服义务兵役学费补偿贷款代偿及学费资助、师范生免费教育、勤工助学、校内奖助学金、困难补助、伙食补贴、学费减免，以及实施家庭经济困难新生入学“绿色通道”等多种方式并举的资助政策体系。国家学生资助政策执行的过程和结果

① 肖明，王爽莉.高校就业率统计方式待改进：出国读研都算就业[N].21 世纪经济报道，2014-04-09.

需要跟踪审计。

2007 年 5 月 13 日，《国务院关于建立健全普通本科高校高等职业学校和中等职业学校家庭经济困难学生资助政策体系的意见》(国发〔2007〕13 号)规定："学校要按照国家有关规定从事业收入中足额提取一定比例的经费，用于学费减免、国家助学贷款风险补偿、勤工助学、校内无息借款、校内奖助学金和特殊困难补助等。"2007 年 6 月 27 日，《财政部 教育部关于印发〈普通本科高校、高等职业学校国家励志奖学金管理暂行办法〉的通知》(财教〔2007〕91 号)以及《财政部 教育部关于印发〈普通本科高校、高等职业学校国家助学金管理暂行办法〉的通知》(财教〔2007〕92 号)对上述"一定比例"进行了具体化，如"高校要按照国家有关规定，从事业收入中足额提取 4%～6%的经费用于资助家庭经济困难学生"。校内"从事业收入中足额提取 4%～6%的经费"的政策执行的过程和结果也需要跟踪审计。

4. 政府对民办高校"大力支持"政策执行过程和结果需要跟踪审计

(1) 政府对民办高校"大力支持"的规定

1993 年 2 月的《中国教育改革和发展纲要》规定："改变政府包揽办学的格局，逐步建立以政府办学为主体、社会各界共同办学的体制。……国家对社会团体和公民个人依法办学，采取积极鼓励、大力支持、正确引导、加强管理的方针。"

1997 年 7 月 31 日，国务院公布的《社会力量办学条例》(国务院令第 226 号)第四条指出："国家对社会力量办学实行积极鼓励、大力支持、正确引导、加强管理的方针。"

《中华人民共和国民办教育促进法(2016)》第三条指出："国家对民办教育实行积极鼓励、大力支持、正确引导、依法管理的方针。"

教育部 1998 年 12 月 24 日制定、国务院 1999 年 1 月 13 日批转的《面向二十一世纪教育振兴行动计划》第 39 条指出："认真贯彻国务院对于社会力量办学实行'积极鼓励，大力支持，正确引导，加强管理'的方针，今后 3～5 年，基本形成以政府办学为主体、社会各界共同参与、公办学校和民办学校共同发展的办学体制。"

2004 年 3 月 3 日，《国务院批转教育部〈2003—2007 年教育振兴行动计划〉的通知》(国发〔2004〕5 号)指出："大力支持和促进民办教育持续健康协调快速发展。认真贯彻《民办教育促进法》，积极鼓励和支持民办教育的发展。民办教育是社会主义教育事业的组成部分，要遵循'积极鼓励，大力支持，正确引导，加强管理'的方针，依法保障民办学校权益；明确国家对于民办学校的扶持措施，落实相关优惠政策，加强政策引导；……营造有利于民办教育自主自律、健康发展的环境，形成公办学校和民办学校优势互补、公平竞争、共同发展的格局。"

(2) 政府对民办学校公共财政资助政策的规定

2010 年 5 月 7 日公布的《国务院关于鼓励和引导民间投资健康发展的若干意见》(国发〔2010〕13 号)第十五条指出："落实对民办学校的人才鼓励政策和公共财

政资助政策。”

2010年6月21日审议通过的《国家中长期教育改革和发展规划纲要》第四十三条指出：“大力支持民办教育。……依法落实民办学校、学生、教师与公办学校、学生、教师平等的法律地位，保障民办学校办学自主权。清理并纠正对民办学校的各类歧视政策。制定完善促进民办教育发展的优惠政策。对具备学士、硕士和博士学位授予单位条件的民办学校，按规定程序予以审批。建立完善民办学校教师社会保险制度。健全公共财政对民办教育的扶持政策。政府委托民办学校承担有关教育和培训任务，拨付相应教育经费。县级以上人民政府可以根据本行政区域的具体情况设立专项资金，用于资助民办学校。国家对发展民办教育作出突出贡献的组织、学校和个人给予奖励和表彰。”

2010年10月24日，《国务院办公厅关于开展国家教育体制改革试点的通知》（国办发〔2010〕48号）第8条指出：“探索公共财政资助民办教育具体政策。”但是，十多年过去了，“公共财政资助民办教育具体政策”仍未出台，“中央政府对民办高校制定财政拨款标准”也没有确定。根据1994年的统计数据，OECD国家平均有10%的公共资金用于私人管理的学校①。方芳、王善迈指出：“美国是一个典型的以私有制为基础的市场经济国家，其私立高等教育相对发达，且资金筹措已形成规范的制度。纵观历年美国私立高等教育的经费来源，政府拨款占有相当大的比重，远高于我国。根据美国教育部2008年的统计数据可知，非营利私立高校占12.26%，营利性私立高校占5.69%。2001年在日本私立高校经费来源结构中，学费占58.9%，财政支持占10.9%，政府对于私立高校的资助比例远高于我国。”②张建忠的研究显示：“日本《私立学校振兴助成法》专条规定政府可以拨款补助私立大学的办学经常费用，补助金额不超过办学经常费用的二分之一。日本政府对私立高校办学经费的补助一直维持在10%以上。”③1990年，韩国政府对私立大学作出了提供财政资助的承诺，包括对私立高校的资助额在接下来的5年之内要逐步提高到大学运作经费的10%④。笔者建议对民办高校的财政拨款占整个财政对高校拨款的10%。

2016年12月29日，《国务院关于鼓励社会力量兴办教育 促进民办教育健康发展的若干意见》（国发〔2016〕81号）第十一条规定：“加大财政投入力度。各级人民政府可按照《中华人民共和国预算法》《中华人民共和国教育法》《中华人民共和国民办教育促进法》等法律法规和制度要求，因地制宜，调整优化教育支出结构，加

---

① OECD.经济合作与发展组织教育要览[M].北京：人民教育出版社，2000：85.

② 方芳，王善迈.我国公共财政支持民办高等教育研究[J].北京师范大学学报（社会科学版），2011(5)：23-29.

③ 张建忠.民办高校政府财政扶持研究：以上海市为例[D].上海：上海师范大学，2016：35.

④ 纳姆吉·帕克.韩国政府对私立高校的财政拨款[J].薄云，译.国际高等教育研究，2006(2)：39-43.

大对民办教育的扶持力度。财政扶持民办教育发展的资金要纳入预算，并向社会公开，接受审计和社会监督，提高资金使用效益。”

2017 年，陈宝生在全国教育工作会议上指出：“落实民办教育分类管理和财政支持政策，鼓励引导社会资本投入教育。”

(3) 政府对民办高校“大力支持”的政策需要跟踪审计

政府对民办高校公共财政资助政策的执行过程和结果究竟如何？符合“大力支持”吗？是否“健全”了公共财政对民办教育的扶持政策？是否达到“10%”？等等，都需要跟踪审计。

四、高校绩效审计使制度效能转为治理效能

新时代是倡导绩效的时代，党的十八届三中全会通过的《中共中央关于全面深化改革若干重大问题的决定》第 16 条指出：“严格绩效管理。”第 40 条指出：“完善绩效考核机制。”党的十九大报告指出：“全面实施绩效管理。”

“绩效”的“效”和“治理效能”的“效”有共通之处，因此，高校绩效审计能使制度效能转为治理效能。

刘庆斌等早在 2013 年就提出了“治理效能”。他们指出：“治理效能。当前大学治理面临的一个重要的问题就是决策的效率、速度以及组织的运行效能。行政人员感觉进退维谷，教师感觉浪费时间，组织运行的效率极低。文化模式认为，通过改进治理的文化环境，建立群体之间的互信，进行持续有效的沟通，完善多渠道的决策系统以及建立明确的组织认同感，就能形成一个更为顺畅、更具效能的治理模式。这样的治理也能够成功地吸引更多的教师参与到治理议题中来，从而建立更为民主和谐的治理文化。”①

(一) 绩效审计与绩效评价

1. 绩效审计

我国在最初的绩效审计探索中，有相当长的一段时间将其称为“效益审计”。中国审计学会组织编写的《中国审计学会立项课题研究报告(2004—2005)》指出：“绩效一词，是绩和效的复合词，有成果、效果、效率等综合含义，而效益却没有明确地表现出成绩、功绩和效率的意思，因此，效益审计不是 Performance Auditing 的准确翻译，应译为绩效审计比较贴切。”②

2007 年 4 月 11 日印发了《中国内部审计协会关于印发〈经济性、效果性、效率性审计准则〉的通知》(中内协发〔2007〕7 号)。

---

① 刘庆斌，刘爱生.大学治理的文化模式解析与启示[J].江苏高教，2013(3)：8-11.

② 中国审计学会.中国审计学会立项课题研究报告(2004—2005)[M].北京：中国时代经济出版社，2005：57.

2008 年 7 月 12 日,《审计署 2008 至 2012 年审计工作发展规划》第三条规定:“全面推进绩效审计,促进转变经济发展方式,提高财政资金和公共资源配置、使用、利用的经济性、效率性和效果性,促进建设资源节约型和环境友好型社会,推动建立健全政府绩效管理制度,促进提高政府绩效管理水平和建立健全政府部门责任追究制。到 2012 年,每年所有的审计项目都开展绩效审计。”

李学柔指出:“绩效审计至今仍没有统一的名称,也没有统一的定义。最高审计机关国际组织称为绩效审计;一些国家的最高审计机关称为效益审计、综合审计或全面审计。我国称为效益审计或经济效益审计。”①

最高审计机关国际组织认为:“涉及国有部门管理的经济性、效率性和效果性(的审计),就是绩效审计。”②

英国《国家审计法》认为绩效审计就是:“检查某一组织为履行其职能而运用其资源的经济性、效率性和效益性。”③

2. 绩效评价

“绩效审计”是审计用语,“绩效评价”是财政用语。如 2009 年 6 月 22 日,《财政部关于印发〈财政支出绩效评价管理暂行办法〉的通知》(财预〔2009〕76 号);2009 年 10 月 26 日,《财政部关于进一步推进中央部门预算项目支出绩效评价试点工作的通知》(财预〔2009〕390 号);2011 年 4 月 2 日,《财政部关于印发〈财政支出绩效评价管理暂行办法〉的通知》(财预〔2011〕285 号);2020 年 2 月 25 日,《财政部关于印发〈项目支出绩效评价管理办法〉的通知》(财预〔2020〕10 号)等。

从“绩效评价”到“全面实施绩效管理”。党的十九大报告提出“全面实施绩效管理”拉开了整体绩效管理的序幕。2018 年 9 月 1 日,中共中央、国务院发布了《中共中央 国务院关于全面实施预算绩效管理的意见》;2018 年 11 月 16 日,财政部印发了《关于贯彻落实〈中共中央 国务院关于全面实施预算绩效管理的意见〉的通知》(财预〔2018〕167 号);2019 年 12 月 10 日,教育部印发了《教育部关于全面实施预算绩效管理的意见》(教财〔2019〕6 号)。

(二) 高校绩效审计能使制度效能转为治理效能

中国内部审计协会发布《中国内部审计准则》,其中《第 2202 号内部审计具体准则——绩效审计》第二条指出:“本准则所称绩效审计,是指内部审计机构和内部审计人员对本组织经营管理活动的经济性、效率性和效果性进行的审查和评价。”

---

① 李学柔.学习十七大精神,思考绩效审计定义和概念[J].广东审计,2008(1):17-20.

② 审计署外事司.关于绩效审计公营企业审计和审计质量的总声明[M]//杨寿疆.最高审计机关国际组织文集.北京:中国审计出版社,2000:305.

③ 邢俊芳.英国 1983 年国家审计法[M]//邢俊芳,陈华,邹传华.最新国外绩效审计.北京:中国审计出版社,2001:72.

1. 高校经济性分析

《第 2202 号内部审计具体准则——绩效审计》第二条指出："经济性，是指组织经营管理过程中获得一定数量和质量的产品或者服务及其他成果时所耗费的资源最少。"

这条规定原则上是对的，但由于教育质量不像物质产品的质量容易检测，因此，"获得一定质量的教育服务"很难界定和量化。评价教育经济性指标，成本不是越低越好。"好"与"省"的关系，"质量"与"成本"的关系，是质量永远放第一位，生产出了废品也要花成本。企业经营的基本环节是"供应、生产、销售"，而现在高校只有"招生、教学"环节，教育质量学校自己验收，随即学生被推出校门。因此，突出的问题是很多高校不是按教学计划教学。一是大班课，成本低了，质量差了；二是降低实践要求，如医科类的实习应 1 名学生解剖 4 只白鼠，现在因经费紧张而 4 名学生解剖 1 只白鼠，而财经政法类专业更甚。因此，高校经济性不能笼统提"耗费的资源最少"①。

2. 高校效率性分析

《第 2202 号内部审计具体准则——绩效审计》第二条指出："效率性，是指组织经营管理过程中投入资源与产出成果之间的对比关系。"

(1) 预算执行效率与预算执行率

"预算执行效率"和"预算执行率"是两个不同的概念。

① 预算执行效率

2010 年 6 月 21 日，中共中央政治局审议并通过的《国家中长期教育改革和发展规划纲要(2010—2020 年)》第五十八条规定："建立科学化精细化预算管理机制，科学编制预算，提高预算执行效率。"

2011 年 6 月 29 日，《国务院关于进一步加大财政教育投入的意见》(国发〔2011〕22 号)第四条第二款规定："要强化预算管理。提高预算编制的科学性、准确性，提高预算执行效率，推进预算公开。"

② 预算执行率

《财政部关于实行中央级普通高校绩效拨款与项目支出预算执行挂钩办法的通知》(财教〔2011〕39 号)指出："自 2011 年 1 月 1 日起，为加强预算管理，增强预算执行的时效性和均衡性，中央财政将中央高校项目支出预算执行情况作为绩效拨款的重要因素，实行挂钩奖励办法。本《通知》所称'项目支出'，是指由中央财政当年拨付的纳入部门预算的列'205 教育'科目的所有一般预算财政拨款项目支出。所称"项目支出预算执行率"，是指截至考核时间点'项目支出'实际支出数占'项目

---

① 乔春华.《事业单位会计准则》与《事业单位财务规则》研究：以高等学校为例[M].南京：南京大学出版社，2010：224.

支出'已下达预算指标数的比率,用百分比表示。"

《教育部办公厅关于实行部属高校预算与预算执行挂钩办法的通知》(教财厅〔2011〕1号)指出:"'预算执行率'用于考核学校国库财政拨款,是指截至统计月份已执行预算占全年预算总额的比率,用百分比表示,按月计算,反映预算执行进度。"

在高校预算执行实务中,财政部和教育部强调的是预算执行率,即花钱的进度,花得快的有奖,花得慢的则予以处罚,并没有认真研究和落实中共中央与国务院关于"提高预算执行效率"的指示。毋庸讳言,在教育财政领域乃至整个公共财政领域,"提高预算执行效率"是个难题。笔者搜索了政府对预算执行的考核指标,却未查到有关"预算执行效率"的表述和考核指标。就教育财政领域,前已述及,由于教育迟效性的特点,教育投入资源与教育产出成果之间的对比关系很难确定。

(2) 预算执行效率≠预算执行率

① 什么是效率?

萨缪尔森和诺德豪斯指出:"效率是经济学所要研究的一个中心问题(也许是唯一的一个中心问题)。效率意味着不存在浪费。"①

罗宾斯指出:"效率(efficiency)是指以尽可能少的投入获得尽可能多的产出。……效率通常指的是'正确地做事',即不浪费资源。"②

由此可见,中共中央和国务院强调的"预算执行效率"指的是"不浪费",财政部和教育部强调的"预算执行率"指的是"预算执行进度",预算执行效率≠预算执行率。

② 什么是效率性?

2000年10月,《亚洲审计组织第五次研究项目——绩效审计指南》指出:"效率性是指'投入资源和产出的产品、服务或其他成果之间的关系'。在使用人、财、物和信息资源时,当一定量的投入取得产出最大化,或者取得一定量的产出时实现投入最小化都可以称之为效率性。"

2000年10月,《亚洲审计组织第五次研究项目——绩效审计指南》附件2指出:"效率性原则:(1)避免重复投入或缺少协调造成的浪费;(2)效用性原则;(3)实现需求的合理化、确认;(4)对目标和政策进行分类;(5)引进更好的分目标和指标;(6)通过改变产出本质或提高指标的办法实现总体目标的超额完成;(7)提高服务质量;(8)缩短等候序列;(9)缩短回复时间;(10)更公平地分配利益;(11)更便利地访问、存取信息;(12)更多的服务内容,更广泛的选择;(13)为公众、顾客和企

① [美]保罗·A.萨缪尔森,威廉·D.诺德豪斯.经济学[M].12版.高鸿业,等译.北京:中国发展出版社,1992:45.

② [美]斯蒂芬·P.罗宾斯.管理学[M].孙健敏,等译.北京:中国人民大学出版社,2004:7.

业提供帮助；(14)保障享受公平参与的权益。”

从上可知，效率性基本涵义是投入资源与产出成果之间的对比关系。

③ 高校效率性应从宏观和微观两方面去审计

这部分似乎不是某个高校直接的效率，但从国家的账上是高等教育的投入与产出的对比关系，教育部的审计处（内部审计）应注意这个问题，高校绩效审计也应该研究这个问题。

在宏观方面，首先，避免结构性浪费。

1993年2月13日，中共中央、国务院印发的《中国教育改革和发展纲要》（中发〔1993〕3号）第50条规定："各级教育部门和学校必须努力提高教育经费的使用效益。要合理规划教育事业的规模，调整教育结构和布局，避免结构性浪费。"

国家教育委员会原副主任邹时炎早在1991年1月29日就指出："教育结构不合理是最大的浪费，但不是所有的人都认识到了这一点。现在有的地方在进行结构和布局的调整，我想审计部门应当通过自己的工作，促进这项工作。"①

其次，削减就业率较低的专业就是降低教育成本。

1961年6月19日，周恩来指出："物质生产的某些规律，同样适用于精神生产。"②高校与企业不同，但可借用"产能过剩"来表示就业率较低的专业。

供给侧创新应瞄准新需求，人民满意的教育不能仅停留在"大众化"，还需要供给优质的精英教育。经济发展和社会进步对高校提出新需求，高校却不能适应这种新供给。高校应按经济发展、科技创新和社会进步的新需求供给人才，削减那些就业率较低的专业。记者许路阳报道："2012—2013全国就业率较低的本科专业名单有：食品卫生与营养学、生物科学、旅游管理、社会体育指导与管理、市场营销、动画、知识产权、广播电视编导、表演、艺术设计学、播音与主持艺术、音乐表演、电子商务、贸易经济、公共事业管理。'上榜'专业还有法学、应用心理学、汉语国际教育、应用物理学、人力资源管理、社会学、新闻学、工商管理等。市场营销和公共事业管理是'重灾区'。"③朱炎皇报道，衡阳南华大学2014级土木工程系竟让数百学生排队抓阄选专业④。

由此可见，学校随便设专业、领导抓阄让学生选专业、学生逃离工科专业等现象都是对教育资源的浪费，削减就业率较低的专业就是降低教育成本。就业率低与学校不适应经济发展与社会进步，随便设专业有关。

最后，对口就业率低浪费教育资源。

叶祝颐报道："大学生当擦鞋匠与研究生竞争环卫工，北大毕业生穿糖葫芦、当

---

① 邹时炎.关于加强教育审计工作的几点意见[J].中国高等教育，1991(4)：7-8.

② 周恩来选集[M].北京：人民出版社，1984：328.

③ 许路阳.教育部说，这15个专业就业难[N].中国青年报，2014-10-14.

④ 朱炎皇.湖南一高校被曝靠抓阄分专业"学霸"可自选[N].长沙晚报 2015-09-11.

陪聊，大学生当球童一样又成了热门话题。”①网上披露，广州市 20 名大学生争 1 个殡葬工岗位；宁波 16 名大学生争抢 3 个殡仪馆岗位；杭州市殡仪馆在 60 余位毕业生中择优录取了 4 名；南财、南航等高校学生争大丰市殡仪馆火化工岗位，招聘比例为98∶3。此外，“大学生卖猪肉”“大学生收破烂”“大学生做足疗”“大学生办托管班”等在新闻报道中屡见不鲜。

记者郭永芳报道：“智联招聘公布的一项调查显示，在大学生创业项目中，最流行的并非科技、金融等传统意义上的高技术含量项目，而是‘送外卖’。统计显示，在大学生开始创业、就业的时候，有 60%的学生首要考虑‘政府有什么政策支持’，而并非市场或者产品。然而像美国、德国、日本、以色列等国家的创新创业则并非如此。郭盛认为，当所有人都在考虑政府给什么优惠政策的话，实际上释放了一个危险的信号。”②

《人民日报》曾刊登《别让“香饽饽”变“冷馒头”》《就业，高校不能只求数字好看》两篇文章，提出：“就业与创业、学业‘无缝对接’。”“高校也不再简单地关注‘就业率’，只是追求一个好看的就业数字，而是从更深层次考虑，将就业与育人相结合，帮助毕业生提升综合素质与职业能力，明确自己的个性特长，精准推送就业服务，从而提升就业‘满意度’与个性化的就业匹配度。”③

就业率低和就业专业不对口造成教育资源的浪费，实质上加大了生均教育成本，我们呼吁精准就业！

在微观方面，娄尔行、汤云为指出：“哪里有经济活动，哪里就存在经济效益。哪里有经济效益，哪里就需要经济效益审计。经济效益审计具有广泛的适用性。有一个错觉，似乎企业要讲究经济效益，而事业单位不需要讲究。其实不然。以学校为例。有的高等学校‘一些大型仪器一年只提供不到 1 000 机时’，而国外‘一台仪器一年可提供 3 000～4 000 有效使用机时，有的还更多’。可见事业单位在经济效益问题上也有不少文章可做。对于事业单位，不仅进行财务审计是必要的，也还应当进行经济效益审计。”④

同时，盖一栋楼，买一个设备，铺一块绿地，甚至节水、节电、节约一张打印纸、节省差旅费、节省邮电费等都可以考虑“耗费的资源最少”。

3. 高校效果性分析

《第 2202 号内部审计具体准则——绩效审计》第二条指出：“效果性，是指组织经营管理目标的实现程度。”

---

① 叶祝颐.对“大学生当擦鞋匠”的解读[N].中青网，2006-12-31.

② 郭永芳.调查称大学生创业最爱“送外卖”[N].新京报，2015-07-14.

③ 赵婀娜.毕业求职，别让“香饽饽”变“冷馒头”[N].人民日报，2015-12-17；赵婀娜.就业，高校不能只求数字好看[N].人民日报，2015-12-31.

④ 娄尔行，汤云为.试论经济效益审计[J].财经研究，1985(2)：48-53.

罗宾斯等指出："效果(effectiveness)通常是指'做正确的事'，即所从事的工作和活动有助于组织达到其目标。……可见，效率是关于做事的方式，而效果涉及结果，或者说达到组织的目标。"①

所谓效果是指高校投入或经营管理达到有效的结果，"有效的结果"必须是达到预期目标的正确的结果。高校效果性审计就是评价高校投入或经营管理达到有效的结果的程度。

比如，高校财务实行信息化管理，需要添置一些设备，其目标就是有利于财务管理，既方便教职工，又有利于领导决策。那么，添置设备后推行"无纸化""无现金""无等候"的目标实现的程度就要审计或评价；推行财务管理驾驶舱后，财务管理大数据能否满足领导决策的目标实现的程度也需要审计或评价。

五、高校经济责任审计使制度效能转为治理效能

(一) 责任是权力的孪生物，有权必有责

1. 责任是权力的孪生物

管理大师法约尔认为："权力，就是指挥和要求别人服从的权利。……人们在想到权力时不会不想到责任，也就是说不会不想到执行权力时的奖惩——奖励与惩罚。责任是权力的孪生物，是权力的当然结果和必要补充。凡权力行使的地方，就有责任。……然而一般来说，人们像追求权力那样害怕承担责任。一个出色的领导人应该具有承担责任的勇气。"②

2. 有权力就有责任

党的十八届四中全会通过的《中共中央关于全面推进依法治国若干重大问题的决定》指出："牢固树立有权力就有责任、有权利就有义务观念。"

2016 年 6 月 28 日，中共中央政治局召开会议审议《中国共产党问责条例》时指出："权力就是责任，责任就要担当，忠诚干净担当是党对领导干部提出的政治要求。"③

党的十八届六中全会通过的《关于新形势下党内政治生活的若干准则》第十一条"加强对权力运行的制约和监督"中指出："监督是权力正确运行的根本保证，是加强和规范党内政治生活的重要举措。必须加强对领导干部的监督，党内不允许有不受制约的权力，也不允许有不受监督的特殊党员。完善权力运行制约和监督机制，形成有权必有责、用权必担责、滥权必追责的制度安排。实行权力清单制度，公开权力运行过程和结果，健全不当用权问责机制，把权力关进制度笼子，让权力

① [美]斯蒂芬·P.罗宾斯.管理学[M].孙健敏，等译.北京：中国人民大学出版社，2004：7.

② [法]法约尔.工业管理与一般管理[M].周安华，等译.北京：中国社会科学出版社，1998(3)：24-25.

③ 习近平主持召开中共中央政治局会议审议《中国共产党问责条例》[N].人民日报，2016-06-29.

在阳光下运行。”

2012年12月4日，习近平在首都各界纪念现行宪法公布施行三十周年大会上讲话时指出：“我们要健全权力运行制约和监督体系，有权必有责，用权受监督，失职要问责，违法要追究，保证人民赋予的权力始终用来为人民谋利益。”

2013年6月28日，习近平在《着力培养选拔党和人民需要的好干部》一文中指出：“既追究主体责任、监督责任，又上查一级追究领导责任、党组织责任。一些干部惯于拍脑袋决策、拍胸脯蛮干，然后拍屁股走人，留下一屁股烂账，最后官照当照升，不负任何责任。这是不行的。我说过了，对这种问题要实行责任制，而且要终身追究。”①

2014年1月14日，习近平在第十八届中央纪律检查委员会第三次全体会议上讲话时指出：“有权就有责，权责要对等。”②

2014年10月8日，习近平在党的群众路线教育实践活动总结大会上讲话中指出：“不明确责任，不落实责任，不追究责任，从严治党是做不到的。”

2015年6月26日，习近平在十八届中共中央政治局第二十四次集体学习时的讲话中指出：“坚持有责必问、问责必严，把监督检查、目标考核、责任追究有机结合起来，形成法规制度执行强大推动力。问责的内容、对象、事项、主体、程序、方式都要制度化、程序化。要把法规制度执行情况纳入党风廉政建设责任制检查考核和党政领导干部述职述廉范围，通过严肃追究主体责任、监督责任、领导责任，让法规制度的力量在反腐倡廉建设中得到充分释放。纪律检查机关要加大监督检查力度，对有令不行、有禁不止的，不仅要严肃查处直接责任人，而且要严肃追究相关领导人员的责任。”

（二）高校经济责任审计的责任

党的十八大报告提出，要“健全经济责任审计制度”；2015年12月8日，中共中央办公厅、国务院办公厅印发了《关于完善审计制度若干重大问题的框架意见》及相关配套文件。《关于完善审计制度若干重大问题的框架意见》的配套文件《关于实行审计全覆盖的实施意见》第五条“对领导干部履行经济责任情况实行审计全覆盖”中规定：“审计机关要依法对地方各级党委、政府、审判机关、检察机关，中央和地方各级党政工作部门、事业单位、人民团体等单位的党委（党组、党工委）和行政正职领导干部（包括主持工作1年以上的副职领导干部），国有企业法定代表人，以及实际行使相应职权的企业领导人员履行经济责任情况进行审计。主要检查领导干部贯彻执行党和国家经济方针政策、决策部署情况，遵守有关法律法规和财经纪律情况，本地区本部门本单位发展规划和政策措施制定、执行情况及效果，重大决

① 习近平谈治国理政：第一卷[M].外文出版社，2018(1)：419.

② 习近平.当干部不要想发财，想发财不要当干部[N].京华时报，2015-01-12.

策和内部控制制度的执行情况及效果，本人遵守党风廉政建设有关规定情况等，以促进领导干部守法、守纪、守规、尽责。”

1. 领导责任

2015 年 5 月 22 日，《教育部关于直属高校落实财务管理领导责任 严肃财经纪律的若干意见》(教财〔2015〕4 号)指出：“高等学校实行党委领导下的校长负责制。直属高校党委要切实负起对学校财务管理工作的领导责任。……校长是学校的法定代表人，在学校党委领导下，全面负责学校财务管理工作。”

2. 主体责任

2014 年 11 月 17 日，《教育部关于加强直属高校直属单位财务队伍建设的意见》(教人〔2014〕6 号)第二条“切实落实单位领导班子在财务管理工作中的主体责任”中指出：“(一)各单位领导班子承担财务管理的主体责任。财务工作是单位工作的重要组成部分。各单位应从事业发展基础和重要支柱的角度定位财务工作，充分认识加强财务工作的必要性和重要性，不断提高单位领导班子为民理财、依法理财、科学理财、平安理财的能力和水平。完善领导班子决策制度和议事规则，凡属重大决策事项、重大项目安排、大额资金使用等重大问题，要加强前期论证，要由单位领导班子集体研究决定，落实分工负责，切实承担财务管理的主体责任。(二)党政主要领导干部要强化主体责任、主体意识。把财经纪律作为高压线，严格执行八项规定、国务院‘约法三章’、各项财经法律法规等。做到对重要财务工作亲自部署、重大财务问题亲自过问、重点环节亲自协调，切实抓好班子、带好队伍、管好自己。(三)加强单位内部财务管理与监督。各单位主要领导同志应当支持总会计师、财务机构、财务人员依法行使职权。特别是要充分发挥总会计师的专业化管理作用。严格遵守和执行国家财经法规，进一步完善内部控制制度，加强自我约束、自我监督，防范财务风险。大力支持财务队伍建设和信息化建设，全面提高财务人员素质，不断提升业务水平和服务能力。”

3. 政治责任

2008 年 9 月 2 日，《中共中央纪委、教育部、监察部关于加强高等学校反腐倡廉建设的意见》(教监〔2008〕15 号)规定：“高校党委是反腐倡廉建设的责任主体，担负着全面领导反腐倡廉建设的政治责任。……高校行政领导班子要认真抓好教学、科研和其他行政管理中的反腐倡廉工作。……高校党政主要负责人对学校反腐倡廉建设要做到重要工作亲自部署，重大问题亲自过问，重点环节亲自协调，重要信件亲自批阅，重要案件亲自督办。要对党政领导班子其他成员落实廉洁自律和党风廉政建设责任制情况进行监督检查。”

4. 经济责任

2000 年 6 月 12 日，《教育部、财政部关于高等学校建立经济责任制加强财务管理的几点意见》规定：“经济责任制的内容应贯穿于高校财经工作的全过程，具体包括：（一）日常预算收支的经济责任制。……（二）经济政策和财经制度制定与调整的经济责任制。……（三）财务管理体制确立与改变的经济责任制。……（四）财务主管人员任用与变动的经济责任制。……（五）国有资产完整和保值增值的经济责任制。……（六）重大支出项目安排和对外投资的经济责任制。……”

（三）高校经济责任审计能使制度效能转为治理效能

1. 高校拥有区别于政府和企业的特殊权力

权力依托于组织，没有组织就没有权力，组织是权力的同义语。如托马斯·戴伊指出："权力是社会体制中职位的标志，而不是某个人的标志。当人们在社会机构中占据权势地位和支配地位时，他们就有了权力。"①加尔布雷思认为："在现代社会中，组织是最重要的权力来源。如果人们要行使某种权力，他就必须借助组织。"②美国著名社会学家和管理学家理查德·H.霍尔（Richard H. Hall）指出："从多种意义上讲，组织是权力的同义语。因为当我们从组织结果的角度进行考虑，组织便是当权者的权力工具。组织也是人们遵循组织规则的权力体系，是与资源配置相关的政治体系。"③

大学当然也不例外。大学校长的权力来源于大学，没有大学就没有大学领导者的权力。伯顿·克拉克指出："如果我们懂得权力，我们好像就懂得所有我们需要了解有关国家高教系统整合的一切方面。"④"大学组织的权力是关于大学由谁来统治，大学内的学术集群由谁来统治，以及由谁通过什么方式来把那些松散的学术集群的利益结合在一起的问题。"⑤阿什比（Eric Ashby）也指出："大学的兴旺与否取决于其内部由谁控制。"⑥

伯顿·克拉克率先提出"学术权力"的概念，他指出："虽然个人化的权力总是具有被误用与滥用的可能性，但是没有了这种权力，高等教育系统组织显然不能有效运转，因为它保证了个人在研究时创造的自由和个人的教学自由……如果个人的权力并不存在，就必须制造出来这样的权力。"⑦伯顿·克拉克还认为："过于集中的权力成了高等教育系统运转过程中的最大危险。对权力任何形式的垄断只能

---

① [美]托马斯·戴伊.谁掌管美国：里根年代[M].张维，等译.北京：世界知识出版社，1985：11.

② [美]约翰·肯尼思·加尔布雷思.权力的分析[M].陶远华，苏世军，译.石家庄：河北人民出版社，1988：5.

③ [美]理查德·H.霍尔.组织：结构、过程及其结果[M].8版.张友星，等译.上海：上海财经大学出版社，2003：122.

④ [美]伯顿·克拉克.高等教育系统：学术组织的跨国研究[M].王承绪，徐辉，殷企平，等译.杭州：杭州大学出版社，1994：7.

⑤ 宣勇.大学组织结构研究[D].上海：华东师范大学，2004：67.

⑥ 转引自：[美]伯顿·克拉克.高等教育系统：学术组织的跨国研究[M].王承绪，等译.杭州：杭州大学出版社，1994：121.

⑦ [美]伯顿·克拉克.高等教育系统：学术组织的跨国研究[M].王承绪，徐辉，殷企平，等译.杭州：杭州大学出版社，1994：125.

体现部分团体的利益和观点，而其他团体的利益却遭到了排斥。”①

高校区别于政府和企业拥有特殊的权力。高校除了拥有政府和企业所拥有的人事权力、经济权力外，还拥有学术权力，如科研项目的支配权和科研成果的评审权，职称和学术头衔、学术荣誉的评审权或推选权等，于是，一些人组成小圈子或帮派势力，霸占或垄断学术权力，以学术权力攫取更多的政治权力和经济权力。国家教育发展研究中心原主任张力向《中国新闻周刊》表示：“国外一所大学校长就曾表示，中国的大学校长权力太大了，没人监督，出来好多腐败，应该提出公权问责。”②田豆豆报道：“‘权力过大，制约过小。高校内部的财务管理像个自成一体的小社会。’时任湖北省教育厅副厅长的周洪宇这样概括高校领导干部职务犯罪频发的原因。”③记者王培莲报道：“湖北省统计局副局长叶青分析：‘高校领导干部有了权力，如果不进行约束，就会产生腐败。’”④

2. 高校经济责任审计可治理权力的滥用

诺贝尔经济学奖获得者约翰·希克斯(John Hicks)认为：“如果官僚制度的确不失为一种解决办法，那么需要严加防范，经验似已证明必要的防范方法有三个：成功的第一个条件是，必须任用一些官员来监视或检查另一些官员。最早的任意检查只是暗中侦查，但它能逐渐制度化，因此能(在后一阶段)发展成为像现代官僚政治中的审计制度那种东西。”⑤

制度治权即制度治腐。所谓治理权力就是制衡和约束权力，并用责任控制权力。以责任控制权力存在两层意思：第一层是通过设置责任，使行为人惧怕责任而不敢违法滥用权力，以责任的威慑作用来防止权力滥用的发生；第二层是针对违法滥用权力行为人问责，不仅仅对其本人进行处罚教育，而且警示后人，对因权力滥用而受到损失的相对人进行物质和精神方面的补偿，更为重要的是维护社会的正义价值观。

治理权力需要对主要领导干部行使权力进行制约和监督，加强行政监察和审计监督。党的十八届三中全会通过的《中共中央关于全面深化改革若干重大问题的决定》第35条指出：“形成科学有效的权力制约和协调机制。完善党和国家领导体制，坚持民主集中制，充分发挥党的领导核心作用。规范各级党政主要领导干部职责权限，科学配置党政部门及内设机构权力和职能，明确职责定位和工作任务。加强和改进对主要领导干部行使权力的制约和监督，加强行政监察和审计监督。”

---

① [美]伯顿·克拉克.高等教育系统：学术组织的跨国研究[M].王承绪，徐辉，殷企平，等译.杭州：杭州大学出版社，1994：306.

② 王全宝.高校教育去行政化进展不利，被指背后利益难割舍[N].中国新闻周刊，2010-3-3.

③ 田豆豆.湖北省破解高校内部集权化，多名高校领导被查处[N].人民日报，2007-04-17.

④ 王培莲.高校腐败又发窝案，“211”院校无一实施财务公开[N].中国青年报，2012-04-18.

⑤ 转引自：郭咸刚.西方管理学说史[M].北京：中国经济出版社，2003：17.

3. 高校经济责任审计是制度效能转为治理效能不可缺失的

记者王培莲报道："叶青认为，当前高校经济责任审计的力度不够、范围不广也是高校容易出经济问题的一个重要原因。"①

2015 年 2 月 9 日，《教育部关于加强直属高等学校内部审计工作的意见》（教财〔2015〕2 号）第 1 条指出："进一步提高对内部审计工作重要性的认识。内部审计是规范权力运行的重要手段，是强化过程监管的重要方式，是提高资源绩效的重要保障。加强内部审计工作，是完善学校内部治理结构和健全权力约束机制的重要措施，对促进高校科学发展具有重要意义。要高度重视内部审计工作，切实发挥内部审计'免疫系统'作用，通过内部审计规范学校经济管理，落实领导干部经济责任，提高资源绩效。"

六、高校财务高效能治理助推高校财务高质量发展

（一）高效能治理

1. "高效能治理"的提出

2020 年 5 月 22 日，习近平参加十三届全国人大三次会议内蒙古代表团审议时提出了"高效能治理"新概念②。习近平指出："要研究谋划中长期战略任务和战略布局，有针对性地部署对高质量发展、高效能治理具有牵引性的重大规划、重大改革、重大政策，在应对危机中掌握工作主动权、打好发展主动仗。"此外，2018 年 3 月 7 日，习近平在广东团参加审议时指出："使创新成为高质量发展的强大动能。"《中共十九届三中全会公报》指出："提高行政效率，全面提高政府效能。"

2. 高效能治理是推进国家治理体系和治理能力现代化的应有之义

所谓"高效能"是与"低效能""无效能"相对立的，"高效能治理"是与"低效能治理""无效能治理"相对立的。如何高效能治理？笔者认为，实现治理体系和治理能力现代化才能高效能治理。因此，国家高效能治理与公司高效率治理不同。公司治理效率是指治理收益（效用）与财务治理成本的对比。公司高效率治理一方面最小化各利益主体的治理成本，另一方面最大化特定主体的收益，最小化公司治理成本与最大化公司价值构成一组对偶关系。

（二）高校财务高效能治理

前已述及，实现治理体系和治理能力现代化才能高效能治理，因此，高校财务高效能治理的前提即必须实现高校财务治理体系和治理能力现代化。具体指：

---

① 王培莲.高校腐败又发窝案，"211"院校无一实施财务公开[N].中国青年报，2012-04-18.

② 习近平在参加内蒙古代表团审议时强调：坚持人民至上，不断造福人民，把以人民为中心的发展思想落实到各项决策部署和实际工作之中[N].人民日报，2020-05-23.

（1）高校财务治理必须明确宗旨——为人民理（管理、治理）财。这里，首先的政治站位是为国家理（管理、治理）财，要有大局意识，为全体人民理（管理、治理）财；其次是为学校理（管理、治理）财，为师生员工理（管理、治理）财。

（2）高校财务领域的制度体系必须是科学的、先进的，同时必须是完整的。这是高校财务高效能治理的起点。“法者，治之端也。”党的十八届四中全会通过的《中共中央关于全面推进依法治国若干重大问题的决定》指出：“法律是治国之重器，良法是善治之前提。建设中国特色社会主义法治体系，必须坚持立法先行，发挥立法的引领和推动作用，抓住提高立法质量这个关键。”笔者曾在第二章第三节“高校财务领域制度效能转变为治理效能”中指出：由于高校“项目支出”中的各种专项资金制度规定存在问题造成年终突击花钱仍有结余资金，这个明显是制度造成的“低效能”。良法是善治之前提，劣法只能恶治。2016 年 5 月 20 日，习近平在中央全面深化改革领导小组第二十四次会议上强调指出：“供给侧结构性改革本质是一场改革，……注重精准施策，提高改革效应，放大制度优势。”①这里要求“放大制度优势”。习近平还指出：“以改革创新精神补齐制度短板。”②并在中央经济工作会议（2016 年）上指出：“既补发展短板也补制度短板。”因此，需要以改革创新精神补齐制度短板。

（3）高校财务治理必须是高目标或高标准。比如，防范化解财务风险是财务治理的底线，是低目标或低标准；治理高目标或高标准必须是高校财务的高质量发展和可持续发展。

（4）高校财务治理必须实现治理能力现代化。治理能力现代化包括强的判断能力、领悟能力、执行能力等。强的执行能力才能使制度优势转化为治理效能，而判断能力和领悟能力是执行的前提。

（5）高校财务治理必须科技创新。习近平指出：“以科技创新催生新发展动能。”③高效能治理既是制度创新又是科技创新，高校理（管理、治理）财必须借助大（大数据）、智（智能化）、云（云计算）、移（移动互联网）和物（物联网技术）等先进科技手段，催生新发展动能。

（6）高校财务治理必须增强监督合力，释放监督效能。前已述及，执行是制度的生命，而执行需要监督。笔者在第四章第一节中阐述了高校财务监督体系，包括：党内监督、人大监督、政协监督、审计监督、财政监督、银行监督、税务监督、物价监督、会计监督、财务监督、统计监督、群众监督和舆论监督等。这些监督只有形

---

① 习近平主持召开中央全面深化改革领导小组第二十四次会议[N].人民日报，2016-05-21.

② 习近平对开展“两学一做”学习教育作出重要指示强调：突出问题导向确保取得实际成效，把全面从严治党落实到每一个支部[N].人民日报，2016-04-06.

③ 习近平.正确认识和把握中长期经济社会发展重大问题（2020 年 8 月 24 日在经济社会领域专家座谈会上的讲话）[N].人民日报，2021-01-16.

成合力，才能释放监督效能。

由此可见，高校财务需要高效能治理，避免和摒弃“低效能治理”“无效能治理”，防止劣币驱逐良币。

高校财务高质量发展需要财务高效能治理，没有治理就没有质量。2008 年，笔者出版的专著《大学经营的财务视角》第三章即为“大学财务治理”①。高校财务治理体系和治理能力现代化是决定高校财务质量的关键。制度的生命力在于执行。在高校财务领域内，会计制度一般都能执行，因为每一笔会计事项必须通过填制会计凭证、登记会计账簿和编制会计报表才能生成和提供会计信息；而有的制度则不然，如内部控制制度是体现财务治理的好制度，但大多数高校将其束之高阁。正如习近平在听取兰考县和河南省党的群众路线教育实践活动情况汇报时指出的：“有了好的制度如果不抓落实，只是写在纸上、贴在墙上、锁在抽屉里，制度就会成为稻草人、纸老虎。要强化制度执行，加强监督检查，确保出台一个就执行落实好一个。”②由此可见，只有执行制度才能使制度效能转变为治理效能，有了治理效能才能提升高校财务的质量。

（三）高校财务高质量发展

1. “经济高质量发展”的启迪

（1）“经济高质量发展”的提出

2017 年 10 月 18 日，党的十九大报告提出“我国经济已由高速增长阶段转向高质量发展阶段”③。

2017 年 12 月 18 日，中央经济工作会议提出，“中国特色社会主义进入了新时代，我国经济发展也进入了新时代，基本特征就是我国经济已由高速增长阶段转向高质量发展阶段”“推动高质量发展是当前和今后一个时期发展的根本要求”④。

（2）以高质量发展为主题

《中共中央关于制定国民经济和社会发展第十四个五年规划和二〇三五年远景目标的建议》指出：“以推动高质量发展为主题。”

2017 年 12 月 8 日，习近平在党外人士座谈会上指出：“实现高质量发展，是保持经济社会持续健康发展的必然要求，是适应我国社会主要矛盾变化和全面建设社会主义现代化国家的必然要求。高质量发展是我们当前和今后一个时期确定发

---

① 乔春华.大学经营的财务视角[M].南京：南京大学出版社，2008：102-147.

② 习近平在听取兰考县和河南省党的群众路线教育实践活动情况汇报时的讲话[M].北京：中央文献出版社，2015：59.

③ 习近平.决胜全面建成小康社会，夺取新时代中国特色社会主义伟大胜利[N].人民日报，2017-10-28.

④ 安蓓，申铖.中央经济工作会议：推动高质量发展是当前和今后一个时期发展的根本要求[Z].新华网，2017-12-20.

展思路、制定经济政策、实施宏观调控的根本要求，必须深刻认识、全面领会、真正落实。”①

由此可见，“经济高质量发展”的启迪是：制定高校的经济（包括财务、会计、审计、资产等）政策是要实现高质量发展；推动高质量发展是当前和今后一个时期发展的根本要求；高质量发展是我们当前和今后一个时期确定发展思路的根本要求。

（3）研究高校财务高质量发展的意义

实现高校财务高质量发展是保持高校财务可持续发展的客观要求，是适应我国高校财务领域主要矛盾变化的必然要求，也是建设高校财务现代化的根本要求。

2. 高校财务高质量发展的内涵

高校收支是财务管理的主要内容，《高等学校财务制度》中将“收入管理”和“支出管理”作为主要内容进行规定。

（1）高校必须实现高质量投入

中共中央办公厅、国务院办公厅印发的《加快推进教育现代化实施方案（2018—2022 年）》提出了“建立适应提高教育质量的教育投入机制”。

① 高校必须高质量拨款

改革按学生数量拨款为按质量拨款。新中国成立以来，高校拨款基本上是按学生数量拨款，即按招生数量乘以生均拨款额，也就是说在“入口”时（招生后）就拨款。其弊端在于诱导高校为争资金盲目扩充规模，而不注重培养质量。按质量拨款是绩效拨款，即按学校“出口”时学生的毕业率和就业率等指标拨款。

② 高校必须高质量收费

笔者曾提出，为体现公平，全国应废除“属地性原则”而实行全国高校统一学费标准，并采取“高收费高资助”政策；为体现效率应实行“按质收费”的政策②。但这个“按质”应是动态的，即按评估结果改变学费标准；同时应按各学科（如理工、农林、财经政法、医科、艺术等）的细化结果确定学费标准，如对 A＋学科、A 学科、A－学科、B＋学科、B 学科、B－学科、C＋学科、C 学科、C－学科应加以区别。

从上可以看出，应以高质量拨款和高质量收费的高校财务高质量发展来促进高等教育的高质量发展。

（2）高校必须实现高质量支出

① 把钱用在刀刃上

李克强多次提出“把钱用在刀刃上”。如他在 2010 年指出：“钱要用到刀刃

① 征求对经济工作的意见和建议，中共中央召开党外人士座谈会，习近平主持并发表重要讲话[N].人民日报，2017-12-09.

② 乔春华.高校学费的供给侧改革：高校财务领域供给侧改革之二[J].会计之友，2018(7)：121-126.

上。”在 2015 年指出：“国家的钱，好钢得用到刀刃上。百年大计，教育为本，无论何时，教育都属‘刀刃’。”在 2020 年指出：“‘权’放好了，‘钱’怎么用好？……百年大计，教育为本，无论何时，教育都属‘刀刃’。必须把教育经费用在扩大教育公平、提升教育质量的刀刃上。”[①]我国是一个发展中国家，将长期处于社会主义初级阶段，我国财政性教育经费占 GDP 的比例才达到发展中国家 20 世纪 80 年代平均水平的 4%多一点。因此，高等教育经费是十分紧张的，将有限的资金用于支撑大国的高等教育，必须“把钱用在刀刃上”，只有高质量教育支出才有高校财务高质量的发展。

② 集中财力办大事

“集中财力办大事”是社会主义中国的政治优势。宏观上，高等教育上的“集中财力办大事”表现在建设“双一流”高校。微观上，某一高校在财务战略上如何体现“集中财力办大事”？刘献君指出：“舍弃是战略的精髓。”他还举例说：“美国斯坦福大学曾打算建立建筑学院，但建设建筑学院需要同时发展建筑学、土木工程等 4 个专业，这些须有很大的投入，而且，当时美国建筑行业的就业情况并不理想，同时该大学附近的加州伯克利大学已经有一个相当好的建筑学院。经过综合考虑后，斯坦福大学决定取消这个计划，从而保证了重点学科的发展。又如，美国卡内基-梅隆大学认为，在 21 世纪，生物技术非常重要，要成为世界一流大学，必须发展生物学，但他们放弃了建设一个医学院的设想。因为建医学院工程太大，花费太高。后来他们决定借用附近匹兹堡大学的医学院来发展自己的生命学科。”[②]由此可见，为了实现长远性的、全局性的目标应该采取舍车保帅的决策。

(3) 高校会计信息的高质量

① 会计信息质量的规定

“两个性”。《中华人民共和国会计法(2017)》第四条和第二十一条规定：单位负责人应当保证财务会计报告具备“真实性”和“完整性”。

“九个性”。2014 年 7 月 23 日，财政部公布的《企业会计准则——基本准则》(财政部令第 76 号)在第二章“会计信息质量要求”中规定了“真实可靠(完整)性”“相关性”“明晰性”“可比性”“一致性”“实质重于形式”“重要性”“谨慎性”和“及时性”。

“七个性”。2015 年 10 月 23 日，财政部公布的《政府会计准则——基本准则》(财政部令第 78 号)在第二章“政府会计信息质量要求”中规定了“真实(可靠)性”“全面性”“相关性”“及时性”“可比性”“明晰性”和“实质重于形式”。

---

① 吴歆.李克强：“重奖”教育　强调“钱要用到刀刃上”[Z].中新网，2010-03-11；陈翰咏.国务院再议：放好“权”用好“钱”！[Z].第一财经资讯，2015-11-19；冰启.政府工作报告：把每一分教育经费都用在“刀刃”上[N].北京青年报，2020-05-23.

② 刘献君.论高校战略管理[J].高等教育研究，2006(2)：1-7.

“四个性”。2019 年 12 月 12 日,《财政部关于修订印发〈政府财务报告编制办法(试行)〉的通知》(财库〔2019〕56 号)在第三十一条中规定:“政府财务报告数据质量审核重点是报告的真实性、准确性、完整性和规范性。”

② 高校高质量会计信息的基本特征

笔者认为,高校高质量会计信息的基本特征是规范性决定其“真实性”和“完整性”。只有具备“准确性”与“规范性”才能实现“真实性”和“完整性”;只有具备“相关性”“明晰性”“可比性”“一致性”“实质重于形式”“重要性”“谨慎性”“及时性”与“全面性”才能实现“真实性”和“完整性”。

(4) 高校理财的高质量

① 高校理财包括高校财务管理和高校财务治理

理财的“理”既包括“管理”又包括“治理”。胡鞍钢认为,西方发达资本主义国家管理工作中的“管”与“理”遵照的是 20%与 80%的比例,这与中国管理中的“管”与“理”的比例恰好颠倒[①]。这个 80%的“理”应该包括“治理”。笔者认为,“管理”与“治理”的区别主要表现在对“权力”的态度上。管理是借助权力达到管理目标,治理是制衡权力防止权力滥用从而达到治理目标。

② 高校财务质量需要管理

没有管理就没有质量,营利组织(企业)、政府与非营利组织(高校、医院、科研机构等)概莫能外。管理通过计划、组织、协调、控制、监督等职能提升质量。

管理依据制度提升质量。邓小平在 1975 年指出:“质量问题与建立规章制度有关。没有必要的责任制度,质量难于保证,这方面要很好地整顿。”[②]因此,高校财务管理必须制定科学严密的财务管理制度,依法理财,才能保障高校财务的质量。

没有信息也就没有质量。在信息时代,国外高校财务有什么长处,国内高校财务有什么优点,我们的高校财务与他们的差距有多大?只有填补了短板并在此基础上有所创新,才能提升高校财务的质量。

3. 实现高校财务高质量发展的建议

实现高校财务高质量发展除了依靠上述高效能治理的助推外,还须注意以下几点:

(1) 高校财务高质量发展必须创新

2015 年 3 月 5 日,习近平指出:“创新是引领发展的第一动力。抓创新就是抓发展,谋创新就是谋未来。”[③]党的十八届五中全会把创新理念摆在五大发展之首。

---

① 转引自:胡慧平.企业家应学会“无为而治”[N].工人日报,2003-09-14.

② 邓小平.关于国防工业企业的整顿[M]//邓小平文选:第二卷.2 版.北京:人民出版社,1994:26.

③ 习近平参加上海代表团审议[N].人民日报,2016-03-06.

因此，要发展必须抓创新，要高质量发展更要抓创新。首先是理论创新，其次是制度创新。

理论界早就呼吁改革按学生数量拨款为按质量拨款即绩效拨款，但制度设计没有跟上，没有制定《高校绩效拨款办法》《高校绩效预算管理办法》《高校绩效评价标准》等。没有绩效评价就很难推动绩效拨款。笔者曾指出，高校绩效评价有两个提法，一是高等教育绩效评价，二是高校财务绩效评价①。前者除了财务绩效评价指标外，还有大量非财务指标，如人事指标（教授以及院士、享受国务院津贴、长江学者、杰出青年学者等的人数和比例）和生师比、教学指标（教学成果奖等）、科研指标（科研项目等级与科研奖励等级等），还有毕业率和就业率指标等，代表文件如教育部发布的《教育部关于普通高等学校本科教学评估工作的意见》（教高〔2011〕9 号）。后者仅指预算绩效评价，代表文件如《中共中央关于完善社会主义市场经济体制若干问题的决定》第 21 条规定“建立预算绩效评价体系”，财政部发布的《关于推进预算绩效管理的指导意见》（财预〔2011〕416 号），以及财政部印发的《财政支出绩效评价管理暂行办法》（财预〔2009〕76 号）等。因此，财政部和教育部应制定上述《高校绩效拨款办法》等法规。说没有说过的，做没有做过的，就是创新。高校财务的理论创新和制度创新是高校财务高质量发展的第一动力，是高校财务可持续发展的关键。

（2）高校财务高质量发展必须聚焦发展不平衡不充分问题

2020 年 8 月 28 日，习近平指出：“要贯彻新发展理念，聚焦发展不平衡不充分问题。”②木桶理论告诉我们，木桶水容量取决于木桶的那块短板，其实，事物发展的质量也取决于其发展中的那块短板。高校财务领域中发展不平衡不充分的问题也影响高校财务的质量。笔者曾研究过高校财务领域中发展不平衡不充分的问题③，仅举两例：

① 高校管理会计与高校财务会计发展不平衡不充分影响高校财务的质量

目前，高校财务领域中高校管理会计与高校财务会计相比明显是个短板。高校财务会计是外部会计，主要是合规性决定其“真实性”和“完整性”；而高校管理会计是内部会计，主要是效率性决定其绩效。但是，高校管理会计中的“业财融合”“决策分析”“标准成本”“预算控制”“责任会计”“（盘活）存量管理”等在实际工作中运用很少。高校管理会计不能满足日益增长的内部管理中提高绩效的需要，这需要通过供给侧改革来实现高校财务质量的提升。

解决高校管理会计与高校财务会计发展不平衡不充分问题就涉及高校会计的

① 乔春华.高校预算管理研究[M].苏州：苏州大学出版社，2013：266-268.

② 习近平.全面贯彻新时代党的治藏方略，建设团结富裕文明和谐美丽的社会主义现代化新西藏[N].人民日报，2020-08-30.

③ 乔春华.新时代高校财务管理主要矛盾的探讨[J].教育财会研究，2018(2)：1-9.

转型。现在几乎所有相关论文的提法都是“从财务会计向管理会计转型”，笔者认为这种提法不准确，科学的提法是“从以财务会计为主、以管理会计为辅向以管理会计为主、以财务会计为辅转型”或“向财务会计与管理会计并重，以管理会计为主的模式转型”。财务会计作为向外部报告的会计永远不会被淘汰或被取代。转型解决的是高校管理会计发展不充分的问题，如果财务会计被淘汰或被取代，那高校管理会计与高校财务会计发展必将更加失衡。

② 高校财务领域中财政事权和支出责任划分发展不平衡不充分影响高校财务的质量

近几年来，国家一直在推进中央与地方财政事权和支出责任划分改革，但高校科研领域的中央与地方财政事权和支出责任划分明显是个短板。如省属高校的教授从事国家级科研项目，这是中央财政事权，但从事研究的教授的工资却由该省的生均拨款承担支出责任，这既不符合中央与地方支出责任的划分，又不符合教学与科研支出责任的划分。同理，部属高校的教授从事省级科研项目，也存在财政事权和支出责任划分混乱的问题。这种财政事权和支出责任划分发展不平衡不充分不仅影响高校教学与科研的质量，而且影响高校财务的质量。高校财务领域中财政事权和支出责任划分发展不平衡不充分的问题同样需要通过供给侧改革来予以解决。

(3) 高校财务高质量发展必须强化监督

没有财会监督就没有高校财务高质量发展。前已述及，“财会监督”已被列入“党和国家监督体系”之中，是强化对高校财务权力运行的制约和监督。财会监督是保障高校财务高质量发展的第一道关口。

(4) 高校财务高质量发展必须提高会计人员素质

① 高校财务高质量发展取决于会计人员的高素质

常言道：“人品决定产品，素质决定质量，细节决定成败。”高校财务高质量发展取决于会计人员的高素质。改革开放以来，高校会计人员素质有了很大提高，学历结构和职称结构有了极大的改善，高校财务质量也有了极大的提高。

② 高校应重视会计人员素质的提高

2014 年 11 月 17 日，《教育部关于加强直属高校直属单位财务队伍建设的意见》(教人〔2014〕6 号)指出：“在当前形势下，进一步加强单位财务队伍建设，是坚决贯彻落实中央要求，强化财经工作管理和监督，完善教育治理体系，提升教育治理能力现代化水平的迫切需要。各单位要把财务队伍建设作为加强财务管理工作的重要任务，认真抓好抓实。”目前，高校提高会计人员素质应着重抓好三个方面：

职业道德素质——高校会计人员应加强培育敬业爱岗、诚实守信、廉洁奉公、客观公正、遵纪守法、保守秘密、不做假账、文明礼貌、为民理财等方面的素质。

知识与能力素质——高校会计人员应具有扎实的专业知识和理论知识；具备较强的获取和处理最新的国内外高校会计与财务方面信息的能力，较强的对政策法规的理解能力，较强的对会计与财务情况的综合分析能力，较强的对会计与财务疑难问题的职业判断能力，较强的对内对外的沟通与协调能力，较强的文字和语言表述能力，较强的内部控制能力，能够熟练应用会计与财务领域内新技术的操作技能；高级会计人员还应具有较强的决策能力，较强的财务管理能力和财务治理能力，较强的财务创新能力；等等。

生理与心理素质——高校会计人员应具备较健康的体魄、充沛的精力、良好的心理素质，任劳任怨、沉稳仔细、精益求精、团结友爱，等等。高素质不仅需要高智商，而且需要高情商。

综上，高素质的会计人员是高校财务高质量发展的基础条件。

第三节　高校内部控制审计是高校内控制度效能转为治理效能的主要推手

一、内部控制审计从“陌生领域”到“发展趋势”

（一）好的内部审计能够带来好的内部控制

现代内部审计之父劳伦斯·索耶指出：“对内部审计人员来说，控制既是一种机会，也是一种责任。基础广泛的内部审计将内部审计师推到一个陌生的领域。在他们必须进行宏观评价的领域里，……控制也是内部审计的任务。内部审计人员要成为组织控制制度的监督者。如果控制制度健全并发挥预期的作用，内部审计人员应能使管理当局相信；如果缺乏控制或控制没有发挥适当的作用，内部审计人员要提醒管理部门采取必要的纠正行动。”①劳伦斯·索耶认为：“内部审计是一个新兴的职业，每日每刻都在发展和壮大。”②劳伦斯·索耶还认为：“现代内部审计容蓄了经营审计和管理审计，是一个颇有魅力又具有挑战的领域，它呼唤着所有兼备智慧、渴望和创造力的人们，去审查和评价企业内部任何一项活动，并提出改进建议。”③

汤云为指出：“内部审计是这样一个生机勃勃的新学科领域，有着极其强大的纳新能力。它随时都在吸收新的概念和新的技术，随时都在寻求自己扩展的

---

① ［美］劳伦斯·索耶.现代内部审计实务：上[M].汤云为，等译.北京：中国商业出版社，1990：48-49.

② ［美］劳伦斯·索耶.现代内部审计实务：上[M].汤云为，等译.北京：中国商业出版社，1990：英文版（第二版）原序.

③ ［美］劳伦斯·索耶.现代内部审计实务：上[M].汤云为，等译.北京：中国商业出版社，1990：中文版序.

机会。”①

文硕的研究显示：(20世纪)40年代，是内部控制发展的一座分水岭。此刻，近代审计的发展开始谢幕，历史正转向一个新的阶段。在审计工作中进一步引进内部控制思想和实践，成为审计发展的最强音②。

罗伯特·B. 夏德(Robert B. Hirth)认为好的内部审计能够带来好的内部控制，但这并不意味着存在内部审计就会使内部控制更加良好，只有内部审计职能充分发挥作用才能利于内部控制。要使内部审计职能得到充分发挥必须做到以下几点：有好的内部审计人员，有好的风险管理，有好的计算机系统，要有好的风险领导能力，要有好的全面的处理程序等③。

安德鲁·D.钱伯斯等指出：“威伦斯开说过：‘当社会对将要被应用的知识或学说表示出强烈的和普遍的认可时，要求取得职业地位的成功性最大。’从这个观点来看，内部审计要成为一门成熟的职业还要走一段路。”④安德鲁·D.钱伯斯等还认为：“据我们所知，内部控制是审计师使用的词。”⑤

易理中认为：“1991年，维克托·布林克撰写《回首50年》，以其经验、知识和智慧精辟地分析了IIA的奋斗历程，告诉全体内部审计师要牢牢记住：‘内部审计的最大客户还是管理当局，内部审计最该关注的是内部控制；人们对内部审计的满意度取决于审计结论和建议的可行性。’”⑥

世界著名的跨国公司杜邦公司原总裁兼首席执行官查德·霍利迪(Chad Holliday)对IIA给出的内部审计定义作出了很好的诠释：“如果我们想取得和保持当今市场所要求的竞争优势，在所有的程序中建立适当的内部控制是至关重要的。杜邦公司内部审计的作用不仅要评价现有内部控制的运行状况，而且主要是帮助公司确认公司面临的最大风险，并支持经营部门设计良好的经营实务来防范这些风险。”⑦

(二) 内部控制审计是目前的发展趋势

内部控制审计是“三大发展趋势”之一，国际内部审计师协会认为内部审计要“重新介入内部控制”。2003年9月，国际内部审计师协会(简称IIA)总部时任执行副主席理查德·F. 钱伯斯先生(Richard F. Chambers)访华，他在北京举办的国际内部审计高级研讨班上的演讲专题之一《国际内部审计的发展趋势》中提到了三

① [美]劳伦斯·索耶.现代内部审计实务：下[M].汤云为，等译.北京：中国商业出版社，1990：396.

② 文硕.世界审计史[M].北京：中国审计出版社，1990：343-346.

③ Hirth R B. Better internal audit leads to better controls[J]. Financial Executive. 2008, 24(9): 49-51.

④ [英]安德鲁·D.钱伯斯，等.内部审计[M].2版.陈华，等译.北京：中国财政经济出版社，1995：38.

⑤ [英]安德鲁·D.钱伯斯，等.内部审计[M].2版.陈华，等译.北京：中国财政经济出版社，1995：74.

⑥ 易理中.西方内部审计百年历史演变与启示[J].文史博览(理论)，2007(4)：4-7.

⑦ [美]詹姆斯·罗瑟.最佳实务：四个革新型审计部门的增值方法[M].倪卫红，贾文勤，译.北京：石油工业出版社，2002：94.

大发展趋势：一是重新介入内部控制；二是推动更有效的公司治理；三是对内部审计师的期望在改变。2004 年 6 月，时任 IIA 理事会主席的鲍伯·麦克唐纳先生(Bob McDonald)访华，他在中国内部审计演讲的内容中再次提到了国际内部审计发展的上述三大趋势①。

(三) 高校内部审计与内部控制的关系

1. 内部控制是内部审计的钥匙

现代内部审计之父劳伦斯·索耶指出："胜任的内部审计师有一个'芝麻开门'的秘诀，这一秘诀给了他们在所有这些事务中做出有效贡献的机会。运用这一秘诀，他们能打开通常只有技术专家才能进入的大门；运用这一秘诀，他们能帮助解决这些大门背后的许多问题。这一开门的钥匙便是控制。控制是一种强制力，它努力使事项得到完成。各种控制都是使力量得以发挥的手段。各种控制都被用于保证达到各种专门目标。"②

2. 内部控制是内部审计的敲门砖

布林克认为，自有人类历史以来就有内部审计，因为自有人类历史以来就有内部控制。内部审计人员评价组织机构各专门领域的内部控制的技能是他们渗透到组织中的敲门砖，控制评价是内部审计人员的执行秘诀③。

罗伯特·莫勒尔指出："和布林克同时代的劳伦斯(拉里)·索耶同布林克一起创建了内部审计这个行业，他认为控制评价是内部审计人员的'执行秘诀'。也就是说，内部审计人员评价组织机构各专门领域的内部控制的技能是他们渗透到组织中的敲门砖。"④

(四) 内部审计是内部控制的组成部分

1. 完整的控制体系应包括内部审计

1986 年 4 月 16 日，最高审计机关第十二届国际会议发表的《关于绩效审计、公营企业审计和审计质量的总声明》第 46 条指出："最高审计机关国际组织的内部控制标准委员会对于下述内部控制的定义，应当加以考虑：'完整的财务和其他控制体系，包括组织结构、方法、程序和内部审计。'"

2. 审计是控制体系不可缺少的组成部分

1971 年 10 月，国际最高审计组织第九届代表大会发表的《审计规则指南》指出："审计本身不是目的，而是控制体系不可缺少的组成部分。这种控制系统的目

---

① 转引自：张玉.IIA 提出国际内部审计三大发展趋势[J].中国内部审计，2005(5)：1.

② [美]劳伦斯·索耶.现代内部审计实务：上[M].汤云为，等译.北京：中国商业出版社，1990：48.

③ Lawrence B S, Mortimer A D, James H S. Sawyer's internal auditing: the practice of modern internal auditing[M]. Altamonte Springs, Fla.: Institute of Internal Auditors, 2003: 67-69.

④ [美]罗伯特·莫勒尔.布林克现代内部审计学[M].6 版.李海风，刘霄仑，等译.北京：中国时代经济出版社，2006：61.

的是要及早地揭露背离公认标准、违反原则和法令制度及违背资源管理的效率、效果和经济原则的现象，以便在各种情况下尽可能及早采取改正措施，使当事人承担责任、赔偿经济损失或采取措施防止重犯，至少也要使今后更难发生。”

3. COSO 报告将内部审计作为内部控制的组成部分

1985 年，由美国注册会计师协会（AICPA）、美国会计学会（AAA）、美国财务经理人协会（FEI）、美国内部审计师协会（国际内部审计师协会的前身，IIA）、美国管理会计师协会（IMA）联合创建了反虚假财务报告委员会（通常称 Treadway 委员会），旨在探讨财务报告中舞弊的产生和防治问题。两年后，基于该委员会的建议，其赞助机构成立 COSO 委员会，专门研究内部控制问题。

2012 年 11 月 29 日，财政部印发了《行政事业单位内部控制规范（试行）》（财会〔2012〕21 号），其第五章“评价与监督”第六十一条规定：“内部审计部门或岗位应当定期或不定期检查单位内部管理制度和机制的建立与执行情况，以及内部控制关键岗位及人员的设置情况等，及时发现内部控制存在的问题并提出改进建议。”

由此可见，内部审计是内部控制的组成部分。监督既是治理的内在要素，又是内部控制的内在要素。

（五）高校内部控制评价（审计）发展空间很大

我国高校内部控制评价（审计）起步较晚。

1987 年 12 月 28 日，《国家教育委员会关于直属高等学校实行定期审计的暂行规定》第二条规定：“审计……，内部控制制度是否健全、有效。”

1997 年 12 月 31 日，《国家教委关于发布教育系统内部审计规范的通知》（教审〔1997〕2 号），其中附件 11 为《教育系统企业内部控制制度评审实施办法（试行）》。

2005 年 4 月 17 日，《教育系统企业内部控制制度评审实施办法（试行）》第三条规定：“本办法所称内部控制制度（以下简称内控制度）评审，是指教育系统审计机构依法对企业内部控制制度的健全性和有效性做出评价。”

2009 年 7 月 7 日，中国内部审计协会发布的《内部审计实务指南第 4 号——高校内部审计》（中内协发〔2009〕19 号）第九条规定：“本指南所称内部控制审计是指内部审计机构为了促进完善内部控制，保证其有效执行而对本单位内部控制体系的健全性、有效性所进行的了解、测试和评价活动。”

2014 年 12 月 9 日，财政部印发的《高等学校财务报表审计指引》（会协〔2014〕71 号）第五章“了解内部控制”中指出：“最常见的对控制的监督活动之一是内部审计。学校监察处（或具有类似职责的组织或人员）可以通过单独评价促成对被审计高校控制的监督。他们通常定期提供关于内部控制职能的信息（着力于评价内部控制的有效性），就内部控制的优势和缺陷进行沟通，并提出改进建议。”

诺曼·马克斯（Norman Marks）指出，从来没有一个时代像现在这样给内部审计带来如此巨大的挑战，也从来没有一个时代像现在这样给内部审计带来如此丰富的机会[①]。笔者认为，从来没有一个时代像党的十八大以来党和政府给高校审计带来如此巨大的挑战，也从来没有一个时代像党的十八大以来党和政府给高校审计带来如此丰富的机会[②]。党和政府对高校内部控制评价（审计）的重视，笔者在本章开头已提及，不再赘述。

但是，由于《行政事业单位内部控制规范（试行）》2012 年 11 月 29 日才制定，且尚未制定《行政事业单位内部控制评价指引》和《行政事业单位内部控制审计指引》，因此，高校内部控制审计（评价）发展缓慢。高校内部审计应将风险控制作为评价的重点，内部审计相对于外部审计的优势是：内部审计比外部审计熟悉学校的发展战略和目标，熟悉学校的组织架构和人际关系，熟悉学校的历史和事件背景，熟悉学校的教学和科研，熟悉学校的招生、招投标、后勤和基建以及资金的来龙去脉，熟悉学校的内部控制操作流程、管理制度、控制点和风险区。内部审计将风险控制作为评价的重点与外部审计相比具有得天独厚的条件，发展空间很大。

二、高校内部控制审计是监督内部控制制度执行的主要推手

（一）内部控制能提升内部治理水平，在制衡内部权力运行中发挥重要作用

2015 年 12 月 21 日，《财政部关于全面推进行政事业单位内部控制建设的指导意见》（财会〔2015〕24 号）指出："到 2020 年，基本建成与国家治理体系和治理能力现代化相适应的，权责一致、制衡有效、运行顺畅、执行有力、管理科学的内部控制体系，更好发挥内部控制在提升内部治理水平、规范内部权力运行、促进依法行政、推进廉政建设中的重要作用。"

《财政部关于全面推进行政事业单位内部控制建设的指导意见》还指出："内部控制是保障组织权力规范有序、科学高效运行的有效手段，也是组织目标实现的长效保障机制。……党的十八届四中全会通过的《中共中央关于全面推进依法治国若干重大问题的决定》明确提出：'对财政资金分配使用、国有资产监管、政府投资、政府采购、公共资源转让、公共工程建设等权力集中的部门和岗位实行分事行权、分岗设权、分级授权，定期轮岗，强化内部流程控制，防止权力滥用'，为行政事业单位加强内部控制建设指明了方向。"

（二）高校内部控制需要监督

1. 国外观点

劳伦斯·索耶指出："控制也是内部审计的任务。内部审计人员要成为组织控制制度的监督者。如果控制制度健全并发挥预期的作用，内部审计人员应能使管

① Marks N. The new age of internal auditing[J]. The Internal Auditor, 2001(12): 44-49.

② 乔春华.高校管理会计研究[M].南京：东南大学出版社，2015：前言.

理当局相信；如果缺乏控制或控制没有发挥适当的作用，内部审计人员要提醒管理部门采取必要的纠正行动。”①

“监控”或“监督活动”是内部控制的五个要素之一。《内部控制——整合框架》指出：“监控（monitoring）——需要对内部控制体系进行监控——一个不断对内部控制体系的运行质量进行评估的过程。它可以通过持续监控活动、个别评价或两者的结合来实现。持续监控发生在经营过程中。它包括日常的管理和监控活动，以及员工在履行其职责过程中所采取的其他行动。个别评价的范围和频率主要取决于对风险的评估和持续监控程序的有效性。对于内部控制的缺陷，应该自下而上进行汇报，性质严重的应该向最高管理层和董事会报告。”②《内部控制——整合框架（2013）》在“目标实现”中指出：“主体应通过持续评估、单独评估或者两者的组合，以确认内部控制的五个要素（包括实现每个要素中原则的控制活动）是否存在并持续运行。持续评估应被嵌入主体不同层级的业务流程中，以提供及时的信息。单独评估应定期开展，其范围和频率因风险评估结果、持续评估的有效程度以及管理层的其他考虑而有所不同。主体应依据评价监管机构、标准制定机构或管理层和董事会所设定的标准，对各种发现进行评估，必要时应当向管理层和董事会报告各项缺陷。”③

2. 国内观点

2013 年 9 月 23 日至 30 日，由财政部会计司欧阳宗书副司长带队的考察团赴美国和加拿大进行了政府会计和企业内部控制调研。会计司在《关于美国、加拿大政府会计改革与内部控制建设情况的调研报告》中指出：“正如加拿大 COCO 委员会前任主席 Michael Gunns 先生所言，由于美国 COSO 内控框架在全球内部控制领域的领先地位，加上 COCO 内控框架实践指导性不强，且没有强制内控审计的制度安排，加拿大 COCO 内控框架正逐渐走向衰退。坚持内部控制审计制度，不断完善我国内控实施要求。加拿大 COCO 内控框架逐渐衰退的事实告诉我们，一个结合实际、科学合理的内控实施制度安排，是内控规范体系得到有效贯彻实施的关键所在。”

中国行政事业单位内部控制制度虽然没有规定“五要素”，但仍强调“监督”，并将“监督”与“评价”“审计”联系在了一起。

（1）财政部的规定

2012 年 11 月 29 日，财政部印发的《行政事业单位内部控制规范（试行）》（财会

① ［美］劳伦斯·索耶.现代内部审计实务（上）［M］.汤云为，等译.北京：中国商业出版社，1990：49.

② Treadway 委员会发起组织委员会（COSO）.内部控制：整合框架［M］.方红星，等译.大连：东北财经大学出版社，2008：13.

③ Treadway 委员会发起组织委员会（COSO）.内部控制：整合框架（2013）［M］.财政部会计司，组织翻译.北京：中国财政经济出版社，2014：7.

〔2012〕21 号)第五章“评价与监督”第六十条规定:“单位应当建立健全内部监督制度,明确各相关部门或岗位在内部监督中的职责权限,规定内部监督的程序和要求,对内部控制建立与实施情况进行内部监督检查和自我评价。”第六十二条规定:“单位应当根据本单位实际情况确定内部监督检查的方法、范围和频率。”第六十四条规定:“国务院财政部门及其派出机构和县级以上地方各级人民政府财政部门应当对单位内部控制的建立和实施情况进行监督检查,有针对性地提出检查意见和建议,并督促单位进行整改。国务院审计机关及其派出机构和县级以上地方各级人民政府审计机关对单位进行审计时,应当调查了解单位内部控制建立和实施的有效性,揭示相关内部控制的缺陷,有针对性地提出审计处理意见和建议,并督促单位进行整改。”由此可见,行政事业单位的内部控制监督,不仅包括内部审计的内部控制评价,而且包括财政部门、审计机关的控制监督。

2015 年 12 月 21 日,《财政部关于全面推进行政事业单位内部控制建设的指导意见》(财会〔2015〕24 号)第二条“主要任务”第四款规定:“加强监督检查工作,加大考评问责力度。监督检查和自我评价,是内部控制得以有效实施的重要保障。单位应当建立健全内部控制的监督检查和自我评价制度,通过日常监督和专项监督,检查内部控制实施过程中存在的突出问题、管理漏洞和薄弱环节,进一步改进和加强内部控制;通过自我评价,评估内部控制的全面性、重要性、制衡性、适应性和有效性,进一步改进和完善内部控制。同时,单位要将内部监督、自我评价与干部考核、追责问责结合起来,并将内部监督、自我评价结果采取适当的方式予以内部公开,强化自我监督、自我约束的自觉性,促进自我监督、自我约束机制的不断完善。”这里主要强调了“内部监督”和“自我评价”。

(2) 教育部的规定

2016 年 4 月 20 日,教育部办公厅印发的《教育部直属高校经济活动内部控制指南(试行)》(教财厅〔2016〕2 号)的“内部控制评价指南”第二条规定:“本指南所称内部控制监督,是指教育、财政、审计、纪检监察及高校内部审计与监察部门,对高校内部控制建立和实施情况进行的监督。”

其“内部控制评价指南”第十五条规定:“高校应加强内部控制的监督工作,主动接受校内外监督部门的检查,确保内部控制制度有效实施。”第十六条规定:“高校负责内部监督的部门或岗位应定期或不定期检查学校内部控制体系的完善与内部控制规范的执行情况,以及内部控制关键岗位及人员的设置情况等,及时发现内部控制中存在的问题并提出改进建议。”第十七条规定:“高校应当根据学校实际情况确定内部监督检查的方法、范围和频率,日常监督可以选择重点业务、重要经济事项,全面监督检查原则上一年不能少于一次。”第十八条规定:“高校应依法接受教育、财政、审计、纪检监察等部门对学校内部控制建立和实施情况进行的监督检查。”第十九条规定:“高校应当高度重视外部监督部门审计检查中发现的内部控制风险和提出的整改意见建议，积极进行整改落实，提高内部控制体系的健全性和有效性，促进高校持续健康发展。”由此可见，高校内部控制监督，不仅包括内部审计的内部控制评价，而且包括依法接受教育、财政、审计、纪检监察等部门对学校内部控制建立和实施情况进行的监督检查。

其“内部控制实施指南”第八条规定：“高校要成立由内部审计部门或相关部门牵头组成的内部控制建设监督检查工作小组，负责对全校内部控制建立与实施情况开展内部监督检查，并定期组织编制学校风险评估报告，对学校内部控制的完善性、有效性等做出评价。”

（三）内部控制评价（审计）是监督检查制度建设和执行的重要措施

1. 国外观点

劳伦斯·索耶指出：“内部审计人员将其工作的重点都放在对控制系统的适用性及有效性的评价上。”①内部审计是规范权力运行的重要手段，是强化过程监管的重要方式。

1986 年 4 月 16 日，最高审计机关第十二届国际会议发表的《关于绩效审计、公营企业审计和审计质量的总声明》第 48 条指出：“最高审计机关应了解每个企业经营活动总的控制情况，在适当的和经济的条件下，如果最高审计机关对内部控制的运用进行了评价和测试，就可对内部控制给予特别的信赖。在评价内部控制的质量时，最高审计机关应当着重评价关键控制点。如果没有内部控制制度或其应用有不正常之处，就需要增加测试工作。尽管承担内部控制的责任是在管理当局，而在必要时，最高审计机关应当认识企业实施控制制度所付出的代价，应同它涉及的风险相适合。”第 49 条指出：“内部审计是内部控制的一个重要方面但又具有区别。公营企业的管理当局应当明确地担负起确立内部审计作用的责任，并且保证内部审计人员具有适当的独立性和权威性，包括向最高级的管理当局报告的权力。”

2. 国内观点

2012 年 11 月 29 日，财政部印发的《行政事业单位内部控制规范（试行）》（财会〔2012〕21 号）第六十一条指出：“内部审计部门或岗位应当定期或不定期检查单位内部管理制度和机制的建立与执行情况，以及内部控制关键岗位及人员的设置情况等，及时发现内部控制存在的问题并提出改进建议。”第六十三条指出：“单位负责人应当指定专门部门或专人负责对单位内部控制的有效性进行评价并出具单位内部控制自我评价报告。”

审计署原总审计师孙宝厚认为：“内部控制不只是写在纸上、说在嘴上、挂在墙上的花架子。”他具体指出：“李审计长曾指出，一些部门、单位和企业之所以出现违

① ［美］劳伦斯·索耶.现代内部审计实务：下[M].汤云为，等译.北京：中国商业出版社，1990：281.

法违纪问题，其中一个重要原因就是不重视管理，内部控制苍白无力。这种评价非常客观，也是切中要害的。就一些企业而言，我理解内部控制的苍白无力主要有三种情形：第一种情形，企业没有建立起码的内部控制，内部控制几乎无从谈起。这是最典型也是最低级的苍白无力。好在实践中并不多见。第二种情形，企业虽然建立了一定的内部控制，但不成系统、不够完善，如采购、生产、销售等方面资金管理不规范，大额资金调度等重大财务事项监管不到位，内控责任、标准不明确，控制程序不严谨，缺乏有效的授权、监督约束机制，等等。存在这类问题的企业比较多。第三种情形，企业虽然建立健全了内部控制，甚至还比较完善，但只是写在纸上、说在嘴上、挂在墙上的花架子，执行不力，形同虚设，没有真正发挥应有的作用。这类企业也为数不少。用一句话概括第二、三种情况就是：企业内部控制的苍白无力主要是执行不力，缺乏应有的控制力。”①这三种情形在高校中都存在。

绝大多数高校都建立了内部控制制度，然而绝大多数高校将内部控制制度当作“摆设”。高校内部控制制度为什么形同虚设？一是执行部门写在纸上、贴在墙上；二是监督部门——高校审计部门没有开展内部控制制度评价和审计；三是校领导的形式主义；四是上级部门的官僚主义。高校内部控制制度是最普遍又最明显的制度效能没有转化为治理效能的例子。

三、内部控制制度审计能够激发制度活力，使制度效能转化为治理效能

内部控制制度是个好制度，但制度是死的，制度的生命力在于执行。不执行怎么办？审计监督。激发制度活力需要监督，需要依靠审计内部控制制度来检查其是否完善、是否运行、是否发挥作用——即能否使制度效能转化为治理效能。

（一）高校内部控制评价（审计）是监督检查内部控制制度建设和执行的主要推手

1. 高校内部控制评价（审计）的定义

2016年4月20日，教育部办公厅印发的《教育部直属高校经济活动内部控制指南（试行）》（教财厅〔2016〕2号）中“内部控制评价指南”第二条规定：“本指南所称内部控制评价，是指高校自行对自身内部控制建立和执行的有效性进行评价，形成评价结论，并出具评价报告的过程。”

2. 高校内部控制由谁评价

（1）国外观点

1992年9月，COSO委员会发布的《内部控制——整合框架》在第五个要素“监控”中规定：“监控可通过两种方式进行：通过持续性的活动和个别评价。……

① 孙宝厚.全面解析内部控制[M]//李三喜，徐荣才.企业内部控制基本规范的超越与应用.北京：经济科学出版社，2008：代序.

个别评价。尽管持续性监控程序一般就其他控制要素的有效性提供重要的反馈，但是经常从一个新的角度，直接关注系统的有效性也是很有用的。这也为考察持续监控程序的连续性、有效性提供了一个机会。……由谁评价。内部审计师通常把进行内部控制评价作为其常规性责任的一部分，或者根据董事会、管理层或者子公司或分部执行官的特别要求来进行内部控制评价。同样，管理层在考察内部控制的有效性时，也可以利用外部审计师的工作。可以将两者的工作结合起来，以便实施管理层认为有必要进行的任何控制评价程序。”①

2004年9月，COSO委员会发布的《企业风险管理——整合框架》在第八个要素“监控”中规定：“监控可以以两种方式进行：通过持续的活动或者个别评价。……个别评价。尽管持续监控程序通常能提供有关企业风险管理的其他构成要素的有效性的重要反馈，但是有时候采取一种新的思路直接关注企业风险管理的有效性可能是很有用的。它也能提供一个考察持续监控程序的持续有效性的机会。……由谁来评价。内部审计师执行评估通常是他们的常规性职责的一部分，有时则是应高层管理当局、董事会或者子公司或分部管理层的特殊要求。同样，管理当局在考虑企业风险管理的有效性时，可以利用来自外部审计师的工作。在执行管理当局认为必要的任何评价程序时，都可以结合采用各种方式。”②

从上可知，由谁评价？内部审计师！

（2）国内观点

《行政事业单位内部控制规范（试行）》第六十一条规定：“内部审计部门或岗位应当定期或不定期检查单位内部管理制度和机制的建立与执行情况，以及内部控制关键岗位及人员的设置情况等，及时发现内部控制存在的问题并提出改进建议。”

《教育部直属高校经济活动内部控制指南（试行）》的“内部控制实施指南”第八条规定：“高校要成立由内部审计部门或相关部门牵头组成的内部控制建设监督检查工作小组，负责对全校内部控制建立与实施情况开展内部监督检查，并定期组织编制学校风险评估报告，对学校内部控制的完善性、有效性等做出评价。”其“内部控制评价指南”第五条规定：“高校内部控制评价与监督工作应由内部审计部门及纪检监察部门负责组织。高校可以委托具备资质的中介机构实施内部控制评价。”

从上可知，由谁评价？内部审计部门及纪检监察部门！

3. 高校内部控制“自我评价报告”中的“自我”是谁

（1）高校应上报内部控制自我评价报告

① Treadway委员会发起组织委员会（COSO）.内部控制：整合框架[M].方红星，等译.大连：东北财经大学出版社，2008：76-79.

② Treadway委员会发起组织委员会（COSO）.企业风险管理：整合框架[M].方红星，王宏，译.大连：东北财经大学出版社，2005：99-102.

2015年12月21日,《财政部关于全面推进行政事业单位内部控制建设的指导意见》(财会〔2015〕24号)第二条“主要任务”第三款规定:“建立内控报告制度,促进内控信息公开。针对内部控制建立和实施的实际情况,单位应当按照《单位内控规范》的要求积极开展内部控制自我评价工作。单位内部控制自我评价情况应当作为部门决算报告和财务报告的重要组成内容进行报告。积极推进内部控制信息公开,通过面向单位内部和外部定期公开内部控制相关信息,逐步建立规范有序、及时可靠的内部控制信息公开机制,更好发挥信息公开对内部控制建设的促进和监督作用。”

《教育部直属高校经济活动内部控制指南(试行)》的“内部控制实施指南”第十二条规定:“高校应当建立健全内部控制的监督检查和自我评价制度,通过日常监督和专项检查,检查内部控制实施过程中存在的突出问题、管理漏洞和薄弱环节,进一步改进和加强内部控制;通过自我评价,评估内部控制的全面性、重要性、制衡性、适应性和有效性,进一步改进和完善内部控制。同时,高校要将内部控制监督检查、自我评价结果纳入领导干部经济责任审计内容与干部考核体系,将评价结果与个人考核挂钩,实行追责问责,促进内部控制规范有效执行。”

(2) 财政部自相矛盾的规定

上述《行政事业单位内部控制规范(试行)》第六十一条规定“内部审计部门或岗位应当定期或不定期检查……”,而第六十三条却规定“单位负责人应当指定专门部门或专人负责……”。本来明明白白规定的“内部审计部门或岗位”,却又突然冒出“单位负责人应当指定专门部门或专人”,那么究竟该如何具体执行呢?

(3) 内部控制建设和评价应适当分离

《行政事业单位内部控制规范(试行)》第六十条规定:“内部监督应当与内部控制的建立和实施保持相对独立。”

《教育部直属高校经济活动内部控制指南(试行)》的“内部控制评价指南”第五条规定:“为保证评价与监督的独立性,负责内部控制建设和评价监督的校内负责部门应适当分离,为学校提供内部控制建设或内部控制审计服务的中介机构,不得同时为学校提供内部控制评价服务。”

目前大多数高校由财务处牵头建设内部控制制度,高校财务处又对内部控制制度进行自我评价并填制高校内部控制报告。这种自己进行自我评价本身就违背了“不相容岗位相互分离”的原则,而有些高校财务处还自己评价自己为“优”,如果接受高校内部控制报告的部门对此表示认可,这对内部控制“不相容岗位相互分离”无疑是一种极大的讽刺。

上述《行政事业单位内部控制规范(试行)》第六十一条和《教育部直属高校经济活动内部控制指南(试行)》的“内部控制实施指南”第八条与“内部控制评价指南”第五条明确规定由内部审计部门实施内部控制评价,谁评价谁填制内部控制报告，内部控制“自我评价报告”的“自我”应是内部审计部门。

可惜，尽管教育部、财政部早就有了明确规定，执行环节却还是“掉了链子”，相当多高校没有严格执行上述两个内部控制制度，因此，高校平安财务环境存在风险隐患，将制度效能转化为治理效能的成果也大打折扣。由此可见，高校内部审计部门应当跟踪审计，审计出内部控制存在的缺陷和可能会造成风险的状况，并每年提交学校内部控制自我评价报告。

遗憾的是，绝大多数高校内部审计部门未开展内部控制审计（评价）工作。2012年要求2014年施行，建议尽快开展此项工作。

4. 内部控制的三道防线

（1）崔得威（Treadway）委员会关于财务报告的四条防线

20世纪80年代初的财务丑闻的爆发引起了会计职业界的高度重视，并成立了崔得威（Treadway）委员会。1985年，由美国注册会计师协会（AICPA）、美国会计学会（AAA）、美国内部审计师协会（IIA）、美国财务经理人协会（FEI）和美国会计师协会（NAA，即现在的IMA）共同组成并赞助“反虚假财务报告委员会”，由于该委员会的领导人名为詹姆士 • C.崔得威（James C. Treadway），所以又称为“崔得威委员会”。崔得威（Treadway）是名律师，在崔得威委员会成立之前，就担任过SEC（美国证券交易委员会）的成员。这个六人委员会由德高望重的行业领导者构成，并有一个经验丰富的顾问团支持。该委员会于1987年提交的报告被称为《崔得威报告》，其所实施的对财务舞弊问题及其成因的调查是迄今为止最全面的。Treadway委员会关于虚假财务报告的定义是描述性的，认为其“是一种故意的或轻率的行为，无论是虚报还是漏列，其结果是导致重大的误导性财务报告”。Treadway委员会在其划时代的《崔得威报告》中，全面论述了企业反虚假财务报告的防范系统。该报告建议采取如下四条防线来防止虚假财务报告：高层的管理理念，业务经营中的内部控制，内部审计，以及外部独立审计。前三道防线直接或间接地受到管理当局的影响与控制。

（2）笔者阐述的防范经营风险和财务风险的五道防线

笔者曾指出：“目前完善我国评价内部控制制度的主要建议。在公司中，防范经营风险和财务风险有五道防线：第一道是审计委员会，它评价内部控制，聘请审计师，指导内部审计等；第二道是制定和完善内部控制制度；第三道是财会部门和经营管理部门，在内部控制框架内活动；第四道是内部审计，评价内部控制和监督财务及其他经营活动；最后一道是外部审计师，它既要审计财务报告，又要评价内部控制报告。由此可见，内部控制是防范和化解企业风险的关键。”①

（3）《内部控制——整合框架（2013）》的三道防线

① 乔春华.审计委员会的理论与运作[M].北京：中国时代经济出版社，2007：152.

《内部控制——整合框架(2013)》指出:"内部控制由组织内部成员执行,……组织一般有三道内部控制防线:①管理层和其他一线员工提供了第一道防线,因为他们负责维护日常工作中内部控制的有效运行。他们的薪酬取决于目标实现的结果。②业务支持部门,例如风险、控制、法律以及合规部门提供了第二道防线,因为他们负责明确内部控制要求,并且评估既定标准的遵循情况。虽然在职能上与业务保持一致,但是其薪酬不会直接与所提供专业建设领域的业绩挂钩。③内部审计师提供了第三道防线,因为他们负责对内部控制的执行效果进行评估和汇报,并提出整改措施或优化建议,以便管理层参考和实施。他们的岗位和薪酬独立于且区别于其所监督的领域。"①

5. 内部控制评价的目标

内部控制评价的目标是内部控制"建立的有效性"和"执行的有效性"。

《内部控制——整合框架(2013)》在"目标实现"中指出:"框架设定了三个种类的目标,使组织可以关注于内部控制的不同方面:(1)运营目标——组织运营的效果和效率,包括运营和财务业绩目标,保护资产安全以避免损失;(2)报告目标——内外部的财务和非财务报告的可靠性、及时性、透明度,以及监管者、标准制定机构和组织政策所要求的其他方面;(3)合规目标——遵守组织所适用的法律法规及规章。"②

6. 内部控制评价的关键

内部控制评价的关键是内部控制风险的识别与认定,它是评价内部控制是否有效的关键问题。

7. 内部控制审计包括内部控制内部评价和内部控制外部审计

(1) 行政事业单位内部控制规范因内部控制审计缺失而未构成体系

企业与行政事业单位内部控制规范体系对照见表 3-1。

表 3-1 企业与行政事业单位内部控制规范体系对照表

项目	企业内部控制规范体系	行政事业单位内部控制规范体系
基本规范	《企业内部控制基本规范》	《行政事业单位内部控制规范(试行)》
应用规范	《企业内部控制应用指引》	教育部有《内部控制应用指南》
评价规范	《企业内部控制评价指引》	教育部有《内部控制评价指南》
审计规范	《企业内部控制审计指引》	缺

① Treadway 委员会发起组织委员会(COSO).发布内部控制:整合框架(2013)[M].财政部会计司,组织翻译.北京:中国财政经济出版社,2014:132.

② Treadway 委员会发起组织委员会(COSO).发布内部控制:整合框架(2013)[M].财政部会计司,组织翻译.北京:中国财政经济出版社,2014:17.

（2）内部控制评价——内部控制内部审计

企业与教育部内部控制评价对照见表 3-2。

表 3-2　企业与教育部内部控制评价对照表

项目	《企业内部控制评价指引》（财会〔2010〕11 号）	《教育部直属高校经济活动内部控制指南（试行）》（教财厅〔2016〕2 号）中的《内部控制评价指南》
定义	第二条　本指引所称内部控制评价，是指企业董事会或类似权力机构对内部控制的有效性进行全面评价、形成评价结论、出具评价报告的过程	第二条　本指南所称内部控制评价，是指高校自行对自身内部控制建立和执行人的有效性进行评价，形成评价结论，并出具评价报告的过程
内容	第五条　企业应当根据《企业内部控制基本规范》、应用指引以及本企业的内部控制制度，围绕内部环境、风险评估、控制活动、信息与沟通、内部监督等要素，确定内部控制评价的具体内容，对内部控制设计与运行情况进行全面评价	第六条　高校内部控制建立的有效性评价应主要考虑以下方面： （一）合法合规性。内部控制的建立是否符合《行政事业单位内部控制规范（试行）》《内部控制实施指南》《内部控制应用指南》及国家相关法律、法规的规定。 （二）全面性。内部控制的建立是否覆盖了学校及所属单位所有的经济活动、经济活动全过程、所有内部控制关键岗位、各相关部门及工作人员和相关工作任务。 （三）重要性。内部控制的建立对重要经济活动和经济活动的重大风险是否给予足够关注，并建立相应的控制措施。是否重点关注了学校的各关键部门和岗位、重大政策落实、重点专项执行和高风险领域。 （四）适应性。内部控制的建立是否根据国家相关政策、学校经济活动的调整和自身条件的变化，适时调整内部控制的关键控制点和控制措施。 第七条　高校内部控制执行的有效性评价应主要考虑以下四个方面： （一）各项经济业务在评价期内是否按规定运行。 （二）各项经济业务控制是否得到持续、一致的执行。 （三）相关内部控制机制、内部控制制度、岗位责任制、内部控制措施是否得到有效执行。 （四）执行业务控制的相关人员是否具备必要的权限、资格和能力

（续表）

项目	《企业内部控制评价指引》（财会〔2010〕11 号）	《教育部直属高校经济活动内部控制指南（试行）》（教财厅〔2016〕2 号）中的《内部控制评价指南》
风险评估	第十六条　内部控制缺陷包括设计缺陷和运行缺陷。企业对内部控制缺陷的认定，应当以日常监督和专项监督为基础，结合年度内部控制评价，由内部控制评价部门进行综合分析后提出认定意见，按照规定的权限和程序进行审核后予以最终认定。 第十七条　企业在日常监督、专项监督和年度评价工作中，应当充分发挥内部控制评价工作组的作用。内部控制评价工作组应当根据现场测试获取的证据，对内部控制缺陷进行初步认定，并按其影响程度分为重大缺陷、重要缺陷和一般缺陷。 重大缺陷，是指一个或多个控制缺陷的组合，可能导致企业严重偏离控制目标。 重要缺陷，是指一个或多个控制缺陷的组合，其严重程度和经济后果低于重大缺陷，但仍有可能导致企业偏离控制目标。 一般缺陷，是指除重大缺陷、重要缺陷之外的其他缺陷。 重大缺陷、重要缺陷和一般缺陷的具体认定标准，由企业根据上述要求自行确定	第九条　负责内部控制评价工作的部门或具有资质的中介机构，应当根据现场调查获取的证据，对内部控制风险进行初步认定，按影响程度分为重大风险、重要风险和一般风险
基准日	第二十六条　企业应当以 12 月 31 日作为年度内部控制评价报告的基准日。 内部控制评价报告应于基准日后 4 个月内报出	第十三条　高校应当以每年的 12 月 31 日作为年度内部控制评价报告的基准日，并于 6 个月内形成内部控制评价报告

（3）“表 3-2”中强调的重点不同

① 缺陷

2012 年 11 月 29 日，财政部印发的《行政事业单位内部控制规范（试行）》（财会〔2012〕21 号）在第六十四条中仅提到“揭示相关内部控制的缺陷”。

② 重大缺陷、重要缺陷和一般缺陷

在上述表 3-2 中《企业内部控制评价指引》（财会〔2010〕11 号）提到“重大缺陷、重要缺陷和一般缺陷”。

③ 重大风险、重要风险和一般风险

在上述表 3-2 中《教育部直属高校经济活动内部控制指南(试行)》(教财厅〔2016〕2 号)的《内部控制评价指南》提到“重大风险”“重要风险”和“一般风险”。

由此可见,缺陷≠风险。风险来自内部控制设计与运行的缺陷,以及内部控制执行的局限性,由此可见,风险=缺陷+局限。

(4) 内部控制审计——内部控制外部审计

该部分内容属于会计师事务所职能,此处不再阐述。

(二) 内部控制的风险

1. 高校应打好防范化解重大风险的攻坚战

“防范化解重大风险”是党的十九大后 3 年内要重点打好的三大攻坚战之一。

2018 年 1 月 5 日,习近平在学习贯彻党的十九大精神研讨班开班式上发表重要讲话时强调:“增强忧患意识、防范风险挑战要一以贯之。”并指出:“面对波谲云诡的国际形势、复杂敏感的周边环境、艰巨繁重的改革发展稳定任务,我们既要有防范风险的先手,也要有应对和化解风险挑战的高招;既要打好防范和抵御风险的有准备之战,也要打好化险为夷、转危为机的战略主动战。我们要继续进行具有许多新的历史特点的伟大斗争,准备战胜一切艰难险阻,朝着我们党确立的伟大目标奋勇前进。”

2017 年 7 月 28 日,习近平在省部级主要领导干部“学习习近平总书记重要讲话精神,迎接党的十九大”专题研讨班开班式上发表重要讲话时指出:“特别是要坚决打好防范化解重大风险、精准脱贫、污染防治的攻坚战。”

2017 年中央经济工作会议指出:“按照党的十九大的要求,今后 3 年要重点抓好决胜全面建成小康社会的防范化解重大风险、精准脱贫、污染防治三大攻坚战。”

习近平指出:“健全各方面制度,完善治理体系,促进制度建设和治理效能更好转化融合,善于运用制度优势应对风险挑战冲击。”①

习近平在中央审计委员会第一次会议上强调指出:“加大对经济社会运行中各类风险隐患揭示力度。”②

习近平指出:“当前和今后一个时期是我国各类矛盾和风险易发期,各种可以预见和难以预见的风险因素明显增多。我们必须坚持统筹发展和安全,增强机遇意识和风险意识,树立底线思维,把困难估计得更充分一些,把风险思考得更深入一些,注重堵漏洞、强弱项,下好先手棋、打好主动仗,有效防范化解各类风险挑战,

---

① 习近平主持召开中央全面深化改革委员会第十三次会议强调:深化改革健全制度完善治理体系,善于运用制度优势应对风险挑战冲击[N].光明日报,2020-04-28.

② 习近平主持召开中央审计委员会第一次会议强调:加强党对审计工作的领导,更好发挥审计在党和国家监督体系中的重要作用[N].人民日报,2018-05-24.

确保社会主义现代化事业顺利推进。”①

习近平指出：“坚持把防范化解国家安全风险摆在突出位置，提高风险预见、预判能力，力争把可能带来重大风险的隐患发现和处置于萌芽状态。”②

2. 风险的相关概念

（1）风险

《企业风险管理——整合框架》在“事项——风险与机会”中指出：“事项是源于内部或外部的影响目标实现的事故或事件。事项可能有负面影响，也可能有正面影响，或者两者兼而有之。带来负面影响的事项代表风险。因此，风险可以定义如下：风险是一个事项将会发生并给目标实现带来负面影响的可能性。……带有正面影响的事项可以消弭负面影响，或带来机会。机会的定义如下：机会是一个事项将会发生并给目标实现带来正面影响的可能性。”③

风险都是未来发生，而未来具有不确定性，因此，内部控制只能为实现主体目标向管理层提供合理的保证而不是绝对保证。《企业风险管理——整合框架》指出：“风险与未来有关，而未来本来就具有不确定性。企业风险管理——即使是有效的企业风险管理——针对不同的目标在不同的层次上运行。对于战略和经营目标而言，企业风险管理仅仅能够帮助确保管理当局以及起监督作用的董事会及时地认识到该主体朝着实现这些目标前进的程度。但是它甚至不能为目标本身的实现提供合理保证。企业风险管理不能对任何一类目标提供绝对保证。合理保证并不意味着企业风险管理经常会失败。许多因素单独或一起强化了合理保证的概念。满足多重目标的风险应对的累积影响和内部控制的多目标属性降低了主体不能实现其目标的风险。”④

（2）设计再好内部控制也会失效

“故障”改为“失效”。《内部控制——整合框架》指出：“即便内部控制体系设计得再好，它也仍然会出故障。员工可能会误解指令。他们可能作出错误的判断。或者可能会由于粗心、分心或疲劳而犯错。负责调查例外事项的会计部门监督人员可能忘记或者没有把调查深入到能够作出适当矫正的程度。顶替休假或生病员工代行控制职责的临时人员可能没有正确地履行职责。在对员工进行培训以便对

① 习近平.关于《中共中央关于制定国民经济和社会发展第十四个五年规划和二〇三五年远景目标的建议》的说明[N].人民日报，2020-11-04.

② 习近平在主持中共中央政治局第二十六次集体学习时发表讲话强调，坚持系统思维构建大安全格局，为建设社会主义现代化国家提供坚强保障[N].人民日报，2020-12-13.

③ Treadway 委员会发起组织委员会(COSO).企业风险管理：整合框架[M].方红星，王宏，译.大连：东北财经大学出版社，2005：19-20.

④ Treadway 委员会发起组织委员会(COSO).企业风险管理：整合框架[M].方红星，王宏，译.大连：东北财经大学出版社，2005：121.

不正确的运行迹象作出适当的反应之前，系统可能已经作出了改变。”①

《内部控制——整合框架(2013)》指出：“即便设计得很好的内部控制也会失效。职员会对指导误解，会作出错误判断，甚至会由于粗心、注意力分散或疲倦而出差错。负责调查例外因素的会计部门主管可能忘记或者对于调查做得不够好，就不能作出适当的修正。代替缺席或生病雇员的临时职员可能不能正确地执行控制的职责。在职员还没有接受培训，能够对错误运行的迹象作出适当的反应之前，内部控制系统的变化可能已经发生了。”②

（3）不存在把风险降至零的可行方法

有经营就有风险。《内部控制——整合框架》指出：“所有主体，无论其规模、结构、性质或所属行业如何，在其组织内部的所有层级都会遭遇风险。风险影响每个主体的生存能力，以及能否在其所属行业内成功地竞争，保持其财务实力和正面的公众形象，保持其产品、服务和员工的整体质量。并不存在把风险降至零的可行方法。的确，经营过程中所作的决策会产生风险。管理层必须确定准备审慎地承受多大的风险，并努力争取使风险保持在这个水平之内。”③

（4）风险管理

《企业风险管理——整合框架》指出：“企业风险管理处理影响价值创造或保持的风险和机会，定义如下：企业风险管理是一个过程，它由一个主体的董事会、管理当局和其他人员实施，应用于战略制订并贯穿于企业之中，旨在识别可能会影响主体的潜在事项，管理风险以使其在该主体的风险容量之内，并为主体目标的实现提供合理保证。”④

《企业风险管理——整合框架》指出：“企业风险管理的一个基本前提是每一个主体，不管是营利性的、非营利性的，还是政府机构，存在的目的都是为它的利益相关者提供价值。所有的主体都面临不确定性，对于管理当局的挑战在于确定在追求增加利益相关者价值的同时，准备承受多少不确定性。不确定性潜藏着对价值的破坏或增进，既代表风险，也代表机会。企业风险管理使管理当局能够有效地处理不确定性以及由此带来的风险和机会，从而提高主体创造价值的能力。”⑤

---

① Treadway 委员会发起组织委员会(COSO).内部控制：整合框架[M].方红星，等译.大连：东北财经大学出版社，2008：86-89.

② Treadway 委员会发起组织委员会(COSO).内部控制：整合框架(2013)[M].财政部会计司，组织翻译.北京：中国财政经济出版社，2014：126.

③ Treadway 委员会发起组织委员会(COSO).内部控制：整合框架[M].方红星，等译.大连：东北财经大学出版社，2008：41.

④ Treadway 委员会发起组织委员会(COSO).企业风险管理：整合框架[M].方红星，王宏，译.大连：东北财经大学出版社，2005：4-5.

⑤ Treadway 委员会发起组织委员会(COSO).企业风险管理：整合框架[M].方红星，王宏，译.大连：东北财经大学出版社，2005：16.

联合教育者风险保险集团公司的前首席执行官和总裁詹尼斯·M.亚伯拉罕(Janice M. Abraham)指出:“风险管理并不是指要消除风险,它指的是在支持学校办学宗旨的同时以最有效、最明智的方式处理风险,以及处理我们的学生、教师、工作人员和志愿者在从事教学、研究和学生活动时所遇到的潜在风险。……不管是进行风险管理、监督资本项目,还是制定预算,校园中的首席财务官都承担着整体调度的角色,将不同的校务相关团体的活动统一起来,平衡相互冲突的工作重点。”①

(5) 风险识别

《内部控制——整合框架》指出:“识别和分析风险的过程是一个重复不断的过程,并且是有效内部控制制度的关键组成部分。管理层必须仔细关注主体各层次的风险,并采取行动来加以管理。……风险识别是一个反复的过程,通常与计划过程结合在一起。采用一张‘白纸’(clean sheet of paper)的方法来考虑风险,而不仅仅把风险与前期的评价挂钩,也是很有帮助的。”②

(6) 风险分析

《内部控制——整合框架》指出:“主体识别出主体层次和活动层次的风险后,主体需要进行风险分析。分析风险的方法可以多种多样,这主要是因为许多风险难以量化。尽管如此,这个过程——可能比较正式,也可能不太正式——通常包括:(1)估计风险的严重性;(2)评估风险发生的可能性(或频率);(3)考虑应该如何管理风险,即评估需要采取的措施。对主体没有重大影响以及发生的可能性很小的风险,一般不值得关注。另一方面,对发生的可能性很大的重大风险,通常需要高度关注。处在这两个极端之间的情形,通常需要艰难的判断。分析必须合理而仔细,这一点十分重要。评估出已识别的风险所造成损失的成本的方法很多。管理层应当了解这些方法,并适当地运用它们。但是,许多风险的规模无法确定,最多也只能用‘大’‘中’或‘小’来描述它们。”③

(7) 固有风险和剩余风险

《企业风险管理——整合框架》指出:“管理当局既考虑固有风险,也考虑剩余风险。固有风险是管理当局没有采取任何措施来改变风险的可能性或影响的情况下,一个主体所面临的风险。剩余风险是在管理当局应对风险之后所残余的风险。一旦风险应对已经就绪,管理当局接下来就要考虑剩余风险。”④

---

① [美]露西·拉普斯基,玛丽·P.麦考文·莫克.高校的财务运作[M].李正,译.北京:中国财政经济出版社,2004:96-97.

② Treadway委员会发起组织委员会(COSO).内部控制:整合框架[M].方红星,等译.大连:东北财经大学出版社,2008:47-48.

③ Treadway委员会发起组织委员会(COSO).内部控制:整合框架[M].方红星,等译.大连:东北财经大学出版社,2008:50.

④ Treadway委员会发起组织委员会(COSO).企业风险管理:整合框架[M].方红星,王宏,译.大连:东北财经大学出版社,2005:63.

《内部控制——整合框架(2013)》指出:“管理层既考虑固有风险,也考虑剩余风险。固有风险是在管理层没有采取任何措施来改变风险的可能性或影响的情况下,影响主体目标实现的风险。剩余风险是在管理层建立并采取风险应对措施之后所剩余的风险。一旦风险应对确定,接下来就要考虑剩余风险。除了评估剩余风险外,对固有风险进行评估会帮助组织了解所需风险应对的程度。”①

(8) 风险容量

《企业风险管理——整合框架》指出:“风险容量(risk appetite),也有人将其翻译为“风险偏好”“风险需求”“风险承受能力”等——译者注。”②“风险容量是一个主体在追求价值的过程中所愿意承受的广泛意义的风险的数量。它反映了主体的风险管理理念,进而影响主体的文化和经营风格。”③

《企业风险管理——整合框架》指出:“管理当局在董事会的监督下所确定的风险容量是战略制订的指向标。公司可能将风险容量表述为增长、风险和报酬之间可接受的平衡,或者风险调整的股东增加值指标。一些主体,例如非营利组织,将风险容量表述为它们在向其利益相关者提供价值的过程中所愿意承受的风险水平。主体的风险容量与它的战略之间存在着一种关系。通常可以设计许多不同战略中的任何一个来实现期望的增长和报酬目的,每一个都有着不同的风险。应用战略制订过程中的企业风险管理能帮助管理当局选择一个与它的风险容量相一致的战略。如果与一个战略相关的风险与该主体的风险容量不一致,这个战略就需要修改。当管理当局先前所规划的战略超出了主体的风险容量,或者战略没有容纳使得主体实现其战略目标和使命的足够的风险时,这种情况就会发生。”④

(9) 风险容限或风险容忍度

《企业风险管理——整合框架》指出:“风险容限是相对于目标的实现而言所能接受的偏离程度。风险容限能够被计量,而且通常最好采用与相关目标相同的单位来进行计量。业绩计量指标可以用来帮助确保实际的结果处于既定的风险容限之内。例如,一家公司的目标是98%按时送达,可接受的时间偏离范围是97%～100%;它的培训目标是90%的通过率,可接受的成绩是至少75%;它希望员工在24小时之内答复所有的客户投诉,但是接受最多25%的投诉可以在24～36小时

① Treadway委员会发起组织委员会(COSO).内部控制：整合框架(2013)[M].财政部会计司,组织翻译.北京：中国财政经济出版社,2014(6)：76-77.

② Treadway委员会发起组织委员会(COSO).企业风险管理：整合框架[M].方红星,王宏,译.大连：东北财经大学出版社,2005：3.

③ Treadway委员会发起组织委员会(COSO).企业风险管理：整合框架[M].方红星,王宏,译.大连：东北财经大学出版社,2005：19-35.

④ Treadway委员会发起组织委员会(COSO).企业风险管理：整合框架[M].方红星,王宏,译.大连：东北财经大学出版社,2005：51.

内得到答复。”①

《内部控制——整合框架(2013)》指出:“风险容忍度是指相对于目标的实现而言所能接受的偏离程度。在风险容忍度范围内经营会使管理层对于实现主体目标更具信心。风险容忍度的表达方式会因目标类别的不同而不尽相同。例如,财务报告目标中,风险容忍度通常表达为重要性水平;而在合规以及运营目标中,风险容忍度则经常表达为可接受的绩效偏离程度。”②

(10) 风险应对

《内部控制——整合框架(2013)》指出:“在评估了风险的潜在重大性之后,管理层应该考虑如何管理风险。这就需要对基于风险的假设实施判断,以及对降低风险等级所需成本进行合理分析。应对措施不一定需要将剩余风险降到最小,但若制定风险应对措施后,剩余风险高于可接受的水平,管理层及董事会就需要重新回顾和修改风险应对措施。因此,对风险和风险容忍度的平衡可能需要反复进行。风险应对可以分为以下几种类别:(1)接受——不采取任何措施去干预风险的可能性或影响。(2)规避——退出产生风险的活动。风险规避可能包括退出产品线、停止向新的地区扩张,或者出售一个部门。(3)降低——采取措施降低风险的可能性或影响,或者将两者同时降低。其几乎涉及所有日常经营决策。(4)分担——通过转移来降低风险的可能性或影响,或者分担一部分风险。常见的方式包括购买保险产品、组建合资企业、从事对冲交易或外包一项业务活动。”③

《企业风险管理——整合框架》指出:“在评估了相关的风险之后,管理当局就要确定如何应对。应对包括风险回避、降低、分担和承受。在考虑应对的过程中,管理当局评估应对风险的可能性和影响的效果,以及成本效益,选择能够使剩余风险处于期望的风险容限以内的应对。管理当局识别所有可能存在的机会,从主体范围或组合的角度去认识风险,以确定总体剩余风险是否在主体的风险容量之内。风险应对可以分为以下几种类型:(1)回避(avoidance)——退出会产生风险的活动。风险回避可能包括退出一条产品线、拒绝向一个新的地区市场拓展,或者卖掉一个分部。(2)降低(reduction)——采取措施降低风险的可能性或影响,或者同时降低两者。它几乎涉及各种日常的经营决策。(3)分担(sharing)——通过转移来降低风险的可能性或影响,或者分担一部分风险。常见的技术包括购买保险产品、从事避险交易(hedging transactions)或外包一项业务活动。(4)承受

① Treadway委员会发起组织委员会(COSO).企业风险管理:整合框架[M].方红星,王宏,译.大连:东北财经大学出版社,2005:51-52.

② Treadway委员会发起组织委员会(COSO).内部控制:整合框架(2013)[M].财政部会计司,组织翻译.北京:中国财政经济出版社,2014:64-65.

③ Treadway委员会发起组织委员会(COSO).内部控制:整合框架(2013)[M].财政部会计司,组织翻译.北京:中国财政经济出版社,2014:77.

(acceptance)——不采取任何措施去干预风险的可能性或影响。专栏 6-1 为如何应用这些风险应对给出了例子。回避应对意味着所确定的应对方案都不能把风险的影响和可能性降低到一个可接受的水平。降低和分担应对把剩余风险降低到与期望的风险容限相协调的水平。而承受应对则表明固有风险已经在风险容限之内。”①

2008 年 6 月 28 日，财政部、证监会、审计署、银监会、保监会发布的《企业内部控制基本规范》(财会〔2008〕7 号)第二十六条指出：“企业应当综合运用风险规避、风险降低、风险分担和风险承受等风险应对策略，实现对风险的有效控制。风险规避是企业对超出风险承受度的风险，通过放弃或者停止与该风险相关的业务活动以避免和减轻损失的策略。风险降低是企业在权衡成本效益之后，准备采取适当的控制措施降低风险或者减轻损失，将风险控制在风险承受度之内的策略。风险分担是企业准备借助他人力量，采取业务分包、购买保险等方式和适当的控制措施，将风险控制在风险承受度之内的策略。风险承受是企业对风险承受度之内的风险，在权衡成本效益之后，不准备采取控制措施降低风险或者减轻损失的策略。”第二十七条指出：“企业应当结合不同发展阶段和业务拓展情况，持续收集与风险变化相关的信息，进行风险识别和风险分析，及时调整风险应对策略。”

3. 风险产生的原因

前已述及，风险来自内部控制设计与运行的缺陷与内部控制执行的局限性。评价内部控制风险既要发现内部控制的设计和运行的缺陷，还要重视内部控制设计和执行的局限性。由此可见，风险＝缺陷＋局限。本文主要阐述内部控制执行的局限性。

(1) 好的内部控制制度也存在局限性与缺陷

好制度在执行中也会失灵。《内部控制——整合框架》指出：“一些观察家认为内部控制可以保证主体不会失败，即主体总是会实现它的经营、财务报告和合规目标。从这个意义上讲，内部控制有时候被看作是包治主体所有实际和潜在的经营疾病的万应灵丹。这种观点是一种误导。内部控制并不是万能药。”②由此可见，内部控制是好的制度设计，但在“建设”和“执行”内部控制制度中没有丝毫瑕疵是不可能的。问题在于这些瑕疵、漏洞是否会影响高校运营的有效性和效率、财务报告的可靠性和是否符合适用的法律和法规，并为这些目标的实现提供合理保证。正如美国 COSO 委员会指出的那样：“任何内控系统，不管其设计和执行多么完

① Treadway 委员会发起组织委员会(COSO).企业风险管理：整合框架[M].方红星，王宏，译.大连：东北财经大学出版社，2005：71-73.

② Treadway 委员会发起组织委员会(COSO).内部控制：整合框架[M].方红星，等译.大连：东北财经大学出版社，2008：86.

善，都只能对实现董事会和管理层的控制目标提供合理而非绝对的保证。这些控制目标的达成受限于内控系统的固有局限性。”

上述“主体”不仅包括企业，也包括政府和非营利机构。方红星在《内部控制——整合框架》“译者前言”中指出：“按照 COSO 的本意，这份框架针对的对象不仅包括企业，也包括政府和非营利机构，因而原文中采用的是‘entity’一词，我将其译为‘主体’，而没有改为‘企业’‘公司’等，以免引起误解。”[①]因此，上述观点适用于高校。

（2）缺陷

《内部控制——整合框架》指出：“这里所用的术语‘缺陷’（deficiency）被广泛定义为内部控制体系之中值得注意的一种状态。因此，缺陷可能意味着一个感觉到的、潜在的或真实的缺点，或者是一个改进内部控制体系，以便提供更大的可能性去实现主体目标的机会。”[②]《内部控制——整合框架》还指出：“董事会或审计委员会可能会仅仅要求管理层或者内部或外部审计师沟通那些所发现的达到既定的严重性或重要性界限的缺陷。会计职业界所采用的一条界限是‘应报告情形’（reportable conditions）。它被定义为：……内部控制结构的设计或运行的重要缺陷，它们会对主体根据财务报表中管理层的认定，记录、处理、汇总和报告财务数据的能力产生不利影响。”[③]

《内部控制——整合框架（2013）》指出：“‘内部控制缺陷’是指与一个或多个要素和原则相关，可能会导致主体偏离控制目标的缺点。一项或多项内部控制缺陷的组合，可能会导致主体严重偏离控制目标，即被称为‘重大缺陷’。”[④]

与“缺陷”相关的概念叫“重大漏洞”。《内部控制——整合框架》指出：“内部控制有效的概念都与术语‘重大漏洞’（material weaknesses）（也有人将其翻译为‘重大弱点’‘重大薄弱环节’‘实质性漏洞’）相关联。‘重大漏洞’源于独立公共会计师的文献，是针对主体的财务报告目标提出来的，它被定义为这样一种状态：特定内部控制结构要素的设计或运行未能将对所审计的财务报表而言重要的金额的错误或违规行为可能会发生并且未能被员工在正常履行他们的既定职能的过程中及时发现的风险降到一个相对较低的水平。因此，重大漏洞包括几个概念：风险水平（与合理

---

① Treadway 委员会发起组织委员会(COSO).内部控制：整合框架[M].方红星，等译.大连：东北财经大学出版社，2008：译者前言.

② Treadway 委员会发起组织委员会(COSO).内部控制：整合框架[M].方红星，等译.大连：东北财经大学出版社，2008：81.

③ Treadway 委员会发起组织委员会(COSO).内部控制：整合框架[M].方红星，等译.大连：东北财经大学出版社，2008：84.

④ Treadway 委员会发起组织委员会(COSO).内部控制：整合框架(2013)[M].财政部会计司，组织翻译.北京：中国财政经济出版社，2014：33.

保证有关)、对主体财务报表的重要性,以及发现错误或违规行为的及时性。"①

2010 年 4 月 15 日,财政部、证监会、审计署、银监会、保监会发布的《企业内部控制评价指引》(财会〔2010〕11 号)第四章为"内部控制缺陷的认定",其第十六条指出:"内部控制缺陷包括设计缺陷和运行缺陷。企业对内部控制缺陷的认定,应当以日常监督和专项监督为基础,结合年度内部控制评价,由内部控制评价部门进行综合分析后提出认定意见,按照规定的权限和程序进行审核后予以最终认定。"第十七条指出:"企业在日常监督、专项监督和年度评价工作中,应当充分发挥内部控制评价工作组的作用。内部控制评价工作组应当根据现场测试获取的证据,对内部控制缺陷进行初步认定,并按其影响程度分为重大缺陷、重要缺陷和一般缺陷。重大缺陷,是指一个或多个控制缺陷的组合,可能导致企业严重偏离控制目标。重要缺陷,是指一个或多个控制缺陷的组合,其严重程度和经济后果低于重大缺陷,但仍有可能导致企业偏离控制目标。一般缺陷,是指除重大缺陷、重要缺陷之外的其他缺陷。重大缺陷、重要缺陷和一般缺陷的具体认定标准,由企业根据上述要求自行确定。"

(3) 局限性

《内部控制——整合框架》指出:"这里所采用的术语'管理层凌驾'(management override)是指,出于个人利益或虚夸主体的财务状况或合规情况等不法企图,而拒绝执行既定的政策或程序。一个部门或业务单元的经理,或者高级管理层的成员,可能会出于多种原因而凌驾于内部控制之上:……管理层凌驾不应与管理层干预(management intervention)相混淆,后者表示管理层出于合法的目的②而偏离既定政策或程序的行为。……而凌驾行为因为具有掩盖的企图,所以通常不会被记录或披露。"《内部控制——整合框架》第七章"内部控制的局限"中指出了判断、故障、管理层凌驾、串通、成本收益原则五种情况③,其中"管理层凌驾"和"串通"是恶意破坏内部控制制度的行为。

《内部控制——整合框架(2013)》指出:"管理层凌驾是指出于非法目的而逾越主体控制以获取个人利益,或粉饰主体业绩状况或合规情况。……管理层凌驾不应与管理层干预相混淆,其行为不是出于合法的目的而设计。……作为舞弊风险评估工作的一部分,管理层应对内部控制的管理层凌驾风险进行评估。"④

---

① Treadway 委员会发起组织委员会(COSO).内部控制:整合框架[M].方红星,等译.大连:东北财经大学出版社,2008:147-148.

② 《内部控制——整合框架》1994 年译本为"合法的目的",《内部控制——整合框架》2008 年译本为"合理的目的",《内部控制——整合框架(2013)》2014 年译本为"合法的目的"。

③ Treadway 委员会发起组织委员会(COSO).内部控制:整合框架[M].方红星,等译.大连:东北财经大学出版社,2008:86-89.

④ Treadway 委员会发起组织委员会(COSO).内部控制:整合框架(2013)[M].财政部会计司,组织翻译.北京:中国财政经济出版社,2014:81.

4. 内部控制执行的两大风险

前已述及,本文主要阐述内部控制执行的局限性,其中“管理层凌驾”和“串通”是恶意破坏内部控制制度的两大风险行为。

《内部控制——整合框架》指出:“只有负责内部控制体系运行的人员有效工作,内部控制体系才会有效运行。即使在有效控制的主体——那些一般具有较高诚信水平和内部控制意识的主体中,管理人员也可能具有凌驾于内部控制之上的能力。这里所采用的术语‘管理层凌驾’(management override)是指,出于个人利益或虚夸主体的财务状况或合规情况等不法企图,而拒绝执行既定的政策或程序。一个部门或业务单元的经理,或者高级管理层的成员,可能会出于多种原因而凌驾于内部控制之上:多报收入以掩盖超出预期的市场份额下降,多报盈利以满足不切实际的预算。在公开发行或销售之前抬高主体的市值,实现与业绩挂钩的奖金方案所依据的销售或盈利计划,掩盖对债务契约条款的违背,或隐瞒不符合法律规定的行为。凌驾的具体做法包括对银行、律师、会计师或供应商有意虚报,以及故意签发虚假的购货订单和销售发票等文件。管理层凌驾不应与管理层干预(management intervention)相混淆,后者表示管理层出于合法的目的而偏离既定政策或程序的行为。管理层的干预对于处理非经常性和非标准的交易和事项是很有必要的,因为如果不这样做,控制系统将无法对其进行适当处理。在所有内部控制体系中预留管理层干预是必要的,因为没有任何系统在设计时就能预知一切情形。管理层的干预行为一般是公开进行的,通常要加以记录或者向适当的人员披露,而凌驾行为因为具有掩盖的企图,所以通常不会被记录或披露。”①

(三) 高校内部控制的局限性——管理层凌驾于内部控制之上的三个案例

在高校腐败案例中,相当多的案例是管理层特别是一把手凌驾于内部控制之上。仅举三例:

1. 校级管理层凌驾于内部控制之上,破坏内部控制的执行

刘炎迅等报道:“在阜阳师范学院,尽管每一个工程都要走招投标程序,但时任阜阳师范学院党委副书记、院长的张某歧利用分管新校区建设的职务便利,‘想让哪家建筑单位入围就入围,想给谁打多少印象分就打多少分,倾向于谁中标谁就能中标,少有人能提出不同意见’,最终因受贿50余万元而被判刑。”②

2. 处级管理层凌驾于内部控制之上,破坏内部控制的执行

2017年3月23日,《广州日报》全媒体记者魏丽娜和澎湃新闻记者葛维樱分别报道:“广美图书馆前馆长萧某涉嫌监守自盗,曾掉包盗窃百幅名家书画。三道门

① Treadway委员会发起组织委员会(COSO).内部控制:整合框架[M].方红星,等译.大连:东北财经大学出版社,2008:87-89.

② 刘炎迅,王婧,秋风.高校基建腐败调查:大学之盗[J],中国新闻周刊,2009(39):28-30.

的钥匙本来分别由三个图书馆管理人员持有，广美图书馆按照库藏管理惯例规定，只有三人同时到场才可以开库。但是 2002 年萧某上任馆长后，一段时间内以‘防火’为名，提出考虑到有可能在紧急情况下来不及找齐三人，就自己配齐了三把钥匙。2003 年管画的专业人员开始对画作进行翻拍，当时希望以数据化处理的形式，将画作计入电脑档案之中。周六、日图书馆放假时，（萧某）就用自己的钥匙进入藏画库，选择字画带回家，临摹好后，再把假画放回原来的位置，把真品留下。三年时间盗走了 140 多幅作品，平均下来每周偷一幅。”①

3. 科级管理层凌驾于内部控制之上，破坏内部控制的执行

记者甘泉报道：“河南安阳职业技术学院学生科副科长严某，在近 5 年时间里，累积冒领 386 名学生合计 63.2 万元国家助学金。近日这一案件在安阳被查实判刑。根据国家相关规定，学生一旦助学金申请成功后，每名贫困生每学期可以领到 750 元的助学金，四个学期合计 3 000 元。由于各种原因，职校高中专学生中途转学、退学率相对较高，读至一半便半途而废的学生屡见不鲜。严某正是利用职务之便，隐瞒这些学生转学或退学的信息，由自己继续冒领这部分学生的助学金。为了手段更隐蔽，每学期末，严某都以‘方便管理’为由，将这些助学金统一亲自代领，扣除已退、转学生的那部分助学金，再将资金转交给各班班主任发放。意外的是腐败小黑箱因 2011 年安阳职业技术学院整合重组被打破。因安阳市的职业中专、技校和艺校等六所学校合并为一所综合性中等职业技术学院，这时，严某有机会升任学院文艺部主任。面临职务升迁，严进却担心，一旦离开现在岗位，自己冒领助学金事情败露，他选择不愿意升迁。然而‘纸包不住火’，因上级部门助学金发放和学校的系统记录无法对应，他的贪腐行为最终还是暴露了。”②

从以上三个案例可以看出他们都是恶意“管理层凌驾”，特别是阜阳师范学院原院长张某歧明显破坏“招投标”设计的内部控制，将“招投标”内部控制设计的“不相容岗位相互分离”原则作为摆设，肆意践踏，狂妄到“想让哪家建筑单位入围就入围，想给谁打多少印象分就打多少分，倾向于谁中标谁就能中标”。广州美术学院图书馆内部控制设计的三道门的钥匙本来分别由三个图书馆管理人员持有，按照库藏管理惯例规定，只有三人同时到场才可以开库，明显符合内部牵制的机理，但原馆长萧某自己配齐了三把钥匙，破坏了内部牵制这个核心。河南安阳职业技术学院学生科副科长严某也破坏了“不相容岗位相互分离”的原则，“将这些助学金统一亲自代领”，“统一代领”而不是由申请助学金的学生各自签名领取，隐匿了“已退、转学生”的签名。

① 魏丽娜.广州美院图书馆原馆长监守自盗贪污 143 幅名画[N].广州日报，2017-03-24.；葛维樱.广美图书馆前馆长萧某狱中病亡，曾掉包盗窃百幅名家书画[Z].澎湃新闻，2017-03-23.

② 甘泉.河南一学校副科长冒领助学金　怕事情败露拒升迁[N].南方都市报，2014-11-20.

2018年7月3日，习近平在全国组织工作会议上讲话时指出："维护法规制度严肃性和权威性，不留'暗门'、不开'天窗'，真正让铁规发力、让禁令生威。"①上述三个案例中，无论是张某歧的霸道独断专行，还是萧某的一人拿三把钥匙，或是严某统一代领签名，都留了"暗门"，开了"天窗"，破坏了内部控制"权力切分"的原理，将权力集于一身，使他们堕落成为腐败分子。

（四）高校内部控制的局限性——合谋串通造成内部控制失灵

《内部控制——整合框架》指出："两人或多个人的串通行为会导致控制的失效。通过集体行动来预防和掩盖某个行为，使其不被发现的人员，通常会以控制体系无法识别的方式改动财务数据或其他管理信息。例如，一名执行重要控制职能的员工与客户、供应商或另一名员工之间可能出现串通。在另一个层面上，不同层级的销售或分部的管理层可能会串通起来绕过控制，以便使报告业绩符合预算或激励目标。"②

《内部控制——整合框架(2013)》指出："串谋行为会导致控制的失效。"③

上述三个案例，第二、第三两个案例不属于"串通"，即萧某与严某是个人作案，而第一个案例中的张某歧肯定是合谋串通作案。在高校腐败案例中，受贿案基本上都是合谋串通的。如基建受贿是校领导、基建负责人与开发商合谋串通作案，采购受贿是采购方与供货方合谋串通作案，招投标受贿是招标方与投标方合谋串通作案，招生受贿是校领导、招办主任与考生家长合谋串通作案，等等。

列宁曾经说过："堡垒最容易从内部攻破。"党的十五大报告也指出："堡垒最容易从内部攻破。"俗话说，"蚁穴溃堤""针尖大的窟窿能漏过斗大的风"。"蚁穴"与"针孔"何其微小，但破坏力却无穷大。"苍蝇不叮无缝蛋，野狗专钻破篱笆"，腐败分子就是这样的"苍蝇"和"野狗"，专门利用内部控制有局限性的地方，因此，我们应该坚定制度自信，我们的责任是完善内部控制，"把权力关在笼子内"。

（五）高校内部控制的局限性——"内部人控制"

"管理层凌驾于内部控制之上"和"合谋串通造成内部控制失灵"是"内部人控制"的惯用手法。

"内部人控制"≠"内部控制"。所谓内部人控制(Insider Control)是指在公司所有权与经营权相分离的前提下，经营者利用其控制权损害所有者利益满足自己的利益。在"委托代理关系"中，公办高校的委托代理关系主要表现在三个层次：

第一层次委托代理关系是全体人民委托各级人民代表大会；

---

① 习近平.在全国组织工作会议上的讲话[N].人民日报，2018-11-07.

② Treadway委员会发起组织委员会(COSO).内部控制：整合框架[M].方红星，等译.大连：东北财经大学出版社，2008：87-88.

③ Treadway委员会发起组织委员会(COSO).内部控制：整合框架(2013)[M].财政部会计司，组织翻译.北京：中国财政经济出版社，2014：127.

第二层次委托代理关系是各级人民代表大会委托各级人民政府；

第三层次委托代理关系是各级人民政府委托公办高校管理层。

随着代理人对所在单位控制力的加强，逐步形成“弱所有者，强管理者”的单位治理格局，并逐步取得了单位财务营运权和重大决策权。单位内部权力分为经营权（实物控制权）和财务控制权（价值控制权）。所有者认识到，控股权不等于控制权。高校管理层掌控学校内的一切大权，为形成“内部人控制”的局面提供了条件。在制度失控和道德失范的情况下，高校管理变成了实际上的“内部人控制”。

党的十八大以来，虽然以高压态势惩治腐败，至 2017 年 3 月，共有 170 位高校校级领导落马①，但遗憾的是，党的十九大以来，至 2020 年底，高校校级官员腐败案件仍有 50 余起。例如白城师范学院两任党委书记“前腐后继”，湖南中医药大学两个“一把手”先后落马，广西中医药大学原校长与原副校长同日被查，呼和浩特职业学院原党委书记与原院长同一天被“双开”等。这些以权谋私的官员都是“内部人控制”，运用的手法也都是“管理层凌驾于内部控制之上”和“合谋串通造成内部控制失灵”。

罗煜明、邝蔚丹报道：“湖南大学公开信还说明了 17 名研究生的转学过程。公开信称，2014 年 1 月 15 日，该校研究生院将初审合格的 2013 级硕士研究生转学转入申请提交校招生领导小组会议研究。与会人员根据相关规定进行研讨，通过投票方式表决，以超过 2/3 的票数同意来自湘潭大学、湖南科技大学、吉首大学、中南林业大学、湖南农业大学、长沙理工大学等 6 所高校 17 名硕士研究生转入我校就读。会议同时决定，今后不再接受非‘985’高校硕士研究生的转学转入申请，并形成会议纪要（湖大招生会纪〔2014〕2 号）。随后，该校按照相关规定程序，将会议研究结果和相关材料呈报湖南省教育厅审批。经湖南省教育厅批准后，该 17 名硕士研究生正式转入湖南大学就读相关专业。”②

记者赵力报道：“1 月 21 日，湖南大学被曝一次性接收来自湘潭大学、吉首大学、湖南科技大学等 6 所高校的 17 名硕士研究生转入该校就读。上述湘潭大学等 6 所高校都是非‘211’的普通大学，排名也都在百名开外，与排名前五十同时属于‘985’的湖南大学并非同一等级，其研招的分数线也要低很多。……新华社的后续调查印证了上述质疑的合理性。据报道，17 名外校转来的学生中，‘有一些是教育行政主管部门的子弟或亲戚，有一些是湖南大学的子弟，还有一些是和教育系统能攀上关系的单位子弟’。对于这场转学闹剧，《新京报》的一篇评论指出，此次转学风波其实就是一种‘洗权’行为。文章解释，类似于洗钱，通过各种程序，将不正当途径获得的权力、利益和机会合法化，则是一种‘洗权’行为。这种‘洗权’行为得到

① 乔春华.大学校长理财研究[M].南京：东南大学出版社，2018：52-59.

② 罗煜明，邝蔚丹.17 名研究生未考试转学升入 985 高校被质疑[N].南方都市报，2015-01-23.

了湖南大学和湖南省教育厅的批准。”[1]

这种经过“校招生领导小组会议研究。与会人员根据相关规定进行研讨，通过投票方式表决，以超过2/3的票数同意”“随后，该校按照相关规定程序，将会议研究结果和相关材料呈报湖南省教育厅审批”的做法似乎合规（这里还用了两个“规定”——“根据相关规定”和“按照相关规定程序”），我们不禁要问：非“211”的普通大学硕士研究生转入“985”的湖南大学根据的是什么“规定”？在这个入门“规定”不确定的情况下擅自采用了两个校内“规定”合规吗？17名与教育系统能攀上关系的单位子弟按这两个“规定”转入湖南大学后，湖南大学招生领导小组会议“同时决定，今后不再接受非‘985’高校硕士研究生的转学转入申请，并形成会议纪要（湖大招生会纪〔2014〕2号）”。关系子弟转入湖南大学后就“关门”了，其他人不要攀比找麻烦了，“只许州官放火，不许百姓点灯”的腔调跃然纸上。这是一种明目张胆地利用权力、利用规定的“内部人控制”惯用手法，“管理层凌驾于内部控制之上”和“合谋串通造成内部控制失灵”。

（六）高校内部控制的重大缺陷——高校“招生”

前已述及，“缺陷”被广泛定义为内部控制体系之中值得注意的一种状态。因此，缺陷可能意味着一个感觉到的、潜在的或真实的缺点，或者是一个改进内部控制体系，以便提供更大的可能性去实现主体目标的机会。目前高校内部控制只界定在“经济活动”之内，“经济活动”之外的领域则处在内部控制失控状态，这是一个极大的缺陷。本书仅以“招生”为例进行阐述。

在第二章第二节中提到，在高校中，艺术类、体育类以及研究生招生是风险高发区。2020年8月，媒体披露了艺术类和研究生招生的腐败案例。此外，2020年6月，媒体还披露了山东省“陈双双冒名顶替陈春秀上大学”一案，见习记者杨峰曾报道：“记者日前检索发现，在2018—2019年的山东高等学历数据清查工作中，有14所高校曾公示清查结果。经统计，有273人在清查中被公示，其中242人涉嫌冒名顶替入学。”[2]此前，曾有河北省“苏某冒名顶替王朝霞”案，湖南省“王某俊冒名顶替罗彩霞”案，可惜这些“招生”腐败案并未引起重视。

《人民日报》记者孔祥鑫、凌军辉、周立权报道：“中国人民大学招生就业处原处长蔡某生因涉嫌违法违纪接受调查。近年来，冒名顶替上大学的事件时有发生。个别高校与地方教育行政部门‘紧密配合’的腐败行为令人忧心。……高招腐败的本质是权力寻租。记者调查发现，自主招生、破格补录和调换专业日益成为高招腐败的三大‘重灾区’，养肥了一批教育贪官，严重危害教育公平。在一些高校老师眼中，招办是高校的‘肥缺’。‘少数考生可通过自主招生录取，部分考生可获得补录

① 赵力.质疑：霸气转学，是因饭菜过辣还是权力过大？[N].新京报，2015-01-26.

② 杨峰.14所高校查出242人涉嫌冒名顶替入学？山东省教育厅回应了[N].南方都市报，2020-06-19.

的名额，个别人才有机会调换专业……’教育部教育发展研究中心体制改革研究室主任王烽认为，高校拥有的‘小’权力变成了某些人手中‘大’特权。有限的资源成为滋生高招腐败的温床。补录环节多为‘暗箱操作’。……调换专业衍生成花钱‘买’好专业。”①

蔡某生案案发于2013年12月，笔者曾在2014年6月出版的《高校内部控制研究》一书中专门阐述了“招生”内部控制设计②。可是，2015年7月16日，教育部发布的《教育部直属高校内部控制制度（试行）（征求意见稿）》（教财司函〔2015〕451号）中未提及“招生内部控制”；2015年12月21日，《财政部关于全面推进行政事业单位内部控制建设的指导意见》规定“逐步将控制对象从经济活动层面拓展到全部业务活动和内部权力运行”；2016年4月26日，教育部发布的《教育部直属高校经济活动内部控制指南（试行）》（教财厅〔2016〕2号）将控制对象界定在“经济活动”之内，仍未提及“招生内部控制”。事关高校风险高发区或重灾区，这种明显的疏漏正是高校内部控制设计中的重大缺陷。招生舞弊仍是“管理层凌驾于内部控制之上”和“合谋串通造成内部控制失灵”。

时至2020年，招生丑闻仍频频见于报端。

俞杨报道：“经查，时任教务处教务科科长尹某旭，私下接受了该校教师陈某请托，为其女陈某钰在缓考和课程替代中违规擅自操作，致使课程成绩计算错误，从而达到其被推免至更好学校的目的。西南交大陈某钰被指修改成绩，申请保研至中科大。西南交大日前发布通报，取消陈某钰推荐免试攻读研究生资格，时任教务处教务科科长尹某旭、教师陈某也即陈某钰家长，皆受处分。”③

李微敖报道：“2020年6月30日至7月10日期间，四川音乐学院声乐系的3位女教授——杨某琴、费某、邓某丽，先后被纪检监察机关带走调查。该举报材料称：在过去数年，四川省外的考生是每人收18万元才会保证被录取——‘个别没有缴费考生，是川音党委和学校领导专门打招呼要收的考生，或川音党委和学校领导特意照顾的点招名额’。但是邓某丽调至声乐系之后，‘每名外省考生涨价、收25万元’。邓某丽将收受学生家长的钱财比喻成一年一季的‘割麦子’。值得注意的是，3年多前，四川音乐学院的声乐专业中，就已经爆出了招生丑闻——吴某红教授案：一人收7.5万元，一人收12万元。她的案发，同样缘于向其行贿的学生家长的检举揭发。”④

高校“招生”是“重灾区”之一、“三大黑洞”之一、“四大病灶”之一。

---

① 孔祥鑫，凌军辉，周立权．高招腐败案件呈多发趋势　招生自主权不能变“特权”[N]．人民日报，2013-12-03(12).

② 乔春华．高校内部控制研究[M]．苏州：苏州大学出版社，2014：262-271.

③ 俞杨．211学生篡改成绩上985，保研漏洞亟待补[N]．中国新闻周刊，2020-08-09.

④ 李微敖．四川音乐学院3位女教授被调查　疑因涉及艺术专业招生腐败[N]．经济观察报，2020-08-21.

《中国青年报》记者雷宇、叶铁桥报道："高校腐败案增多，基建、招生等领域成重灾区。"①

王肖潇、李静涛报道："招生黑，基建肥，校办企业油水多：高校腐败的三大黑洞。"②

张太凌报道："据海淀检察院检察长孙力介绍，近年来高等学府已成为职务犯罪的多发领域。目前海淀区内有23所高校曾发生过职务犯罪案件。孙力认为，目前高校职务犯罪发案部位相对集中，基建、采购、后勤和招生领域，成为了高校腐败的四大'病灶'。"③

2011年11月15日，《中共教育部党组关于学习贯彻贺国强同志在部分高校反腐倡廉建设座谈会上重要讲话精神的通知》(教党〔2011〕39号)第13条指出要严把"七个关口"，排列依次为：严把招生录取关；严把基建项目关；严把物资采购关；严把财务管理关；严把科研经费关；严把校办企业关；严把学术诚信关。

上述高校腐败区域的"重灾区""三大黑洞""四大病灶"都包括了"招生"；严把招生录取关在严把"七个关口"中名列第一。

澎湃新闻记者陈竹沁报道："从获得的司法判决书显示，2008至2014年，中央民族大学音乐学院原院长孟某洋共接受民大5位教师请托(其中包括时任民大美术学院国画系主任买某民)，帮助13位考生通过音乐学院专业考试，累计受贿123万元。此外，孟某洋还曾受贿20万元，帮助一位民大舞蹈学院教师调入音乐学院。司法判决书显示，孟某洋还曾通过民大原副校长任某夏，帮助民大新闻传播专业的一名学生成为香港浸会大学交换生。孟某洋从中受贿15万元，其中5万元交给任某夏。据澎湃新闻记者了解，2015年4月孟某洋案发后，任某夏因此事牵连被查。当时其已退休，将5万元交给校纪委后，任某夏受到降级为正处的处分。"④

新华网海南频道记者乔华、胡辛报道："两名基本没有绘画基础的学生，却以2002级美术系高考专业课第一名、第二名的成绩被录取入校。今年5月，这件发生在海南大学艺术学院的怪事一经披露，立即在全院师生中引起强烈震动。"⑤

四、高校内部控制应有制度自信

2012年11月8日，胡锦涛在党的十八大上作的题为《坚定不移沿着中国特色社会主义道路前进　为全面建成小康社会而奋斗》的报告中提出"道路自信、理论

---

① 雷宇，叶铁桥.高校腐败烈度逐年升级：权力过大　制约过小[N].中国青年报，2011-02-18.

② 王肖潇，李静涛.高校腐败的3大黑洞：招生黑　基建肥　校办企业油水多[N].环球人物，2014-01-23.

③ 张太凌.检察官称基建、采购、后勤、招生成高校四大腐败[N].新京报，2008-10-11.

④ 陈竹沁.艺考吸金术：考前"打招呼"，照顾的都考上了[N].澎湃新闻，2017-02-09.

⑤ 乔华，胡辛.海大艺术学院招生"黑幕"揭秘：离谱的艺术类招生[Z].新华网海南频道，2003-08-24.

自信、制度自信”。内部控制存在局限，我们的责任就是完善内部控制。

具体到内部控制，制度自信表现为：

1. 内部控制是个好制度

笔者曾阐述过内部控制是治理和管理中的制度创新，对规范单位和提高单位效益具有重大的实践意义，此处不再赘述。

2. 校领导应对内部控制的建立健全和有效实施充满信心并亲自推动

习近平指出：“减少制度执行的自由裁量空间。”从习近平的讲话中我们可以想到“制度成败皆由吏”。

2012 年 11 月 29 日，财政部印发的《行政事业单位内部控制规范（试行）》第六条规定：“单位负责人对本单位内部控制的建立健全和有效实施负责。”

2013 年 12 月 5 日，《教育部关于做好〈行政事业单位内部控制规范（试行）〉实施工作的通知》规定：“强化领导责任。各单位负责人要对本单位内部控制的建立健全和有效实施负责。单位主要领导要切实负起责任，牵头做好内部控制规范的组织实施工作，合理确定本单位内部财务、审计、纪检监察、政府采购、基建、资产管理等部门的职责和权限。”

这里，领导的责任不仅仅是“建立健全”内部控制制度，更重要的是“有效实施”。马特和帕克指出：“内部控制有三种基本类型，对于一个保护自身的资产和全体教职员工利益的学校会计制度来说，这三种类型都是至关重要的。(1)预防式控制是在错误或不遵守规则的行为出现之前而设计的避免其发生的措施。一个关于预防式控制的办法，就是校长在购买物资或设备之前审批订购单。预防式管理具有成本效益。(2)发现式控制是错误发生之后用来鉴别错误的措施。为了发现不遵守规则的事情，校长每月要审核学校的银行报表，这就是一种发现式控制。这种控制具有滞后性，与预防式控制相比，成本效益偏低。(3)纠正式控制是确保通过发现式控制查找出错误以纠正的措施。一个纠正式控制的例子是当校长发现银行对账单上的错误，及时地彻查此事，以确保这个错误得到解释和纠正。”① 由此可见，“建立健全”内部控制制度要从这三种基本类型入手，“有效实施”也必须从这三种基本类型入手。

3. 内部控制是需要不断监督的制度

比行政事业单位内部控制早推行的企业内部控制至 2020 年仍在强调内部审计对于内部控制的重要性。2020 年 9 月 28 日，国务院国资委《关于印发〈关于深化中央企业内部审计监督工作的实施意见〉的通知》（国资发监督规〔2020〕60 号）第二十一条规定：“规范有效开展内控审计。将企业内控体系审计纳入内部审计重点工作任务，围绕企业内部权力运行和责任落实、制度制定和执行、授权审批控制和

---

① ［美］Mutter D W，Parker P J.校长理财实务[M].徐玲，等译.北京：中国轻工业出版社，2006：4-5.

不相容职务分离控制等开展监督，倒查企业内控体系设计和运行缺陷。突出重大风险防控审计，重点检查企业重大风险评估、监测、预警和重大风险事件及时报告和应急处置等工作开展情况，以及企业合规建设、合规审查、合规事件应对等情况。规范开展对投资决策、资金管理、招投标、物资采购、担保、委托贷款、高风险贸易业务、金融衍生业务、PPP 业务等重点环节、重要事项以及行业监管机构发现的风险和问题的专项内控审计，切实促进提升内控体系有效性。”因此，不监督、不审计不能发现问题。发现了问题就要以问题为导向，不断完善内控制度。

4. 内部控制是需要不断完善的制度

“制度”就是“笼子”，因此，首先要做好“笼子”，即制定或建立制度（包括内部控制）；其次是完善制度（包括内部控制），即修补篱笆、堵塞漏洞；再次是执行制度（包括内部控制），即扎牢制度藩篱；最后是评价和监督制度的执行情况，既有执行结果的处理，又有制度的进一步完善。

美国学者阿密泰曾经说过：“清除腐败不能仅仅是挑出一个个烂苹果，而更应该检查放置苹果的筐子。”这就是说，内部控制评价和审计不只是清除一个个烂苹果（违纪问题），而应该检查“筐子”（制度）。

汉代桓宽在《盐铁论・忧边》中指出：“明者因时而变，知者随世而制。”任何制度都是需要经常修改的：一是因为制度不是天生就完美的，人们在制定制度时受到认识的局限；二是实践在不断地创新发展，理论和制度也应随实践的发展而发展，理论需要不断地修正，制度需要不断地完善。

第四章　高校财会监督是财务治理的内在要素

第一节　监督是治理的内在要素

中国共产党历来重视监督。

毛泽东与黄炎培“窑洞对”的启示——人民监督。1945年夏，黄炎培与毛泽东著名的“窑洞对”被称作“黄氏周期率”，毛泽东明确地回答说：“我们已经找到新路，我们能跳出这周期率。这条新路，就是民主。只有让人民起来监督政府，政府才不敢松懈。只有人人起来负责，才不会人亡政息。”①习近平在庆祝全国人民代表大会成立六十周年大会上的讲话中指出：“人民的眼睛是雪亮的，人民是无所不在的监督力量。只有让人民来监督政府，政府才不会懈怠；只有人人起来负责，才不会人亡政息。”②

毛泽东与周恩来的对话的启示——民主党派监督。1956年4月19日下午，毛泽东和刘少奇、周恩来、朱德、彭真、彭德怀、邓小平等在听取李富春关于第二个五年计划的汇报时，毛泽东提出“两个万岁”的口号，说：“共产党万岁，民主党派也万岁。他们可以看着我们，这也是一种民主。共产党有两怕，一怕老百姓，二怕民主人士。”周恩来说：“这个怕也可以解释是一种监督吧！”毛泽东说：“长期共存，相互监督。”

一、监督体系融入国家治理体系

(一) 法治在治理体系中起积极作用

习近平指出：“发挥法治在国家治理体系和治理能力现代化中的积极作用。”③

习近平指出：“依法治国是党领导人民治理国家的基本方略，法治是治国理政的基本方式，要更加注重发挥法治在国家治理和社会管理中的重要作用，全面推进

---

① 中共中央文献研究室.毛泽东年谱(1983—1949)：中卷[M].北京：中央文献出版社，2002：610.

② 习近平.在庆祝全国人民代表大会成立六十周年大会上的讲话[N].人民日报，2014-09-06.

③ 习近平.推进全面依法治国，发挥法治在国家治理体系和治理能力现代化中的积极作用[N].人民日报，2020-11-16.

依法治国，加快建设社会主义法治国家。”①

中共中央印发的《法治中国建设规划（2020—2025 年）》指出：“当今世界正经历百年未有之大变局，我国正处于实现中华民族伟大复兴关键时期，改革发展稳定任务艰巨繁重，全面对外开放深入推进，人民群众在民主、法治、公平、正义、安全、环境等方面的要求日益增长，需要更好发挥法治固根本、稳预期、利长远的保障作用。”②

1. 法治是治国的基本方略

党的十五大报告指出：“建设社会主义法治国家，……坚持依法治国基本方略，……为党和国家长治久安提供政治和法律制度保障。”

党的十六大报告指出：“建设社会主义法治国家，……依法治国是党领导人民治理国家的基本方略。……到二〇一〇年形成中国特色社会主义法律体系。”

党的十七大报告指出：“中国特色社会主义法律体系基本形成，依法治国基本方略切实贯彻。……依法治国基本方略深入落实，全社会法制观念进一步增强，法治政府建设取得新成效。”

法治之所以成为治国的基本方略，是因为法治已纳入国家的“四个全面”战略布局。建设中国特色社会主义法治体系、建设社会主义法治国家是全面推进依法治国的总目标。

2. 法治是治国理政的基本方式

党的十八大报告指出：“更加注重发挥法治在国家治理和社会管理中的重要作用，……全面推进依法治国。法治是治国理政的基本方式。”

党的十九大报告指出：“依法治国是党领导人民治理国家的基本方式，……全面依法治国是国家治理的一场深刻革命，……建设中国特色社会主义法治体系。”

中共中央印发的《法治中国建设规划（2020—2025 年）》指出：“法治是人类文明进步的重要标志，是治国理政的基本方式。”③

法治之所以成为治国理政的基本方式，是因为在历史上“人治”曾带来经济的不发展，文化的不繁荣，社会的不进步，人民生活的不幸福。法治才能长治久安，法治才能安邦固本，法治才能长远发展、繁荣和进步，法治才能使子孙万代幸福。因此，法治是治国理政的基本方式。

3. 法治是国家治理体系和治理能力的重要依托

习近平指出：“法律是治国之重器，法治是国家治理体系和治理能力的重要依托。全面推进依法治国，是解决党和国家事业发展面临的一系列重大问题，解放和

---

① 习近平.在首都各界纪念现行宪法公布施行 30 周年大会上的讲话[N].人民日报，2012-12-05.

② 法治中国建设规划（2020—2025 年）[N].人民日报，2021-01-11.

③ 法治中国建设规划（2020—2025 年）[N].人民日报，2021-01-11.

增强社会活力、促进社会公平正义、维护社会和谐稳定、确保党和国家长治久安的根本要求。”①

习近平指出：“要坚持在法治轨道上推进国家治理体系和治理能力现代化。法治是国家治理体系和治理能力的重要依托。只有全面依法治国才能有效保障国家治理体系的系统性、规范性、协调性，才能最大限度凝聚社会共识。”②

法治之所以成为国家治理体系和治理能力的重要依托，是因为只有法治才能有效保障国家治理体系的系统性、规范性、协调性，使治理能力提高到新的水平。历史和现实都告诉我们，法治兴则国兴，法治强则国强。因此，中国特色社会主义法治道路，是建设社会主义法治国家的唯一正确道路。

(二) 监督体系是法治体系的重要组成部分

1. 中国特色社会主义法治体系

关于从“中国特色社会主义法律体系”发展到“中国特色社会主义法治体系”。前已述及，党的十六大报告提出的是“到二○一○年形成中国特色社会主义法律体系”。2014 年 10 月 23 日，中国共产党第十八届中央委员会第四次全体会议通过的《中共中央关于全面推进依法治国若干重大问题的决定》首次提出：“全面推进依法治国，总目标是建设中国特色社会主义法治体系，建设社会主义法治国家。”接着又阐明了中国特色社会主义法治体系的“五大体系”为主体框架：“在中国共产党领导下，坚持中国特色社会主义制度，贯彻中国特色社会主义法治理论，形成完备的法律规范体系、高效的法治实施体系、严密的法治监督体系、有力的法治保障体系，形成完善的党内法规体系……促进国家治理体系和治理能力现代化。”③由此可以看出，“严密的法治监督体系”是“中国特色社会主义法治体系”中的五大体系之一。

中共中央印发的《法治中国建设规划（2020—2025 年）》的框架是全面贯彻实施宪法，建设完备的法律规范体系、高效的法治实施体系、严密的法治监督体系、有力的法治保障体系、完善的党内法规制度体系。如：第二部分，全面贯彻实施宪法，坚定维护宪法尊严和权威；第三部分，建设完备的法律规范体系，以良法促进发展、保障善治；第四部分，建设高效的法治实施体系，深入推进严格执法、公正司法、全民守法；第五部分，建设严密的法治监督体系，切实加强对立法、执法、司法工作的监督；第六部分，建设有力的法治保障体系，筑牢法治中国建设的坚实后盾；第七部分，建设完善的党内法规体系，坚定不移推进依规治党。《法治中国建设规划（2020—2025 年）》指出：“到 2025 年，……中国特色社会主义法治体系初步形成；到 2035 年，……中国特色社会主义法治体系基本形成。”

---

① 习近平.关于《中共中央关于全面推进依法治国若干重大问题的决定》的说明[N].人民日报，2014-10-29.

② 习近平.坚定不移走中国特色社会主义法治道路，为全面建设社会主义现代化国家提供有力法治保障[N].人民日报，2020-11-18.

③ 中共中央关于全面推进依法治国若干重大问题的决定[N].人民日报，2014-10-29.

习近平指出："不断完善法律规范、法治实施、法治监督、法治保障和党内法规体系。"①

党的十九届二中全会公报提出"加快推进"："加快推进中国特色社会主义法治体系建设，法律规范体系、法治实施体系、法治监督体系、法治保障体系和党内法规体系建设相互促进、共同发展，社会主义法治国家建设取得了历史性成就。"

2020 年 11 月，习近平在中央全面依法治国工作会议上提出"加快形成"，他指出："要坚持建设中国特色社会主义法治体系。中国特色社会主义法治体系是推进全面依法治国的总抓手。要加快形成完备的法律规范体系、高效的法治实施体系、严密的法治监督体系、有力的法治保障体系，形成完善的党内法规体系。"②

2. 在"立法、执法、监督、保障、党规"五大体系中，"监督"对其他体系起监督作用

《法治中国建设规划（2020—2025 年）》第五部分"建设严密的法治监督体系，切实加强对立法、执法、司法工作的监督"指出："建设法治中国，必须抓紧完善权力运行制约和监督机制，规范立法、执法、司法机关权力行使，构建党统一领导、全面覆盖、权威高效的法治监督体系。（十四）推进对法治工作的全面监督。……（十五）加强立法监督工作。……（十六）加强对执法工作监督。……（十七）加强对司法活动监督。……"

从上可知，只要公权力存在，就必须有制约和监督。孟德斯鸠深刻指出："一切有权力的人都容易滥用权力，这是万古不易的一条经验。……有权力的人们使用权力一直到遇有界限的地方才休止。如果没有一定的权力对权力的使用加以合理的限制，监督作用就等于零。"③国家治理的关键是治权。党的十九届四中全会通过的《中共中央关于坚持和完善中国特色社会主义制度　推进国家治理体系和治理能力现代化若干重大问题的决定》提出，要"完善权力配置和运行制约机制"。这个机制重点包括三个方面：完善权力配置机制，做到权责法定；完善责任落实机制，做到权责统一；完善用权公开机制，做到权责透明。

（三）历届党的代表大会都重视监督

党的十四大报告指出："建立健全党内和党外、自上而下和自下而上相结合的监督制度。特别要在执法部门和直接掌握人、财、物的岗位，建立有效防范以权谋私和行业不正之风的约束机制。"

党的十五大报告指出："反对腐败是关系党和国家生死存亡的严重政治斗争。

① 习近平.推进全面依法治国，发挥法治在国家治理体系和治理能力现代化中的积极作用[N].人民日报，2020-11-16.

② 习近平.坚定不移走中国特色社会主义法治道路，为全面建设社会主义现代化国家提供有力法治保障[N].人民日报，2020-11-18.

③ [法]孟德斯鸠.论法的精神[M].张雁深，译.北京：商务印书馆，1987：154.

我们党是任何敌人都压不倒、摧不垮的。堡垒最容易从内部攻破，绝不能自己毁掉自己。……各级党委务必做到旗帜鲜明，态度坚定，工作锲而不舍。坚持标本兼治，教育是基础，法制是保证，监督是关键。”

党的十六大报告指出：“加强对权力的制约和监督。建立结构合理、配置科学、程序严密、制约有效的权力运行机制，从决策和执行等环节加强对权力的监督，保证把人民赋予的权力真正用来为人民谋利益。重点加强对领导干部特别是主要领导干部的监督，加强对人财物管理和使用的监督。强化领导班子内部监督，……认真推行政务公开制度。加强组织监督和民主监督，发挥舆论监督的作用。”

党的十七大报告指出：“完善制约和监督机制，保证人民赋予的权力始终用来为人民谋利益。确保权力正确行使，必须让权力在阳光下运行。要坚持用制度管权、管事、管人，建立健全决策权、执行权、监督权既相互制约又相互协调的权力结构和运行机制。健全组织法制和程序规则，保证国家机关按照法定权限和程序行使权力、履行职责。完善各类公开办事制度，提高政府工作透明度和公信力。重点加强对领导干部特别是主要领导干部、人财物管理使用、关键岗位的监督，健全质询、问责、经济责任审计、引咎辞职、罢免等制度。落实党内监督条例，加强民主监督，发挥好舆论监督作用，增强监督合力和实效。”

党的十八大报告指出：“健全权力运行制约和监督体系。坚持用制度管权管事管人，保障人民知情权、参与权、表达权、监督权，是权力正确运行的重要保证。要确保决策权、执行权、监督权既相互制约又相互协调，确保国家机关按照法定权限和程序行使权力。……推进权力运行公开化、规范化，完善党务公开、政务公开、司法公开和各领域办事公开制度，健全质询、问责、经济责任审计、引咎辞职、罢免等制度，加强党内监督、民主监督、法律监督、舆论监督，让人民监督权力，让权力在阳光下运行。”

党的十九大报告指出：“国家监察体制改革试点取得实效，行政体制改革、司法体制改革、权力运行制约和监督体系建设有效实施。……健全党和国家监督体系。增强党自我净化能力，根本靠强化党的自我监督和群众监督。要加强对权力运行的制约和监督，让人民监督权力，让权力在阳光下运行，把权力关进制度的笼子。强化自上而下的组织监督，改进自下而上的民主监督，发挥同级相互监督作用，加强对党员领导干部的日常管理监督。深化政治巡视，坚持发现问题、形成震慑不动摇，建立巡视巡察上下联动的监督网。深化国家监察体制改革，将试点工作在全国推开，组建国家、省、市、县监察委员会，同党的纪律检查机关合署办公，实现对所有行使公权力的公职人员监察全覆盖。制定国家监察法，依法赋予监察委员会职责权限和调查手段，用留置取代‘两规’措施。改革审计管理体制，完善统计体制。构建党统一指挥、全面覆盖、权威高效的监督体系，把党内监督同国家机关监督、民主监督、司法监督、群众监督、舆论监督贯通起来，增强监督合力。”

(四) 监督是治理的内在要素

1. 监督体系融入国家治理体系

习近平指出:“要完善党和国家监督体系,统筹推进纪检监察体制改革。要继续健全制度、完善体系,使监督体系契合党的领导体制,融入国家治理体系,推动制度优势更好转化为治理效能。”①

2. 监督是治理的内在要素

董德兵、刘靖北在《以有力有效监督推进国家治理现代化》一文中引用:“习近平总书记指出,要继续健全制度、完善体系,使监督体系契合党的领导体制,融入国家治理体系,推动制度优势更好转化为治理效能。监督是治理的内在要素、重要环节,也是权力正确运行的根本保证,在管党治党、治国理政中处于基础性、保障性地位。要正确认识把握监督和治理的内在关系,充分发挥监督的发现、评价、纠偏、完善等多种功能,通过发现国家治理体系运行中存在的突出问题,对国家治理能力短板、不足和偏差提出预警,对脱轨权力进行修正,进而推动整改、促进改革、完善制度,推进国家治理体系和治理能力现代化。”②

《人民日报》评论员指出:“监督是治理的内在要素,在管党治党、治国理政中居于重要地位。”③

监督之所以成为治理的内在要素,是因为国家治理的关键是治权,而制约权力、约束权力离不开监督。党的十九届四中全会在推进国家治理体系和治理能力现代化总体部署时提出了“健全党统一领导、全面覆盖、权威高效的监督体系”,强调了“坚持和完善党和国家监督体系,强化对权力运行的制约和监督”的规定。因此,监督是权力正确运行、治理能力不断提升的重要保证,在治国理政中居于基础性、保障性地位。由此可见,强化监督是推进国家治理体系和治理能力现代化中的应有之义,推进国家治理体系和治理能力现代化,必须建立健全监督体系,形成决策科学、执行坚决、监督有力的权力运行机制。

高校应把监督融入高校治理体系的各个方面,高校的一切权力都属于公权力,治理就是对公权力的制约和制衡。高校凡是有权力的领域,如党务系统、行政系统、学术系统等,都必须把监督融入权力涉及的神经末梢,把公权力置于严密的监督控制之下,压缩公权力自由裁量的任性空间。这样,不仅可以完善治理体系,还能够不断提升治理能力。

此外,还有各类监督之间的贯通融合。如《中国共产党第十九届中央纪律检查

---

① 习近平在十九届中央纪委四次全会上发表重要讲话强调:一以贯之全面从严治党强化对权利运行的制约和监督,为决胜全面建成小康社会决战脱贫攻坚提供坚强保障[N].人民日报,2020-01-14.

② 董德兵,刘靖北.以有力有效监督推进国家治理现代化[N].中国纪检监察报,2020-07-09.

③ 《人民日报》评论员.以全面从严治党新成效推进国家治理现代化:论学习贯彻习近平总书记十九届中央纪委四次全会重要讲话精神[N].人民日报,2020-01-20.

委员会第五次全体会议公报》指出："促进各类监督贯通融合，不断增强监督治理效能。压紧压实党组织管党治党政治责任和书记第一责任人责任。做深日常监督，推动监督下沉、监督落地、监督于问题未发之时，强化对'一把手'和领导班子监督。"①

（五）治理结构中包含监督

党的十八大报告指出："要确保决策权、执行权、监督权既相互制约又相互协调。"一个良好的治理结构必须确保决策权、执行权、监督权分离并相互制约又相互协调。

1. 公司治理结构中包含监督

委托代理理论要求监督完善公司治理结构。笔者曾阐述过审计监督在完善公司治理中的作用②。公司治理源于两权分离下的委托代理理论，公司治理结构是解决委托代理问题的一整套制度安排。

汤云为指出："《萨班斯法案》的最大影响是在法律层次上对现代会计、审计的一次功能定位和重新系统安排。它促使人们重新思考一个原始的问题：现代会计、审计到底为何存在？到底能起什么作用？答案存在于公司治理结构中。"③

由此可见，审计监督是美国上市公司治理结构稳定的三个重要支点——公司的管理层、审计委员会、外部审计师之一。国际内部审计师协会（IIA）在 2002 年 7 月 23 日对美国国会的建议中指出：一个健全的治理结构是建立在有效治理体系的四个主要条件的协同之上的，这四个主要条件是董事会、执行管理层、外部审计和审计委员会，并称之为公司治理的"四大基石"。

1999 年 9 月 19 至 22 日，党的十五届四中全会通过的《中共中央关于国有企业改革和发展若干重大问题的决定》指出："公司制是现代企业制度的一种有效的组织形式，公司法人治理结构是公司治理的核心。要明确股东会、董事会、监事会和经理层的职责，形成各负其责、协调运转、有效制衡的公司法人治理结构。"从上可知，《公司法》中股东会、董事会、监事会和经理层就构成了公司治理结构，监事会是公司治理结构的组成部分。

2. 国家治理结构中包含监督

（1）审计监督

我国西周时期就设"宰夫"。《周礼・天官冢宰》："宰夫之职，掌治朝之法。以正王及三公、六卿、大夫、群吏之位，掌其禁令。……辨其八职：一曰正，掌官法以治要。二曰师，掌官成以治凡。三曰司，掌官法以治目。四曰旅，掌官常以治数。……岁终，则令群吏正岁会。月终，则令正月要。旬终，则令正日成，而以考其

---

① 中国共产党第十九届中央纪律检查委员会第五次全体会议公报[N].人民日报，2021-01-25.

② 乔春华.审计委员会的理论与运作[M].北京：中国时代经济出版社，2007：91-94.

③ 张为国.后安然时代[M].北京：中国财政经济出版社，2003：597.

治。治不以时举者，以告而诛之。正岁，则以法警戒群吏，令修宫中之职事，书其能者与其良者，而以告于上。”其意为：“宰夫的职责，掌管有关治朝的法令，以规正王及三公、六卿、大夫和群吏的朝位，监察他们是否违反禁令。……分辨其八类职责：一是正一级的职责，掌管官府的法规制度而审核一年的会计总账。二是师一级的职责，掌管官府的成事品式而审核一月的会计总账。三是司一级的职责，掌管官府的法规制度而审核每天的会计账目。四是旅一级的职责，掌管按照官吏的常职而对官吏的工作进度进行考核。……年终就命令官吏们总结确定一年的会计文书；月终就命令总结确定当月的会计文书；每十天就命令总结确定这十天的会计文书，用以考核官吏们的政绩。政令不按时施行的，就报告(上级)加以责罚。正月，就用法警诫官吏们，让他们做好王宫中的各项工作，记载他们当中的贤能者和优秀者，并报告上级。”由此可见，宰夫是我国古代主管财政经济监察的官员，宰夫隶属于天官，在财计部门之外，其官阶虽低于司会一级，但有审计司会的权力，标志着我国古代官厅外部审计的萌芽，对我国后来财计监督职权的发展和独立审计机构的建立，有着深远的影响。

审计，秦、汉时期称为“上计”；唐代时期称为“比部”；宋代时期称为“审计院”；元、明、清审计削弱；北洋政府设立审计院，颁布《审计法》；中华民国政府设立审计院，颁布《审计法》；中央苏区 1932 年成立审计委员会，1934 年颁布《审计法》；中华人民共和国 1983 年设立审计署，1985 年颁布《审计工作暂行规定》，1988 年颁布《审计条例》，1994 年颁布《审计法》。

(2) 监察和督察

“御史”为监察之官，约始自秦朝，负责监察朝廷官吏，一直延续到清朝。《汉书·百官公卿表》：“监御史，秦官，掌监郡。”《史记·萧相国世家》：“秦御史监郡者与从事，常辨之。何乃给泗水卒史事，第一。”宋王谠《唐语林·补遗》：“御史主弹奏不法，肃清内外。唐兴，宰辅多自宪司登钧轴，故谓御史为宰相。”《宋史·赵抃传》：“翰林学士曾公亮未之识，荐为殿中侍御史，弹劾不避权幸，声称凛然。”

御史职位仅次于丞相，主管弹劾、纠察官员过失诸事。明、清，专设监察御史，隶都察院，由前代的御史台发展而来，主掌监察、弹劾及建议。都察院与刑部、大理寺并称三法司，遇有重大案件，由三法司会审，即“三司会审”。清朝监察御史官职品级不高，但权力很大，他们可以弹劾除了皇帝以外的文武百官。

2017 年 4 月 18 日，习近平在中央全面深化改革领导小组第三十四次会议中指出：“督察是抓落实的重要手段。各地区各部门要把抓改革落实摆到重要位置，投入更多精力抓督察问效，加强和改进督察工作，拓展督察工作广度和深度，点面结合，多管齐下，提高发现问题、解决问题的实效。”①

① 习近平主持召开中央全面深化改革领导小组第三十四次会议并发表重要讲话[N].人民日报，2017-04-19.

中华民国政府设立监察院，依照孙中山的五权宪法，监察院为最高监察机关，行使弹劾权、纠举权及审计权。

(3) 党纪检查

中华人民共和国共产党内设纪律检查委员会。《中国共产党章程(2017)》第四十六条规定："党的各级纪律检查委员会是党内监督专责机关，主要任务是：维护党的章程和其他党内法规，检查党的路线、方针、政策和决议的执行情况，协助党的委员会推进全面从严治党、加强党风建设和组织协调反腐败工作。"国家还设监察委员会。《中华人民共和国监察法(2018)》第七条规定："中华人民共和国国家监察委员会是最高监察机关。"第十一条规定："监察委员会依照本法和有关法律规定履行监督、调查、处置职责：(一)对公职人员开展廉政教育，对其依法履职、秉公用权、廉洁从政从业以及道德操守情况进行监督检查；(二)对涉嫌贪污贿赂、滥用职权、玩忽职守、权力寻租、利益输送、徇私舞弊以及浪费国家资财等职务违法和职务犯罪进行调查；(三)对违法的公职人员依法作出政务处分决定；对履行职责不力、失职失责的领导人员进行问责；对涉嫌职务犯罪的，将调查结果移送人民检察院依法审查、提起公诉；向监察对象所在单位提出监察建议。"

上述党的纪律检查、行政监察、审计监督等都是国家治理结构的组成部分。

二、监督和监督体系

(一) 监督

1. "监"与"督"的含义

(1) "监"的含义

"監"字，最早见于商代甲骨文。"臣"，竖目也，"監"即意为旁边有人睁大眼睛俯身低头看盛水的器皿。因为是从上往下看，于是引申出自上视下的意思，由此又引申出监察、监督等含义。

《说文解字》："監，临下也。"

《周礼·天官冢宰》："乃施典于邦国，而建其牧，立其监。"

《国语·周语》："王怒，得卫巫，使监谤者。"注："察也。""以监其上下之所好。"

《史记·陈涉世家》："乃以吴叔为假王，监诸将以西击荥阳。"

《史记·魏公子列传》："为大梁夷门监者。"

《尚书·周书·吕刑》："上帝监民，罔有馨香德。"

《方言·十二》："监，察也。"

《辞海》解释："监：①监视；督察。如监管。《诗·小雅·节南山》：'何用不监。'"①

① 辞海编辑委员会.辞海：下[M].上海：上海辞书出版社，1979：3865.

《现代汉语词典》解释："监：从旁察看；监视：监察。"①

从上可知，"监"字虽然也有官名（监国、监军、太监等）和官府名（国子监、监狱等）之意，但主要表示旁边的人（不是自己对自己）的察看、审视。

（2）"督"的含义

"督"为"叔"与"目"组合，"叔"为持木桩之形，"目"为人眼，意为以手持木橛插于地上以见日影之形。

《周礼·春官宗伯》："禁督逆祀命者。"

《周礼·冬官考工记·匠人注》："督旁之修。"疏："中央为督，所以督率两旁。"

《尔雅·释诂》："正也。"

《左传·僖公十二年》："谓督不忘。"疏："谓管仲功德正而不忘也。"

《韩非子·扬権》："督参鞠之。"注："考验尽之也。"

《汉书·车千秋传》："宜有以教督。"

《新唐书·裴度传》："请身督战。"

《汉书·高帝纪》："闻将军有意督过之。"

《汉书·公孙贺传》："督责大臣。"

《史记·李斯列传》："督责之。"

《史记·越世家》："长男曰：家有长子曰家督。"家督，长子也。

《增韵》："责也。"

《史记·项羽纪》："闻大王有意督过之。"注："督，责也。"

《三国志·诸葛亮传》："亮使马谡督诸军在前。"

北齐颜之推《颜氏家训·音辞篇》："吾家儿女，虽在孩稚，便渐督正之；一言讹替，以为己罪矣。"

《太玄经》："植中枢，立督虑也。"

《奇经考》："督者，都也，督脉为阳脉之都纲。"

《说文解字》："督，察也。一曰目痛也。从目叔声。冬毒切。"

《辞海》解释："督：①监督。如督工；督察。因以指执监督权的官。如总督；都督；督邮。②观察；察看。《汉书·王褒传》中为'如此则使离娄督绳，公输削墨'。③中央；中间。《庄子·养生主》为'缘督以为经'。郭象注：'顺中以为常也。'"②

《现代汉语词典》解释："监督指挥。督战、督办、督师、督率。"③

从上可知，"督"字主要表示察看、监管，如监督、督促、督察、督检、督办、督治（督率治理）、督理（监督治理，督率管理）、督御（监督治理）、训督（训教督促）、督课

---

① 中国社会科学院语言研究所词典编辑室.现代汉语词典[M].北京：商务印书馆，1978：539.

② 辞海编辑委员会.辞海：下[M].上海：上海辞书出版社，1979：3818.

③ 中国社会科学院语言研究所词典编辑室.现代汉语词典[M].北京：商务印书馆，1978：261.

(督察考核)、督正(矫正、纠正)、督战、督导、督学等;引申为官名,如都督、总督、督帅、督邮等;也有“责罚”之意,如督责、督过等。

2. 监督的含义

《周礼·地官司徒》:“大丧用役,则帅其民而至,遂治之。”汉郑玄注:“治谓监督其事。”贾公彦疏:“谓监当督察其事。”

《后汉书·荀彧传》:“臣闻古之遣将,上设监督之重,下建副二之任,所以尊严国命,谋而鲜过者也。”

《后汉·郭躬传》:“军征,校尉一统于督。”大将曰督。

《隋书·帝纪·炀帝》:“二年春正月辛酉,东京成,赐监督者各有差。”

南朝沈约《齐故安陆昭王碑文》:“军麾命服之序,监督方部之数,斯固国史之所详,今可得略也。”刘良注:“监督,谓监督军事也。”

清代富察敦崇《燕京岁时记·黄花鱼》:“京师三月有黄花鱼,即石首鱼。初次到京时,由崇文门监督照例呈进,否则为私货。”

《文明小史》:“逢之进堂之后,幸喜本堂监督,早奉了太守之命,派他暂充西文教习。”

《辞海》解释:“监督:监察督促。”[①]

《现代汉语词典》解释:“监督:察看并督促。”[②]

从上可知,“监督”主要表示监察、察看和督促的意思。

3. 督理

(1) 监督治理,督率管理

《新五代史·唐臣传·孔谦》:“庄宗初即位,推恩天下,除百姓田租,放诸场务课利欠负者,谦悉违诏督理。”

明代赵振元《为袁氏祭袁石寓宪副》:“关东之军丁朝衣败叶,暮餐寒沙,则督理粮储,永消硕鼠之奸。”

清代刘大櫆《少宰尹公行状》:“未逾旬,而天子使督理江苏学政。”

刘师培“人类均力说”:“将谓量其财力授以相当之工作,则必有督理之人,此与有政府何异?”

(2) 官职

督理钱法侍郎,明清户部钱法堂主官。明天启五年(1625 年)设一人,掌理宝泉局鼓铸事宜。清顺治元年(1644 年)以满、汉右侍郎兼理钱法堂,分掌宝泉局、直省铸钱局及宝源局鼓铸事宜。

自从铸币产生以后,历代都有自己的货币铸造制度,匠役的选用、货币原料的

---

① 辞海编辑委员会.辞海:下[M].上海:上海辞书出版社,1979:3866.

② 中国社会科学院语言研究所词典编辑室.现代汉语词典[M].北京:商务印书馆,1978:539.

配制、钱币的形制、文字的规制及每次铸造的数量等均有严格的管理与规定。但由于吏役在铸造过程中偷工减料，乾隆年间京城宝泉局、宝源局新铸的钱币也出现了分量减重、缺边短角、字划不一的现象，这对货币的正常流通非常不利。乾隆皇帝于乾隆四十一年(1776)四月初三日颁发《命和珅金简督理京省钱法敕谕》(辽宁省大连市旅顺博物馆馆藏)："命兼管户部钱法侍郎的军机大臣和珅及兼管户部钱法侍郎的内务府大臣金简严格督理京省钱法，约束司属官吏匠役人等严遵法纪，不致作弊生奸，所铸制钱不容粗疏薄恶，以期永久流通。"

1922年黎元洪任中华民国大总统，认为国家没有必要养这么多军队，于是准备裁军，原来的督军自然是这一裁军计划的执行人，所以改"督军"为"督理某省军务善后事宜"，简称"督理"。

(二) 监督体系

1. 党的十八大以后才强调"监督体系"

党的十五大报告中提到"监督体系"，但不是作为"监督"中的内容，而是作为"企业领导体制和组织管理制度"。该报告指出："要加强科学管理，探索符合市场经济规律和我国国情的企业领导体制和组织管理制度，建立决策、执行和监督体系，形成有效的激励和制约机制。"党的十七大报告则提到"完善制约和监督机制"。

党的十六大报告和十七大报告均未提及"监督体系"。

党的十八大报告指出："健全权力运行制约和监督体系。"

党的十九大报告指出："健全党和国家监督体系。"

2. 党的十八届二中全会后开始详细阐述"监督体系"

2013年1月22日，习近平在十八届中央纪律检查委员会第二次全体会议上讲话时指出："健全权力运行制约和监督体系。"

2013年11月12日，中国共产党第十八届中央委员会第三次全体会议通过的《中共中央关于全面深化改革若干重大问题的决定》第十部分"强化权力运行制约和监督体系"指出："坚持用制度管权管事管人，让人民监督权力，让权力在阳光下运行，是把权力关进制度笼子的根本之策。必须构建决策科学、执行坚决、监督有力的权力运行体系，健全惩治和预防腐败体系，建设廉洁政治，努力实现干部清正、政府清廉、政治清明。"

2014年10月23日，中国共产党第十八届中央委员会第四次全体会议通过的《中共中央关于全面推进依法治国若干重大问题的决定》指出："强化对行政权力的制约和监督。加强党内监督、人大监督、民主监督、行政监督、司法监督、审计监督、社会监督、舆论监督制度建设，努力形成科学有效的权力运行制约和监督体系，增强监督合力和实效。加强对政府内部权力的制约，是强化对行政权力制约的重点。"

2017 年 10 月 18 日，党的十九大报告指出："健全党和国家监督体系。增强党自我净化能力，根本靠强化党的自我监督和群众监督。要加强对权力运行的制约和监督，让人民监督权力，让权力在阳光下运行，把权力关进制度的笼子。强化自上而下的组织监督，改进自下而上的民主监督，发挥同级相互监督作用，加强对党员领导干部的日常管理监督。深化政治巡视，坚持发现问题、形成震慑不动摇，建立巡视巡察上下联动的监督网。深化国家监察体制改革，将试点工作在全国推开，组建国家、省、市、县监察委员会，同党的纪律检查机关合署办公，实现对所有行使公权力的公职人员监察全覆盖。制定国家监察法，依法赋予监察委员会职责权限和调查手段，用留置取代'两规'措施。改革审计管理体制，完善统计体制。构建党统一指挥、全面覆盖、权威高效的监督体系，把党内监督同国家机关监督、民主监督、司法监督、群众监督、舆论监督贯通起来，增强监督合力。"

2019 年 10 月 31 日，中国共产党第十九届中央委员会第四次全体会议通过的《中共中央关于坚持和完善中国特色社会主义制度　推进国家治理体系和治理能力现代化若干重大问题的决定》第十四部分"坚持和完善党和国家监督体系，强化对权力运行的制约和监督"中指出："党和国家监督体系是党在长期执政条件下实现自我净化、自我完善、自我革新、自我提高的重要制度保障。必须健全党统一领导、全面覆盖、权威高效的监督体系，增强监督严肃性、协同性、有效性，形成决策科学、执行坚决、监督有力的权力运行机制，确保党和人民赋予的权力始终用来为人民谋幸福。"①

习近平在十九届中央纪委四次全会上发表重要讲话时指出："要完善党和国家监督体系，统筹推进纪检监察体制改革。要继续健全制度、完善体系，使监督体系契合党的领导体制，融入国家治理体系，推动制度优势更好转化为治理效能。要把党委（党组）全面监督、纪委监委专责监督、党的工作部门职能监督、党的基层组织日常监督、党员民主监督等结合起来、融为一体。"②

习近平在十九届中央纪委五次全会上发表重要讲话时指出："要完善党和国家监督体系，使监督融入'十四五'建设之中。要把监督贯穿于党领导经济社会发展全过程，把完善权力运行和监督制约机制作为实施规划的基础性建设，构建全覆盖的责任制度和监督制度。党委（党组）要履行主体责任，书记作为第一责任人要敢抓真管，纪检监察机关要盯住重点人重点事。要健全党和国家监督体系，以党内监督为主导，不断完善权力监督制度和执纪执法体系，各种监督协调贯通，形成常态长效的监督合力。要充分发挥监督在基层治理中的作用，推动监督落地，让群众参

① 中共中央关于坚持和完善中国特色社会主义制度　推进国家治理体系和治理能力现代化若干重大问题的决定[M].人民日报，2019-11-06.

② 习近平.在十九届中央纪委四次全会上发表重要讲话[N].人民日报，2020-01-14.

与到监督中来。”①

习近平指出：“要加快构建规范高效的制约监督体系。”②

2020 年 1 月 13 日，赵乐际在中国共产党第十九届中央纪律检查委员会第四次全体会议上作了题为《坚持和完善党和国家监督体系，为全面建成小康社会提供坚强保障》的工作报告③。

三、监督体系的内容

（一）监督分类的概述

2014 年 9 月 5 日，习近平在庆祝全国人民代表大会成立六十周年大会上讲话时指出：“要加强党纪监督、行政监察、审计监督、司法监督和国家机关内部各种形式的纪律监督。”④

2014 年 10 月 23 日，习近平在党的十八届四中全会第二次全体会议上讲话时指出：“要加强党内监督、人大监督、民主监督、行政监督、司法监督、审计监督、社会监督、舆论监督，努力形成科学有效的权力运行和监督体系，增强监督合力和实效。”⑤

2019 年 10 月 31 日，党的十九届四中全会通过的《中共中央关于坚持和完善中国特色社会主义制度　推进国家治理体系和治理能力现代化若干重大问题的决定》指出：“完善派驻监督体制机制。推进纪律监督、监察监督、派驻监督、巡视监督统筹衔接，健全人大监督、民主监督、行政监督、司法监督、群众监督、舆论监督制度，发挥审计监督、统计监督职能作用。以党内监督为主导，推动各类监督有机贯通、相互协调。”⑥

2020 年 1 月 13 日，习近平在十九届中央纪委四次全会上讲话时指出：“推动人大监督、民主监督、行政监督、司法监督、审计监督、财会监督、统计监督、群众监督、舆论监督有机贯通、相互协调。纪委监委要发挥好在党和国家监督体系中的作用，一体推动、落实纪检监察体制改革各项任务。”⑦

---

① 习近平在十九届中央纪委五次全会上发表重要讲话强调：充分发挥全面从严治党引领保障作用，确保“十四五”时期目标任务落到实处[N].人民日报，2021-01-23.

② 习近平在中央全面依法治国工作会议上强调：坚定不移走中国特色社会主义法治道路，为全面建设社会主义现代化国家提供有力法治保障[N].人民日报，2020-11-18.

③ 赵乐际.在中国共产党第十九届中央纪律检查委员会第四次全体会议上的工作报告[N].人民日报，2020-02-24.

④ 习近平.在庆祝全国人民代表大会成立六十周年大会上的讲话[N].人民日报，2014-09-06.

⑤ 习近平.加快建设社会主义法治国家[J].求是，2015(1)：3-5.

⑥ 中共中央关于坚持和完善中国特色社会主义制度　推进国家治理体系和治理能力现代化若干重大问题的决定[N].人民日报，2019-11-06.

⑦ 习近平在十九届中央纪委四次全会上发表重要讲话强调：一以贯之全面从严治党强化对权力运行的制约和监督，为决胜全面建成小康社会决战脱贫攻坚提供坚强保障[N].人民日报，2020-01-14.

综上所述，监督包括党内监督、人大监督、民主监督、行政监督、司法监督、审计监督、财会监督、统计监督、群众监督、舆论监督等。

(二) 监督的分类

(1) 按主体分类：内部监督和外部监督。

(2) 按领域分类：党内监督、人大监督、政协监督、行政监督、群众监督等。

(3) 按内容分类：政治监督、经济监督、教育监督、司法监督等。

(4) 按方式分类：民主监督、社会监督、舆论监督等。

(三) 高校财务监督体系的内容

1. 高校财务领域监督的内容

高校财务领域监督什么？监督权力及其运行。2013 年 6 月 28 日，习近平在全国组织工作会议上讲话时指出："没有监督的权力必然导致腐败，这是一条铁律。"①

(1) 监督权力及其运行的一般规定

《中华人民共和国监察法(2018)》第一条指出："为了深化国家监察体制改革，加强对所有行使公权力的公职人员的监督，实现国家监察全面覆盖，深入开展反腐败工作，推进国家治理体系和治理能力现代化，根据宪法，制定本法。"

2013 年 11 月 12 日，党的十八届三中全会通过的《中共中央关于全面深化改革若干重大问题的决定》第 35 条指出："形成科学有效的权力制约和协调机制。……加强和改进对主要领导干部行使权力的制约和监督，加强行政监察和审计监督。推行地方各级政府及其工作部门权力清单制度，依法公开权力运行流程。完善党务、政务和各领域办事公开制度，推进决策公开、管理公开、服务公开、结果公开。"第 36 条指出："加强反腐败体制机制创新和制度保障。加强党对党风廉政建设和反腐败工作统一领导。"

2016 年 10 月 27 日，中国共产党第十八届中央委员会第六次全体会议通过的《关于新形势下党内政治生活的若干准则》第十一部分"加强对权力运行的制约和监督"中指出："监督是权力正确运行的根本保证，是加强和规范党内政治生活的重要举措。必须加强对领导干部的监督，党内不允许有不受制约的权力，也不允许有不受监督的特殊党员。完善权力运行制约和监督机制，形成有权必有责、用权必担责、滥权必追责的制度安排。实行权力清单制度，公开权力运行过程和结果，健全不当用权问责机制，把权力关进制度笼子，让权力在阳光下运行。"

党的十九届四中全会通过的《中共中央关于坚持和完善中国特色社会主义制度　推进国家治理体系和治理能力现代化若干重大问题的决定》指出："完善权力

① 习近平.在全国组织工作会议上的讲话[M]//中共中央文献研究室.十八大以来重要文献选编：上.北京：中央文献出版社，2014：342.

配置和运行制约机制。坚持权责法定，健全分事行权、分岗设权、分级授权、定期轮岗制度，明晰权力边界，规范工作流程，强化权力制约。坚持权责透明，推动用权公开，完善党务、政务、司法和各领域办事公开制度，建立权力运行可查询、可追溯的反馈机制。坚持权责统一，盯紧权力运行各个环节，完善发现问题、纠正偏差、精准问责有效机制，压减权力设租寻租空间。”①

（2）监督高等教育权力及其运行的规定

2005 年 8 月 31 日，《中共教育部党组关于贯彻落实〈建立健全教育、制度、监督并重的惩治和预防腐败体系实施纲要〉的具体意见》（教党〔2005〕20 号）第四部分“强化监督，完善权力运行监控机制”第 11 条指出：“强化对领导班子特别是主要负责人的监督。……加强对直属机关、直属高校领导班子及其成员的监督。2005 年至 2007 年，坚持完善直属机关、直属高校领导班子集体领导和分工负责制度，探索建立领导班子结构配置中权力分解、有效制约的机制，属于相互制约的权力不能由一个人、一个部门单独承担。坚持完善领导干部述职述廉制度，重视对述职述廉程序监督和民主测评结果运用。坚持完善领导干部个人重大事项报告、谈话诫勉、回复组织函询以及部党组成员、驻部纪检组和人事司负责人同直属机关、直属高校党政主要负责人谈话等制度。坚持完善直属机关、直属高校领导班子内部监督，健全民主生活会、‘一把手’同班子成员谈话等制度，加强对直属单位、直属高校领导班子召开民主生活会的监督指导。制定《直属高校党委常委会向全委会报告工作并接受监督的暂行规定》，探索建立直属高校党的代表大会闭会期间发挥代表作用的制度，探索开展对直属高校的巡视工作。加大对领导干部执行‘四大纪律八项要求’以及中央纪委‘五不许’和教育部党组‘六不准’规定的监督检查。”第 12 条指出：“强化权力运行监督。……加强对直属高校、直属单位重点部位的监督。2005 年至 2007 年，完善对人、财、物管理部门的监督制度建设，重点加强对干部选拔任用、财务管理、国有资产运营、建设工程立项、职务职称评聘以及招生、考试、收费、文凭发放等制度的监督；完善校办企业法人治理结构，加强校办企业改制和产权交易监管；完善中国教育经济信息网建设，加强对直属高校大额度资金流动的监控，防止国有资产流失。依法规范学校权力的运行。认真落实教育部《关于加强依法治校工作的若干意见》，依法理顺政府与学校关系，规范学校与举办者、出资人的权利义务关系，加强对学校管理行为和教育教学活动的监督，保证国家教育方针的贯彻落实。”

2008 年 9 月 17 日，《中共教育部党组关于印发〈贯彻落实《建立健全惩治和预防腐败体系 2008—2012 年工作规划》实施办法〉的通知》第四部分“强化权力运行

① 中共中央关于坚持和完善中国特色社会主义制度 推进国家治理体系和治理能力现代化若干重大问题的决定[N].人民日报，2019-11-06.

制约监督”第 11 条指出：“加强对直属机关、直属高校领导班子及其主要负责人的监督。建立健全派驻纪检组对部党组和行政领导班子及其成员实施有效监督的工作机制，贯彻部党组、驻部纪检组《关于印发〈落实中央纪委派驻纪检组履行监督职责意见的办法（试行）〉的通知》精神，重点加强对遵守政治纪律、贯彻落实科学发展观、执行民主集中制、落实党风廉政建设责任制以及落实领导干部廉洁自律情况的监督检查；履行协助部党组落实党风廉政建设责任制和组织协调反腐倡廉工作职责。完善直属高校巡视工作，开展对部直属单位巡视工作。重视巡视成果的运用，促进巡视工作制度化、规范化。”第 12 条指出：“规范权力运行机制。进一步减少审批项目。结合‘三定’对教育部现有行政审批项目再评估，能取消的坚决取消，依法保障各级各类学校办学自主权；对保留行政审批项目的名称、设定依据要公布，对取消和调整的项目要加强后续监管。”第 13 条指出：“加强对重要权力行使的监督。加强对干部人事权行使的监督。落实《党政领导干部选拔任用工作监督检查办法（试行）》，重点加强对干部任免提名权的监督，坚持和完善部党组讨论任免干部前书面征求纪检部门意见和讨论任免直属机关、驻外机构干部前同时征求直属机关党委意见的制度；把干部人事部门的内部监督与纪检监察部门的监督结合起来，建立干部监督工作联席会议制度，加强对干部选拔任用全过程的监督，有效预防考察失真和干部‘带病提拔’，坚决整治用人上的不正之风。”

2. 高校财务监督体系的内容

《中共教育部党组关于印发〈贯彻落实《建立健全惩治和预防腐败体系 2008—2012 年工作规划》实施办法〉的通知》第四部分“强化权力运行制约监督”第 14 条指出：“加强监督体系建设。加强党内监督。落实《党内监督条例》，积极推进直属机关、直属高校党务公开制度，落实和保障党员在党内监督中的责任和批评、建议、检举的权利；建立班子成员相互监督、党的纪检部门专门监督、干部人事部门监督的机制，完善直属机关、直属高校、驻外教育机构领导干部报告有关事项的制度，健全驻部纪检组与人事司沟通情况、及时处理问题的机制；完善诫勉谈话、函询等制度。加强行政监察和审计部门监督。依法加强和规范直属机关、直属高校监察工作，开展执法监察、廉政监察和效能监察；围绕行政审批、行政执法、考试、招生、收费等群众关心的热点问题，按照工作职责权限落实工作责任和考核要求，把不作为、乱作为和严重损害群众利益等行为作为问责重点，研究制定行政首长问责制、行政过错责任追究制和绩效评估等管理制度；全面开展直属单位、直属高校领导干部经济责任审计工作，健全纪检监察、组织人事、审计部门审计工作沟通机制，建立审计结果通报和公告制度，加大领导干部离任前的审计力度，充分发挥经济责任审计结果在干部选拔任用和管理监督中的作用，加大对审计查处案件和审计移交案件线索的查处力度。”

2007 年 1 月 15 日，《教育部 财政部关于“十一五”期间进一步加强高等学校财务管理工作的若干意见》(教财〔2007〕1 号)第六部分“完善财务管理制度和监督体系,确保高等学校财务工作健康有序运行”第 28 条指出:“高等学校的财务、审计、纪检、监察等部门要相互配合,各负其责,建立完善有效的财务监督体系,共同维护学校正常的经济秩序。”

高校财务监督体系的内容见图 4-1。具体内容在本章第二节和第三节阐述。

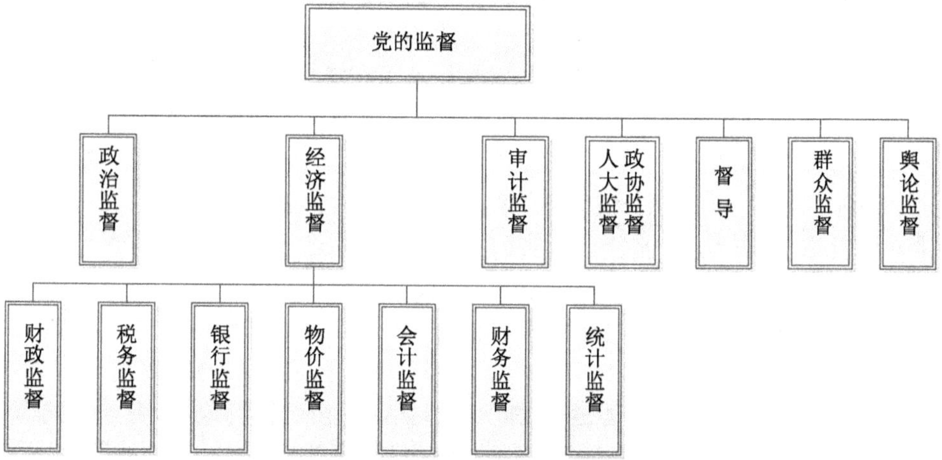

图 4-1　高校财务监督体系

第二节　高校财会的外部监督

高校财会必须接受党的领导和监督,党内监督本质上是政治监督;也必须接受政府的领导和监督。本章阐述的重点在于经济监督,如财政监督、银行监督、税务监督、物价监督、统计监督等。此外,高校财会还要接受人民群众监督和舆论监督。

一、党内监督——政治监督

(一) 党内监督在党和国家各种监督形式中是最基本的、第一位的

2016 年 10 月 27 日,习近平在党的十八届六中全会第二次全体会议上讲话时指出:“党的执政地位,决定了党内监督在党和国家各种监督形式中是最基本的、第一位的。只有以党内监督带动其他监督、完善监督体系,才能为全面从严治党提供有力制度保障。”①

2016 年 1 月 12 日,习近平在第十八届中央纪律检查委员会第六次全体会议上

① 习近平.在党的十八届六中全会第二次全体会议上的讲话(节选)[J].求是,2017(1):2-10.

讲话时指出："党内监督是全党的任务，第一位的是党委监督，不能一谈到监督就只想到纪委或推给纪委。"

习近平在《关于〈关于新形势下党内政治生活的若干准则〉和〈中国共产党党内监督条例〉的说明》中指出："党内监督是党的建设的重要内容，也是全面从严治党的重要保障。长期以来，党中央高度重视党内监督，采取了有力措施，取得了显著成绩。同时，也出现一些突出矛盾和问题，主要是一些地方和部门党的领导弱化、党的建设缺失、全面从严治党不力，一些党员、干部党的观念淡漠、组织涣散、纪律松弛，一些党组织和党员、干部不严格执行党章，漠视政治纪律、无视组织原则。一个时期以来党内发生的种种问题，与管党治党宽松软有密切关系。全面从严治党，必须从根本上解决主体责任缺失、监督责任缺位、管党治党宽松软的问题，把强化党内监督作为党的建设重要基础性工程，使监督的制度优势充分释放出来。"①

(二) 完善党内监督体系与党和国家监督体系

前面已阐述了"监督体系"，党的十九届四中全会通过的《中共中央关于坚持和完善中国特色社会主义制度　推进国家治理体系和治理能力现代化若干重大问题的决定》强调"党内监督体系"，它指出："健全党和国家监督制度。完善党内监督体系，落实各级党组织监督责任，保障党员监督权利。重点加强对高级干部、各级主要领导干部的监督，完善领导班子内部监督制度，破解对'一把手'监督和同级监督难题。强化政治监督，加强对党的理论和路线方针政策以及重大决策部署贯彻落实情况的监督检查，完善巡视巡察整改、督察落实情况报告制度。深化纪检监察体制改革，加强上级纪委监委对下级纪委监委的领导，推进纪检监察工作规范化、法治化。"

2021年1月22日，习近平在十九届中央纪委五次全会上强调了"党和国家监督体系"，他在讲话中指出："是紧紧围绕'两个维护'强化政治监督，完善全面从严治党制度，加强党的领导和监督，深化政治巡视，完善党和国家监督体系，全面加强党的纪律建设，深化运用'四种形态'。"②

2016年1月12日，习近平在十八届中央纪委六次全会上强调指出："强化党内监督，必须坚持、完善、落实民主集中制，确保党内监督落到实处、见到实效。要完善监督制度，做好监督体系顶层设计，既加强党的自我监督，又加强对国家机器的监督。要整合问责制度，健全问责机制，坚持有责必问、问责必严。"

由此可见，党内监督体系包括党的领导、纪委监督、巡视、民主集中制"四种形态"，健全"三不"（不敢腐、不能腐、不想腐）机制和问责机制等。

① 习近平.关于《关于新形势下党内政治生活的若干准则》和《中国共产党党内监督条例》的说明[N].人民日报，2016-11-03.

② 习近平在十九届中央纪委五次全会上发表重要讲话强调：充分发挥全面从严治党引领保障作用，确保"十四五"时期目标任务落到实处[N].人民日报，2021-01-23.

（三）党内监督本质上是政治监督

笔者在文献中查询到，“政治监督”始提于2019年1月。

2019年1月31日，《中共中央关于加强党的政治建设的意见》第二十条指出：“各地区各部门要加强对党的政治建设工作的监督检查，将其作为巡视巡察和督查检查的重要内容，深化政治巡视，强化政治监督，着力发现和纠正政治偏差。”

2019年10月31日，党的十九届四中全会通过的《中共中央关于坚持和完善中国特色社会主义制度　推进国家治理体系和治理能力现代化若干重大问题的决定》指出：“强化政治监督，加强对党的理论和路线方针政策以及重大决策部署贯彻落实情况的监督检查，完善巡视巡察整改、督察落实情况报告制度。”①

2020年10月29日，党的十九届五中全会通过的《中共中央关于制定国民经济和社会发展第十四个五年规划和二〇三五年远景目标的建议》指出：“完善党和国家监督体系，加强政治监督，强化对公权力运行的制约和监督。坚持无禁区、全覆盖、零容忍，一体推进不敢腐、不能腐、不想腐，营造风清气正的良好政治生态。”②

习近平在十九届中央纪委四次全会上指出：“要强化政治监督保障制度执行，增强‘两个维护’的政治自觉。”

习近平指出：“要以强有力的政治监督，确保党中央重大决策部署贯彻落实到位。”③

《中国共产党第十九届中央纪律检查委员会第四次全体会议公报》指出：“强化监督职责，突出政治监督，围绕党的路线方针政策和党中央重大决策部署落实情况加强监督检查，坚决维护党中央权威和集中统一领导。”

2020年1月13日，赵乐际在中国共产党第十九届中央纪律检查委员会第四次全体会议上所作的工作报告中指出：“推进政治监督具体化常态化。”④

2020年1月13日，赵乐际在中国共产党第十九届中央纪律检查委员会第四次全体会议上所作的题为《坚持和完善党和国家监督体系，为全面建成小康社会提供坚强保障》的工作报告中指出：“坚持党中央重大决策部署到哪里、政治监督就跟进到哪里，带头践行‘两个维护’。”⑤

由此可见，政治监督，就是要监督政治信仰是否坚定，政治立场是否站稳，政治

---

① 中国共产党第十九届中央委员会第四次全体会议通过的《中共中央关于坚持和完善中国特色社会主义制度　推进国家治理体系和治理能力现代化若干重大问题的决定》[N].人民日报，2019-11-06.

② 中国共产党第十九届中央委员会第五次全体会议通过的《中共中央关于制定国民经济和社会发展第十四个五年规划和二〇三五年远景目标的建议》[N].人民日报，2020-11-04.

③ 习近平在十九届中央纪委五次全会上发表重要讲话强调，充分发挥全面从严治党引领保障作用，确保“十四五”时期目标任务落到实处[N].人民日报，2021-01-23.

④ 赵乐际.坚持和完善党和国家监督体系，为全面建成小康社会提供坚强保障[J].人民日报，2020-02-25.

⑤ 赵乐际.坚持和完善党和国家监督体系，为全面建成小康社会提供坚强保障[J].人民日报，2020-02-25.

能力是否提高，政治生态是否净化，政治纪律是否严明，政治生活是否严肃，党中央权威和集中统一领导是否得到坚决维护。因此，无论是纪律监督、监察监督，还是巡视巡察监督、派驻监督，本质上都是政治监督。

（四）党内监督的任务和主要内容

2016 年 10 月 27 日，党的十八届六中全会通过的《中国共产党党内监督条例》第三条指出："党内监督没有禁区、没有例外。信任不能代替监督。各级党组织应当把信任激励同严格监督结合起来，促使党的领导干部做到有权必有责、有责要担当，用权受监督、失责必追究。"

2016 年 11 月 2 日，习近平在《关于〈关于新形势下党内政治生活的若干准则〉和〈中国共产党党内监督条例〉的说明》中指出："党内监督是党的建设的重要内容，也是全面从严治党的重要保障。长期以来，党中央高度重视党内监督，采取了有力措施，取得了显著成绩。同时，也出现一些突出矛盾和问题，主要是一些地方和部门党的领导弱化、党的建设缺失、全面从严治党不力，一些党员、干部党的观念淡漠、组织涣散、纪律松弛，一些党组织和党员、干部不严格执行党章，漠视政治纪律、无视组织原则。一个时期以来党内发生的种种问题，与管党治党宽松软有密切关系。全面从严治党，必须从根本上解决主体责任缺失、监督责任缺位、管党治党宽松软的问题，把强化党内监督作为党的建设重要基础性工程，使监督的制度优势充分释放出来。"

1. 党内监督的任务

《中国共产党党内监督条例》第五条指出："党内监督的任务是确保党章党规党纪在全党有效执行，维护党的团结统一，重点解决党的领导弱化、党的建设缺失、全面从严治党不力，党的观念淡漠、组织涣散、纪律松弛，管党治党宽松软问题，保证党的组织充分履行职能、发挥核心作用，保证全体党员发挥先锋模范作用，保证党的领导干部忠诚干净担当。"

2. 党内监督的主要内容

《中国共产党党内监督条例》第五条指出："党内监督的主要内容是：（一）遵守党章党规，坚定理想信念，践行党的宗旨，模范遵守宪法法律情况；（二）维护党中央集中统一领导，牢固树立政治意识、大局意识、核心意识、看齐意识，贯彻落实党的理论和路线方针政策，确保全党令行禁止情况；（三）坚持民主集中制，严肃党内政治生活，贯彻党员个人服从党的组织，少数服从多数，下级组织服从上级组织，全党各个组织和全体党员服从党的全国代表大会和中央委员会原则情况；（四）落实全面从严治党责任，严明党的纪律特别是政治纪律和政治规矩，推进党风廉政建设和反腐败工作情况；（五）落实中央八项规定精神，加强作风建设，密切联系群众，巩固党的执政基础情况；（六）坚持党的干部标准，树立正确选人用人导向，执行干部选拔任用工作规定情况；（七）廉洁自律、秉公用权情况；（八）完成党中央和上级党组织部署的任务情况。”

(五) 纪委监督

《中国共产党章程(2017)》第四十六条指出:“党的各级纪律检查委员会是党内监督专责机关,主要任务是:维护党的章程和其他党内法规,检查党的路线、方针、政策和决议的执行情况,协助党的委员会推进全面从严治党、加强党风建设和组织协调反腐败工作。党的各级纪律检查委员会的职责是监督、执纪、问责。”

2016 年 10 月 27 日,党的十八届六中全会通过的《中国共产党党内监督条例》第二十六条指出:“党的各级纪律检查委员会是党内监督的专责机关,履行监督执纪问责职责,加强对所辖范围内党组织和领导干部遵守党章党规党纪、贯彻执行党的路线方针政策情况的监督检查。”

《中国共产党党内监督条例》第二十八条指出:“纪委派驻纪检组对派出机关负责,加强对被监督单位领导班子及其成员、其他领导干部的监督,发现问题应当及时向派出机关和被监督单位党组织报告,认真负责调查处置,对需要问责的提出建议。”

2016 年 1 月 12 日,习近平在十八届中央纪委六次全会上强调指出:“纪委是党内监督的专门机关,是管党治党的重要力量。各级党委要加强领导,旗帜鲜明支持纪委开展工作。各级纪委要全面履行党章赋予的职责,带头尊崇党章,把维护党章和其他党内法规作为首要任务,加强对遵守党章、执行党纪情况的监督检查,严肃查处违反党章党规党纪的行为,坚决维护党章权威,做党章的坚定执行者和忠实捍卫者。”

2020 年 1 月 13 日,赵乐际在中国共产党第十九届中央纪律检查委员会第四次全体会议上所作的题为《坚持和完善党和国家监督体系,为全面建成小康社会提供坚强保障》的工作报告中指出:“纪检监察机关要牢牢抓住监督这个基本职责、第一职责,精准监督、创新监督,在坚持和完善中国特色社会主义制度、推进国家治理体系和治理能力现代化中,充分发挥监督保障执行、促进完善发展作用。……纪检监察机关是管党治党的重要力量,根本职责使命是维护党中央权威和党的团结统一。要紧盯贯彻执行党章党规党纪和宪法法律法规、党的路线方针政策和党中央决策部署情况,紧盯贯彻落实习近平总书记重要指示批示精神情况,靠前监督、主动监督,督促全党不断提高增强‘四个意识’、坚定‘四个自信’、做到‘两个维护’的政治自觉,毫不动摇坚持和巩固、与时俱进完善和发展中国特色社会主义制度。”①

(六) 巡视

巡视制度始于党的十七大,《中国共产党章程(2007)》第十三条指出:“党的中

① 赵乐际.坚持和完善党和国家监督体系,为全面建成小康社会提供坚强保障[J].人民日报,2020-02-25.

央和省、自治区、直辖市委员会实行巡视制度。”《中国共产党章程(2017)》第十四条指出:“党的中央和省、自治区、直辖市委员会实行巡视制度,在一届任期内,对所管理的地方、部门、企事业单位党组织实现巡视全覆盖。中央有关部委和国家机关部门党组(党委)根据工作需要,开展巡视工作。党的市(地、州、盟)和县(市、区、旗)委员会建立巡察制度。”

1. 巡视是党内监督的重要方式

2016 年 10 月 27 日,党的十八届六中全会通过的《中国共产党党内监督条例》第十九条指出:“巡视是党内监督的重要方式。”

《中国共产党巡视工作条例(2017)》第二条指出:“……实行巡视制度,设立巡视机构,对所管理的党组织进行巡视监督。”

巡视是政治体检,巡视本质上是政治监督,巡视制度是“国之利器、党之利器”。2019 年 3 月 20 日,全国巡视工作会议要求巡视工作全面贯彻“发现问题、形成震慑,推动改革、促进发展”的方针,坚持把发现问题作为生命线,把推动解决问题作为落脚点,利剑作用更加彰显。

2. 巡视是加强党内监督的战略性制度安排,是党和国家监督体系中的重要组成部分,是“国之利器、党之利器”

2021 年 1 月 28 日,中共中央政治局召开会议审议《关于 2020 年中央巡视工作领导小组重点工作情况的报告》等文件时指出:“巡视是加强党内监督的战略性制度安排,是党委(党组)履行全面监督职责的直接抓手。要坚持巡视工作的政治定位,深入贯彻巡视工作方针,精准落实政治巡视要求,聚焦‘两个维护’根本任务,围绕中心、服务大局,着力加强对党的十九届五中全会精神、‘十四五’重大部署落实情况的监督检查。要坚持问题导向,高质量推进巡视全覆盖,盯住权力和责任,加强对各级领导班子和关键少数特别是‘一把手’的监督,精准发现问题、推动解决问题。要坚持系统观念,深入推进巡视巡察上下联动、与其他监督贯通融合,更好发挥巡视综合监督作用和联系群众纽带功能。要坚持依规依纪依法,不断提高规范化法治化水平,使巡视工作更加精准科学、更加有力有效,为‘十四五’时期我国发展开好局、起好步提供坚强保障,以优异成绩庆祝建党 100 周年。”①

3. 巡视本质上是政治监督

2015 年 10 月,时任中央纪委书记的王岐山在中央第三轮巡视工作动员部署会议上首次提出“政治巡视”。他指出:“巡视是对党组织和党员领导干部的巡视,是政治巡视不是业务巡视。”什么是“政治巡视”? 就是要从政治上看问题。巡视监

① 中共中央政治局召开会议,审议《中央政治局常委会听取和研究全国人大常委会、国务院、全国政协、最高人民法院、最高人民检察院党组工作汇报和中央书记处工作报告的综合情况报告》《关于加强基层治理体系和治理能力现代化建设的意见》《关于十九届中央第六轮巡视情况的综合报告》《关于 2020 年中央巡视工作领导小组重点工作情况的报告》[N].人民日报,2021-01-29.

督不是对被巡视单位的日常工作、业务工作进行检查，而是聚焦党的领导、党的建设、全面从严治党、党风廉政建设和反腐败以及选人用人，看看被巡视党组织的领导核心作用发挥得够不够、领导班子凝聚力强不强，是不是坚定地与党中央保持高度一致，是不是在管党治党上体现“严”的要求。

《中国共产党巡视工作条例(2017)》第三条指出：“尊崇党章，依规治党，落实中央巡视工作方针，深化政治巡视，聚焦坚持党的领导、加强党的建设、全面从严治党，发现问题、形成震慑，推动改革、促进发展，确保党始终成为中国特色社会主义事业的坚强领导核心。”并明确一届任期内巡视全覆盖任务。

《中共中央关于加强党的政治建设的意见》第二十条指出：“各地区各部门要加强对党的政治建设工作的监督检查，将其作为巡视巡察和督查检查的重要内容，深化政治巡视，强化政治监督，着力发现和纠正政治偏差。”

《中国共产党巡视工作条例(2017)》和《中共中央关于加强党的政治建设的意见》强调了“深化政治巡视”，因此，巡视本质上是政治监督。

4. 高校巡视涉及财务内容，不是业务巡视而是政治巡视

(1) 财经纪律是不敢碰的高压线

习近平第一次将政治纪律、组织纪律、财经纪律并列，并作为高压线。2014 年 1 月 14 日，习近平指出：“组织纪律、财经纪律过去都是不敢碰的高压线，现在这两条纪律在一些地方和部门成了最松弛的低压线。犯个组织纪律、财经纪律算什么？打个哈哈就过去了！一到节假日甚至不是节假日，有些人就到处跑，还带着一大家子，吃好的，住好的，玩好的，大江南北，长城内外，哪儿好就往哪儿去。不少是公款消费，财政成了他们家的钱包，财政局长成了他们家的管账先生。社保基金、扶贫资金、惠民资金等关系千家万户切身利益，历来贪污挪用这种钱要罪加一等，也有人敢下手。要加强对各项资金使用情况的管理和监督，加强审计工作特别是对重大领域、重大项目、重要资金的审计监督，防止贪污、挪用、截留等问题发生。”①

(2) 违反财经纪律的行为都不能放过，更不能放纵

2014 年 1 月 20 日，习近平在党的群众路线教育实践活动第一批总结暨第二批部署会议上的讲话中指出：“执行党的纪律不能有任何含糊，不能让党纪党规成为‘纸老虎’‘稻草人’，造成‘破窗效应’。凡是违反党章和党的纪律特别是政治纪律、组织纪律、财经纪律的行为，都不能放过，更不能放纵。”

2015 年 1 月 13 日，习近平在第十八届中央纪律检查委员会第五次全体会议上的讲话中指出：“党纪就是红线，处分就是惩戒。党纪处分条例要体现从严治党、加强纪律建设的要求。现行党纪处分条例一共一百七十八条，其中七十多条同刑法

① 习近平.严明党的组织纪律，增强组织纪律性[M]//中共中央文献研究室.十八大以来重要文献选编：上.北京：中央文献出版社，2014：771.

等国家法律重复。修订党纪处分条例，要体现党规党纪严于国家法律的要求，突出党纪特色，重点对违反党的政治纪律、组织纪律、财经纪律、工作纪律和生活纪律的行为作出处分规定。”

二、人大监督和政协监督

（一）人大监督

前已论及，习近平多次提到“人大监督”是党和国家监督体系的组成部分。

（二）政协监督

1957年2月27日，毛泽东在最高国务会议第十一次（扩大）会议上所作的题为《关于正确处理人民内部矛盾的问题》的报告中提出“长期共存、互相监督”①。2021年2月25日，汪洋指出：“政协民主监督是社会主义协商民主的重要实现形式。全国政协将紧扣‘十四五’规划实施持续开展协商式监督，这既有效解决了长期以来政协民主监督薄弱的问题，又可以成为政协委员开展自我学习、自我教育的平台，对于发挥好人民政协在国家治理体系中的作用具有重要意义。全国政协各专门委员会要充分运用政协民主监督平台优势，持续聚焦关键内容，深入调查研究，加强同其他监督形式的协调配合，务实提出监督建议，推动监督成果转化，把资政建言和凝聚共识贯穿于监督全过程，形成具有政协特色的协商式监督新实践，为全面建设社会主义现代化国家贡献智慧和力量。”②

人大和政协对高校财务的监督表现在两个方面：一是人大代表和政协委员在校外对高等教育财务问题进行调研、监督；二是人大代表和政协委员在校内对财务问题进行调研、监督。

三、经济监督

前面阐述的是政治监督，本部分阐述经济监督。

《财经大辞典》中的解释：“经济监督：监察和督促各机关、企业、事业单位和组织在国家财经法规和有关规章制度所允许的范围内从事其经营活动和业务活动。具体地讲，就是以国家和有关机构发布的法律、法令、规章制度、计划和指令为依据，对各机关、企业、事业单位和组织的财务收支、税金的征收和缴纳、各项基金的形成和使用与结算，信贷业务的处理等进行检查，确认其会计资料和其他有关资料是否正确和真实，其所反映的经济活动及其结果是否合法、合理和有效，主要包括：审计监督、财政监督、税务监督、计划监督、会计监督、银行督监、政策监督等。”③

---

① 毛泽东.关于正确处理人民内部矛盾的问题[N].人民日报，1957-06-19.

② 汪洋主持召开政协第十三届全国委员会第四十九次主席会议[N].人民日报，2021-02-25.

③ 何盛明.财经大辞典[M].北京：中国财政经济出版社，1990：1473-1474.

《财务管理手册》中的解释："经济监督：在一定的经济决策和经济计划被确定，经济系统运行的轨道和目标确定之后进行的监督。由于经济系统运行中常会碰到各种因素的干扰，从而导致经济活动运行偏离轨道；或者由于实际经济活动中原设计目标不科学，原设计轨道不准确，从而也会导致经济系统的运行紊乱。为保证经济系统的正常运行，及时发现以上所述的偏离和紊乱，就需要经济监督对社会经济活动的各个环节、各个侧面进行督导、监察、约束和控制。概括起来，经济监督就是一定主体依据一定目标而对经济活动的监督。"①

《财务管理手册》中的解释："经济监督按照不同的标准可以分为不同的种类，一般有以下几种分类方法：(1)按照监督的空间性划分为外部监督和内部监督。(2)按照监督的时间性划分为事前监督、事中监督和事后监督。(3)按照监督的层次性划分为宏观监督、中观监督和微观监督。(4)按照社会再生产过程划分为生产监督、交换监督、分配监督和消费监督。(5)按照监督对象的范围划分为一般监督和专门监督。(6)按照监督的组织形式划分为党的监督、国家监督、社会监督和公民监督。(7)按照监督手段划分为法律监督、行政监督和经济监督。(8)按照监督的业务性质还可划分为审计监督、会计监督、财务监督、计划监督、统计监督、财政监督、市场监督、海关监督和技术监督。"②

笔者以为，上述"经济监督"的分类并不准确，因为上述第(7)条分为"法律监督、行政监督和经济监督"，而实践中"经济监督"还须依靠"法律监督"和"行政监督"。除去这一条外，其他部分可以称为"监督"的分类。

上述第(8)条"按照监督的业务性质"的分类中还应增加"银行监督(含信贷监督)""税务监督"和"物价监督"，但"经济监督"不宜包括"技术监督"。

高校的经济监督除了"财会监督"和"审计监督"外，还应包括"财政监督""税务监督""银行监督""物价监督""统计监督""舆论监督""公众监督"和"督导"等。经济监督与高校财务领域有直接关联，这里仅阐述与高校财务领域有直接关联的高校外部的经济监督。

(一) 财政监督

1. 财政监督概述

1950年3月24日，《中央人民政府政务院关于统一管理一九五〇年度财政收支的决定》第四条规定："统一财政必须严格执行预决算、审会计制度及严格的财政监察制度：核实人数，核实开支，节余缴公；无预算不拨款，无计算不审核预算，纠正以临时批拨代替审核的做法；并随时检查各收支部门，是否按照财政计划执行，及执行中有无错误。建立严格的支领手续及表报制度，定期结报，所有无机关负责

① 陈立人，汤谷良.财务管理手册[M].北京：中国经济出版社，1992：376-377.

② 陈立人，汤谷良.财务管理手册[M].北京：中国经济出版社，1992：91.

人及会计签名之单据领条，应一律视为无效。”

1950 年，政务院发布《中央人民政府财政部设置财政检查机构办法》(后改“检查”为“监察”)，确立了财政监察机构的基本任务，并建立起全国性的财政监察网络体系。

邓小平在《财政工作的六条方针》中指出：“第六，加强财政监察。毛主席在中央的会议上特别提出这一点，这是以后财政工作的关键。财政上的浪费是很大的。毛主席说：‘有些项目节约百分之十，数字就了不起了。’如国家预算节省百分之十，就是二十多万亿元。因此，要加强财政监察。”①

《中华人民共和国会计法(2017)》第三十一条规定：“财政部门有权对会计师事务所出具审计报告的程序和内容进行监督。”第三十二条规定：“财政部门对各单位的下列情况实施监督：(一)是否依法设置会计账簿；(二)会计凭证、会计账簿、财务会计报告和其他会计资料是否真实、完整；(三)会计核算是否符合本法和国家统一的会计制度的规定；(四)从事会计工作的人员是否具备专业能力、遵守职业道德。在对前款第(二)项所列事项实施监督，发现重大违法嫌疑时，国务院财政部门及其派出机构可以向与被监督单位有经济业务往来的单位和被监督单位开立账户的金融机构查询有关情况，有关单位和金融机构应当给予支持。”第三十三条规定：“财政、审计、税务、人民银行、证券监管、保险监管等部门应当依照有关法律、行政法规规定的职责，对有关单位的会计资料实施监督检查。前款所列监督检查部门对有关单位的会计资料依法实施监督检查后，应当出具检查结论。有关监督检查部门已经作出的检查结论能够满足其他监督检查部门履行本部门职责需要的，其他监督检查部门应当加以利用，避免重复查账。”

2. 财政监督的定义

《财经大辞典》中的解释：“财政监督：监察和督促国家财政在资金的筹集、供应和使用过程中合法、合理、正常、有效。它是社会主义财政的一项重要职能，是财政管理的重要内容。财政监督主要根据政策、法令、财政职责等保证财政收支业务活动顺利进行，以利于财政预期目标的实现。财政监督的方法分为事前监督、日常监督和事后监督。事前监督是在筹集、分配、使用资金之前进行的监督，即对各级政府、部门、单位编制的计划、预算和财务收支计划进行的监督。日常监督是在财政资金分配过程中进行的监督，即计划和预算执行过程中进行的监督。事后监督是在资金分配、使用发生后的监督，即对月份、季度、年份终了或某项收支实现后进行的监督和检查。财政监督内容包括预算监督、纳税监督、财务监督、审计监督等方面，财政监督还可以为决策者提供重要信息。”②

① 邓小平文选：第一卷[M].2 版.北京：人民出版社，1994：197.
② 何盛明.财经大辞典[M].北京：中国财政经济出版社，1990：275.

《会计辞海》中的解释:"财政监督：通过财政业务活动所进行的一种经济监督。它主要表现为通过对国民收入的核算、监督和制约国民经济的综合平衡,促进国民经济有计划按比例地发展;监督企事业单位、国家机关和财政、财务部门贯彻执行财政政策、法令和制度的情况,以保证财政经济任务的完满完成;向违反财政纪律和破坏财政制度的行为作斗争。"①

《会计大辞库》中的解释:"财政监督：是利用价值形式监察督促经济活动的重要手段。它是国家财政的主要职能,是通过月常财政管理工作来实现的。财政监督表现为督促、检查政府各个、国民经济各方面和企事业单位是否按国家的方针、政策和国家计划以及财政制度办事。"②

由此可见,财政监督的主体是财政部门,财政监督的客体(对象)是高校财政资金的筹集和运用及其绩效,财政监督的标准是高校财政资金的合规性和效益性。

1979 年 11 月 23 日,财政部发布的《文教科学卫生事业单位、行政机关"预算包干"试行办法》中提到"实行预算包干以后,各部门、各单位要严格执行国家财政制度,严禁弄虚作假。财政部门要加强监督"。《教育部 财政部关于"十一五"期间进一步加强高等学校财务管理工作的若干意见》(教财〔2007〕1 号)第 32 条指出:"高等学校应积极配合政府财政、审计、价格、税收等部门对高校实施的审计和检查。对于审计、检查中发现的重大问题,应及时向主管部门报告,并采取有效措施,认真进行整改,严肃追究相关责任人的责任。高等学校校(院)长的任职经济责任审计报告应作为学校领导干部工作交接内容。"虽然在高校财务文件中很少提到"财政监督",但这项重要监督不仅财政部门很重视,高校也非常重视。

(二) 税务监督

《财经大辞典》中的解释:"税收监督：税务部门在日常征管工作中,对纳税人的生产经营和纳税情况进行监察和督促。税务部门通过日常征管工作,使税收介入社会经济的各个方面,深入企业生产、销售、财务、成本核算、利润计算和留利分配等各个环节,了解企业生产经营管理中存在的薄弱环节,以及依法纳税、遵章守法等方面的问题,促使企业健全各项管理制度,改善经营管理,加强经济核算,不断提高经济效益。同时堵塞各种税收漏洞,纠正和查处违法违章行为,并配合公安、工商、海关等部门打击经济领域里的违法犯罪活动。"③

税务监督的主体是税务部门,税务监督的客体(对象)是高校的纳税税种,公办高校(不是指民办高校和公办高校所属校办企业)的纳税税种主要是个人所得税,此外,还有印花税,如有房屋出租等收入房产税等。税务监督的标准是高校纳税的

---

① 侯文铿.会计辞海[M].沈阳：辽宁人民出版社,1990：154.

② 杨树枝.会计大辞库[M].哈尔滨：黑龙江朝鲜民族出版社,1991：219.

③ 何盛明.财经大辞典[M].北京：中国财政经济出版社,1990：378.

合规性。

(三) 物价监督

《财经大辞典》中的解释:“物价检查监督：对业务部门和企业、事业单位执行国家价格政策和计划价格的情况进行检查和监督。检查监督的主体有国家物价部门、业务主管部门、企业管理机构、广大人民群众。检查监督的目的是在保障国家利益的前提下,维护生产者、经营者、消费者的合法经济利益。具体内容有：检查监督国家价格方针、政策的执行情况;国家规定的作价办法、收费原则的执行情况;国家定价、国家指导价格的执行情况;处理价格违法行为;帮助企业提高政策观念、政策水平、经营管理水平和经济效益。”①

高校物价检查监督主要是收费监督。收费监督的主体是物价部门,监督的客体(对象)是高校收费行为,监督的标准是高校收费的合规性。

高校收费主要包括行政事业性收费、服务性收费和代收费三类。行政事业性收费是指学校根据国家和省有关部门批准的收费项目和标准向学生收取的费用;服务性收费是指学校在正常教学之外为在校师生、校外人员和单位提供自愿选择的服务活动而收取的费用;代收费是指为方便学生、职工的学习和生活,在自愿的前提下,学校替提供服务的单位代收代付的相关费用。

高校收费检查监督的内容有：

(1) 检查高校是否具有“两证一据”,即收费许可证、收费员证,以及合法收据;

(2) 检查高校收费项目和标准是否经过物价部门批准,是否有超项目和超标准的乱收费行为;

(3) 检查高校收费是否使用正规合法的收据;

(4) 检查高校收费是否按“收支两条线”账务处理;

(5) 检查高校是否跨年度收费;

(6) 检查高校收费制度、收费项目和标准是否公示;等等。

(四) 税收财务物价大检查

改革开放初期,经济体制改革正在进行,新旧体制处于转换过程中,社会主义商品经济秩序还未规范,整个经济管理特别是财政领域监督机制不完善,财经领域的问题相当突出。有的地方、部门和单位钻法制不健全的空子,无视国家财经纪律,偷税漏税,乱挤成本,谎报亏损,随意涨价,侵占国家收入,损害消费者的利益。有的人甚至从中贪污盗窃、行骗受贿,进行经济犯罪活动。这些问题的存在,不仅严重影响国家财政收入,而且败坏党风,腐蚀干部,有损改革,妨碍建设,危害极大。

为了严肃财经纪律,1981—1984 年,财政部在全国范围开展了两次企业财务大检查。财政部在财务检查后发现一些问题,如企业税收“跑、冒、滴、漏”,一些部

① 何盛明.财经大辞典[M].北京：中国财政经济出版社,1990：660.

门和单位截留、转移、挪用财政收入造成财政收入流失情况仍很严重，为了在财经领域刹歪风、堵漏洞，严肃财经纪律，实现财政收支平衡，需要进一步提高这项大检查的规格。1984 年，财政部向国务院提交了《财政部关于开展财务大检查的情况和进一步严肃财经纪律问题的报告》，国务院领导对此非常重视，并进行了批转。1985 年 8 月，国务院决定设立非常设机构“国务院税收、财务大检查办公室”，专门负责一年一度的税收、财务、物价大检查，正式开始了大检查工作。1986 年增加了物价检查后，机构更名为“国务院税收、财务、物价大检查办公室”，简称“国检办”。

当时国检办有 30 多人，由财政部、审计署、税务总局和国家物价局四个单位共同抽调人员组成，但主要以财政干部为主，国检办主任也是由财政部的部级领导兼任。国务院每年派出的工作组最少时一年 26 个，最多时一年有 29 个。工作组的人员组成规格都比较高，组长由各部委任现职的副部长担任，顾问由人大代表、政协委员或民主党派人士担任，副组长一般都是各部委财务计划司的司长。一般一个工作组负责督导一个大省或是两个小省。大检查主要是靠各地区、各部门自行组织、自行检查，国务院工作组只是起到帮助和推动作用，不是包办。工作组一般要在地方待上两个多月。大检查实行自查和重点检查相结合，要求百分之百进行自查，自查从宽，被查从严。自查后由各级大检查办公室确定重点检查问题，检查面一般在 40%左右，重点被查的问题，要严肃处理，不但要追回资金，而且要罚款，甚至追究个人责任。

1995 年 10 月 26 日，时任国务委员李贵鲜同志在全国会计工作会议上讲话时指出：“1985 年到 1994 年，‘大检查’共查出违纪金额 1 383 亿元，仅 1994 年就达 209 亿元；今年清理‘小金库’，共清出 40 亿元。这么大的违纪数额，触目惊心。”

1994 年，国务院在机构改革中取消了国检办，将其职能并入财政部，整合成立了财政部监督司（财政部税收、财务、物价大检查办公室），并积极探索从每年的大检查逐步转向以日常监督为主。1998 年，国务院宣布取消一年一度的大检查，财政部也撤销了大检查办公室，财政部及各省、直辖市、自治区的财政部门成立了监督机构。自此，历时 13 年的大检查退出历史舞台，财政监督进入新的发展阶段。

20 世纪 90 年代，笔者在中国矿业大学任财务处长时，曾参与对煤炭部 16 所高校中部分高校的财务大检查工作。虽属于财务监督，却是外部监督，属于政府组织的监督检查。

（五）银行监督

金融监督与银行监督、信贷监督、结算监督的区别。《中国金融百科全书》中的解释：“金融监督：广义的金融监督是指国家用金融手段对一切经济金融活动进行的监察督促。狭义的金融监督指中国人民银行委托国家各类专业银行代行金融行政监督管理职能，对国民经济各部门、各单位通过流动资金管理、结算管理和现金管理等手段对其经济活动所进行的一种专业监督。它是管理金融业的一项重要机制，也是实施金融宏观调节控制的重要工作。”①

由此可见，银行监督的主体是商业银行，监督的客体(对象)是高校信贷业务、结算业务和现金管理，监督的标准是高校上述业务的合规性。

1. 信贷监督

信贷监督，是指国家商业银行等信用机构对企事业单位的贷款业务进行的监督。主要监督企事业单位按国家信贷政策和制度贷款用途是否正确，是否具有偿还能力和风险，是否按规定用途使用贷款，是否按期偿还，是否严格执行合同等。

高校巨额贷款始于1999年。1999年12月1日，《中国人民银行办公厅关于转发教育部办公厅〈关于部属高校“银校合作”问题有关意见的通知〉的通知》(银办发〔1999〕197号)指出：“该《通知》虽针对教育部部属高等学校与银行签订合作协议(以下简称‘银校合作’)，利用银行贷款支持学校发展问题提出了一些原则性意见，但对规范所有‘银校合作’项目都具有一定的指导作用。请各行在通过贷款积极支持高校发展的同时，要规范操作，维护银校各方的利益。”教育部办公厅《关于部属高校“银校合作”问题有关意见的通知》指出：“近一时期，陆续有一些部属高校与银行签订合作协议(以下简称‘银校合作’)，希望通过银行贷款支持学校发展。贷款意向的内容涉及学校教学、科研软硬件的改善，科技成果的转化，校办产业的发展，后勤服务设施的建设和改造，教职员工和在校学生的个人金融服务等。最高协议贷款额度达10亿元。由于大规模、大力度的‘银校合作’尚属新生事物，且影响深远，必须认真研究，及时总结经验。现特就此问题提出如下原则性意见。一、各校必须本着‘谁贷款谁负责’的原则开展此项工作。……二、不以事业资金为校办企业作担保。……三、大额贷款必须及时报我部备案。……”

教育部、财政部对高校融资监督提出严格要求：

(1) 严禁各校进行股票和风险性债券投资

2004年4月29日，《教育部关于禁止直属高校进行股票和风险性债券投资的紧急通知》(教财〔2004〕13号)指出：“严禁各校进行股票和风险性债券投资。自有资金沉淀较多的学校，可适当购买一些一级市场国债。”

(2) 不得为任何单位或个人的经济活动提供担保

2004年10月18日，《教育部　财政部关于进一步加强直属高校资金安全管理的若干意见》(教财〔2004〕38号)指出：“各高校必须严格遵守《中华人民共和国担保法》的有关规定，不得为任何单位(含校办产业)或个人的经济活动提供担保。已经提供担保的，应认真进行清理，避免形成经济损失。”

(3) 贷款只能作为高校多渠道筹措办学经费的必要补充

① 黄达，刘鸿儒，张肖.中国金融百科全书：下[M].北京：经济管理出版社，1990：991.

2004 年 7 月 13 日，《教育部、财政部关于进一步完善高等学校经济责任制加强银行贷款管理切实防范财务风险的意见》(教财〔2004〕18 号)指出："必须坚持效益第一的思想。高等教育事业是社会公益性事业，高等学校的非营利性质从根本上决定了高成本、有偿性的贷款资金只能作为高校多渠道筹措办学经费的必要补充。因此，各高校必须充分认识到贷款的高额利息支出对现有教育资源产生的负效应，应始终坚持效益第一的思想，切不可把利用贷款作为融通资金的主要方式。"

(4) 必须坚持"谁贷款，谁负责"的原则

2004 年 7 月 13 日，《教育部、财政部关于进一步完善高等学校经济责任制加强银行贷款管理切实防范财务风险的意见》(教财〔2004〕18 号)指出："必须坚持'谁贷款，谁负责'的原则。……贷款高校作为贷款的主体，必须承担还贷责任。"

(5) 建立高校银行贷款审批制度

2004 年 12 月 24 日，《教育部关于建立直属高校银行贷款审批制度的通知》(教财〔2004〕44 号)指出："我部决定从 2005 年 1 月 1 日起，建立直属高校银行贷款审批制度。……凡纳入审批范围但未得到我部审批同意的贷款项目，直属高校一律不得贷款。未经批准擅自向银行贷款的，一经发现，将追究学校及有关人员责任。"

此外，商业银行对助学贷款实施监督。

2. 结算监督

《财经大辞典》中的解释："结算监督：银行办理结算业务中对开户单位商品交易和资金收付所进行的一种监督。主要内容是：(1)商品交易和资金收付是否符合国家的政策和法规；(2)是否履行经济合同和遵守财经、结算纪律；(3)是否符合结算原则。对符合规定的资金收付、商品交易，银行予以支持；对于违反财经结算纪律的应进行抵制，不予办理，情节严重者应实行经济制裁。结算监督的作用在于：贯彻执行国家经济政策，维护财经纪律，保证经济合同的执行；维护交易双方的经济利益，并促进商品和资金的加速周转，不断提高经济效益。"①

高校资金多则上百亿元，中则几十亿元，少则几亿元，每天资金结算几百万元，货币资金往来(主要为银行往来，次为现金管理)繁多，必须严格遵守结算纪律。银行结算纪律是指通过银行办理转账结算的各单位或个人，在办理具体结算业务过程中，应当遵守的行为规范。如：

(1) 单位银行结算账户的存款人只能在银行开立一个基本存款账户，不准多头开户。

(2) 不准出租、出借银行账号。

(3) 不准套取银行信用。

(4) 不准使用大额现金结算。

① 何盛明.财经大辞典[M].北京：中国财政经济出版社，1990：549.

（5）不准设小金库。

（6）严格支票管理：①不准签发空头支票；②不准签发远期或空期支票；③不准将支票出租、出借或转让给其他单位和个人使用；④不准将支票作为抵押；⑤不准签发印鉴不全、印鉴不符的支票。

（六）统计监督

《财经大辞典》中的解释："统计监督：统计工作的基本任务之一。是指对政策、计划的执行情况进行检查和监督。通过统计资料来说明国家计划是否完成，党的经济政策是否得到贯彻执行，财经纪律是否得到维护，国民经济内部各种比例关系是否协调等。其目的是为了保证国家的整体利益，加强各部门、各地区执行政策和计划的责任心，强化财经纪律，保持正常的工作秩序，促进国民经济持续、稳定、协调地发展。维护统计数字的真实性，是统计监督的基本手段。各机关、企业、事业单位均应按照国家有关规定，接受统计监督，提供统计资料，不得虚报、瞒报、拒报、迟报，不得伪造、篡改。"①

统计监督的主体是统计部门，统计监督的客体（对象）是高校的统计资料，监督的标准是高校统计资料的真实性和合法性。

1. 监督高校统计资料的重点

（1）招生人数。招生人数涉及财政生均拨款，在巡视中发现有些（不是个别）财政按计划人数拨款，结果计划招生人数超过实际招生人数的拨款按套取财政资金处理。

（2）就业率。就业率是衡量一个学校教育质量的重要指标，也是国家掌握失业率的重要指标，中央十分重视并三令五申要求如实统计上报，但弄虚作假的不是少数。

（3）申报时的统计资料，无论是本科合格评估还是"高水平"甚至"双一流"评估，或是升格评估，都容易弄虚作假。

（4）申报硕士学位授予权单位、博士学位授予权单位，申报科研项目，申报职称以及杰出人才荣誉等，容易弄虚作假。

（5）评估时的统计资料，无论是本科合格评估还是"高水平"甚至"双一流"评估，或是升格评估，都容易弄虚作假。

（6）绩效评价时的统计资料，特别是"项目支出"年底突击花钱还来不及花掉可能收回去钱的"项目"，容易弄虚作假。

2. 高校统计监督的内容

（1）校领导是否存在自行或指使他人修改、伪造虚假统计资料或严重统计违法的行为。

---

① 何盛明.财经大辞典[M].北京：中国财政经济出版社，1990：1184.

(2) 校领导是否存在包庇、纵容违反统计法规的行为或对坚持原则的统计人员打击报复的行为。

(3) 统计人员是否存在拒报或未按照统计调查制度的规定报送有关资料的行为。

(4) 统计资料的管理和公布是否符合有关规定,有无泄露国家秘密、科技秘密的行为。

(5) 是否存在利用虚假统计资料骗取荣誉称号、物质利益或职务晋升的行为。

(6) 是否依法设立统计机构或配备统计人员。

四、审计监督

(一) 审计监督不属于经济监督

上述财政监督、税务监督、银行监督、物价监督、统计监督中的“财政”“税务”“银行(金融)”“物价(价格)”“统计”均属于经济范畴,因此,财政监督、税务监督、银行监督、物价监督、统计监督也都属于经济监督的范畴。

1. 重要政策跟踪审计

在中国,“政策”不属于经济范畴。2020 年 5 月 23 日,习近平指出:“努力取得最大政策效应。”①习近平指出:“加大对党中央重大政策措施贯彻落实情况跟踪审计力度。”②2020 年 6 月 20 日,栗战书指出:“审计工作要加强对重大政策措施落实情况的跟踪审计。”③重要政策跟踪审计重点是审“政策措施落实情况”。

《教育部关于加强直属高等学校内部审计工作的意见》(教财〔2015〕2 号)第 19 条指出:“探索开展重大项目、重要政策跟踪审计。”《教育部关于直属高校落实财务管理领导责任 严肃财经纪律的若干意见》(教财〔2015〕4 号)第十五条规定:“拓展内部审计范围,探索开展重要政策跟踪审计。”

2. 招生舞弊审计

新浪网作者王学森于 2020 年 9 月 24 日报道了《加州大学刚刚被爆招生舞弊,过去七年至少 64 名申请者被“不当录取”》:“还记得去年闹得沸沸扬扬的美国顶尖大学的招生舞弊丑闻吗?今天,加州 UC 系统再被曝出舞弊行为,加州审计员发现过去的 7 年里,至少有 64 名申请者被‘不当录取’,他们的申请资格远不如其他未被录取的学生。在 2013—2014、2018—2019 学年期间,UC Berkeley、UCLA、UCSD、UCSB四所大学错误地录取了至少 64 名‘有钱家庭’的学生,其中有 42 人

---

① 习近平在看望参加政协会议的经济界委员时强调,坚持用全面辩证长远眼光分析经济形势,努力在危机中育新机于变局中开新局[N].人民日报,2020-05-24.

② 习近平主持召开中央审计委员会第一次会议强调:加强党对审计工作的领导,更好发挥审计在党和国家监督体系中的重要作用[N].人民日报,2018-05-24.

③ 栗战书.在主持十三届全国人大常委会第十九次会议闭幕会并作讲话[N].人民日报,2020-06-22.

都进入了加州伯克利就读。经调查，这 64 名申请者多为白人且家庭年收入至少为 15 万美元。'我们的结论是，这所大学在招生决定中允许了不正当的影响，而且它没有公平或一贯地对待申请者。'一封由该州审计员伊莱恩·豪勒（Elaine Howle）签名的信写道。这份审计报告是在全美大学录取丑闻一年后公布的。审计员在报告中指出与此前的美国大学录取舞弊丑闻一样，这些通过不正当手段进入加州大学的学生，大多是编造自己的运动员履历，或是凭借家庭捐款、与学校工作人员的关系而被名校录取。其中 22 名申请者通过'学生运动员'的身份被录取，17 名申请者与'捐款或捐赠'挂钩，还有 11 名申请者与校内工作人员认识/有关系而被录取。对此，加州大学总校长在声明中指出，将认真对待审计结果，对这类舞弊行为零容忍。'在接下来的几周，加州大学将对这次的审计结果进行彻底的审查，我们会采取积极主动的态度，致力于为所有的申请人提供公平的竞争和录取环境。'"

3. 管理审计是一种与财务审计对立的审计

笔者曾指出，高校审计只分为高校财务审计和高校管理审计两种。高校管理审计包括高校治理审计、内部控制审计、绩效审计、经济责任审计、专项审计等①。

（二）党和政府重视审计监督

1. 审计是党和国家监督体系的重要组成部分

习近平指出："审计是党和国家监督体系的重要组成部分。审计机关成立 30 多年来，在维护国家财政经济秩序、提高财政资金使用效益、促进廉政建设、保障经济社会健康发展等方面发挥了重要作用。特别是党的十八大以来，为促进党中央令行禁止、维护国家经济安全、推动全面深化改革、促进依法治国、推进廉政建设等作出了重要贡献。"②

习近平在表彰全国审计机关先进集体和先进工作者代表时作出的重要指示中指出："审计是党和国家监督体系的重要组成部分。审计机关要在党中央统一领导下，适应新时代新要求，紧紧围绕党和国家工作大局，全面履行职责，坚持依法审计，完善体制机制，为推进国家治理体系和治理能力现代化作出更大贡献。"③

2. 加强审计监督

党的十八届三中全会通过的《中共中央关于全面深化改革若干重大问题的决定》第 35 条指出："加强和改进对主要领导干部行使权力的制约和监督，加强行政监察和审计监督。"

2014 年 10 月 27 日，《国务院关于加强审计工作的意见》（国发〔2014〕48 号）规

① 乔春华.高校管理审计研究[M].南京：东南大学出版社，2016：51.

② 习近平主持召开中央审计委员会第一次会议强调：加强党对审计工作的领导，更好发挥审计在党和国家监督体系中的重要作用[N].人民日报，2018-05-24.

③ 习近平对审计工作的重要指示[N].人民日报，2020-01-03.

定:“强化审计的监督作用。”

2015 年 12 月 8 日,中共中央办公厅、国务院办公厅印发的《关于实行审计全覆盖的实施意见》规定:“充分发挥审计监督作用。”

(三) 审计监督定义

《财经大辞典》中的解释:“审计监督:审计部门依据法律和财政经济规章制度,客观、公正、独立地对被审计单位财政、财务收支的合理性、合法性和经济活动效率、效果,进行指导、督促和检查的过程,是经济监督的组成部分。有事前监督、事中监督、事后监督之分。我国审计监督的基本原则是:(1)全面、综合的原则,审计范围包括参与国家财政财务经济活动的一切机关、企业、事业单位和组织。(2)服务与监督相结合的原则,既要提出切实可行的改进措施,又要查清问题,揭露矛盾,进行必要的经济制裁。(3)群众路线的原则,要依靠和组织群众,使审计监督活动有坚实的群众基础。(4)统一领导、分级负责的原则,国家和地方各审计机关可依据不同情况,对某一地区、某一行业、某项资金进行专门审计,也可对某一部门、某一企业进行全面审计。”①

《会计大辞库》中的解释:“审计监督:是指审计机关、审计机构和受委托的专业审计人员依法独立行使审计监督的职能,对被审计单位的全部或一部分财务收支及其有关经济活动的真实性、合法性、合理性进行的审核检查。通过审计检查、评价、鉴证,确定其是否履行经济责任,以严肃财经纪律,维护社会经济秩序,促进加强管理,提高经济效益,保障国家建设的顺利进行。审计监督主要有三个基本特点:①独立性;②权威性;③公正性。”②

《会计辞海》中的解释:“审计监督:财政监督与审计监督,既有联系,又有区别,两者不能互相代替,也不是互相排斥的。从两者的联系来说,他们都是国民经济管理中对经济活动进行监督。而两者的主要区别是:(1)财政监督是伴随着一定财政业务进行的,依附于一定的经济活动之中,因此有局限性。审计监督是审计机关依照党和国家的各项方针政策、法律法规,对企事业的经济活动及其财务收支实行全面的监督,不伴随任何经济活动,完全独立于经济活动之外,没有局限性。(2)财政监督是对有关部门的财政财务收支活动进行日常的非专职监督人员的调查性监督。审计监督是审计人员对企事业单位的财政财务收支及经济活动,进行重点的专职监督人员的监督,同时,为着审计案件的查清处理,可参阅被审单位的有关文件和参加有关会议。(3)财政监督是财政部门对机关、团体、企事业单位在执行预算、遵守财政制度、财经纪律以及完成各级财政财务等方面所进行专业监督。同时它在业务活动中不仅有时要受上级行政部门或主管部门的干预和支配,

① 何盛明.财经大辞典[M].北京:中国财政经济出版社,1990:1472-1473.

② 杨树枝.会计大辞库[M].哈尔滨:黑龙江朝鲜民族出版社,1991:3425.

而且本身如果出现弊端，还会成为直接责任者。审计监督是由审计机关代表国家对国务院各部门和地方各级人民政府的财政收支，财政金融机构、企事业组织以及其他同国家财政有关的财务收支及其经济效益进行审计监督。审计机关依法独立行使审计监督权，不受其他行政机关、社会团体和个人的干涉。（4）财政监督是对违犯财经纪律的单位和个人，只能实行经济制裁。审计监督对那些违犯经济法规的单位，除有权处以罚款等经济制裁以外，还可以采取封存账册、冻结资金等强制手段；对触犯法律的行为，还可建议司法部门对有关人员追究法律责任。”①

《审计手册》中的解释：“审计监督与其他经济监督：在我国，财政、税务、银行、工商行政管理部门，以及各级财务、会计机构，都有各自的经济监督职能。它们进行的财政监督、税务监督、信贷监督、物价监督以及各级财会部门的财务会计监督，都是社会主义经济监督的组成部分。而审计监督则是一种重要的、基本的经济监督。财政、税务、银行等部门在经济监督方面做了不少工作，发挥了重要作用。但是，它们都不能取代审计监督。因为它们不是专业经济监督机构，而是部分专业监督，都有一定的职权范围，只能通过其本身业务范围来进行监督，不能超过其专业监督的范围，有一定的局限性。如财政监督主要是监督财政政策、法令的执行情况，财政资金的合理使用，以及对上缴利税的监交。财政监督只是通过自己的财政收支活动来进行经济监督。银行监督主要是监督流动资金、信贷资金、基本建设贷款等的使用。工商行政部门主要是监督物价等。它们都缺乏独立性、客观性；它们本身也是审计监督的对象。至于各级财会部门的财务会计监督，则是会计本身的职能之一，是各单位内部管理的组成部分，更不能代替审计监督。”②

审计监督是指审计主体依法运用审计的专门技术和方法对财务收支活动和管理活动进行独立审计监督活动。审计监督的基本特征是独立性和权威性。由此可见，审计监督的主体是政府审计机关、会计师事务所和单独的内部审计部门，监督的客体（对象）是高校财务收支活动和管理活动，监督的标准是高校一切活动的合规性和效益性。

(四) 审计监督的分类

审计监督按主体不同可分为内部审计和外部审计；外部审计又可分为政府审计和会计事务所审计。

1. 政府审计监督

(1) 政府审计监督的特征

政府审计监督的特征除了独立性和权威性之外，还有强制性和专属性。

① 强制性

---

① 侯文铿.会计辞海[M].沈阳：辽宁人民出版社，1990：154.

② 陈荣法.审计手册[M].北京：经济日报出版社，1986：769.

《中华人民共和国宪法(2018)》第九十一条规定:“国务院设立审计机关,对国务院各部门和地方各级政府的财政收支,对国家的财政金融机构和企业事业组织的财务收支,进行审计监督。审计机关在国务院总理领导下,依照法律规定独立行使审计监督权,不受其他行政机关、社会团体和个人的干涉。”

《中华人民共和国审计法(2006)》第一条规定:“为了加强国家的审计监督,维护国家财政经济秩序,提高财政资金使用效益,促进廉政建设,保障国民经济和社会健康发展,根据宪法,制定本法。”第二条规定:“国家实行审计监督制度。国务院和县级以上地方人民政府设立审计机关。”第三条规定:“审计机关依照法律规定的职权和程序,进行审计监督。”第五条规定:“审计机关依照法律规定独立行使审计监督权,不受其他行政机关、社会团体和个人的干涉。”第三十一条规定:“被审计单位不得拒绝、拖延、谎报。”

由此可见,政府审计监督的特征除了独立性和权威性之外,还有强制性。

② 专属性

《宪法》强调“审计监督”,《审计法》同样强调“审计监督”。

由此可见,审计监督与财政监督、税务监督、银行监督、物价监督、统计监督不同,财政监督是财政的部分职能,税务监督是税务的部分职能,等等,而审计监督是审计的专属职能。

(2) 政府审计机关及其职能

政府审计指政府审计机关依法独立对财政收支活动、财务收支活动和管理活动的合规性和效益性进行审计监督。政府审计是垂直管理。

① 审计署及审计署特派员办事处(简称“特派办”)

《审计法(2006)》第七条规定:“国务院设立审计署,在国务院总理领导下,主管全国的审计工作。审计长是审计署的行政首长。”第十条规定:“审计机关根据工作需要,经本级人民政府批准,可以在其审计管辖范围内设立派出机构。”其职能主要是审计中央所属机关、企业和事业单位的财政收支活动、财务收支活动和管理活动的合规性和效益性。

② 审计厅与审计局

《审计法(2006)》第八条规定:“省、自治区、直辖市、设区的市、自治州、县、自治县、不设区的市、市辖区的人民政府的审计机关,分别在省长、自治区主席、市长、州长、县长、区长和上一级审计机关的领导下,负责本行政区域内的审计工作。”

省、自治区设审计厅,直辖市设审计局,地级市、地级区、地级州设审计局,县、县级区、自治县、旗设审计局。其职能主要是审计各级所属机关、企业和事业单位的财政收支活动、财务收支活动和管理活动的合规性和效益性。

2. 会计事务所审计

(1) 会计师事务所审计的名称

会计师事务所审计称为社会审计。《审计法(2006)》使用的是“社会审计机构”,第三十条规定:“社会审计机构审计的单位依法属于审计机关审计监督对象的,审计机关按照国务院的规定,有权对该社会审计机构出具的相关审计报告进行核查。”

会计师事务所审计也可称为注册会计师审计。《中华人民共和国注册会计师法》第四章为“会计师事务所”,因注册会计师是个体,会计师事务所是实体,所以其审计又称为“会计师事务所审计”。注册会计师是指通过注册会计师考试并取得注册会计师证书,英文简称 CPA,此外还有 ACCA(The Association of Chartered Certified Accountants),中文译为英国特许公认会计师公会,在国内称为“国际注册会计师”。《注册会计师法》第九条规定:“参加注册会计师全国统一考试成绩合格,并从事审计业务工作二年以上的,可以向省、自治区、直辖市注册会计师协会申请注册。”非执业注册会计师是注协非执业会员,只有具备从事审计工作两年以上的经验方可以到省注协去申请办理执业注册会计师。2006 年 2 月 15 日,印发了《财政部关于印发中国注册会计师执业准则的通知》(财会〔2006〕4 号);2019 年 2 月 20 日,财政部印发 18 项《中国注册会计师审计准则》(财会〔2019〕5 号)等。

会计师事务所审计又称为民间审计,民间审计是“官厅审计”(“政府审计”)的对称。西方民间审计始于 19 世纪下半叶,以 1854 年经英国政府批准成立爱丁堡会计师公会为标志。民间审计是指由注册会计师组成的会计师事务所接受委托依法对被审计单位的财务收支及其经济活动的合法性和效益性独立进行审计和咨询服务活动。

(2) 会计师事务所审计的职能

《会计法(2017)》第三十一条规定:“有关法律、行政法规规定,须经注册会计师进行审计的单位,应当向受委托的会计师事务所如实提供会计凭证、会计账簿、财务会计报告和其他会计资料以及有关情况。任何单位或者个人不得以任何方式要求或者示意注册会计师及其所在的会计师事务所出具不实或者不当的审计报告。财政部门有权对会计师事务所出具审计报告的程序和内容进行监督。”

《注册会计师法》第十四条规定:“注册会计师承办下列审计业务:(一)审查企业会计报表,出具审计报告;(二)验证企业资本,出具验资报告;(三)办理企业合并、分立、清算事宜中的审计业务,出具有关的报告;(四)法律、行政法规规定的其他审计业务。注册会计师依法执行审计业务出具的报告,具有证明效力。”第十五条规定:“注册会计师可以承办会计咨询、会计服务业务。”

(3) 会计师事务所审计的优势与不足

① 优势

民间审计是政府审计的补充,由于其专业性强,在市场中发挥着很大作用。目前高校很多审计业务由政府委托其实施。会计师事务所还承担咨询服务,如很多高校的内部控制制度委托会计师事务所设计。此外，中国注册会计师协会还制定制度，如 2014 年 12 月 9 日，中国注册会计师协会印发《高等学校财务报表审计指引》(会协〔2014〕71 号)。

② 不足

会计师事务所是企业、营利组织，经常传出为了利益出具虚假报告等丑闻，如美国安达信安然事件，国内亦有类似案例。因此，会计师事务所审计的独立性和权威性较弱，存在一定审计风险。

3. 内部审计监督

内部审计监督又称为“单位内部审计监督”，其主体是“单位”，如企业、事业单位，具体为某大学。

《审计法(2006)》第二十九条规定：“依法属于审计机关审计监督对象的单位，应当按照国家有关规定建立健全内部审计制度；其内部审计工作应当接受审计机关的业务指导和监督。”

(1) 审计委员会

① 审计委员会定位于内部审计

笔者认为：“有的同志认为，审计委员会实质上是内部审计，属于公司管理。本文不同意审计委员会定位于内部审计的观点。……审计委员会不属于公司管理，属于公司治理范畴。”①因此，内部审计应该隶属于审计委员会，而不是将审计委员会定位于内部审计，由此可见，审计委员会与内部审计关系密切，审计委员会和内部审计都属于治理范畴。

审计委员会与内部审计关系密切表现为：审计委员会和内部审计师有着共同的目标；内部审计是审计委员会的“耳目”。

1985 年召开的第 44 届国际内部审计师大会的理事会会议通过了一项名为《国际内部审计师协会关于审计委员会的立场》的声明，指出：“国际内部审计师协会认为审计委员会和内部审计师有着共同的目标。与内部审计师建立良好的工作关系将有助于审计委员会更好地向董事会、股东和其他外部团体完成其职责。这一表达概述了国际内部审计师协会有关审计委员会与内部审计适当关系的观点。审计委员会应当要求内部审计检查和评估本组织内部控制系统的适当程度和有效性，以及在完成所分配职责中的工作质量。同时，可将内部审计作为一种信息来源，使审计委员会发现公司重大的作弊或不正当行为，了解公司遵守有关法规的情况。为了确保内部审计人员正确执行其职责，审计委员会应当核定和定期检查内部审计的章程，即管理部门批准的说明内部审计的目的、权力和责任的有关文件。审计委员会应该每年检查内部审计部门的目标、审计计划和财务预算。内部审计

① 乔春华.我国审计委员会的科学定位[J].审计研究，2003(6)：31-33.

负责人应该向审计委员会报告审计结果，特别是具有重大意义的审计发现和建议。审计委员会还应确认内部审计活动的执行是否符合由国际内部审计师协会颁布的《内部审计从业标准》。为有助于确保独立性，内部审计负责人应该与审计委员会保持直接联系，出席审计委员会的有关会议，并且至少每年与审计委员会进行一次私人会谈。当审计委员会参与内部审计负责人的任免时，内部审计的独立性会进一步得到加强。"①

贝利等认为："组织治理框架建立之后，即可在这一框架下更具体地讨论内部审计的作用。……在治理活动的两种基本活动——风险监控和提供控制确认中，有效的内部审计以多种方式扮演重要的'前线运动员'的角色。内部审计人员在风险驱动下所做的工作为其他治理参与者提供了关键的信息(inputs)，包括为审计委员会和管理层。实际上，有些人认为内部审计是审计委员会的'耳目'。也许对内部审计在治理中的作用作出最好总结的是 IIA，它指出：内部审计人员的作用包括监控、评价和分析组织的风险与控制，以及检查和确认信息与对政策、程序和法律的遵循。内部审计人员与管理层像伙伴一样一起工作，为董事会、审计委员会和高级管理层确认风险得到控制以及组织的公司治理是强有力和有效的。并且，当组织中有任何改进空间时，内部审计人员就会提出改善过程、政策和程序的建议。内部审计的关键作用：风险评估、控制确认和遵循工作构成内部审计活动的主要部分，这三个要素一起共同直接勾画出组织治理。"②布林克和维特也指出："在绝大多数情况下，内部审计在所有业务领域都已提升到一个很高的水平，并且使它成为高层管理工作中有价值和应受尊重的一部分。内部审计师也越来越多地通过审计委员会为董事会服务。"③

② 审计委员会定位在治理层面

2003 年 11 月，全美证券交易商协会和纽约证券交易所发布的《新的公司治理最终规则》规定："审计委员会定位在公司治理的最高层面上。"

阿瑟·洛克指出："审计委员会肯定是董事会中最重要的委员会。"④

拉夫尔·D.沃德(Ralph D.Ward)指出："审计委员会是现代董事会中最有组织的委员会。"⑤

---

① 转引自：安德鲁·D.钱伯斯，乔治·M.赛利姆，杰拉尔德·温顿.内部审计[M].2 版.陈华，等译.北京：中国财政经济出版社，1995：474-475.

② [美]Bailey A D Jr，Gramling A A，Ramamoorti S.内部审计思想[M].王光远，等译.北京：中国时代经济出版社，2006：45.

③ 转引自：[美]Bailey A D Jr，Gramling A A，Ramamoorti S.内部审计思想[M].王光远，等译.北京：中国时代经济出版社，2006：7.

④ 转引自，[美]苏珊·F.舒尔茨.董事会白皮书[M].李犁，等译.北京：中国人民大学出版社，2003：172.

⑤ [美]拉尔夫·D.沃德.新世纪董事会：公司董事的新角色[M].黄海霞，译.上海：上海交通大学出版社，2002：191.

拉姆·查然(Ram Charan)指出:“大多数董事会只需要 3～4 个专业委员会。审计委员会和管理发展委员会(或薪酬委员会)是法定的。”①

1998 年,亚瑟·莱维特(Arthur Levitt)指出:“最后,称职、专注、独立和严厉的审计委员会是公众利益的最可靠守护者。”②

2002 年,亚瑟·莱维特又指出:“我认识到保护公众利益的最可靠的监护人之一,是一个有能力、守承诺、具独立精神和坚强意志的审计委员会。唯其重要,美国每一个公众公司不能没有审计委员会。”③

没有审计委员会存在时务必小心④。

美国内部审计专家保罗·希森和劳伦斯·索耶曾以 ABC 公司为例,说明内部审计的隶属关系。如图 4-2:

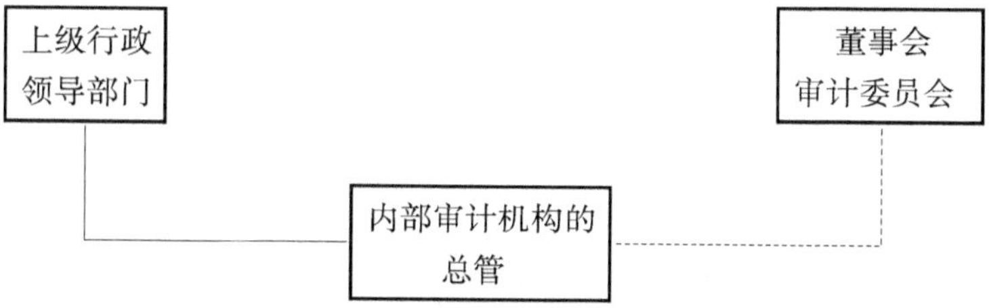

图 4-2　内部审计的隶属关系

内部审计机构设一名总管主持工作,行政关系上隶属上级行政领导部门,但职能关系上向董事会审计委员会汇报工作。内部审计总管可以出席审计委员会所有会议并提请审计委员会注意某些事件⑤。

笔者曾指出:“审计委员会建立的初衷是证监机关在公司中寻觅一支公司财务治理的力量,监督审计师的独立和保证财务信息的质量;这支力量在实践中成为完善公司治理结构的制度安排,成为加强公司治理的最佳选择,完成了审计委员会初创阶段的使命。”⑥

③ 中央和各级党委设审计委员会

2018 年 2 月 28 日,中国共产党第十九届中央委员会第三次全体会议通过的《深化党和国家机构改革方案》规定:“组建中央审计委员会。为加强党中央对审计工作的领导,构建集中统一、全面覆盖、权威高效的审计监督体系,更好发挥审计监

① [美]拉姆·查然.顶级董事会运作[M].武利中,译.北京:中国人民大学出版社,2003:35.

② 转引自:黄世忠.会计数字游戏:美国十大财务舞弊案例剖析[M].北京:中国财政经济出版社,2003:390.

③ [美]亚瑟·莱维特.公司治理结构的新标准[J].证券市场导报,2001(7):72-75.

④ [美]霍华德·施利特.财务骗术[M].吴谦立,译.上海:上海远东出版社,2003:45.

⑤ [美]保罗·希森,劳伦斯·索耶.内部审计师手册[M].张大艺,等译.北京:煤炭工业出版社,1990:53.

⑥ 乔春华.审计委员会的理论与运作[M].北京:中国时代经济出版社,2007:26.

督作用,组建中央审计委员会,作为党中央决策议事协调机构。主要职责是,研究提出并组织实施在审计领域坚持党的领导、加强党的建设方针政策,审议审计监督重大政策和改革方案,审议年度中央预算执行和其他财政支出情况审计报告,审议决策审计监督其他重大事项等。”

《中共中央办公厅　国务院办公厅关于印发〈党政主要领导干部和国有企事业单位主要领导人员经济责任审计规定〉的通知》要求:“各级党委审计委员会要加强对经济责任审计工作的统筹谋划和整体推进,促进提高新时代经济责任审计工作质量和水平。有关部门要加强协作配合,把审计监督与纪检监察、组织人事、巡视巡察等监督贯通起来,形成监督合力。”

④ 我国各单位可以根据需要设立审计委员会

2003 年 3 月 4 日,《审计署关于内部审计工作的规定》(审计署令〔2003〕第 4 号)第三条规定:“设立内部审计机构的单位,可以根据需要设立审计委员会,配备总审计师。”

教育部要求单位可以根据工作需要成立审计委员会。2020 年 3 月 20 日,教育部发布的《教育系统内部审计工作规定》(教育部令〔2020〕第 47 号)第八条规定:“单位可以根据工作需要成立审计委员会,加强党对审计工作的领导,负责部署内部审计工作,审议年度审计工作报告,研究制定内部审计改革方案、重大政策和发展战略,审议决策内部审计重大事项等。”笔者亦曾探讨于公办高校内设置审计委员会的问题①。

(2) 审计委员会领导下的内部审计体制

2002 年 7 月 23 日国际内部审计师协会(IIA)在对美国国会的建议中指出:一个健全的治理结构是建立在有效治理体系的四个主要条件的协同之上的,这主要四个条件是董事会、执行管理层、外部审计和审计委员会,并称其为公司治理的“四大基石”。2003 年 11 月,全美证券交易商协会和纽约证券交易所根据《萨班斯法案》,对其内容进行细化后,发布了新的公司治理最终规则,该规则将审计委员会定位在公司治理的最高层面上。2005 年,欧洲内部审计协会联盟(European Confederation of Institutes of Internal Auditing, ECIIA)发布了《欧洲内部审计》的声明书,表示内部审计通过协助董事会及其所属审计委员会、非执行董事、管理层、外部审计,从而在公司治理中发挥作用。因此,审计委员会是公司治理的四大基石之一,定位在公司治理的最高层面上。同理,高校审计委员会是高校治理的基石之一。

谭东杰的研究表明:目前美国大多数高校内部审计部门属于审计委员会领导下的管理体制,如美国耶鲁大学(Yale University)、波士顿大学(Boston

① 乔春华.大学审计委员会研究[J].教育财会研究,2008(5):43-48.

University)等，这种管理体制下的内部审计立足点显然是高校出资者，因此内部审计机构既独立于校长，又独立于学校各职能部门，独立性最强，能够很好地发挥审计的作用①。

苏运法的研究表明："马里兰大学审计章程规定：'内部审计对董事会审计委员会负责，并向他们提供审计报告，它是马里兰大学行政管理系统的一部分。为了管理的需要，内部审计部门可以向校长提交报告。为了管理，校长可以和内审部门负责人一起，保证内部审计部门独立性的专业水平以及保证内部审计有足够的资源完成它的使命。'"②

黄钰彬的研究显示："香港城市大学的内部审核组刚成立时，审核组直接对校长负责，审计计划由校长批核，项目完成后，将审计报告和对审计建议的落实情况全部送交校长。2002 年，香港特区政府审计署通过对香港几所大学进行审计，建议大学设立独立的审计委员会，强化内部审计职能。香港城市大学董事会的 6 名校外成员被吸收为审计委员会成员，内部审核组直接对审计委员会负责，而审计委员会作为非行政部门向校董事会负责，其审计工作的结果向董事会报告，这使内部审计部门的地位得到提高，其独立性也得到加强。"③

目前，我国高校还没有成立审计委员会。根据《教育系统内部审计工作规定》(教育部令〔2020〕第 47 号)要求，党委应设审计委员会，"加强党对审计工作的领导，负责部署内部审计工作等"。前已述及，高校审计委员会是高校治理的基石之一，笔者曾探讨过高校审计委员会④，建议我国高校设置审计委员会，将内部审计置于高校治理的层面上。

(3) 内部审计

① "促进单位完善治理"

2018 年 1 月 12 日，审计署发布的《审计署关于内部审计工作的规定》(审计署令〔2018〕第 11 号)第三条规定："本规定所称内部审计，是指对本单位及所属单位财政财务收支、经济活动、内部控制、风险管理实施独立、客观的监督、评价和建议，以促进单位完善治理、实现目标的活动。"

教育部发布的《教育系统内部审计工作规定》(教育部令〔2020〕第 47 号)第三条规定："本规定所称内部审计，是指对本单位及所属单位财政财务收支、经济活动、内部控制、风险管理等实施独立、客观的监督、评价和建议，以促进单位完善治理、实现目标的活动。"

② 政府重视高校内部审计

---

① 谭东杰.中美高校内部审计问题比较研究[D].长春：东北师范大学，2009：14.

② 苏运法.美国大学审计的特点与借鉴[Z].中国教育经济信息网.

③ 黄钰彬.境外高校内部审计对我们的启示[J].经济研究导刊，2009(20)：132-133.

④ 乔春华.大学审计委员会研究[J].教育财会研究，2008(5)：43-48.

1985 年 12 月 31 日，国家教育委员会发布《关于直属高等学校内部审计工作的暂行规定》。

1996 年 4 月 5 日，国家教育委员会发布《教育系统内部审计工作规定》（第 24 号令）。

1996 年 11 月 15 日，国家教委办公厅发布《教育系统内部审计工作考核办法（试行）》。

1997 年 12 月 31 日，国家教育委员会发布了《国家教委关于发布教育系统内部审计规范的通知》（教审〔1997〕2 号）。

2004 年 4 月 13 日，教育部发布《教育系统内部审计工作规定》（教育部令第 17 号）。

2009 年 7 月 7 日，中国内部审计协会发布《内部审计实务指南第 4 号——高校内部审计》（中内协发〔2009〕19 号）。

2014 年 12 月 9 日，中国注册会计师协会印发《高等学校财务报表审计指引》（会协〔2014〕71 号）。

《教育部 财政部关于"十一五"期间进一步加强高等学校财务管理工作的若干意见》（教财〔2007〕1 号）第 30 条指出："高等学校内部审计部门应充分发挥内部审计的监督作用，将学校所有经济活动纳入审计范围，重点加强经济责任审计，积极探索开展内控制度审计和绩效评价审计。"

2015 年 2 月 9 日，《教育部关于加强直属高等学校内部审计工作的意见》（教财〔2015〕2 号）第 1 条指出："进一步提高对内部审计工作重要性的认识。内部审计是规范权力运行的重要手段，是强化过程监管的重要方式，是提高资源绩效的重要保障。加强内部审计工作，是完善学校内部治理结构和健全权力约束机制的重要措施，对促进高校科学发展具有重要意义。要高度重视内部审计工作，切实发挥内部审计'免疫系统'作用，通过内部审计规范学校经济管理，落实领导干部经济责任，提高资源绩效。"第 2 条指出："健全内部审计工作领导机制。学校主要负责人应直接领导内部审计工作，定期听取审计工作报告，及时研究解决审计工作中遇到的问题和困难，把审计结果作为相关决策的重要依据。要加强内部监督管理部门间的沟通交流，综合利用监督成果。"

2015 年 5 月 22 日，《教育部关于直属高校落实财务管理领导责任　严肃财经纪律的若干意见》（教财〔2015〕4 号）第十五条指出："加强内部审计工作。深入落实《教育部关于加强直属高等学校内部审计工作的意见》。学校主要负责人应直接领导内部审计工作。应设置独立内部审计部门，足额配备专职审计人员，切实加强内部审计专业化建设。强化预算管理审计、内部控制审计、经济责任审计，加强对科研经费管理、建设工程管理、采购管理、资产管理等重点领域的审计。拓展内部审计范围，探索开展重要政策跟踪审计、适时开展专项审计调查。强化审计结果运用，加强审计整改和责任追究，推进审计结果公开。”

③ 高校内部审计的内容

教育部发布的《教育系统内部审计工作规定》（教育部令第 47 号）第二十条规定：“内部审计机构应当按照国家有关规定和本单位的要求，对本单位及所属单位以下事项进行审计：（一）贯彻落实国家重大政策措施情况；（二）发展规划、战略决策、重大措施和年度业务计划执行情况；（三）财政财务收支和预算管理情况；（四）固定资产投资项目情况；（五）内部控制及风险管理情况；（六）资金、资产、资源的管理和效益情况；（七）办学、科研、后勤保障等主要业务活动的管理和效益情况；（八）本单位管理的领导人员履行经济责任情况；（九）自然资源资产管理和生态环境保护责任的履行情况；（十）境外机构、境外资产和境外经济活动情况；（十一）国家有关规定和本单位要求办理的其他事项。”

2008 年 9 月 3 日，《中共中央纪委、教育部、监察部关于加强高等学校反腐倡廉建设的意见》第（十一）条规定：“加强学校内部审计，重视审计结果的运用。严格执行财务预决算制度。……规范教育收费管理，杜绝各种乱收费行为，切实纠正损害群众利益的突出问题，健全防治不正之风的长效机制。严格执行‘收支两条线’规定，加强预算外资金管理。坚决禁止‘小金库’，一经核实单位或部门设立‘小金库’，严肃处理直接负责人，并追究分管领导的责任。”第（十二）条规定：“加强基建（修缮）项目管理和监督。要科学合理地制定学校事业发展规划及校园建设总体规划，按照勤俭办教育的精神，控制建设成本。坚持基建（修缮）项目集体决策制度和按规定报批制度，新上项目或项目内容的变更必须经集体决策。要严格遵守国家基本建设法律法规，严格按照基建程序办事，建立健全学校内部各项管理和监督制度。任何人不得违规干预招投标活动。实施基建（修缮）工程的项目管理与财务管理分离，实行项目工程款支付‘两支笔’会签制度。大力推行基建（修缮）项目全过程审计，开展基建部门负责人经济责任审计。”第（十三）条规定：“加强物资（设备）采购管理和监督。严格执行政府采购有关规定，建立健全学校内部各项采购监管制度。设立学校内部采购机构，统一组织实施对仪器设备、教学器材、药品、教材图书等大宗物资的采购，做到公开透明、阳光采购。加强对邀请招标、竞争性谈判、询价采购和单一来源采购的管理，严格程序，加强监督，防止暗箱违规操作。严禁在采购活动中违规收受各种名义的回扣、手续费，防止商业贿赂。开展物资采购审计，促进完善采购管理机制。加强教学仪器设备等物质使用、报废等环节的规范管理，提高使用效益。”第（十四）条规定：“加强科研经费管理和监督。高校取得的各类科研经费，应纳入学校财务统一管理、集中核算，并确保科研经费专款专用。进一步完善学校内部科研经费管理制度，建立健全科研经费使用和管理的监督约束机制，切实提高科研经费使用效益。加强科研经费预算管理，科学合理地编制项目预算。逐步建立和完善全额成本核算制度，加强对项目管理费、业务费等支出的管理，明确开支范围和比例。加强对科研经费使用审计，实施对重大科研课题或大额度科研项目资金使用的全过程跟踪审计，杜绝科研经费使用中假公济私等行为。”第（十五）条规定：“加强高校企业和国有资产管理和监督。改革高校企业管理体制和运行机制，建立高校资产管理公司，构建以资本为纽带的校企关系，规避学校直接经营企业的经济和法律风险。高校不得以事业单位法人的身份直接投资办企业。高校所属院系及各部处等非法人单位严禁对外开展任何形式的经营活动和投资活动。建立完善高校资产管理公司内部财务管理制度。严格执行国家国有资产管理规定，依法维护高校国有资产的安全，提高国有资产使用效益，防止高校国有资产流失。”

（五）审计、纪律检查与监察等部门协调配合

《中华人民共和国审计法（2006）》第三十七条规定：“审计机关履行审计监督职责，可以提请公安、监察、财政、税务、海关、价格、工商行政管理等机关予以协助。”

2008 年 9 月 17 日，《中共教育部党组关于印发〈贯彻落实《建立健全惩治和预防腐败体系 2008—2012 年工作规划》实施办法〉的通知》第 22 条指出：“进一步完善查办案件的沟通协调机制，加强纪检监察、审计、组织人事以及业务主管部门之间的协调配合，形成惩治腐败的整体合力。”

《中共教育部党组关于落实党风廉政建设监督责任的实施意见》第 13 条指出：“推进教育部门、纪检监察部门与检察机关、审计部门等方面的合作，增强查信办案工作合力。”

2014 年 10 月 9 日，《国务院关于加强审计工作的意见》（国发〔2014〕48 号）第（十三）条指出：“积极协助审计工作。审计机关履行职责需要协助时，有关部门、单位要积极予以协助和支持，并对有关审计情况严格保密。要建立健全审计与纪检监察、公安、检察以及其他有关主管单位的工作协调机制，对审计移送的违法违纪问题线索，有关部门要认真查处，及时向审计机关反馈查处结果。审计机关要跟踪审计移送事项的查处结果，适时向社会公告。”

2015 年 2 月 9 日，《教育部关于加强直属高等学校内部审计工作的意见》（教财〔2015〕2 号）第 22 条指出：“落实责任追究。加强纪检监察、组织人事、内部审计等职能部门的协调配合，切实落实审计问题责任追究。根据审计发现问题，内部审计部门要依法依规认定责任，提出责任追究建议；纪检监察部门和组织人事部门要根据审计结果和案件查处情况，依法依规追究相关责任人责任，并及时向内部审计部门反馈责任追究结果。”

2016 年 5 月 17 日，《审计署关于印发“十三五”国家审计工作发展规划的通知》第十三条指出：“完善审计结果运用机制。健全审计与组织人事、纪检监察、公安、检察以及其他有关主管单位的工作协调机制，制定进一步加强协作配合的实施意

见，推动把审计监督与党管干部、纪律检查、追责问责结合起来。”

审计、纪律检查与监察等部门等协调配合，形成监督的整体合力，是我国审计的特色，也是高校审计的特色。

五、督导

2012 年 9 月 9 日，国务院发布的《教育督导条例》（国务院令第 624 号）第十一条规定：“教育督导机构对下列事项实施教育督导：（一）学校实施素质教育的情况，教育教学水平、教育教学管理等教育教学工作情况；（二）校长队伍建设情况，教师资格、职务、聘任等管理制度建设和执行情况，招生、学籍等管理情况和教育质量，学校的安全、卫生制度建设和执行情况，校舍的安全情况，教学和生活设施、设备的配备和使用等教育条件的保障情况，教育投入的管理和使用情况；（三）义务教育普及水平和均衡发展情况，各级各类教育的规划布局、协调发展等情况；（四）法律、法规、规章和国家教育政策规定的其他事项。”第十二条规定：“教育督导机构实施教育督导，可以行使下列职权：（一）查阅、复制财务账目和与督导事项有关的其他文件、资料；……”

2020 年 2 月，中共中央办公厅、国务院办公厅印发《关于深化新时代教育督导体制机制改革的意见》第（八）条规定：“加强对学校的督导。完善学校督导的政策和标准，对学校开展经常性督导，引导学校办出特色、办出水平，促进学生德智体美劳全面发展。重点督导学校落实立德树人情况，主要包括学校党建及党建带团建队建、教育教学、科学研究、师德师风、资源配置、教育收费、安全稳定等情况。指导学校建立自我督导体系，优化学校内部治理。完善督学责任区制度，落实常态督导，督促学校规范办学行为。原则上，学校校（园）长在一个任期结束时，要接受一次综合督导。各地要加强对民办学校的全方位督导。”

由此可见，教育督导可以“查阅、复制财务账目和与督导事项有关的其他文件、资料”，督查“教学和生活设施、设备的配备和使用等教育条件的保障情况，教育投入的管理和使用情况”以及“资源配置、教育收费”等情况。

六、舆论监督与群众监督

（一）信息公开与透明是舆论监督与群众监督的前提

二十世纪初美国联邦最高法院法官路易斯·布兰狄西在其著作《别人的钱》中指出：“阳光是最好的防腐剂，路灯是最好的警察。”

2016 年 2 月，中共中央办公厅、国务院办公厅印发《关于全面推进政务公开工作的意见》。2017 年 12 月，中共中央印发《中国共产党党务公开条例（试行）》，党中央确立并不断强化“公开为常态、不公开为例外”的原则。贯彻党的十九届四中全会精神，必须落实好党务公开、政务公开、司法公开和各领域办事公开制度，积极推进电子政务建设，建立健全相应的听证制度、查询和咨询制度等，做到规则公开、程序公开、结果公开，让“暗箱操作”寸步难行。

党的十八大报告指出：“……推进权力运行公开化、规范化，完善党务公开、政务公开、司法公开和各领域办事公开制度，健全质询、问责、经济责任审计、引咎辞职、罢免等制度，加强党内监督、民主监督、法律监督、舆论监督，让人民监督权力，让权力在阳光下运行。”

党的十九大报告指出：“健全党和国家监督体系。增强党自我净化能力，根本靠强化党的自我监督和群众监督。要加强对权力运行的制约和监督，让人民监督权力，让权力在阳光下运行，把权力关进制度的笼子。”

2014 年 1 月 7 日，习近平在中央政法工作会议上讲话时指出：“阳光是最好的防腐剂。权力运行不见阳光，或有选择地见阳光，公信力就无法树立。执法司法越公开，就越有权威和公信力。涉及老百姓利益的案件，有多少需要保密的？除法律规定的情形外，一般都要公开。要坚持以公开促公正、以透明保廉洁。要增强主动公开、主动接受监督的意识，完善机制、创新方式、畅通渠道，依法及时公开执法司法依据、程序、流程、结果和裁判文书。对公众关注的案件，要提高透明度，让暗箱操作没有空间，让司法腐败无法藏身。”①

由此可见，关键在于权力运行公开，舆论监督与群众监督才得以实施。舆论与人民是无处不在的监督力量。因此，必须增强主动公开、主动接受监督的意识，以公开促公正、以透明保廉洁，让暗箱操作失去空间。

（二）高校财务信息公开与透明

毛泽东指出：“废除后账，经济公开，逐步建立工人、店员监督生产和经营的制度。”②所谓“后账”是真假“两套账”中的“假账”，就是不公开的账目。“废除后账”意在实行账务公开，便于监督。废除后账后公开的是真账。

高校财务信息公开与透明是舆论监督与群众监督的前提。但公开≠透明，公开是前提，透明是关键，监督是目的。因此，阳光财务必须细化公开的项目，2013 年 11 月 15 日，党的十八届三中全会通过的《中共中央关于全面深化改革若干重大问题的决定》指出：“实施全面规范、公开透明的预算制度。”党的十九大报告指出：“建立全面规范透明、标准科学、约束有力的预算制度。”2013 年 8 月 19 日，《教育部关于进一步做好高等学校财务信息公开工作的通知》（教财函〔2013〕96 号）指出：“国务院办公厅印发了《当前政府信息公开重点工作安排》（国办发〔2013〕73 号），要求加大高校财务信息公开力度，推动各高校公开预算决算信息，并细化公开

---

① 习近平.严格执法，公正司法[M]//中共中央文献研究室.十八大以来重要文献选编：上.北京：中央文献出版社，2014：720.

② 毛泽东选集：第五卷[M].北京：人民出版社，1977：58.

至项级科目。"同时必须透明，像阳光照进玻璃房一样，一目了然，一切暗箱操作暴露无遗。有了知情权就便于监督机构、新闻媒体、广大群众行使监督权，高校平安财务就有了保障。笔者曾阐述过高校财务透明①。

1. 研究高校财务透明度的意义

2010 年 4 月 28 日，《教育部办公厅关于施行〈高等学校信息公开办法〉的通知》指出："制订《办法》……是提高教育工作透明度、广泛接受群众监督、加强高校党风廉政建设的迫切需要，也是保障师生员工和社会公众的知情权、参与权、表达权和监督权，办好人民满意的教育，构建社会主义和谐社会的重要内容。"并决定该办法于 2010 年 9 月 1 日起施行。

(1) 国外关于会计信息透明度的观点

① SEC 的观点。美国证券交易委员会(SEC)在 1996 年 4 月 11 日发表了关于国际会计准则委员会(IASC)"核心准则"的声明，在该声明中 SEC 提出了评价"核心准则"的三项要素，其中一项是"高质量"，而"高质量"又被具体解释为可比、透明和充分披露。在这之后，SEC 多次公开重申高质量会计准则问题，并将透明度作为核心概念来使用。

② 普华永道会计师事务所的"不透明指数"。2001 年 1 月，普华永道会计师事务所发布了一份旨在揭示会计信息不透明对资金成本和融资造成的负面影响的调查报告。这份报告创造了一种对会计信息不透明程度加以量化的分析模式，提出了"不透明指数"。普华永道会计师事务所在这份报告中将"不透明"定义为：在商业经济、财政金融、政府监督等领域缺乏清晰、准确、正式、易理解和普遍认可的惯例。尽管该调查报告没有直接对会计信息透明度进行界定，但与巴塞尔银行监管委员会提出的透明度的定义相比，其更加关注是否存在一个高质量的会计准则，以及这一准则是否被各方(包括政府机构以及企业)普遍遵循。

(2) 国内关于会计信息透明度的观点

魏明海、刘峰等认为，会计信息透明度是一个关于会计信息质量的全面、综合性的概念，包括会计准则的制定和执行、会计信息质量标准、会计信息披露与管制。它应当包括三层含义：①存在一套清晰、准确、正式、易理解、普遍认可的会计准则和有关会计信息披露的各种监管体系；②对会计准则的高度遵循，而不管它是合营部门还是私营部门，是政府机构还是企业；③对外报告和披露高频率的准确信息，使外部信息使用者可以随时获取关于企业的所有信息。

葛家澍认为，透明度的涵义相当广泛，至少包括六个方面的质量特征——中立性、清晰性、完整性、充分披露、实质重于形式以及可比性，并且会计信息透明度必

① 乔春华.论高校财务透明度[J].教育财会研究，2010(4)：11-17.

须建立在决策有用性基础上①。

葛家澍认为,“透明度”是一总体信息质量,其含义可以区分为狭义和广义两种,“狭义的解释把透明度同充分披露视为同义词,而广义的透明度视同高质量的全部含义”②。

唐予华、李明辉认为,会计信息透明是指透过会计信息,会计信息使用者能够及时、明确、容易地知道企业的一切经营活动以及这些经营活动的后果,从而得到清晰、完整、可比、不失真的影像。

综上所述,会计信息透明度是指会计信息具有可靠性、完整性、及时性、充分披露等会计信息质量特征,透明度是继相关性和可靠性这两个会计信息基本质量特征之后的又一重要概念。

2. 高校财务透明度的意义

(1) 高校财务透明度是完善高校财务治理的关键

葛家澍教授认为,会计信息透明度对公司治理“至为关键”,他指出:“在公司治理中,建立和加强信息披露,提高上市公司对外报告的完整性和透明度,至为关键。要建立以财务报表为中心、其他财务与非财务信息披露为辅助的对外报告制度。”③

杨兴全、张海认为,高质量的财务会计信息是公司治理的基石,他们指出:“财务会计信息是公司治理信息披露的核心,财务会计‘作为当今公司治理结构的语言’(Jeol Seligman, 1993)主要体现了公司治理机制和效果,其基本目标是为信息使用者提供有利于其决策的相关可靠的信息。高质量的财务会计信息是公司治理的基石,而规范有效的治理是高质量财务会计信息的环境保障。因此,高质量的财务会计信息不仅有利于提高我国的公司治理效率,而且对于减少财务舞弊,增强投资者信息,建立完善有效的资本市场有着重要的理论意义和实践意义。”

陈小悦、陈璇认为,高经济透明度对实现良好的公共治理“至关重要”,他们的研究显示:“可考虑使用以下表述作为政府会计目标:实现政府履行职责的高经济透明度。所谓透明就是指全面真实地反映。透明度指全面真实反映的程度。经济透明指全面真实地反映政府履行职责所涉及的一切经济方面。普遍认为,良好的公共治理依赖于四个支柱:受托责任(accountability)、透明度(transparency)、可预见性(predictability)和参与(participation)。高经济透明度对实现良好的公共治理和有效评估政府行为是至关重要的。……在实践中,对政府履责的经济透明度的定义和要求,可以比照国际货币基金组织(IMF)倡导的‘财政透明度(Fiscal

① 葛家澍.公司治理与对外报告[J].厦门大学学报(哲学社会科学版),2001(4):5-10.

② 葛家澍.建立中国财务会计概念框架的总体设想[J].会计研究,2004(1):9-19.

③ 葛家澍.公司治理与对外报告[J].厦门大学学报(哲学社会科学版),2001(4):5-10.

Transparency)'原则宣言进行确定。政府会计的目标在于实现政府履行职责的高经济透明度。这个高标准要求能够统一各级政府以及各个政府部门的会计行为，任何一级政府或政府的某一部门偏离这一会计目标都会使整体会计目标的实现产生问题，即降低政府履责的经济透明度。"①

财政部财政科学研究所钱凯的研究表明："作为政府治理核心的财政透明化要求我们按照'科学发展观'的逻辑，以社会公众利益为根本，构建'民主开放、规范、高效'的服务型政府，通过透明度来加强公众与政府之间的对话和交流，增强公众参与程度，及时了解民意，围绕民众需求确定政府目标、科学决策和规范行政程序。以人为本的服务型政府就是要建立政府与公众之间的平等关系，公众不再是政府信息的被动接受者，政府也不再是公众行为的意向控制者，在公众与政府之间所形成的委托—代理关系中，政府主要承担公共受托责任，政府治理目标定位于社会价值的创造。"②

（2）高校财务透明是高校财务可持续发展的"首要原则"

特许公认会计师公会（ACCA）认为，财务透明是高校财务可持续发展的"首要原则"。ACCA 是国际会计准则委员会（IASC）的创始成员，也是国际会计师联合会（IFAC）的成员和全球报告倡议组织（GRI）的创始成员。1991 年，ACCA 发行电子双月刊《会计与可持续发展》(*Accounting and Sustainability*)；1999 年推出《可持续发展报告指南》初稿征求意见；在完成测试和公众评议之后，GRI 推出了 2000 年 6 月版《可持续发展报告指南》；2002 年，GRI 再次发布《可持续发展报告指南》；2004 年将其推广到中国。

《可持续发展报告指南》指出："制定这套 2002 年版《指南》时主要考虑了商业机构的需求，但是，其他类型的机构，如政府机构、非营利组织都可以使用《指南》。"

《可持续发展报告指南》还指出："透明度和包容性原则代表了整个报告过程的出发点，并贯穿在所有其他的原则中。……透明度是首要原则，也是问责制的核心所在。"

1998 年 4 月，国际货币基金组织（IMF）理事会临时委员会第五十届会议通过了《财政透明度良好守则——原则宣言》。该守则的通过体现了这样一个明确的共识，即优良政府管理对于实现宏观经济稳定和高质量增长具有极其重要的意义，而财政透明度又是优良政府管理的一个关键方面。

为什么上市公司会计信息要公开披露？因为上市公司是公众公司，它不仅涉及广大投资者，而且还涉及广大潜在投资者和上市公司的信息研究者和监管者。

① 陈小悦，陈璇.政府会计目标及其相关问题的理论探讨[J].会计研究，2005(11)：61-67.

② 钱凯.如何提高我国财政透明度研究综述[J].经济研究参考，2007(60)：41-45.

高校经管的资金是财政资金和学生家长的学费(学费在大学培养成本中占25%左右,是大学经费的重要来源,可以说是大学经费的第二大来源),涉及国有资产和公众利益,高校承担着对高校资金保全的公共受托责任,因此,高校的会计信息应向纳税人和学生家长公开和透明。但是,由于计划经济体制遗留的问题,公立大学的会计信息从来没有公开披露过。在信息不对称的条件下,公立大学的会计信息没有公开披露,不仅剥夺了纳税人和全体学生及其家长的知情权,而且剥夺了纳税人和全体学生及其家长的监督权。这也是造成公立大学浪费严重与违纪违法事件频频发生的重要原因之一。因此,会计信息越透明越好,提高会计信息透明度,有利于降低代理成本。前已述及,财务透明是高校财务可持续发展的"首要原则"。高校财务可持续发展客观要求财务公开透明。高校财务透明有利于防止高校盲目扩张、盲目投资、违规运作财务、铺张浪费等,防范财务风险,促进高校财务可持续发展。

(3) 高校财务透明是改善高校财务管理的重要举措

程晓佳的研究表明,国际货币基金组织《财政透明度手册》的核心要求是政府应当定期向公众提供全面并且真实的财政信息,并对公开财政信息的内容、程序以及如何确保这些信息的质量进行了具体规范。而编制和公布政府财务报告是向公众提供这些财政信息、实现财政透明的重要途径,因此,国际货币基金组织《财政透明度手册》势必会对各国的政府会计改革产生较大影响。国际货币基金组织认为,提高财政透明度、增进政府活动的效率以及建立合理的公共财政体制是改善财政管理的三个主要方面①。

由此可见,提高财政透明度是改善财政管理的三个主要方面之一,提高高校财务透明度是改善高校财务管理的重要举措。

2008年9月17日,《中共教育部党组关于印发〈贯彻落实《建立健全惩治和预防腐败体系2008—2012年工作规划》实施办法〉的通知》第12条指出:"坚持阳光审批,约束行政审批行为。对预算的编制,招生计划的安排,高等学校(含成人、民办高校,高等职业学校、独立学院)的设置(变更),博士、硕士学位点授权,中小学教材编写审查和选用,中外合作办学、开办外籍人员子女学校、留学中介服务机构资格认定、在华合作举办境外教育考试、高校赴境外办学等事项的行政审批,都要建立审批规则及标准、程序、过程以及结果的网上公开制度,重点加强评审工作制度建设,完善专家咨询、行政集体决策制度,强化行政审批行为监控体系建设。积极推进各类教育工程(质量、人才工程),各类教育教学科研评估、评奖,各类项目立项、检查验收、结项,各类基金,各类示范性院校、基地建设,留学人员科研资助费、派遣落户,重点学科、科技创新工作站、实验室资质认定以及其他中央专项资金安

① 程晓佳.财政透明度与政府会计改革[J].会计研究,2004(9):22-27.

排等事务的‘阳光评审’办法。建立网络评审平台，健全专家评审和集体决策的程序制度；完善专家遴选制度，严禁干扰评审专家意见，健全对专家客观公正和廉洁评审的管理办法；探索项目招投标制度，加强项目预算、支出和决算的管理；强化项目评审行为监控体系建设，畅通举报渠道。”第 13 条指出：“加强对行政审批权和行政执法权行使的监督。认真实施《行政许可法》和《行政处罚法》，重点加强对教育行政审批事项、教育项目审批行为的监督，加强教育行政执法及其监督，探索建立行政审批电子监察系统，规范审批程序，实行接办分离，促进依法、公正、透明行政。”

3. 高校财务透明的内容

2008 年，笔者在一本专著中论述高校财务治理与高校财务可持续发展时，阐述过高校财务信息公开披露问题①。

《高等学校信息公开办法》第七条规定：“高等学校应当主动公开以下信息：……(八)收费的项目、依据、标准与投诉方式；(九)财务、资产与财务管理制度，学校经费来源、年度经费预算决算方案，财政性资金、受捐赠财产的使用与管理情况，仪器设备、图书、药品等物资设备采购和重大基建工程的招投标；……”

笔者认为，我国大学财务信息公开披露的内容应包括：

(1) 年度财务决算和财务预算；

(2) 重大会计事项，如筹资、投资、贷款以及经费等；

(3) 特别事项，如财务风险、乱收费、投资失误等；

(4) 审计报告；

(5) 重大非财务信息，如学校合并重组、重点学科建设、学校规模变化等。

(三) 我国大学财务信息公开披露的方式

(1) 时间：定期(如年度财务预算应在报告期当年的 4 月份前，年度财务决算应在报告期第二年的 4 月份前，收费应在报告期当年的 10 月份前)和不定期(如重大会计事项、特别事项等)。

(2) 媒体：各校网站和归属教育部或教育厅的网站，及其他媒体(如校内公告栏)。

“高校阳光财务”是指公开透明的高校财务，它不仅仅指财务数据阳光化，而且指财务制度阳光化和管理机制阳光化。但是，光明网评论员报道：“仅就眼下的 70 多份年度预算来看，起码有三个层面有待细化并释疑：一则，既然是高校预算，公众最关心的自然是比如教师工资、教学设备、学生补助等都花了多少钱。所谓预算公开，能否将这些核心项目公开在明处？二则，高校行政化是个不争的顽疾，而社会对‘三公’支出反响最为强烈，那么，高校预算能否在这些热点上不避嫌地及时

① 乔春华.大学经营的财务视角[M].南京：南京大学出版社，2008.

回应民意？三则，很多高校‘其他收入’金额较大，比如北京大学的其他收入为42.57亿元，占总收入的35.82%；中国政法大学的其他收入为9 000万元，占9.21%。‘其他’太多，透明性就成谜。当然，最关键的还有，这些安排到底合理不合理、有没有靠谱的审计等专业监督兜底，似乎也需要稳妥说明。”①

（四）高校财务的舆论监督与群众监督

1. 中央十分重视舆论监督与群众监督

党的十九大报告指出：“构建党统一指挥、全面覆盖、权威高效的监督体系，把党内监督同国家机关监督、民主监督、司法监督、群众监督、舆论监督贯通起来，增强监督合力。”

2017年10月24日，十八届中央纪律检查委员会向中国共产党第十九次全国代表大会所作的工作报告中指出：“推动党内监督同民主党派监督、群众监督、舆论监督结合，完善监督体系。……实现党内监督与国家机关监督、民主监督、司法监督、群众监督、舆论监督有机结合。”

习近平在十九届中央纪委二次全会上讲话时指出：“要坚持党内监督和群众监督相统一，以党内监督带动其他监督，积极畅通人民群众建言献策和批评监督渠道，充分发挥群众监督、舆论监督作用。”

习近平在十九届中央纪委四次全会上讲话时指出：“要完善党和国家监督体系，统筹推进纪检监察体制改革。要继续健全制度、完善体系，使监督体系契合党的领导体制，融入国家治理体系，推动制度优势更好转化为治理效能。要把党委（党组）全面监督、纪委监委专责监督、党的工作部门职能监督、党的基层组织日常监督、党员民主监督等结合起来、融为一体。要以党内监督为主导，推动人大监督、民主监督、行政监督、司法监督、审计监督、财会监督、统计监督、群众监督、舆论监督有机贯通、相互协调。”

赵乐际在十九届中央纪委二次全会上所作的工作报告《以习近平新时代中国特色社会主义思想为指导，坚定不移落实党的十九大全面从严治党战略部署》中指出：“把党内监督同国家机关监督、民主监督、司法监督、群众监督、舆论监督贯通起来，增强监督合力。”

赵乐际在十九届中央纪委三次全体会议上所作的工作报告《忠实履行党章和宪法赋予的职责，努力实现新时代纪检监察工作高质量发展》中指出：“推进纪律监督、监察监督、派驻监督、巡视监督协调衔接，推动党内监督同国家机关监督、民主监督、司法监督、群众监督、舆论监督有效贯通，健全和完善监督体系，把权力置于严密监督之下。”

赵乐际在十九届中央纪委四次全体会议上所作的工作报告《坚持和完善党和

① 光明网评论员.雾里看花的“部属高校晒预算”[J].现代阅读，2016(7)：32.

国家监督体系，为全面建成小康社会提供坚强保障》中指出："强化群众监督和舆论监督。……完善纪律监督、监察监督、派驻监督、巡视监督统筹衔接制度，强化纪委监委监督的协助引导推动功能，促进党内监督与人大监督、民主监督、行政监督、司法监督、审计监督、财会监督、统计监督、群众监督和舆论监督贯通融合、协调协同。自上而下、依法有序推进监委向本级人大常委会报告专项工作。……更好发挥群众监督和舆论监督作用。"

2. 高校财务舆论监督

2019 年 10 月 31 日，党的十九届四中全会通过的《中共中央关于坚持和完善中国特色社会主义制度 推进国家治理体系和治理能力现代化若干重大问题的决定》指出："完善舆论监督制度。"

2005 年 8 月 31 日，《中共教育部党组关于贯彻落实〈建立健全教育、制度、监督并重的惩治和预防腐败体系实施纲要〉的具体意见》(教党〔2005〕20 号)第 14 条"强化民主监督"指出："直属机关、直属高校要认真贯彻落实《党员权利保障条例》，坚持完善党内民主和监督机制，保障党员知情权、参与权和监督权。2005 年至 2007 年，坚持完善直属高校、直属单位领导班子和领导干部向教(职)工代表大会报告履行职责和廉洁自律情况制度。健全完善直属高校工会、共青团、教代会、学术委员会等群众自治组织和人大代表、政协委员、民主党派成员、离退休干部、特邀监督(察)员等实施监督的机制。重视发挥舆论监督和社会监督的作用。认真落实国务院《信访条例》，2006 年制定教育部《处理来信接待来访工作细则》，健全受理群众信访举报的机制。"

3. 高校财务群众监督

2003 年 7 月 17 日发布的《教育部关于加强依法治校工作的若干意见》(教政法〔2003〕3 号)第三条规定："推进民主建设，完善民主监督。要进一步完善教职工代表大会制度，切实保障教职工参与学校民主管理和民主监督的权利，保证教职工对学校重大事项决策的知情权和民主参与权。全面实行校务公开制度，学校改革与发展的重大决策、学校的财务收支情况、福利待遇以及涉及教职工权益的其他事项，要及时向教职工公布；学校的招生规定、收费项目与标准等事项，要向学生、家长和社会公开。中小学要积极推动社区参与学校管理与监督，推进家长委员会的建立，明确家长委员会的职责，学校决策涉及学生权益的重要事项，要充分听取家长委员会的意见，接受家长委员会的监督，为家长、社区支持、参与学校管理提供制度保障。"

2007 年 1 月 15 日，《教育部 财政部关于"十一五"期间进一步加强高等学校财务管理工作的若干意见》第 31 条规定："高等学校应通过教代会、干部大会等多种形式，全面推进财务公开，实现财务决策科学化、财务管理民主化、财务报告制度化，自觉接受师生员工监督。"

2008 年 9 月 17 日,《中共教育部党组关于印发〈贯彻落实《建立健全惩治和预防腐败体系 2008—2012 年工作规划》实施办法〉的通知》第 14 条指出:“支持和保证群众监督。在各项工作中大力推进政务公开,健全教育信息公开、新闻发布制度,完善各类公开办事制度,推进教育电子政务公开平台建设,坚持公开原则,拓展和规范教育部直属机关政务公开内容;进一步推进校务公开,制订《高等学校校务(信息)公开实施办法》和《中小学校务(信息)公开实施办法》,完善公开程序,规范公开内容,创新公开形式和载体,发挥教代会、职代会的监督作用。”第 16 条规定:“深化高校财务管理体制改革,健全高校各级经济责任制,探索建立直属高校总会计师制度,继续推行和完善高校内部会计委派制,推动高校向教职工代表大会报告财务收支及重大开支预决算情况以及依法公开关系学校和群众经济利益的有关财务事项。”

高校财务的舆论监督与群众监督往往结合在一起,因此,中央文件与领导讲话中往往将“舆论监督”与“群众监督”连在一起,总之,是发动群众监督,开展舆论监督。此外,“民主监督”与“群众监督”也常常连在一起。“群众监督”与“民主监督”用文字和语言表达,就是“舆论监督”。财务舆论监督与群众监督包括人大代表、政协委员、民主党派成员、教职工代表大会、学生代表大会、离退休干部、特邀监督(察)员等实施的监督,多借助于新闻媒体、网络等形式。

同时,应加强专业监督与群众监督的结合,如巡视、审计监督、财政监督、银行监督、物价监督、统计监督、会计监督和财务监督等专业监督与群众监督的结合。

此外,还应加强外部监督与内部监督的结合。

2016 年 1 月 12 日,习近平在第十八届中央纪律检查委员会第六次全体会议上的讲话中指出:“对我们党来说,外部监督是必要的,但从根本上讲,还在于强化自身监督。我们要总结经验教训,创新管理制度,切实强化党内监督。”健全党和国家的监督体系,首先应强化专业监督。但不得忽视群众监督和舆论监督这两种被称为“外部监督力量”的制度建设。

2005 年 8 月 31 日,《中共教育部党组关于贯彻落实〈建立健全教育、制度、监督并重的惩治和预防腐败体系实施纲要〉的具体意见》(教党〔2005〕20 号)第 13 条“强化行政监督”指出:“加强直属高校内部行政监管。2005 年至 2007 年,深化直属高校内部管理体制改革,完善高校对所属院系、单位的上下级管理机制和权力系统之间的横向制约机制的建设,加强财务管理和内部控制机制建设。建立健全教师、学生申诉制度和规范、民主、公开、透明的处理程序。”

2006 年,制定了《教育部直属高校内部监察工作暂行规定》,以完善内部监察体制和工作机制。

2008 年 9 月 17 日,《中共教育部党组关于印发〈贯彻落实《建立健全惩治和预防腐败体系2008—2012年工作规划》实施办法〉的通知》第14条指出："加强内部监督，健全教育系统内部层级监督制度，严格执行规章备案制度和规章制定程序，建立重要文件草案以及行政审批合法性审核工作机制，加强重要教育法律法规的执法检查工作；严格执行《行政复议法》，依法受理行政复议，提高办案效率和质量，按照司法要求，做好行政应诉工作，做好教育法律法规咨询工作，协助部内司局做好教师申诉、学生申诉工作，保障教师、学生合法权益。"

因此，需要外部监督与内部监督相结合。

第三节　高校财会的内部监督

关于"高校财会的内部监督"有三个提法："会计监督""财务监督"和"财会监督"。涉及财会方面的监督还有"内部审计监督"，该内容已在前文中阐述。

一、高校会计监督

我国会计的监督职能，古已有之。据《周礼・天官冢宰》，司会辅助大宰"以逆邦国、都鄙、官府之治"，这里的逆就具有监督、考核的意思。"以逆群吏之治而听其会计"，也说明了监督群吏是当时司会的重要职责之一。从司会的组织机构看，下设"职内(纳)"掌管收入，"职岁"掌管支出，"职币"掌管余财，"司书"负责入、出、余的全面核算。这是司会的内部控制即内部监督。据《史记・张丞相列传》及师古注，张苍"明习天下图书计籍"，归汉后"以列侯居相府"，任计相，"领主郡国上计者"。计相管理上计，这是西汉初年的会计监督。随着经济的发展，经济活动越来越复杂，越来越活跃，越须加强会计监督。

（一）《会计法》和《会计基础工作规范》中只有"会计监督"没有"财务监督"

1.《会计法》中的规定

《中华人民共和国会计法(2017)》第四章为"会计监督"，共九条，其中第三十一、三十二、三十三条在前文中已阐述，其他如下：

第二十七条规定："各单位应当建立、健全本单位内部会计监督制度。单位内部会计监督制度应当符合下列要求：(一)记账人员与经济业务事项和会计事项的审批人员、经办人员、财物保管人员的职责权限应当明确，并相互分离、相互制约；(二)重大对外投资、资产处置、资金调度和其他重要经济业务事项的决策和执行的相互监督、相互制约程序应当明确；(三)财产清查的范围、期限和组织程序应当明确；(四)对会计资料定期进行内部审计的办法和程序应当明确。"

第二十八条规定："单位负责人应当保证会计机构、会计人员依法履行职责，不得授意、指使、强令会计机构、会计人员违法办理会计事项。会计机构、会计人员对违反本法和国家统一的会计制度规定的会计事项，有权拒绝办理或者按照职权予以纠正。”

第二十九条规定：“会计机构、会计人员发现会计账簿记录与实物、款项及有关资料不相符的，按照国家统一的会计制度的规定有权自行处理的，应当及时处理；无权处理的，应当立即向单位负责人报告，请求查明原因，作出处理。”

第三十条规定：“任何单位和个人对违反本法和国家统一的会计制度规定的行为，有权检举。收到检举的部门有权处理的，应当依法按照职责分工及时处理；无权处理的，应当及时移送有权处理的部门处理。收到检举的部门、负责处理的部门应当为检举人保密，不得将检举人姓名和检举材料转给被检举单位和被检举人个人。”

第三十四条规定：“依法对有关单位的会计资料实施监督检查的部门及其工作人员对在监督检查中知悉的国家秘密和商业秘密负有保密义务。”

第三十五条规定：“各单位必须依照有关法律、行政法规的规定，接受有关监督检查部门依法实施的监督检查，如实提供会计凭证、会计账簿、财务会计报告和其他会计资料以及有关情况，不得拒绝、隐匿、谎报。”

2.《会计基础工作规范》中的规定

2019 年 3 月 14 日，财政部发布的《会计基础工作规范》（财政部令第 98 号）第四章为“会计监督”，共十一条，如下：

第七十二条规定：“各单位的会计机构、会计人员对本单位的经济活动进行会计监督。”

第七十三条规定：“会计机构、会计人员进行会计监督的依据是：（一）财经法律、法规、规章；（二）会计法律、法规和国家统一会计制度；（三）各省、自治区、直辖市财政厅（局）和国务院业务主管部门根据《中华人民共和国会计法》和国家统一会计制度制定的具体实施办法或者补充规定；（四）各单位根据《中华人民共和国会计法》和国家统一会计制度制定的单位内部会计管理制度；（五）各单位内部的预算、财务计划、经济计划、业务计划等。”

第七十四条规定：“会计机构、会计人员应当对原始凭证进行审核和监督。对不真实、不合法的原始凭证，不予受理。对弄虚作假、严重违法的原始凭证，在不予受理的同时，应当予以扣留，并及时向单位领导人报告，请求查明原因，追究当事人的责任。对记载不准确、不完整的原始凭证，予以退回，要求经办人员更正、补充。”

第七十五条规定：“会计机构、会计人员对伪造、变造、故意毁灭会计账簿或者账外设账行为，应当制止和纠正；制止和纠正无效的，应当向上级主管单位报告，请求作出处理。”

第七十六条规定：“会计机构、会计人员应当对实物、款项进行监督，督促建立并严格执行财产清查制度。发现账簿记录与实物、款项不符时，应当按照国家有关规定进行处理。超出会计机构、会计人员职权范围的，应当立即向本单位领导报告，请求查明原因，作出处理。”

第七十七条规定：“会计机构、会计人员对指使、强令编造、篡改财务报告行为，应当制止和纠正；制止和纠正无效的，应当向上级主管单位报告，请求处理。”

第七十八条规定：“会计机构、会计人员应当对财务收支进行监督。（一）对审批手续不全的财务收支，应当退回，要求补充、更正。（二）对违反规定不纳入单位统一会计核算的财务收支，应当制止和纠正。（三）对违反国家统一的财政、财务、会计制度规定的财务收支，不予办理。（四）对认为是违反国家统一的财政、财务、会计制度规定的财务收支，应当制止和纠正；制止和纠正无效的，应当向单位领导人提出书面意见请求处理。单位领导人应当在接到书面意见起十日内作出书面决定，并对决定承担责任。（五）对违反国家统一的财政、财务、会计制度规定的财务收支，不予制止和纠正，又不向单位领导人提出书面意见的，也应当承担责任。（六）对严重违反国家利益和社会公众利益的财务收支，应当向主管单位或者财政、审计、税务机关报告。”

第七十九条规定：“会计机构、会计人员对违反单位内部会计管理制度的经济活动，应当制止和纠正；制止和纠正无效的，向单位领导人报告，请求处理。”

第八十条规定：“会计机构、会计人员应当对单位制定的预算、财务计划、经济计划、业务计划的执行情况进行监督。”

第八十一条规定：“各单位必须依照法律和国家有关规定接受财政、审计、税务等机关的监督，如实提供会计凭证、会计账簿、会计报表和其他会计资料以及有关情况，不得拒绝、隐匿、谎报。”

第八十二条规定：“按照法律规定应当委托注册会计师进行审计的单位，应当委托注册会计师进行审计，并配合注册会计师的工作，如实提供会计凭证、会计账簿、会计报表和其他会计资料以及有关情况，不得拒绝、隐匿、谎报，不得示意注册会计师出具不当的审计报告。”

由此可见，高校会计监督的主体是高校会计机构和会计人员，客体（对象）是《会计法》的第三十二条和《会计基础工作规范》第七十八条规定的内容。会计监督的标准是高校会计资料的合规性。

（二）要使高校会计监督成为高校内部进行自我约束的机制

1991 年 8 月 24 日，财政部发布的《会计改革纲要（试行）》第 15 条指出：“树立正确的会计监督观念，强化会计的监督职能，各单位内部的会计监督，应当成为一种自我约束机制，通过会计监督，协助单位领导人实行最优化的经营管理。合理有效地组织各项经济活动和运用各项资金，努力增收节支，提高经济效益。同时，各单位的领导人和会计人员应当强化会计的监督职能，保证单位的各项经济活动和财务收支在国家法律、法规、制度允许的范围内进行。”

1995 年 12 月 15 日，财政部印发的《会计改革与发展纲要》第 12 条指出：“建立健全会计管理制度，提高会计信息质量。各单位应当根据《会计法》和国家统一会计制度的要求，结合自身管理需要，建立健全内部会计核算和有关管理制度，规范会计基础工作和会计工作秩序，保证对外提供的会计信息合法、真实、准确、完整，保证及时提供内部管理需要的信息和资料。要强化会计监督，保证单位的各项经济活动和财务收支在法律、法规、规章允许的范围内进行。要使会计监督成为单位内部进行自我约束的机制，保证各项生产经营活动的合理、节约、高效。单位领导人要切实履行对会计工作的领导职责，采取有效措施支持会计工作，保证会计人员依法行使职权。”

由此可见，高校要强化内部会计监督，保证高校的各项经济活动和财务收支在国家法律、法规、制度允许的范围内进行，使高校会计监督真正成为高校内部进行自我约束的机制。

（三）会计监督的定义

《财经大辞典》中的解释：“会计监督：通过会计核算与分析方法，对企业、行政和事业单位的经济活动所实行的监督。它是会计的基本职能之一。其主要内容：(1)监督其经济业务是否符合党和国家的方针、政策、法令与制度；(2)监督其资金的组织、使用和分配是否合理、合法；(3)监督财产是否安全、完整。”①

《会计辞典》解释：“会计监督：在会计工作中，通过记录、计算、分析、检查，对企业、机关、事业单位或其他经济组织等的生产经营活动或预算执行情况所进行的监督。”②

《经济大辞典(会计卷)》中的解释：“会计监督：通过记录、计算、分析和检查等会计工作，对企业、机关、事业等单位的生产经营活动的合法性、合理性或预算执行情况所进行的监督。”③

《会计辞海》中的解释：“会计监督：会计人员按预期的目的和要求，通过会计工作，对会计单位的经济活动所进行的监督。”④

《会计大辞库》中的解释：“会计监督：是指由会计工作人员，通过会计工作所进行的监督。它的主要内容包括：(1)监督财产物资的完整无缺。(2)监督各项资金的合理使用。(3)监督产品成本内容的真实性。(4)监督利润的实现和亏损的减少。”⑤

《财务管理手册》中的解释：“会计监督：财务监督的重要形式，也是会计管理职能之一。会计监督的首要目标是改善经营管理、提高经济效益。这里的经济效

---

① 何盛明.财经大辞典[M].北京：中国财政经济出版社，1990：1310.

② 龚清浩，徐政旦.会计辞典[M].上海：上海人民出版社，1982：205.

③ 杨纪琬，娄尔行.经济大辞典：会计卷[M].上海：上海辞书出版社，1991：67.

④ 侯文铿.会计辞海[M].沈阳：辽宁人民出版社，1990：6.

⑤ 杨树枝.会计大辞库[M].哈尔滨：黑龙江朝鲜民族出版社，1991：78.

益包括宏观经济效益和微观经济效益。……会计监督的对象是社会主义再生产过程中的资金运动。在现实生活中，它又具体分为：(1)资金的存量，包括资产和负债以及权益部分。(2)资金的流量，包括收入、费用和各种成本。(3)资金的增量，即价值运动的增值部分，包括利润和增值。会计监督由会计部门来直接履行，因为会计监督是利用会计信息进行监督，所以会计监督职能的实现应寓于收集、处理、传递和运用各种会计信息之中。作为一种专门的经济监督，会计监督具有以下特点：(1)会计监督的目的是提高经济效益。通过监督引导人们在经济活动中权衡利弊，比较得失，努力争取最佳经济效益。(2)会计监督的内容是资金及其运动。以货币计量为基本手段，以会计信息为主要依据，紧密结合会计核算进行，因而，它具有系统性、完整性和连续性。(3)会计监督以合法性和合理性双重标准对即将进行或已经进行的经济活动进行评价，并据以施加限制约束或引导促进的作用，因而，它具有强制性和严肃性。"①将上述会计监督作为"财务监督的重要形式"不妥，一是"会计监督"不是从属于"财务监督"的，二是会计监督的首要目标不是"改善经营管理、提高经济效益"，而应是"合规性"。

2000年6月12日，《教育部、财政部关于高等学校建立经济责任制加强财务管理的几点意见》(教财〔2000〕14号)规定："建立健全本校内部会计监督制度。"

高校会计监督是指高校内部会计机构、会计人员依据法规运用一定的专业方法对会计资料的真实性和完整性进行监督以达到合规性和效益性目标的活动。高校会计监督的主体是"高校内部会计机构、会计人员"，高校会计监督的客体或对象是"会计资料的真实性和完整性"。

(四) 会计检查

1. 会计检查已被"会计监督"取代

《会计辞海》中的解释："会计检查：会计检查是实行会计监督的重要手段，通过会计检查，可以检验企业、行政事业单位的经济活动是否合法、合理，便于各单位的领导和有关部门了解真实情况和存在问题，据以改进工作，作出正确的决策。……在我国，'会计检查'一词，来自(20世纪)50年代初期的苏联会计教材。"②

《财经大辞典》中的解释："会计检查：亦称'查账'。对经济业务和会计资料的真实性、合法性、合理性与正确性所进行的询问、核对与认定。其主要分类：(1)按照检查的机构划分有内部检查与外部检查。内部检查是单位的领导或监察、纪检部门根据需要指定财会部门或组织班子所进行的检查。外部检查是由主管、审计、财政、税务等机关对会计单位所进行的检查。(2)按照检查的范围划分有全面检查

① 陈立人，汤谷良.财务管理手册[M].北京：中国经济出版社，1992：92.

② 侯文铿.会计辞海[M].沈阳：辽宁人民出版社，1990：1251.

与局部检查。全面检查是对各种经济业务、会计资料和全部财产所进行的检查。这种检查一般是在单位改变隶属关系、合并、停办或企业破产时进行。局部检查是就某专门问题（这种情况亦称‘专门检查’）或对某一部分账目和财产所进行的检查。(3)按照检查的时间划分有定期检查与不定期检查。定期检查是指在月份、季度、年度所进行的检查。不定期检查是根据临时确定或某一特定需要所进行的检查。这种检查一般为局部或专题性的检查。其方法一般有查询法、核对法、顺查法、逆查法、详查法和盘存等。”①

由此可见，会计检查是实行会计监督的重要手段，内涵较窄，已被“会计监督”取代。

2. 会计检查与审计的区别

《会计辞海》解释：“过去由于审计工作还没有全面开展，也没有专门的、独立的审计机构，因此，有的把会计检查与审计作为同义语。实际上两者有很大区别。如表 4-1。”②

表 4-1　会计检查与审计的主要区别

区别标志	会计检查	审计
性质	会计的组成部分，不需要通过立法，行使监督权	经济监督的一种形式。通过立法，有完整的审计制度，对经济活动行使监督权
执行人	由会计机构执行	由审计机关独立行使监督权
范围	只限于一个经济单位本身的业务进行检查，或其上级本系统所属范围内进行检查	对整个国民经济的活动和会计事项实行全部或部分的监督
内容	检查财务方面和会计资料的真实性、合法性	除审查财务活动方面以外，还对经济技术和业务活动进行事前、事中、事后的监督
作用	只能从检查财务和会计资料方面起到应有的作用	对加强宏观经济控制和微观经济管理均有重要作用

表 4-1 部分内容已不适用。如：会计监督“需要”通过立法，审计也不仅仅是“经济”领域的监督。

（五）会计稽核

1. 会计稽核是否属于会计监督

《中华人民共和国会计法(2017)》第四章为“会计监督”，共九条，最后一条是第

① 何盛明.财经大辞典[M].北京：中国财政经济出版社，1990：1310.

② 侯文铿.会计辞海[M].沈阳：辽宁人民出版社，1990：1251.

三十五条，而稽核规定在第三十七条："会计机构内部应当建立稽核制度。出纳人员不得兼任稽核、会计档案保管和收入、支出、费用、债权债务账目的登记工作。"

2018年12月6日，财政部印发的《会计人员管理办法》中将"稽核"与"会计监督"并列，指出："会计人员包括从事下列具体会计工作的人员：（一）出纳；（二）稽核；（三）资产、负债和所有者权益（净资产）的核算；（四）收入、费用（支出）的核算；（五）财务成果（政府预算执行结果）的核算；（六）财务会计报告（决算报告）编制；（七）会计监督；（八）会计机构内会计档案管理；（九）其他会计工作。担任单位会计机构负责人（会计主管人员）、总会计师的人员，属于会计人员。"

从以上规定来看，会计稽核似乎不属于会计监督，但笔者认为，会计稽核是会计监督中的重要岗位，履行会计监督中的专职职能（审核与填制记账凭证、登记账簿和对账、编制报表等工作中也含有会计监督职能），为了突出其专职职能，将"审核与填制记账凭证"和"登记账簿和对账"等工作职责进行分离然后再监督，因此，要单独设置"稽核"岗位，在《会计法（2017）》第五章"会计机构和会计人员"中加以规定。因此，会计稽核是会计监督中的重要内容。

2. *对稽核制度和稽核岗位重要性的规定*

2019年3月14日，财政部公布的《会计基础工作规范》第八十九条规定："各单位应当建立稽核制度。主要内容包括：稽核工作的组织形式和具体分工；稽核工作的职责、权限；审核会计凭证和复核会计账簿、会计报表的方法。"此外，第十一条规定："各单位应当根据会计业务需要设置会计工作岗位。会计工作岗位一般可分为：会计机构负责人或者会计主管人员，出纳，财产物资核算，工资核算，成本费用核算，财务成果核算，资金核算，往来结算，总账报表，稽核，档案管理等。开展会计电算化和管理会计的单位，可以根据需要设置相应工作岗位，也可以与其他工作岗位相结合。"第十二条规定："会计工作岗位，可以一人一岗、一人多岗或者一岗多人。但出纳人员不得兼管稽核、会计档案保管和收入、费用、债权债务账目的登记工作。"第五十一条规定："记账凭证的基本要求是：记账凭证的内容必须具备：填制凭证的日期；凭证编号；经济业务摘要；会计科目；金额；所附原始凭证张数；填制凭证人员、稽核人员、记账人员、会计机构负责人、会计主管人员签名或者盖章。收款和付款记账凭证还应当由出纳人员签名或者盖章。"

2004年10月18日，《教育部　财政部关于进一步加强直属高校资金安全管理的若干意见》（教财〔2004〕38号）第二条规定："建立适合本校业务特点和管理要求的资金安全管理内部控制制度，并认真组织实施。要确保不相容岗位的相互分离、相互牵制。特别是要对资金管理的关键岗位和薄弱环节实施稽核，并组织定期、不定期或突击式的抽查、检查，发现问题，及时纠正，逐步建立和完善有关管理制度。"

2007年1月15日，《教育部　财政部关于"十一五"期间进一步加强高等学校财务管理工作的若干意见》（教财〔2007〕1号）第29条规定："高等学校财务部门要加强会计核算工作，对校内各单位实施定期或不定期的财务检查和会计稽核，发现问题，及时纠正。”

3. 会计稽核的定义

《会计辞海》中的解释：“会计稽核：对账目进行核对计算的一种会计检查。根据《会计法》的规定，会计机构内部应当建立稽核制度。会计稽核成为会计人员的一个岗位，其主要职责是：(1)审查财务计划。按照上级规定要求审查各项计划指标的计算是否正确，指标之间是否衔接平衡，计划是否切实可行。发现问题，要提出修改意见和建议。(2)审查各项开支。根据财务收支计划和财会制度，逐笔审核各项开支，对计划外或不符合规定的开支，应提出意见，并向领导汇报，采取措施，进行处理。(3)复核会计凭证和报表。审核会计凭证是否合法，内容是否真实，手续是否完备，数字是否正确，对于记账凭证，还要复核其记账分录是否符合制度规定；对账簿记录要进行抽查，审核账簿记录是否符合记账要求；复核各种会计报表是否符合制度规定的编报要求。复核中发现问题和差错，应通知有关人员查明更正和处理。”①

所谓高校会计稽核是指高校会计机构内部专设的科室或岗位为保证会计信息的真实性和合规性对会计资料的真实性和完整性进行审查和复核的行为。

4. 稽核制度

稽核制度是《会计法》和《会计基础工作规范》等强调建立的制度。稽核制度的内容应包括稽核制度设置依据，设置与不相容岗位分离(如出纳人员不得兼任稽核)，稽核工作的职责和主要内容，稽核工作的形式和主要方法等。

稽核人员应具备职业道德，熟悉法规制度，政策水平较高，敢于坚持原则和事业心强等，一般应具有会计师以上职称。

二、高校财务监督

(一)《事业单位财务规则》和《高等学校财务制度》中只有“财务监督”没有“会计监督”

1.《事业单位财务规则》中的规定

2012年2月7日，财政部发布的《事业单位财务规则》(财政部令第68号)第十一章为“财务监督”，共四条，具体如下：

第五十八条规定：“事业单位财务监督主要包括对预算管理、收入管理、支出管理、结转和结余管理、专用基金管理、资产管理、负债管理等的监督。”

第五十九条规定：“事业单位财务监督应当实行事前监督、事中监督、事后监督相结合，日常监督与专项监督相结合。”

---

① 侯文铿.会计辞海[M].沈阳：辽宁人民出版社，1990：1260.

第六十条规定："事业单位应当建立健全内部控制制度、经济责任制度、财务信息披露制度等监督制度，依法公开财务信息。"

第六十一条规定："事业单位应当依法接受主管部门和财政、审计部门的监督。"

2.《高等学校财务制度》中的规定

2012年12月19日，财政部发布的《高等学校财务制度》第十三章为"财务监督"，共四条，具体如下：

第七十条规定："高等学校财务监督的主要内容包括：(一)预算编制、财务报告的科学性、真实性、完整性；预算执行的有效性、均衡性；(二)各项收入和支出的合法性、合规性；(三)结转和结余的管理情况；(四)资产管理的规范性、有效性；(五)负债的合规性和风险程度；(六)对违反财务规章制度的问题进行检查纠正。"

第七十一条规定："高等学校财务监督应当实行事前监督、事中监督、事后监督相结合，日常监督与专项检查相结合。"

第七十二条规定："高等学校应当建立健全内部控制制度、经济责任制度、财务信息披露制度等监督制度，依法公开财务信息。"

第七十三条规定："高等学校应当依法接受主管部门和财政、审计部门的监督。"

(二) 教育部、财政部规定的财务监督

1.《教育部部属高等学校财务管理试行办法》中的规定

1982年1月11日，教育部发布的《教育部部属高等学校财务管理试行办法》(〔82〕财事字第4号)第十一章为"财务监督和检查"，共五条，具体如下：

第四十四条指出："部属高等学校的财务监督和检查，应当以党和国家的方针、政策、法令和教育部批准的各项计划及有关指示、规定为依据，做到严肃认真、实事求是、违者必究、处理适当。"

第四十五条指出："部属高等学校各级主管财务工作的领导人员，应当首先把好学校和本单位各项财务收支检查'关'。财会人员应当认真审核各项财务收支凭证，对不符合财会制度的事项和超计划支出，有权拒绝受理，并报告学校领导人处理；对违法乱纪行为必须坚决揭发和抵制，并有权越级反映情况，任何部门、单位和个人都不得以任何形式进行刁难和阻挠。"

第四十六条指出："部属高等学校都要设立财政监察组(科)，配备二至三名专职监察人员，并选聘一定数量的兼职监察人员，实行专职人员与兼职人员相结合，对学校内的一切财务收支活动进行监督和检查。"

第四十七条指出："在财务检查中，发现下列违反国家财经纪律的事项，不论什么人，什么单位决定的，都要追究责任，进行严肃处理。1.挪用、截留或偷漏应上交国家的税金的；2.转移资金，化预算资金为预算外资金，化大公为小公，损害国家利

益的；3.挪用流动资金、周转资金和教育事业费搞基本建设的；4.擅自提高各项费用开支标准和收费标准的；5.私分产品和公共财物，侵占国家资财或挪用库存物资和现金的；6.滥发奖金和实物的；7.用公款请客、送礼、看戏、看电影和借庆祝活动搞铺张浪费，以及假借工作名义用公款游山玩水的；8.违反国家现金管理规定，坐支套取现金的；9.违反国家市场管理规定，套购专控商品和以物易物的；10.弄虚作假，虚报冒领的；11.其他违反国家财经制度和财会制度的。”

第四十八条指出：“在财务检查中，发现领导人员和工作人员有下列违法行为之一者，应当按照情节轻重，报经领导机关批准，给予必要的行政处分，直至移送司法机关惩处。1.领导工作失职，管理不善，财务工作极端混乱，给学校工作造成重大损失浪费的；2.伪造账目，篡改会计数字，弄虚作假的；3.非法销毁财会档案，营私舞弊、贪污盗窃的；4.用暴力、威胁、恐吓、欺骗、贿赂等非法手段破坏或妨害财会人员行使职权的；5.对揭发、检举、控告违反财经纪律和财会制度行为的人进行压制、打击报复的。”

2.《高等学校“八五”期间财务工作的若干意见》中的规定

1991年4月8日，国家教委、财政部发布的《高等学校“八五”期间财务工作的若干意见》（教财〔1991〕33号）第四章为“强化财务监督，治理整顿校内的经济环境”。

第一条指出：“加强消费基金管理。要采取切实有效的措施，清理整顿各种津贴、补贴和奖金，加强工资外个人收入的管理。严禁巧立名目滥发奖金、补贴、实物，严禁擅自扩大津贴、补贴范围和提高标准，严禁擅自提高酬金、劳务费标准。要将工资外各种名目的个人收入纳入学校的统一管理，加强控制。奖金发放要注意贯彻按劳分配的原则，克服平均主义‘大锅饭’和内部分配不公的倾向。”

第二条指出：“加强各种收费管理。高等学校的对外收费项目和标准必须报经国家和地方政府主管部门批准，并且严格执行有关规定。学校内部的收费必须统一管理；校内各部门的各种资金应通过学校的综合财务计划安排，防止校内各自为政，单位之间或向个人乱收费、乱摊派、乱罚款、乱涨价，扰乱校内的经济秩序。”

第三条指出：“严禁校内各单位私设‘小金库’。高等学校要严禁校内任何单位的公款私存，私设账号，收入不入财务部门账，在财务部门设置账外账等私设‘小金库’的行为。”

第四条指出：“加强外汇管理。高等学校必须坚持一切外汇收支由财务处统一管理的办法，禁止弄虚作假，反对化预算内为预算外，化公为私行为，堵塞各种漏洞。”

上述《教育部部属高等学校财务管理试行办法》中提到“设立财政监察组（科）”，因为是1982年发的文件，当时《会计法》等还未制定，尚未规定“建立稽核制度”和“设置稽核岗位”，《会计法》颁布后就不再“设立财政监察组（科）”。

(三) 财务监督的定义

《财经大辞典》中的解释:“财务监督：企业通过日常货币收支的组织和其他财务管理活动对本企业生产经营状况所进行的监管、督促。主要内容是：(1)监督各项资金(基金)的形成、使用和分配,以了解各项资金(基金)使用、周转是否合理,提高资金(基金)利用效果;(2)监督成本的构成及变动水平,以了解企业活劳动和物化劳动的耗费情况,检查人力、物力、财力的利用是否经济有效;(3)监督生产经营成果,了解企业销售收入的实现和税金、利润上交情况;(4)监督企业执行党和国家方针、政策及法令情况,以了解其经营方向,经营决策的合理性、合规性和合法性。”①

《会计大辞库》中的解释:“财务监督：是指利用价值形式对生产经营活动和业务活动所进行的监察和督促。财务监督是通过资金收支活动和财务指标的综合反映,对企业经营活动进行积极控制,制止那些违反财经政策和财务制度的行为,限制不利于完成的消极因素,以促进企业严格遵守财经纪律,加强经济核算,保证各项指标的实现。”②

《会计辞典》中的解释:“财务监督：企业、机关、事业单位或其他经济组织等,利用各种货币指标对其生产经营或业务活动所进行的监督。”③

《经济大辞典(会计卷)》中的解释:“财务监督：根据国家的方针、政策、财经法规,对生产经营活动或其他业务活动的财务方面进行的监督。”④

《会计辞海》中的解释:“财务监督：企事业等单位的财务部门通过货币收支和综合性货币指标,对其生产经营或业务活动所进行的日常控制和管理。”⑤

《财务管理手册》中的解释:“财务监督：企事业等单位的财务部门通过货币收支和综合性价值指标,对其生产经营和财务活动的合法性、合理性和合规性进行的监督,是财务管理的工作内容之一。……财务监督的主要特点是综合性和灵敏性,……财务监督的重要任务,就是对于那些违反党的方针、政策和国家财经法纪、损害国民经济整体利益和企业长远利益的错误行为,要迅速反映,并提出处理意见,督促有关方面尽快妥善解决。财务监督的形式主要有由上级选派或独立的会计、审计人员进行的外部监督和由企业内部财务人员负责实施的内部监督。”⑥

上述“财务监督的形式主要有由上级选派或独立的会计、审计人员进行的外部

---

① 何盛明.财经大辞典[M].北京：中国财政经济出版社,1990：1369.
② 杨树枝.会计大辞库[M].哈尔滨：黑龙江朝鲜民族出版社,1991：215.
③ 龚清浩,徐政旦.会计辞典[M].上海：上海人民出版社,1982：314.
④ 杨纪琬,娄尔行.经济大辞典：会计卷[M].上海：上海辞书出版社,1991：70.
⑤ 侯文铿.会计辞海[M].沈阳：辽宁人民出版社,1990：154.
⑥ 陈立人,汤谷良.财务管理手册[M].北京：中国经济出版社,1992：92.

监督”并不属于“财务监督”，而应是“上级检查”或“审计监督”。

所谓高校财务监督是指高校内部财务机构和财务人员依据法规运用一定的专业方法对预算编制的科学性、真实性、完整性和预算执行的有效性、均衡性，收入和支出、结转和结余、资产和负债的合规性和效益性进行监督以达到合规性和效益性目标的活动。高校财务监督的主体是“高校内部财务机构、财务人员”，高校财务监督的客体或对象是“预算编制的科学性、真实性、完整性和预算执行的有效性、均衡性，收入和支出、结转和结余、资产和负债的合规性和效益性”。

（四）财务监督的内容比较

1. 财务监督的内容

《事业单位财务规则》第五十八条和《高等学校财务制度》第七十条规定了财务监督的主要内容，由此可见，高校财务监督的主要内容是对预算编制、财务报告的科学性、真实性、完整性和预算执行的有效性、均衡性，收入和支出、结转和结余、资产和负债的合规性和效益性等进行监督。

（1）预算编制监督的主要内容

① 预算编制是否符合党和国家有关方针、政策和财务制度的规定；

② 预算编制是否遵循“量入为出、收支平衡”的原则；

③ 收入预算是否积极稳妥；

④ 支出预算是否统筹兼顾、保证重点、勤俭节约；

⑤ 预算编制是否内容完整，计算依据可靠，说明清楚；

⑥ 预算是否经学校领导班子集体审议通过后，上报主管部门和财政部门审批。

（2）预算执行监督的主要内容

① 预算执行的进度是否符合党和国家有关方针、政策和财务制度的规定；

② 收支执行预算进度是否与高校事业发展规划和进程工作任务相适应；

③ 收入预算执行是否存在滥收、漏收现象；

④ 支出预算执行是否存在乱支、挪用现象；

⑤ 调整预算和追加追减是否存在不按规定程序的现象；

⑥ 预算执行发现的问题是否及时处理和上报；

⑦ 预算收支执行是否进行过分析。

（3）决算监督的主要内容

决算按照法定程序编制，用以反映预算最终执行的结果，属于《预算法》规范的内容，主要包括：

① 决算是否按照法定程序编制；

② 决算是否存在弄虚作假，虚报、瞒报、漏报现象；

③ 决算是否及时报送主管部门和财政部门审批。

（4）收入监督的主要内容

① 收入是否符合党和国家有关方针、政策和财务制度的规定；

② 财政教育拨款是否按学生实际人数拨付，不存在套取财政资金问题；

③ 收入的标准和范围是否符合国家有关规定，有无擅自扩大或缩小收费范围，提高或降低收费标准，有无乱收费、乱摊派、乱集资等问题；

④ 收入有无截留、坐支、挪用、拖欠等问题；

⑤ 按照规定上缴国库或财政专户的资金是否及时足额上缴，是否存在隐瞒、滞留、截留、挪用和坐支等问题；

⑥ 收费是否按规定出具收据；

⑦ 收入是否都纳入了预算，有无账外账，是否存在私设“小金库”“小钱柜”等问题。

（5）支出监督的主要内容

① 支出是否符合党和国家有关方针、政策和财务制度的规定；

② 支出是否全部纳入学校预算；

③ 支出是否符合规定标准；

④ 支出是否严格执行国库集中支付制度和政府采购制度等有关规定；

⑤ 专项资金支出是否符合指定用途；

⑥ 是否存在虚假票据列支；

⑦ 对资金使用是否有分析和评价。

（6）资产监督的主要内容

① 资产管理是否符合党和国家有关方针、政策和财务制度的规定；

② 资产管理是否与预算管理相结合；

③ 工程竣工是否及时准确验收和交付使用；

④ 无形资产是否依法管理，是否存在侵权事项；

⑤ 应收账款是否及时清理，是否构成坏账；

⑥ 出租、出借资产是否按照国家有关规定经主管部门审核同意后报同级财政部门审批；

⑦ 对外投资是否严格控制和是否存在对外担保；

⑧ 资产处置是否遵循公开、公平、公正和竞争、择优的原则，并严格履行相关审批程序；

⑨ 资产管理是否正常清查盘点。

顺便提及，《会计法(2017)》第四章“会计监督”第二十七条规定：“(三)财产清查的范围、期限和组织程序应当明确。”笔者认为，“财产清查”应归属于财务监督内容中的“资产监督”。

（7）负债监督的主要内容

① 负债管理是否符合党和国家有关方针、政策和财务制度的规定；

② 贷款是否经过批准，是否存在风险；

③ 是否存在拖欠薪酬行为；

④ 应当上缴国库或者财政专户的资金、应缴税费是否及时准确上缴；

⑤ 代管款项是否符合法规，是否及时清理。

2. 财务监督内容与会计监督内容的关系

财务监督内容与会计监督内容的区别是：会计监督的内容是“会计资料的真实性和完整性”，由此可见，会计监督内容与上述财务监督内容的侧重点不同。财务监督内容与会计监督内容的联系是：两者都是对同一对象的监督。

三、高校财会监督

2019 年 10 月 31 日，党的十九届四中全会通过的《中共中央关于坚持和完善中国特色社会主义制度　推进国家治理体系和治理能力现代化若干重大问题的决定》指出：“坚持和完善党和国家监督体系，强化对权力运行的制约和监督。……健全人大监督、民主监督、行政监督、司法监督、群众监督、舆论监督制度，发挥审计监督、统计监督职能作用。”①2020 年 1 月 13 日，习近平在十九届中央纪委四次全会上发表重要讲话时指出：“推动人大监督、民主监督、行政监督、司法监督、审计监督、财会监督、统计监督、群众监督、舆论监督有机贯通、相互协调。”②增加了“财会监督”。

没有财会监督就没有高校财务高质量发展。前已述及，“财会监督”已列入党和国家监督体系之中，是强化对高校财务权力运行的制约和监督。财会监督是保障高校财务高质量的第一道关口。

(一) 研究“会计”与“财务”分开最早的学者

本章之所以冠名为“财会”，是因为出现“财务”与“会计”两者混用或相互替代的现象。笔者曾在《新中国高校财务 70 年》一书的第四章“新中国高校财会领域 70 年”第一节“会计与财务关系的发展沿革”中系统地阐述了“会计”与“财务”是两门学科，以及“‘财会’领域的缘由”“会计与财务的起源”和“会计与财务的区别”③。

据笔者考证，法国管理学家法约尔是最早区分“会计”与“财务”的学者。亨利·法约尔于 1908 年就指出，在任何一个企业中，不论其规模大小都有这六类活动：(1)技术的(生产)；(2)商业的(购买、销售与交换)；(3)财务的(寻求与最适宜

① 中共中央关于坚持和完善中国特色社会主义制度　推进国家治理体系和治理能力现代化若干重大问题的决定.[J].人民日报，2019-11-06.

② 习近平在十九届中央纪委四次全会上发表重要讲话强调：一以贯之全面从严治党强化对权力运行的制约和监督，为决胜全面建成小康社会决战脱贫攻坚提供坚强保障[J].人民日报，2020-01-14.

③ 乔春华.新中国高校财务 70 年[M].南京：东南大学出版社，2019：207-224.

地使用资本)；(4)安全(财产与人身的保护)；(5)会计(包括统计)；(6)管理(计划、组织、指挥、协调与控制)。并指出："没有财务职能则什么事也做不成。人员、厂房、设备、原材料、股票红利、修缮、准备金等等都需要资本。为获得资本和最适当地利用可用的资金并避免轻率地承担义务，必须有完善的财务管理。许多本来可以繁荣起来的企业由于缺钱而倒闭了。没有流动资金或没有信贷，任何革新、修缮都不可能。成功的一个基本条件就是经常注意企业的财务情况。"他还指出："会计职能。这是企业的视觉器官，它能使人随时了解企业处于什么状况并向何处发展，可以对企业的经济形势提供真实、清楚而又准确的情况。一个好的会计制度应当是简单明了的，可以给人以企业状况的确切概念，是领导的一个有力的工具。对于这项职能，与其他职能一样，需要某种程度的启蒙知识。"①

据笔者考证，黄寿宸是国内最早研究"会计"与"财务"的学者，他于1957年指出："几年来盘旋在财务、会计工作人员思想中一个尖锐而亟待解决的问题，就是财务工作和会计工作究竟应当是怎样的一些工作？财务、会计工作究竟应当分别设立两个机构来办理呢，还是应当合并设立一个机构来办理？在一些财务、会计工作已经分设的企业中，感觉到分开以后，财务、会计工作很难明确划分职责，经常发生工作上相互重复和脱节的现象；而这种现象也表现在一些财务、会计合设的企业中，当这个合设机构的内部是把财务、会计工作分开由各专业小组来分别办理的时候。因此，这样又发生了另一个问题：即当财务、会计工作分开设立两个机构来办理时，它们应当怎样分工合作？当财务、会计工作合并设立一个机构来办理时，这个机构内部的组织分工又应当怎样？上举这些问题，即关于财务和会计的'分合'和'分工'问题，目前，在各个工业部门中几乎是普遍存在的。必须指出：关于财务和会计的'分合'和'分工'问题，几年来经过各方面的实践和研究，除了一部分同志由于缺少这一方面必要的知识或这一方面的知识知道得不多，因而还没有一定看法以外，目前实际工作中是存在着各种不同的认识和意见的，有些意见甚至是恰恰相对立的。下面就是两种相对立的意见：(1)认为财务和会计是互相依存、密不可分，因此财务和会计工作应当由一个机构来办理；同时在这个机构内部也应当把财务和会计工作合并起来办理。(2)认为财务和会计虽然在工作上存在着密切联系，但是各有其不同的性质和作用，因此，财务和会计工作应当以由两个机构分别办理为原则；若有必要把二者合设为一个机构时，则在这个机构内部应把财务和会计工作分别办理。"②

郭道扬指出："在财计发展史上，不少理财家们认为，'理财'之关键在于预算，预算是'理财'之纲。在英语中'财务'与'财政''金融'同为一词是有其实际原因

① [法]法约尔.工业管理与一般管理[M]，周安华，等译.北京：中国社会科学出版社，1998：4.

② 黄寿宸.财务和会计的关系[J].教学与研究，1957(1)：50-54.

的，这三方面的基本活动都紧紧围绕着财物收支关系的处理，尤其是集中体现在货币收支关系处理方面。国家财政之要务在于处理好岁入与岁出关系，故通常把这方面的工作称为‘财务行政’工作，并且从古代起便简称其为‘理财’。不少理财家也把处理好岁入与岁出关系，最终实现‘量入为出’财政原则，作为理财之要务，这与‘财务’的早期含义相一致，这也是中国人把‘财务’与‘理财’等同起来看待的重要原因。其后，言及“家计”或“家政”亦称为“理财”，至近代社会，把处理好公司财务也称为‘理财’。对比考察，自此，中外对‘理财’的基本认识趋同。究竟应当如何比较与表述财务与会计各自在企业中的地位与作用，这里可作进一步探讨。首先，从工作层次及社会经济关系方面讲，财务当在企业经营管理工作中处于首要地位，财务工作是企业经营管理工作中的关键、要害，企业的会计工作者必须明确这一点，服从企业财务及财务管理工作大局。而企业的会计工作则是企业开展财务活动与进行财务管理工作的基础，故要搞好企业的财务与财务管理工作便必须把会计工作作为依靠。其次，就企业内部的组织关系而言，企业的财务与会计组织视企业的生产经营组织规模而定，可以分立，亦可合二为一。通常大型企业以分立为宜，凡小型企业以合一为简，中型企业则可通过分析在两者之间择善而从之。对于这类部门及其首脑，可取‘财务部’及‘财务总监’之名称。如使用‘财务会计部’及‘财务会计部长’之称也符合情理。最后，从企业经营机制、财务机制与会计管理机制的内在协调关系方面考察，在企业这个机体中，财务犹如人体之血液，合理的财务筹资结构如同人体血液中各种成分的合理含量及其配比关系，而会计则犹如人体之血管，在企业资金融入之后如何遵循客观规律及其规范，依据投资决策方案，通过‘动脉’‘静脉’及‘微细血管’将血液输送到企业生产经营活动对资金需求的各个部位，以满足机体的需要，促使机体中的各环节功能作用的正常发挥。毫无疑问，企业机体之强健，活力之经久不衰，以及在激烈竞争之中的防御、抵抗、制胜能力，在很大程度上取决财务与会计工作之有机配合、协调一致。”①

郭道扬还指出：“在资本主义经济关系萌芽阶段，‘财务’现象与‘财务’问题日益突出，并很快受到人们的关注，这一点与整个自然经济时代形成鲜明对比。因此，对‘财务’问题的明确认识成为区别古代经济与近代经济的一个分界点。进入市场经济初步发展阶段后，‘财务’问题进一步突出，围绕‘财务’问题出现的新方法、新概念乃至新理论成为人们研究的对象。尤其是在19世纪中叶以后，伴随着股份公司组织形式的稳定，证券市场的形成，以及类似卡特尔、辛迪加、康采恩之类垄断组织的出现，财务问题已成为全社会关注与研究的热点，财务活动已社会化。在公司方面，已经认识到‘财务计划’的价值与‘财务管理’的意义；在政府方面，已

① 郭道扬.二十世纪会计大事评说(五)：二十世纪财务会计的发展——兼评财务与会计关系[J].财会通讯，1999(5)：3-6.

尤为注意从公司财务报表中反映出来的财务问题。在19世纪的最后30年，不少学者已把簿记摆在一边，而开始研究探讨‘财务’与‘会计’关系方面的问题。由此可见，这一点正是发生于19世纪与20世纪之交的一个重要的转变。”①

（二）“财务”与“会计”合并为“财会”的观点

1. 财会人员

《会计法(2017)》中的表述采用了“会计人员”的称谓。2014年11月17日，《教育部关于加强直属高校直属单位财务队伍建设的意见》(教人〔2014〕6号)第五条中的表述采用的是“财务人员”。此外也有采用“财会人员”的，如：

1979年11月22日，教育部发布的《教育部部属高等学校〈会计人员职权条例〉实施细则》第六条指出：“学校专职财会人员的编制比例，一般可按本校教职工总人数的1%到1.5%配备。财会人员的范围：包括财务部门、校办工厂、基建、物资以及膳食等单位专职从事财务会计工作的人员。各校财会人员的编制配备，由学校人事部门和财务部门共同研究提出方案，报经校(院)长批准后执行。”

1997年6月23日，财政部和国家教育委员会发布的《高等学校财务制度》第九条规定：“必须相应配备专职财会人员。校内各级财会主管人员的任免应当经过上一级财务主管部门同意，不得任意调动或者撤换。财会人员的调入、调出，专业技术职务的评聘须由财务部门会同有关部门办理。”

2012年12月19日，财政部、教育部发布的《高等学校财务制度》第九条规定：“高等学校财务机构应当配备专职财会人员。财会人员应当具备与其工作岗位相适应的资格和能力。财会人员的调入、调出，专业技术职务评聘以及校内二级财务机构负责人的任免、调动或者撤换，应当由学校一级财务机构会同有关部门办理。”

2. 财会机构

《会计法(2017)》中采用了“会计机构”。2012年12月19日，财政部、教育部发布的《高等学校财务制度》第七条规定：“高等学校应当单独设置一级财务机构，在校(院)长和总会计师的领导下，统一管理学校财务工作。”第八条规定：“高等学校校内非独立法人单位因工作需要设置的财务机构，应当作为学校的二级财务机构。二级财务机构应当遵守和执行学校统一制定的财务规章制度，并接受学校一级财务机构的统一领导、监督和检查。”

此外也有采用“财会机构”的，如：

1982年1月11日，教育部发布的《部属高等学校财务管理试行办法》([82]财事字第4号)第七条规定：“学校其他业务部门和单位(含附属单位，下同)，根据工作需要配备的财会人员和设置的财会机构，在财会业务上受学校财务处(室)统一领导和监督。”

① 郭道扬.二十世纪会计大事评说(一)：二十世纪会计发展的历史基础[J].财会通讯，1999(1)：26-29.

2000年6月12日，《教育部、财政部关于高等学校建立经济责任制加强财务管理的几点意见》（教财〔2000〕14号）第二条规定："高校的校（院）长首先必须根据本校业务需要责成人事部门提出设置财会机构的方案，并经校领导集体研究后，按干部管理权限配备、选用具备法定从业资格的财会人员。"

3. 财会制度

2013年12月30日，财政部发布了《高等学校会计制度》；2012年12月19日，财政部、教育部印发了《高等学校财务制度》。但也有称"财会制度"的，如：

1978年9月12日，《国务院关于颁发〈会计人员职权条例〉的通知》（国发〔1978〕175号）提出"严格执行财会制度"。

2000年6月12日，《教育部、财政部关于高等学校建立经济责任制加强财务管理的几点意见》（教财〔2000〕14号）第二条规定："大力度地强化财会法制观念。……校内各级领导必须认真学习贯彻国家的各项财会法规、制度，了解并掌握学校事业运行规律和财会工作规律。"

4. 财会工作

1962年11月24日，国务院发布的《会计人员职权试行条例》第五条："各部门各单位的领导人，必须加强对会计工作的领导，保障会计人员履行职责，正确地行使国家赋予的权限，做好会计工作。"其中采用的是"会计工作"。2012年12月19日财政部、教育部印发的《高等学校财务制度》第六条："高等学校财务工作实行校（院）长负责制。高等学校应当设置总会计师岗位。总会计师为学校副校级行政领导成员，协助校（院）长管理学校财务工作，承担相应的领导和管理责任。"其中采用了"财务工作"。

此外，也有采用"财会工作"的，如：

1979年11月22日，教育部发布的《教育部部属高等学校〈会计人员职权条例〉实施细则》第二条指出："部属院校都必须加强对财务会计工作的领导，把财会工作列入学校领导工作的议事日程。要从政治上、工作上、生活上关心财会人员，帮助他们解决实际问题。学校财会人员是从事财经管理工作的社会主义劳动者，各级领导和师生员工要尊重他们的劳动，支持他们的工作。要切实保证财会人员有5/6的时间从事财务会计工作。"

1991年4月8日，国家教委和财政部颁发的《高等学校"八五"期间财务工作的若干意见》（教财〔1991〕33号）第五条规定："建立健全法规，使财会工作纳入法制化轨道。"

5. 财会期刊

有称为《会计研究》或《财务研究》的刊物，也有称为《财会XX》的学术期刊，如《财会通讯》《财会月刊》《财会研究》《事业财会》《教育财会研究》等，但在其上发表的文章不仅仅有会计领域的，还包括财务领域的，甚至包括审计和内部控制等领域的。

笔者理解，所谓“财会监督”是财务与会计领域中的监督，或是“会计监督”和“财务监督”的综合，是一个复合性概念。

四、财会监督与列宁的“核算和监督”

虽然“财会监督”是指监督，但毕竟是财务与会计领域中的监督，与核算有一定的联系，列宁专门阐述过“核算和监督”。

（一）“计算和监督”应译为“核算和监督”

杨宏义从俄文版的《列宁全集》中找出了大量单词和词组，认为列宁讲的是核算与监督①，而不是“统计与监督”或“计算与监督”，他认为，应将列宁著作中的“计算和监督”译为“核算和监督”。

1．“учёт”一词译为“统计”不合适

在列宁的著作中，中译本所有译为“统计与监督”或“计算与监督”的地方，列宁所使用的原词都是“учёт и контролъ”。其中的“учёт”一词在俄语中的含义是核算、计算，调查、登记、统计，等等。它并不是专指“统计”。在俄语中“统计”的专有名词是“статистика”。众所周知，列宁对统计问题历来十分重视。在列宁的著作中，有许多文章专门论述了统计问题。例如，《俄国资本主义的发展》《现代农业的资本主义制度》《论我国工厂统计问题》《统计学与社会学》等，都大量引用了统计资料、论述了统计理论和方法。所有这些专指统计的地方，列宁所使用的词汇都是“статистика”或与这个词汇有关联的其他词类，譬如：“统计学家”，列宁使用是“статистики”；“统计机关”，列宁使用的是“статистические учрежденце”；“统计人才”，列宁使用的是“статистические силы”；“统计资料”，列宁使用的是“статистические данные”；“社会统计”与“社会经济统计”，列宁使用的是“социалбная статистика”与“социалбно-эконотческая статистика”；“理想的统计”，列宁使用的是“идеагбная статистика”；“为统计而统计”，列宁使用的是“статистику ради статистики”；等等。在所有这些专指“统计”的地方，列宁没有一处使用过“учёт”一词，而一律使用的是“статистика”一词。相反地，在《列宁全集》《列宁选集》等译本中，所有被译为“统计与监督”或“计算与监督”的地方，列宁没有一处使用过“статистика”一词，而一律使用的是“учёт”一词，即一律使用的是“учёт и контролъ”（即“核算与监督”）。由此可见，列宁著作中的“核算与监督”（учёт и контролъ）与列宁著作中的“统计”（статистика）本来就不是一个问题，而是两个问题。虽然这两个问题是有密切联系的，但它们之间的区别则是主要的，因而不能混

① 杨宏义.学习列宁核算与监督的基本原理：列宁著作中的“统计与监督”或“计算与监督”问题[J].吉林财贸学院学报，1986(2)：1-8.

为一谈。

2. “учёт”一词译为“计算”不合适

杨宏义认为将列宁著作中的“учёт и контролъ”译为“统计与监督”是不妥当的。那么,译为“计算与监督”是否合适呢? 译为“计算与监督”较之译为“统计与监督”是前进了一步,但并不确切。比较确切的译法,应该是“核算与监督”。因为:

(1)“核算”与“计算”在俄语中的专用词汇也是不同的。“计算”一词,在俄语中的专用词汇是“исчисление”。它是指某项业务或工作的计算过程和方法,习惯上称为“计算技术”,它纯属于技术问题,并不属于管理范畴。例如,数学计算、物理计算、化学计算等,与国家管理没有直接关系。因而,“计算”与国家监督不能相提并论。相反地,“核算”一词,在俄语中的通用词汇是“учёт”。例如,“业务核算”,俄语中通用的词汇是“оператибныи учёт”;“会计核算”,俄语中通用的词汇是“вухгатерскии учёт”;“统计核算”,俄语中通用的词汇是“статистигескии учёт”;等等。同时,业务核算、会计核算与统计核算,无论在俄国,还是在中国,都是统一的国民经济核算的组成部分,习惯上称为“经济核算”。它们都属于管理范畴,都是国家管理或企业管理的一种手段,都具有监督、检查的作用。业务核算,要监督、检查党的方针政策的贯彻执行情况;会计核算,要检查、监督国家财经制度的贯彻执行情况,并维护国家的财经纪律;统计核算,除了监督、检查党的方针政策和国家财经制度的执行情况以外,还要监督、检查国家的国民经济计划的执行情况。因而,将它们与国家监督联系在一起,构成“核算与监督”,很容易使人理解,也很容易在实践中贯彻执行。

(2)“核算”与“计算”含义不同。“计算”的含义较窄,“核算”的含义较广。“核算”一词,不仅包括“算”(计算),而且还有“核”(审核、稽核、核对等),即具有监督、检查作用。因而,将它和监督联系起来,“核算与监督”是合情合理的。同时,在列宁的著作中,关于“учёт и контролъ”的含义,本来就是包括“核”与“算”两项内容的。例如,列宁在《国家与革命》一书中就曾经指出:“全部问题在于他们在正确遵守工作标准的条件下同等地工作并同等地领取报酬。对这些事情的计算和监督(按:应为“核算和监督”)已被资本主义简化到了极点,而成为一种非常简单,任何一个识字的人都能胜任的监督和登记的手续,只是算算加减乘除和发发有关字据的手续。”在这里,列宁所说的“核算与监督”(учёт и контролъ)是指“监督和登记的手续,只是算算加减乘除和发放有关字据的手续”。其中,单就“核算”(учёт)来说,不仅是“算算加减乘除”,即不仅是“计算”,还有“登记的手续”或“发放有关字据的手续”,即还包括“核”的含义在内。因此,在这样的情况下,将“учёт”一词译为“核算”也更合适些。

3. “учёт и контролъ”应译为“核算与监督”

根据以上种种理由,杨宏义认为,将列宁著作中的“учёт и контролъ”译为“核算与监督”是比较确切的。当然，这个译法也不一定妥当，还可以进一步探讨。

笔者同意杨宏义的见解，由于中共中央编译局（中共中央马克思、恩格斯、列宁、斯大林著作编译局）对《列宁全集》和《列宁选集》中的“计算和监督”未作修改，因此，下文中凡引用《列宁全集》和《列宁选集》中的“计算和监督”仍未改动，但笔者同意杨宏义的意见，均可理解为“核算与监督”。

（二）“计算和监督”

1. 社会主义就是计算

列宁在《答左派社会革命党人的质问》中指出：“让工人着手在自己的工厂建立工人监督吧，让他们用工业品来供应农村，换取粮食吧，每一件产品、每一磅粮食都应当计算到，因为社会主义首先就是计算。”①

列宁在《关于一部分人民委员声明退出人民委员会问题的讲话和决议案》中指出：“对生产实行严格的监督和计算，这就是社会主义的开端。”②

列宁在《在彼得格勒工兵代表苏维埃和前线代表联席会议上的讲话》中指出：“社会主义就是计算。如果你们愿意对每一块铁和每一块布都实行计算与监督，那就是社会主义。”③

这里，“社会主义首先就是计算”“严格的监督和计算这就是社会主义的开端”和“社会主义就是计算”，表示通过“监督和计算”可以过渡到社会主义。

2. 实行社会主义革命没有监督是不行的

列宁在《国家与革命》中指出：“因为当所有的人都学会了管理，都来实际地独立地管理社会生产，对寄生虫、老爷、骗子等等‘资本主义传统的保持者’独立地进行计算和监督的时候，逃避这种全民的计算和监督就必然会成为极难得逞的、极罕见的例外，可能还会受到极迅速极严厉的惩罚。”④

列宁在《大难临头，出路何在？》中也多次阐述监督的重要性。如：“只有监督银行，监督这个资本主义周转过程的中枢、轴心和基本机构，才能在行动上而不是口头上做好对全部经济生活的监督，做好对最重要产品的生产和分配的监督，才能做到‘调节经济生活’，否则这必将仍然是欺骗老百姓的一句部长式的空话。”⑤列宁又指出：“由国家实行监督、监察、计算和调节，在产品的生产和分配中正确调配劳动力，爱惜人民的力量，杜绝力量的任何浪费，节约力量。监督，监察，计算，——这就是消除灾难和战胜饥荒的首要办法。”⑥列宁还指出：“就实质来说，监督的全部

① 列宁全集：第 33 卷[M].北京：人民出版社，1984：52-53.
② 列宁全集：第 33 卷[M].北京：人民出版社，1984：57.
③ 列宁全集：第 33 卷[M].北京：人民出版社，1984：59.
④ 列宁全集：第 31 卷[M].北京：人民出版社，1984：98.
⑤ 列宁全集：第 32 卷[M].北京：人民出版社，1984：191.
⑥ 列宁全集：第 32 卷[M].北京：人民出版社，1984：182.

问题归根到底在于谁监督谁，就是说哪一个阶级是监督阶级，哪一个阶级是被监督阶级。”①

列宁在《俄国革命和国内战争》中指出：“在政权转归苏维埃的条件下，资产阶级的反抗就会使每个资本家受到几十个几百个工人和农民的‘照管’、监察、监督和计算，因为他们的利益要求对资本家欺骗人民的行为进行斗争。这种计算和监督的形式和方法正是由资本主义，正是由银行、大工厂、辛迪加、铁路、邮局、消费合作社和工会这些资本主义的产物制定出来的，而且变得简单易行了。苏维埃只要惩办那些逃避精细的计算或者欺骗人民的资本家，没收其全部财产并予以短期拘留，用这种不流血的办法就足以粉碎资产阶级的一切反抗。因为正是通过国有化的银行，通过职员联合会、邮局、消费合作社和工会，监督和计算将包罗万象、无所不能、无所不在、无往不胜。”②

3. *计算和监督是社会主义的实质*

列宁在《政论家札记（待研究的问题）》中指出：“计算和监督是社会主义的实质。”③

列宁在《怎样组织竞赛》中指出：“计算和监督，这就是每个工兵农代表苏维埃、每个消费合作社、每个工会或供给委员会、每个工厂委员会或一般工人监督机关的主要经济任务。……实行全面的、普遍的、包括一切的计算和监督，即对劳动数量和产品分配实行计算和监督，……这就是社会主义改造的实质。过渡到社会主义所必需的计算和监督，只能由群众来实行。……大家亲自来计算和监督产品的生产和分配吧，这是唯一走向社会主义胜利的道路，社会主义胜利的保障，战胜一切剥削和一切贫困的保障！”④

4. *计算和监督是从资本主义向社会主义过渡的主要条件*

列宁在《新经济政策和政治教育委员会的任务》中指出：“以前我们认为，不经过一个实行社会主义的计算和监督的时期，即使要走到共产主义的低级阶段也是不可能的。从 1917 年产生了接收政权的任务和布尔什维克向全体人民揭示了这一任务的时候起，在我们的理论文献中就明确地强调指出，要从资本主义社会走上接近共产主义社会的任何一条通道，都需要有社会主义的计算和监督这样一个过渡，一个漫长而复杂的过渡（资本主义社会愈不发达，所需要的过渡时间就愈长）。”⑤

列宁在《在俄共（布）莫斯科市代表会议上关于星期六义务劳动的报告》中指

---

① 列宁全集：第 32 卷[M].北京：人民出版社，1984：202.

② 列宁全集：第 32 卷[M].北京：人民出版社，1984：175-176.

③ 列宁全集：第 33 卷[M].北京：人民出版社，1984：192.

④ 列宁全集：第 33 卷[M].北京：人民出版社，1984：206.

⑤ 列宁全集：第 42 卷[M].北京：人民出版社，1984：182-183.

出："社会主义的前提是……在劳动者的有组织的先锋队即先进部分施行最严格的核算、监督和检查的情况下共同劳动；同时还应该规定劳动量和劳动报酬。"①

列宁在《国家与革命》中指出："计算和监督，——这就是把共产主义社会第一阶段'调整好'，使它能正常地运转所必需的主要条件。在这里，全体公民都成了国家（武装工人）雇用的职员。全体公民都成了一个全民的、国家的'辛迪加'的职员和工人。全部问题在于要他们在正确遵守劳动标准的条件下同等地劳动，同等地领取报酬。对这些事情的计算和监督已被资本主义简化到了极点，而成为非常简单、任何一个识字的人都能胜任的手续——进行监察和登记，算算加减乘除和发发有关的字据。"②列宁还指出："在共产主义的'高级'阶段到来以前，社会主义者要求社会和国家对劳动量和消费量实行极严格的监督，不过这种监督应当从剥夺资本家和由工人监督资本家开始，并且不是由官吏的国家而是由武装工人的国家来实行。"③

列宁强调，从资本主义到社会主义必须经历一个漫长而复杂的过渡阶段，在这个过渡阶段必须要有"计算和监督"。至此，我们分析了"计算""监督"和"计算和监督"在社会主义革命与建设中的重要地位，综上所述，社会主义国家要管理好、治理好，离不开"计算""监督"和"计算和监督"。

由此可见，列宁关于"计算和监督"的思想对于当代国家治理和高校财务治理仍具有重大的指导意义。

第四节　会计是国家治理的基础

治财自古而始。如《周易·系辞下》曰："上古结绳而治，后世圣人易之以书契，百官以治，万民以查。"《周易正义》引郑玄注："事大，大结其绳；事小，小结其绳。结之多少，随物众寡。"在东汉武梁祠浮雕上有"伏羲仓精，初造王业，画卦结绳，以理海内"的记载。由此可见，上述中的"治""理"等就具有治理、管理的含义。

"天下欲乱计先乱，天下已治计后治。"一般认为，这段话是杨时展先生在1997年说的。杨先生刚直不阿、追求真理为笔者所敬重，但"吾更爱真理"，笔者对这段话是否由杨先生首创一直存疑，因此，未引用过此言。据笔者初步考证，1986年就有人提过。《审计手册》中的解释："天下未乱计先乱：明太祖朱元璋执政后，取消比部，而将比部之职权从刑部划归户部，又有都察院兼行稽察，从而使审计丧失了其原有的独立的司法性质。专门审计机构的取消导致财政审计工作的削

① 列宁全集：第38卷[M].北京：人民出版社，1984：36.

② 列宁全集：第31卷[M].北京：人民出版社，1984：96-97.

③ 列宁全集：第31卷[M].北京：人民出版社，1984：93.

弱，明贪污成风，会计部门肆无忌惮，蔓延成灾，虽捉杀亦不见功效，盖源于此。可见天下未乱计先乱，天下已治计后治。”①

“天下欲乱计先乱，天下已治计后治”告诉我们，会计审计乱了必然导致天下大乱，故统治者欲治理天下，应首先治理会计和审计。

一、财政是国家治理的基础和重要支柱

2013 年 11 月 15 日，中国共产党第十八届中央委员会第三次全体会议通过的《中共中央关于全面深化改革若干重大问题的决定》指出：“财政是国家治理的基础和重要支柱。”这不仅仅将“财政”界定在“监督”层面上，而且定位于“治理的基础和重要支柱”。

(一) 财政乃庶政之母

亚当·斯密指出“财政乃庶政之母”。2011 年 12 月 27 日，时任国务院副总理的李克强也指出：“财政是庶政之母，邦国之本。”何谓“庶政”？庶政乃各种政务，可以演绎为：财政是各种政务之母。党的十八届四中全会通过的《中共中央关于全面推进依法治国若干重大问题的决定》指出：“法律是治国之重器，良法是善治之前提。”而《预算法》被称为“经济宪法”或“亚宪法”，表明了财政在国家善治方面起到基础和重要支柱的作用。

1. 财政是国家治理的重要支柱

(1) 财政收入是行政权力的源泉

马克思指出：“赋税是官僚、军队、教士和宫廷的生活源泉，一句话，它是行政权力整个机构的生活源泉。强有力的政府和繁重的赋税是同一个概念。”②埃德蒙·柏克指出：“国家的岁入即国家。事实上，无论是为了寻求支持还是为了推动改革，一切都有赖于它。”③

(2) 财政是现代国家的基础

熊彼特认为：“日益增加的战争支出是现代国家的基础。首先，它们刺激国王寻求新的岁入来源；其次，它们导致了一种观点，即战争不再是国王的私人事务，而是应当共同承担费用的公共问题。一个民族的财政史首先是其一般历史的基本组成部分。归根结底，一个民族的精神、文化水平、社会结构以及其政策所预备的行为等——所有这一切以及其他更多的东西都反映在它的财政史当中。”④

---

① 陈荣法.审计手册[M].北京：经济日报出版社，1986：769.

② 中共中央马克思恩格斯列宁斯大林著作编译局.马克思恩格斯全集：第 8 卷[M].北京：人民出版社，1961：221.

③ [英]埃德蒙·柏克.法国革命论[M].何兆武，译.北京：商务印书馆，1998：313-314.

④ 刘志广译《税务国家的危机》。原文为 Schumpeter J A. The crisis of the tax state[C]//Stolper W F, Musgrave R A. International economic paper：No.4. New York：Macmillan，1958：7-8.

(3) 财政是研究国家的最佳着眼点

熊彼特认为,“公共财政是对社会,尤其是政治生活进行研究的最佳着眼点”,是“解开亚利亚特纳的线团”“所有发生过的财政现象,都带有政治结构发生变化的预兆”“从国家财政入手的这种研究方法,在用于研究社会发展的转折点时,效果尤为显著。……社会的转折总是包含着原有财政政策的危机”。他还指出:“税收不仅有助于国家的诞生,也有助于它的发展……一旦税收成为事实,就好像一柄把手,社会力量握住它,就可以改变这个国家的社会结构。”①他在 1918 年发表的开创性论文《税收国家的危机》中认为:“对我们最有吸引力的是从财政角度来观察国家、国家的性质、国家的形式,以及国家的命运。”②

综上所述,财政是伴随着国家的产生而产生的,因此称为国家财政。财政的主体是政府,国家机器的正常运转必须以财政作为基础和保障。财政的收支在全国范围内是全覆盖,国家运用其权力从全国范围内筹集收入,又运用权力承担国家全方位的公共产品供给责任。由此可见,财政与国家权力的关系密不可分,无论是国家统治、国家管理乃至国家治理都离不开财政这个基础和重要支柱,而财政职能的有效发挥也离不开政府权力。

2. 预算是政治权力

财政不仅仅是一个经济杠杆,也不能简单视为分配的工具。预算是政治权力,而权力是政治学的基本概念,因此,预算是一项政治活动。国家如何行使权力属于国家治理的范畴。瑞宾和林奇指出:“预算是权力的体现……预算涉及财富的分配决策,人们的生活深受其影响,所以,这一过程总是与权力的行使紧密相连的,预算过程如不与权力概念相联系是难以完全理解的。”③爱伦·鲁宾认为:“预算过程分配着决策权力。”④威尔达夫斯基指出:“从总体上看,联邦预算是以货币形式表现的政府活动。如果政治被部分地看作是具有不同偏好的利益集团争夺国家政策决定权而发生的争斗,那么预算就是这一争斗结果的记录。……如果有人把政治看作是政府动员资源以应付紧急问题的过程,那么预算就是这些做法的体现。”⑤冯俏彬指出:“‘钱包权力是一切权力中最重要的权力’。预算决定着政府活动的范围与方式,是一切政府行为的起点,谁控制了预算,谁就控制了政府。反过来,在预算

① Schumpeter J A. The crisis of the tax state[C]// Stolper W F, Musgrave R A. International economic papers: No.4. New York: Macmillan, 1958: 7-8.

② Schumpeter J A. The crisis of the tax state[C]//Stolper W F, Musgrave R A. International economic papers: No.4. New York: Macmillan, 1958: 7-8.

③ 转引自:[美]杰克·瑞宾,托马斯·D.林奇.国家预算与财政管理[M].丁学东,等译.北京:中国财政经济出版社,1990: 73.

④ [美]爱伦·鲁宾.公共预算中的政治:收入与支出,借贷与平衡[M].4 版.叶娟丽,马骏,等译.北京:中国人民大学出版社,2001: 97.

⑤ [美]阿伦·威尔达夫斯基.预算:比较理论[M].苟燕楠,译.上海:上海财经大学出版社,2009: 4.

方面不受控制的政府，必然是专制的政府和不负责任的政府。”①权力是决定预算资源分配的关键性因素，在预算管理中，谁拥有权力，谁就获得了资源分配的机会。因此，预算过程就成为权力分配的过程。

毛泽东同志早在1950年就提出了“国家的预算是一个重大的问题，里面反映着整个国家的政策，因为它规定政府活动的范围和方向”②的科学论断。1954年1月，时任政务院副总理兼财政部长的邓小平同志也强调指出：“财政部门是集中体现国家政策的一个综合部门。”他指出：“不懂得数字中有政策，决定数字就是决定政策。……数目字内包括轻重缓急，哪个项目该办，哪个项目不该办，这是一个政治性的问题。……切不可‘有财无政’。”③

综上所述，预算是国家决策的政治权力，它规定政府活动的范围和方向，谁控制了预算，谁就控制了政府。笔者曾论述过高校预算的政治权力④。

3. 议会审议预算将财政定位于国家治理层面

封建专制时期的政府预算，都是皇帝说了算，因为“朕即国家”（法国国王路易十四的名言，代表这时法国正处于绝对君主时代）；《诗经·小雅·谷风之什·北山》曰：“普天之下，莫非王土。”国家财产乃“一家一姓之私产”，古今中外，概莫能外。我国预算制度进入国家治理层面始于清末。一个末代王朝的第一任国会议员敏锐地洞察到经国会制约皇权的预算是有效的预算。这次会议将原预算额37 635万两核减掉7 790万两，使岁入总额略有盈余⑤。

辛亥革命之后，1911年11月3日公布的《重大信条十九条》第十四条规定：“本年度之预算，未经国会决议者，不得照前年度预算开支。又预算案内，不得有既定之岁出，预算案外，不得为非常财政之处分。”第十五条规定：“皇室经费之制定及增减，由国会议决。”由此可见，资政院的财政预算权已得到法律的承认，称得上是中国历史上具有开创性的法律文件。

立法权与行政权分立的形式是分权，而实质是制衡。曾浩春早就指出：“预算上创制权及决定权分立，以成民治国家之通例，……二者各相牵制，实相完成，故能臻于精密。二者缺一，则陷于畸形。此主持一国财政者所应注意也。”⑥靳继东在考察英美等国家早期的预算制度时，将英国的预算制度建立归结为“约束权力”，而将美国的预算改革运动的目的概括为“制衡权力”。焦建国也认为：“预算是纳税人及其代议机构控制政府财政活动的机制，是公共权力配置资源的规则，是一个制衡

① 冯俏彬.美国预算过程的发展演变及其启示[J].财政研究，2007(6)：72-75.
② 毛泽东主席1949年12月在中央人民政府委员会第四次会议的讲话[N].人民日报，1949-12-04.
③ 邓小平文选：第一卷[M].2版.北京：人民出版社，1994.
④ 乔春华.论高校预算的政治视角[J].东南大学学报（社科版），2014(1)：68-72.
⑤ 侯宜杰.二十世纪初的中国政治改革风潮：清末立宪运动史[M].北京：人民出版社，1993：377.
⑥ 曾浩春.预算的政治性质[J].东方杂志，1931(14).

结构，是一个民主政治程序，是代议制政治的基础，其价值核心是民主财政。……只有有效地控制住了政府及其权力的扩张，才能保证纳税人自身的权利，从这个意义上说，公共预算本身是保证民主机制正常运作的基础；同时，预算是配置资源的公共权力在不同主体之间的分配，是一个制衡结构，本身就是一个民主政治程序。"①

财政部监督检查局课题组的研究表明："权力制衡思想源自国家政治理论，其基本内容是权力不能集中于同一人或者同一个机关之手，否则自由便不复存在。……作为政府部门最重要的公共权力之一，公共支出权力的运行状态事关国计民生和社会发展。但现实生活中公共支出权力异化现象较普遍，比如财政支出约束不严、控制不力、效益不高、浪费严重等问题，在一定程度上损害了公共利益。因此，完善公共支出治理机制极为必要。这需要做到：一是形成一种有效的分权结构。通过权力的合理配置，形成一个相互制约的权力运作机制。二是形成一种有效的制衡与协调机制。三是形成一套有效的监督机制。共同规范公共支出权力运行和提高财政资金使用效益。在预算支出编制过程中，美国将专业分工和制衡机制引入编制工作以期提高预算编制的科学性和严肃性。此外，美国联邦政府预算编制工作具有较高的透明度，通过《联邦政府阳光法案》等法律对信息进行广泛披露。分权制衡思想在财政部门内部完善公共支出治理的过程中，应体现为预算编制、执行、监督权力在内部各职能机构间的合理配置能达到相互制衡。简言之，就是要在财政部门内部实现合理分权的基础上，构造一种全过程预算监督制衡机制，以此对支出资金的流动进行实时和全程式的监控与报告。"②从上可知，现代预算具有治理职能。

现代预算治理职能的理论依据是公共受托责任及由此产生的权力制衡理论。美国审计总署认为：公共受托责任就是指受托管理并有权使用公共资源的机构向社会公众说明其全部活动情况的义务。最高审计机关亚洲组织认为：公共受托责任是指受托管理公共资源的机构报告管理这些资源及其有关的规划、控制、财务的责任。

政府的资金来源于公众，高校的资金主要来源于公众。因此，政府和高校的预算权力必须受到制约与监督。公办高校的委托代理关系主要表现在三个层次：

第一层次，委托代理关系是全体人民委托各级人民代表大会；

第二层次，委托代理关系是各级人民代表大会委托各级人民政府；

第三层次，委托代理关系是各级人民政府委托公办高校管理层。

现在，全国两会上都要审议关于××年（上年）中央和地方预算执行情况

① 焦建国.民主财政论：财政制度变迁分析[J].社会科学辑刊，2002(3)：77.

② 财政部监督检查局课题组.公共支出治理研究[Z].财政部网站，2021-02-24.

与××年(本年)中央和地方预算草案的报告,并由全国人大批准。王绍光认为:“现代预算必须是经法定程序批准的政府机关在一定时期的财政收支计划。它不仅仅是财政数据的记录、汇集、估算和汇报,而是一个计划。这个计划必须由行政首脑准备与提交;它必须是全面的、有清晰分类的、统一的、准确的、严密的、有时效的、有约束力的;它必须经代议机构批准与授权后方可实施,并公之于众。拥有这种预算体制的国家,才可以被称作预算国家。”①

著名预算学者林奇指出:“从共和国时期开始,几乎每次预算改革都强化或影响了立法机构和政府的行政部门之间有意设定的紧张和权力平衡。”②

(二) 现代预算是国家治理体系的重要内容

楼继伟指出:“预算是财政的核心,现代预算制度是现代财政制度的基础,是国家治理体系的重要内容。”③楼继伟还指出:“建立现代财政制度主要包括政府预算制度、税收制度和事权与支出责任相适应的财政体制三方面内容。”④

1.《预算法》的规定具有治理内容

1994 年 3 月 22 日,《中华人民共和国预算法》第一条规定:“为了强化预算的分配和监督职能,健全国家对预算的管理,加强国家宏观调控,保障经济和社会的健康发展,根据宪法,制定本法。”2014 年 8 月 31 日,《中华人民共和国预算法》第一条规定:“为了规范政府收支行为,强化预算约束,加强对预算的管理和监督,建立健全全面规范、公开透明的预算制度,保障经济社会的健康发展,根据宪法,制定本法。”从上可知,《预算法》界定的“监督职能”“公开透明”以及后面规定的“审议通过”等都具有治理的内容。

2. 公开透明的预算制度

(1) 预算决算曾是国家秘密

长期以来,预算决算是国家秘密。1951 年,中央人民政府颁布《保守国家机密暂行条例》,该条例以列举的方式划定了国家秘密的一些大项,其中第二条第五项是“国家财政计划,国家概算、预算、决算及各种财务机密事项”。

1988 年通过的保密法定密过宽,也限制了预算公开。

1997 年,国家保密局和财政部制定的《经济工作中国家秘密及其密级具体范围的规定》指出:“财政年度预、决算草案及其收支款项的年度执行情况,历年财政明细统计资料等属于国家秘密,不得向社会公开。”

(2) 预决算从保密走向公开透明

2013 年 11 月 15 日,党的十八届三中全会通过的《中共中央关于全面深化改革

① 王绍光.从税收国家到预算国家[J].读书,2007(10):3-13.

② [美]托马斯·林奇.美国公共预算[M].苟燕楠,董静,译.北京:中国财政经济出版社,2002:31.

③ 楼继伟.解读新预算法:取得 5 方面重大突破[N].人民日报,2014-9-01.

④ 楼继伟.建立现代财政制度[N].人民日报,2013-12-16.

若干重大问题的决定》第 17 条指出："改进预算管理制度。实施全面规范、公开透明的预算制度。"

2014 年 9 月 26 日，《国务院关于深化预算管理制度改革的决定》(国发〔2014〕45 号)指出："深化预算管理制度改革，实施全面规范、公开透明的预算制度，……是推进国家治理体系现代化，实现国家长治久安的重要保障。"

楼继伟指出："公开透明是现代财政制度的基本特征。"①

(三) 高校预算具有治理职能

1. 高校预算也需要审议通过

政府预算涉及国计民生，必须制衡少数人决定预算的权力，应由人民代表大会审议和通过。财政权力的配置是国家所有权力中的核心权力，要对国家配置的财权职权和行动进行硬性约束，将其定位到立宪的层面上，成为国家治理的基础和重要组成部分，使议会审议预算成为民主国家治理权力的重要形式。高校预算涉及学校生存、发展和师生员工利益，也必须制衡少数人决定预算的权力，高校的预算必须经"最高财务决策机构"或"学校领导班子"集体审议通过，不允许"一把手"或少数人擅自做主，这就是权力制衡理论。因此，无论是政府预算还是高校预算都必须经由权力机关按一定法定程序审议和通过，才具有法规效力，才有执行的权威性和严肃性。由此可见，现代预算应具有治理职能。

高校预算也需要"审议通过"。1997 年的《高等学校财务制度》第十三条规定："高等学校预算由学校财务处(室)根据各单位收支计划，提出预算建议方案，经学校最高财务决策机构审议通过后……"2012 年《高等学校财务制度》第十四条规定："高等学校一级财务机构提出预算建议方案，经学校领导班子集体审议通过后……"2012 年《事业单位财务规则》第九条规定："事业单位根据财政部门下达的预算控制数编制预算，由主管部门审核汇总报财政部门，经法定程序审核批复后执行。"2011 年 4 月 4 日，教育部颁布的《教育部关于进一步推进直属高校贯彻落实"三重一大"决策制度的意见》指出："中共中央关于凡属重大决策、重要人事任免、重大项目安排和大额度资金运作(以下简称'三重一大')事项必须由领导班子集体研究作出决定的要求，……大额度资金使用事项，是指超过学校所规定的党政领导人员有权调动、使用的资金限额的资金调动和使用。主要包括学校年度预算内大额度资金调动和使用、未列入学校年度预算的追加预算和大额度支出，重大捐赠，以及其他大额度资金运作事项。"因此，治理结构是按"法定程序"制约一把手的有效机制。

笔者曾论述过高校预算的治理职能②。

---

① 楼继伟.解读新预算法：取得 5 方面重大突破[N].人民日报，2014-09-01.

② 乔春华.论预算的治理职能：以高校为例[J].会计之友，2014(19)：106-110.

2. 高校预算也需要公开透明

仅仅由“人民代表大会”或“领导班子”审议通过还是不够的，因为他们仍是被委托者。第一层次的委托者是全体人民大众！

艾伦·希克(Allen Schick)指出：“在资源匮乏时期，预算过程越公开，在对关键资源作出预算决策时越可能使用客观判断依据而不是权力。”①

中央编译局比较政治与经济研究中心研究员高新军认为：“预算改革的目的就是要把‘看不见的政府’变为‘看得见的政府’。‘看得见’，人民才有可能对它加以监督。这是1907年成立的纽约市政研究局的预算改革者们解释公共预算改革时强调的要点。从那时开始，‘预算民主’改革成了遏制官员腐败和规范政府行为的突破口。而纽约市政研究局正是美国今天大名鼎鼎的智库——布鲁金斯研究所的前身。”②

但是，高校财务信息状况最不透明。2011年12月1日，中国政法大学教育法中心发布《2010—2011年度高校信息公开观察报告》。报告指出：“根据《报告》相关数据显示，财务信息公开情况在所有高校信息公开中最不透明。在考察高校是否主动公开了学校经费来源、年度经费预算决算方案情况时，112个被观察高校得分全部为零。这也是此次透明度调查28个测评项目中，唯一一个所有被观察高校全部都得零分的项目。”③

刘茸报道：“中国社会科学院法学研究所今日发布高等教育透明度指数报告(2014)，首次对国内著名高校的信息公开情况进行评估，对象涵盖了教育部直属、‘211’和‘985’共115所高校。令人意外的是评估结果：清华、北大、人大等传统顶尖院校未排进前十；而地方大学则呈现异军突起之势，中国海洋大学、西南交通大学和湖南大学分列前三。”④

光明网评论员报道：“仅就眼下的70多份年度预算来看，起码有三个层面有待细化并释疑：一则，既然是高校预算，公众最关心的自然是比如教师工资、教学设备、学生补助等都花了多少钱。所谓预算公开，能否将这些核心项目公开在明处？二则，高校行政化是个不争的顽疾，而社会对‘三公’支出反响最为强烈，那么，高校预算能否在这些热点上不避嫌地及时回应民意？三则，很多高校‘其他收入’金额较大。比如北京大学的其他收入为42.57亿元，占总收入的35.82%；中国政法大学的其他收入为9 000万元，占9.21%。‘其他’太多，透明性就成谜。当然，最关键的还有，这些安排到底合理不合理、有没有靠谱的审计等专业监督兜底，似乎也

---

① Schiek A G. University budgeting: administrative perspective, budget structure, and budget process[J]. Academy of Management Review, 1985, 10(4): 794-802.

② 高新军.美国财政预算是如何走向公开透明的[J].中国改革,2012(8): 73-74.

③ 中国政法大学教育法中心.112所高校无一公开经费来源年度预决算信息[N].法制日报,2011-12-02.

④ 刘茸.高校透明度指数：北大跌出前50名地方大学“抢眼”[Z].人民网,2015-03-11.

需要稳妥说明。”①

2014 年 3 月 4 日，《光明日报》刊登《阳光财政，我们刚刚起步》一文；2017 年 11 月 27 日，光明网又刊登《十年了，阳光财政不能还是“刚起步”》一文，该文指出：“由全国政协委员、上海财经大学教授蒋洪主导的上海财经大学公共政策研究中心的《2017 中国财政透明度报告》已经发布，从 2008 年起，以政府信息公开条例的施行为依据，该中心开始对全国省级政府财政透明度进行调查跟踪。其数据显示，2009 年我国省级政府的财政透明度为 21.71 分（百分制），2011 年是 23 分左右，2013 达到了 30 分，始终处于低位。几年前《光明日报》曾用‘阳光财政，我们刚刚起步’对该报告进行过报道，现在看，‘刚起步’仍然适用。”②政府预算由人大代表和政协委员监督审议况且如此，高校预算的透明度也算是刚起步。

鲁宾指出：“每当预算公开时，政治就渗透进预算。”③这里的“政治”可理解为权力，即公开透明程度受权力的干预，这又涉及高校预算的民主化问题。为此，笔者不由得陷入思考，我国著名的会计学家顾准晚年为何要研究古希腊的城邦民主制度。

笔者曾研究过高校财务信息透明度④。

（四）高校预算的内部控制

希克认为：“这一次序表明，政府在能够安全地转向内部控制之前必须初步建立起外部控制，而且它必须在拥有了健全的内部控制之后才能将处理资源和产出的广泛的灵活性和责任交给管理者。尽管对此存在一些争议，预算控制也确实会影响管理绩效的提升，但当法治根植于公共管理制度之中的时候，这种代价就显得‘得可偿失’了。”⑤由此可见，外部控制在前，内部控制在后。在上面阐述了“公开透明”属于高校外部治理结构的范畴之后，就有“审议通过”属于高校内部治理结构的范畴。

2012 年 11 月 29 日，财政部印发的《行政事业单位内部控制规范（试行）》（财会〔2012〕21 号）第十九条规定：“单位应当建立健全预算编制、审批、执行、决算与评价等预算内部管理制度。单位应当合理设置岗位，明确相关岗位的职责权限，确保预算编制、审批、执行、评价等不相容岗位相互分离。”由此可见，高校预算的内部控制就预算编制、审批、执行、考核环节应相互制衡，起到内部控制的作用。《企业内

---

① 光明网评论员.雾里看花的“部属高校晒预算”[J].现代阅读，2016(7)：32.

② 颜维琦，刘文嘉.阳光财政，我们刚刚起步[N].光明日报，2014-03-04；光明网评论员.十年了，阳光财政不能还是“刚起步”[N].光明网，2017-11-27.

③ [美]爱伦·鲁宾.公共预算中的政治：收入与支出，借贷与平衡[M].4 版.叶娟丽，马骏，等译.北京：中国人民大学出版社，2001：10.

④ 乔春华.论高校财务透明度[J].教育财会研究，2010(4)：11-17.

⑤ Schick A G. A contemporary approach to public expenditure management[M]. Washington D.C.: The World Bank, 1998: 122.

部控制具体规范——预算》第四条规定："企业应当建立预算工作岗位责任制，明确相关部门和岗位的职责、权限，确保预算工作中的不相容岗位相互分离、制约和监督。预算工作不相容岗位一般包括：（一）预算编制（含预算调整）与预算审批；（二）预算审批与预算执行；（三）预算执行与预算考核。"由此可见，预算的编制者、审批者、执行者和监督者不能是同一个主体。境外高校预算编制和预算执行就分属两个部门，很多学者都论述过，笔者不再赘述。

陈霞指出："美国的政府预算编制程序是异常严谨的，预算编制各环节所有负责人员都职责明确，对每个预算细节，例如绩效预算的编制步骤、会计准则、计算方法等均给予具体的技术指导，并为预算的审议、切磋和协调提供充足时间。不仅如此，美国还将预算编制工作分解为收入预算与支出预算，分别责成相对独立的不同政府机构负责，把专业分工和一些制衡机制引入预算编制工作以提高其科学性和严肃性，而其预算编制工作都具有高透明度，并注意尊重纳税人的知情权，做到依法接受国民对政府活动的监督。"①

王绍光、马骏在其一篇文章的开头引用了国外两位著名政府预算专家的名言②，指出了政府预算与国家治理的关系：Schick A. G.（1990）："毫不夸张地说，一个国家的治理能力在很大程度上取决于它的预算能力。"Wldavsky A.（1988）："如果你不能预算，你如何治理？"如果将上述两句话延伸理解，可以得出如下结论：一个高校的治理能力在很大程度上取决于它的预算能力。如果高校不能预算，如何治理？因此，高校预算能力决定高校的治理能力，高校不能预算就不能治理！

综上所述，现代预算的治理职能是其自身固有的，忽略了治理职能的预算就不能称为现代预算。

二、高校会计既是大学治理的基础又是国家治理的基础

前已述及，"财政是国家治理的基础和重要支柱""现代预算是国家治理体系的重要内容"，但预算的价值在于执行，其执行结果体现在决算上。《中华人民共和国预算法（2014）》第八章即为"决算"。预算离不开决算，决算依赖于会计。1989 年 1 月 27 日，财政部印发的《关于加强会计管理工作　提高会计人员素质的意见》（财会字〔89〕第 05 号）指出："会计，是财政财务管理的基础工作；会计人员，是做好财政财务管理工作的基本队伍。"因此，财政是国家治理的基础和重要支柱，现代预算是国家治理体系的重要内容，会计是国家治理的基础，高校会计是大学治理和国家治理的基础。

---

① 陈霞.从美国宾州政府部分关闭看刚性预算[N].中国青年报，2007-07-12.

② 王绍光，马骏.走向"预算国家"：财政转型与国家建设[J].公共行政评论，2008(1)：1-37.

笔者在第二章第一节阐述了“高校财务是大学治理的基础和重要支柱”，为什么本部分提起“高校会计是大学治理和国家治理的基础”，而去掉了“重要支柱”？因为，“财政”和“高校财务”涉及财力，财力既是治理的力量，又是治理的重要支柱。

（一）市场经济越发展会计越重要

1. 生产越发展会计越必要

马克思指出：“过程越是按社会的规模进行，越是失去纯粹个人的性质，作为对过程的控制和观念总结的簿记就越是必要，……簿记对资本主义生产比对手工业和农业的分散生产更为必要，对公有生产比对资本主义生产更为必要。”①“在资本主义生产方式废止以后，但社会化的生产依然存在的情况下，价值决定仍会在上述意义上起支配作用：劳动时间的调节和社会劳动在各类不同生产之间的支配，最后，与此有关的簿记，将比以前任何时候都要重要。”②

2. 社会主义没有会计是不行的

列宁在《国家与革命》中多次阐述核算和监督的重要性。如列宁指出：“我们希望由现在的人来实行社会主义革命，而现在的人没有服从、没有监督、没有‘监工和会计’是不行的。”③

3. 经济越发展会计越重要

（1）算账离开价值法则一切都不可能

1959年3月30日，毛泽东在陶鲁笳报送的关于山西省各县五级干部会议情况的报告及附件的批注中指出：“算账才能实行那个客观存在的价值法则。这个法则是一个伟大的学校，只有利用它，才有可能教会我们的几千万干部和几万万人民，才有可能建设我们的社会主义和共产主义。否则一切都不可能。”④

（2）社会主义经济越发展会计越重要

1962年6月23日，中共中央批转财政部党组和人民银行党组《关于全国会计工作会议情况的报告》指出：“办经济离不开会计。经济越发展，会计越重要。”为了扭转“文革”中国民经济一度濒于崩溃的边缘的局面，1978年9月12日，国务院发布了《会计人员职权条例》（国发〔1978〕175号），其第一条就指出：“会计是管理国民经济必不可少的工具。社会主义经济越发展，会计越重要。”

（3）市场经济越发展会计工作越重要

1995年10月26日，国务委员李贵鲜受朱镕基同志委托，代表国务院在第四次全国会计工作会议上讲话指出：“会计工作不仅在过去重要，现在和将来更重要。

---

① 马克思.资本论：第二卷[M].北京：人民出版社，1975：152.

② 马克思.资本论：第三卷[M].北京：人民出版社，1975：963.

③ 列宁全集：第31卷[M].北京：人民出版社，1984：46.

④ 毛泽东文集：第8卷[M].北京：人民出版社，1999：34.

市场经济越发展，会计工作越重要。”他还指出：“会计人才，是做好会计工作的关键，也是搞市场经济的关键。”

由此可见，每一个经济单位的内部治理都离不开会计工作，没有准确的会计信息，这个单位不可能治理好。

（二）健全而透明的高校会计制度是良好治理的基石

曾任经济合作与发展组织预算管理及公共服务管理部主任的亚历克斯·麦哲逊（Alex Matheson）也指出：“构筑健全而透明的预算和会计制度是良好公共部门治理的基石。……OECD 的工作核心是要求财政过程透明，即公开。从简单的贪污犯罪到不适当或陈旧过时的财政信息，这些由封闭的和混乱的预算和会计结构带来的问题会影响公众对政府体制的信心。透明度——公开政策意图、制定和实施过程——是良好治理的关键要素。”①

高校会计制度是国家治理体系中的一项重要制度安排。会计法规、会计准则、会计制度等都属于“公法”范围，是国家制度的组成部分。在第二章中已阐述过，“法者，治之端也”。良法是善治的前提，又是治理的依据，起根本性、全局性、长远性作用，制度的性质决定了治理的方式，治理依照制度展开；治理是制度实践的过程，制度的实践过程就是治理，没有有效的治理能力，再好的制度也难以发挥作用。

（三）高校会计信息是国家治理的信息系统的重要组成部分

1. 会计信息是国家治理的基础信息

2014 年 12 月 12 日，国务院批转的财政部《权责发生制政府综合财务报告制度改革方案》指出：“我国目前的政府财政报告制度实行以收付实现制政府会计核算为基础的决算报告制度，……难以满足建立现代财政制度、促进财政长期可持续发展和推进国家治理现代化的要求。……逐步建立以权责发生制政府会计核算为基础，以编制和报告政府资产负债表、收入费用表等报表为核心的权责发生制政府综合财务报告制度，提升政府财务管理水平，促进政府会计信息公开，推进国家治理体系和治理能力现代化。”

前已述及，作为决算的会计信息能反映预算执行的结果。会计信息是反映经济活动的重要基础性信息，是编制预算（资源配置）的基础。政府会计信息提供的是政府的财政收支状况，在资源配置、宏观调控中发挥着重要作用；企业会计信息是对企业财务状况和经营成果的全面反映，在资源配置、市场调节等方面发挥着重要作用。上述信息反映投资者、债权人、债务人、管理者的信息，小则如“三公”经费信息，中则如地方政府负债信息，大则如中央政府投资、效益和赤字信息以及纳税信息等，都是决定政府活动方向的重要依据，是国家治理的重要内容。

① 陈小悦，陈立齐．政府预算与会计改革：中国与西方国家模式[M]．北京：中信出版社，2002：27.

2. 高校会计信息既是高校治理的基础信息又是国家治理的基础信息

高校会计是一个信息系统。高校提供的会计信息不仅涉及财政拨款、学费、银行贷款、校办企业利润上缴、社会捐赠等收入信息，而且涉及经济功能和经济性质与用途等支出信息，以及结转与结余的信息。这些信息对政府的决策机制、监控机制等十分有用，是国家治理信息系统的重要组成部分。

前已述及，公开透明不仅是国家治理的客观要求和重要内容，而且是现代财政制度的基本特征。高校信息公开透明也是高校治理的重要内容，高校会计信息是学校信息的重要组成部分，也是高校治理的重要内容。非高校信息公开透明也很重要。如贵州省大方县曾拖欠教师工资近 5 亿元，别的地方还有没有拖欠教师工资的？再如《中华人民共和国义务教育法(2018)》第三十一条规定："教师的平均工资水平应当不低于当地公务员的平均工资水平。"是不是全国所有地方的义务教育的教师平均工资水平都不低于当地公务员的平均工资水平？这都需要信息公开透明。

会计是一个信息系统。由于存在"信息不对称"，需要公开透明和监督；由于存在"信息孤岛"，需要消除信息壁垒。信息是信息时代最为重要的权力资源和权力载体，会计信息又是抑制权力腐败的基础，国家治理的效能需要信息机制的支撑。要实现国家治理体系和治理能力现代化，就需要政府、企业和事业单位的善治或良治机制，才能规避和化解风险，理顺经济秩序，稳定社会秩序，改善政治、经济、文化等生态环境。

(四) 会计监督是国家治理体系的重要组成部分

《会计法》中规定：会计基本功能为核算与监督，高效的会计监督有助于提高会计信息质量，提升国家治理能力和水平。在本章第三节中已详细阐述"财会监督是治理的内在要素"，此处不再赘述。

第五章　高校财务治理文化研究

第一节　优化高校治理文化有利于制度效能转为治理效能

一、为什么要研究大学治理文化

(一) 文化这个国家和民族的灵魂对解决高校财务领域的制度效能转为治理效能的问题有重要价值

2014 年 9 月 24 日，习近平指出："文明特别是思想文化是一个国家、一个民族的灵魂。无论哪一个国家、哪一个民族，如果不珍惜自己的思想文化，丢掉了思想文化这个灵魂，这个国家、这个民族是立不起来的。"①

2016 年 11 月 30 日，习近平指出："文化是一个国家、一个民族的灵魂。"②

2017 年 10 月 18 日，党的十九大报告指出："文化是一个国家、一个民族的灵魂。文化兴国运兴，文化强民族强。没有高度的文化自信，没有文化的繁荣兴盛，就没有中华民族伟大复兴。要坚持中国特色社会主义文化发展道路，激发全民族文化创新创造活力，建设社会主义文化强国。"③

2018 年 8 月 21 日，习近平指出："中华优秀传统文化是中华民族的文化根脉，其蕴含的思想观念、人文精神、道德规范，不仅是我们中国人思想和精神的内核，对解决人类问题也有重要价值。"④

由此可见，文化是一个国家、一个民族的灵魂。中华优秀传统文化是中华民族的文化根脉，是我们中国人思想和精神的内核，对解决人类问题有重要价值。同时，其对解决高校财务领域的制度效能转为治理效能的问题也有重要价值。

(二) 社会主义先进文化是国家治理体系和治理能力现代化的深厚支撑

2014 年 10 月 13 日，习近平在十八届中共中央政治局第十八次集体学习时的

---

① 习近平在纪念孔子诞辰 2565 周年国际学术研讨会暨国际儒学联合会第五届会员大会开幕会上的讲话[N].人民日报，2014-09-25.

② 习近平.在中国文联十大、中国作协九大开幕式上的讲话[N].人民日报，2016-12-01.

③ 习近平.决胜全面建成小康社会，夺取新时代中国特色社会主义伟大胜利：在中国共产党第十九次全国代表大会上的报告[N].人民日报，2017-10-28.

④ 习近平.举旗帜聚民心育新人兴文化展形象　更好完成新形势下宣传思想工作使命任务[N].人民日报，2018-08-23.

讲话中指出："历史是最好的老师。在漫长的历史进程中，中华民族创造了独树一帜的灿烂文化，积累了丰富的治国理政经验，其中既包括升平之世社会发展进步的成功经验，也有衰乱之世社会动荡的深刻教训。我国古代主张民惟邦本、政得其民，礼法合治、德主刑辅，为政之要莫先于得人、治国先治吏，为政以德、正己修身，居安思危、改易更化，等等，这些都能给人们以重要启示。治理国家和社会，今天遇到的很多事情都可以在历史上找到影子，历史上发生过的很多事情也都可以作为今天的镜鉴。中国的今天是从中国的昨天和前天发展而来的。要治理好今天的中国，需要对我国历史和传统文化有深入了解，也需要对我国古代治国理政的探索和智慧进行积极总结。"①

2019 年 10 月 31 日，中国共产党第十九届中央委员会第四次全体会议通过的《中共中央关于坚持和完善中国特色社会主义制度 推进国家治理体系和治理能力现代化若干重大问题的决定》指出："发展社会主义先进文化、广泛凝聚人民精神力量，是国家治理体系和治理能力现代化的深厚支撑。"②

由此可见，大力发展社会主义先进文化，用社会主义先进文化熔铸人民共同的理想信念、价值理念、道德观念，广泛凝聚起人们的精神力量，才能构建起国家治理体系和治理能力现代化的深厚精神支撑，构建起高校财务领域治理体系和治理能力现代化的深厚精神支撑。

（三）中华优秀传统文化是把制度优势更好地转化为国家治理效能的根基

要把制度优势更好地转化为国家治理效能，既需要固根基，也需要补短板。而这个"根基"就是中华优秀传统文化。

2014 年 10 月 15 日，习近平指出："中华优秀传统文化是中华民族的精神命脉，是涵养社会主义核心价值观的重要源泉，也是我们在世界文化激荡中站稳脚跟的坚实根基。"③

习近平指出："优秀传统文化是一个国家、一个民族传承和发展的根本，如果丢掉了，就割断了精神命脉。"④

魏徵在《谏太宗十思疏》中云："求木之长者，必固其根本；欲流之远者，必浚其泉源。"因此，高校财务领域制度优势要想长久地转化为治理效能，必须将中华优秀传统文化作为根基。

---

① 习近平.牢记历史经验历史教训历史警示，为国家治理能力现代化提供有益借鉴[N].人民日报，2014-10-14.

② 中共中央关于坚持和完善中国特色社会主义制度 推进国家治理体系和治理能力现代化若干重大问题的决定[N].人民日报，2019-11-06.

③ 习近平在文艺工作座谈会上讲话[N].人民日报，2015-10-15.

④ 习近平在纪念孔子诞辰 2565 周年国际学术研讨会暨国际儒学联合会第五届会员大会开幕会上的讲话[N].人民日报，2014-09-25.

(四)“治理文化”≠“文化治理”

本节阐述的是“治理文化”,而不是“文化治理”。有一些论著将“治理文化”与“文化治理”混淆了,因此,在论述“大学治理文化”前有必要对两者进行区分。“文化治理”是对文化领域的治理,最简单的是对腐朽文化的治理,复杂一点的是对影响文化繁荣的体制机制的治理;“治理文化”则是在大学治理中将文化视为治理的元素,是治理的根本。

二、优化高校治理环境有利于制度效能转为治理效能

(一) 国情决定理论和道路

晏子曾说:“橘生淮南为橘,生于淮北为枳。叶徒相似,其实味不同。”以及“孟母三迁”等都说明了环境的重要性。

国情就是环境,认清了我国的基本国情是社会主义初级阶段,才能确立中国特色社会主义理论和社会主义初级阶段党的基本路线与社会主义道路。

党的十五大报告指出:“十一届三中全会以来,党正确地分析国情,作出我国还处于社会主义初级阶段的科学论断。我们讲一切从实际出发,最大的实际就是中国现在处于并将长时期处于社会主义初级阶段。”

党的十七大报告指出:“我国仍处于并将长期处于社会主义初级阶段的基本国情没有变,人民日益增长的物质文化需要同落后的社会生产之间的矛盾这一社会主要矛盾没有变。……我们必须始终保持清醒头脑,立足社会主义初级阶段这个最大的实际。”

党的十八大报告指出:“我们必须清醒认识到,我国仍处于并将长期处于社会主义初级阶段的基本国情没有变,人民日益增长的物质文化需要同落后的社会生产之间的矛盾这一社会主要矛盾没有变,我国是世界最大发展中国家的国际地位没有变。在任何情况下都要牢牢把握社会主义初级阶段这个最大国情,推进任何方面的改革发展都要牢牢立足社会主义初级阶段这个最大实际。”

2017 年 7 月 26 日,习近平在省部级主要领导干部专题研讨班上的讲话中指出:“全党要牢牢把握社会主义初级阶段这个最大国情,牢牢立足社会主义初级阶段这个最大实际,更准确地把握我国社会主义初级阶段不断变化的特点。”

党的十九大报告指出:“必须认识到,我国社会主要矛盾的变化,没有改变我们对我国社会主义所处历史阶段的判断,我国仍处于并将长期处于社会主义初级阶段的基本国情没有变,我国是世界最大发展中国家的国际地位没有变。全党要牢牢把握社会主义初级阶段这个基本国情,牢牢立足社会主义初级阶段这个最大实际,牢牢坚持党的基本路线这个党和国家的生命线、人民的幸福线,领导和团结全国各族人民,以经济建设为中心,坚持四项基本原则,坚持改革开放,自力更生,艰苦创业,为把我国建设成为富强民主文明和谐美丽的社会主义现代化强国而

奋斗。”

1997 年 5 月 29 日，江泽民在中央党校省部级干部培训班毕业典礼上的讲话中指出：“十一届三中全会以来，党正确地分析国情，作出了我国还处于社会主义初级阶段的科学论断。这是邓小平建设有中国特色社会主义理论的重要基础，是我们制定路线、方针、政策的根本出发点。”

胡锦涛在党的十七大上所作的报告中指出：“当前我国发展的阶段性特征，是社会主义初级阶段基本国情在新世纪新阶段的具体表现。强调认清社会主义初级阶段基本国情，不是要妄自菲薄、自甘落后，也不是要脱离实际、急于求成，而是要坚持把它作为推进改革、谋划发展的根本依据。”

由此可知，我国仍处于并将长期处于社会主义初级阶段的基本国情没有变，推进任何方面的改革和发展必须牢牢把握社会主义初级阶段这个最大国情，在任何情况下都必须牢牢立足社会主义初级阶段这个最大实际，社会主义初级阶段的理论是我们制定和执行正确的路线和政策的根本依据。所以，认清中国社会的性质，就是说，认清中国的国情，乃是认清一切革命问题的基本的根据①。

（二）会计环境决定着会计制度变迁的根本动因

会计制度变迁是社会经济环境发展的必然，为什么借贷记账法的雏形产生于 13 世纪地中海沿岸的意大利佛罗伦萨？马克思说：“虽然在 14 和 15 世纪，在地中海沿岸的某些城市已经稀疏地出现了资本主义生产的最初萌芽，但是资本主义时代是从 16 世纪才开始的。”②也就是说，地中海沿岸是最早出现资本主义生产萌芽的地方。为什么《萨班斯法案》产生于 2002 年的美国？因为，2001 年 12 月，美国最大的能源公司——安然公司，突然申请破产保护，之后，安达信会计师事务所倒闭，特别是 2002 年 6 月的世界通信会计丑闻事件后公司丑闻不断，彻底打击了投资者对美国资本市场的信心，为了挽救这一局面，美国国会和政府加速通过了《公众公司会计改革与投资者保护法案(2002)》，即《萨班斯法案》。

（三）政治生态

政治生态是相对于自然生态的一种社会政治状态，实质上为一种“软环境”“软实力”。

1. 政治生态就是从政环境和党风生成的土壤

全国党建研究会常务理事、中央纪委驻中国科学院纪检组原组长王庭大指出：“党内政治生态这个概念，是习近平总书记 2013 年 1 月在十八届中央纪委二次全会上第一次提出来的。”王文涛指出：“习近平总书记在十八届中央纪委第二次全会

① 毛泽东选集：第二卷[M].北京：人民出版社，1991：633.

② 马克思恩格斯选集：第 2 卷[M].北京：人民出版社，1975：221-222.

上指出：‘改进工作作风，就是要净化政治生态，营造廉洁从政的良好环境。’”①

2014 年 6 月 30 日，习近平指出：“加强党的建设，必须营造一个良好从政环境，也就是要有一个好的政治生态。营造良好从政环境，要从各级领导干部首先是高级干部做起。”②

2014 年 10 月 8 日，习近平指出：“这些年来，在一些地方和单位，‘四风’问题越积越多，党内和社会上潜规则越来越盛行，政治生态和社会环境受到污染，根子就在从严治党没有做到位。”③

2015 年 3 月 6 日，习近平指出：“要着力净化政治生态，营造廉洁从政良好环境。……抓作风建设要着力净化政治生态，营造廉洁从政的良好环境。自然生态要山清水秀，政治生态也要山清水秀。严惩腐败分子是保持政治生态山清水秀的必然要求。党内如果有腐败分子藏身之地，政治生态必然会受到污染。因此，必须做到有腐必反、除恶务尽。”④

2016 年 6 月 28 日，习近平指出：“我们党 95 年的奋斗历程充分表明，严肃认真的党内政治生活、健康洁净的党内政治生态，是党的优良作风的生成土壤，是党的旺盛生机的动力源泉，是保持党的先进性纯洁性、提高党的创造力凝聚力战斗力的重要条件，是党团结带领全国各族人民完成历史使命的有力保障，是我们党区别于其他非马克思主义政党的鲜明标志。抓好了党内政治生活，全面从严治党就有了重要基础。全党同志都要行动起来，为开展严肃认真的党内政治生活、净化党内政治生态作出贡献。”⑤

2. 营造良好从政环境

（1）净化政治生态同修复自然生态一样

2015 年 3 月 9 日，习近平在参加十二届全国人大三次会议吉林代表团审议时指出：“做好各方面工作，必须有一个良好政治生态。政治生态污浊，从政环境就恶劣；政治生态清明，从政环境就优良。政治生态和自然生态一样，稍不注意，就很容易受到污染，一旦出现问题，再想恢复就要付出很大代价。”⑥

2016 年 1 月 12 日，习近平指出：“政治生态好，人心就顺、正气就足；政治生态

---

① 笔者在《习近平十八届中央纪委二次全会上的讲话》中未查到“改进工作作风，就是要净化政治生态，营造廉洁从政的良好环境”的原话，故转引自：高文生，石妍.严肃党内政治生活　营造良好政治生态——访全国党建研究会常务理事、中央纪委驻中国科学院纪检组原组长王庭大[J].共产党员，2017(6 上)：24-27；王文涛.营造风清气正的政治生态[N].中国纪检监察报，2013-09-17.

② 习近平.在中共中央政治局第十六次集体学习上的讲话[N].人民日报，2014-07-01.

③ 习近平.在党的群众路线教育实践活动总结大会上的讲话[N].人民日报，2014-10-09.

④ 习近平.在参加十二届全国人大三次会议江西代表团审议时的讲话[N].人民日报，2015-03-07.

⑤ 习近平在中共中央政治局第三十三次集体学习时强调：严肃党内政治生活净化党内政治生态，为全面从严治党打下重要政治基础[N].人民日报，2016-06-30.

⑥ 习近平.政治生态污浊从政环境就恶劣[N].新京报，2015-03-10.

不好，就会人心涣散、弊病丛生。当前，有的地方和部门正气不彰、邪气不祛；‘明规矩’名存实亡，‘潜规则’大行其道；求真务实、埋头苦干的受到排挤，好大喜功、急功近利的如鱼得水。这种风气不纠正、不扭转，对干部队伍杀伤力很大。‘浇风易渐，淳化难归’。净化政治生态同修复自然生态一样，绝非一朝一夕之功，需要综合施策、协同推进。”①

2018 年 3 月 10 日，习近平在参加十三届全国人大一次会议重庆代表团审议时的重要讲话中指出：“政治生态同自然生态一样，稍不注意就容易受到污染，一旦出现问题再想恢复就要付出很大代价。”

2016 年 10 月 27 日，习近平在党的十八届六中全会第二次全体会议上的讲话中指出：“要大力整治选人用人上的不正之风，使用人风气更加清朗，坚决纠正‘劣币驱逐良币’的逆淘汰现象，以用人环境的风清气正促进政治生态的山清水秀。”

（2）营造政治生态的重要性

2017 年 3 月 8 日，习近平在参加十二届全国人大五次会议四川代表团审议时指出：“政治生态是检验我们管党治党是否有力的重要标尺。营造风清气正的政治生态，是一项持久的工作。要结合贯彻党的十八届六中全会精神，教育党员、干部坚定理想信念，牢固树立‘四个意识’，自觉在思想上政治上行动上同党中央保持高度一致，坚决维护党中央权威和集中统一领导，严守政治纪律和政治规矩，旗帜鲜明坚持真理、修正错误。各级领导干部要带头执行《准则》《条例》，把好用权‘方向盘’，系好廉洁‘安全带’，激浊扬清，扶正祛邪，自觉为营造风清气正的政治生态履职尽责、作出贡献。”

2018 年 3 月 10 日，习近平在参加十三届全国人大一次会议重庆代表团审议时的重要讲话中指出：“形成风清气正的政治生态，是旗帜鲜明讲政治、坚决维护党中央权威和集中统一领导的政治要求，是持之以恒正风肃纪、推动全面从严治党向纵深发展的迫切需要，是锻造优良党风政风、确保改革发展目标顺利实现的重要保障。”②

（3）营造风清气正的政治生态

2015 年 2 月 16 日，习近平在视察驻西安部队时指出：“要带头廉洁自律，巩固和拓展党的群众路线教育实践活动成果，自觉依法用权、秉公用权、廉洁用权，营造风清气正的政治生态。”

2015 年 9 月 11 日，习近平指出：“要把专题教育同推进改革发展稳定工作紧密结合起来，努力营造积极向上、干事创业、风清气正的良好政治生态，激励领导干部积极应对和引领经济发展新常态，积极应对工作中存在的突出矛盾和问题，积极应

---

① 习近平.在第十八届中央纪律检查委员会第六次全体会议上的讲话[N].人民日报，2016-05-03.

② 王建华.党的政治建设的着力点[N].光明日报，2018-03-29.

对各种风险和隐患，扎扎实实把党和国家各项工作落到实处。”①

2016 年 3 月 23 日，习近平在视察国防大学时讲话指出：“要持之以恒推进党风廉政建设和反腐败斗争，严肃整改查处存在的问题，努力营造风清气正的良好政治生态。”

2016 年 6 月 28 日，习近平强调：“党的十八大以来，党中央把严肃党内政治生活、净化党内政治生态摆在更加突出的位置来抓，坚持全面从严治党，大力整治形式主义、官僚主义、享乐主义和奢靡之风，严肃查处党员、干部违纪违法问题，坚定不移惩治腐败，完善党内法规制度，不断扎紧制度笼子。经过这几年持续用力，党内政治生活出现了许多新气象。在肯定成绩的同时，我们也要清醒认识到，解决党内政治生活、政治生态中出现的问题决非一朝一夕之功，我们要锲而不舍把这项党的建设基础工程抓紧抓实抓好。”②

2017 年 3 月 7 日，习近平在参加十二届全国人大五次会议辽宁代表团审议时指出：“一个地方要实现政通人和、安定有序，必须有良好政治生态。政治生态污浊，就会滋生权欲熏心、阳奉阴违、结党营私、团团伙伙、拉帮结派等一系列问题，侵蚀党的思想道德基础。要严肃党内政治生活，深入整治选人用人不正之风，坚持正确用人导向，真正把忠诚党和人民事业、做人堂堂正正、干事干干净净的干部选拔出来，形成风清气正的良好政治生态。”③

党的十九大报告指出：“全党要坚定执行党的政治路线，严格遵守政治纪律和政治规矩，在政治立场、政治方向、政治原则、政治道路上同党中央保持高度一致。要尊崇党章，严格执行新形势下党内政治生活若干准则，增强党内政治生活的政治性、时代性、原则性、战斗性，自觉抵制商品交换原则对党内生活的侵蚀，营造风清气正的良好政治生态。”④

2018 年 2 月 13 日，习近平在春节前夕赴四川看望慰问各族干部群众时讲话指出：“要严格执行新形势下党内政治生活若干准则，全面加强和规范党内政治生活，涵养积极健康的党内政治文化，营造风清气正的良好政治生态。”

2018 年 4 月 13 日，习近平在庆祝海南建省办经济特区 30 周年大会上的讲话中指出：“要以改革创新精神抓好党建，持之以恒正风肃纪，深入推进反腐败斗争，教育引导广大党员、干部自觉抵制不良风气对党内生活的侵蚀，营造风清气正的良

---

① 习近平.在中共中央政治局第二十六次集体学习时强调：时时铭记事事坚持处处上心，以严和实的精神做好各项工作[N].人民日报，2015-09-13.

② 习近平.在中共中央政治局第三十三次集体学习时强调：严肃党内政治生活净化党内政治生态，为全面从严治党打下重要政治基础[N].人民日报，2016-06-30.

③ 光明日报评论员.做人堂堂正正　干事干干净净[N].光明日报，2017-03-08.

④ 习近平.决胜全面建成小康社会，夺取新时代中国特色社会主义伟大胜利：在中国共产党第十九次全国代表大会上的报告[N].人民日报，2017-10-28.

好政治生态。”

2019年1月31日，《中共中央关于加强党的政治建设的意见》第五部分“净化政治生态”中规定：“加强党的政治建设，必须把营造风清气正的政治生态作为基础性、经常性工作，浚其源、涵其林，养正气、固根本，锲而不舍、久久为功，实现正气充盈、政治清明。……营造良好政治生态，必须严格执行《关于新形势下党内政治生活的若干准则》，着力提高党内政治生活质量，努力在全党形成又有集中又有民主、又有纪律又有自由、又有统一意志又有个人心情舒畅生动活泼的政治局面。”①

从上可知，政治生态的营造是一个长期培育、持续建设的过程。政治生态是政治生活现状以及政治发展环境的集中反映，是党风、政风、社会风气的综合体现，核心是党员领导干部的党性问题、党悟问题、作风问题。良好的政治生态可以概括为“政通人和”。

（四）大学治理环境

“大学是遗传与环境的产物。”②大学治理体系是宏观国家治理体系的一部分，大学治理变革也绝非处于“真空”环境。治理体系构建，就不能“脱域”，而要考虑变革在社会、文化和制度方面的嵌入性。

家风、民风、党风、政风都是治理环境，校风、学风也是治理环境。下面将进一步阐述。

三、大学治理文化的内涵

（一）文化的内涵

1. 文化定义

《辞海》中的解释：“文化：①从广义来说，是指人类在社会历史实践过程中所创造的物质财富和精神财富的总和。从狭义来说，指社会的意识形态，以及与之相适应的制度和组织机构。文化是一种历史现象，每一社会都有与其相适应的文化，并随着社会物质生产的发展而发展。作为意识形态的文化，是一定社会的政治和经济的反映，又给予巨大影响和作用于一定社会的政治和经济。②泛指一般知识，包括语文知识在内，例如‘学文化’。”③

《现代汉语词典》中的解释：“文化：①人类在社会历史发展过程中所创造的物质财富和精神财富的总和，特指精神财富，如文学、艺术、教育、科学等。②考古学用语，如仰韶文化、龙山文化。③指运用文字的能力及一般知识：学习文化；文化水平。”④

---

① 中共中央关于加强党的政治建设的意见[N].人民日报，2019-02-28.

② 阿什比.科技发达时代的大学教育[M].滕大春，滕大生，译，北京：人民教育出版社，1983：7.

③ 辞海编辑委员会.辞海：下[M].上海：上海辞书出版社，1979：3510.

④ 中国社会科学院语言研究所词典编辑室.现代汉语词典[M].北京：商务印书馆，1982：1192.

毛泽东指出："一定的文化(当作观念形态的文化)是一定的社会政治和经济的反映，又给予伟大作用于一定社会的政治和经济。"①

由此可见，文化作为一种精神力量，能够在人们认识世界、改造世界的过程中转化为物质力量，对社会发展产生深刻的影响。这种影响，既表现在个人的成长过程中，又表现在民族和国家的历史进程中。文化可分为饮食文化(酒文化、茶文化)、服饰文化、建筑文化、旅游文化等；又可分为中华文化、外来文化、社区文化、家庭文化、校园(大学)文化、企业(公司)文化等；还可分为传统文化、现代文化、网络文化等。

2. 社会主义核心价值观是社会主义意识形态的本质体现

(1) 社会主义核心价值观的形成

"五爱"：1949 年 9 月通过的《中国人民政治协商会议共同纲领》第 42 条规定："提倡爱祖国、爱人民、爱劳动、爱科学、爱护公共财物为中华人民共和国全体国民的公德。"1982 年 12 月第五届全国人民代表大会第五次会议通过的《中华人民共和国宪法》第 24 条仍以"五爱"为社会主义公德，但把"爱护公共财物"改为"爱社会主义"。"五爱"教育是在长期的革命斗争和社会主义建设实践中形成、丰富并确定下来的，是社会主义道德的基本要求和学校德育的基本要求，是中国国民公德和学校德育的基本内容。

"四有"：1982 年 7 月，邓小平从提高中华民族素质的高度，提出"搞社会主义精神文明，主要是使我们的各族人民都成为有理想、讲道德、有文化、守纪律的人民"的重要思想，做"四有"公民。

"八荣八耻"：2006 年 3 月 4 日，胡锦涛在第十届中国人民政治协商会议第四次会议的民盟、民进联组会上发表的关于树立社会主义荣辱观的讲话中提出了"八荣八耻"的社会主义荣辱观，继承和发展了我们党关于社会主义思想道德建设褒荣贬耻、我国古代的"知耻"文化传统，同时又赋予了新的时代内涵，深化了我们党对社会主义道德建设规律的认识。"八荣八耻"内容为：以热爱祖国为荣，以危害祖国为耻；以服务人民为荣，以背离人民为耻；以崇尚科学为荣，以愚昧无知为耻；以辛勤劳动为荣，以好逸恶劳为耻；以团结互助为荣，以损人利己为耻；以诚实守信为荣，以见利忘义为耻；以遵纪守法为荣，以违法乱纪为耻；以艰苦奋斗为荣，以骄奢淫逸为耻。

2006 年 10 月，党的十六届六中全会第一次明确提出了"建设社会主义核心价值体系"的重大命题和战略任务，明确提出了社会主义核心价值体系的内容，并指出社会主义核心价值观是社会主义核心价值体系的内核。

2007 年 10 月，党的十七大进一步指出了"社会主义核心价值体系是社会主义

① 毛泽东选集：第二卷[M].北京：人民出版社，1991：663-664.

意识形态的本质体现”。

2011 年 10 月，党的十七届六中全会强调，社会主义核心价值体系是“兴国之魂”，建设社会主义核心价值体系是推动文化大发展大繁荣的根本任务。提炼和概括出简明扼要、便于传播践行的社会主义核心价值观，对于建设社会主义核心价值体系具有重要意义。

2012 年 11 月，中共十八大报告明确提出“三个倡导”，即“倡导富强、民主、文明、和谐，倡导自由、平等、公正、法治，倡导爱国、敬业、诚信、友善，积极培育社会主义核心价值观”，这是对社会主义核心价值观的最新概括。

2013 年 12 月，中共中央办公厅印发的《关于培育和践行社会主义核心价值观的意见》，明确提出，以“三个倡导”为基本内容的社会主义核心价值观，与中国特色社会主义发展要求相契合，与中华优秀传统文化和人类文明优秀成果相承接，是我们党凝聚全党全社会价值共识作出的重要论断。

2017 年 10 月 18 日，习近平同志在党的十九大报告中指出，要培育和践行社会主义核心价值观。要以培养担当民族复兴大任的时代新人为着眼点，强化教育引导、实践养成、制度保障，发挥社会主义核心价值观对国民教育、精神文明创建、精神文化产品创作生产传播的引领作用，把社会主义核心价值观融入社会发展各方面，转化为人们的情感认同和行为习惯。坚持全民行动、干部带头，从家庭做起，从娃娃抓起。深入挖掘中华优秀传统文化蕴含的思想观念、人文精神、道德规范，结合时代要求继承创新，让中华文化展现出永久魅力和时代风采。

2018 年 3 月 11 日，第十三届全国人民代表大会第一次会议通过《中华人民共和国宪法修正案》，将“国家提倡爱祖国、爱人民、爱劳动、爱科学、爱社会主义的公德”修改为“国家倡导社会主义核心价值观，提倡爱祖国、爱人民、爱劳动、爱科学、爱社会主义的公德”。

(2) 社会主义核心价值观的内容

社会主义核心价值观是社会主义核心价值体系的内核，体现社会主义核心价值体系的根本性质和基本特征，反映社会主义核心价值体系的丰富内涵和实践要求，是社会主义核心价值体系的高度凝练和集中表达。

党的十八大提出，倡导富强、民主、文明、和谐，倡导自由、平等、公正、法治，倡导爱国、敬业、诚信、友善，积极培育和践行社会主义核心价值观。富强、民主、文明、和谐是国家层面的价值目标，自由、平等、公正、法治是社会层面的价值取向，爱国、敬业、诚信、友善是公民个人层面的价值准则，这 24 个字是社会主义核心价值观的基本内容。

“富强、民主、文明、和谐”，是我国社会主义现代化国家的建设目标，也是从价值目标层面对社会主义核心价值观基本理念的凝练，在社会主义核心价值观中居于最高层次，对其他层次的价值理念具有统领作用。

“自由、平等、公正、法治”,是对美好社会的生动表述,也是从社会层面对社会主义核心价值观基本理念的凝练。它反映了中国特色社会主义的基本属性,是我们党矢志不渝、长期实践的核心价值理念。

“爱国、敬业、诚信、友善”,是公民基本道德规范,是从个人行为层面对社会主义核心价值观基本理念的凝练。它覆盖社会道德生活的各个领域,是公民必须恪守的基本道德准则,也是评价公民道德行为选择的基本价值标准。

3. 制度是文化构成的真正要素

波兰裔英国社会人类学家马林诺夫斯基认为,文化包括如下四个方面:一是物资设备,如器物、房屋、船只、武器等,它们是文化中最显明、最易把握的方面,决定了文化的水准和工作的效率。二是精神方面的文化,包括各种知识以及道德上、精神上和经济上的价值体系,社会组织的方式和语言。而“标准化的、身体上的习惯或习俗”,是精神文化最基本的要素。三是语言,它是文化整体的一部分,但不是一个工具的体系,而是一套发音的风俗及精神文化的一部分。四是社会组织,它是物资设备与人体习惯的混合复体,是集团行动的标准规矩。它依靠外在的规则、法律习惯等手段进行维系,这些手段的内在根据则是个体的良心、情操等道德动机。人类活动体系等于社会制度(包括各种制度、打猎、巫术、亲属等),而存在的不同种类的社会制度构成了所在地区的文化。马林诺夫斯基特别强调文化的制度因素。他认为制度是使人们的活动有组织地满足某些重要需要的基本的、相对稳定的方式。他把社会制度看作是文化的“真正的要素”。他说:“文化的真正要素有它相当的永久性、普通性及独立性,是人类活动有组织的体系,就是我们所谓‘社会制度’。……社会制度是构成文化的真正要素。”①本书第二章阐述了“制度”,制度应成为文化的重要要素。

我国著名历史学家庞朴认为:“文化结构可分为三层:一是最外层——物质层;一是它的里层——心理层,包括价值观念、思维方式、信仰等;中间层则是心物结合层,包括制度、各种组织机构等客观存在。”②

新制度社会学认为制度是由“社会符号、社会活动和物质资源所组成的多层次稳定的社会结构,它包含以下三大要素:法令规章、规范和文化认知”③。因此,制度应嵌入文化元素。制度文化是人们制定的制度规范体系,应包括管理体制、法规制度和意识形态、价值观、文化习俗等。所谓文化层次理论包括精神文化、物质文化、制度文化。制度文化是人类在物质生产过程中所结成的各种社会关系的总和。社会的法律制度、政治制度、经济制度以及人与人之间的各种关系准则等,都是制

---

① [英]马林诺夫斯基.文化论[M].费孝通,译.北京:华夏出版社,2002.

② 庞朴.文化结构与近代中国[C]//浙江省青年社会科学工作者协会.东西方文化与中国现代化讲演集.杭州:浙江人民出版社,1987:9-11.

③ Scott W R. Institutions and organizations[M]. California: Sagc Publications, 2001: 49-58.

度文化的反映。

张维迎认为，公司治理结构就是关于公司治理的制度性安排，由一系列的契约所规定。这些契约规定可以划分为两大类：一类是正式制度（formal institution），另一类是非正式制度（informal institution）。非正式制度是指由文化、社会习惯等形成的行为规范（norm），这些规范虽然没有在正式合同中写明，因而不具有法律上的可执行性，但却实实在在地在发挥作用。正式制度可以有狭义与广义之分。狭义的正式制度是指只适用于单个企业的“特殊契约”，包括公司章程以及一系列具体合同等。广义的正式制度则还包括适用于所有企业的“通用契约”，包括政府颁布的一整套法律、条例等①。

马林诺夫斯基指出：“所有文化进化式传播过程都首先以制度变迁的形式发生。”②由此可见，治理文化的变迁首先是治理制度的变迁，治理文化的变迁与发展必须首先依托于制度的变迁。没有治理制度的变迁和发展，就不存在治理文化的变迁和发展。但是，治理文化观念层与制度层的不同关系将产生不同的变革成本，由于非正式制度变革的交易成本取决于社会的相互作用，主要来自围绕变革与创新者的社会压力，因此，文化观念以及与其相适应的非正式制度的变革成本较高。

（二）大学文化

1. 大学关注的不仅是学科建设更是文化建设

2016 年 1 月 10 日，清华大学以首场“人文清华”讲坛的开启勾绘出她迈向“世界一流大学”的重要路径——打造新人文格局。邱勇校长亲自开坛演讲，他指出：“建设世界一流大学最难的是文化建设，差距最大的也是文化建设。……如果说上一个百年，清华是百年辉煌；那下一个百年，一定是人文日新。……未来清华关注的不仅是学科建设，更是文化建设。”③

文化的核心是价值观，其亦是文化的基本特性之一。习近平指出：“推进国家治理体系和治理能力现代化，要大力培育和弘扬社会主义核心价值体系和核心价值观，加快构建充分反映中国特色、民族特性、时代特征的价值体系。坚守我们的价值体系，坚守我们的核心价值观，必须发挥文化的作用。民族文化是一个民族区别于其他民族的独特标识。要加强对中华优秀传统文化的挖掘和阐发，努力实现中华传统美德的创造性转化、创新性发展，把跨越时空、超越国度、富有永恒魅力、具有当代价值的文化精神弘扬起来，把继承优秀传统文化又弘扬时代精神、立足本国又面向世界的当代中国文化创新成果传播出去。只要中华民族一代接着一代追

① 张维迎.企业理论与中国企业改革[M].北京：北京大学出版社，1999：86.

② [英]马林诺夫斯基.科学的文化理论[M].黄建波，等译.北京：中央民族大学出版社，1999：56.

③ 邓晖.清华以“人文清华”讲坛打造新人文格局[N].光明日报，2016-01-11.

求美好崇高的道德境界，我们的民族就永远充满希望。”①价值观作为大学文化中最为核心的构成要素，其共同的价值观念体系能够规范、引领并塑造大学师生的态度及行为模式。因此，大学文化就是师生的样式或模式，大学文化是大学和文化共同作用的产物。

大学治理是“在大学内外各个层面控制大学资源配置的一系列的政策、程序和决策单位”②。照此定义，大学治理制度至少包含大学的治理结构和治理文化两部分。

大学文化是高校治理环境的重要内容。大学治理结构与大学文化关系密切。教授治学涉及大学“独立之精神、自由之思想”，民主管理涉及大学民主办学。赛先生、德先生是办好大学之根本，是大学治理结构的重要内容，又是大学文化的核心。

2. 大学文化是高校治理环境的重要内容

大学是什么？英国牛津大学毕业的红衣主教纽曼在他的《大学的理念》中说：“大学是一切知识和科学、事实和真理、探索和发现、试验和思索的高级保护力量。”③蔡元培曾提出：“大学者，研究高深学问者也”“囊括大典，网罗众学之学府也。”④张伯苓说：“教育之事，非独使学生读书习字而已，尤要在造就人才，三育并进而不偏废。”竺可桢说大学就是“求是”之地，“办大学者不能不有哲学中心思想”，“真理的蕲求”与“但知是非不计利害”的做人原则，“君子盖有举世非之而不顾，千百世非之而不顾者，亦求其是而已矣，岂以一时毁誉而动其心哉，此为我校求是精神之精义”。因此，大学是探究学术的殿堂，是培养人才的摇篮，是传承与创新知识的基地，是高新科技产业的孵化器。

高校大学文化主要分为物质文化、制度文化、精神文化三个层次，它们相互渗透又互有差别。其实大学物质文化具有丰富的历史文化底蕴，但一些高校却贪大求洋，大造校园景点。西南联大校园简陋破旧却造就了众多大师，正体现了“所谓大学者，非谓有大楼之谓也，有大师之谓也”。西南联大和延安抗大简陋的校园其实也体现了育人的文化。

大学文化的最高层次是大学精神。美国著名高等教育家亚伯拉罕·弗莱克斯纳认为：“总的来说，在保障大学高水平方面，大学精神比任何设施、任何组织都更有效。”⑤什么是大学精神？雅斯贝尔斯说过：“真正的教育应先获得自己的本质。

---

① 习近平.在省部级主要领导干部学习贯彻十八届三中全会精神全面深化改革专题研讨班开班式上的讲话[N].人民日报，2014-02-18.

② Benjamin R, Carroll S, et al. The redesign of governance in higher education[R]. Santa Monica, CA: RAND, 1993: 23.

③ 约翰·亨利·纽曼.大学的理念[M].贵阳：贵州教育出版社，2003：53.

④ 蔡元培.蔡元培教育论集[M].长沙：湖南教育出版社，1987：152.

⑤ Flexner A. Universities: American English German[M].Oxford: Oxford University Press, 1930: 348.

教育须有信仰，没有信仰就不成其为教育。”①大学精神是大学的灵魂和本质之所在，是大学内在的精神信念和特殊的意志品质的外在表现，是大学存在和发展的基石。大学应当创造知识，追求真理，探索学术，独兀不迁，坚持操守，捍卫价值，实现“道”与“器”、科学与人文、学术性和工具性、思辨理性和技术理性的整合。崇尚理性与追求功利的有机统一，应当成为当代大学的伟大使命②。

大学精神是大学在长期实践磨砺中积淀的追求和创造的理想与信念、道德与良知等价值理念体系的精华，是科学精神的时代标志和凝聚的独特气质，是人类文明成果的高级形式。由此可见，大学文化是追求理想和人生抱负的文化，是追求真理的文化，是严谨求实的文化，是崇尚学术自由和高尚道德的文化，是具有强烈批判精神和包容胸怀的文化。大学精神凝聚了独立与自主、自由与民主的人文精神，批判与创新、追求真理的科学精神，自强不息、进取有为的奉献精神。如北京大学的“爱国、进步、民主、科学”的精神，清华大学的“自强不息、厚德载物”的追求，复旦大学的“博学而笃志、切问而慎思”的境界。大学精神作为一种学校所拥有的思想理念、价值体系、文化产品、道德准则等精神形态的文化氛围，是学校的灵魂，是大学文化的核心要素。

北京大学原党委书记任彦申指出：“大学在近千年发展中确立了一些举世公认或大同小异的精神理念，这就是求知、求实、求真、求新的精神，以人为本、以学生为本、以人才为本的精神，学术自由、兼容并包、多元共生的精神，服务社会、超越现实、面向未来的精神。”③武汉大学哲学学院院长吴根友教授指出：“在庆祝武汉大学建校 120 周年之际，武汉大学开展了‘武大精神’的讨论。……好大学应该是‘春雨润物细无声’的地方。武大校友、学者易中天说：‘人才不是培养、打造的，而是用时间慢慢熏陶出来的。为什么大家都向往名校、老校、重点学校？不见得这些学校的师、生就比普通学校好很多，而是因为她们有传统，形成了一个气场、一种氛围，这是多少代人传下来的。在爬满青藤的老校舍里上课和在现代化的、很酷的校舍里上课，感觉是不一样的。’……这个校园要有学习与研究的气氛，让人一进校园就能闻到无处不在、时时都散发着的书香。各类教室在晚上十点以前总有人读书。图书馆是这所院校最醒目、最吸引人的建筑。到处洋溢着青春的气息，特别是下午或周六、周日，运动场上有众多快乐运动的身影。各种体育场馆、场所比较健全。……地处中国中部的武汉大学没有北大既开风气又为师的条件，也没有上海复旦与西方世界保持密切联系的便利，但她总有着那么一股质朴的泥土气息，又有着楚国文化的浪漫与楚国人‘不服周’的倔强与傲气。孔子说，‘仁者乐山，智者乐

① [德]雅斯贝尔斯.什么是教育[M].邹进，译.北京：生活·读书·新知三联书店，1991：44.

② 张传燧.大学之“道”与大学之“器”：传统大学精神解读[J].高等教育研究，2005(6)：8-11.

③ 任彦申.后知后觉[M].南京：江苏人民出版社，2010：自序.

水’,武大山水相依,其精神故当‘仁智并举’。而在中国的文化传统里,‘天地之大德曰生’‘天行健,君子以自强不息’‘地势坤,君子以厚德载物’。武大人要有天地情怀,就应当秉承天地大德,生生不已,自强不息。”①

(三) 大学治理文化的内涵

1. 大学治理文化的定义

治理文化是指一个区域(横向)或一个领域(纵向)在发展过程中长期形成的经过历史沉淀的治理理念、治理价值、治理目标、治理主体、治理客体和治理手段等方面的一种文化形态。治理文化有先进治理文化和落后治理文化之分。区域治理文化如国家治理文化、单位(公司、学校)治理文化、家庭治理文化等;领域治理文化有政治治理文化、经济治理文化、教育治理文化、军队治理文化等。

大学治理文化是指某个高校在发展过程中长期形成的经过历史沉淀的治理理念、治理目标(和谐与清明的育人和学术环境)、治理主体(党委、行政、教授、学生等共治)、治理客体(不正之风)、治理手段(“人治”还是“法治”)以及大学精神、校风、学风等。杨科正等认为,要以标识性建筑设施昭示大学治理的文化标志。他们指出:“历史悠久、成就卓著的大学都有其标志性文化符号、标志建筑物,例如,哈佛大学的威德纳图书馆、剑桥大学三一学院的苹果树(智慧树)、斯坦福大学的胡佛纪念塔、哥伦比亚大学的‘饥饿的狮子’铜像、东京大学安田大讲堂、北京大学的‘一塔湖图’、清华大学的二校门、北京师范大学的‘木铎金声’、复旦大学的‘驴背诗思’塑像、厦门大学的嘉庚楼群、云南师大的三绝碑等。可以说,这是学校的印记,甚至可以说是大学人的图腾和精神寄托,它们完全发挥着以物化人的意义。”②此外,每个学校的博物馆及其收藏品和校史等都是大学治理文化的载体。

2. 文化在治理中既是软实力也是软治理

党的十八大报告指出:“文化是民族的血脉,是人民的精神家园。全面建成小康社会,实现中华民族伟大复兴,必须推动社会主义文化大发展大繁荣,兴起社会主义文化建设新高潮,提高国家文化软实力,发挥文化引领风尚、教育人民、服务社会、推动发展的作用。”③

美国著名的高等教育研究学者威廉·蒂尔尼(William Tierney)提出了大学治理的文化模式(cultural model),他指出,大学作为一个“松散联结”的组织,从理念到行动,几乎不可能画出一条决策达成的路线图。因而,从结构上讲,一个人不能指望特定的治理机构能够处理特定的事务,而不考虑院校类型和具体情景;也不能指望治理结构的重构带来大学治理的改进。这是因为大学不只是一个简单的结构

① 吴根友.何谓好大学:十大要素勾勒下的好大学[J].高校招生,2014(2):43-44.

② 杨科正,刘娜.论大学治理文化建设[J].大学(研究版),2018(5):39-43.

③ 胡锦涛.坚定不移沿着中国特色社会主义道路前进,为全面建成小康社会而奋斗[N].人民日报,2012-11-18.

单元的总和，而是一个符号和抽象的文化内涵创生的场所①。大学治理本质上"是一种经过长时间发展已经普遍建立起来的学术文化规范和特定院校自身的文化规范的混合物"②。蒂尔尼强调："力图改变个体对组织生活的感知，往往是徒劳的，而且会浪费大量时间……尝试统一共同治理模式，大部分情况会使大学陷入僵局，或者使教师脱离治理的过程。"③因此，蒂尔尼认为，只有把大学视为一种解释性和动态性的文化组织，才有可能创造性地应对这些不同的理解，这也就从根本上规定了大学治理的文化属性。

一般认为，大学制度文化属于硬治理，似乎大学制度是刚性，必须执行。本书第三章阐述了"制度的生命在于执行"，但大学内置党纪国法不顾的有之，将制度（如"大学章程""大学内部控制制度"等）写在纸上、说在嘴上、挂在墙上的有之，不执行怎么办？监督！所以，本书第四章阐述了"监督"。对硬治理的制度不执行可以监督。必须重视的是，制度不执行，还有软治理的文化软实力。

一般认为，文化是指一个国家或民族的历史、地理、风土人情、传统习俗、生活方式、文学艺术、行为规范、思维方式、价值观念等。治理文化中的这种传统习俗的文化尤为重要。传统文化有优劣之分，传统习俗也有优劣之分。

（1）优良传统习俗的软治理能提供正能量（正效能）

仁、义、礼、智、信，温、良、恭、俭、让，忠、孝、勇、节、义，诚、勤、贤、爱、廉等都是修身齐家治国平天下的要义。如古有"以孝治天下"，今有"以德治国""依法治国"等。中华民族历来重视修身修养，历来注重家风建设。

习近平指出："家庭是社会的基本细胞，是人生的第一所学校。"④习近平又指出："家庭是人生的第一个课堂，父母是孩子的第一任老师。"⑤习近平还指出："希望大家注重家庭。家庭是社会的细胞。家庭和睦则社会安定，家庭幸福则社会祥和，家庭文明则社会文明。历史和现实告诉我们，家庭的前途命运同国家和民族的前途命运紧密相连。我们要认识到，千家万户都好，国家才能好，民族才能好。"⑥

"家风"又称门风，是指一个家族经过世世代代的过滤、沉淀和历史汰选，沿袭

① Tierney W G. A cultural perspective on communication and governance[J]. New Directions for Higher Education, 2004(127): 85-94.

② Tierney W G. A cultural analysis of shared governance: the challenges ahead[C]//Tierney W G. The impact of culture on organizational decision making: theory and practice in higher education. Virginia: Stylus Publishing, 2008: 171.

③ Tierney W G. Improving academic governance: utilizing a cultural framework to improve organizational performance[C]//Tierney W G. Competing Conceptions of Academic Govern-ance. Baltimore MD: The Johns Hopkins University Press, 2004: 209.

④ 习近平.在2015年春节团拜会上的讲话[N].人民日报,2015-02-18.

⑤ 习近平.在会见第一届全国文明家庭代表时的讲话[N].人民日报,2016-12-16.

⑥ 习近平.在会见第一届全国文明家庭代表时的讲话[N].人民日报,2016-12-16.

传承下来的精神风貌、道德品质、审美格调等的家族文化风格，是一个家族链上某一深孚众望的杰出人物为家族子孙代代接力恪守的祖训，是家族子孙嘉言懿行、流风余韵的道德风貌，是家庭伦理和家庭美德的结晶，是家庭或家族世代相传遵循的价值准则。辩证地看，没有家风，本质上也是一种家风。家风作为家庭的文化和传统，是一个中性的概念，有好家风与坏家风之分。习近平指出："家风是社会风气的重要组成部分。家庭不只是人们身体的住处，更是人们心灵的归宿。家风好，就能家道兴盛、和顺美满；家风差，难免殃及子孙、贻害社会。正所谓'积善之家，必有余庆；积不善之家，必有余殃'。"①

家风包括家德、家规、家训、家谱。家德是家庭崇尚的德理和伦理等，家规是家庭遵从的规则等，家训是家庭遵从的信条，家谱是家庭传宗续延的记载。家德是家风的核心，家规、家训是家风的教科书，家谱是家风的载体。

《礼记・大学》曰："一家仁，一国兴仁；一家让，一国兴让；一人贪戾，一国作乱；其机如此。""家和万事兴"，由此可见，这些传统文化的精髓是中华民族绵延不息的重要软实力，也是五千年中华文明璀璨不绝的基本基因。家风对党风、政风、社风、民风的影响极大。

从上可知，风气是一种看不见摸不着的精神风貌和风尚习气，这种独特的"风"和"气"是一种隐性的文化形态，是一种润物细无声的潜移默化的教育，是一种身体力行和言传身教的潜在无形的力量，是一种强大的文化和道德氛围的感染力量，是一种具有熏染影响、沾溉浸濡意义的教化资源。良好的文化氛围使人们自觉不自觉地受到感染和启迪，追求真善美，摒弃假恶丑。刘庆斌等指出："大学治理的结构和过程存在于组织的文化中；大学治理的改进和大学绩效的提升，不在于设计出一种最好的治理制度，而在于大学的参与者能够有效地解释大学文化。"②这种软实力的软治理与制度硬约束的硬治理相结合，才能真正将制度效能转化为治理效能。

(2) 不良传统习俗的软治理会提供负能量(负效能)

前已述及，传统文化有优劣之分，传统习俗也有优劣之分。有学者对大学文化作过批评。如张传燧指出："越来越被意识形态化、行政官僚化、市场经济化、世俗功利化的东西所羁绊以致离理想、应然越来越远，大学现实与理想的冲突越来越突出。"③张传燧还指出："大学越来越失去高贵超然的道德品质和独兀冷峻的价值判断，大学'无文化'现象越来越严重。大学本该适当超然于现实生活，大学应主导社会潮流，引导社会发展方向，提升人的精神生活品质。大学应当而且必须'化俗'

① 习近平.在会见第一届全国文明家庭代表时的讲话[N].人民日报，2016-12-16.

② 刘庆斌，刘爱生.大学治理的文化模式解析与启示[J].江苏高教，2013(3)：8-11.

③ 张传燧.大学现实与理想的冲突[J].大学教育科学，2010(5)：8-9.

‘凝重’‘深沉’‘超然’而不是‘媚俗’‘浮躁’‘浅薄’‘趋利’，应当而且必须对民族、国家和人类的前途和命运有所担当、对文化传统和历史传承有所承诺、对理想有所奉献。”①

前已述及，习俗风气是文化。千百万人的习惯势力是最可怕的势力。鲁迅指出：“真实的革命者，自有独到的见解，例如乌略诺夫先生，他是将‘风俗’和‘习惯’，都包括在‘文化’之内的，并且以为改革这些，很为困难。”②该文在此段注释为⑥，其注释为“⑥乌略诺夫通译乌里扬诺夫，即列宁。他在《共产主义运动中的“左派”幼稚病》一书中曾说：‘无产阶级专政是对旧社会的势力和传统进行的顽强斗争，流血的和不流血的，暴力的和和平的，军事的和经济的，教育的和行政的斗争。千百万人的习惯势力是最可怕的势力。没有铁一般的和在斗争中锻炼出来的党，没有为本阶级全体忠实的人所信赖的党，没有善于考察群众情绪和影响群众情绪的党，要顺利地进行这种斗争是不可能的。’（《列宁选集》第四卷第二〇〇页，一九七二年十月人民出版社出版。）”

“惯性”是文化的表现之一。钟秉林指出：“由于体制的惯性，前述种种大学‘行政化’现象依然程度不同地存在，政府有关部门往往还习惯于用行政管理的逻辑和方式来管理大学，大学往往还习惯于依据行政机构的组织结构来设计大学的内部组织，按照行政组织的管理方式对校、院、系进行权力分配，并赋予其相应的行政级别，确立管理中的隶属和服从关系。政府与大学之间的关系在不少方面还是命令与服从的关系，这在无形中又成为大学内部行政机关和学术组织之间关系的范本。在很大程度上可以说，当前大学管理中的‘行政化’倾向，仍是计划经济思维和做法的延续。”③

下面着重阐述大学的“行政化”和“官僚化”。

四、大学治理文化的重点——大学的“去行政化”和“去官僚化”

（一）“行政”与“行政化”，“官僚”与“官僚化”

1. 从“教育产业”与“非义务教育产业化”说起

（1）法规政策明确规定过“教育产业”

1999 年 6 月 13 日，《中共中央、国务院关于深化教育改革全面推进素质教育的决定》第 11 条规定：“发展教育产业。”

（2）法规政策规定过“非义务教育产业化”

1999 年 3 月 6 日，在第九届全国人民代表大会第二次会议上通过的国家发展

① 张传燧.治理、文化、质量：高等教育深化改革的三大主题[J].大学教育科学.2015(1)：15-19.

② 鲁迅.习惯与改革[M]//鲁迅.鲁迅全集：第 4 卷.北京：人民文学出版社，1981：221-223.

③ 钟秉林.关于大学“去行政化”几个重要问题的探析[J].中国高等教育，2010(9)：4-7.

计划委员会主任曾培炎所作的《关于1998年国民经济和社会发展计划执行情况与1999年国民经济和社会发展计划草案的报告》第三部分中提道："拓宽消费领域，开发新的服务消费市场。鼓励和引导第三产业加快发展。推进文化、体育、非义务教育和非基本医疗保健的产业化。"①这个报告经全国人大代表表决通过，具有权威性。

2. 什么是"化"

（1）"化"是转变成某种性质或状态的过程

笔者早在2006年就对"教育产业"与"教育产业化"作过论述："关于教育产业化的'化'，据《辞海》解释：'化：表示转变成某种性质或状态。如绿化；电气化；大众化。'②如物质的气化，是将固态或液态的物质变为气的过程；同样，物质的固化或液化也是将物质的其他形态变为固态或液态的过程。教育产业化是过程，教育产业是结果。因此，既然大家普遍认可教育是产业，就不必过多指责教育产业化这个过程。还有人认为，教育不能产业化。教育都已化成产业了，已经不是能不能的问题了。"③

（2）"化"不是"少许"而是彻头彻尾彻里彻外之谓也

毛泽东指出："现在许多人在提倡民族化、科学化、大众化了，这很好。但是'化'者，彻头彻尾彻里彻外之谓也；有些人则连'少许'还没有实行，却在那里提倡'化'呢！所以我劝这些同志先办'少许'，再去办'化'。"④

记者李斌报道："2005年12月22日，教育部新闻发言人王旭明做客新华网时强调，'教育产业化'这个提法从它产生之日起，教育部就旗帜鲜明地表示反对。王旭明表示，对于教育产业化'不仅仅教育部反对，财政部、国家发改委等各个部门都反对，老百姓也反对，政府官员也反对，要让其像"过街老鼠"一样，这就对了，它就没有市场了'。"⑤

《中共中央、国务院关于深化教育改革全面推进素质教育的决定》提出"发展教育产业"和《关于1998年国民经济和社会发展计划执行情况与1999年国民经济和社会发展计划草案的报告》提出"推进非义务教育产业化"，可见，"教育产业"是中共中央、国务院提出的，"非义务教育产业化"是全国人大认可的。

但是，"行政"与"行政化"，笔者赞成大学可实行行政管理和"去行政化"，赞成大学不可有"官僚"，赞成"去官僚化"。

---

① 曾培炎.关于1998年国民经济和社会发展计划执行情况与1999年国民经济和社会发展计划草案的报告[N].人民日报，1999-03-19.

② 辞海编辑委员会.辞海：上[M].上海：上海辞书出版社，1979：477.

③ 乔春华.高等教育投入体制研究[M].南京：南京大学出版社，2006：276-277.

④ 毛泽东.反对党八股[M]//毛泽东选集：第三卷.北京：人民出版社，1991：841.

⑤ 李斌.教育部新闻发言人：坚决反对教育产业化存在[N].中国青年报，2006-02-28.

（二）大学去行政化

1. 民国时期的大学“去行政化”失败

蔡元培留法期间十分推崇法国的教育管理体制。法国在1920年之前，由大学院院长总理全国教育行政①。“当时法国分为17个大学区，每区设一所国立大学，大学校长兼管全区教育事务，大学院院长统揽全国教育行政。这样的体制和结构，使法国教育运转得井然有序。”②1927年4月18日，南京国民政府成立后，蔡元培被任命为中央教育行政委员会常务委员，他积极推行其所主张的“教育独立”，实行法国的“大学院”和“大学区”。大学院为全国最高学术教育机关，处理各大学区互相关联及不属于各大学区的教育行政事宜；大学区为教育行政的单元，由大学区校长全权处理区内教育行政事务。1927年6月27日，国民党第109次中央政治会议通过了蔡元培的《大学区组织条例》，其中规定：全国依据现有省份及特别区划分为若干大学区，每大学区设校长一人，总理区内一切学术与教育行政事项。大学区设评议会，作为本区的教育立法机关；设研究院，作为本区研究专门学术的最高机关，研究院内附设设计部，负责研究大学区内的一切建设问题并计划新政；同时分设高等、普通和扩充三个教育部门，分别管理本区大学、中小学、社会教育的各项工作事宜。由于它替代了教育厅等行政机关，国民党内多次提出废止大学院、重设教育部的议案，1928年8月，国民党二届五中全会闭幕后，蔡元培在反对声中提出辞呈。1928年10月上旬，国民党中央政治会议和国民政府准蔡元培辞去大学院院长，明令改大学院为教育部。蔡元培的“去行政化”宣告失败。

2. 新中国大学“去行政化”暂未实行

2009年6月，中国科技大学朱清时教授指出：“中国高校是行政化大学。”2009年9月，朱清时卸任中国科大校长，随后被聘为南方科技大学校长，在接受记者采访时他公开宣布要把这所大学办成“去行政化”的大学③。任职五年后，朱清时不再担任南科大校长。2014年1月22日，经深圳市委研究、广东省委批准，深圳公安局时任局长李铭任南方科技大学党委书记。朱清时倡导的“去行政化”结束。

2010年6月21日，中共中央政治局审议并通过的《国家中长期教育改革和发展规划纲要（2010—2020年）》第三十八条指出：“克服行政化倾向，取消实际存在的行政级别和行政化管理模式。”

2013年11月15日，党的十八届三中全会通过的《中共中央关于全面深化改革若干重大问题的决定》第15条指出：“加快事业单位分类改革，加大政府购买公共服务力度，推动公办事业单位与主管部门理顺关系和去行政化，创造条件，逐步取

---

① 金林祥.蔡元培教育思想研究[M].沈阳：辽宁教育出版社，1994：129.

② 赵庆元.蔡元培传[M].合肥：安徽人民出版社，1998：180.

③ 转引自：杨德广.关于高校“去行政化”的思考[J].教育发展研究，2010(9)：19-24.

消学校、科研院所、医院等单位的行政级别。建立事业单位法人治理结构。”

上述《国家中长期教育改革和发展规划纲要（2010—2020 年）》和《中共中央关于全面深化改革若干重大问题的决定》中提出“克服行政化倾向”与“去行政化”是为建立现代大学制度，完善大学治理结构而提出来的。但 2013 年过去了，2020 年也过去了，“克服行政化倾向，取消实际存在的行政级别和行政化管理模式”落实（或“执行”）得怎么样？“逐步取消学校的行政级别”做得怎么样？坦率地讲，执行得不好，“逐步”是一步也没有走。这里存在两个问题：一是原提法有误，不必执行；二是提法正确，2013 年或 2020 年后，根据建立现代大学制度、完善大学治理结构的需要，还要继续强调“去行政化”。

3. 大学去行政化是大学治理的必由之路

（1）大学行政化的定义

杨德广认为：“高校管理行政化是指不顾教育规律和学术规律，完全依靠行政权力，按照行政手段、行政方式、行政运行机制管理教育、管理学术。”①

钟秉林指出：“所谓大学‘行政化’，是指以官僚科层制为基本特征的行政管理在大学管理中被泛化或滥用，即把大学当作行政机构来管理，把学术事务当作行政事务来管理。”②

韩建华等认为：“所谓‘去行政化’（de-administrativization），单从字面上来解释，即是指祛除、摒弃或摆脱行政化的意思。那么，何谓‘高校的行政化’？有效的讨论始于明晰的概念。因此，概念的界定首当其冲。套用司法行政化的定义，可以将‘高校行政化’的概念界定为——所谓‘高校行政化’是指高等学校在组织机构的设置及其运作上，与行政机关在体制上有着大体相同的属性，或者说，它就是按照行政体制的结构和运行模式设置并运行的。”③

由此可见，大学“行政化”的本质是用行政手段推动教育，把大学作为行政机构或行政机构的延伸部门来管理，或当作政府的附属机构。

回顾经济改革，改革开放之前，是“习惯于用行政手段推动经济运行”“单纯依靠行政命令加以实施，忽视经济杠杆和市场调节的重要作用”。1984 年 10 月 20 日，中国共产党第十二届三中全会通过的《中共中央关于经济体制改革的决定》指出：“我们过去习惯于用行政手段推动经济运行，而长期忽视运用经济杠杆进行调节。……单纯依靠行政命令加以实施，忽视经济杠杆和市场调节的重要作用，……过去由于长期政企职责不分，……企业实际上成了行政机构的附属物，……不要重复过去那种主要依靠行政手段管理企业的老做法。”经济改革后提

---

① 杨德广.关于高校“去行政化”的思考[J].教育发展研究，2010(9)：19-24.

② 钟秉林.关于大学“去行政化”几个重要问题的探析[J].中国高等教育，2010(9)：4-7.

③ 韩建华，叶志坚.高校“去行政化”的理性审视[J].教育发展研究，2010(9)：25-29.

出政企分开，用经济办法管理经济，即运用市场机制进行管理。

(2) 大学行政化的表现形式

钟秉林认为："从大学和政府之间的关系来看，'行政化'主要体现在政府将大学作为行政机构或行政机构的延伸部门来管理，严格控制，管办不分。具体体现在以下四个方面：一是在管理职能上，存在定位不准、缺位、越位等现象。……二是在管理方式上，政府有关部门过多依赖行政命令手段管理大学，较少应用财政、法律等管理手段，规范性和法制性较差，随意性较大。三是在管理作风上，存在简单化现象，特别是个别政府工作人员存在官僚作风，讲究等级，与大学文化发生冲突。四是在管理文化上，大学倾向于依附政府及相关部门，更多关注的是如何获取行政配置的资源，缺少对办学规律的深入研究，难以彰显办学特色。从大学内部治理的角度来看，'行政化'集中体现为行政权力与学术权力的关系失衡、学术权力与行政权力的分割和对立、行政权力对学术权力的替代与压制。突出表现在以下几个方面：一是大学内部行政权力泛化。大学管理的'机关化'色彩过于浓厚，以行政权力干预或取代学术权力的现象比较普遍。二是大学内部学术权力与行政权力的界限不清。行政权力和学术权力常常交织在一起，造成分工不明，责任不清，导致行政权力与学术权力相互越位。三是学术权力的主体，教授及学术组织的作用不突出。……四是缺乏相关法律制度及其实施细则的保障，学术权力的合法性和可操作性在实践中难以体现。"①

杨德广认为："我国高校行政化的表现：(1)高校外部行政化表现：一是设立了众多管高校的教育行政机构，二是对大学划分行政等级，三是高校成为行政机构。我国每所高校都隶属某级政府机构，如隶属教育部等中央部委、隶属地方省市级政府所属高校等。(2)高校内部行政化表现：一是高校内部按行政机构设置管理部门，官员多，官气重，难怪有人戏言：'校级干部一走廊，处级干部一礼堂，科级干部一操场。'二是学术管理行政化。高校行政机关俨然像政府机关，权力很大。'在大学里，一个科长就能决定大事，一个处长就握有大权，导致一些高校行政部门背离了为教师、学生服务的本意。'"②

别敦荣认为："与欧美大学不同，我国大学实行的是行政化的管理体制，其产生既有历史文化传统的影响，又有现实社会背景的需要。在长期的官本位历史文化传统下，'早期现代大学不仅由政府或政府部门所举办，而且校长和主要管理者均由政府委派或任命，所设学科门类和课程也由政府指定或由政府法令规定'；在现实的社会背景下，大学由政府举办，由党政二元体系共治。这种行政化管理体制在国际上具有特殊性，它使我国大学管理表现出鲜明的'中国风格'。首先，政治权力

① 钟秉林.关于大学"去行政化"几个重要问题的探析[J].中国高等教育,2010(9):4-7.

② 杨德广.关于高校"去行政化"的思考[J].教育发展研究,2010(9):19-24.

和行政权力掌控大学的命运，对大学拥有无可争议的影响力；其次，专业权力的影响力被严格限定在专业活动范围，在大学管理的各层次结构中都不具有影响力，教师处于大学管理的边缘地位；第三，大学的全部事务均由党政部门管理，不论是学术事务还是非学术事务，都纳入了党政共治体系，由党务人员和行政人员分工管理；第四，特殊的权力关系导致大学价值的扭曲或异化，在政治价值、行政价值和学术价值的博弈中，学术价值并没有取得优势或优先地位，学术在大学不受尊崇，大学俨然成为政府部门或政府的'附属机构'。显然，这种行政化的大学管理与大学的学术本质要求是相背离的，不符合大学学术运行与发展的需要。"①

冯建明指出："当前主张大学'去行政化'的呼声和建议，主要观点大致可概括成以下几个：一是呼吁政府充分尊重教育规律，减少行政干预，赋予大学更多的办学自主权；二是主张取消大学的行政级别，还大学以'学府'而非'衙门'的本来面目；三是建议大学实行'教授治校'，以学术权力代替行政权力，将大学管理权交给大学教授；四是要求改变大学政学不分，学者官员化、官员学者化的现象。"②

（3）大学行政化的原因

钟秉林指出："大学内部存在行政权力和学术权力的对垒，是产生大学'行政化'现象的客观原因。……'官本位'意识在我国根深蒂固，大学的'行政化'或'泛行政化'现象是'官本位'意识在大学的集中反映，其根本原因在于符合我国国情的现代大学制度尚未建立。大学'去行政化'涉及大学外部管理与内部治理等方方面面的变革，涉及政府、大学和大学从业人员的共同责任。令人高兴的是，这一问题已经引起了各方面的高度关注，即将发布的《国家中长期教育改革和发展规划纲要》对此也予以了回应。"③

（4）大学去行政化的途径

关于高校不隶属于政府，章太炎早在清朝末年就提出："学校者，使人知识精明，道行坚厉，不当隶属政府。"④

南开大学副校长许京军指出："大学去行政化这个话题，大家已经谈了好多年。我们首先要厘清'去'的究竟是什么。要保证大学的正常运转，行政管理是必不可少的。我们所要'去'的行政化，主要是指官僚化，针对的是大学的行政人员把服务和管理的功能简化为单纯的管理。去行政化，除了学校内部要处理好行政权与学术权的关系外，更取决于大学在社会中的定位是什么。政府怎样管理大学，关乎大学去行政化能否真正实现。在这方面，教育部做了很多工作，一个重要表现就是推

① 别敦荣.论大学权力结构改革：关于"去行政化"的思考[J].清华大学教育研究，2011(6)：22-27.

② 冯建明."去行政化"与大学权力问题刍议[J].江苏高教，2010(5)：25-27.

③ 钟秉林.关于大学"去行政化"几个重要问题的探析[J].中国高等教育，2010(9)：4-7.

④ 章太炎.章太炎全集[M].上海：上海人民出版社，1985：306.

动大学章程的制定。”①

① 关键在于政府真正落实(或“执行”)“克服行政化倾向,取消实际存在的行政级别和行政化管理模式”

钟秉林指出:“切实转变政府职能,依法保障高校办学自主权。正确处理好政府和大学的关系,是大学‘去行政化’的关键所在。”②中共中央政治局通过的《国家中长期教育改革和发展规划纲要(2010—2020 年)》,怎么可以不落实或不执行?制度的生命在于执行,只有执行才能把制度效能转化为治理效能。

② 加强高校内部治理,完善大学治理结构和优化大学治理文化

首先,加强权力制衡和控制,完善大学治理结构。钟秉林指出:“完善大学内部治理架构,协调好行政权力和学术权力之间的关系。”③别敦荣指出:“大学是社会的学术组织,但也是一个权力场,政治权力、行政权力、专业权力等在大学的运行和功能活动中发挥着重要的影响。……其实,‘去行政化’只是人们对行政化管理体制改革的一种通俗表达,它有着更丰富的内容。‘去行政化’包含了改革大学权力结构,调整大学权力关系,建立适应高等教育改革与发展新形势和新任务的大学权力结构,形成符合大学本质要求的权力关系。”④因此,要落实高校办学自主权,按教育规律办教育。

其次,优化大学治理文化。这里一方面是优化制度文化,更重要的是优化治理文化:摒弃服从文化,倡导“独立之精神、自由之思想”;摒弃独裁文化,倡导“思想自由,兼容并包”等。本章专述“大学治理文化”,对此不再赘述。

(三) 官僚制与官僚化

行政化与官僚化有直接联系。钟秉林指出:“所谓大学‘行政化’,是指以官僚科层制为基本特征的行政管理在大学管理中被泛化或滥用,即把大学当作行政机构来管理,把学术事务当作行政事务来管理。”⑤

1. 官僚制

最先提出“官僚”概念的是法国重农主义者维森特·德·古尔内,他用“官僚”来描述普鲁士政府组织形式。1745 年古尔内指出:“法国得了一种后患无穷的疾病,这个病就叫官僚。”法国哲学家格里姆也说过:“政府管理的主要原则是不要多管,而这一点在法国从来不为人知。法国法律的精义在于官僚。”

法国巴尔扎克最早提出“官僚制”一词,他在《公务员》一书中指出:“从 1789 年

① 靳昊,曲一琳,刘文嘉.委员谈大学“试水”去行政化:行政的归行政　学术的归学术[N].光明日报,2014-03-10.

② 钟秉林.关于大学“去行政化”几个重要问题的探析[J].中国高等教育,2010(9):4-7.

③ 钟秉林.关于大学“去行政化”几个重要问题的探析[J].中国高等教育,2010(9):4-7.

④ 别敦荣.论大学权力结构改革:关于“去行政化”的思考[J].清华大学教育研究,2011(6):22-27.

⑤ 钟秉林.关于大学“去行政化”几个重要问题的探析[J].中国高等教育,2010(9):4-7.

以来，国家——假如你愿意，就是祖国——占据了至高无上的地位。办事员不再直接从国家的某位权臣那里得到指令……于是，官僚制，这个由侏儒挥舞的巨大权力来到了人间。或许拿破仑一度遏止过它的影响，因为一切事务、一切人都得听命于它……然而，在一个带着对庸才的天然好意、带着对一目了然的陈述与报告的偏爱的宪政政府之下，在一个事事过问、处处插手，简言之就像老板娘般的政府之下，官僚制确实被组织起来了。”①1799年克里斯蒂安·克劳斯(Christian Kraus)在一封信中比较普鲁士(欧洲历史地名)与英国时指出：“在英国，平民构成了国家金字塔不可动摇的基础；而君主权力受到相当限制的普鲁士国家，实行的却是遮遮掩掩的贵族制……引人注目的是，它以官僚制的方式统治这个国家。”②

由于是由法国学者先提出，“官僚”先出自法语的 bureaucratie，英语的 bureaucracy 一词是由法语的 bureau 加上希腊语的 cracy 组成。Bureau 在当时指的是写字台，也指官员工作的地方，而 cracy 则指规则，后来衍生为具有渗透其他变化的权力的含义。十八世纪的官僚制，主要被看作是一种独立于君主制、贵族制、民主制的政府组织形式。十九世纪的德国，官僚制用“bureausystem”来表示，意为在以科层制组织构建起来的政府中，长官以他身居高位的权威，行使着凌驾于广大公民之上的无限权力。

(1) 官僚制的定义

竺乾威指出：“官僚制始终是公共管理绕不开的一个话题。自工业社会以来，官僚制以马克斯·韦伯所揭示的优点，如分工、准确、效率、非人格化的管理等，成为一种达成社会与经济目标的最优组织形式。”③

德国知名社会学家马克斯·韦伯被称为“现代理性官僚制之父”。英国学者马丁·阿尔布罗(Matin Albrow)认为，马克斯·韦伯对官僚制的研究受三个人的影响。他认为，“马克思主义的创始人犹太裔德国人卡尔·H.马克思(Karl H. Marx)的思想对韦伯的影响，怎么强调都不过分”④“19世纪德国经济社会史学者古斯塔夫·冯·施莫勒(Gustav von Schmoller)关于行政组织发展进程的研究，也是马克斯·韦伯理性官僚制理论的来源之一。……著名的意大利政治理论家加埃塔诺·莫斯卡(Gaetano Mosca)和罗伯特·米歇尔斯(Robert Michels)的官僚制理论，成为马克斯·韦伯官僚制理论的又一重要来源”⑤。

---

① 竺乾威.官僚政治[M].香港：三联书店(香港)有限公司，1994：3.

② [英]马丁·阿尔布罗.官僚制[M].阎布克，译.北京：知识出版社，1990：4.

③ 竺乾威.官僚化、去官僚化及其平衡：对西方公共行政改革的一种解读[J].中国行政管理，2010(4)：47-50.

④ [英]马丁·阿尔布罗.官僚制[M].阎布克，译.北京：知识出版社，1990：40.

⑤ 谭融.马克斯·韦伯“官僚制”理论探析[J].武汉大学学报(哲学社会科学版)，2013(6)：51-56.

韦伯指出:“实施科层制对当今复杂的社会组织实现其目标绝对必要。”① “……在管理领域,只能要么选择官僚制,要么选择混乱不堪。”②

关于官僚制的定义,韦伯几乎从未对官僚制作过精确的定义,但他明确指出:“官僚制是法理型支配(统治)的最纯粹方式。”③韦伯阐述支配(统治)类型学架构时还指出:支配结构是人类共同体行为的重要环节。韦伯区分了两种不同的支配类型:“基于利害状况(具体而言:基于独占地位)的支配,与基于权威(命令权力与服从义务)的支配。”④前者的服从动机是基于物质利益和纯粹理性的利益计算(当然还有习惯性服从),后者的服从动机包含着最起码的自愿服从之成分。韦伯的“支配社会学”是在后者意义上使用支配概念的。任何支配都诉诸合法性原则进行自我辩护,这些原则包括三种:服从于合理的规则、制度和秩序;奠基在传统的神圣性上;归依于卡里斯玛信仰。根据合法性原则,支配类型可以划分为法理型、传统型和卡里斯玛型。当然这三种类型只是理想类型,并不以纯粹的形式存在于现实中。理性官僚制就是法理型支配最纯粹、最有效的一种。韦伯概括了现代官僚制所具有的一些原则:“(1)各部门有依据法律或行政章程等规则而来的明确的权限;(2)官职层级制与审级制;(3)职务运作以原本草案形式保留下来的文书档案,以及由幕僚或书记所组成的部门为基础;(4)职务活动以彻底的专业训练为前提;(5)全职而非兼职;(6)业务执行遵照一般规则,并且规则知识是可以学习的。”⑤

阿尔布罗认为:“官僚制(又称为科层制)的术语起源于法国哲学家德·格里姆写的一封信中。”⑥

美国著名政治学家、官僚制理论家和公共选择理论家安东尼·唐斯(Anthony Downs)认为,“官僚制”的界定较为宽泛。它可以是一种特别的制度分类,等同于“官僚部门”;可以是大型组织内资源配置的特定方法,相当于“官僚化决策”;有时它也意味着“官僚化”或者“区别于其他组织形式的官僚组织特性”⑦。

国内学者对官僚制下过定义。如张康之认为:“官僚制是一个国家中的官僚组织和行为体系,是国家政治体系中的一个组成部分,是国家对社会实行统治和管理的工具,是在社会统治和支配行为发展到一定阶段而出现的制度化的社会组织现象。……现代官僚制相比于韦伯所论述的官僚制是一种狭义的概念,是指现代官

---

① 转引自:陈奎熹.教育社会学[M].台北:三民书局股份有限公司,2000:194.

② Weber M. The essentials of bureaucratic organization: an ideal-type construction[M]//Merton R K, et al. Reader in bureacracy. New York: Free Press. 1952: 24.

③ Weber M. Economy and society[M]. Berkeley: University of California Press, 1978: 218-219.

④ [德]马克斯·韦伯.支配社会学[M].康乐,简惠美,译.南宁:广西师范大学出版社,2010:4.

⑤ [德]马克斯·韦伯.支配社会学[M].康乐,简惠美,译.南宁:广西师范大学出版社,2010:22-24.

⑥ [英]马丁·阿尔布罗.官僚制[M].阎布克,译.北京:知识出版社,1990:1.

⑦ [美]安东尼·唐斯.官僚制内幕[M].郭小聪,等译.北京:中国人民大学出版社,2006:30.

僚体系,是一种组织的形式。”①

金太军指出:“在政治学、社会学等学科研究中频繁使用的‘官僚制’,通常指一个国家中的官僚组织和行为体系,它是以相对专业化的官僚为主体所构成的政府的一系列制度和原则的总和。”②

王伟指出:“官僚制作为一种行政管理体制,韦伯认为官僚制是一种社会形态,而且必不可少;其在现代社会中也呈现出一种独特的社会形态;作为一种理想状态中的组织形式,官僚制也有着很多特征;有着合理的分工与层级节制的权力体系,也具有依照规程办事的运作机制;官僚制也是一种非人格化的组织管理等。简言之,无非就是层级制、连续性、非人格化、法理化和专业化等。”③

江赛蓉指出:“在马克斯·韦伯所描述的理想类型框架下,官僚制是一种以‘合法—法理权威’(rational-legal authority)为基础的行政管理体制,官僚组织是具有法理权威的高度理性的对大规模社会群体进行有效管理的基本形态。在官僚制组织中,以分部—分层、集权—统一、指挥—服从为基本特征,由制度规定组织层级、部门划分、职位设置、成员资格,形成非人格化的层级节制体系和部门结构。”④

陈国富认为:“官僚制是政府治理的一种组织形式。”⑤

韦伯的法理型组织也被称为现代理性官僚制。由此可见,官僚制是指一个国家中的一种行政管理体制,是政府治理的一种组织形式。它已延伸到企业和事业单位的行政管理体制和治理的组织形式中,是支配权力行为的制度化的社会组织现象,也可称为科层制。

(2) 官僚制的基本特征

马克斯·韦伯的科层组织或官僚制(bureaucracy)的基本特征主要包括六个方面:

① 合理的分工。马克斯·韦伯强调政府的公职人员要严格按照政府的要求行使自己的工作职责,这样组织中分工要达到专业化的要求,在行政或者管理组织中职位与职位之间的设定有着明确的界限,政府公职人员根据不同的技术等级分配不同的工作。我们知道,法律或行政法已经渗透到现代行政管理机构中,这样有利于明确职责,官方的行事方式都会依据特有的理论原则,有其自身的内在要求。所以马克斯·韦伯的这种专业分工是与法律法规密不可分的,某职能建构在某一特定的、专业化的领域,这也是其官僚制的合理性与合法性的体现。官僚制整体组织是有明确分工的,这种分工方式是统一化、整体化的,通过分工使官僚体制更加

① 张康之.韦伯对官僚制的理论确认[J].教学与研究,2001(6):27-32.

② 金太军,顾茜茜.基础与困境:现代性视角下的西方官僚制[J].理论探讨,2009(3):16-19.

③ 王伟.马克斯·韦伯官僚制理论的特征与启示[J].长春师范大学学报,2017(3):41-43.

④ 江赛蓉.突破官僚制:中国大学“去行政化”改革的关键[J].江苏高教,2013(1):23-26.

⑤ 陈国富.官僚制的困境与政府治理模式的创新[J].经济社会体制比较,2007(1):70-75.

合理化。

② 层级节制的权力体系。层级节制的权力体系的建构，是一种职权明确的等级制度，而非因人先天或生活上的差异性而造成的身份高低。层级节制是由等级实体组成，官僚体制要有层级的划分，最高层为高级管理层也就是决策层，中间是中级管理层也就是管理层，下面是基层管理层也就是执行层。每个层级的权力职责分明，并且高层的组织控制下一层的组织，下一层的组织服从上一层的命令，形成执行层，从上而下权责分明，层级严密，指挥有序，并形成一整套链条，使政令在组织权力中得以畅通行事。

③ 法治不是人治。马克斯・韦伯认为："但是偌大的国家，皇帝无法仅仅依靠自身建立有效统治，必须借助于一定的方式使自己的权力扩张到全国范围内，这就需要借助于传统的官僚制度，只有借助于官吏群(beamtentum)，支配者才能最大限度地实现个人权力地位。"①马克斯・韦伯还认为："规章制度是官僚制的管理依据，支配着官僚组织成员的行动，保证科层组织活动的常规性、稳定性和连续性。这种制度化的设置必然带来形式性的要求，稳定的、密集的、可计算的行政系统尽可能地排除非理性因素。在官僚制中的每个成员都要遵循一套抽象的规章制度来开展其工作，包括在具体情况下执行这些规章制度。"②因此，马克斯・韦伯认为："官僚组织成员'不问对象是谁'，按照规章制度处理公务，不带有任何个人感情色彩，不掺杂任何个人爱憎，公平、合理、平等地对待公务范围内的一切人和事务。"③韦伯指出："存在着官职管辖权限的原则，该权限一般是由规则，即由法律或行政规章决定的。"④在官僚制体制下，公职人员的一切行为必须依照规程办事。

④ 组织管理的非人格化。韦伯认为："官僚制发展愈是完美，就愈'非人性化'，换言之，亦即更成功地从职务处理中排除爱、憎等一切纯个人的感情因素，以及无法计算的、非理性的感情因素。"⑤韦伯还认为："形式化的、不受私人因素影响(unpersonlichkeit)的精神取得主导地位：所谓的 Sine Ira Et Studio，即无恨亦无爱。因此也没有'感情'或'狂热'。与私人考虑无关的直率责任观成为主导的规范。"⑥因此，在官僚制的管理体制下，官员的活动与生活中的私人领域之间应公私分明：办公室的材料设备、工具、文件与私人住所相分离；办公行为与个人行为区分开来；公家财物和个人财物区分。即既不能以权谋私，又不能用私人设备处理公务。

① [德]马克斯・韦伯.支配社会学[M].康乐，简惠美，译.南宁：广西师范大学出版社，2010：119.

② [德]马克斯・韦伯.经济与历史支配的类型[M].康乐，译.南宁：广西师范大学出版社，2010：312.

③ [德]马克斯・韦伯.经济与历史支配的类型[M].康乐，译.南宁：广西师范大学出版社，2010：314.

④ [德]马克斯・韦伯.经济与社会：第2卷：上[M].阎克文，译.上海：上海人民出版社，2010：1095.

⑤ [德]马克斯・韦伯.支配社会学[M].康乐，简惠美，译.南宁：广西师范大学出版社，2004：47.

⑥ [德]马克斯・韦伯.支配社会学[M].康乐，简惠美，译.南宁：广西师范大学出版社，2004：321.

⑤ 形成正规的决策文书。马克斯·韦伯认为，通过文本形式将口头的命令变成一种具有正当法律效用的命令，这种被授予权威的命令形式会更容易执行，也有强大的基础来保障这种命令的可靠性，这有助于服从者明确自身的工作职责，更好地服从上级政府提出的要求来为组织服务。许激指出："行政管理档案制度的原则，甚至在口头讨论、动议和随后的决议以及形形色色的指示和法令，都用文字固定下来。档案和官员们的持续运作结合在一起，就产生了办公机关作为任何现代团体行为的核心。"①因此，在官僚制的管理体制下，管理机关下达的一切命令和指示都需要以正规的条文形式体现，以使其更具权威性。组织内部的相互协调也需要正规的条文规章。正规的条文规章被存档留作借鉴。

⑥ 合理合法的人事行政制度。合理合法的人事行政制度必须以专业化为前提。人事管理量才用人，任人唯贤，因事设职，专职专人，以及适应工作需要的专业培训机制。领导力之父、组织发展理论先驱沃伦·本尼斯将官僚制最大的成果总结为："举起了理性和逻辑的旗帜，批判和否定了产业革命初期的个人专断、裙带关系、主观武断和感情用事进行行政管理的做法。"②

(3) 官僚制是中性词

从上所述的官僚制的基本特征可以看出，官僚制具有"严密而清晰的科层结构"，组织应是严格依从法律、规章等成文规则，存在高度分层分化和控制机制，职责分明的非人格化组织和机构。既有"善"的一面，也有"恶"的一面。其"善"与"恶"是由"投入"和"产出"衡量，当投入大于产出时，是"恶"的表现，反之，是"善"的表现。"善"的一面表现为一切都有章可循和纪律严明，凡事必有依据，无论是对组织以及官员还是对管理对象的行为，在最大程度上，消除了"官"或"权"按照个人意志的随意妄为，也在某种程度上体现了法的精神和法治理念；"恶"的一面表现为非人性化、冷漠、刻板、僵化、保守以及直线垂直层级管理所常带来的低效等。正如沃伦·本尼斯所认为的："官僚制表现为官僚化：①老板没有(而下属有)技术能力；②独断而愚蠢的规则；③地下的(或非正式的)组织破坏甚至取代正式的组织；④角色的混乱与冲突；⑤以非人性残酷对待下属，而不是以理性或法律为基础。"③因此，"官僚制"是一个中性词。即米歇尔斯所采用的"中性的官僚制"概念，"官僚制"应是"理性官僚制"即积极的行政化，而"非理性的官僚制"即消极的行政化。

丹尼尔·贝尔认为，理性官僚制是依据效率原则，以技术知识为基础建立起来的能够稳定运行的政治、社会和经济生活组织。理性官僚制在扩大组织规模、加强

---

① 许激.效率管理：现代管理理论的统一[M].北京：经济管理出版社，2004：98.

② [美]本尼斯.组织发展与官僚制的命运[M]//孙耀君.西方管理学名著提要.南昌：江西人民出版社，1998：279.

③ 戴维·H.罗森布鲁姆，罗伯特·S.克拉夫丘克.公共行政学：管理、政治和法律的途径[M].张成福，等校译.北京：中国人民大学出版社，2002：154.

控制、提高效率等方面发挥着积极作用。但其负面影响也是明显的，主要体现在：①以效率为唯一目标的现代大规模组织创造了各种层层相依的科层，等级化的组织架构产生决策权威的集中化，强调指挥和权威的高度统一，当权力高度集中在少数人手中，组织成为权力精英意志的体现时，组织的领导者就会为了自己的利益而不惜损害组织的利益。②理性官僚制所强调的完善的规章制度体系严格规定了每个机构、每一层级的管辖范围及权力分布，因而在运作的过程中逐渐形成形式化、程序化的现象，从而造成文牍主义和文山会海；官僚制会导致一种程序化运作程式，只讲过程，一切只要走过场，不讲效果，不讲目的。③制度化和非人格化在一定程度上不仅缺乏灵活性，还漠视人性、抹杀个人自由，容易压制成员创新，造成效能不增反而下降；官僚制导致了基本价值判断的丧失和事物是非标准的丧失，因而有人把它视为法西斯主义成功的主要原因。④理性官僚制最大的问题是脱离社会基层，消极地对待基层人民的需求，产生了现实社会中沉默的大多数，导致了大众对现代政治的冷漠①。

官僚制走向反面或非理性的官僚制就会导致官僚化或行政化。由此可见，“官僚制”≠“官僚化”。

2. 官僚化

葛德塞尔认为：“美国的官僚体系如同驰骋数十年的老爷车，它的系统装置非常复杂，由成千上万的零部件协力驱动着其前行，如果想让其更完美而且毫不出错地飞驰在路上，那简直就是做梦。大多数时间它都在正常运作，只有少数情况下才出现故障。如果对其进行重组，它是否就能如人所愿地完美无缺？人们对美国官僚体制的评价与其在现实中发挥的作用差距很大，目前的体制发挥的作用相当好。”②伯顿·克拉克说：“去官僚化是重大的、突变的改革。”③

中西方文化差异导致中国人特别反感“官僚”，“官僚主义”即“官僚化”。

（1）官僚

《辞海》中的解释：“官僚：犹官吏。《国语·鲁语下》：‘今吾子之教官僚。’《三国演义》第三十四回：‘引一班文武官僚出迎。’后常用为贬义词。如：官僚习气，官僚主义。”④

《现代汉语词典》中的解释：“官僚：①封建制度或资本主义制度国家里的官

① ［美］丹尼尔·贝尔.意识形态的终结：50年代政治观念衰微之考察［M］.张国清，译.北京：中国社会科学出版社，2013：7-8.

② ［美］查尔斯·葛德塞尔.为官僚制正名：一场公共行政的辩论［M］.张怡，译.上海：复旦大学出版社，2007：5.

③ ［美］伯顿·克拉克.高等教育新论［M］.王承绪，译.杭州：浙江教育出版社，2001：100.

④ 辞海编辑委员会.辞海：中［M］.上海：上海辞书出版社，1979：2324.

员；官吏。②指官僚主义：要官僚主义。”①

（2）官僚主义

① 官僚主义简介

《辞海》中的解释：“官僚主义：指脱离实际、脱离群众、做官当老爷的领导作风。如不深入基层和群众，不了解实际情况，不关心群众疾苦，饱食终日，无所作为，遇事不负责任；独断专行，不按客观规律办事，主观主义地瞎指挥等。有命令主义、文牍主义、事务主义等表现形式。官僚主义是剥削阶级思想和旧社会衙门作风的反映。”②

② 毛泽东、周恩来、邓小平为官僚主义画像③

毛泽东为官僚主义画像：

1944 年，毛泽东在延安的一次干部会上，讲到官僚主义的问题，念了一首咏泥神的旧诗，用泥塑神像来比喻官僚主义者。他说，除了三餐不食这一点不像外，官僚主义者的其他方面都很像一座神像：一声不响，二目无光，三餐不食，四肢无力，五官不正，六亲不靠，八面威风，久坐不动，十分无用！意思是说，官僚主义者高高在上，养尊处优，闭目塞听，脱离群众。毛泽东以形象生动、幽默风趣的语言，深刻剖析了官僚主义的形象特征。

周恩来为官僚主义画像：

1963 年，周恩来在党中央和国务院直属机关负责干部会议上作报告，着重讲了反对官僚主义的问题，列举了官僚主义的二十种表现：

第一种，高高在上，孤陋寡闻，不调查研究，不抓具体政策，不做政治思想工作。这是脱离领导、脱离群众的官僚主义。

第二种，狂妄自大，骄傲自满；主观片面，粗枝大叶；不抓业务，空谈政治；不听人言，蛮横专断；不顾实际，胡乱指挥。这是强迫命令式的官僚主义。

第三种，从早到晚，忙忙碌碌，一年到头，辛辛苦苦；对事情没有调查，对人员没有考察；发言无准备，工作无计划；既不研究政策，又不依靠群众，盲目单干，不辨方向。这是无头脑的、迷失方向的、事务主义的官僚主义。

第四种，官气熏天，不可向迩；唯我独尊，使人望而生畏；颐指气使，不以平等待人；作风粗暴，动辄破口骂人。这是老爷式的官僚主义。

第五种，不学无术，耻于下问；浮夸谎报，瞒哄中央；弄虚作假，文过饰非；功则归己，过则归人。这是不老实的官僚主义。

第六种，遇事推诿，怕负责任；承担任务，讨价还价；办事拖拉，长期不决；麻木

① 中国社会科学院语言研究所词典编辑室.现代汉语词典[M].北京：商务印书馆，1982：400.

② 辞海编辑委员会.辞海：中[M].上海：上海辞书出版社，1979：2325.

③ 徐鸿武.毛泽东周恩来邓小平为官僚主义画像[N].学习时报，2013-07-29.

不仁,失掉警惕。这是不负责任的官僚主义。

第七种,遇事敷衍,与人无争;老于世故,巧于应付;上捧下拉,面面俱圆。这是做官混饭吃的官僚主义。

第八种,学政治不成,钻业务不进;语言无味,领导无方;尸位素餐,滥竽充数。这是颟顸无能的官僚主义。

第九种,糊糊涂涂,混混沌沌,人云亦云,得过且过,饱食终日,无所用心;一问三不知,一曝十日寒。这是糊涂无用的官僚主义。

第十种,文件要人代读,边听边睡,不看就批,错了怪人,对事情心中无数,又不愿跟人商量,推来推去,不了了之;对上则支支吾吾,唯唯诺诺,对下则不懂装懂,指手画脚;对同级则貌合神离,同床异梦。这是懒汉式的官僚主义。

第十一种,机构庞杂,人浮于事,重床叠屋,团团转转,人多事乱,不务正业,浪费资财,破坏制度。这是机关式的官僚主义。

第十二种,指示多,不看;报告多,不批;表报多,不用;会议多,不传;来往多,不谈。这是文牍主义和形式主义的官僚主义。

第十三种,图享受,怕艰苦;好伸手,走后门;一人做官,全家享福,一人得道,鸡犬升天;请客送礼,置装添私;苦乐不均,内外不一。这是特殊化的官僚主义。

第十四种,"官"越做越大,脾气越来越坏,生活要求越来越高,房子越来越好。这是摆官架子的官僚主义。

第十五种,假公济私,移私作公;监守自盗,执法犯法;多吃多占,不退不还。这是自私自利的官僚主义。

第十六种,伸手向党要名誉,要地位,不给还不满意;对工作挑肥拣瘦,对待遇斤斤计较。这是争名夺利的官僚主义。

第十七种,多头领导,互不团结;政出多门,工作散乱;互相排挤,上下隔阂;既不集中,也无民主。这是闹不团结的官僚主义。

第十八种,目无组织,私用私人,结党营私,互相包庇;封建关系,派别利益。这是宗派性的官僚主义。

第十九种,革命意志衰退,政治生活退化。这是蜕化变质的官僚主义。

第二十种,助长歪风邪气,纵容坏人坏事;打击报复,违法乱纪,压制民主,欺凌群众,这是走上非常危险道路的官僚主义。

周恩来对二十种官僚主义的概括和剖析,是根据新中国成立初期党的领导干部的实际情况所作的,因而具有很强的针对性和说服力。

邓小平为官僚主义画像:

1980 年 8 月,邓小平在《党和国家领导制度的改革》一文中指出:"官僚主义现象是我们党和国家政治生活中广泛存在的一个大问题,它的主要表现和危害是:高高在上,滥用权力,脱离实际,脱离群众,好摆门面,好说空话,思想僵化,墨守成规，机构臃肿，人浮于事，办事拖拉，不讲效率，不负责任，不守信用，公文旅行，互相推诿，以至官气十足，动辄训人，打击报复，压制民主，欺上瞒下，专横跋扈，徇私行贿，贪赃枉法，等等。”在这篇重要讲话中，邓小平不仅对官僚主义的主要表现和危害作了形象而深刻的概括，而且在总结历史经验的基础上，强调要从社会体制的角度来认识官僚主义。这对于我们国家的政治体制改革，特别是通过这一改革来有效地克服官僚主义，是有重要意义的。

③ 官僚主义是大学治理的大敌

列宁十分痛恨官僚主义，将“官僚主义”斥为“脓疮”。他指出：“官僚主义的脓疮无疑是存在的，这是大家公认的。”①列宁将“官僚主义”斥为“余孽”，他把“摆官架子”看作是“地主和资本家生活方式的‘余孽’，因为这种‘余孽’会使人行动起来像一个‘官’”②。在俄共九大上，列宁提议成立一个同中央委员会平行的监察委员会，由受党的培养最多、最有经验、最大公无私并最能严格执行党的监督的同志组成③。之后，俄共十大通过了《关于监察委员会的决议》，正式成立了党的监察委员会，明确规定中央和各级监察委员会分别与中央委员会和同级党委会平行地行使职权，分别由党的全国代表大会和各级代表大会选举产生，并向本级代表大会报告工作。还规定，在监察系统内部实行垂直领导；监委会委员不得兼任党委会委员；在任期届满前不得调任其他工作；等等。

毛泽东十分重视官僚主义问题。1930 年 5 月，毛泽东在江西省寻乌县的农村经济调查报告《寻乌调查》中首次使用“官僚主义者”一词；同年 10 月，毛泽东在《兴国调查》中批评政府人员的弊端时，第一条就是“官僚主义，摆架子，不喜接近群众”。

毛泽东也十分痛恨官僚主义，他将“官僚主义”斥为“灰尘”。他告诫全党：“我们是处在日本帝国主义和中国反动势力的层层包围之中，我们是处在散漫的小资产阶级的包围之中，极端恶浊的官僚主义灰尘和军阀主义灰尘天天都向我们的脸上大批地扑来。”

毛泽东将“官僚主义”斥为“污毒”。1952 年 1 月 1 日，毛泽东在元旦团拜会发表祝词中指出：“我还要祝我们在新开辟的一条战线上的胜利，这就是号召我国全体人民和一切工作人员一致起来，大张旗鼓地，雷厉风行地，开展一个大规模的反对贪污、反对浪费、反对官僚主义的斗争，将这些旧社会遗留下来的污毒洗干净！”④1932 年 12 月，他在分析官僚主义侵入苏维埃政府的原因时提到“由于中国半封建社会和国民党的官僚主义之传染”。

---

① 列宁全集：第 41 卷[M].北京：人民出版社，1986：25.

② 列宁全集：第 36 卷[M].北京：人民出版社，1959：525.

③ 列宁全集：第 39 卷[M].北京：人民出版社，1987：288.

④ 中央文献研究室.毛泽东传(1949—1976)：上[M].北京：中央文献出版社，2003：210.

毛泽东将“官僚主义”斥为“反动作风(反人民的作风,国民党的作风)的残余”。1953年1月5日,毛泽东为中共中央起草《关于反对官僚主义、反对命令主义、反对违法乱纪的指示》中指出:“官僚主义和命令主义就其社会根源来说,这是反动统治阶级对待人民的反动作风(反人民的作风,国民党的作风)的残余在我们党和政府内的反映的问题。”

毛泽东将“反官僚主义”看作“如同镇压反革命的斗争一样”。毛泽东在《关于“三反”斗争必须大张旗鼓进行的指示》中指出:“应把反贪污、反浪费、反官僚主义的斗争看作如同镇压反革命的斗争一样的重要,一样的发动广大群众包括民主党派及社会各界人士去进行,一样的大张旗鼓去进行,一样的首长负责,亲自动手,号召坦白和检举,轻者批评教育,重者撤职,惩办,判处徒刑(劳动改造),直到枪毙一大批最严重的贪污犯。”①

毛泽东将“官僚主义”看作“大问题”。1953年1月5日,毛泽东在为中共中央起草的《关于反对官僚主义、反对命令主义、反对违法乱纪的指示》中指出:“官僚主义和命令主义在我们的党和政府,不但在目前是一个大问题,就是在一个很长的时期内还将是一个大问题。”1956年11月,毛泽东在中共八届二中全会上指出:“我们一定要警惕,不要滋长官僚主义作风,不要形成一个脱离人民的贵族阶层。谁犯了官僚主义,不去解决群众的问题,骂群众,压群众,总是不改,群众就有理由把他革掉。”

毛泽东认为“官僚主义”是“坏事的根源”。1957年2月27日,毛泽东在《关于正确处理人民内部矛盾的问题》中指出:“发生闹事的更重要的因素,还是领导上的官僚主义。这种官僚主义的错误,有一些是要由上级机关负责,不能全怪下面。闹事的另一个原因是对于工人、学生缺乏思想政治教育。一九五六年,还有少数合作社社员闹社的事件,主要原因也是领导上的官僚主义和对于群众缺乏教育。”②

毛泽东认为“官僚主义”是“活得不耐烦了”。1956年11月15日,毛泽东在中国共产党第八次中央委员会第二次全体会议上的讲话中指出:“有些人如果活得不耐烦了,搞官僚主义,见了群众一句好话没有,就是骂人,群众有问题不去解决,那就一定要被打倒。……不要滋长官僚主义作风,不要形成一个脱离人民的贵族阶层。”③

毛泽东认为“官僚主义,势必要挨打”。1957年1月27日,毛泽东在省(市、自治区)党委书记会议上的讲话中指出:“脱离群众,官僚主义,势必要挨打。”④

毛泽东将“官僚主义”斥为“这个极坏的家伙”。1932年8月,毛泽东在江西瑞

① 中央文献研究室.毛泽东传(1949—1976):上[M].北京:中央文献出版社,2003:207.

② 毛泽东选集:第五卷[M].北京:人民出版社,1977:395.

③ 毛泽东选集:第五卷[M].北京:人民出版社,1977:324-326.

④ 毛泽东选集:第五卷[M].北京:人民出版社,1977:358.

金召开的中央根据地南部十七县经济建设大会上提出要“把官僚主义方式这个极坏的家伙抛到粪缸里去”。1933 年 8 月 12 日，毛泽东在《必须注意经济工作》中指出：“官僚主义领导方式，是任何革命工作所不应有的，经济建设工作同样来不得官僚主义。要把官僚主义这个极坏的家伙抛到粪缸里去，因为没有一个同志喜欢它。”①

周恩来和邓小平也很重视官僚主义问题。1956 年 7 月 18 日，周恩来在国务院常务会议上说道：用最大限度的集中权力，为最大多数人谋最大的利益，得出了最大的成绩，这样做是必要的，但有时也会出现这种状况，忘记了民主，结果是滥用权力，强迫命令，官僚主义。上面有官僚主义，下面有强迫命令。反下面的强迫命令，必须检查上面的官僚主义，“官僚主义和强迫命令的结合，是我们行政工作部门的大问题，是我们国家制度上的一个问题”②。

1980 年 8 月 18 日，邓小平在《党和国家领导制度的改革》一文中指出：“权力不宜过分集中。权力过分集中，妨碍社会主义民主制度和党的民主集中制的实行，妨碍社会主义建设的发展，妨碍集体智慧的发挥，容易造成个人专断，破坏集体领导，也是在新的条件下产生官僚主义的一个重要原因。……权力过分集中的现象，就是在加强党的一元化领导的口号下，不适当地、不加分析地把一切权力集中于党委，党委的权力又往往集中于几个书记，特别是集中于第一书记，什么事都要第一书记挂帅、拍板。”③邓小平指出：“从党和国家的领导制度、干部制度方面来说，主要的弊端就是官僚主义现象，权力过分集中的现象，家长制现象，干部领导职务终身制现象和形形色色的特权现象。官僚主义现象是我们党和国家政治生活中广泛存在的一个大问题。它的主要表现和危害是：高高在上，滥用权力，脱离实际，脱离群众，好摆门面，好说空话，思想僵化，墨守成规，机构臃肿，人浮于事，办事拖拉，不讲效率，不负责任，不守信用，公文旅行，互相推诿，以至官气十足，动辄训人，打击报复，压制民主，欺上瞒下，专横跋扈，徇私行贿，贪赃枉法，等等。这无论在我们的内部事务中，或是在国际交往中，都已达到令人无法容忍的地步。官僚主义是一种长期存在的、复杂的历史现象。我们现在的官僚主义现象，除了同历史上的官僚主义有共同点以外，还有自己的特点，既不同于旧中国的官僚主义，也不同于资本主义国家中的官僚主义。它同我们长期认为社会主义制度和计划管理制度必须对经济、政治、文化、社会都实行中央高度集权的管理体制有密切关系。”④

习近平也很重视官僚主义问题。习近平认为“官僚主义是我们党的大敌、人民的大敌”。2017 年 12 月 25 日至 26 日，他在主持召开中央政治局民主生活会并发

---

① 毛泽东选集：第一卷[M].北京：人民出版社，1991：124.

② 周恩来年谱 1949—1976：上[M].北京：中央文献出版社，1997：601.

③ 邓小平文选：第二卷[M].2 版.北京：人民出版社，1994.

④ 邓小平文选：第二卷[M].2 版.北京：人民出版社，1994.

表重要讲话时指出:"'四风'问题具有顽固性反复性,纠正'四风'不能止步,作风建设永远在路上。形式主义、官僚主义同我们党的性质宗旨和优良作风格格不入,是我们党的大敌、人民的大敌。"

习近平认为"官僚主义实质是封建残余思想作祟"。2013 年 7 月 11 日至 12 日,习近平在河北调研指导党的群众路线教育实践活动时的讲话中指出:"官僚主义实质是封建残余思想作祟,根源是官本位思想严重、权力观扭曲,做官当老爷,高高在上,脱离群众,脱离实际。"

习近平认为官僚主义问题依然突出。2018 年 4 月 28 日,他在湖北考察时作重要讲话指出:"当前形式主义、官僚主义依然突出,又有新的表现形式。要把力戒形式主义、官僚主义作为加强作风建设的重要任务,大力弘扬真抓实干作风,推进工作要实打实、硬碰硬,解决问题要雷厉风行、见底见效,面对难题要敢抓敢管、敢于担责。"

习近平认为纠正官僚主义一把手要负总责。2018 年 1 月 11 日他在十九届中央纪委二次全会上发表重要讲话时指出:"纠正形式主义、官僚主义,一把手要负总责。……领导干部要坚决反对特权思想、特权现象,保持对人民的赤子之心,坚持工作重心下移,扑下身子深入群众,面对面、心贴心、实打实做好群众工作,着力解决群众反映强烈的突出问题。"

④ 官僚主义是大学财务治理的大敌

前已述及,"经济建设工作来不得官僚主义"。列宁指出:"我们所有经济机关的一切工作中最大的毛病就是官僚主义。共产党员成了官僚主义者。如果说有什么东西会把我们毁掉的话,那就是这个。"①1942 年 12 月,毛泽东在陕甘宁边区高级干部会议上所作的《经济问题和财政问题》报告中指出:"从事经济和财政业务的工作人员,还必须克服存在着的有些还是很严重的官僚主义,例如贪污现象,摆空架子,无益的'正规化',文牍主义,等等。"②

从上可知,官僚主义是我们党和国家政治生活中广泛存在的一个大问题。是"脓疮",是"灰尘",是"旧社会遗留下来的污毒",是反人民的国民党的作风,是"坏事的根源"。它的主要表现和危害是:高高在上,滥用权力,狂妄自大,骄傲自满;官气十足,动辄训人,蛮横专断;打击报复,压制民主,欺上瞒下,专横跋扈。官僚主义实质是封建残余思想作祟。因此,官僚主义是大学治理的大敌,也是高校财务治理的大敌。

(3) 官僚政治

1948 年,夏书章在他的《官僚制度与民主政治》(*Bureaucracy and Democracy*)一

① 列宁全集:第 35 卷[M].北京:人民出版社,1959:552.

② 毛泽东选集:第三卷[M].北京:人民出版社,1991:896.

书中阐述过“官僚制度(分部政治)”,他指出:“所谓官僚制度(bureaucracy),按亦有译作‘分部政治’者,原是政府组织中的一种行政制度,有时且可用为‘行政’之意,然其所遭遇的诟病和责难也极为普遍,如在野者对当政者的攻讦,不能尽如人意的行政措施、表现以及种种弊端……遂使官僚制度的面目全非至没有人注意的余地。”夏书章的评价是极为客观的,而这种情况自“官僚”贬义的大范围使用就已经决定了官僚制理论在中国的发展前途。

《中国官僚政治研究》是我国第一部用马克思主义科学方法系统地剖析传统官僚政治的著作。王亚南先生的学生孙越生先生在再版序言中指出:“官僚政治上基本上没有多少法治可言,主要依靠人治和形形色色的宗法和思想统治来维持。人治是官僚政治固有的基本特征或规律。在官僚政治下吏治好坏全系于官吏一身,甚至国家安危、民族兴亡、人民荣枯,最后要看帝王及一小撮大臣的忠奸智愚而定,人民则对之无可奈何。这就是官僚政治从官的方面来看的规律。”①

叶林生等认为:“对于在封建官僚政治下生活了两千多年的中国人来说,说明什么是官僚政治似乎并不困难。可说来也怪,十几年之前,中国的任何一本辞书中都没有这个词条,仿佛这是一个与我国毫不相干的话题。”②丁学良认为:“如何翻译 bureaucracy? 像约定俗成的那样现成地译作‘官僚(或官僚制)’行吗? 似乎没这么便利! 恰恰是由于在中国的政治传统里,‘官僚’具有了太重的负面含义,当代研习和传播西方社会学的少数华人学者,在翻译 bureaucracy 时,刻意不去用早有的‘官僚’这个词,而生造出‘科层’这个新词。遗憾的是,‘科层’这个译名虽有某些合理的成分,它却难以作为形容词使用,更重要的是它难以涵括自从罗伯特·莫顿(Robert Merton)以来,‘bureaucracy’研究中十分强调的那些‘dysfunctional aspects’。”③

马克思在《黑格尔法哲学批判》中指出:“在官僚政治内部,唯灵论变成了粗陋的唯物主义,变成了消极服从的唯物主义,变成了信仰权威的唯物主义。……如果官僚政治一方面是这种粗陋的唯物主义,那么它另一方面也表明了它那粗陋的唯灵论就在于它想创造一切,就是说,它把意志推崇为始因。……铲除官僚政治,只有普遍利益在实际上而不是像在黑格尔那里仅仅在思想上、在抽象中成为特殊利益,才有可能;而这又只有特殊利益在实际上成为普遍利益才有可能。”④

马克思在《路易·波拿巴的雾月十八日》中提出了官僚制是阶级斗争、阶级统

① 王亚南.中国官僚政治研究:中国官僚政治之经济的历史的解析[M].北京:中国社会科学出版社,1981:再版序言.

② 叶林生,丁伟东,黄正术.中国封建官僚政治研究[M].南京:南京大学出版社,2009:绪论.

③ 丁学良.中国学生对西方社会科学误解的三个根源[J].经济社会体制比较,1998(2):21-26.

④ 中共中央马克思恩格斯列宁斯大林著作编译局.马克思恩格斯全集:第3卷[M].2版.北京:人民出版社,2002:60-61.

治的工具："一切变革都是使这个机器更加完备，而不是把它摧毁。那些相继争夺统治权的政党，都把这个庞大国家建筑物的夺得视为胜利者的主要战利品。"①

由此可见，官僚政治虽然是官僚制的产物，但它是人治的政治而不是法治的政治。它变成了粗陋的唯物主义，变成了消极服从的唯物主义，变成了信仰权威的唯物主义，变成了阶级斗争、阶级统治的工具。因此，官僚政治与官僚主义一样，属打倒之列，必须铲除官僚政治！

（4）官僚化

前已述及，官僚制是个中性化的概念，弗雷德里克森（Frederickson）认为："官僚制既是一门组织科学，也是一种艺术，它本身应是很美的；官僚组织不仅有一种秩序的美，还有一种变化的美；它既需要秩序的美，又需要变化的美；官僚组织的形式既可以是固定的也可是灵活的，既可以是线条的也可是曲线形的。"②官僚却是个贬义词，官僚化即是官僚"化"了，也是个贬义词，它与官僚主义一样。

何谓"官僚化"？"官僚化"是与官僚制既有联系又有区别的概念。江赛蓉指出："官僚制是与近代社会一道成长起来的国家政治统治和管理制度的基本形态，最早由组织社会学家马克斯·韦伯（Max Weber）正式提出，其对应的英文是'bureaucracy'；'官僚化'则是指官僚制运行中出现的一种非理性状态，其对应的英文是'bureaucratization'。官僚制是一种高度理性和有效率的管理体制，是现代社会实施合法统治的行政组织制度。"③江赛蓉还指出："'官僚化'则是指作为管理体制的官僚制在其运行过程中出现的一种不理想状态，即组织的活动权限超越了自身的领域，并将官僚标准强加于其他组织或集团之上，缩小这些组织的作用，扩大自己对他们的权力，同时在某种程度上追求自身的利益和其他个别的利益。'官僚化'常常表现为繁文缛节、繁琐行政程序、效率低下、政府包揽一切、凌驾于社会各类组织之上甚至侵犯他们的合法权益等。在'官本位'的中国文化语境下，'官僚化'是指染上了'官僚习气'或'权力唯上'的工作作风。"④

官僚化除了表现为官僚主义、官僚政治外，还表现为官气、官本位、特权思想和特权现象等等。

① 官气

毛泽东说："官气是一种低级趣味。"1958年5月20日，毛泽东在《干部要以普通劳动者的姿态出现》一文中指出："我们有些干部是老子天下第一，看不起人，靠

① 中共中央马克思恩格斯列宁斯大林著作编译局.马克思恩格斯选集：第1卷[M].北京：人民出版社，1975：692.

② Frederickson H G. Can bureaucracy be beautiful? [J]. Public Administration Review, 2000, 60(1): 47-52.

③ 江赛蓉.突破官僚制：中国大学"去行政化"改革的关键[J].江苏高教，2013(1)：23-26.

④ 江赛蓉.突破官僚制：中国大学"去行政化"改革的关键[J].江苏高教，2013(1)：23-26.

资格吃饭，做了官，特别是做了大官，就不愿意以普通劳动者的姿态出现。这是一种很恶劣的现象。如果大多数干部能够以普通劳动者的姿态出现，那末（么）这少数干部就会被孤立，就可以改变官僚主义的习气。靠做大官吃饭，靠资格吃饭，妨碍了创造性的发挥。因此，要破除官气，要扫掉官气，要在干部当中扫掉这种官气。谁有真理就服从谁，不管是挑大粪的也好，挖煤炭的也好，扫街的也好，贫苦的农民也好，只要真理在他们手里，就要服从他们。如果你的官很大，可是真理不在你手里，也不能服从你。再说一遍，要是大多数干部扫掉了官气，剩下来的人就是有官气，也容易扫掉了，因为他们孤立了。官气是一种低级趣味，摆架子、摆资格、不平等待人、看不起人，这是最低级的趣味，这不是高尚的共产主义精神。以普通劳动者的姿态出现，则是一种高级趣味，是高尚的共产主义精神。”①

② 官本位

打破官本位。《党的十一届三中全会以来新名词术语辞典》中的解释：官本位是随着我国经济政治体制改革的深入发展，人们针对旧的社会管理和干部人事管理体制特点，从货币制度中的“金本位”“银本位”那里借用移植而来的一个概念。这可能就是现代官本位的“词源”了②。《现代汉语规范词典》认为，官本位是以官职高低、权力大小作为衡量事物标准的价值观念③。《新语词大词典》认为，官本位指一切皆以官为本、以官为尊、以官为荣、以官为准、以官职作为衡量人的价值的最基本和最终标准的封建意识④。李向国认为，官本位政治文化，是以官职大小、官阶高低为标准或参照系，用以衡量人们社会政治、经济地位及人身价值的社会观念⑤。刘永佶认为，官本位是一种封建主义文化⑥。

季建林的研究显示：“‘官本位’是封建官僚制度的基本特征。以官为重的封建思想流传了几千年，至今尚有很深影响。表现之一：公共制度与决策设计中将‘官’的利益放在优先和第一位。甚至专门为照顾‘官’的利益设计某些制度与政策。如：企业改制中让‘经营层’控股；公车制度改革中给予高额的‘车贴’，有的干部一年得到的‘车贴’居然能买一辆车；公务员可以‘购买’大大低于市场价格的‘公务员公寓’；设置太多的副职、助理、调研员、巡视员，让某些干部不干实事照样享有相应待遇等。表现之二：严格的上下级制度。下级唯上级马首是瞻，无条件绝对服从。上级对下级拥有绝对的权力，绝不允许下级‘越级’反映情况，‘官’大一级压死人。表现之三：以是否当官、官职大小、官阶高低为标尺，或参照官阶级别来衡

① 毛泽东文集：第7卷[M].北京：人民出版社，1996：378.
② 朱向东，贝清华，刘瑞芳.官本位的词源及涵义探究[J].商业文化（学术版），2010(7)：256.
③ 李行健.现代汉语规范词典[M].北京：外语教学与研究出版社，2004：480.
④ 韩明安.新语词大词典[M].哈尔滨：黑龙江人民出版社，1991：165.
⑤ 李向国.论“官本位”与“民本位”研究的理论和实践意义[J].理论导刊，2007(5)：32-35.
⑥ 刘永佶.中国官文化批判[M].北京：中国经济出版社，2000：99.

量评价人的价值和地位。于是，出现了‘处级和尚’‘副处级播音员’‘局级运动员’‘科级教授’‘将军级演员’这种奇特的社会现象。表现之四：形成以做官为荣、‘升官发财’和敬官、畏官的社会心理。在‘官本位’的基础上，形成了‘官本位思考’‘官本位机制’‘官本位现象’‘官本位行为’等。‘官本位’的危害，不仅在于它成为一种文化，成为一种社会风气，更为严重的是，它形成了一种政治价值取向，变成了政治文化。当‘官本位’成为一种政治文化时，必然对我党的无产阶级政党的性质、党的‘立党为公’‘执政为民’的理念、‘全心全意为人民服务’的宗旨产生很大冲击，会从根本上动摇我党执政的阶级基础、群众基础和社会基础。可惜的是，不少人尤其是那些身在高位，还在不断制定和出台这项或那项为做官者谋利益政策的人却看不到问题的严重性。”①

2013 年 11 月 12 日，中国共产党第十八届中央委员会第三次全体会议通过的《中共中央关于全面深化改革若干重大问题的决定》第 59 条指出：“破除‘官本位’观念。”

③ 特权思想和特权现象

2013 年 1 月 22 日，习近平在十八届中央纪委二次全会上发表的重要讲话中指出：“反腐倡廉建设，必须反对特权思想、特权现象。共产党员永远是劳动人民的普通一员，除了法律和政策规定范围内的个人利益和工作职权以外，所有共产党员都不得谋求任何私利和特权。这个问题不仅是党风廉政建设的重要内容，而且是涉及党和国家能不能永葆生机活力的大问题。要采取得力措施，坚决反对和克服特权思想、特权现象。”2017 年 10 月 18 日，党的十九大报告第十三部分第五条指出：“坚决反对特权思想和特权现象。”2018 年 1 月 11 日，习近平在十九届中央纪委二次全会上发表的重要讲话中指出：“领导干部要坚决反对特权思想、特权现象，保持对人民的赤子之心。”

所谓特权，就是不受制约的特殊权力、特殊利益和特殊待遇，本质上是一种扭曲的权力观，是滋生不正之风乃至腐败问题的总病根。特权思想、特权现象表现为：把主政领域当作“独立王国”“私人领地”，一手遮天、胡作非为；拥权自傲，把权力、职务当作高人一等的标签，对党员群众盛气凌人，作风粗暴，官气十足，打官腔、摆官谱、抖官威；以权压法、以权枉法，衍生“潜规则”，拿着“印把子”任性妄为，容不得不同意见甚至打击报复；任性用权，有的“一把手”搞“一言堂”“家长制”，独断专行，在重大决策上刚愎自用，任人唯亲，搞小圈子，搞人身依附关系，顺我者昌逆我者亡；个人生活追求特殊化，多占住房，超标配车，“封妻荫子”“一人得道，鸡犬升天”，挥霍公款吃喝玩乐；凌驾于组织和党纪国法之上，无视规章制度，无视组织程序，违反民主集中制；等等。

① 季建林.“官本位”会动摇党的执政基础[J].理论与学习，2010(6)：30-31.

特权思想和特权现象就是颠倒了公私、混淆了是非、模糊了义利，失去了人民公仆的本色与初心。特权思想和特权现象腐蚀党员干部灵魂，败坏党风政风和社会风气，破坏党群干群关系，削弱党和政府公信力。

笔者在本节中详细地阐述官僚化、官僚主义、官气、官本位、特权思想等是因为这些是大学治理的大敌，是大学财务治理的大敌。

（四）大学去官僚化

1. 中国大学官僚化

笔者在上文中阐述的官僚主义、官气、官本位、特权思想等种种官僚化现象，在国内的大学都有反映。

（1）大学官员越来越多

1999 年教育部发布的《普通高等学校编制管理规程（草案）》第八条指出："高等学校校级领导职能，根据学校类别和规模确定。学生规模在 3 000 人以下的学校，校级党政领导职数 3～5 人；学生规模 3 000～5 000 人的学校，校级党政领导职数 5～7 人；学生规模 5 000～10 000 人的学校，校级党政领导职数 7～9 人；学生规模 10 000 人以上的学校，校级党政领导职数 9～11 人。"

20 世纪 80 年代初期，我国普通高校一般都只有 1 名校长、3 名副校长，1 名书记、2 名副书记，校级领导一共只有 7 名左右，而且没有像校长助理之类的职位。李华、何涛报道："记者专门采访了著名教育学者熊丙奇博士。他表示，无论是北大的 27 人，还是清华的 23 人，或者是人大的 16 人，实际上都太多了，'早在几年前，中国的高校领导机构人数仅为 13 至 14 人的时候，我就已经发现了这种弊病'。他还透露，国外的高校，校长级别的领导一般也就 3 至 4 人，反观国内，往往是一个校领导就能出 20 多个副局级以上的干部。他指出，高校的行政化和官僚化往往会造成教育资源的极大浪费——师资有限，人的精力和资源也有限，本来是搞教育的人都忙着去当官了，必然会对学校的教学产生极大的影响。面对当前中国的教改难题，高校的去行政化、去官僚化乃是当前高等教育制度改革中的重中之重。"①

记者高语阳报道："在北京大学关于巡视整改情况的通报中，提出在选人用人工作方面，针对违规提拔任用干部的问题，已免去 8 位校长助理和 10 位'三长'（教务长、总务长、秘书长）副职的相关职务。"②

1980 年 8 月 18 日，邓小平认为"副职过多，效率难以提高，容易助长官僚主义和形式主义"，他在《党和国家领导制度的改革》中指出："关于国务院负责人人选的调整，中央做这样的考虑，原因是什么呢？一是权力不宜过分集中。权力过分集中，妨碍社会主义民主制度和党的民主集中制的实行，妨碍社会主义建设的发展，

---

① 李华，何涛.网友曝北大有 11 名校长助理　比部长还牛[N].广州日报，2012-07-04.

② 高语阳.第十二轮巡视整改情况全部公布：北大免去 8 位校长助理[N].北京青年报，2017-08-31.

妨碍集体智慧的发挥,容易造成个人专断,破坏集体领导,也是在新的条件下产生官僚主义的一个重要原因。二是兼职、副职不宜过多。一个人的知识、经验、精力有限,左右上下兼职过多,工作难以深入,特别是妨碍选拔更多更适当的同志来担任领导工作。副职过多,效率难以提高,容易助长官僚主义和形式主义。”①

(2) 40 个教授争一个处长职位

毛建国报道:“广东省政协科教卫体委员会副主任刘纪显说,现在社会上有一种怪现象,认为学问做得好就一定要当官,不当官人家就认为你有问题。广东省教育厅党组副书记谭泽中举例说明,‘深圳一个处长职位,竟有 40 个教授来争’!(9 月 6 日《新快报》)……只有把‘教授争处长’与‘处长争教授’综合起来看,才能看到当前学术领域存在的问题。正如广东省科学院党组书记、副院长郭俊所说,这是‘一个价值单一化问题’。……让官位没有吸引力,最起码与学问相比没有吸引力,教授们不必去争处长。另一方面,有效解决学术受官位控制的现象,让学术的归学术,官位的归官位,也就是说,让处长们争不到教授。”②

大学中曾发生“40 个教授争一个处长职位”这样惊人的奇闻,这种官场习气也最直接地使学生会的大学生们受到了沾染。学生会作为一个本来应该为同学服务的学生组织,现在也逐渐地开始官僚化。通讯员陈婷婷等报道:“武汉科技大学中南分校 3 600 名大一学生,近 2 000 人报名参加校级学生干部竞聘。西南交通大学 3 000 名新生报名竞争 60 个学生会岗位。有学生坦言进学生会的难度堪比找工作。3 000 人报名竞聘录取比例仅为 2%的学生会岗位,可见学生会在学生心目中的地位。”③糟糕的是,现在官本位不仅在高校蔓延,连小学、幼儿园也封了一大堆“官”,有的家长甚至为孩子“买官”。

(3) 亦官亦学,官学一体

中国大学有行政级别造成了“亦官亦学,官学一体化”;“官学一担挑”,美其名曰“双肩挑”,实则一副担子两边混,“权力通吃”。政府官员可以从公务员空降到高校提升为副部级、正厅级、副厅级,而高校极少从教授、副教授提升到政府担任副部级、正厅级、副厅级官员。此外,官学勾结,官给学官帽,学给官博士帽、教授衔。畸形行政化竟然衍生出“行政级别=学术能力”这般荒诞的逻辑。

被称为“汉语拼音之父”的周有光先生在迎来自己 110 岁生日之际接受马国川采访时表示,解决问题在于“非官僚化”。马国川问:“就像刚才您讲到的,现在大学教育问题多多,学术抄袭、教授作假等现象层出不穷,为什么会出现这种局面?”周有光答:“我看了一些材料,这些材料告诉我,学术抄袭、教授造假,完全是由于大学

① 邓小平文选:第二卷[M].2 版.北京:人民出版社,1994.

② 毛建国.“40 教授争一个处长”的价值拷问[N].广州日报,2008-09-07.

③ 陈婷婷,曹正,刘一儒,等.高校学生会屡遭非议,少数干部被指成“学生官”[N].中国教育报,2012-04-17.

的‘官僚化’。它是官僚化的一个派生现象，所以，关键在于‘非官僚化’，而不能‘弃本逐末’。不知道从什么时候起，官员读博成为风气，官僚都要一个学位头衔，于是就创造了‘在职博士生’这个奇怪的现象。官员有时间读书写论文吗？绝大多数文章都是抄的或者别人替他们写的，当然是虚假的。这样，产生了大批没有知识的博士、空头的教授。”①

（4）大学校长向科级秘书献媚

《南方都市报》4 月 11 日报道，2008 年，教育部进行本科教学评估时，广西师范大学的官方网站版面居中是一幅大照片：中间是一位刚接受献花的靓丽女士（袁秘书系湖南师大教务处的一位科员，被教育部抽调至专家组任秘书），六位校领导分列两侧。中国是个讲座次的国家，开会、饮宴、拍照无不如此。六位校长站两翼，一位科秘居中，这一反常格局，恰恰再正常不过，它以反权力的方式更强化了权力，因为该秘书来自教育部。校长们几近献媚的热情不由得让人感慨万千，而这一切毫无疑问源自学校行政化。长期以来，大学校长都被看作是一种行政职务，对他们来说，高校评估自然是一项重要的“政绩”。由于校长的行政职务是由上级任命的，因此决定其前途命运的往往不是自身的专业能力和管理水平，而是如何让上级领导满意。于是，大学领导们对专家组的诚惶诚恐也就不难理解。把校长混同于普通官员，在强调校长“官员”价值的同时，必然弱化其自身的专业价值，难免引起学校管理向权力“献媚”②。

这是大学校长的悲哀，也是大学的悲哀，更是高等教育的悲哀。

（5）官本位使中国著名大学校长由于国外名校的校名出了洋相

① 法国巴黎高等专科学校

熊文杰报道：“我们都不知道中国教育病到什么程度，可以说病入膏肓。你只要看一个问题。中国大学改名改了二十年了，现在没有专科学校了，没有学院了，所有的都是(叫)大学了。原来各个地区的大学，什么鲁东大学、鲁西大学，都是师范改的，你们再去看看西方国家，哪一个大学几百年改过名字？几百年不改，坐不改名，行不改姓！中国的大学为什么改名？它就是个虚荣心，极度的虚荣心！办学者的虚荣、求学者的虚荣，还有家长的虚荣。美国麻省理工学院，还是(叫)学院，玛丽学院、加州理工学院，没有哪个学校想去改名。法国的巴黎高等专科学校，还是个专科学校。当我们刚改革开放以后，巴黎高等专科学校到北京来找姊妹学校，找到北师大，北师大说，你是个专科学校，你不配和我们来建姊妹学校。他们都不知道这个巴黎高等专科学校(培养)出了 11 个诺贝尔奖(获得者)，出了 8 个数学菲尔

① 周有光，马国川.今日中国的大学与大学教育[J].读书，2010(10)：19-25.

② 赵志疆.由风光女秘书反思高校评估[N].新民晚报，2008-04-12；邵建.大学校长为何向评估女秘书献媚[N].现代快报，2008-04-14.

兹奖，人家不想改名，但并没有影响它在世界上的顶尖地位。”①

② 美国斯沃司莫尔学院

2019年1月下旬，李克强总理主持召开座谈会，听取教科文卫体各界人士和基层代表对《政府工作报告（征求意见稿）》的意见建议。杨福家院士发言：“1979年5月16日，我的导师，国家一级教授卢鹤绂接到美国斯沃司莫尔学院的邀请，去该校讲学一年。当时的校领导大为不快：‘堂堂国家一级教授去这种无名小学校，丢脸，丢脸！一级教授应去哈佛、耶鲁这样的大学。’后来有关领导要求我带队去美国看看这样的学校，特别是斯沃司莫尔学院。百闻不如一见！当时我已去过美国不下数十次，但却从来没有去过这样的学校！这次访问使我收获颇丰。我懂得了高等院校分为三类，一类是研究性大学，如美国的哈佛、耶鲁，英国的剑桥、牛津。第二类是高等职业学院。第三类是一般性大学。当时，我们大多数人，包括我，对研究型大学充满着敬意，对职业型院校是看不起，对一般性大学是不了解。通过这次访问，我们懂了：最好的本科院校是成立于1793年的威利姆斯学院，第二名是成立于1821年的阿姆赫斯特学院，上两所学院都在美国名城波士顿(Boston)。第三名是邀请卢鹤绂教授去任教的斯沃司莫尔学院，该校成立于1864年，在美国费城。而在本科排名中，哈佛排在第8名，耶鲁第10名！”②

(6) 校名升格

现在有一种现象是校名升格，如“学院”改“大学”，似乎称为“大学”比称作“学院”要高等。鲁迅告诫说：“不必忙于挂招牌，‘稻香村’‘陆稿荐’已经不能打动人心了。‘皇太后鞋店’的顾客，我看也并不比‘皇后鞋店’里的多。”

刘道玉指出：“像美国的麻省理工学院(MIT)和加州理工学院(CIT)，前者有14位诺贝尔奖获得者，后者有15位诺贝尔奖获得者，算得上是世界顶尖大学，可是它们现在依然还是叫学院。加州大学伯克莱分校的劳伦斯实验室已经涌现了10位诺贝尔奖获得者，成为核物理的重要学派，可是它依然还是叫实验室。美国贝尔实验室是拥有10万研究人员的研究机构，每天至少有一项发明成果诞生，可是它也还是一个实验室。眼下，赶时髦的风气也很盛，只要国外有一个什么新东西出来，我们不是踏踏实实地进行研究，而是立即就换牌子。例如，一强调计算机软件重要，一些大学本已有了计算机学院，马上又成立软件学院，甚至是实验软件学院。众所周知，麻省理工学院发明了世界上第一台计算机，但它们依然还是叫电机系，这并没有影响它们在世界上的领先地位。还有，像MBA、EMBA、MPA班也是，太多、太乱，在我国现实的条件下，不知道有多少教师能够胜任那些班的教学？

① 熊文杰.武汉大学老校长刘道玉谈中国教育改革[N].医界春秋，2017-06-11.

② 李克强主持召开座谈会，听取教科文卫体各界人士和基层代表对《政府工作报告（征求意见稿）》的意见建议[N].人民日报，2019-01-21.

又有多少人能够付得起那么昂贵的学费？是否能够培养出合格的高级管理人才？”①

杨兴云报道：“《经济观察报》：关于中国当前的高教体制及其改革，你有什么看法？深圳大学校长章必功：对于这个问题，我曾经将其归结为‘官本位浓厚、人事制度老化、师生关系疏远、教学声望下跌、泡沫学术抬头、计划经济严重、人文精神模糊、改革步伐缓慢’。”②

张传燧指出：“在现有环境下，中国大学内部的问题也并不比外部的好多少，甚至还要严重得多。普遍存在的问题是，高校内部行政化严重，高校自律不够，表现在招生、基建、评职称、申报课题、评奖等诸多方面。权钱交易，暗箱操作，学术腐败，师德下滑，屡见不鲜；‘政霸’‘财霸’‘学霸’，垄断盛行。”③

2. 中国大学去官僚化即去行政化

阿马彻(Amacher)和迈纳斯(Meiners)认为：“去官僚化要考虑整个高等教育结构的内外部环境。”④

公立学校一直被视为政府部门的“附属”，公共教育一直被认为理所当然要由政府垄断供给，是当下“去行政化”议题中的一个值得高度关注的方面。人们对公共机构的不信任，最根本原因就在于公共机构有太多的官僚制。教育公共管理模式中也有太多的官僚制⑤。

江赛蓉指出：“大学管理体制‘官僚化’则是指在大学组织的管理活动中，主管行政部门不尊重大学组织的特性和运行规律，依照管理企业生产组织或政治行政组织的方式来管理大学，学术人员被作为科层制中的职员来对待，而且大学行政权起着主导作用，往往超越其法定的活动范围和权限，甚至以大学行政权压制、取代大学的学术权，主要表现在大学行政权的‘越位’和‘异化’两方面。这是大学‘行政化’的实质所在。”⑥

周川指出：“‘行政化倾向’‘行政化管理模式’的主要症结，在大学与政府的关系维度上，一是政府行政主管部门的行政权力过大，几乎没有边界；行政主管部门每每凌驾于大学之上，毫无节制地对大学下发形形色色的红头文件，发号施令，以各种行政规则(包括潜规则)控制和左右了大学运行的几乎所有主要方面和主要环节。在政府行政主管部门的强权之下，大学不可避免地成为政府的‘下属单位’，实

---

① 刘道玉.中国怎样建成世界一流水平的大学[J].高等教育研究，2003(2)：4-10.

② 杨兴云.深大是开马车赶火车[N].经济观察报，2010-08-06.

③ 张传燧.大学自主与大学分治[J].国家教育行政学院学报，2012(10)：18-22.

④ Amacher R C，Meiners R E. Faulty tower[M]. Okland：The Independent Institute，2004：53.

⑤ Snauwaert D T. Democracy，education，and governance：a developmental conception[M]. Albany：State University of New York Press，1993：92.

⑥ 江赛蓉.突破官僚制：中国大学“去行政化”改革的关键[J].江苏高教，2013(1)：23-26.

际上沦为政府部门的附庸，自己也身不由己地迅速‘行政化’起来。二是政府行政权力的行使方式过于线性、垂直，它通过行政渠道自上而下往往一竿子插到底，不仅影响到大学的校、院级层面，也直接或间接地影响到第一线教师个体的教学和科研行为。眼下由政府主管部门设立的各种‘项目’‘工程’‘计划’‘奖项’‘名誉’等，名目繁多，花样百出，难计其数。这些名堂大多由政府主管部门设置（其中不少是在扭曲的‘政绩’观驱使下随心所欲设置起来的），并且被赋予种种特殊的名和利，引诱着第一线的教师争先恐后去申报和‘公关’，最终使得教师们‘英雄尽入其彀中’，他们的教学和科研行为在这些名堂的诱导之下不同程度地被扭曲，越来越偏离教学和科研的本真，各种各样的学术腐败因此也就屡见不鲜了。”①

五、大学财务治理应去行政化（去官僚化）

（一）高校领导行政化（官僚化）对高校财务治理的破坏

高校行政化主要是指把高校作为完全的行政机关而不是学术机构，运用行政权力和行政管理模式来管理教学、科研等学术活动，用行政权力干涉学术事务。笔者认为，高校行政级别不是行政化的起因，但行政权力的运用导致了“官本位”，见诸媒体的教授放弃学术去当处长，是因为行政权力可以寻租，当了官可以运用公权力去申报课题、申报奖项，可以担任评委去评职称、评课题、评奖。“官本位”腐蚀了大学弘扬大学精神、倡导科学和民主的学术氛围；“官本位”是造成高校行政权力与学术权力错位的催化剂，是损害高校内部控制环境的腐化剂。因此，《中共中央关于全面深化改革若干重大问题的决定》第 59 条指出：“破除‘官本位’观念。”

行政化表现为“一把手”的“一言堂”。用行政权力办学必然导致权力的膨胀和滥用。邓小平指出：“权力过分集中的现象，就是在加强党的一元化领导的口号下，不适当地、不加分析地把一切权力集中于党委，党委的权力又往往集中于几个书记，特别是集中于第一书记，什么事都要第一书记挂帅、拍板。党的一元化领导，往往因此而变成了个人领导。全国各级都不同程度地存在这个问题。权力过分集中于个人或少数人手里，多数办事的人无权决定，少数有权的人负担过重，必然造成官僚主义，必然要犯各种错误，必然要损害各级党和政府的民主生活、集体领导、民主集中制、个人分工负责制等等。这种现象，同我国历史上封建专制主义的影响有关，也同共产国际时期实行的各国党的工作中领导者个人高度集权的传统有关。”②“党委领导下的校长负责制”不是“党委书记领导下的校长负责制”，它从领导层面是“委员会制”而不是“一长制”。

① 周川.“现代大学制度”及其改革路径问题[J].江苏高教，2014(6)：22-26.

② 邓小平.党和国家领导制度的改革[M]//邓小平文选：第二卷.2 版.北京：人民出版社，1994.

高校领导行政化(官僚化)对高校财务治理的破坏是显而易见的。在官僚化的高校,那些“一把手”们“一言堂”,把高校当作“私人领地”,排斥党的领导和各方面的监督,大搞“独立王国”,搞小圈子,任人唯亲,顺我者昌逆我者亡,对正确意见打击报复,压制民主,欺上瞒下,这哪里有什么大学治理的政治生态?他们拥权自傲,盛气凌人,一手遮天,胡作非为,官气十足,打官腔、摆官谱、抖官威,专横跋扈,独断专行,作风粗暴,动辄训人,这哪里有什么大学治理的权力制衡?哪有什么“把权力关在笼子里”?他们将党纪国法置若罔闻,恣意妄为,为非作歹,在重大决策上刚愎自用,衍生“潜规则”,以权压法、以权枉法、以权谋私,徇私受贿,贪赃枉法,将高校财务治理破坏殆尽。

邓小平对权力过分集中的危害说了三个“妨碍”,他指出:“权力过分集中,妨碍社会主义民主制度和党的民主集中制的实行,妨碍社会主义建设的发展,妨碍集体智慧的发挥,容易造成个人专断,破坏集体领导,也是在新的历史条件下产生官僚主义的一个重要原因。”①

(二) 校领导腐败突出表现于贪财或损财

“个人专断,破坏集体领导”是“一言堂”的典型表现,它破坏了“集体决策”的治理结构,从文化层面上讲是封建专制主义,与大学精神是相悖的。笔者曾阐述过公司文化对公司治理的影响②。

1. 天津大学领导擅自决策挪用资金炒股导致巨额损失

季谭、志勇报道:“早在 2000 年,天津大学决定对校办企业进行股份制改造并争取上市,以提高学校校办企业的科研实力和发展后劲。当时任副校长的杭某民和深圳一投资公司洽谈,在未经可行性论证和未经校领导班子集体讨论、未报有关部门批准的情况下,便与该公司签订了委托其在证券市场运作的协议,并于 2000 年 9 月至 2001 年 8 月期间,将 1 亿元资金分三批委托给该公司。该投资公司收到学校资金并购买股票后,将所购股票用于质押融资,进行股票交易。2003 年下半年,由于股市交易出现行情波动,该公司质押的股票被相关证券公司陆续强行平仓,款项被证券公司划走以后,该投资公司当事人潜逃。……此次事件造成天津大学的巨额损失,至少在 3 750 万元以上。”③

2. 湖北民族学院原党委书记、院长权力集于一身受贿

1998 年 12 月,经省委同意,彭某坤担任了湖北民族学院党委书记和院长职务,自此,彭某坤步入了长达 8 年的集党政权力于一身的权力鼎盛期,学院也进入建校史上长足发展的辉煌期。“彭某坤对学院的发展是功不可没的,他的工作

① 邓小平.党和国家领导制度的改革[M]//邓小平文选:第二卷.2 版.北京:人民出版社,1994.

② 乔春华.审计委员会的理论与运作[M].北京:中国时代经济出版社,2007:133-137.

③ 季谭,志勇.天津大学资金遭挪用导致巨额损失,原校长受处分[N].第一财经日报,2006-11-23.

90%是被院内职工认可的，如果说有10%不认可或者存在争议，就是其'当政'后期的'一言堂'，甚至有些专制。"多数教职工如此评价。"彭某坤是省管干部(正厅级)，天高皇帝远，决策权、执行权集于一身，缺乏有效的监督，带着各种荣誉的光环，导致后期的'权力膨胀'，再加上社会大环境的影响，很难抵御外界的各种诱惑，出问题在所难免。在本单位的建设工程招标议标、工程发包及签订合同、工程款拨付等工作中，利用职务之便，为在本单位承建工程的项目经理谭某芹、李某昌、刘某璋、罗某河、卢某伟等人谋取利益，共计收受他人贿赂人民币199万元。如果在其快退休的时候，将其权力剥离一部分出来，也许会避免出事。组织上应该从制度层面上加以考虑。"一位领导分析说。绝对权力必然产生腐败，所以腐败问题就不可避免①。

3. 榆林高等专科学校原党委书记兼校长一手遮天受贿

吕贵民报道："惠某德在榆林高等专科学校任党委书记兼校长期间，一手遮天。当时，榆林高专的基建投资达1个多亿，没有惠的同意基建队是绝对揽不来工程的。"②侯兆晓指出："首先，高校的管理体制存在问题。高校实行的是'党委领导下的校长负责制'，在很多高校，名义上是党委会议决定，基本上是党委书记统揽大权，学校所有的'大事'都是他说了算。副职，甚至包括校长，也不敢有异议，否则其官位难保。这个模式原本没有错，但是，书记与校长的职责很难厘清，书记只要想插手的事，就没有不可能的事。绝对权力必然产生腐败，所以腐败问题就不可避免。在反腐败方面，高校基本处于真空地带，一般各省设有教育工委、教育纪工委，但基本上都力不从心。大一点的省，高校多达几十所，甚至上百所，按照目前教育纪工委的人手，无论从监督机制，还是手段上，都无法承担这样的任务。所以在高校腐败起来'很放心'。一位检察官分析说，从目前已经出了问题的高校看，这些学校主要领导'一言堂'、个人说了算的问题比较突出。一方面是对院校'一把手'监督和管理措施不到位，形成同级不好监督、上级疏于监督的情况。"③

4. 阜阳师范学院原党委副书记、院长想让哪家建筑单位入围就入围，想给谁打多少印象分就打多少分

在高校腐败案例中，相当多的案例是管理层特别是"一把手"凌驾于制度之上。刘炎迅等报道："在阜阳师范学院，尽管每一个工程都要走招投标程序，但时任阜阳师范学院党委副书记、院长的张某歧利用分管新校区建设的职务便利，'想让哪家建筑单位入围就入围，想给谁打多少印象分就打多少分，倾向于谁中标谁就能中标，少有人能提出不同意见'，最终因受贿50余万元而被判刑。"④

① 侯兆晓.《高校腐败警示录》专题报道之四：高校监管如何去真空[J].民主与法制，2009(10)：10.

② 吕贵民.延安大学原校长惠延德特大受贿案写真[N].陕西日报，2004-02-27.

③ 侯兆晓.《高校腐败警示录》专题报道之四：高校监管如何去真空[J].民主与法制，2009(10)：10.

④ 刘炎迅，王婧，秋风.高校基建腐败调查：大学之盗[J].中国新闻周刊，2009(39)：28-30.

赵秀红报道："高校领导容易在哪些方面'栽跟头'？哪些环节的监督缺失容易造成高校领导腐败？北京师范大学国际反腐败教育与研究中心秘书长彭新林认为，一些高校在财务管理、基建工程、大宗物资设备采购、校办产业和后勤、招生考试等领域及科研经费使用中出现了一系列问题，已成为社会舆论关注的热点。'总的来看，高校领导腐败的风险点主要集中在基建工程、物资采购招投标、招生录取、财务管理、校办产业等领域，这些领域利益、资源较为集中，是容易滋生腐败的重点领域和关键环节，因而成为高校领导腐败行为的重灾区和高发地带。'彭新林说，一些学校、学院的党政'一把手'权力过于集中，即便是集体讨论的决策，他们往往也可以顺利地将个人意志强加在集体决策上。高校腐败现象也多发于权力监控薄弱处，特别是对重要岗位和关键环节的权力运行缺乏有力的制约与监督。彭新林近年来对反腐败案件有比较深入的研究，据他分析，高校腐败现象有一定的特殊性，涉案领域相对集中，以受贿、贪污为主体，以权谋私、以职牟利、权钱交易的贿赂贪污类案件，长期居于发案量的首位。"①

(三) 从体制去官僚化到紧盯"关键少数"达到高校财务良治或善治

党的十八大以来，虽然以高压态势惩治腐败，至 2017 年 3 月仍有 170 位高校校级领导落马②。更令人遗憾的是，党的十九大以来，至 2020 年底，高校校级官员腐败案件仍有 50 余件，本文仅列举本科院校，职业技术学院从略。如：

四川师范大学原党委书记周某铭；

西南林业大学原党委副书记、校长蒋某岗；

重庆医科大学原党委副书记、校长雷某；

山东科技大学原党委副书记、校长任某琦；

湖南中医药大学原党委副书记、校长谭某生；

新疆大学原校长由卫利・巴某提；

韶关学院原党委书记邹某松；

琼台师范学院原党委书记李某国；

内蒙古科技大学原党委书记李某卫；

安徽中医药大学原校长王某；

浙江海洋大学原党委副书记、校长吴某文；

渤海大学原党委副书记、校长杨某东；

北方工业大学原党委副书记、校长丁某；

西南林业大学原党委书记吴某；

湖南中医药大学原党委书记黄某勇；

① 赵秀红.去年多家一本高校领导被通报：招生成腐败重灾区[Z].澎湃新闻网，2016-02-02.

② 乔春华.大学校长理财研究[M].南京：东南大学出版社，2018：52-59.

上海工程技术大学原校长夏某国；

广西中医药大学原党委副书记、校长唐某；

湖南中医药大学原党委书记黄某勇；

吉林工商学院原党委书记王某吉；等等。

从上可以看出，腐败案例中“一把手”占多数，而“一把手”是学校中的“关键少数”。习近平历来强调紧盯“关键少数”，发挥其“头雁效应”，形成示范作用。2017 年 10 月 24 日，《十八届中央纪律检查委员会向中国共产党第十九次全国代表大会的工作报告》中指出：“抓住‘关键少数’，坚决查处十八大后、中央八项规定出台后、群众路线教育实践活动开展后仍然顶风违纪的党员干部。……紧盯‘关键少数’特别是一把手，严把政治关廉洁关，用严明的纪律和严格的监督使党员领导干部知敬畏、存戒惧、守底线。”一个是“抓住‘关键少数’”，另一个是“紧盯‘关键少数’”，上述这些领导干部腐败案例带来的极大危害，从反面把领导干部作为“关键少数”突出出来，反映了在加强和规范党内政治生活中“关键少数”的关键作用。

龚洋浩报道：“从中央纪委监察部网站公布的高校腐败案件，可以发现落马高校官员多为学校党委书记和校长(院长)，‘一把手带头变坏’的现象，说明高校领导干部的腐败风险一点也不比党政机关领导低。高校党委书记、校长是党委和行政一把手，统揽学校这个‘小社会’全局，牢牢控制着资金分配权、人事管理权和项目审批权，极易将集体领导变为个人专断，大肆任性用权。如云南民族大学原党委书记甄某党，不仅贪婪，更是凡事自己说了算。在他担任校长时，强调大学是‘校长负责制’，担任党委书记后，又只强调大学是‘党委书记领导下的校长负责制’，大搞‘一言堂’，极其狂妄霸道。”①大学治理是制衡权力，“一把手”是“一权独大”，如治理不到位，“一把手”就会“一言堂”“一支笔”，变成“一霸手”，因此，平衡权力就是防止一权独大。即使不贪，“一霸手”盛气凌人，专横跋扈，独断专行，动辄训人，有的甚至骂人。1967 年九十月间，面对某些领导干部由于官做大了，薪水多了，有事不跟群众商量，不平等待人，不民主，严重脱离群众，到处骂人、训人而造成的干群关系紧张局面，毛泽东发出警告：“把官僚架子放下，跟老百姓、工人、农民、学生、战士、下级一起，平等待人。不要动不动就训人。”1975 年 4 月 23 日，已经 82 岁高龄的毛泽东尽管重病缠身，写字十分困难，仍用颤抖的手在一份报告上批示：“自以为是，动不动就训人，这也是不懂马列的一种表现。”②监狱都不允许侮辱罪犯的人格，这些“一霸手”怎么治理社会主义大学？

新华网记者黄玥报道：“习近平指出：党政主要负责同志是抓改革的关键，要把改革放在更加突出位置来抓。解决中国的问题，关键在党，也关键在领导干部这

① 龚洋浩.高校腐败频发　十八大以来高校腐败案件已达 50 多起[N].中国纪检监察报，2015-04-27.

② 中共中央文献研究室.建国以来毛泽东文稿：第 13 册[M].北京：中央文献出版社，1998：426.

个‘少数’。凡属重大改革，都不可能一蹴而就。党把干部放在‘一把手’这个关键位置，是信任重托，也是要求领导干部真抓实干、奋发有为，一茬一茬接着干，一棒接一棒要干好。‘一把手’的‘一’字，不仅仅是‘排行’，更意指当好第一责任人，领导一方、带动一方。”①

前述“即使不贪”是个假设，把高校当“私人领地”搞小圈子的人，无一不将公权当私权，将公产变私产，高校校级官员腐败案件就是铁证。

（四）从根源去官僚化才能达到高校财务良治或善治

江赛蓉指出：“大学‘官僚化’管理体制的成因，在于大学行政权与大学自主办学权之间边界的模糊性。……‘官僚化’管理体制的另一成因，是大学自愿‘被行政化’。……综上所述，大学管理体制‘官僚化’的原因在于现行教育法律文本未能清晰界定大学行政权力和大学自主办学权的边界，导致行政权的‘自由裁量’空间非常之大。”②

熊丙奇说：“高校腐败的根源性问题是教育行政化。这表现在两方面，一是政府用行政的方式管理学校，把学校变为一级政府，学校没有办学自主权，校长首先是官员而不是教育家；二是学校内部也采取行政治理方式，行政权、教育权、学术权不分，行政权力过大，行政机构臃肿，学校不能按教育规律办学。”熊丙奇认为：“高校校领导的权力欲，是高校行政化的根源，也是行政化的结果。”熊丙奇还指出，教育行政化阻碍了我国教育事业的发展。他说：“今天我国的学校，已变异为官场和商场——官员将大学校领导岗位作为升官的台阶，大学将文凭作为资源售卖，中小学校长也有行政级别，教育部门、学校把学生当作牟利的工具。”同时，教育改革也受到行政化的阻碍：“教育改革，也遭遇行政化的困境——推进去行政化改革的力量，还是行政部门，这也就让去行政化的改革举步维艰。”

王全宝报道：“‘国外一所大学校长就曾表示，中国的大学校长权力太大了，没人监督，出来好多腐败，应该提出公权问责。’国家教育发展研究中心主任张力向《中国新闻周刊》表示，现在教育行政化不光是政府以行政方式管理学校，更受人诟病的是学校内部行政化。”③

周川指出：“在大学内部的关系维度上，首先在于校级领导尤其是校级主要领导权力过大，过于集中，个人专权独断的情况比较严重，其权力的触角在校内几乎无所不在，无所不及，可以不受任何限制地干预到校内每一个角落、每一个工作细节、每一个具体成员。二是校内行政等级分明，校、院、系自上而下完全按照行政规则运作，校部行政职能部门权力远大于院系，行政人员权力远大于教授。三是校内

① 黄玥.这两次会议，习近平都要求“一把手”亲自抓改革[N].新华网，2017-05-08.

② 江赛蓉.突破官僚制：中国大学“去行政化”改革的关键[J].江苏高教，2013(1)：23-26.

③ 王全宝.教育去行政化，大势已明[J].中国新闻周刊，2010(8)：46-47.

各层级对行政权力都缺乏最起码的民主制约机制，最具民主意识和民主能力的大学教师对校政院政也基本上没有制度化的发表意见的渠道。教师缺少基本的民主权利，越来越无助、无力，又进一步加剧了校内行政权力的膨胀；行政人员也越来越像官，越来越凌驾于教师之上，形成一种恶性循环。”①

法国著名思想家孟德斯鸠曾指出：“一切有权力的人都容易滥用权力，这是万古不易的一条经验。有权力的人们使用权力一直遇到有界限的地方才休止。……从事物的性质来说，要防止滥用权力，就必须以权力制约权力。”②英国思想史学家阿克顿勋爵也指出：“权力导致腐败，绝对的权力绝对地导致腐败。……在所有使人类腐化堕落和道德败坏的因素中，权力是出现频率最多和最活跃的因素。”③高校拥有巨大的公权力，如果不受制约与控制，就会变为绝对的权力，导致权力寻租和利益输送。而“一把手”的权力不受制约与控制就会变成“一霸手”。

从上可知，高校治理文化离不开高校的政治生态和经济、文化环境，离不开高校“关键少数”的治理文化理念和行为，当然也需要高校会计人员的职业道德修养、理财理念、执行能力、处事风格等政治素质、业务素质和文化素质。

第二节　内卷化对高校财务治理的影响及去内卷化对策

“内卷化”是2020年以来学术界和公共网站上一个出现频次较高、影响较广泛也非常热门的关键词，跨越了包括乡村、经济、社会、治理、教育，乃至心理、文化、人生观等众多研究领域。《咬文嚼字》杂志评选出的2020年十大流行语中“内卷”名列第九。笔者试图在高校财务领域内探索“内卷化”现象，本节仅研究内卷化对高校财务治理的影响及去内卷化的对策。

黄宗智曾指出，《长江三角洲小农家庭与乡村发展》中的“内卷化”将改译为“过密化”；其他一些出处中既有“内卷化”，也有“过密化”。王金红、蒋达勇认为：“‘过密化’（即 involution），原来在中文中译作‘内卷化’，现在一般译为‘过密化’。”④田牧野认为：“黄宗智本人曾试图将其改译为‘过密化’，但因‘内卷化’在学术界太过深入人心，‘过密化’终究没有替代成功。”⑤但学术研究、新闻报道和网络上普遍使用“内卷化”概念，为行文统一，本节在所有引文中一律使用“内卷化”⑥。

---

① 周川.“现代大学制度”及其改革路径问题[J].江苏高教，2014(6)：22-26.

② [法]孟德斯鸠.论法的精神[M].张雁深，译.北京：商务印书馆，1983：156，36.

③ [英]阿克顿.自由与权力[M].侯健，范亚峰，译.北京：商务印书馆，2001：1，342.

④ 王金红，蒋达勇.制度过密化：解释村民自治发展瓶颈的一种理论假设[J].华南师范大学学报(社会科学版)，2008(2)：3-9.

⑤ 田牧野.被玩坏的“内卷”与教育革命[N].社会科学报，2021-01-07.

⑥ 转引自：刘世定，邱泽奇.“内卷化”概念辨析[J].社会学研究，2004(5)：96-110.

一、内卷化概念的内涵

(一) 内卷化概念的由来

“内卷化理论”的主要贡献者有：

1. 康德

韦森指出：“当代国际学界一般认为，较早辨识出人类社会发展过程中的‘内卷’(involution)问题的，似乎是美国著名的文化人类学家格尔兹(Clifford Geertz，1968)。从笔者目前所阅读过的理论文献来看，事实上最早提出人类社会演化过程中的‘内卷’问题的，并不是格尔兹，而是德国古典哲学家康德(Immanuel Kant)。据笔者阅读到的理论文献来看，在《判断力批判》一书中，康德就提出‘内卷理论’(involutions theorie)，他还非常明确地把这种‘内卷理论’与‘演化理论’(evolutions theorie——即人们所说的‘进化论’)相对照，并把这种理论称为‘锁入理论’(die Theorie der Einschachtelung)。”①

王晓华指出：“最早使用‘内卷化(involution)’这个词的是大名鼎鼎的康德。当这位哲人于1790年左右试图阐释外演(evolution)过程时，内卷现象也进入了他的视野，并且被他界定为‘复归’‘衰退’‘退行’。”②

康德在《判断力批判》一书中指出：“预定论也可以有两种不同的处理方式。就是说，它把每个由同类的东西产生出来的有机物要么看作离析出来的东西(edukt)，要么看作产生出来的东西(produkt)。作为单纯离析出来的东西而生殖的这个学说叫作个体的预成学说，或者也叫先成论(通常译作“进化论”，但此处与后来的达尔文的进化论的意思不同)；作为产生出来的东西而生殖的学说被称为新生论学说。后者也可以称为种类的预成学说，因为生殖者的产生能力毕竟是根据它们的种族所分有的那些内在的合目的性素质而预先形成了的，因而那特种的形式是潜在地预先形成了的。与此相应地我们甚至也许可以把相对立的个体预成理论更确切地称为退行论(或套入理论)。”③这里，康德明显将“内卷”与“进化”区别为两种完全不同的演进方式，即“进化”的对立为“退行”，“内卷”即“退行”。

2. 戈登威泽

李富有、王少辉认为：“‘内卷化’一词最早出现在美国学者戈登威泽④描述文

---

① 韦森.斯密动力与布罗代尔钟罩：研究西方世界近代兴起和晚清帝国相对停滞之历史原因的一个可能的新视角[J].社会科学战线，2006(1)：72-85.

② 王晓华.“内卷化”及其反面[N].社会科学报，2021-01-07.

③ [德]康德.判断力批判[M].邓晓芒，译.北京：人民出版社，2002：277.

④ Goldenweiser. The social sciences and their interrelations[J]. American Journal of Sociology，1928(33)：19-35.

化模式进化与发展的过程中，他认为，当一种文化模式达到了某种高级形态之后，它既无法稳定下来，也无法使自身转变到新的高级形态，只能不断在内部原有的形态上变得更加复杂化和精细化，这一过程就被戈登威泽称为‘文化内卷化’。而事实上，‘文化内卷化’过程的逻辑在其他领域都有类似的表现，尤其是在没有实质性的技术革新的情况下，又要不断地追求规模的扩展，自然就会使得自身的系统不断震荡，最终导致崩溃。”①从所引期刊看这似乎是在1928年。

王晓华指出：“1936年，美国人类学家亚历山大·戈登威泽(Alexander Goldenweiser)将这个词引入社会学领域，用它意指‘没有创新的复杂化’。”②

有人认为，戈登威泽在分析文化模式时首创“内卷化”③。

戈登威泽的有关论述是：“针对处于发展过程中的文化特征，‘模式’概念提供了……解释原初文化特定形式的途径。模式给人的最初印象是……约束发展，至少是限制发展。一旦达到了模式的形态，模式的刚性就会禁止进一步的变化……但也有例子说明仅仅只是设定了一个限制和框架……在框架内，即使不要求变化，变化也是被容许的。以毛利人的装饰艺术为例，这种艺术的特点是复杂、精细，使得整个作品充满装饰性。但是，如果分析作品的要素，就会发现要素的数量很少。在某些情况下，复杂的设计实际上来自对某个空间安排的多样性。这里我们就有了模式和继续发展的问题。模式排除了对其他单个或者多个要素的应用，但却并不抵触在单个或者多个要素内部进行发挥。这样，一个无法回避的结果就是，渐进的复杂性，即统一性内部的多样性和单调下的鉴赏性。这就是内卷化。一个类似的例子……就是艺术中所谓的‘华丽’，就像后期的哥特式艺术一样。艺术的基本形态达到极限，结构特征得到了固定，创造的源泉枯竭了。但是，艺术仍然在发展，在所有边缘被固定的情况下，发展表现为内部的精细化。”④

戈登威泽用“内卷化”来描述一类文化模式(以新西兰毛利人的装饰艺术为例)，即当达到了某种最终的形态以后，“模式给人的最初印象是……约束发展，至少是限制发展”“艺术的基本形态达到极限，结构特征得到了固定，创造的源泉枯竭了”。由此可见，戈登威泽的艺术内卷化是“约束发展，至少是限制发展”和“没有创新的复杂化”。

3. 格尔茨

格尔茨认为：“我这里所用的内卷化的概念，来自美国人类学家戈登威泽。”⑤

---

① 李富有，王少辉.经济内循环的内涵逻辑与内卷化挑战研究[J].社会科学，2021(1)：34-43.

② 王晓华.“内卷化”及其反面[N].社会科学报，2021-01-07.

③ Geertz G. Agricultural involution: the process of ecological change in Indonesia [M]. Berkeley: University of California Press, 1963: 80-81.

④ 戈登威泽的译文，转引自：刘世定，邱泽奇.“内卷化”概念辨析[J].社会学研究，2004(5)：96-110.

⑤ 转引自：刘世定，邱泽奇.“内卷化”概念辨析[J].社会学研究，2004(5)：96-110.

1963年,美国普林斯顿大学人类学家克利福德·格尔茨(Clifford Geertz)在印度尼西亚做田野调查时发现,在殖民地时代和后殖民地时代的爪哇岛,人口没有向资本和技术密集型产业集中,而是不断地投入到有限的水稻生产中,导致农业生产内部精细化,格尔茨将这种现象称为"involution",即内卷化,并提出"农业内卷化"(agricultural involution)模式。① 格尔茨在《农业内卷化:印度尼西亚生态变迁的过程》(*Agricultural involution: the process of ecological change in Indonesia*)一书中描述了印尼爪哇地区的经济与社会发展,在概括这一过程的时候,格尔茨使用了"农业内卷化"概念:"爪哇人自己不可能转变成为资本经济的一部分,也不可能把已经普遍存在的集约化农业转变为外延性的农业。因为他们缺乏资本,没有能力剥离多余的劳动力,外加行政性的障碍,使他们不能跨越他们的边界(因为其余的土地上种满了咖啡树)。就这样,慢慢地、稳定地、无情地形成了1920年Sawash的劳动力填充型(labor-stuffed)的农业模式:无数的劳动力集中在有限的水稻生产中,特别是在因甘蔗种植业而改善了灌溉条件、单位面积产量有所提高的地区。1900年以后,即使旱作农业有所发展,人们的生活水平也只有非常小的提高。水稻种植,由于能够稳定地维持边际劳动生产率,即更多劳动力的投入并不导致明显的人均收入的下降,至少是间接地吸收了西方人进入以后所产生的几乎所有多余人口。对于这样一个自我战胜的过程,我称之为'农业的内卷化'。"②

由此可见,格尔茨的农业内卷化是"人口没有向资本和技术密集型产业集中,而是不断地投入到有限的水稻生产中,导致农业生产内部精细化",没有"出圈"或"破圈"到"资本和技术密集型产业",而是在原地精耕细作。

4. 黄宗智

美国洛杉矶加利福尼亚大学历史系的黄宗智将"内卷化"概念引入中国社会经济史的研究领域,并在《华北的小农经济与社会变迁》(1985年中译本)中,用"内卷"描述了华北农村百年社会经济的演变形式;在其另一部著作《长江三角洲小农家庭与乡村发展》(1992年中文版)中,他进一步发展了该理论,并将"involution"译为"过密化"。

黄宗智的一个重要观点是"没有发展的增长(内卷化)"。黄宗智指出:"有限的土地上投入大量的劳动力来获得总产量增长的生产方式,即边际效益递减的生产方式,这种生产方式造成了'没有发展的增长(内卷化)'。"③黄宗智认为:"正是这内卷的经济,意味着对现代节约劳动的农业资本化的抵制和随之而来的低农业劳动生产率的维持,以及由此造成的农村低收入。这就是我的'没有发展的增长'观

---

① Geertz C, Agricultural involution: the process of ecological change in Indonesia[M]. Berkeley: University of California Press, 1963: 80-82.

② 转引自:刘世定,邱泽奇."内卷化"概念辨析[J].社会学研究,2004(5): 96-110.

③ [美]黄宗智.长江三角洲小农家庭与乡村发展[M].北京:中华书局,2000: 427.

点的核心所在。”①

黄宗智的观点还有如农业经济的增长不是源于单位工作日边际报酬的增加，而是由于劳动力的密集型投入，即“无发展的增长”或“过密型增长”②。对于中国，黄宗智主要研究“农业史与乡村经济”，同时还涉及“法律史和基层治理”③。

（二）内卷化的内涵

1. 内卷化的定义

韦森指出：“为了理解制度或体制内卷问题，还是让我们先从语义上考究一下什么是‘内卷’。从英语和英汉词典的解释来看，involution 是由 involute 一词抽象化而来的名词。而 involute 本身既是一个形容词，又是一个动词，还是一个名词。作为形容词，它含有错综复杂的、纠缠不清的、内旋的、卷起来的和内卷为螺旋形的等含义。作为动词，它又有（叶片）内卷、卷起、恢复原状、内旋、衰退和消散等含义。而一旦 involute 抽象化为名词而成为 involution，这个词就有了内卷、内缠、错综复杂、纠缠不清、纠缠不清的事物，复杂的事物，以及退化和复旧等含义。由于把 involution 这个词放在制度变迁的理论考察中来使用，其含义本身就是这样‘错综复杂’而令人难以把握，目前我们暂且用‘制度内卷’一词来对译它。……在人类社会制度的变迁中，大致有三种‘路径力量’在起作用，即 revolution（革命）、evolution（演进）和 involution（内卷）。简单来说，革命（revolution）可以说是一种间断性的、突发式或者说剧烈的社会制度（regime）的改变与更替，即从一种社会制度跳跃式地改变为另一种社会制度。而演进（evolution）则是指一种连续的（往往是缓慢的）、增进性的（incremental）、发散性的或沿革式的社会变迁。与前两者相对照，内卷（involution）则可以被理解为一个社会体系或一种制度在一定历史时期中在同一个层面上内卷、内缠、自我维系和自我复制。”④

范志海认为：“我们先来考察一下 involvement 和 involution 这两个英、法语词的含义。从词源学上看，这两个词分别源于拉丁语的 involutate 和 involvere，其原义都有‘转或卷起来’的含义，只不过前者多含有‘被卷，被包’的含义，后者多含有‘将某物卷入或包起来’的含义。而 involvement 与 involution 这两个英、法语词即

---

① ［美］黄宗智.发展还是内卷？十八世纪英国与中国：评彭慕兰《大分岔：欧洲、中国及现代世界经济的发展》[J].历史研究，2002(4)：149-176.

② Huang P C，The peasant family and rural development in the Yangzi Delta (1350-1988)[M]. Stanford：Stanford University Press，1990：77.

③ 黄宗智著作有：《清代的法律、社会与文化：民法的表达与实践》，上海书店出版社 2001 年版；《经验与理论：中国社会、经济与法律的实践历史研究》，中国人民大学出版社 2007 年版；《清代以来民事法律的表达与实践：历史、理论与现实(卷三)·过去和现在：中国民事法律实践的探索》，法律出版社 2014 年版；等等。

④ 韦森.斯密动力与布罗代尔钟罩：研究西方世界近代兴起和晚清帝国相对停滞之历史原因的一个可能的新视角[J].社会科学战线，2006(1)：72-85.

分别是由前述两个拉丁词抽象化而来的名词，所以它们既有复杂的、错杂的、卷成螺状的等含义，又有（叶片）内卷、内旋、衰退和消散等含义。因之，involvement（involution）就有了内卷、内缠、纠缠不清的事物，以及退化和复旧等含义。”①

计亚萍认为：“内卷化表达的主要含义是：由于外部人力、物力、财力等方面的支持不足和缺失，或者外部力量过于强大导致对组织内部的割据与渗透，形成了一种相对稳固的内部发展模式和严格的约束机制，致使经济、社会、文化、制度和行为模式等在发展和变迁的过程之中出现一种‘路径依赖’和自我的‘锁定’，从而导致‘一种内卷型的增长或是没有发展的增长’。”②

罗成认为：“从词源上看，involution 的词根是 vol，意指‘卷、转、滚’的动作特征。volution 即指涡旋或螺旋，一种不停转动的情状。内卷化是一种向内收缩的转动状态，类似于中国画的卷轴，虽是转动，但由于空间的收束而非扩展，趋于最终静止僵固。表面形式的运动遮蔽了实质生命力的失落，运动没有激发生命，反而桎梏了生命，这就是内卷化的形而上学意味。‘竞争’真的有错吗？回到概念本身，‘内卷化’特指‘没有发展的增长’，而并非一切增长。这才是真正的高等教育内卷化——‘没有发展的增长’。”③

由此可见，“内卷化”（involution）原意是指“转或卷起来”，后延伸为“没有发展的增长（内卷化）”“退化和复旧”“自我复制”等。内卷化是指事物经内外部力量作用特别是外部扩张受到约束的条件下内部的精细化发展过程，它是一种社会或文化模式在某一发展阶段达到一种确定的形式后，便停滞不前或无法转化为另一种更高级模式的现象，表现为“退行”“复旧”“自我复制”“自我锁定”等错综复杂的内卷现象，是“没有发展的增长”。这里康德指的“退行”笔者理解为“停滞不前”的“不进则退”。2015 年 1 月 12 日，习近平同中央党校第一期县委书记研修班学员进行座谈时强调：“不能干一年、两年、三年还是涛声依旧，全县发展面貌没有变化，每年都是重复昨天的故事。”④这里，“涛声依旧”和“重复昨天的故事”就是“内卷化”的表现。

2. 内卷化是一种文化模式

格尔茨指出：“我这里所用的内卷化的概念，来自美国人类学家戈登威泽，他用这个概念来描述一类文化模式，即当达到了某种最终的形态以后，既没有办法稳定下来，也没有办法使自己转变到新的形态，取而代之的是不断地在内部变得更加复杂。”⑤

---

① 范志海.论中国制度创新中的内卷化问题[J].社会，2004(4)：4-7.

② 计亚萍.“内卷化”理论研究综述[J].长春工业大学学报(社会科学版)，2010(3)：48-49.

③ 罗成.从“内卷”走向“轴心”[N].社会科学报，2021-01-07.

④ 习近平同中央党校县委书记研修班学员座谈并发表重要讲话[N].人民日报，2015-01-13.

⑤ 转引自：刘世定，邱泽奇.“内卷化”概念辨析[J].社会学研究，2004(5)：96-110.

李富有、王少辉认为："'内卷化'一词最早出现在美国学者戈登威泽描述文化模式进化与发展的过程中，他认为：当一种文化模式达到了某种高级形态之后，它既无法稳定下来，也无法使自身转变到新的高级形态，只能不断在内部原有的形态上变得更加复杂化和精细化，这一过程就被戈登威泽称为'文化内卷化'。而事实上，'文化内卷化'过程的逻辑在其他领域都有类似的表现，尤其是在没有实质性的技术革新的情况下，又要不断地追求规模的扩展，自然就会使得自身的系统不断震荡，最终导致崩溃。例如，吉尔茨就在研究农业生产的过程中引入了'文化内卷化'的内涵逻辑，从而提出了'农业内卷化'的概念。"①

李发根认为："中外学者多将之归于美国人类学家戈登威泽在分析文化模式时所首创。"②

程平源认为："根据吉尔茨的定义，'内卷化'是指一种社会或文化模式在某一发展阶段达到一种确定的形式后，便停滞不前或无法转化为另一种高级模式的现象。"③

田牧野认为："'内卷'即'内卷化'，来自英语中'involution'一词。它原是生物学的术语，用来指生物演化过程中的退化现象，与'evolution'（进化）一词相对应。'内卷化'概念在人类学领域有较多应用，用来描述某种文化模式当达到某种程度和形态时，不再继续发展，而是不断地在内部精细化，呈现一种动态停滞的现象。"④

亢金利认为："'内卷化'，指一种社会或文化模式在某一发展阶段达到一种确定的形式后，长期停留在一种简单的自我重复状态。就像一棵成熟了的卷心菜，始终在原地卷着，既不会再长高了，也不会再变大了。"⑤

内卷化是一种文化。《咬文嚼字》杂志解释："内卷：又称'内卷化'，译自英语involution，本是社会学术语，指一种社会或文化模式在发展到一定阶段后停滞不前，或无法转化为更高级模式的现象。2020 年下半年，有几张图片刷屏：有人骑在自行车上看书，有人边骑车边用电脑，有人床上铺满了一摞摞书……'边骑车边用电脑'的同学被称为'卷王'登上热搜。'内卷'流行开来，高校学生用它指非理性内部竞争。有同学举例：老师要求论文五千字，不少同学为评优写了一万字，甚至更多。人人都超要求完成任务，但获优比例并未改变。现在，'内卷'从大学生群体中'出圈'，各行各业内部的非理性竞争都以'内卷'称之。专业人士指出，发展中出现停滞阶段很正常，关键是要有效地进行理性竞争，呼吁相关行业正视非理性的'内

---

① 李富有，王少辉.经济内循环的内涵逻辑与内卷化挑战研究[J].社会科学，2021(1)：34-43.

② 李发根.创新还是延续："内卷化"理论的中国本土溯源[J].史学理论研究，2017(3)：61-69.

③ 程平源.内卷化的权力及其微观分析[J].江淮论坛，2007(6)：91-96.

④ 田牧野.被玩坏的"内卷"与教育革命[N].社会科学报，2021-01-07.

⑤ 亢金利.避免"内卷化"忙碌[N].解放军报，2020-02-13.

卷’现象，积极探索‘去内卷化’的改革之路。”

3. “内卷化”的通俗例子

中央电视台记者在陕北采访一个放羊娃时曾有这样一段经典对话：

“为啥放羊？”

“卖钱。”

“卖钱做什么？”

“娶婆姨。”

“娶婆姨干什么？”

“生娃。”

“生娃干什么？”

“放羊。”

这段对话，就形象地诠释了被形容为“不断抽打自己的陀螺式的死循环”的“自我复制”“自我锁定”“停滞不前”“退行”“复旧”“没有发展的增长”的“内卷化现象”，生动地为“内卷化”现象作了注解。

二、研究高校财务治理内卷化的意义

（一）内卷化应用研究的领域

“内卷化”探索初期，戈登威泽研究的是毛利人装饰艺术；格尔茨研究的是印度尼西亚爪哇岛的农业，并提出“农业内卷化”（agricultural involution）模式；黄宗智对华北、长江三角洲历史时期小农经济的研究也沿用了“农业内卷化”（agricultural involution）概念。郭继强指出：“‘内卷化’这个概念，尽管因被格尔茨和黄宗智等学者用于对农业和农村问题的考察而在学术界名声大噪，并有从农业领域向其他领域扩张之势，诸如伸展到制度内卷化、国家内卷化、文化内卷化等。”①范志海认为：“作为一个新的理论视角，当前‘内卷化’引起了学界的普遍关注，并被应用到社会、政治、文化等研究领域，相应地衍生出三种含义：（1）经济内卷化，即‘经济有增长但无发展的状态’；（2）政治内卷化，即‘旧有的国家或社会体系的复制、延伸和精致化，国家或社会逐步丧失容纳新成长因素和制度创新的内部机制而陷入无发展的状态’；（3）文化内卷化，即‘旧有的习俗、习惯参与的社会复制与精致地定格各种秩序的状态’。”②李发根指出：“随着相关作品的引入，这一体系产生了广泛而深远的影响，已被运用到政治学、经济学、教育学、社会学等多个学科领域。”③

① 郭继强.内卷化概念新理解[J].社会学研究，2007(3)：195.

② 范志海.论中国制度创新中的内卷化问题[J].社会，2004(4)：4-7.

③ 李发根.创新还是延续：“内卷化”理论的中国本土溯源[J].史学理论研究，2017(3)：61-69.

此外，还有“阶层内卷化”①“诉讼标的内卷化”②“基层信访内卷化”③“官办非营利组织的内卷化”④和“两岸关系内卷化”⑤等。

由此可见，内卷化的研究已拓展到文化学、政治学、经济学、教育学、社会学等多个学科领域。下面重点阐述“国家政权内卷化”“制度内卷”和“教育内卷化”的研究。

（二）“国家政权内卷化”的研究

海外汉学家杜赞奇和黄宗智都是研究“内卷化”的著名学者，他们俩有很多共同之处：

美国华裔学者黄宗智（Philip C. Huang），历史社会学家，现为美国洛杉矶加利福尼亚大学历史系荣休教授，中国研究中心主任，1991 年晋升“超级教授”。主要著作有《华北的小农经济与社会变迁》（斯坦福大学出版社 1985 年版，此书获 1986 年“美国历史学会费正清奖”），《长江三角洲的小农家庭和乡村发展：1350—1988 年》（斯坦福大学出版社 1990 年版，此书获 1992 年“美国亚洲研究学会勒文森奖”）。

美国印度裔学者杜赞奇（Prasenjit Duara），历史学家，现为芝加哥大学历史学系及东亚语言文明系荣休教授，主要著作有《文化、权利与国家：1900—1942 年的华北农村》，曾先后荣获 1989 年度的“美国历史学会费正清奖”以及 1990 年度的“美国亚洲研究学会勒文森奖”。

政权内卷化与农业内卷化的主要相似之处在于：没有实际发展的增长（即效益并未提高），固定方式（如营利型国家经济）的再生和勉强维持。不同之处在于：正规化和合理化的机构与内卷化力量常处于冲突之中，功能障碍与内卷化过程同时出现⑥。

黄宗智将“内卷化理论”主要应用于中国传统社会小农经济发展；而杜赞奇借用了格尔茨的“内卷化”这个词并脱离了原词意义，将“内卷化理论”主要应用到政治文化领域。20 世纪 80 年代，杜赞奇考察了 20 世纪前半期中国国家政权的扩张及其现代化过程。杜赞奇在其 1996 年出版的《文化、权力与国家——1900—1942 年的华北》中，提出了“国家政权内卷化”的概念。杜赞奇认为，国家政权的扩张应建立在提高效益的基础上，否则其扩张便会成为格尔茨所描述的那种“内卷

① 王申贺.阶层“内卷化”现象研究[J].中共福建省委党校学报，2007(3)：64-68.

② 吴英姿.诉讼标的理论的“内卷化”批判[J].中国法学，2011(2)：177-190.

③ 周飞.基层信访“内卷化”：关于社会反作用于国家的研究[J].甘肃行政学院学报，2015(3)：41-51.

④ 翁士洪.官办非营利组织的内卷化研究：以中国青少年发展基金会为例[J].甘肃行政学院学报，2016(4)：84-96.

⑤ 刘强.两岸关系“内卷化”现象探析[J].广州社会主义学院学报，2017(3)：60-67.

⑥ [美]杜赞奇.文化、权力与国家：1900—1942 年的华北农村[M].王福明，译.南京：江苏人民出版社，2013：68.

化”。其主要内涵为：国家机构不是靠提高原有机构的效益，而是靠复制或扩大旧有的国家与社会关系——如中国旧有的营利型经纪体制——来扩大其行政职能。即在华北农村“赢利型经纪”(entrepreneurial brokerage)(笔者认为“赢利型经纪”应改为“营利型经纪”)即“土豪劣绅”取代原先的“保护型经纪”(protective brokerage)①，这毁坏了传统的文化权力网络，造成经济上横征暴敛、政治上强迫专制、道德行为上贪污腐败，从而导致了国家政权的内卷化。杜赞奇认为营利型经纪体制增辟税源带来了“税收增加而效益递减”的严重后果，这在发展中国家普遍存在，他以印度的例子来说明：“在这种经纪人占主导地位的社会，国家不仅丧失利源予经纪人，而且因为经纪者们利用贿赂、分成等手段以打通与官府的关系，从而使国家政权失去其对官僚部分收入(占相当比例)的监督。更为重要的是，随着官僚们越来越看重这种额外收入，其自身也渐渐地半经纪化，从而忘却国家利益。当营利型经纪的再生阻碍了国家机构的合理化，这表明国家政权的内卷化达到了极点，它预示着国家权力的延伸只能意味着社会的进一步被压榨和破产。”②营利型经纪体制毁坏了传统的文化权力网络，造成经济上横征暴敛、政治上强迫专制、营利型经纪贪污腐败，从而导致了国家政权的内卷化。

杜赞奇认为，任何宏观政策的施行都有赖于与其互动生成的社会微观机制，为此杜赞奇提出了“权力的文化网络”概念来说明统治权能够运行的微观社会基础。杜赞奇指出：“从福柯的观点中我意识到，权力关系并不源自于某一特别的因素，而是来自于多元；它并不是脱离经济、性别等因素独立作用，而是与它们密不可分。但更为重要的观点是，某一时期的体制(特别是制度化的知识)有着自己独特的体现权力的方式，这一观点也适用于历史文化。”③“权力的文化网络”着重探讨文化和权力之间的关系。它将文化的象征符号、思想意识和价值观念都视为政治性的产物，它们或者是统治机器的组成部分，或者是反叛者们的工具，或者二者兼具。权力的各种因素或关系存在于宗教、政治、经济、宗族甚至亲朋等社会生活的各个领域和关系之中。宗教在文化网络中同样发挥着重要的作用。关帝在华北的信仰占重要地位，大众将关帝视为财神、救世神、守护神等万能之神；朝廷则力图将关帝儒家化和强调关帝深明大义、忠于朝廷，以巩固权力；乡绅则希望借关帝的信仰获利。因为宗教的等级制度、联系网络、信仰、教义及仪式构成了权力文化网络的基本因素。权力文化网络中的规范不同于市场体系，它是权威存在和施展的基础。

---

① [美]杜赞奇.文化、权力与国家：1900—1942年的华北农村[M].王福明，译.南京：江苏人民出版社，2013：209-211.

② [美]杜赞奇.文化、权力与国家：1900—1942年的华北农村[M].王福明，译.南京：江苏人民出版社，2003：52.

③ [美]杜赞奇.文化、权力与国家：1900—1942年的华北农村[M].王福明，译.南京：江苏人民出版社，2003：前言.

杜赞奇认为:“任何追求公共目标的个人和集团都必须在这一网络中活动,正是文化网络,而不是地理区域或其他特别的等级组织构成了乡村社会及其政治的参照坐标和活动范围。”①

“官僚主义的内卷化”与“国家政权建设”相关。从本章第一节中可以看出,官僚主义是政权的顽疾,反官僚主义总是“退化和复旧”“自我复制”。正如黄宗智指出:“官僚主义是一个强烈倾向内卷化的体系。它倾向于维持现有规则和做法,高高在上,特别不容易进入质性的改革。它具有顽固的自我维护倾向,在这方面与内卷化的农业体系比较相似,会自然抵制质性的变革。这可以说是所有官僚制度,无论中西还是古今都不可避免的倾向。”②

中国学者也对“国家政权内卷化”进行过研究③。

黑格尔认为,中国的封建社会只有朝代的轮回,中国封建历史的本质便是没有历史。他在中国处在封建社会的 1821 出版的哲学著作《法哲学原理》绪论中指出:“中国历史从本质上看是没有历史的,它只是君主覆灭的一再重复而已,任何进步都不可能从中产生。几千年的中国,其实是一个大赌场,恶棍们轮流坐庄,混蛋们换班执政,炮灰们总是做祭品,这才是中国历史的本来面目。事实上,中国任何一次革命都没能使这个历史改变。”④

(三)“制度内卷”的研究

韦森专门强调过“制度内卷”,他指出:“但到目前为止,国内、国外经济学界还较少有人从制度变迁的理论视角思考制度或社会体制的‘内卷’问题。到目前为止,还只有张小军(1998)和笔者(韦森,2001)思考过‘制度内卷’(institutional involution)及其发生机理问题。这里还有必要指出,笔者所理解的‘制度内卷’,与格尔兹(茨)所理解的社会过程的内卷,以及与经济史学家们所理解的‘内卷化增长’或‘内涵式发展’,并不是一回事。”⑤

---

① [美]杜赞奇.文化、权力与国家:1900—1942 年的华北农村[M].王福明,译.南京:江苏人民出版社,2003:10-11.

② 黄宗智.再论内卷化,兼论去内卷化[J].开放时代,2021(1):157-168.

③ 范志海.论中国制度创新中的“内卷化”问题[J].社会,2004(4):4-7;何艳玲,蔡禾.中国城市基层自治组织的“内卷化”及其成因[J].中山大学学报(社会科学版),2005(5):104-110;甘满堂.社会学的“内卷化”理论与城市农民工问题[J].福州大学学报(哲学社会科学版),2005(1):33-38;贺东航.中国村民自治制度“内卷化”现象的思考[J].经济社会体制比较,2007(6):100-105;夏金梅.我国农村土地制度创新的“内卷化”分析[J].安徽农业科学,2008(36):9727-9728;李祖佩.乡村治理领域中的“内卷化”问题省思[J].中国农村观察,2017(6):116-129;卜文虎.以国家治理能力建设推动民族地区精准扶贫“去内卷化”[J].云南行政学院学报,2018(5):5-13;黄金梓,李燕凌.“后扶贫时代”生态型贫困治理的“内卷化”风险及其防范对策[J].河海大学学报(哲学社会科学版),2020(6):90-98;等等.

④ [德]黑格尔.法哲学原理:或自然法和国家学纲要[M].张企泰,范扬,译.北京:商务印书馆,1997:绪论.

⑤ 韦森.斯密动力与布罗代尔钟罩:研究西方世界近代兴起和晚清帝国相对停滞之历史原因的一个可能的新视角[J].社会科学战线,2006(1):72-85.

范志海认为："三种类型制度创新不如说是统一的内卷化机制的三个不同表现层次，……但不可否认，三个不同层次的内卷化问题也总是如影随形、挥之不去。"他指出："中国制度创新的'内卷化'现象。通过上述对内卷化理论线索的梳理，我们实际上得到了三种'内卷化'的'理想类型'（韦伯语）。第一种是所谓'农业内卷化'或'经济内卷化'，指的是农业或经济有增长无发展的状态；第二种是所谓的'国家内卷化'或'政权内卷化'，指的是旧有的国家或社会体系的复制、延伸和精致化；第三种是所谓的'文化内卷化'，指的是旧的习俗、习惯参与的社会复制与精致地定格各种秩序。值得注意的是，这三种内卷化与其说是三种独立的类型，不如说是统一的内卷化机制的三个不同表现层次，它们具有内在的契合性。纵观 1978 年以来中国的制度变迁过程，制度创新绩效举世公认，但是不可否认，在此过程中，三个不同层次的内卷化问题也总是如影随形、挥之不去。……毋庸讳言，'三农问题'之所以再度成为学界、政府关注的焦点问题，一个很重要的原因就是中国还有相当部分的农村地区，由于资源匮乏、低技术、劳动力密集，仍然处在一种'没有发展的增长'状态之下，从而离现代化的梦想越来越远。"①

范志海还指出："从历次政府机构改革的结果中可见一斑。自 1982 年以来，我国政府机构经历过数次改革，每次改革的力度不可谓不大，但是每次都是精简之后再膨胀，从而使机构改革陷入'膨胀—精简—再膨胀'的恶性循环。维持庞大的官僚机构的运转，势必要增加国家税捐；国家税捐的增加又引起盈（营）利型经纪的增生；他们的增长反过来要求更多的税捐。这种恶性循环与杜赞奇所描述的'政权内卷化'如出一辙。同时从上述分析来看，'政权内卷化'的形成与政府的财政危机密切相关，这从一个侧面也显示出政治与经济、社会的内在关联。"②

"制度内卷"处在"制度非均衡"状态，戴维斯和诺斯认为，"制度均衡"(institutional equilibrium)是指："假定一种初始均衡。即指这样一种状态，在给定的一般条件下，现存制度安排的任何改变都不能给经济中任何个人或任何个人的团体带来额外的收入。如果(1)安排的调整已经获得了第 1 章列举的各种资源所产生的所有潜在收入的全部增量；或者(2)这样的潜在利润存在，但是改变现存安排的成本超过了这些潜在利润；或者(3)如不对制度环境作某些改变，就没有可能实现收入的重新分配，那么，这一状态就存在。这样的均衡未必是永久性的，因为下列三种类型的外在事件中的任一个事件都能衍生出安排创新的压力。(1)安排创新的潜在收入可能会增加；(2)组织或者操作一个新制度安排的成本可能发生改变；(3)法律上或政治上的某些变化可能影响制度环境，使得某些集团实现一种再

① 范志海.论中国制度创新中的内卷化问题[J].社会，2004(4)：4-7.
② 范志海.论中国制度创新中的内卷化问题[J].社会，2004(4)：4-7.

分配或趁机利用现存的外部利润机会成为可能。”①诺斯还指出：“在行为者的谈判力量及构成经济交换总体的一系列合约谈判给定时，没有一个行为者会发现将资源用于再建立协约是有利可图的。”②由此可见，所谓制度均衡，就是人们对既定制度安排和制度结构的一种满足状态或满意状态，因而无意也无力改变现行制度。从供求关系来看，制度均衡是指在影响人们的制度需求和制度供给的因素一定时，制度的供给适应制度需求。制度均衡实质上是指制度达到了“帕累托最优”(Pareto optimality)状态：现有的制度安排和制度结构已达到了理想的境地，再也没有调整的必要了。

制度创新中的“内卷化”现象确实值得我们重视和深思。美国经济学家道格拉斯·C.诺斯(Douglass C. North)在论述制度变迁路径选择时指出：“集体学习，即从历史中存活下来的，表现在社会文化中的知识技能和行为规范，使得制度变迁绝对是渐进的并且是路径依赖的。……人们过去作出的选择决定了他们现在可能的选择。第一，细小事件或偶然情况的关键性作用；第二，时间观念或历史概念的重要性，即所谓‘过去的选择决定了现在可能的选择的范围’。”③

制度创新最深层的内在机制还植根于一个社会的文化当中。制度创新从表面上看是现行制度安排的变更或替代。但是现实的制度创新过程却并非如定义那般简单。这里的“不简单”，是指要变更的“制度”不仅包括一系列正式的规则、规章，还包括一些非正式的习俗、习惯、惯例等等。“文化内卷化”强调结果或状态，是制度创新的一种负机制，需要警惕的是 lock-in 轨迹(可译作“闭锁”)，意指制度向好的方向变迁的通道关闭了。当报酬递增不能普遍产生时，制度变迁就容易朝着无效或不利于产出最大化的方向发展，结果，制度的变迁就会沿着恶性循环的轨迹发展，这就是所谓的 lock-in 局面。相比之下，lock-in 局面似乎更接近我们所谓的“文化内卷化”状态。

王金红、蒋达勇认为：“借鉴‘过密化理论’，将‘政权过密化’转换为‘制度过密化’。”④笔者认为，“政权过密化(内卷化)”虽然与“制度过密化(内卷化)”关系密切，但“制度过密化(内卷化)”层次更高，“经济内卷化”要上升为“制度内卷化”，“政治内卷化(包括国家政权内卷化)”要上升为“制度内卷化”，“教育内卷化”也要上升为“制度内卷化”，等等。由此可见，仅仅将“国家政权内卷化”上升为“制度内卷化”是不够的，所有领域内的“内卷化”都要转换为“制度内卷化”。

---

① [美]戴维斯，诺斯.制度创新的理论：描述、类推与说明[M]//科斯，阿尔钦，诺斯.财产权利与制度变迁：产权学派与新制度学派译文集.刘守英，等译.上海：三联书店，1994：297-298.

② [美]诺斯.制度、制度变迁与经济绩效[M].刘守英，译.上海：三联书店，1994：115.

③ [美]诺斯.制度变迁理论纲要[J].中国社会科学季刊(香港)，1995(夏季号)：184.

④ 王金红，蒋达勇.制度过密化：解释村民自治发展瓶颈的一种理论假设[J].华南师范大学学报(社会科学版)，2008(2)：3-9.

(四)“教育内卷化”的研究

孙杰远指出:“在教育研究领域,‘过密化’或‘内卷化’也被用在民族教育、乡村教育、高等教育等领域。”①农村教育内卷化本书不作阐述,但该领域已有一些研究成果②。

庞守兴、李书肖指出:“内卷化是指单位投入的高密度而边际效用的减少,其表现在基础教育领域是效率的低下、高等教育领域是学科的无效分化、教育科学研究领域的重复研究等等。教育的内卷化应引起教育界的高度重视。”③

1. 教育存在内卷化现象

庞守兴、李书肖认为:“基础教育中学习时效的内卷化表现为:学习时间超过最佳适度点,学习效果就会越来越差,得到的仅仅是疲劳,学到的东西或许不增反减,此即学习时效的内卷化。高等教育中学科分化的内卷化表现为:最近几年由于学科的交叉融合,又出现了很多交叉学科,高等学校依据学科设置不同的专业,专业设置越来越细,这似乎符合社会对人才培养更加专门更加精细的要求,但实质上是高等教育内卷化的一种表现。教育科学研究中选题的内卷化表现为:教育研究表面繁荣,实质上却没有创新性的研究成果,没有对教育实践产生巨大的指导意义,研究只是在不断重复自己和别人,没有新突破。”④

2. 高考内卷化

假设考生数量、录取名额不变,即录取率不变。在外部制约条件下考生只好精耕细作(精细化)——加大学习时间,买参考书,请辅导老师等,这样大部分考生考分提高,但因录取率不变而分数线水涨船高,但学生考取好大学的几率没有实质增长,即“没有发展的增长”,这就是“高考内卷化”。

田牧野指出:“中国高等教育领域实现了快速发展,高学历人口近年来迅速增加,使得学历‘过密化’,直接造成了‘内卷化’趋势。”⑤

3. 基础教育的知识过密化不能质变到新的模式和形态

孙杰远指出:“将黄宗智所界定的‘密集’‘过密’和‘发展’的三种情况,引入到基础教育改革研究中:‘密集’可视为教育的投入(包括时间投入、资源投入、智力投入等)水平带来了教育过程水平的同等优化、教育质量的同等提升;‘过密’则以教育投入的增加与教育质量的提升是否保持同等速率为划分,如果出现教育投入的

---

① 孙杰远.知识过密化与基础教育改革:困境与突破[J].当代教育与文化.2020(4):1-6.

② 陈坚.内卷化:农村教育研究的新视角[J].教育发展研究,2008(17):31-34;刘雨.目前我国农村教育“内卷化”的社会学分析[J].教育探索,2012(3):11-12;冷晓宇,金英喜.农村义务教育研究的新视角:内卷化[J].黑龙江科学,2013(11):159;等等。

③ 庞守兴,李书肖.内卷化:教育的瓶颈描述[J].高教发展与评估,2010(6):24-29.

④ 庞守兴,李书肖.内卷化:教育的瓶颈描述[J].高教发展与评估,2010(6):24-29.

⑤ 田牧野.被玩坏的“内卷”与教育革命[N].社会科学报,2021-01-07.

增加速率超过教育质量的提升速率，则意味着边际效应递减和过密化的发生，继而有可能出现的是一种单纯的教育结果的量变（例如学习分数的提高）而'质的停滞'；质变的关键在于'发展'，这是在教育投入增加的速率保持不变的情况下，通过教育观点的更新、教育过程优化、教育手段的变革等途径，使教育质量得到提升。而'过密型增长'是基础教育改革过程中最易发生的现象，尤其在改革深化阶段，发展进程迟缓的同时，也不能质变到新的模式和形态，取而代之的是系统内部不断的自我复制、自我精细化和复杂化，不能与教育的外部环境相互协调。"①

三、高校财务领域内卷化研究

（一）高等教育"内卷化"

"内卷化"是一种"自我复制""自我锁定""停滞不前""退行""复旧""没有发展的增长"的现象，高等教育"内卷化"有以下几种表现：

1. 私立大学与公办大学并存→清一色公办大学（学苏联所有制改造）→民办高校与公办大学并存（改革开放后）

1949 年 12 月，第一次全国教育工作会议召开。周恩来总理在会议上强调在教育方面要"公私兼顾"，政府要照顾到私立学校、教会学校的困难。

苏渭昌的研究表明："不允许私立高等学校存在。像苏联等一些社会主义国家，所有高等学校都是国家办的。苏联在十月革命胜利后即宣布一切教育机关属于国家性质，将所有私立高校改为公办。"②1952 年 5 月，根据《关于全国高等学校 1952 年的调整设置方案》，各地私立大学全部撤销，师资、校舍、图书设备等全部统一调配。私立大学的公有化改造不仅是所有权的转移、校名的更换，更主要的是将这些私立大学的教师、学生、校舍、图书设备等载体肢解。仅用不到三年时间，存在了近半个世纪的私立大学和教会大学就在中国大地上彻底消失了。这种"退行""复旧""没有发展的增长"的现象就是"内卷化"。

1982 年 12 月通过的《中华人民共和国宪法》第十九条提出："国家鼓励集体经济组织、国家企事业组织及其他社会力量依照法律规定举办各种教育事业。"

2. 综合性大学（英美式）→专科学院（苏联式）→综合性大学（中国式）

新中国成立初期，一些著名的私立大学和教会大学都是英美高等教育体系中的综合性大学。

1952 年《关于全国高等学校 1952 年的调整设置方案》确定了"以培养工业建设人才和师资为重点发展专门学院，整顿和加强综合性大学"，对全国原有综合性大学进行全盘调整，全国理、工科教授有四分之三被调离本校，发展专门学院如北

---

① 孙杰远.知识过密化与基础教育改革：困境与突破[J].当代教育与文化.2020(4)：1-6.

② 苏渭昌.高等学校的接管：私立高等学校的接收与改造[J].高等教育研究，1987(1)：109-114.

京“八大学院”等。院系调整后加速了工业人才和师范类人才的培养，工科学生数大增。相反，人文社会科学由于与紧迫的工业化建设不直接关联而遭到否定，社会学、政治学等学科被停止和取消。“整顿和加强综合性大学”没有真正得到落实，而是效仿了苏联模式的综合性大学。如南京大学曾有文、法、理、工、农、医、师范等7个学院共42个系科，院系调整后仅保留了文、理方面的13个系，其中心理学系自1956年迁至北京，直至1993年才在社会学系下成立社会心理学研究所。南京大学、浙江大学、厦门大学、武汉大学和中山大学并称为1952年院系调整中的“五大母校”。这五所大学除浙江大学被改造成多学科性工业大学外，其他四所被改造成文理科大学(苏联式综合性大学)，许多学科被抽调一空，实力大大受损。其他民国时期的国立大学，如山西大学、南昌大学(原国立中正大学)、河南大学、广西大学、云南大学等也是一蹶不振，教会大学和私立大学更是退出历史舞台。储朝晖指出：“在2008年的时候，香港中文大学原校长金耀基先生曾对我说：北京大学曾经与美国大学是同步的。1917年，蔡元培先生在北京大学改革的时候，北京大学的发展是和美国大学处在同一起跑线上的。西南联大也曾经步入世界大学前沿。但现在，内地大学和美国顶尖大学的差距已经不可同日而语。这个差距是什么原因导致的？我想主要在于：大学制度的行政化与大学内在价值的丢失。”①这种“退行”“复旧”“没有发展的增长”的现象就是“内卷化”。

改革开放之后，特别是1993年《中国教育改革和发展纲要》提出“为了迎接世界新技术革命的挑战，要集中中央和地方等各方面的力量办好100所左右重点大学和一批重点学科、专业，力争在下世纪初，有一批高等学校和学科、专业，在教育质量、科学研究和管理方面，达到世界较高水平”后，重建和完善了中国特色的社会主义高等教育体系，不仅综合性大学加强了人文社会科学建设，成为学科门类较为齐全的综合性大学，而且，原来的“专门学院”也发展成为多学科的综合性大学。

3. 专业宽口径内卷化

1985年5月27日发布的《中共中央关于教育体制改革的决定》指出：“改变专业过于狭窄的状况。”1993年2月13日，中共中央、国务院印发的《中国教育改革和发展纲要》(中发〔1993〕3号)第31条指出：“高等教育要进一步改变专业设置偏窄的状况，拓宽专业业务范围。”教育部1998年12月24日制定、国务院1999年1月13日批转的《面向二十一世纪教育振兴行动计划》第34条指出：“本科教育要拓宽专业口径，增强适应性，今后3～5年，将专业由200多种调整到100多种。”

庞守兴、李书肖指出：“最近几年由于学科的交叉融合，又出现了很多交叉学科，高等学校依据学科设置不同的专业，专业设置越来越细，这似乎符合社会对人才培养更加专门更加精细的要求，但实质上是高等教育内卷化的一种表现。学科

① 储朝晖.中国大学弊病：管理体制官僚化，权钱横行[N].光明日报，2012-01-30.

专业设置过细，易导致学生知识面偏窄，对于专业以外的知识知之甚少或从无涉猎。”①

4. 高校自主招生内卷化

《关于全国高等学校1952年的调整设置方案》中确定了“统一招生与统一分配毕业生的制度”。

1985年5月27日，《关于教育体制改革的决定》第四条提出：“改革高等学校的招生计划和毕业生分配制度，扩大高等学校办学自主权。……当前高等教育体制改革的关键，就是改变政府对高等学校统得过多的管理体制。在国家统一的教育方针和计划的指导下，扩大高等学校的办学自主权。……要改革大学招生的计划制度和毕业生分配制度。改变高等学校全部按国家计划统一招生，毕业生全部由国家包下来分配的办法。”《中华人民共和国高等教育法（1998）》第三十二条规定：“高等学校根据社会需求、办学条件和国家核定的办学规模，制定招生方案，自主调节系科招生比例。”2003年开始探索高校自主招生制度改革，允许部分高校拿出一定比例（不能超过试点学校年度本科招生计划总数的5%）的招生名额。2015年起，所有试点高校自主招生考核统一安排在高考结束后、高考成绩公布前进行。笔试考试不得超过两门，考核过程全程录像，以防作弊。

2020年1月13日印发的《教育部关于在部分高校开展基础学科招生改革试点工作的意见》（教学〔2020〕1号）规定：“按照‘一校一策’的原则，研究确定强基计划招生高校、专业和规模。2020年起，不再组织开展高校自主招生工作。”并在部分“一流大学”建设高校开展基础学科招生改革试点（也称强基计划）。

5. 高校设置专业内卷化

《中华人民共和国高等教育法》第三十三条规定：“高等学校依法自主设置和调整学科、专业。”

1999年扩招时专业滥设现象相当严重。刘维涛报道：“2015年11月5日，全国政协召开第四十一次双周协商座谈会，全国政协教科文卫体委员会在一次调研中发现，各个高校从发展规划到专业设置，竟然有着惊人的相似，最要命的是，这些设置并非出自区域发展所需。”②

刘博智报道：“国务院学位委员会今天正式公布《关于下达2016年动态调整撤销和增列的学位授权点名单的通知》，共有25个省份的175所高校撤销576个学位点，包括大量博士学位授权点。此外，共有25个省份的178所高校增列了366个学位点。本次学位点动态调整中，从撤销学位点较多的学科来看，软件工程最多，共有36个软件工程学位点被撤销，工程（项目管理）被撤销21个，工程（工业

---

① 庞守兴，李书肖.内卷化：教育的瓶颈描述[J].高教发展与评估，2010(6)：24-29.

② 刘维涛.我们需要怎样的大学？[N].人民日报，2015-11-11.

工程)被撤销 13 个,生态学、统计学、系统科学、工程(物流工程)、应用化学等学科被撤销学位点也超过 10 个。"①

谌彦辉的研究表明:"据统计,2018 年被撤销的专业数量是 2014 年的 6.2 倍。2014 年度,仅有 67 个专业被撤销,以后逐年递增,到现在总共有 991 个专业被撤销。其中被撤销专业数量最多的是工学类 267 个,被撤销最多的专业是服装与服饰设计,高达 39 个。'这些被撤销的专业还有不少是当年盲目追逐热门跟风开设的。'21 世纪教育研究院副院长熊丙奇认为,专业大幅撤销这是近年高校扩招、大学滥设专业的结果。高校扩招的速度和幅度都远超计划和想象。在这种形势下,高校的专业几乎不可控制地自由生长,专业数量从 1998 年的 249 种增长到 600 多种。目前,教育部最新公布的大学本科专业目录显示仍有 506 种本科专业。'一个专业热了,各个高校就一哄而上。'熊丙奇说,有的学校专业设置并没有经过充分论证,往往就是领导拍脑袋决定,先开了再说。这样一来,很多功利性强的学校缺乏长远规划,导致热门专业开设过多,专业人才供给超过社会需求,而本校专业又没有办出特色,培养出来的学生专业素质不过硬,就业惨淡,转眼'热门'变成'冷门',它自然面临被撤销的结果。"②

据澎玮、杨萌萌报道:贵州大学唯一一届信访本科班停办了,同时,沈阳大学的信访本科班也停招了。该信访专业系"行政力量推动"举办。信访班四门专业课三门没有教材,唯一的教材《信访学概论》,要求学生自行复印,上课主要是阅读教材③。但也不乏让学生盲目选专业的案例。如衡阳南华大学 2014 级土木工程系竟让数百学生排队抓阄选专业④。这些"被阄选"的学生怎么能适应社会需要?

2019 年 3 月 21 日,教育部公布了《2018 年度普通高等学校本科专业备案和审批结果》(教高函〔2019〕7 号),其中显示全国共有 416 个本科专业被撤销。

杨频萍报道:"南京大学教育研究院博士生、中国海洋大学教育系讲师胡乐乐说,仔细分析,不难发现,这些主动放弃授权的学位点,要么与本校办学方向不符,脱离学校办学优势,要么市场需求过于饱和。此次撤销专业和过去不同的一点,在国家日益加强的质量问责下,不少高校是'自断其臂',修炼内功。"⑤

2012 年 9 月,教育部发布的《普通高等学校本科专业设置管理规定》第三条规定:"高校设置和调整专业,应主动适应国家和区域经济社会发展需要,适应知识创新、科技进步以及学科发展需要,更好地满足人民群众接受高质量高等教育需求;

---

① 刘博智.2016 年学位点动态调整 175 所高校撤销 576 个学位点[N].中国教育报,2016-10-20.

② 谌彦辉.高校近千专业撤销内情[J].看天下,2019(14):32-36.

③ 澎玮,杨萌萌.贵州大学唯一一届"信访班":信访局不招过半已改行[N].东方早报,2016-07-05.

④ 朱炎皇.湖南一高校被曝靠抓阄分专业"学霸"可自选[N].长沙晚报,2015-09-11.

⑤ 杨频萍.破除终身制,全国学位授权点实施"动态调整":江苏 12 所高校 29 个学位点被撤[N].新华日报,2016-10-20.

应遵循高等教育规律和人才成长规律，符合学校办学定位和办学条件，优化学科专业结构，促进学校办出特色，提高人才培养质量。”

高校的招生和专业设置出现了“一放就乱，一管就死”的“内卷化”现象。

6. “严进宽出”还是“宽进严出”的内卷化

所谓“宽进严出”是指入学标准低，毕业难；“严进宽出”是指入学标准高，毕业易。“严进宽出”和“宽进严出”都是高等教育的质量观。我国高考有“千军万马过独木桥”一说，表明了“严进”。是否“宽出”？2018年6月21日，教育部部长陈宝生在成都召开的新时代全国高等学校本科教育工作会议上指出：“有人说，现在是‘玩命的中学、快乐的大学’，这种现象应该扭转，青春是用来奋斗的，对大学生要合理‘增负’，提升大学生的学业挑战度。”姚晓丹、晋浩天报道：“取消‘清考’前，大学生的日子是怎样的？‘躺’也许是其中一个关键字。青年教师刘伟曾长年担任教学秘书，对此深有感触。他曾带过四年出勤率是个位数的学生，反正最后能不能通过考试都会给予形式上的认证。‘同学们普遍学习压力不大，’刘伟告诉记者，‘还有学生大四上半学期挂科数十门，下半学期如期照常毕业的例子。’吴岩表示，必须要改变让所有学生进了学校就等于进了安全箱、就必须毕业的情况。‘现在有学生不对自己负责，不对家长负责，不对社会负责，他就应该付出应有的代价。’”①新京报记者冯琪报道：“（2019年）10月31日，在教育部召开的新闻通气会上，教育部高教司司长吴岩对日前引起争议的‘河北某高校40名学生旷课被退学’一事作出回应称，如果学校是依规处理，则是一个好的信号。他还提道：‘我们去年也说过，要让一部分学生天天打游戏、天天睡大觉、谈恋爱这样的日子一去不复返。’吴岩进一步表示，在全世界来看，高等学校的毕业率实际很低，中国相对来说很高，但有自己的国情，不能简单对比。即便如此，让所有学生进了学校就进了安全区就必须毕业，这种情况一定要改。”②《人民日报》曾发文斥责，《沉睡中的大学生：你不失业，天理难容！》。

美国是否“宽进”？世界上任何一个国家，优质教育资源都是稀缺的。在美国，顶尖的哈佛大学、耶鲁大学、麻省理工学院、芝加哥大学、斯坦福大学等学校，入学标准都极为严苛。美国也有很多可以“宽进”的学校，如一些两年制的社区大学，几乎报名就能入学；许多州立大学，对本州学生的入学条件也放得很宽。美国是否“宽出”？美国《高等教育编年史（2009—2010）》的数据显示：在美国，四年制大学的毕业率只有57.3%。而中国绝大多数高校的毕业率都在95%以上。

我国上述现象主要是21世纪出现的，虽然《国家中长期教育改革和发展规划纲要（2010—2020年）》第二条提出：“把提高质量作为教育改革发展的核心任务。”

---

① 姚晓丹，晋浩天.大学“混日子”难了[N].光明日报，2019-11-01.

② 冯琪.教育部：河北40名大学生被退学　若依规处理是好信号[N].新京报，2019-10-31.

但仍不够严，取消“清考”制度仅是堵了个小漏洞。

上述“滥设专业”和“宽出学生”有众多原因，其中重要一条涉及高校财务领域——生均拨款制度。“捡到篮里都是菜”“招来学生就有钱”。这个问题将在下一部分阐述。

7. 科研内卷化

贺雪峰指出：“西方尤其是美国社会科学因其成熟而出现了严重的‘内卷化’。而中国一些社会科学门类的研究还没有真正开始，却在与美国社会科学的接轨中产生了‘内卷化’的问题。……尤其让人担忧的是，当前一些社会科学专业的博士培养和青年学者的成长似乎越来越走上了这条低水平‘内卷化’道路。”①

从上可以看出，这种“自我复制”“自我锁定”“停滞不前”“退行”“复旧”“没有发展的增长”是“内卷化”的表现。

(二) 高校财务领域“内卷化”

1. 高校按学生人数拨款制度内卷化

(1) 按学生人数拨款的办法

1986年10月15日，国家教委、财政部颁布的《高等学校财务管理改革实施办法》([86]教计字162号)第六条指出：“高等学校年度教育事业费预算，由主管部门按照不同科类、不同层次学生的需要和学校所在地区的不同情况，结合国家财力的可能，按‘综合定额加专项补助’的办法进行核定。”从此，高校实行按学生人数拨款的办法。

(2) 改革按学生人数拨款的方法

1993年的《中国教育改革和发展纲要》第21条提出：“改革对高等学校的财政拨款机制，……改革按学生人数拨款的方法。”

2008年提出“增加绩效拨款”，2008年10月8日，《财政部 教育部关于完善中央高校预算拨款制度的通知》(财教〔2008〕232号)指出：“增加绩效拨款，构建激励机制。”2014年提出“绩效为导向的生均拨款制度”。2014年10月30日，《财政部 教育部关于建立完善以改革和绩效为导向的生均拨款制度加快发展现代高等职业教育的意见》(财教〔2014〕352号)指出：“发挥导向作用。各地在建立完善高职院校生均拨款制度过程中，在注重公平的同时，要切实体现改革和绩效导向，以学生规模存量调整为重点，促进高职院校加强内涵建设。”

2004年提出“经费投入与毕业生就业状况紧密挂钩”，《国务院批转教育部〈2003—2007年教育振兴行动计划〉的通知》第24条指出：“切实将高等学校布局、发展规划、学科专业结构、办学评估、经费投入等方面工作与毕业生就业状况紧密挂钩。把就业率和就业质量作为衡量高等学校办学水平的重要指标之一。”

---

① 贺雪峰.注意社科研究“内卷化”倾向[N].环球时报，2020-08-26.

但是，高校绩效拨款并没有得到实行。至于2015年11月17日，财政部、教育部印发的《关于改革完善中央高校预算拨款制度的通知》（财教〔2015〕467号）中“新的项目支出体系”六项内容之一的“中央高校管理改革等绩效拨款”其实不是绩效拨款，而是“预算执行率”或“预算完成率”的拨款。

（3）高校仍逐步建立按学生人数拨款的相对稳定机制

2015年11月17日，财政部、教育部印发的《关于改革完善中央高校预算拨款制度的通知》（财教〔2015〕467号）指出：“完善基本支出体系。在现行生均定额体系的基础上，逐步建立中央高校本科生均定额拨款总额相对稳定机制。”

从1986年至今实施了35年的按学生人数拨款制度，试图改革，但依然“自我锁定”“自我复制”为相对稳定的生均定额拨款机制。

2. 高校年度预算制度内卷化

（1）年度财务收支计划

1950年3月24日发布的《政务院关于统一管理一九五〇年度财政收支的决定》规定：“中央直接管理之大中小学文教机关团体学校费，……列入中央人民政府预算，由中央人民政府财政部掌管，按全国收支概算逐项审核开支。……专科以上的国立学校、全国性的文教机关，由中央人民政府委托各大行政区代行开支者，暂列入各大行政区预算内开支。”从此，高校与政府一样编制年度预算。

1986年提出“综合财务计划”。1986年10月15日，国家教委、财政部颁布的《高等学校财务管理改革实施办法》第六章“综合财务计划”第二十四条规定：“高等学校应加强对预算内、外各项资金的综合平衡，实行综合财务计划。”

1997年提出“年度财务收支计划”。1997年6月23日，财政部和国家教育委员会公布的《高等学校财务制度》第十条规定：“高等学校预算是指高等学校根据事业发展计划和任务编制的年度财务收支计划。”

（2）中长期财务收支计划

2007年提出“中长期财务收支计划”。2007年1月15日，《教育部 财政部关于“十一五”期间进一步加强高等学校财务管理工作的若干意见》（教财〔2007〕1号）第13条规定：“高等学校应根据学校事业发展需求和综合财力可能，编制中长期财务收支计划，学校的事业发展规划必须与财务收支计划相适应。”但由于对于部门预算，财政部未要求编制中期或长期预算，因此，当时并未实施。

（3）跨年度预算平衡机制

2013年11月15日，《中共中央关于全面深化改革若干重大问题的决定》在第17条中第一次明确提出“建立跨年度预算平衡机制”。2014年8月31日，《中华人民共和国预算法》第十二条规定：“各级政府应当建立跨年度预算平衡机制。”2014年9月26日，《国务院关于深化预算管理制度改革的决定》（国发〔2014〕45号）指出：“实行中期财政规划管理。……根据经济形势发展变化和财政政策逆周期调节的需要，建立跨年度预算平衡机制。”2015 年 1 月 3 日，《国务院关于实行中期财政规划管理的意见》（国发〔2015〕3 号）指出：“中期财政规划是中期预算的过渡形态。”

（4）中期财政规划“重点针对项目支出”

2015 年 4 月 3 日，《财政部关于推进中央部门中期财政规划管理的意见》（财预〔2015〕43 号）规定：“实行逐年滚动管理。中央部门中期财政规划的规划期为三年，每年向前延伸一年，在时间上实现滚动管理。……中央部门中期财政规划包括部门的基本支出和项目支出，重点针对项目支出，基本支出按财政部统一要求编制和调整。”2018 年 8 月 17 日发布的《国务院办公厅关于进一步调整优化结构提高教育经费使用效益的意见》（国办发〔2018〕82 号）第五条规定：“科学规划教育经费支出。各地要加强教育事业发展规划与中期财政规划的统筹衔接。中期财政规划要充分考虑教育经费需求。教育事业发展规划要合理确定阶段性目标和任务，及时调整超越发展阶段、违背教育规律、不可持续的政策。”

如果预算仅预计、预测一年，这就失去预算预计未来的意义，势必不会重视高校发展的长远目标和最高目标，势必不会重视高校财务的可持续发展和高校的可持续发展。因此，编制中期财务规划是必要的，但局限在“项目支出”就失去了中期预算的意义。因为，基本支出是每年固定的，可实现跨年度预算平衡；项目支出是每年不固定的，如何实现跨年度预算平衡？所以，中期财政规划定位在“项目支出”失去了跨年度预算平衡机制的意义。

高校从“年度财务收支计划”到“中期财政规划”又停留在“年度预算”，这也是“自我锁定”“自我复制”“停滞不前”“没有发展的增长”。

3. 高校成本计算内卷化

（1）1986 年开始提出“核算人才培养成本”

1986 年 10 月 15 日，国家教育委员会、财政部发布的《高等学校财务管理改革实施办法》第二十七条规定：“改革现行的会计核算制度，研究建立高等学校会计核算体系和投资效益分析指标体系，做到直接费用正确归属，间接费用合理分摊，为核算人才培养成本创造条件，使会计核算适应学校管理的要求。”

1988 年 12 月 10 日，国家教委发布的《高等学校会计制度（试行）》第十七条规定：“高等学校在会计核算过程中，对各种费用、支出的归属，应当按照受益原则加以确认。凡能划清归属对象的费用、支出，均应直接计入有关核算对象；凡不能直接划清归属对象的费用支出，则应采用合理的方法进行分摊。”

1997 年 6 月 23 日，财政部和国家教委发布的《高等学校财务制度》第二十条规定：“高等学校在开展教学、科研和非独立核算的经营活动中，应当正确归集实际发生的各项费用；不能直接归集的，应当按照规定的比例合理分摊。”

（2）高校成本计算未实行

1996 年 12 月 16 日，国家教委、国家计委、财政部发布的《高等学校收费管理暂行办法》（教财〔1996〕101 号）第四条规定："教育培养成本包括以下项目：公务费、业务费、设备购置费、修缮费、教职工人员经费等正常办学费用支出。不包括灾害损失、事故、校办产业支出等非正常办学费用支出。"但该办法未被纳入财政部与教育部《高等学校会计制度》核算体系，其会计科目的设置与成本核算方法也尚未反映在日常核算中。

2005 年 6 月 8 日，《国家发展改革委员会关于印发〈高等学校教育培养成本监审办法（试行）〉的通知》（发改价格〔2005〕1008 号）第五条规定："高校教育培养成本由人员支出、公用支出、对个人和家庭的补助支出和固定资产折旧四部分构成。其中人员费用包括：教职工基本工资、津贴、奖金、社会保障缴费、其他人员支出；公用支出包括：办公费、印刷费、水电费、取暖费、邮电费、交通费、差旅费、会议费、培训费、福利费、劳务费、招待费、租赁费、物业管理费、维修费、专用材料费、其他公用支出；对个人和家庭的补助支出包括：离退休费、抚恤和生活补助、医疗费、助学金、住房补贴和其他支出；固定资产折旧包括房屋建筑物折旧、设备折旧。"它是个"监审办法"，不是"核算办法"，因此，被纳入到《高等学校会计制度》核算体系之中。

2012 年 12 月 19 日，财政部、教育部印发的《高等学校财务制度》第十章"成本费用管理"第五十九条规定："成本核算是指按照相关核算对象和核算方法，对高等学校业务活动中发生的各种费用进行归集、分配和计算。"第六十一条规定："高等学校应当正确归集实际发生的各项费用；不能直接归集的，应当按照一定原则和标准合理分摊。"第六十二条规定："高等学校应当根据实际需要，逐步细化成本核算，开展学校、院系和专业的教育总成本和生均成本等核算工作。科研活动成本的核算应当细化到科研项目。高等学校成本核算实施细则由国务院财政部门会同教育主管部门制定。实行内部成本费用管理的高等学校，应当建立成本费用与相关支出的核对机制，以及成本费用分析报告制度。"可惜未实行。

（3）高校成本在财务会计中应用难

臧文丽报道："张保庆：教育培养成本问题没完全研究透。"①

刘开普报道："大学生培养成本很模糊：一个无法说清的问题。"②

代小琳报道："但学生培养成本确实很难计算，因为涉及的因素太多。王旭明指出，中国的高等教育实行的是教育成本分担机制，就是国家、学校和上学的学生本人各负担一部分费用。教育成本学生应该负担多少，是按照这个估算出来的标准收取学生的费用。……每个学生应该分担多少，这是一个很复杂的指标，所以研

① 臧文丽.张保庆：教育培养成本问题没完全研究透[N].人民网，2006-09-07.

② 刘开普.大学生培养成本很模糊：一个无法说清的问题[N].中国财经报，2006-04-14.

究起来要有一定的时间。”①

郭少峰报道：“但大陆高校以前没有做过成本核算，国外也没有先例，虽然也曾组织人员到国外考察，但现在做具体核算仍非常复杂。这位人士透露说，设备折旧、教室折旧等估计会算在成本核算里，不过在具体比例上还是有不同的意见。”②

宋伟涛、沈大雷认为：“核算学生培养成本为何让人感到像是在‘雾里看花’？在复旦大学高等教育研究所所长熊庆年看来，核算高校学费成本是一项十分复杂的工程，‘学生的培养成本之所以难以让人明白，首先是由于大学教育成本的构成非常模糊，教育机构的会计制度也不适应成本计量的需要’。”③

杨纪琬指出：“事业单位的基本业务如果要进行成本核算，其难度不亚于甚至要超过企业的成本核算，这是因为事业单位成本核算的对象往往不可能像企业那样明确、具体。考虑我国目前情况，事业单位进行成本核算的条件还不够成熟。……进行成本核算，仍然可以实行权责发生制。”④

（4）高校成本在财务会计中计算毫无意义

高等教育成本研究的目的是什么？确定生均拨款标准？王善迈指出：“综合定额基本上是依据在校生数和生均成本确定。”⑤确定学费标准？1996 年 12 月 16 日，国家教委、国家计委、财政部联合颁布的《高等学校收费管理暂行办法》第四条规定：“学费标准根据年生均教育培养成本的一定比例确定。不同地区、不同专业、不同层次学校的学费收费标准可以有所区别。”

高校基本上或绝大部分的成本是间接费用，间接费用分摊工作量巨大。问题在于：在既定生均拨款标准和学费标准前提下，高校不可能垫支培养成本，高校的支出受拨款、收费等收入的制约，“不出赤字”决定了支出小于收入。各高校为了“量入为出”，不出赤字，只好采取降低教学质量的低成本运作。历史成本法是对过去的消耗进行测定试图将其作为财政拨款和收费的依据。可是，“过去的消耗”是在“过去的拨款”和“过去的收费”并不出赤字的基础上的消耗，这种测算尽管添加了折旧之类的因素，仍然是在“拨款低”和“收费低”的框架内测定。我国高等教育历来投入不够，如果以上一年生均拨款标准和学费标准算出的实际成本作为下一年生均拨款标准和学费标准，就会造成“拨款、收费低→教学质量低→实际成本低→拨款、收费更低”的恶性循环。因此，以历史成本作为拨款和收费基数毫无

① 代小琳.《高等学校生均成本核定办法》计划今年制定[N].北京晨报，2007-01-05.
② 郭少峰.大学生培养成本核定出标准，文科生年成本 1.3 万[N].新京报，2006-04-05.
③ 宋伟涛，沈大雷.调查：高等学校为什么涨学费？学费该如何涨？[N].中国教育报，2014-07-14.
④ 杨纪琬.学习两个《准则》的体会[J].预算会计，1996(10)：22-27.
⑤ 王善迈.改革教育财政拨款体制，提高教育资源配置效率[J].教育与经济，1994(4)：16-19.

意义①。

同一专业因层次不同、地域不同造成实际成本不同，计算没有意义。同一专业因高校的隶属关系不同而生均拨款标准不同，如教育部属高校、部委办属高校、省属高校生均拨款标准不同；另外，同是职业技术学院，江苏省苏州市属职业技术学院生均拨款标准（2万多元）就比江苏省属职业技术学院生均拨款（1.2万元）标准高；各省市同一专业收费标准也不同，由于学费标准属地化管理，一般而言，发达地区高校学费（每生每年5千元以上）比欠发达地区高校学费（每生每年4千元左右）标准高。这种由于隶属关系不同、地域不同造成生均拨款标准和学费标准的差异，直接影响实际成本的高低。

根据“生均培养成本”确定“生均拨款标准”和“学费标准”与在“生均拨款标准”和“学费标准”额度内计算“生均培养成本”问题是一个“先有鸡还是先有蛋”的问题。信息化时代，利用计算机程序，“年生均教育培养成本”计算难度虽大，但也能计算出来，可是这仍然毫无实际意义。

（5）美国华盛顿州放弃了以成本决定学费的做法

段治平等认为：“华盛顿州公立高校自1977年始，采用成本分担理论作为其学费定价的理论基础，基于生均成本数据和分担比例确定学费。该州立法确定学费只能是教育成本的24%～33%。由于院校生均教育成本很难准确计量，以及合理分担比例难以确定，该州在1995年宣布放弃以成本决定法作为学费定价的基础。”②

（6）财政部印发《事业单位成本核算基本指引》

2019年12月17日，财政部印发了《事业单位成本核算基本指引》；2019年12月25日，财政部在《就事业单位成本核算基本指引答问》中指出：“问：基本指引的名称为何由征求意见稿的《行政事业单位成本核算基本指引》修改为最终的《事业单位成本核算基本指引》？答：基本指引在最初制定阶段，旨在为行政事业单位构建统一的有关成本核算的基本框架。在征求意见过程中，很多反馈意见赞同基本指引对事业单位的适用性，但对行政单位的适用性提出质疑，认为行政单位和事业单位的职能目标、成本信息需求等差异较大，行政单位的成本核算对象及其范围难以准确界定，现有费用信息已经基本能够满足行政单位的相关需求。经研究，我们采纳了上述意见，删除了行政单位成本核算的相关条款，并将指引名称调整为《事业单位成本核算基本指引》。”

这种“自我锁定”“自我复制”“计算毫无意义”“没有发展的增长”的现象就是“内卷化”。

① 乔春华.《事业单位会计准则》与《事业单位财务规则》研究：以高等学校为例[M].南京：南京大学出版社，2010：248-249.

② 段治平，周传爱，史向东.国内外高校收费比较与借鉴：以美国、德国、日本为例[J].价格理论与实践，2006(1)：77-78.

4. 高校记账方法内卷化

(1) 新中国成立初期“收付记账法”和“借贷记账法”并用

1950 年 12 月 13 日，财政部颁布的《各级人民政府暂行单位预算会计制度》第 8 条规定：“本制度采用复式记账原理和现金收付记账法登记账目，一切账簿格式概以付方列左，收方列右。但如事实需要，各单位会计得改用借贷记账法登记账目。”

1952 年 12 月，财政部颁布的《各级人民政府单位预算会计制度》第 8 条规定：“本制度采用复式记账原则，借贷记账法登记账目。但各单位会计得参照事实需要，改用现金收付记账法，以付方列左，收方列右。”

(2) 借贷记账法

1954 年 11 月 1 日起全面学习苏联，开始统一采用借贷记账法。

(3) 资金收付记账法

1965 年 9 月 18 日，财政部发布的《行政事业单位会计制度》第四章中指出：“采用以资金活动为主体的‘收付记账法’。”

1988 年 9 月 17 日，财政部颁布的《事业行政单位预算会计制度》第十八条指出：“事业行政单位会计的记账方法，采用以资金活动为主体的收付记账法，即‘资金收付记账法’。”

1988 年 12 月 10 日，国家教育委员会发布的《高等学校会计制度(试行)》第十九条指出：“高等学校原则上采用资金收付记账法。”

(4) 借贷记账法

1996 年 3 月 11 日，财政部发布的《预算会计核算制度改革要点》第四条指出：“改变记账方法。……将资金收付记账法改为借贷记账法。”

由过去借贷记账法改为收付记账法“反卷”过去，正是“自我复制”“退行”“复旧”“没有发展的增长”的“内卷化”现象。

四、高校财务治理内卷化研究

研究大学治理内卷化的学者有顾建民、孙百亮等。顾建民、刘爱生指出：“当前我国大学‘内卷化’程度已很严重，社会的不满与批评都说明我国大学治理改革已步入‘深水区’，在我国高等教育改革步入‘深水区’之际，应当加强改革的整体思维和‘顶层设计’。”①孙百亮指出：“‘内卷化’作为大学治理改革的一种现象和机理，指的是大学治理改革进入锁定的‘内卷化’状态后就会形成‘路径依赖’，大学治理越是加强，问题越是增多，最终使大学治理改革陷入一种不断内卷、愈加复杂却停滞不前的局面。大学治理的‘内卷化’是一种非理想型的制度变革状态，这一制度

① 顾建民，刘爱生.超越大学治理结构：关于大学实现有效治理的思考[J].高等教育研究，2011(9)：25-29.

变革状态使大学治理改革既很难稳定下来，又很难跨越到新的状态，只能使大学内部治理变得越来越复杂而又无效率，结果就是大学治理变革的制度创新只是量的增长，而不是质的革新。大学治理改革的‘内卷化’不仅增加了大学的压力，而且还会耗费大学发展的各种人力和物力资源。把‘内卷化理论引入大学治理改革领域，便于我们从一个新的视角观察和分析当前中国大学治理改革的现状，为深化大学治理结构改革寻绎新思路。”①孙百亮还指出：“大学治理改革‘内卷化’的表现：(1)大学日常管理的复杂化和精细化。为了回应社会对教育的批评和提高大学的治理成效，国家教育主管部门要求大学积极推进内部治理结构改革。作为改革的承担者和主体，大学为应对上级的各种考核，不得不整合越来越多的管理部门和人员，拟订各种繁琐的指标体系与评审程序，这不可避免地会导致管理的精细化和组织功能的重叠。(2)大学的压力化。大学日常管理的复杂化和精细化使教师的压力越来越重，每年教师都要为达到学校规定的若干‘刚性指标’而疲于奔命。(3)大学效率和自我创新能力低下。大学日常管理的复杂化和精细化，必然导致管理过程的拖沓，占用管理者和教师的大量时间和精力，结果就是几乎每个人都忙不过来，但是整体效率低下。”②

但迄今为止，尚无研究高校财务治理“内卷化”的论著。

(一) 高校收费治理的“内卷化”

笔者曾在一部专著中提出“21 世纪高校财务领域内惊动高层三大问题的反思”③。这三大问题是“高校收费”“高校科研经费”和“高校贷款”。

“高校收费治理”是针对“高校乱收费”而言。高校收费治理出现了“乱收费→收费治理→乱收费→收费治理……”的“陀螺式的死循环”的“自我复制”“自我锁定”“没有发展的增长”的“内卷化”现象。

1. 规定严禁乱收费

1996 年 12 月 16 日，国家教委、国家计委、财政部颁发的《高等学校收费管理暂行办法》(教财〔1996〕101 号)第十六条指出：“教育收费管理由各级教育、物价、财政部门共同负责。各级教育、物价、财政部门要加强对高等学校收费的管理和监督，督促学校严格执行国家有关教育收费管理的政策和规定，建立健全收费管理的规章和制度，对巧立名目擅自增设收费项目、扩大收费范围和提高收费标准的、对挤占挪用学费收入的，要按国家有关规定严肃查处；对乱收费屡禁不止、屡查屡犯，情节严重的，要按国家有关规定对学校负责人给予行政处分。”

1993 年 2 月 13 日，中共中央、国务院印发的《中国教育改革和发展纲要》(中发

① 孙百亮.大学治理改革的“内卷化”及其规避[J].当代教育与文化，2014(2)：99-104.

② 孙百亮.大学治理改革的“内卷化”及其规避[J].当代教育与文化，2014(2)：99-104.

③ 乔春华.新时代高校财务理论研究[M].南京：东南大学出版社，2020：336.

〔1993〕3 号)第 48 条指出:“要加强收费管理,严禁乱收费。”

2001 年 2 月 12 日,《教育部、国家计委、财政部关于 2001 年高等学校招生收费工作有关问题的通知》(教电〔2001〕45 号)指出:“2001 年的学费、住宿费标准一律稳定在 2000 年的水平,不得提高。……各高等学校不得以任何理由、任何名义搞‘双轨’收费。坚决纠正以各种名义向学生收取‘赞助费’‘扩容费’‘定向费’‘一次性建校费’‘跨地区建设费’‘转专业费’或捐款等乱收费行为。严禁向学生强制服务、强制收费。”

2002 年 3 月 7 日,《教育部、国家计委、财政部关于 2002 年高等学校招生收费工作有关问题的通知》(教电〔2002〕66 号)指出:“高等学校要严格执行国家统一规定的各项收费政策,规范收费行为。禁止高等学校以任何理由搞‘双轨’收费;禁止向学生收取‘转专业费’‘赞助费’‘扩招费’‘定向费’‘跨地区建设费’等国家统一规定项目之外的费用;禁止以代收费名义向学生多收费、高收费。”

2003 年 5 月 15 日,《教育部、国家发展改革委、财政部关于做好 2003 年学校收费工作有关问题的通知》(教财〔2003〕4 号)指出:“严格规范高等学校收费管理。经省级教育行政和价格、财政部门批准按照学分制制定学费标准的学校,学生完成学业所缴纳的学费总额不得高于实行学年制的学费总额。……普通高等学校不得将国家下达的计划内招生指标转到所属民办二级学院而变相高收费;不得借民办二级学院之名搞‘校中校’,变相‘双轨’收费;不得以降分录取的形式高收费、乱收费。要加强对中外合作办学收费的管理和监督,严格核定学费标准,禁止假借中外合作办学名义,变相提高收费标准。高等学校不得向参加补考或申请转专业的学生收取‘补考费’‘转专业费’。”

2005 年 5 月 9 日,《教育部、国家发展改革委、财政部关于做好 2005 年高等学校收费工作有关问题的通知》(教财〔2005〕10 号)指出:“2005 年,高等学校学费、住宿费收费标准继续保持稳定,不得以任何理由、任何形式提高或变相提高。除国家规定的收费项目外,各地不得出台新的收费项目,学校不得向学生收取国家规定项目外的其他任何费用,如‘转专业费’‘赞助费’‘扩招费’‘定向费’‘跨地区建设费’‘专升本费’‘假期住宿费’‘补考费’‘重修费’‘高考录取通知书邮寄费’‘本科生录取费’‘学位申请费’‘答辩费’‘论文印制费’‘旁听费’‘注册费’‘点招费’‘建校费’以及押金、保证金和各类证、卡工本费等;毕业生违反协议,未到协议单位就业的,不得由学校向毕业学生收取‘违约金’;不得以任何理由、任何名义向学生收取捐款。”

2006 年 3 月,审计署发布的《18 所部属高校 2003 年度财务收支审计结果》显示:“北大等 18 高校乱收费 8.68 亿元,全国查出 20 多亿元。”

2006 年 5 月 12 日,《教育部、国家发展改革委、财政部关于进一步规范高校教育收费管理若干问题的通知》(教财〔2006〕2 号)指出:“高校行政事业性收费包括学费、住宿费和考试费三类。……规范高校服务性收费和代收费管理。……严格执行教育收费公示制度。……加强许可证、收费票据和资金的管理。……加强监督检查，坚决治理高校乱收费。”

2020 年 8 月 17 日，教育部、国家发展改革委、财政部、国家市场监管总局、国家新闻出版署发布了《教育部等五部门印发〈关于进一步加强和规范教育收费管理的意见〉的通知》(教财〔2020〕5 号)。

2020 年 4 月 10 日，教育部治理教育乱收费工作领导小组办公室发布的《关于疫情防控期间学校收费有关问题的预警》指出：“进一步规范和加强疫情防控期间学校收费管理，严肃查处各种乱收费行为。”由此可以看出“教育部治理教育乱收费工作领导小组办公室”为常设机构，“治理教育乱收费”是日常工作。

2. 规定治理教育乱收费

自 2001 年起，国务院纠风办、教育部、监察部、发展改革委、财政部、审计署、新闻出版总署几乎每年都发布治理教育乱收费的文件。

2001 年 6 月 12 日，发布了《国务院纠风办、教育部关于进一步做好治理教育乱收费工作的意见》(国纠办发〔2001〕10 号)。

2002 年 8 月 28 日，教育部发出紧急通知要求各地严厉禁止高校招生乱收费。通知指出，所谓的“跨省费”“建校费”“赞助费”“扩招、扩容费”“定向费”，以及以招收预科生为名高收费等，严重违反了国家规定，必须严厉禁止，坚决予以查处。通知指出，高校招生收费必须严格执行《教育部、国家计委、财政部关于 2002 年高等学校招生收费工作有关问题的通知》中的规定，不得提高学费、住宿费标准，不得出台任何新的收费项目。通知强调，要切实加大对违规收费的查处力度，违规收取的费用一律退还学生。对顶风违规收费的，要一查到底，绝不姑息迁就，并追究主要领导的责任，进行严肃处理。

2003 年 6 月 4 日，国务院办公厅转发教育部、国务院纠风办公室、监察部、发展改革委、财政部、审计署、新闻出版总署《关于 2003 年治理教育乱收费工作的实施意见》。

2004 年 3 月 8 日发布了《教育部等七部门印发〈关于 2004 年治理教育乱收费工作的实施意见〉的通知》(教监〔2004〕3 号)。

2005 年 4 月 1 日发布了《教育部等七部门关于印发〈关于 2005 年治理教育乱收费工作的实施意见〉的通知》(教监〔2005〕8 号)。

2006 年 4 月 6 日发布了《教育部等七部门关于 2006 年治理教育乱收费工作的实施意见》(教监〔2006〕6 号)。

2007 年 1 月 6 日发布了《教育部等部门关于 2007 年规范教育收费、进一步治理教育乱收费工作的实施意见》(教监〔2007〕4 号)。

2008 年 5 月 20 日发布了《教育部 国务院纠风办 监察部 国家发展改革委 财

政部 审计署 新闻出版总署关于2008年规范教育收费进一步治理教育乱收费工作的实施意见》(教监〔2008〕7号)。

2009年4月30日发布了《教育部 国务院纠风办 监察部 国家发展改革委 财政部 审计署 新闻出版总署关于2009年规范教育收费进一步治理教育乱收费工作的实施意见》(教监〔2009〕5号)。

2010年4月21日发布了《教育部 国务院纠风办 监察部 国家发展改革委 财政部 审计署 新闻出版总署关于2010年治理教育乱收费规范教育收费工作的实施意见》(教财〔2010〕2号)。

2011年4月21日发布了《教育部等七部门关于2011年治理教育乱收费规范教育收费工作的实施意见》(教监〔2011〕8号)。

2012年4月25日发布了《教育部等七部门关于2012年治理教育乱收费规范教育收费工作的实施意见》(教办〔2012〕4号)。

2013年7月11日发布了《教育部等五部门关于2013年规范教育收费治理教育乱收费工作的实施意见》(教办〔2013〕4号)。

2014年4月16日发布了《教育部等五部门关于2014年规范教育收费治理教育乱收费工作的实施意见》(教办〔2014〕6号)。

2015年6月3日发布了《教育部等五部门关于2015年规范教育收费治理教育乱收费工作的实施意见》(教办〔2015〕6号)。

2016年5月12日发布了《教育部等四部门关于2016年规范教育收费治理教育乱收费工作的实施意见》(教办〔2016〕4号)。

2020年的文件提到“加快推进教育财务治理体系和治理能力现代化的重要举措”。2020年8月17日,《教育部等五部门印发〈关于进一步加强和规范教育收费管理的意见〉的通知》(教财〔2020〕5号)指出:“各地要充分认识到,进一步加强和规范教育收费管理是巩固完善以政府投入为主、多渠道筹集教育经费的体制和非义务教育培养成本分担机制的重要内容,是各级治理教育乱收费联席会议办公室的一项重要职责,是加快推进教育财务治理体系和治理能力现代化的重要举措。……各地要调整完善各级治理教育乱收费联席会议制度,健全工作机制,认真履行职责,加大治理力度,严肃查处损害群众利益的教育乱收费行为。”

3. 规定治理教育乱收费专项检查

2003年8月29日,国家发展和改革委员会、教育部、国务院纠风办、监察部、财政部、审计署、新闻出版总署发布了《关于开展全国治理教育乱收费专项检查的通知》(发改价检〔2003〕1072号)。

2013年11月22日,全国治理教育乱收费部际联席会议办公室发布了《关于开展2013年规范教育收费治理教育乱收费专项检查工作的通知》(部际办函〔2013〕17号)。

此外，在第一轮高校巡视（笔者重点查阅了教育部直属高校和江苏省省属高校的《巡视整改情况的通报》和《落实巡视组反馈意见整改情况的通报》）中，一些高校仍存在乱收费现象。

笔者之所以不厌其烦地引用大量“规定严禁乱收费”“规定治理教育乱收费”“规定治理教育乱收费专项检查”的文件，正是为了说明“治理教育乱收费”的“陀螺式的死循环”的“自我锁定”“退行”“没有发展的增长”的“内卷化”现象之严重。

（二）高校科研经费治理的“内卷化”

1. 高校科研经费腐败严重

根据笔者回忆，高校科研经费微腐败发轫于20世纪90年代。当时，高校内官员可以公费接待、公费旅游，校办企业老板可以公费接待、公费旅游，科研人员怎么办？横向科研经费也可以公费接待、公费旅游，之后纵向科研经费也可以公费接待、公费旅游，最后制度化为“引进费（提成）”“特支费（招待费）”“通讯费”“车辆燃油费”“差旅费（非实名制情况下的相关人）”“专家咨询费（关系人）”“劳务费（关系人）”等，并拓展到与科研课题无关的科研人员家人、学生及其他人都可以享受科研经费。

21世纪初，高校科研经费腐败呈现出漫延趋势，2013年是高校科研经费腐败问题的井喷期。媒体集中报道标题如“从39份审计报告看科研腐败”“万钢痛批科研经费腐败黑洞”“揭开科研经费‘黑洞’——‘部长之怒’”“万钢：对科研腐败愤怒痛心错愕”“盘点近年科研经费案：领军人物腐败多半数为窝案”“揭秘科研经费腐败黑洞：一人搞科研全家随便吃”“高校科研经费之腐败乱象”“科研经费不是‘唐僧肉’”等等。时间集中于2007年至2012年这五年之内。

（1）39份审计报告反映科研腐败

记者李柯勇、席敏、李亚楠、陈刚、叶前报道：

梳理这些报告，看看纳税人的钱都去了哪里，人们或许能理解科技部长的怒气从何而来。39份审计报告显示，科研经费“扩大用途”，“挤占挪用”已成普遍现象：

工资福利——一些单位用科研经费给职工发工资奖金，或是用作人员、办公经费。发钱过千万元的并不少见。2009年至2011年，中科院生物物理所在科研经费中列支工资福利费等1 278.11万元，其中2011年发生532.3万元。有的单位甚至发了上亿元。2010年至2012年，交通运输部在没有细化人员经费范围和标准的情况下，从其管理的543项科研项目的15.56亿元预算总额中安排人员经费1.86亿元，主要用于人员工资及补贴支出。

吃——2009年至2012年10月，科技部所属知识产权中心在课题经费中列支职工食堂餐卡充值费13.48万元。

会议、考察、出国——2011年，中科院地理科学与资源研究所在碳专项项目中列支无关人员会议费、考察费等69.18万元。

2012 年 9 月，中国电力工程顾问公司承担能源应用技术研究及工程示范项目专项相关课题时，在课题任务合同书中没有出国费预算的情况下，列支出国费32.96 万元。

买车、交通、零花钱——2007 年至 2009 年，陕西两所高校分别用项目经费41.9 万元和 29.36 万元购买小轿车和旅行车各 1 辆。2009 年至 2012 年 10 月，科技部所属知识产权中心在课题经费中报销与课题无关的职工个人交通费用30.15万元，其中 2012 年 10.8 万元。陕西 15 所省属高校 2007 年至 2009 年 29 个“科技创新”项目中，列支家庭和个人电话费、私家车保险费和汽车油料费等38.38万元。

盖房、装修、买家具——2008 年至 2010 年，贵州两所高校挤占挪用教学科研办学经费等 1 745.4 万元，主要用于高校经济适用房建设及投资经营性资产等支出。2011 年，中科院城科会从“绿色低碳生态规划指南”等课题经费中列支与课题研究无直接关系的办公家具购买等款项 26.47 万元。2009 年至 2010 年，住房和城乡建设部所属中国城市科学研究会，在专项课题经费中列支 99.57 万元，用于与课题内容无关的办公用房装修改造、杂志印刷和网络服务费等支出。

甚至有的经费说不清花到哪里去了。2013 年山东省发布的审计报告显示，该省教育厅所属 13 所大学编报科研经费项目支出预算 9.43 亿元，未细化到具体项目，全部填列为其他商品和服务类支出。

“花钱”的前提是“要钱”。在令人啼笑皆非的另类用途背后，巨额科研经费的诱惑，让一些人不惜绞尽脑汁，采取各种手段，甚至铤而走险。

套——山东省对省内青岛大学等 4 所大学 2011 年科研经费管理等情况进行审计发现，有 22 个项目报销无具体品名和数量的发票 438 张，金额 51.54 万元；9 个项目报销虚假业务内容的发票 1 824 张，金额 103.05 万元；4 个项目报销虚假签字单据，套取资金 114.78 万元。

骗——广东省针对 2008 年至 2009 年重大科技资金审计发现，有 1 个县级市的项目单位弄虚作假，骗取资金 108 万元；部分项目单位将不属于项目范围的支出 941 万元和项目立项之前的支出 1 392 万元列入项目成本；有 1 个市的项目单位违反合同规定自行调减建设规模多获资金 191 万元。

贪——在广东省 2008 年至 2010 年产学研省部合作资金执行运用中，除存在扩大使用范围、挪用专项资金外，还有 2 家企业 4 名工作人员涉嫌贪污资金47.8 万元。

吞——2008 年 8 月，民航局机场司自行同意将委托中国民航工程咨询公司代管的课题经费结余 37.03 万元，转作公司收入。

假——山东省 2012 年发布的审计报告显示，青岛大学有 10 个课题预算为 322 万元，实际支出 168.1 万元，决算支出为 319.75 万元，虚报 151.65 万元，占预算的 47.1%。

为了吃到“唐僧肉”，一些人总能想出各种歪招。比如，陕西审计厅发现，2007 年至 2009 年，6 所省属高校自行规定，项目经费到账后，项目负责人可按 5% 到 20%的比例提取现金，名目包括开题费、劳务费、特支费、立题奖、奖酬金、项目津贴……三年间，共提取发放特支费等 1 887.79 万元。

39 份审计报告中披露了一些匪夷所思的案例：造假也能过审批；不论证也可立项；没条件也得资金；未完成也过验收。

在麻木不仁的心态下，一些地方只管拨钱，对于实际效果不闻不问。广东省审计厅对 2008 年至 2010 年省级重大科技专项资金使用执行情况进行审计时，发现了一个荒唐案例——有一个市的两个项目承担单位共获取专项资金 45 万元，其中一个单位已结束营业近两年，另一个单位多次联系不上。项目实施情况如何，主管部门竟然一无所知①。

(2) 不学无术的校领导分享“唐僧肉”

余东明报道：“多年来高校科研领域的乱象又有哪些呢？刘老师给记者作了分析。首先是立项申报，不拼实力拼‘关系’。一个原本科研实力不强的人，只要当了校领导，课题马上就来，于是很多人就削尖脑袋，往上钻营。另外一些老师也纷纷利用学校的资源‘跑部钱进’，拿了课题费后，甩手就给了年轻教师或学生去做。其次是经费花不完，报销靠造假。每年那么多的科研经费，学校在收取了管理费后基本不控制。复旦大学更是规定，‘科研经费的使用和管理由项目负责人负责’。于是，为了套现，开具假发票、编造假合同、编制假账目等手段应有尽有、防不胜防。‘老师变老板，项目变金库，用学生身份证冒领劳务费，把装修发票、购车发票统统入账。中国科协曾有过调查，在一些高校和研究机构，科研资金用于项目本身仅占 40%左右，大量科研经费流失在项目之外。’刘老师说。其三就是验收走过场，成果没人管。‘有关系拿到项目的就有本事结题，花点经费，请几个专家说说好话，即便课题不怎么样，照样有机会拿优秀。’刘老师透露。”②像上述校领导已不满足于公费接待、公费旅游，而是要名要利了。

(3) 科研经费腐败生态链：教授、财会人员、科研仪器采购人员……

雷宇报道：“‘吃经费’由此成为新的腐败，而且带来连锁反应——围绕科研经费甚至形成了一条隐秘的腐败生态链，在这一链条上，有教授、有财务会计、有科研仪器采购人员……赵静(化名)是北京一所著名高校财务部派驻化学学院的会计，赵静案发后，法院审理查明，在长达 9 年时间里，赵静贪污了 97 万余元，其中绝大

① 笔者综合整理：李柯勇，席敏，李亚楠，等.吃喝拉撒睡，都能用科研经费[N].解放日报，2013-10-14；李柯勇，席敏，李亚楠，等.揭开科研经费“黑洞”：“部长之怒”再追踪[N].光明日报，2013-10-17.

② 余东明.高校科研经费腐败成焦点　立项不拼实力拼关系[N].法制日报，2016-12-28.

部分是科研经费，涉案达 106 笔之多。赵静所在学院，两名实验室工作人员利用管理仪器开发经费的职务之便，借学院组织到外地高校考察之机，个人前往周边省份旅游，回京以外出考察、对外交流名义公款报销个人旅游费用共计 5 万余元，最终被判贪污罪。在一所师范院校，一名实验设备采购员在为本单位采购聚焦显微镜、分析仪等仪器过程中，收受仪器设备厂商给予的好处费近万美元。检方在办案中发现，合同书中的内容被随意'篡改'，'设备培训费'打进了采购员个人账户而无人监管。最终该采购员以受贿罪被判刑 6 年。"①

唐伟报道："早在 2006 年，山东省年度审计报告显示，对高校科研经费使用情况的审计发现，直接用于课题研究的费用开支仅占四成，管理费用、人员经费等开支约占六成。而中国科协之前的调查同样显示：科研资金用于项目本身的仅占 40%左右，大量科研经费流失在项目之外。科研经费的发放，也渐渐成为腐败高发区。科研经费作为'唐僧肉'被人蚕食的现象不仅没有得到遏制，反而愈演愈烈，从学者到课题组再到中间组织和项目主管官员、部门，已经形成了一个利益一体的食物链，彼此都在各自的环节吞食着科研经费。靠山吃山、靠水吃水的规则之下，科研经费在自利与自肥之中消弭于无形。科研经费腐败不是某一个环节出了问题，'吃经费'已成为一种内生的潜规则，整个学术生态都发生了异化，从立项、审核、审批到经费拨付以及项目的验收和监管等，每个环节都无一幸免。造假也能审批，不论证也可立项，未完成也可通过验收，条件不够也能获得奖金，由此可见，那些实质性的把关程序，已沦为摆设。"②

（4）不择手段地套取科研经费

记者李文姬、实习生张莹报道："《法制晚报》记者梳理了近年来发生在高校的 12 起科研经费贪腐案，共涉及 15 名直接责任人，最高涉腐 2 000 余万。其中，有半数都呈现出长期、分多次腐蚀经费的特点，涉案人多为'夫妻搭档''师生同伙'等，有 6 起。而贪污 2 000 余万元科研经费的中国农业大学教授、中国工程院院士李某曾被誉为中国最年轻院士，培养出了中国第一头体细胞克隆猪。贪污过千万元的浙江大学教授陈某旭不仅是水环境治理知名专家，更担任过三届全国政协委员。记者盘点发现，这 12 起高校科研经费贪污案中，涉案总金额超过了 4 000 万元，其中超过百万元的有 5 起，最高涉腐甚至过 2 000 万元。"③

记者涂铭、李江涛报道："据检方介绍，2007 年 5 月，北京市某高校教师肖某拿到了一家部级单位的翻译研究项目，并担任该项目负责人，项目经费 15 万元。2008 年 4 月，肖某从所在学院办公室工作人员那里拿到 28 名学生姓名和身份证号

① 雷宇.检察官揭秘高校科研经费腐败生态链[N].中国青年报，2011-12-15.
② 唐伟.科研经费腐败，错愕之后要求解[N].中国青年报，2013-10-15.
③ 李文姬，张莹.盘点近年科研经费案：领军人物腐败多，半数为窝案[N].法制晚报，2014-11-07.

码后，从 2008 年 5 月至 12 月以这 28 名学生的名义分 7 次领取劳务费共计 82400 元。”①

胡乐乐报道：“近日，一则报告披露原山东财政学院‘微山旅游规划’和‘傅村镇旅游规划研究’课题组，曾以差旅费名义分 37 次报销各地到佳木斯的单程火车票 1 505 张，金额达 28.36 万元，占 2008 年至 2011 年该项目拨入经费 57 万元的 49.75%。目前，课题组责任人已受到行政严重警告处分。”②

2. 高校科研经费的治理

2008 年 9 月 3 日，中共中央纪委、教育部、监察部《关于加强高等学校反腐倡廉建设的意见》第十四条指出：“加强科研经费管理和监督。高校取得的各类科研经费，应纳入学校财务统一管理、集中核算，并确保科研经费专款专用。进一步完善学校内部科研经费管理制度，建立健全科研经费使用和管理的监督约束机制，切实提高科研经费使用效益。加强科研经费预算管理，科学合理地编制项目预算。逐步建立和完善全额成本核算制度，加强对项目管理费、业务费等支出的管理，明确开支范围和比例。加强对科研经费使用审计，实施对重大科研课题或大额度科研项目资金使用的全过程跟踪审计，杜绝科研经费使用中假公济私等行为。”

2012 年 1 月 8 日，中共中央常委、中纪委书记贺国强在十七届中纪委第七次全体会议上所作的工作报告中指出，2012 年党风廉政建设和反腐败工作主要任务之一，是“深入落实《关于加强高等学校反腐倡廉建设的意见》，加强师德校风学风建设，认真解决高等学校在招生录取、基建工程、物资采购、财务管理、科研经费、校办企业、学术诚信等方面存在的突出问题”。

王立英在 2012 年全国教育工作会议上的讲话中指出：“加强对权力运行的监督制约，严把招生录取、基建项目、物资采购、财务管理、科研经费、校办企业、学术诚信等‘关口’。着重强化四方面监管工作。一是强化科研经费使用监管。严格执行国家科研经费管理政策，落实教育部关于加强高校科研经费管理的文件要求，健全科研经费管理体制机制。教育部将开展对高校科研经费使用情况专项检查。”③

记者张晓鸽报道：“自 2003 年起，特别是八项规定出台以后，北邮有关部门及科研人员通过列支会议费、餐费、住宿费等方式，将套取资金（主要为科研经费）支付到北邮科技酒店，用于有关支出，结余资金形成‘小金库’，涉及资金达到 280 余万元，造成国家和学校资金流失。对外经济贸易大学国际商学院原院长汤某良在科研经费中报销其妻子、女儿往返美国机票费用。”④

① 涂铭，李江涛.中科院曝科研经费腐败案 20 元发票套 30 万经费[N].山东商报，2011-12-27.

② 胡乐乐.一个课题要报销多少火车票[N].光明日报，2013-04-02.

③ 王立英.在 2012 年全国教育工作会议上的讲话[N].中国教育报，2012-02-22.

④ 张晓鸽.教育部通报高校违规案例，北邮私设 280 万小金库[N].京华时报，2015-12-02.

2014 年 10 月 10 日,《中共科学技术部党组关于巡视整改情况的通报》显示:“根据中央统一部署,2014 年 3 月 27 日至 5 月 15 日,中央第十巡视组对科技部进行了专项巡视。……关于审计署 2012 年 4 月审计发现 5 所大学 7 名教授弄虚作假套取国家科技重大专项资金 2 500 多万元的问题,其中涉及中国农业大学教授李某等人承担的由农业部牵头组织实施的‘转基因生物新品种培育’重大专项有关课题,浙江大学教授陈某旭承担的由环境保护部牵头组织实施的‘水体污染控制与治理’重大专项有关课题,北京中医药大学教授李某涛、王某月(李某涛之妻)承担的由卫生部牵头组织实施的‘重大新药创制’重大专项有关课题,北京邮电大学教授宋某强、邹某等人承担的由工业和信息化部牵头组织实施的‘核心电子器件、高端通用芯片及基础软件产品’重大专项有关课题,中国人民大学教授潘某铭承担的由卫生部牵头组织实施的‘艾滋病和病毒性肝炎等重大传染病防治’重大专项有关子课题。对审计发现的问题,科技部立即组织对上述 5 所大学 7 名教授是否承担科技部管理的国家科技计划项目情况进行了清查,立即停止了李某等人承担的所有项目经费,并责成其法人单位进行整改,加强管理。同时,积极协助中央纪委、教育部、审计署和司法机关等进行认真查处。目前,共依法依纪查处了 8 人,其中陈某旭、宋某强 2 人被依法判刑;李某、李某涛、王某月、王某(李某涛的博士生)4 人被依法批捕;邹某暂不起诉;潘某铭被行政处分。”

3. 高校科研经费治理仍在路上

(1) 高校重灾区从“基建、采购(校办企业)和招生”到“基建、科研经费和招生(校办企业)”

① 曾经的高校重灾区

雷宇、叶铁桥报道:“高校腐败案增多,基建、招生等领域成重灾区。”①

王肖潇、李静涛报道:“招生黑,基建肥,校办企业油水多:高校腐败的三大黑洞。”②

王燕、李莹报道:“基建、采购和招生是三大‘病灶’。”③

② 现在的高校重灾区

张燕报道:“从已经被通报的案例来看,招生、基建、科研经费使用已经成为高校腐败的重灾区。……如果说招生或者基建还需要当事人在高校内有一定的职位基础,那么在高校内更加普遍的贪腐行为便涉及科研经费的违规使用。”④

2017 年 6 月 17 日,中国新闻网记者阚枫报道:“16 日,中纪委网站公布了十八届中央第十二轮巡视中 14 所中管高校的巡视反馈意见。盘点巡视组在 14 所高校

① 雷宇,叶铁桥.高校腐败烈度逐年升级:权力过大　制约过小[N].中国青年报,2011-02-18.

② 王肖潇,李静涛.高校腐败的 3 大黑洞:招生黑　基建肥　校办企业油水多[N].环球人物,2014-01-23.

③ 王燕,李莹.基建采购招生是高校腐败三大病灶[N].检察日报,2008-06-03.

④ 张燕.揭秘高校腐败:教育部长震惊 56 所高校 83 人被查[N].中国经济周刊,2015-12-21.

发现的问题，校办企业、科研经费、基建工程等领域成为问题‘重灾区’。……科研经费、基建工程‘猫腻’多，例如，科研经费方面，哈尔滨工业大学、山东大学、重庆大学、四川大学、同济大学、浙江大学、西安交通大学、西北工业大学等，均存在该问题。”

（2）整治高校科研经费后依旧“存在廉洁风险”

在2017年教育部直属高校的《巡视组反馈专项巡视情况》中，科研经费依旧是“存在廉洁风险”“廉洁风险突出”“廉洁风险较高”或“廉洁风险多”。

由此可见，高校科研经费整治后依旧是“陀螺式的死循环”“自我复制”“退行”“没有发展的增长”，“内卷化”现象严重。

（三）高校贷款治理的“内卷化”

1. 高校贷款巨额

（1）高校不得“负债经营”

1994年11月17日，国家教委发布的《关于当前国家教委委属高校财经工作中几点意见的通知》（教财〔1994〕64号）规定：“坚持综合平衡，不搞赤字预算。保持事业发展与财力的平衡是保障高等学校改革、建设和稳定的基本前提。学校的发展和建设只能建立在学校财力可以承受的范围之内，切忌脱离实际的盲目发展，不能‘寅吃卯粮’，不能搞没有归还能力的赤字预算。学校是不以盈利为目的的事业单位，有收入才能安排支出。它既不同于企业，可以‘负债经营’，通过利润还债；也不同于国家财政，可以通过货币发行弥补赤字。因此，高校不存在搞赤字预算的客观基础。委属高校的年度预算应坚持综合、统筹和平衡的观念，做到量入为出，收支平衡，不搞超出学校综合财力能够承受的赤字预算。……学校的各级负责人不能将‘负债经营’和赤字预算的思想引入学校的预算编制和执行；对于已经安排赤字的学校，应根据学校情况予以调整，尽快做到综合平衡。”这里“负债经营”是指高校不得负债维持日常经费的运行，并不是指资本性支出即基本建设。

（2）上级认可了高校贷款搞基本建设

高校巨额举债起始于扩招的1999年，新校区建设带来的大规模举债或是高校负债的主要原因。1999年12月6日，时任教育部部长的陈至立在教育部2000年工作会议上的讲话中要求：“利用银行贷款加大校园改造和建设力度，使学校的教学设施、体育设施、基础设施有较大改善。”

（3）高校贷款规模巨大

① 2007年全国高校贷款规模估计在4 000亿元

李润文报道：“有调查认为，中国公办高校贷款规模高达2 000亿到2 500亿元。‘高校债务实际上远远不止这个数目。’九三学社中央副主席邵鸿说，除去银行贷款，许多债务是通过工程建设方垫资和一些单位的投资，保守估计高校债务

4 000 亿元。”①

② 2006 年底全国高校贷款规模在 4 500 亿～5 000 亿元

邱敏、李颖、邱瑞贤报道：“《2007 年中国教育蓝皮书》披露，到 2006 年底，全国高校贷款规模在 4 500 亿元到 5 000 亿元。”②

③ 吉林大学陷入财务困境

记者王雷报道：“1999 年高校全面扩招后，教育部明确要求，各高校要利用银行贷款加大校园改造和建设力度。2000 年开始，吉林大学的贷款高潮开始了。……就在各大媒体刊出教育部长周济否认高校‘破产说’的第二天——3 月 19 日，吉林大学在校内网上贴出了一则通知，宣布该校负债 30 亿元，并征集教师和学生出谋划策解决学校财务困难。2005 年起，每年需向银行还贷款利息约1.6亿元，加上贷款减少，意味着吉林大学每天要少花 164 万元。”③

记者肖遥、何勇报道：“吉林大学近日在校园网站上发布通知，向师生征集解决学校财务困难的建议。通知中称，从 2005 年起，学校步入付息高峰期。目前每年需要支付的银行利息高达 1.5 亿至 1.7 亿元，入不敷出的情况日趋严峻。”④

④ 审计信息

2006 年 3 月，审计署发布的《18 所部属高校 2003 年度财务收支审计结果》显示：“银行贷款过多，还款压力大，到 2003 年年底，18 所高校债务总额 72.75 亿元，比 2002 年增长 45%，其中基本建设形成的债务占 82%，是 2001 年的 2.7 倍。”2005 年 5 月 30 日，国家审计署发布 2005 年第 2 号审计公告《审计署通报四城市大学城建设情况审计调查结果》，通报了 2004 年审计署组织对杭州、南京、珠海、廊坊四市高教园区（俗称“大学城”）开发建设情况的审计调查结果，指出：“贷款比重高，偿贷存在一定风险：四市高教园区建设计划投资中的银行贷款占近三分之一，截至 2003 年底，实际取得银行贷款 152.76 亿元，占已筹集到建设资金的 59.42%。南京中医药大学新校区和北京师范大学珠海分校已分别贷款 7 亿元和 6.28 亿元，分别占已筹集到建设资金的 93%和 94%。”

记者雷恺报道：“近年来，一些地方的高校竞相圈地，新建扩建校园，依靠银行贷款建成一批规模宏大、华美壮观的园区。但随着贷款陆续到期，部分高校深陷还贷泥潭。审计署科研所副所长刘力云，在 7 月 2 日接受记者采访时，给出了这样一组数据，‘根据审计结果，到 2010 年底全国一共有 1 164 所地方所属的普通高校有地方政府性债务，大概的金额是 2 634.98 亿元，整个这个债务应该说是规模不

① 李润文.中国高校负债达 4 千亿元，靠扩招收学费还贷[M].中国青年报，2007-03-09.

② 邱敏，李颖，邱瑞贤.全国高校负债达 5 000 亿，政府替高校还债之声鹊起[N].广州日报，2009-03-10.

③ 王雷.吉林大学 30 亿债务谁埋单[N].南方都市报，2007-04-09.

④ 肖遥，何勇.吉林大学巨额负债调查：盲目扩张致债台高筑[N].人民日报，2007-04-03.

小。……根据我们的审计结果，地方所属高校的借新还旧率确确实实超过了50%’。”①

2. 高校贷款的治理

从2005年开始，全国两会和各省、市、自治区两会期间，“高校贷款”“高校财务风险”和“高校化债”等成为人大代表和政协委员的热门话题。2004年7月13日发布的《教育部 财政部关于进一步完善高等学校经济责任制加强银行贷款管理切实防范财务风险的意见》（教财〔2004〕18号）也指出：“高等学校在利用贷款加快事业发展的同时，也出现了一些不容忽视的问题。部分高校对贷款的风险认识不够，还贷的责任意识不强；个别高校贷款论证不充分，贷款规模大大超出高校的经济承受能力；有的高校缺乏勤俭办事业的思想，不切实际地依靠贷款铺摊子、上项目，盲目追求高标准。这些问题必须引起高度重视和认真解决。”

政府重视高校贷款治理的措施有：

（1）教育部、财政部开始治理高校贷款并提出“谁贷款，谁负责”

1999年12月1日，《中国人民银行关于转发教育部办公厅〈关于部属高校“银校合作”问题有关意见的通知〉的通知》（银办发〔1999〕197号）指出：“各校必须本着‘谁贷款谁负责’的原则开展此项工作。……我部不承担此类贷款的还款责任。”

2004年7月13日，《教育部 财政部关于进一步完善高等学校经济责任制加强银行贷款管理切实防范财务风险的意见》（教财〔2004〕18号）指出：“必须坚持‘谁贷款，谁负责’的原则。《中华人民共和国高等教育法》明确规定，……‘高等学校在民事活动中依法享有民事权利，承担民事责任。’贷款高校作为贷款的主体，必须承担还贷责任。各高校要继续深入贯彻落实教育部、财政部《关于高等学校建立经济责任制加强财务管理的几点意见》的有关要求，把校内各级经济责任制落到实处。高等学校的校（院）长是高等学校的法定代表人，对偿还贷款负有法律责任。”

2007年1月15日，《教育部 财政部关于“十一五”期间进一步加强高等学校财务管理工作的若干意见》（教财〔2007〕1号）第19条规定：“高等学校要切实加强银行贷款管理，强化贷款风险意识，合理控制贷款规模，改善债务结构，规范贷款投向，按照‘谁贷款，谁负责’的原则，做好还本付息计划，承担还贷责任。各级教育主管部门要建立高校银行贷款的风险预警系统和银行贷款审批制度，加强对所属高校银行贷款的宏观管理。”

（2）教育部、财政部强调“从2005年1月1日起，建立直属高校银行贷款审批制度”

高校巨额举债由信马由缰到如脱缰野马，在整个高校贷款的热潮中，高校是积

① 雷恺.审计署：全国1 164所地方所属高校负债2 634亿[N].济南日报，2011-07-04.

极运作者，金融机构是推波助澜者，政府是被动的失控者。各高校贷款之初，银行既没有审查各高校的总体发展战略规划，又没有审核还债计划。由于政府既未做到未雨绸缪，又没有加强宏观调控与监管，政府付出了沉重的代价。这个深刻的教训应当记取。2002 年后，全国高校的基建贷款在不顾还贷后果中竞相攀升，当政府意识到巨额举债存在潜在财务风险时，才于 2004 年 7 月 13 日出台《教育部 财政部关于进一步完善高等学校经济责任制加强银行贷款管理切实防范财务风险的意见》；2004 年 12 月 24 日，《教育部关于建立直属高校银行贷款审批制度的通知》指出："我部决定从 2005 年 1 月 1 日起，建立直属高校银行贷款审批制度。"

由于高校的任性贷款和政府宏观调控与监管不力，政府被迫化债，这也是对政府对高校长期投入不足的反弹，从某种意义上为 2012 年达到 4%打了个基础。

3. 政府帮高校化债

（1）政府提出帮助高校化债

记者郭少峰报道："国务委员陈至立近日表示，目前高校债务存在潜在的风险。要把高校负债问题等提到议事日程上来。这是国务院有关领导首次在公开场合就高校负债问题发表意见。陈至立是在教育部直属高校工作咨询委员会会议上作上述表示的。她在罗列目前高等教育所面临的问题时说，高等教育投入与高等教育发展需求还有较大差距；高校债务数额较大，贷款比例较高，存在潜在的风险。'要在深入调查研究的基础上，采取切实措施，解决影响稳定和发展的突出问题，要把高校负债等问题提到议事日程上来'。"①

当一些学者（包括部分人大代表和政协委员）提出政府买单帮助化债时，政府才被迫在《教育部 2009 年工作要点》第 4 条中提出"开展化解高校债务风险工作"。邱敏、李颖、邱瑞贤报道："教育部前日明确表示，2009 年的工作要点之一，是'开展化解高校债务风险工作'。这是教育部首次将'化解高校债务风险'列入年度工作要点。"②

《教育部 2010 年工作要点》中，直接指出要"扩大化解高校债务风险试点"。

2010 年 11 月 30 日，《财政部 教育部关于减轻地方高校债务负担化解高校债务风险的意见》（财教〔2010〕568 号）指出："经国务院批准，从 2009 年起，财政部、教育部在中央高校实施了减轻债务负担、化解债务风险试点工作，取得初步成效。"

2011 年 2 月 13 日，《国务院办公厅关于做好地方政府性债务审计工作的通知》（国办发明电〔2011〕6 号）在"高校、医院等单位债务情况及偿债风险"中指出："一是摸清高校、医院等单位三类债务的规模及其比重情况；二是分析高校、医院等单位利用事业收入、经营收入等偿还到期政府担保债务和其他相关债务的能力；三是

① 郭少峰.国务委员陈至立：解决高校负债问题要提上议程[N].新京报，2008-01-02.

② 邱敏，李颖，邱瑞贤.全国高校负债达 5 000 亿，政府替高校还债之声鹊起[N].广州日报，2009-03-10.

债务逾期情况和举借新债偿还旧债情况；四是分析其中政府担保债务、其他相关债务实际转化为地方政府负有偿还责任债务的情况。”

（2）三个“三分之一”

邱敏、李颖、邱瑞贤报道：“2007 年 9 月 12 日，教育部部长周济曾提出解决高校负债问题的办法：除了加大投入，‘可考虑用土地置换的方式来解决高校贷款的问题’。但是，国土资源部当时即表示，高校用地属国有划拨土地，按照法律，高校不得擅自转让国有划拨土地，用所获收益抵偿债务。”①

记者肖遥、何勇报道：“江苏省高校现有 100 多亿元债务，该省准备通过‘三三制’来化解——政府拿出 1/3，另外通过资金运作再筹集 1/3，余下部分由高校自己承担。据介绍，主要的资金运作方式，还是集中在高校的土地置换即通过老校区的土地转让所得，来偿还新校区建设的银行贷款。2005 年，江苏省属高校的土地置换工作已经启动。”②

三个“三分之一”中：“政府拨款”归还 1/3；“老校区进行房地产置换收入”归还 1/3；“高校通过收费等收入”归还 1/3。

4. 高校仍有负债

目前，相当多的高校还有负债。主要有两种情况：一是一些高校仍有新校区或其他建设任务造成新的贷款；二是一些高校仍有历史旧账。高校贷款作为一种筹资渠道正式出现在高校财务领域，只不过不会呈现贷款普遍性、间歇膨胀性、无序失控性和风险隐蔽性等特点。

政府作为高校出资者的代理人应加强宏观调控与监管，高校巨额举债是高校利用“父爱情结”绑架政府的“成功”范例。从上可以看出，整治恶性高校贷款后，高校贷款虽有所收敛，但仍有“复旧”“自我复制”“退行”“没有发展的增长”等“内卷化”现象。

五、高校财务治理去内卷化对策

（一）“去内卷化”研究的简介

研究“去内卷化”的学者有黄宗智等。黄宗智的《内卷化与去内卷化简析》一文是他对自己的两本书《建立符合中国实际的实践社会科学》与《中国的国家与社会二元合一治理体系：回顾与愿想》的总结性简介。《文化纵横》杂志在发表黄宗智《内卷化与去内卷化简析》一文的“导读”中指出：“另一方面，黄宗智先生也提醒，虽然存在着诸多‘内卷化’现象，但一些‘去内卷化’的动向也正在发生。例如，通过家庭联产承包责任制向小农户赋权赋能，以及‘隐性农业革命’的发生，就在一定程度

① 邱敏，李颖，邱瑞贤.全国高校负债达 5 000 亿，政府替高校还债之声鹊起[N].广州日报，2009-03-10.

② 肖遥，何勇.吉林大学巨额负债调查：盲目扩张致债台高筑[N].人民日报，2007-04-03.

上促成了小农经济的去内卷化；而向社会和地方政府赋权的改革，则在不断地推动官僚体系的去内卷化。作者最后倡议，在涉及民生的重大决策中，应当将‘人民积极参与’作为必要的标准和条件，以此建设一种更为中允、更可持续的新型‘人民主义’，从而克服长期以来的经济和政治内卷化弊端。”

研究大学治理“去内卷化”的学者有孙百亮等。孙百亮指出：“当前我国大学治理改革陷入了‘内卷化’的困境。这主要表现为大学治理改革基本上是对原有治理结构的复制、延伸和精致化，结果导致当前大学的压力越来越大，但效率并不高。规避大学治理改革的‘内卷化’需要从三方面着手：一是国家推动现代大学制度的强制性创设；二是形塑‘国家—大学—社会’动态均衡的治理结构，构建国家、大学与社会之间的制度化合作治理机制；三是培育现代大学文化，为深化大学治理结构改革提供内源性的支撑。”①孙百亮还指出：“规避大学治理改革‘内卷化’的策略：(1)通过‘顶层设计’，推动现代大学制度的强制性创设；(2)形塑‘国家—社会—大学’三者动态均衡的治理结构，构建国家、大学与社会间的制度化合作治理机制；(3)培育现代大学文化，为深化大学治理改革提供内源性的支撑。”②李书肖指出：“笔者认为可以从以下三个方面探索去‘内卷化’的途径。(1)由规模扩张向质量提升转变；(2)促进学科之间的联系；(3)探索‘去行政化’之路。”③

但迄今为止，尚无研究高校财务治理“去内卷化”的论著。

(二) 高校财务治理“去内卷化”须借助于市场机制

“市场”机制是“充满活力、富有效率、更加开放、有利于科学发展的教育体制机制”。《国家中长期教育改革和发展规划纲要(2010—2020年)》第三条指出：“全面形成与社会主义市场经济体制和全面建设小康社会目标相适应的充满活力、富有效率、更加开放、有利于科学发展的教育体制机制。”

高校要高质量发展，必须改变“没有发展的增长”的“内卷化”现象。这需要按照《中国教育改革和发展纲要》(中发〔1993〕3号)指出的“改革按学生人数拨款的方法”。前已述及，“捡到篮里都是菜”“招来学生就有钱”，校领导为什么热衷于招生(入口)而不注重就业(出口)？因为“按学生人数拨款”的机制造成了招生越多，规模越大，拨款越多。如果重视招生，忽视培养、毕业离校，还有什么高质量发展？

中央已提出“大幅度减少政府对资源的直接配置”和“推进公共资源配置市场化”。《中共中央关于全面深化改革若干重大问题的决定》第3条指出：“市场在资源配置中起决定性作用和更好发挥政府作用。市场决定资源配置是市场经济的一

① 孙百亮.大学治理改革的“内卷化”及其规避[J].当代教育与文化,2014(2)：99-104.

② 孙百亮.大学治理改革的“内卷化”及其规避[J].当代教育与文化,2014(2)：99-104.

③ 李书肖.内卷化：我国高等教育的隐忧[D].曲阜：曲阜师范大学,2010：37-38.

般规律。必须积极稳妥从广度和深度上推进市场化改革，大幅度减少政府对资源的直接配置……”第7条指出：“推进公共资源配置市场化。进一步破除各种形式的行政垄断。”如何运用市场机制？信贷机制、收费机制都是市场机制。

1. 绩效拨款

企业产品通过市场卖出（出口）才能收到钱。高校绩效如按毕业率、就业率（出口）拨款，政府早就提出“经费投入与毕业生就业状况紧密挂钩”，《2003—2007年教育振兴行动计划》（国发〔2004〕5号）第24条指出：“切实将高等学校布局、发展规划、学科专业结构、办学评估、经费投入等方面工作与毕业生就业状况紧密挂钩。把就业率和就业质量作为衡量高等学校办学水平的重要指标之一。”

2. 高校财政拨款改为贷款机制

笔者曾指出：“‘拨改贷’是将财政与高校的两者关系变为高校与银行和财政的三者关系。财政拨款是政府行为，银行贷款是市场行为。高校与银行之间的业务往来按合同办事，互相承担经济责任和法律责任。‘拨改贷’的第一年，高校可向银行申请原财政拨款额度的无息（财政贴息）贷款一年，第一学年贷款到期，根据毕业生和就业人数报财政部门，经财政部门审核后拨款给银行。科研经费的拨款也可以由科研人员向银行贷款，结题经第三方鉴定后拨款归还或市场认可通过购买服务方式归还。这样可提高教育和科研财政拨款的使用效益。”①

3. 高校必须按质收费

笔者曾提出，为体现公平，全国应废除“属地性原则”实行全国高校统一学费标准，并采取“高收费高资助”政策；为体现效率应实行“按质收费”的政策②。但这个“按质”应是动态的，即按评估结果改变学费标准。

只有这样，高校才能“去掉”“没有发展的增长”的“内卷化”现象，高校才能实现高质量发展，才能充满活力、富有效率、更加开放，有利于教育体制机制的科学发展。

（三）高校财务治理“去内卷化”必须监控权力

前已述及，权力滥用使“营利型经纪”取代“保护型经纪”，造成政权内卷化，前面还列举了高校腐败案以及财务治理“内卷化”的现象，如“乱收费”“科研经费黑洞”和“贷款巨大”都源于权力任性与滥用。姜殊报道：“中国教育经济学研究会秘书长、北京师范大学袁连生指出，‘中国的学校包括大学和中小学，财务权力比国外的学校要大许多，自由度也大许多。高校有财务决策权，却不承担后果。……一些高校的信息公开程度甚至比企业还差，暗箱操作现象普通，害了不少校长’。”③

① 乔春华.高校经费“调结构、提效益”的理论思考[J].教育财会研究，2019(1)：27-33.

② 乔春华.高校学费的供给侧改革：高校财务领域供给侧改革之二[J].会计之友，2018(7)：121-126.

③ 姜殊.高校为扩建纷纷借巨债学费15年上涨50倍[N].瞭望东方周刊，2006-01-27.

余勤等报道："美国密歇根大学校长柯尔曼女士曾说，在大学里，除了给师生创造好的教育环境、学术环境，为师生服务外，她没有任何其他权力。当高校领导只有这样的权力时，如果还出巨贪，那才是真令人震惊的事。"①

王北生指出："虽然在办学自主权问题上有待扩大与完善，但我国近几年高等学校已有了相当的办学自主权，这些自主权甚至超过了某些发达国家。有了自主权，关键在于用好它。我们应充分认识到，办学自主权，不是不要约束，或没有约束的自主权，用权与约束是并存的，没有约束监督的权力必然走向滥用、腐败。同时，办学自主权绝对不可以理解为高等学校可以完全自治。"②

雷宇、叶铁桥报道："高校教学经费来源已从过去的单一渠道转化为多渠道、多方位的筹资。高校开始频繁参与市场经济，基建规模逐渐扩大，且在工程建设、设备物资采购、招生录取等方面拥有的自主权越来越大。……与教学资金来源多样化不相适应的是，高校的管理还长期停留在计划经济时代。高校领导干部的权力相对集中，而与之配套的法律规范、权力监督机制却没有及时有效地跟进，在这些领域的职务犯罪也不断增多。……'权力过大，制约过小。高校内部的财务管理像个自成一体的小社会。'时任湖北省教育厅副厅长的周洪宇这样概括高校领导干部职务犯罪频发的原因。"③

由此可见，我国高校必须监控权力，防止财权滥用，把权力关进制度的笼子里，对于违纪犯法的必须问责。

(四) 高校财务治理"去内卷化"必须优化治理文化

高校治理文化是高校在治理过程中的非正式制度安排，是高校在办学理念、价值体系、战略规划、组织形象、制度影响、行为规范、风俗习惯方面形成的社会意识形态的综合体。治理文化是治理的特殊领域，对于高校治理过程中的决策、资源分配、利益协调等相关方面构成无形的影响。

赵成、陈通指出："大学治理的有形框架只有在理念认可，即与文化模式相容的情况下，才能发挥作用。"④

顾建民、刘爱生指出："用一种系统的眼光审视存在的问题，既要完善大学治理结构，又要重视组织文化建设。"⑤

舒斯特尔(Schuster)等人通过对10所高校的研究发现，领导力与领导风格是大学有效治理的关键。在对这10所高校的实证分析中，他们发现治理过程的效能和可行性与领导力紧密相关，尤其是像教师评议会主席、系主任、院长等中层领导

---

① 余勤，颜新文，陈勇.高校腐败案在一些地方高发：警惕！硕鼠出没象牙塔[N].浙江日报，2011-12-15.

② 王北生.高校办学自主权应做到"扩权"与"用好"的统一[J].教育科学，2001(3)：54-55.

③ 雷宇，叶铁桥.高校腐败烈度逐年升级：权力过大、制约过小[N].中国青年报，2011-02-18.

④ 赵成，陈通.现代大学治理结构解析[J].天津大学学报(社会科学版)，2005(5)：470-474.

⑤ 顾建民，刘爱生.超越大学治理结构：关于大学实现有效治理的思考[J].高等教育研究，2011(9)：25.

的领导力，对于大学的有效治理最为重要①。

（五）高校“去内卷化”必须健全制度

大学的治理结构与治理文化形成了互补的关系，在此关系模式中，学术权力和行政权力是通过分权和制衡的方式互动的。这意味着在大学治理中没有绝对的权力，各种权力之间是相生相克的关系。

笔者认为，“去内卷化”首先要从实践上搞清楚高校财务领域内“内卷化”的表现，然后再从理论上对“去内卷化”进行分析和阐述，最后再从制度上对“去内卷化”进行规定。因此，“制度内卷化”和“制度去内卷化”是最关键的。

① Schuster J, Smith D, Corak K, et, al. Strategic academic governance: how to make big decisions better [M]. Phoenix, Ariz.: Oryx Press. 1994: 37-59.

主要参考文献

[1] 毛泽东选集：第一～四卷[M].北京：人民出版社，1991.

[2] 毛泽东选集：第五卷[M].北京：人民出版社，1977.

[3] 邓小平文选：第一～三卷[M].2 版.北京：人民出版社，1994.

[4] 习近平谈治国理政：第一卷[M].北京：外文出版社，2014.

[5] 习近平谈治国理政：第二卷[M].北京：外文出版社，2017.

[6] 习近平谈治国理政：第三卷[M].北京：外文出版社，2020.

[7] 俞可平.治理与善治[M].北京：社会科学文献出版社，2000.

[8] Treadway 委员会发起组织委员会(COSO).内部控制：整合框架(2013)[M].财政部会计司，译.北京：中国财政经济出版社，2014.

[9] Treadway 委员会发起组织委员会(COSO).企业风险管理：整合框架[M].方红星，王宏，译.大连：东北财经大学出版社，2005.

[10] Treadway 委员会发起组织委员会(COSO).内部控制：整合框架[M].方红星，等译.大连：东北财经大学出版社，2008.

[11] [美] 露西・拉普斯基，玛丽・P.麦考文・莫克.高校的财务运作[M].李正，译.北京：中国财政经济出版社，2004.

[12] 经济合作与发展组织高等教育管理项目办公室—英格兰高等教育拨款委员会.刻不容缓：确保高等教育可持续发展的未来(上)："高等学校财务管理与治理"项目成果报告(2004)[J].辽宁教育研究，2005(9)：1-8.

[13] 经济合作与发展组织高等教育管理项目办公室—英格兰高等教育拨款委员会.刻不容缓：确保高等教育可持续发展的未来(下)："高等学校财务管理与治理"项目成果报告(2004)[J].辽宁教育研究，2005(10)：1-12.

[14] 周鲁卫，沈兰芳，陆德明，等.为何耶鲁是耶鲁：耶鲁大学考察报告[J].教育发展研究，2004(2)：34-36.

[15] 乔春华.高等教育投入体制研究[M].南京：南京大学出版社，2006.

[16] 乔春华.大学经营的财务视角[M].南京：南京大学出版社，2008.

[17] 乔春华.《事业单位会计准则》与《事业单位财务规则》研究：以高等学校为例[M].南京：南京大学出版社，2010.

[18] 乔春华.高校财务管理体制研究[M].南京：南京大学出版社，2011.

[19] 乔春华.高校预算管理研究[M].苏州：苏州大学出版社，2013.

[20] 乔春华.高校内部控制研究[M].苏州：苏州大学出版社，2014.

[21] 乔春华.高校管理会计研究[M].南京：东南大学出版社，2015.

[22] 乔春华.高校管理审计研究[M].南京：东南大学出版社，2016.

［23］乔春华.高等教育供给侧改革的财务视角［M］.南京：东南大学出版社，2017.
［24］乔春华.大学校长理财研究［M］.南京：东南大学出版社，2018.
［25］乔春华.新中国高校财务 70 年［M］.南京：东南大学出版社，2019.
［26］乔春华.新时代高校财务理论研究［M］.南京：东南大学出版社，2020.
［27］张国有.大学章程：第二卷［M］.北京：北京大学出版社，2011.